Histoire de l'antisémitisme

Tome II

L'Age de la science

W0391088

Collection *Pluriel*
dirigée par Georges Liébert

LÉON POLIAKOV

Histoire de l'antisémitisme

Nouvelle édition

Tome II

L'Age de la science

CALMANN-LÉVY

© Calmann-Lévy, 1955.
© Calmann-Lévy, 1961.
© Calmann-Lévy, 1981.

Sommaire

LIVRE I

DE VOLTAIRE A WAGNER

PREMIÈRE PARTIE : *Le Siècle des Lumières*

DEUXIÈME PARTIE : *L'émancipation*

TROISIÈME PARTIE : *La réaction raciste*

LIVRE II

L'EUROPE SUICIDAIRE

PREMIÈRE PARTIE : *La belle époque (1870-1914)*

DEUXIÈME PARTIE : *La déflagration (1914-1933)*

CONCLUSION

Livre I

DE VOLTAIRE A WAGNER

PREMIÈRE PARTIE

LE SIÈCLE DES LUMIÈRES

Dès le plus haut Moyen Age, il s'est trouvé des esprits pour mettre en doute les croyances traditionnelles, pour s'interroger en secret sur les dogmes de la Révélation, et même sur l'existence de Dieu. Aux lisières du monde occidental, là où le christianisme côtoyait l'Islam, ces doutes blasphématoires arrivaient parfois à s'exprimer : tel pamphlet traitait Moïse, Jésus et Mahomet de « trois imposteurs ». Ailleurs, ils restaient incommunicables, et et même la variété des opinions, issue de la Réforme, ne fit que substituer d'abord des inquisitions multiples à une Inquisition unique : Michel Servet périt sur le bûcher, tout comme Giordano Bruno. Deux siècles encore s'écouleront avant que les interrogations éternelles, dans le sillage des idées scientifiques nouvelles, puissent être librement discutées sur la place publique. La mise en question universelle du Siècle des Lumières ne manquera pas de s'étendre au cas et à la *signification* exacte des Juifs. Les différentes réponses données, propagées par Voltaire et par les encyclopédistes feront le tour du monde avec la Révolution française, et font autorité de nos jours encore dans certains pays. Pour la partie qui nous intéresse, ces réponses furent élaborées surtout en Angleterre, dans la première moitié du XVIIIe siècle, au cours d'une polémique qui servit d'inspiration et de modèle aux générations futures, et qui n'est pas encore entièrement close. Cette discussion nous montre comment l'idée qu'on se forme du Juif, c'est-à-dire l'anti- (ou le philo-) sémitisme se rattache, sur le plan conceptuel, aux questions suprêmes de la Cause première et des fins dernières de l'homme. C'est pourquoi il convient de commencer le présent livre par un chapitre consacré aux déistes anglais.

I

Les déistes anglais

Les révolutions anglaises et la montée d'une bourgeoisie commerçante conduisirent à un remarquable épanouissement économique et culturel des îles Britanniques. La hardiesse et la vigueur de la pensée anglaise étonnaient les contemporains. Ainsi que l'écrivait La Fontaine :

Les Anglais pensent profondément,
Leur esprit, en cela, suit leur tempérament.
Creusant dans les sujets, et forts d'expériences,
Ils étendent partout l'empire des sciences[1]...

Plus timide, et au début presque imperceptible fut l'évolution des idées morales et religieuses. Les plus grands esprits anglais répugnaient à mettre en question la religion traditionnelle. Newton estimait que le principal intérêt de ses découvertes était de fournir une démonstration rationnelle de l'existence d'un Dieu (l'inexplicable « force de gravitation » n'impliquait-elle pas l'existence d'un « grand Horloger » ?) ; Robert Boyle légua sa fortune à une fondation destinée à couronner les meilleurs ouvrages de la « nouvelle école apologétique à base astronomique » ; John Locke, le premier grand apôtre de la tolérance, qu'il étendait aux Musulmans et aux Juifs, plaidait la parfaite compatibilité du christianisme et de la raison, et s'élevait contre la mise en question des miracles bibliques. Plus hardis, des esprits consi-

1. « Le Renard et les Raisins » (*Fables*, liv. XII, 169).

dérés comme mineurs, un Herbert de Cherbury, un Charles Blount, allaient plus loin (car la raison est une déesse exigeante), sans pour autant oser professer un athéisme ou un scepticisme aussi peu compatible avec les structures mentales de l'époque qu'avec sa législation. A partir de 1693, la loi sur la liberté de la presse permettait à leurs idées subversives de faire leur chemin, en même temps qu'était traduit le *Dictionnaire* de Bayle, et que se faisait connaître en Angleterre la critique biblique de Spinoza. La conception d'une religion accordée au message évangélique, tout en étant conciliable avec le nouvel esprit scientifique, une religion qui serait rationnelle et *naturelle,* à l'instar du grandiose spectacle des lois naturelles, séduisait les intelligences anglaises et donnait naissance à la grande « discussion déiste ». Il restait à savoir comment des millénaires durant, le genre humain avait pu demeurer captif des superstitions cléricales et payer tribut à l'obscurantisme des Eglises traditionnelles, surtout de l'Eglise romaine. Qui donc avait eu intérêt à abuser la raison et à corrompre la bonté innée des hommes, à adultérer systématiquement la « religion naturelle » ?

Sur ce point, Newton lui-même avait suggéré un début de réponse, en imputant à saint Jérôme des corruptions du texte biblique, mais sans en tirer aucune conclusion précise [1]. Par contre, c'est un réquisitoire en règle contre les Pères de l'Eglise, corrupteurs du véritable christianisme, que dressait John Toland, le « premier librepenseur de l'histoire occidentale ». Durant son existence aventureuse, il ne cessa, tout en vivant de maigres prébendes, de prêcher un christianisme « raisonnable », dégagé de sa gangue de mystères [2] et conforme à l'enseignement de Jésus-Christ, tel qu'il le trouvait dans les Evangiles. Ce christianisme, pour lui, était celui des ébionites, qu'il qualifiait de Nazaréens ou, plus simplement, de Juifs. En effet, d'après son « Nazareus »,

« ... le vrai christianisme des Juifs a été opprimé par la cabale supérieure en nombre des gentils, qui, n'en pouvant supporter la simplicité et l'accord parfait avec la raison, dans l'état même où il a été institué par eux, l'ont étouffé par

1. « An historical account of two notable corruptions of Scripture. » (Ce travail de Newton ne fut publié qu'en 1737.)
2. Voir notamment *Christianity not mysterious...* (1696) et *Nazareus, a Jewish, Gentile and Mahometan Christianity* (1718).

degrés sous les figures et les mystères de leur paganisme, sous les distinctions et les doctrines absurdes des philosophes, l'ont défiguré par leur hiérarchie pontificale, par leurs autels, leurs offrandes, leurs rites et par les cérémonies de leurs prêtres, sans vouloir seulement tolérer celles des Juifs, qu'ils reconnaissent eux-mêmes être d'inspiration divine (...) C'est encore cette même tradition qui a été employée pour introduire l'invocation des saints, les prières pour les morts, le culte des images et toute la séquelle des superstitions grecques et romaines, desquelles je défie qu'on trouve la moindre trace dans toute la Bible... »

En conséquence, il exhortait ses contemporains à en revenir à la pureté des deux Testaments, qui enjoignaient aux Juifs de rester de bons Juifs, et aux gentils, de devenir de bons Chrétiens :

« Il s'ensuit que les *Juifs*, qu'ils se fassent *chrétiens* ou non, demeurent toujours obligés d'observer la loi de Moïse, renfermée dans les bornes où elle se trouve de nos jours ; et que tous ceux qui pensent que *Jésus-Christ* les a délivrés de la nécessité d'observer leur loi, et que c'est un crime pour eux d'y persister, n'entendent point du tout l'Ecriture... »

On voit comment notre philosophe glissait insensiblement de l'apologie des Juifs du passé à celle des Juifs du présent (du reste, toute méditation sur les Ecritures semble transformer la « question juive » en thème intemporel par excellence). Ce « philosémitisme » de Toland reposait-il aussi sur sa condition de déclassé social, d'« outlaw » errant, qui l'aurait conduit à sympathiser avec le peuple proscrit ? Fut-il stimulé à un moment quelconque par une prébende, son moyen habituel de subsistance ? On n'en sait rien, mais on constate qu'il publiait en 1714 ses *Reasons for naturalizing the Jews in Great-Britain and Ireland*, dans lesquelles il se faisait l'avocat de l'immigration collective dans les îles Britanniques des Juifs du continent. L'écrit était dédié aux évêques du Royaume-Uni ; Toland commençait par leur rappeler les mérites historiques des « éducateurs du genre humain », qui avaient su inculquer le monothéisme à l'Empire romain, et dont les Anglais contemporains s'enorgueillissaient de porter les prénoms, mais qu'ils haïssaient et méprisaient « avec une inhumanité qui n'a d'égale que son inconsistance ». Ce dont il attribuait la principale responsabilité au clergé ; mais il faisait aussi la part de la xénophobie populaire, dont il résumait comme suit, en trois points, les motifs :

« Je conviens que, dans tous les pays, le vulgaire s'accommode rarement de l'afflux d'étrangers : ce qui procède, premièrement, de ce qu'ils ignorent qu'au commencement ils l'avaient été eux-mêmes ; deuxièmement, de ce qu'ils n'acceptent qu'à contrecœur que d'autres viennent partager l'exercice de leurs métiers, ou, comme ils disent, *leur enlever le pain de la bouche ;* et, troisièmement, parce qu'ils sont stimulés dans cette aversion par les artifices de ceux qui ont pour dessein de changer de gouvernement... »

Il assurait ensuite ses lecteurs que bon nombre d'entre eux devaient avoir du sang juif dans les veines, notamment les Ecossais, « ce qui constitue la raison pour laquelle de nombreux habitants de cette partie de l'île ont une remarquable aversion pour la chair de porc et pour le black-pudding, sans parler de certaines autres ressemblances, faciles à constater ».

Il glorifiait les vérités du judaïsme, qui commandent aux Juifs « de magnifier devant le monde la bonté, la sagesse et la puissance divines, et les autres attributs de Dieu, en même temps que ceux des devoirs des hommes qui constituent la *religion naturelle* ». Il énumérait enfin les divers avantages que promettait à la Grande-Bretagne la multiplication des Juifs ; même s'ils ont quelques défauts, ceux-ci « procèdent de leurs accidents, non de leur nature » ; du reste, « ils s'imprègnent visiblement de la nature des nations parmi lesquelles ils vivent ».

Il ne semble pas que ce curieux écrit de Toland ait connu un grand retentissement. De nos jours, la plupart de ses biographes ne le mentionnent même pas ; à l'époque, il s'attira une « confutation » anonyme, qui mettait surtout les Anglais en garde contre les dangers du prosélytisme juif. « Là où nos prêtres convertissent un Juif au christianisme, les Juifs pervertissent dix Chrétiens au judaïsme... » « Séparons-nous d'eux plutôt que de les naturaliser, crainte que Dieu ne nous rejette et nous abandonne, comme il les a rejetés.. » Ce danger serait d'autant plus pressant que les Juifs prétendent être les détenteurs des seules Ecritures non corrompues ; or, « des centaines d'entre eux, nés en Espagne, au Portugal, en Hollande, en Angleterre, ne connaissent pas un seul mot d'hébreu eux-mêmes [1]... »

---

1. *A confutation of the reasons for naturalizing the Jews, containing the Crimes, Frauds and Insolencies, for which they were convicted and punished in former Reigns,* London, 1715.

Telle était aussi la position plus ou moins implicite de la phalange principale des déistes, dénonçant les incohérences de la doctrine révélée. Pour eux, les erreurs dont avait été entachée, des siècles durant, la tradition chrétienne, étaient dues d'abord aux Juifs, sinon à eux seuls. En outre, si, pour l'Eglise romaine, l'avilissement du Peuple élu constituait une preuve de la vérité du christianisme, c'est de cet avilissement même que nos auteurs tirent souvent argument contre la croyance traditionnelle. Mais les modes de raisonnement étaient multiples ; il importe de les passer en revue, car tout en témoignant de la judéophobie ambiante (et plus spécifiquement de l'identification courante Juif = trompeur), ils servent de premiers jalons à la ligne de pente historique de l'antisémitisme moderne ; à travers divers relais, dont il sera question plus loin, la pensée déiste deviendra une force agissante, un facteur d'histoire, plusieurs générations plus tard.

Nommons d'abord le mathématicien William Whiston, le successeur de Newton dans sa chaire de Cambridge. Tout comme son grand émule, il se dépensait en d'interminables calculs, pour intégrer la chronologie biblique dans le temps astronomique. Dans la mesure où ces calculs n'aboutissaient pas, il imputait la différence résiduelle à l'action d'une comète, qui aurait perturbé le délicat mécanisme de l'univers lors du déluge : ainsi, les incongruités mathématiques n'étaient que le résultat de la méchanceté humaine. D'autres erreurs étaient attribuées par lui à la malice des scribes juifs ; aussi bien chercha-t-il à reconstituer les textes authentiques, dans son *Essay towards restoring the true Text of the Old Testament...* (1722). La dernière proposition de cet essai affirmait : *Vers le commencement du deuxième siècle de l'ère chrétienne, les Juifs ont gravement corrompu leurs copies hébraïques et grecques de l'Ancien Testament ; ils l'ont fait intentionnellement en de nombreux passages, par opposition au christianisme.*

Autrement virulent se montrait Matthew Tindal, dont le traité *Christianity as Old as Creation : or the Gospel, a republication of the religion of nature* (1730), suscita plus de cent cinquante réfutations en Angleterre et sur le continent, dont l'une était due à l'illustre Berkeley. Ainsi que le titre de l'écrit le suggère, le christianisme y était identifié à la « religion naturelle », qui aurait été pervertie par Moïse. Pour montrer la malfaisance du judaïsme, Tindal se servait d'exemples tirés de l'histoire contemporaine. Tous ses bains de sang et ses crimes ne pouvaient-ils pas être justifiés par des précédents bibliques ? « Je demande : les Espagnols auraient-ils massacré tant de millions d'Indiens s'ils n'avaient pas pensé pouvoir en user d'eux comme on en fit des Cananéens ? Que de précédents les prêtres du pape n'ont-ils pas tirés de l'Ancien Testament, pour justifier l'assassinat des deux Henri de France ! Si le complot des poudres avait réussi dans notre pays, ils se seraient servi du même argument... » Aussi bien Tindal rappelait-il comment les Gnostiques, « une des plus grandes sectes des temps primitifs », opposaient le cruel Jéhovah au véritable Dieu des Lumières ; « telle est la différence qui existe entre la représentation de Dieu dans les livres de la religion juive, et ceux de la religion chrétienne ».

Faisant deux pas de plus, son continuateur, Thomas Morgan, procédait à une franche apologie du gnosticisme, conforme à ses yeux au véritable enseignement du Christ et étendait les attaques contre le Dieu d'Israël à son peuple :

« Supposer qu'une horde de pauvres et méprisables esclaves égyptianisés, qui, à peine délivrés d'un joug, furent placés sous un autre ; qu'un peuple à peine connu par le reste du genre humain, relégué dans un recoin de la terre, avec défense de se mélanger aux autres peuples ; qu'un tel peuple, placé en de telles circonstances, était destiné par la Sagesse et le Conseil divins à servir de lumière aux *gentils*, de moyen pour préserver la vraie Connaissance et Adoration de Dieu dans le monde, de guide de la véritable Religion et de voie de Salut ; supposer cela revient à admettre ce que nous proclamons avec mépris, à savoir que Dieu cherchait à atteindre une Fin aussi méprisable, à l'aide de moyens aussi vicieux que Moïse lui-même... »

En bref, le Dieu de l'Ancien Testament était pour notre auteur le « Dieu d'Israël, le Dieu des Armées ou Dieu de la guerre, un dieu local et tutélaire résidant parmi son peuple... ».

Autre précurseur de la haute critique biblique, Anthony Collins adoptait une position semblable dans son *Discours sur les fondements de la religion chrétienne* (1724). C'est de lui que se réclamera le baron d'Holbach, dans son féroce *Esprit du judaïsme...* ; qu'il prétendait être une traduction de Collins.

C'est ainsi que la révolution intellectuelle du déisme

se radicalisait rapidement, comme toute révolution authentique, et la « religion naturelle » débouchait sur un panthéisme qui n'était qu'un athéisme à peine voilé. Certains arguments, qui peuvent sembler humoristiques à notre entendement, étaient pourtant avancés avec le plus grand sérieux par leurs auteurs ; c'est ainsi que l'évêque William Warburton cherchait à démontrer (dans *The divine legation of Moses...*, 1738) que l'élection par Dieu du peuple le plus grossier et le plus vil de tous constituait la preuve la meilleure de la vérité de la Révélation.

Plus venimeux encore fut le fameux pasteur Woolston qui, condamné pour blasphème, mourut, dit-on, en prison. Ses burlesques écrits, dont s'inspirait Voltaire, circulaient par dizaines de milliers d'exemplaires ; il s'y employait à tourner en ridicule les méthodes traditionnelles d'exégèse biblique, sous couleur de les défendre, et les Juifs « tumultueux et puants » offraient à son persiflage une cible de choix. En voici un échantillon :

« Conformément au proverbe et à la croyance commune du genre humain, le monde est infecté par les Juifs. C'est pourquoi Ammien Marcelin, très heureusement pour notre propos, parlant des Juifs, les appelle *Juifs tumultueux et puants.* Comment cette marque d'infamie a été apposée sur eux ? Est-ce à cause de la mauvaise odeur qu'ils dégagent suivant l'opinion commune, ou de quelque autre manière ; cela importe peu à notre prophétie et à son type et même si leurs corps ne puent pas et n'ont jamais pué, leurs blasphèmes contre le Christ, les malédictions qu'ils lancent contre son Eglise, et leurs fausses gloses de l'Ecriture, suffisent pour rendre leur nom odieux et abominable. Dernièrement, je m'aperçus que saint Jean semble vouloir dire que les grenouilles sont un symbole des personnes animées d'un esprit mensonger et diabolique ; il parle de trois esprits particulièrement impurs, semblables aux grenouilles. Je suis convaincu qu'il parle de trois Juifs dont je connais bien les noms et les mensonges, et je sais aussi comment ils sont sortis de la bouche du Dragon, mais ce n'est pas mon affaire d'expliquer et de dévoiler cette prophétie. » *(The Old Apology for the Truth of the Christian Religion*, 1732.)

On voit comment les Juifs, par leur seule existence, pouvaient *témoigner* indifféremment pour la fausseté du christianisme, ou pour sa vérité ; jeux de l'esprit animés par d'obscures passions élémentaires, en vertu desquelles un antisémitisme primaire peut servir d'étai aussi bien à une foi de charbonnier qu'à l'*Ecrasez l'Infâme.*

Vers 1750, l'agitation déiste en Angleterre prit fin aussi subitement qu'elle avait commencé au début du siècle. Peut-être n'aurait-elle constitué, en ce qui concerne notre sujet, qu'une curiosité historique (d'autant que certains arguments de nos polémistes se trouvent déjà en germe chez Spinoza [1]), si elle n'avait pas servi de réservoir d'idées et même de prête-noms à Voltaire, le grand prophète de l'antisémitisme anticlérical moderne.

1. Cf. le tome précédent, *L'Age de la foi*, pp. 225-226.

II

La France des lumières

La sensibilité protestante.

Cette haine qu'on a pour eux [*les Juifs*] *est extraordinaire,* s'étonnait Mme de Sévigné. *Mais d'où vient cette puanteur qui confond tous les parfums ? — C'est sans doute que l'incrédulité et l'ingratitude sentent mauvais comme la vertu sent bon... Je sens de la pitié et de l'horreur pour eux, et je prie Dieu avec l'Eglise qu'il leur ôte le voile qui les empêche de voir que Jésus-Christ est venu...* (lettre du 26 juin 1689).

Tel semble bien avoir été l'avis général de la société française au siècle de Bossuet. Il est vrai qu'une censure rigide empêchait l'expression d'une vue contraire, et nous avons mentionné dans notre volume précédent les déboires de l'érudit Richard Simon. Jusqu'à la mort du Roi-Soleil, il existait au sujet des Juifs une seule vérité officielle en France, dont les canons peuvent être illustrés par la mésaventure arrivée en 1710 au pasteur Jacques Basnage.

Cet historien calviniste avait publié en Hollande une *Histoire des Juifs* dans laquelle, pour la première fois en Occident, il tentait d'appliquer à ce difficile sujet les règles de la critique historique. Son ouvrage fit sensation à travers l'Europe érudite, et un théologien réputé, l'abbé Louis Dupin, jugea utile de le reproduire en France, après l'avoir remanié conformément aux exigences de la vérité catholique. Le pauvre Basnage n'eut d'autre recours que celui d'une protestation impuissante : « On m'a enlevé l'*Histoire des Juifs* ; on a effacé mon nom, on y a inséré des sentiments qui je n'ai pas[1]... » La contrefaçon de Dupin, en effet, comptait plus d'une centaine de remaniements, portant sur des faits ou des jugements qu'il ne convenait pas de répandre en France. Ainsi, Basnage avait mis en doute que l'empereur Constantin eut fait couper les oreilles aux Juifs ; Dupin donnait le fait comme vrai, sur l'autorité de Jean Chrysostome. Basnage avait qualifié de débauché le roi Dagobert, qui les avait expulsés ; Dupin eut à cœur de rétablir ce monarque dans ses vertus. Et ainsi de suite, de siècle en siècle ; le dernier remaniement était aussi le plus important. Traitant de l'expulsion des Juifs d'Espagne, un sujet gros d'allusions à la révocation de l'édit de Nantes, Basnage avait critiqué Ferdinand et Isabelle d'avoir « désolé un grand et vaste royaume » ; il va de soi que Dupin s'était empressé de changer cela, pour louer hautement cette mesure aussi légitime que sage.

On voit par là comment leur histoire douloureuse, une histoire qui, à l'aube du XVIIIe siècle, assignait aux protestants français le rôle de levain cosmopolite dans le mouvement général des idées, les incitait à réfléchir sur la signification des tribulations des Juifs et à réviser les idées reçues à leur sujet. C'est dans les « refuges » de Hollande et de Genève que s'élaboraient, sous l'égide de Pierre Bayle, le grand apôtre de la tolérance, les vues nouvelles. Par la suite, tout au long du Siècle des Lumières, lorsque des voix de plus en plus nombreuses s'élèveront pour réclamer la promotion des Juifs au nom d'un idéal d'humanité abstraite, les auteurs protestants seront à peu près les seuls à manifester de l'intérêt à ce que le « judaïsme a à dire », ainsi que s'exprimera Jean-Jacques Rousseau. Nous avons déjà signalé la faveur relative dont bénéficiaient les enfants d'Israël dans les pays de tradition calviniste, mais dans le cas des réformés français, cette sympathie a été décuplée par une histoire tragique, qui multipliait sous les aspects les plus divers les affinités et les ressemblances. Il s'agissait d'une *sympathie* au sens le plus profond du mot, de la part d'un groupe humain qui, en raccourci, avait traversé les

1. *L'histoire des Juifs, réclamée et rétablie par son véritable auteur, M. Basnage, contre l'édition anonyme et tronquée qui s'en est faite à Paris chez Roulland, 1710*, Rotterdam, 1711, préface, p. 16.

mêmes épreuves. Tout compte fait, un Drumont n'aura pas entièrement tort de qualifier les protestants français de « demi-Juifs ».

Pierre Bayle, dont le célèbre *Dictionnaire historique* a affiné le sens critique de plusieurs générations européennes et mérite encore d'être médité aujourd'hui, a eu une biographie quelque peu marrane puisque, à l'âge de vingt ans, il jugea à propos, pour des raisons qui restent obscures, de se convertir au catholicisme ; mais il quitta bientôt le sein de l'Eglise romaine. Après quelques années de vie errante, il s'établit à Rotterdam et consacra son existence à la dénonciation des fanatismes et des obscurantismes de toute obédience, avec une passion avivée par une tragédie personnellement vécue (à la suite de l'un de ses écrits, son frère, demeuré en France, fut jeté en prison et y mourut). Cet anticlérical ardent restait foncièrement chrétien au fond de son cœur et mettait en garde contre « les poudres corrosives de la philosophie » ; mais ce merveilleux dialecticien sut montrer mieux que tout autre philosophe, avant David Hume, la stérilité qu'il y a à vouloir étayer la foi par les arguments de la raison. Son *Dictionnaire* « reste le réquisitoire le plus accablant qu'on ait jamais dressé pour la honte et la confusion des hommes » ; il y distribuait les coups avec une impartialité parfaite, et si les Juifs en recevaient une bonne part, cela ne tenait pas à lui, mais à la place de choix qui leur incombe dans la tradition chrétienne. S'il s'en prenait aux « préjugés de ce misérable peuple », il attaquait avec encore plus de vigueur ceux des Chrétiens du passé et du présent. Il reprochait à l'Eglise catholique d'Espagne de « traiter le christianisme comme un vieux palais qui a besoin d'étançons, et le judaïsme comme une forteresse qu'il faut cantonner et bombarder incessamment », et il réclamait pour les Juifs le droit à la liberté de pensée et de culte, comme pour toutes les autres sectes, opinions ou écoles, pour le « Juif, Païen, Mahométan, Romain, Luthérien, Calviniste, Arminien, Socinien... » (*Traité de tolérance universelle*, 1686). De sa production, immense mais fragmentaire, il est difficile de dégager une conception systématique au sujet des enfants d'Israël ; mais on peut raisonnablement supposer qu'il partageait celle développée dans son *Histoire* par son ami et exécuteur testamentaire Jacques Basnage, encore que ce pasteur eût été un calviniste plus conformiste que lui ; une conception qui reflète sans doute les vues dominantes et diffuses du protestantisme français, à cette époque.

Le propos de Basnage était d'écrire une histoire des Juifs, en commençant là où « Josèphe a fini », c'est-à-dire à la seconde destruction du Temple. « Nous ne sommes agités d'aucune passion, annonçait-il dans sa préface ; nous rapportons tout ce que nous avons pu déterrer qui regarde les Juifs, avec une exacte fidélité. Le Chrétien ne doit pas trouver étrange que nous déchargions très souvent les Juifs de divers crimes dont ils ne sont point coupables, puisque la Justice le demande ; et que ce n'est point prendre parti que d'accuser d'injustice et de violence ceux qui l'ont exercée... » Ainsi donc, Basnage était décidé à dissiper les légendes sanglantes qui s'étaient agglomérées au cours des siècles autour du thème initial du déicide. De même, il estimait démesuré le châtiment que le Tout-Puissant avait infligé aux enfants d'Israël, et on sent même percer à certains endroits une discrète réprobation ; il est peut-être significatif qu'il n'utilise pas à ce propos le terme de *miracle*, mais celui de *prodige* :

« Si Dieu s'était contenté de punir les chefs de la nation, les scribes et les pharisiens qui avaient crié : *Crucifie, crucifie !* si le châtiment s'était arrêté sur la tête des coupables, on n'en serait pas étonné ; mais il a passé de génération en génération, de siècle en siècle. On a déjà vu couler dix sept cents ans de misère et de captivité, sans qu'on découvre encore aucune apparence de soulagement. L'événement est sans exemple. Une seconde circonstance relève ce *prodige :* car cette nation malheureuse ne trouve presque pas un seul lieu dans toute la terre où elle puisse reposer la tête, ni avoir son pied... »

Non moins caractéristique de la sensibilité calviniste est la conclusion de Basnage : « Dieu seul connaît le temps auquel il rappellera cette nation élue... » Mais l'effort critique de notre auteur était comme frappé de paralysie lorsqu'il s'agissait d'expliquer les ressemblances entre les paraboles évangéliques et les paraboles talmudiques ; plutôt que d'admettre une filiation judaïque, il préfère presque croire que le Christ « ait copié les écrits grecs » !

La sensibilité nouvelle se manifeste également chez Marie Huber, une théologienne génevoise qui connut son heure de célébrité. Dans *Le monde fou préféré au monde sage...* (1731), elle met en scène deux Juifs droits et purs, qui se sentent attirés par le message de Jésus, mais qui sont rebutés par la société chrétienne, car « tous les Chrétiens, de quelque secte qu'ils puissent être, sont très uniformes dans un point. Ce point est l'amour des richesses, le désir insatiable d'amasser ; à cet égard, ils sont plus Juifs que les Juifs eux-mêmes... » Le Juif qui le constate s'étonne « de voir des hommes qui reconnaissent pour leur roi un Jésus de Nazareth, fils de charpentier, pauvre et abject, jouer de toutes leurs forces pour s'élever, s'enrichir ; en un mot, pour être son antipode dans le monde... » L'un des personnages de Marie Huber, Philon, commente : « Je veux faire connaissance avec eux ; et tout Juifs qu'ils sont, je n'aurai point de honte à recevoir d'eux des leçons sur ce qui fait l'essence du christianisme. » Le principal porte-parole de l'auteur, Eraste, qui introduit les deux Juifs, est un négociant, ce qui ne laisse pas d'être caractéristique ; par-delà les persécutions, les affinités entre protestants et Juifs se retrouvent, sur le plan de leur occupation majeure, à laquelle leurs tribulations respectives nous l'avons déjà fait observer, ont été dans l'ensemble profitables...

Sur le plan théologique, l'étude personnelle des Ecritures poussait certains esprits à « judaïser » de manières diverses et, à la limite, à décider de se faire juifs. Pour le monde germanique, l'historien H.J. Schœps, dans son *Philosemitismus im Barock*, a exhumé plusieurs cas de ces dernières hardiesses ; parmi les réformés français, on peut citer le pasteur Nicolas Antoine, qui fut brûlé à Genève en 1632, et le célèbre critique et philologue Claude Saumaise qui, sur son lit de mort, déclarait que la religion juive était la seule vraie. L'un comme l'autre étaient des transfuges du catholicisme, et leur quête spirituelle trouvait de la sorte un ultime aboutissement.

Mais c'est un strict défenseur de l'orthodoxie calviniste, le pasteur Jurieu, le grand adversaire de Bossuet, qui promettait aux Juifs (dans son *Accomplissement des prophéties...*) que « Jérusalem leur doit être rebâtie et qu'ils seront rassemblés dans leur terre ». Ainsi, dès la fin du XVIIe siècle, la théologie réformée préfigurait à sa manière le futur rêve des sionistes. Au jugement du théologien catholique Richard Simon, Jurieu « appuyait manifestement la religion des Juifs et détruisait en même temps la religion chrétienne ». On voit la multiplicité des manières directes ou indirectes dont la Réforme conduisait la société occidentale à réviser ses jugements sur les Juifs et le judaïsme, en même temps que sur la religion en général. Nous en revenons ainsi à son rôle décisif dans la mise en question des croyances établies, puisqu'elle permettait aux douteurs de chaque camp de prêter l'oreille à la propagande adverse. Pour parler avec David Hume « tous les systèmes religieux sont sujets à de grandes difficultés ; chaque controversiste triomphe à son tour, tant qu'il mène une guerre offensive et expose les absurdités, les barbarismes et les pernicieuses doctrines de son adversaire. Mais tous préparent, en somme, un triomphe complet pour le sceptique... ».

Montesquieu. Les physiocrates.

Parmi les systèmes de gouvernement que décrit l'auteur de *L'Esprit des lois*, la théocratie n'a pas de place, et c'est à peine si on trouve dans son œuvre maîtresse des références à l'Ancien Testament. Il s'abstient de critiquer ou de tourner en ridicule la loi de Moïse ; pourtant, celle-ci ne pouvait manquer de choquer ce champion du droit naturel. La qualité de l'esprit de Montesquieu ressort encore pour nous de la manière dont il traite des Juifs dans l'ensemble de ses écrits : il ne leur accorde pas une place hors de proportion ; il ne les attire qu'exceptionnellement aux fins d'une démonstration soit de la vérité, soit de l'erreur des croyances et des institutions établies ; il fait nettement le départ entre les Juifs du passé et ceux du présent ; et il ne cède pas à la tentation facile de faire de l'esprit aux dépens des uns ou des autres.

Dès les *Lettres persanes*, cependant, la situation paradoxale du judaïsme retenait l'attention de Montesquieu :

« (Usbek à Ibben) : Tu me demandes s'il y a des Juifs en France ? Sache que, partout où il y a de l'argent, il y a des Juifs. Tu me demandes ce qu'ils y font ? Précisément ce qu'ils font en Perse ; rien ne ressemble plus à un Juif d'Asie qu'un Juif européen. Ils font paraître parmi les Chrétiens, comme parmi nous, une obstination invincible pour leur religion, qui va jusqu'à la folie.

« La religion juive est un vieux tronc qui a produit deux branches qui ont couvert toute la terre, je veux dire le mahométisme et le christianisme ; ou plutôt, c'est une mère qui a engendré deux filles qui l'ont accablé de mille plaies : car en fait de religion, les plus proches sont les plus grandes ennemies. Mais, quelques mauvais traitements qu'elle en ait reçus, elle ne laisse pas de se glorifier de les avoir mises au monde ; elle se sert de l'une et de l'autre pour embrasser le monde entier, tandis que d'un autre côté sa vieillesse vénérable embrasse tous les temps.

« Les Juifs se regardent donc comme la source de toute sainteté et l'origine de toute religion ; ils nous regardent au contraire comme des hérétiques qui ont changé la loi, ou plutôt comme des Juifs rebelles... »

(*Lettres persanes*, LX.)

Dans *L'Esprit des lois,* Montesquieu développe ces idées et, tout compte fait, donne raison aux Juifs. Les deux chapitres qu'il leur consacre traitent successivement du commerce et de la religion. C'est dans l'intolérance des Chrétiens qu'il aperçoit la source de leurs maux, et c'est à elle qu'il attribue, en définitive, leurs mœurs et leur physionomie particulière.

« On vit le commerce sortir du sein de la vexation et du désespoir. » S'élevant contre les préjugés scholastiques à l'encontre des marchands, Montesquieu précise cette pensée comme suit :

« Le commerce passa à une nation pour lors couverte d'infamie, et bientôt il ne fut plus distingué des usures les plus affreuses, des monopoles, des levées de subsides et de tous les moyens malhonnêtes d'acquérir de l'argent. Les Juifs, enrichis par leurs exactions, étaient pillés par les princes avec la même tyrannie : chose qui consolait les peuples, et ne les soulageait pas.

« Ce qui se passa en Angleterre donnera une idée de ce qu'on fit dans les autres pays. Le roi Jean ayant fait emprisonner les Juifs pour avoir leur bien, il y en eut peu qui n'eussent au moins quelque œil crevé : le roi faisait ainsi sa chambre de justice. Un d'eux à qui on arracha sept dents, une chaque jour, donna dix mille marks d'argent à la huitième (...)

« Et je remarquerai, en passant, combien on s'est joué de cette nation, d'un siècle à l'autre. On confisquait leurs biens lorsqu'ils voulaient être chrétiens, et bientôt après, on les fit brûler, lorsqu'ils ne voulurent pas l'être... »

(*Esprit des lois*, XXI, 20.)

C'est encore la flamme des bûchers qu'évoque Montesquieu lorsqu'il s'élève contre l'intolérance religieuse dans la célèbre « Remontrance aux Inquisiteurs » qu'il place dans la bouche d'un Juif :

« Nous vous conjurons, non pas par le Dieu puissant que nous servons vous et nous, mais par le Christ que vous nous dites avoir pris la condition humaine pour vous proposer des exemples que vous puissiez suivre ; nous vous conjurons d'agir avec nous comme il agirait lui-même s'il était encore sur la terre. Vous voulez que nous soyons chrétiens et vous ne voulez pas l'être (...)

« Vous nous faites mourir, nous qui ne croyons que ce que vous croyez, parce que nous ne croyons pas tout ce que vous croyez. Nous suivons une religion que vous savez vous-mêmes avoir été autrefois chérie de Dieu ; nous pensons que Dieu l'aime encore, et vous pensez qu'il ne l'aime plus ; et, parce que vous jugez ainsi, vous faites passer par le fer et par le feu ceux qui sont dans cette erreur si pardonnable de croire que Dieu aime encore ce qu'il a aimé... »

(*Esprit des lois,* XXV, 13.)

Le Montesquieu qui parle de l'« erreur pardonnable » des Juifs, on le retrouve dans ses « Pensées » intimes, lorsque, sous le titre caractéristique de *Doutes,* il médite les mystères de la religion chrétienne et, glosant saint Paul, conclut que les Juifs ne peuvent pas être exclus du salut. On pourrait placer sous le même titre une autre méditation, dans laquelle son intellect exigeant n'aperçoit d'autre issue que le *credo quia absurdum* de Tertullien :

« ... Quelle chose révoltante que le supplice d'un Dieu ! Elle l'était bien plus que toutes les opinions monstrueuses du paganisme (...). Mais cette idée de la Croix, qui est devenue l'objet de notre respect, n'est pas, à beaucoup près, si accablante pour nous qu'elle l'était pour les Romains. Il y a plus : il n'y avait pas de peuple si vil dans l'esprit des Romains, que les Juifs. Tous les ouvrages sont pleins de l'ignominie dont ils les couvraient. C'est cependant un homme de cette nation-là qu'on leur proposa à adorer ; ce sont les Juifs qui l'annoncent, et des Juifs qui se donnent pour témoins... »

A propos des Juifs du présent, il parle en réformateur réaliste :

« Pour rendre le royaume florissant et rétablir les finances (...) on ôterait toutes les taxes données à des particuliers sur les Juifs, et on leur vendrait des privilèges plus étendus moyennant une somme payable en effets royaux pendant trois ans, le tout, d'une valeur d'un million de revenu... »

« Il faudrait faire une ville juive sur la frontière d'Espagne, dans un lieu propre pour le commerce, comme à Saint-Jean-de-Luz ou à Ciboure. Ils y passeraient en foule et achèveraient de porter toutes les richesses qu'ils ont, dans ce royaume. Leur donner seulement les mêmes privilèges qu'ils ont à Livourne, ou même plus, si on voulait... »

Mais c'est en champion éclairé de la tolérance qu'il s'exclame : « Les Juifs sont à présent sauvés : la superstition ne reviendra plus et on ne les exterminera plus par principe de conscience. »

Nous retrouvons une sensibilité du même ordre chez un auteur peu connu, Espiard de la Cour, qui, tout comme Montesquieu, appartenait à une grande et vieille famille de robe. Dans un recueil de « Pensées », ce penseur original raisonnait comme suit :

« Si les Juifs ont les Chrétiens en horreur, ce n'est assurément que par représailles. Ils ont assez souffert dans leurs Etats pour qu'ils en gardent un violent ressentiment.

« Les différents bannissements et rappels de la nation juive, qui se sont exécutés, tour à tour en France et en Espagne, seraient à peine excusables, s'ils avaient été dictés par des motifs de religion ; mais les richesses de ces malheureux, dont les rois voulaient profiter, et les instigations des moines fanatiques en ont toujours été les premières causes.

« Jésus-Christ les a condamnés à errer dans l'Univers, sans avoir aucune patrie ; toutes les contrées du monde doivent donc leur être ouvertes. Ils ne sont nulle part étrangers ni citoyens... »

Curieux raisonnement, dans lequel ce chrétien concluait hardiment qu'il incombe à l'homme d'adoucir les décrets mystérieux de la Providence, reflétant en cela les tendances réformatrices de son temps.

D'autres auteurs réclamaient un rappel des Juifs, au nom de la prospérité générale de la France. Ainsi Ange Goudar, un physiocrate, qui se préoccupait des problèmes de la population. Voici son plaidoyer :

« *Nécessité de rappeler les Juifs en France, pour augmenter la population.*

« Il n'est pas aisé de dire pourquoi notre gouvernement s'est fermé lui-même la porte à une branche de population à laquelle une infinité d'autres Etats de l'Europe l'ont ouverte.

« Les raisons qui firent qu'on chassa autrefois les Juifs de la France n'existent plus (...).

« Les raisons alléguées autrefois contre les Protestants ne sauraient avoir lieu à l'égard des Juifs.

« Cette secte, établie chez nous, ne saurait donner du mouvement à l'ambition d'un parti. L'intrigue et la cabale lui sont entièrement inconnues. C'est dans la nature de la chose. Sa sûreté le demande ainsi. Si les Juifs cessaient un moment d'être fidèles, ils se perdraient pour toujours. Errants, sans chefs, sans patrie, et par conséquent sans moyens pour résister à la plus petite puissance qui voudrait les détruire, la première maxime politique pour eux est de n'en avoir aucune... »

Ce qui n'était pas si mal vu : notre auteur mettait de la sorte le doigt sur la raison traditionnelle pour laquelle un Etat aussi bien policé que la République de Venise prodiguait ses faveurs aux Juifs. Il faisait valoir ensuite les services qu'ils rendaient aux gouvernements en temps de guerre, et passait à son sujet favori, c'est-à-dire la croissance de la population :

« Mais la première cause de la protection que notre gouvernement devrait accorder aux Juifs c'est leur grande population.

« Il n'y a point de peuple sur terre qui multiplie plus qu'eux.

« Cette grande propagation a des causes naturelles (...). Les véritables, ce sont la modération de leurs désirs, une certaine continence nationale, et un éloignement naturel de la débauche. Il n'y a point d'hommes sur la Terre qui, avec tant de défauts, aient si peu de vices... »

Les droits des Juifs étaient également défendus, de manière fort plaisante, par l'abbé Coyer, un polygraphe proche des physiocrates, qui avait été chargé (probablement par Turgot) de rédiger un pamphlet contre le régime des corporations. Dans son *Chimki, histoire cochinchinoise..*, il décrit la triste condition des « Banians », mais il n'y a pas à s'y méprendre, ainsi qu'on le verra :

« ... qu'a-t-on à reprocher aux Banians ? Dispersés dans toute l'Asie, sans chef et sans constitution, nous ne cherchons qu'à subsister par le travail et l'industrie, en nous conformant partout aux lois, aux usages et aux ordonnances des princes. Vos rois, sur la réputation de notre habileté dans la banque, dans le change, dans le courtage, nous ont permis de nous établir dans leurs Etats. Mais on trouve le secret de rendre nulle la protection qu'ils nous accordent. On nous exclut non seulement de toutes les charges et emplois, on nous interdit encore toutes sortes d'arts et de métiers. On nous défend de prendre couleur dans le commerce. Personne n'ignore la requête injurieuse que vos corps de marchands viennent de prendre contre nous. Ils nous reprochent le prêt à usure : il faudra bien en venir là si c'est le seul moyen qu'on nous laisse pour vivre. La *friponnerie* : nous demandons qu'on pende les fripons. Et toujours *le crime originel de notre religion* : il est un peu singulier que des marchands, des artisans, veulent être plus religieux que les rois qui protègent la religion ; plus religieux encore que le Bonze suprême, qui nous voit au nombre de quinze mille dans la ville sainte de Faïfo, qui nous a permis d'y exercer notre culte, et tous les arts... »

Mais d'autres esprits, qui avaient également épousé la cause des « Banians », raisonnaient sur le compte des Juifs d'une tout autre manière.

Voltaire.

Aux temps de la domination hitlérienne en Europe, un agrégé d'histoire, Henri Labroue, n'eut pas de peine à composer un livre de deux cent cinquante pages à l'aide des écrits antijuifs de Voltaire [1]. Dans leur monotonie, les textes ainsi réunis n'ajoutent rien à la gloire du grand homme : c'est d'abord leur licence qui frappe. Par exemple, dans l'adaptation libre qu'il donne du chapitre XXIII d'Ezéchiel :

« Les passages les plus essentiels d'Ezéchiel, les plus conformes à la morale, à l'honnêteté publique, les plus capables d'inspirer la pudeur aux jeunes garçons et aux jeunes filles, sont ceux où le Seigneur parle d'Oolla et de sa sœur Ooliba. On ne peut trop répéter ces textes admirables.

« Le Seigneur dit à Oolla : « Vous êtes devenue grande ; « vos tétons se sont enflés, votre poil a pointé... ; le temps « des amants est venu ; je me suis étendu sur vous... ; mais « ayant confiance dans votre beauté vous vous êtes prostituée « à tous les passants, vous avez bâti un bordel... ; vous avez « forniqué dans les carrefours... On donne de l'argent à toutes « les putains, et c'est vous encore qui en avez donné à vos « amants... »

« Sa sœur Ooliba a fait encore pis : « Elle s'est abandonnée « avec fureur à ceux dont les membres sont comme des « membres d'âne, et dont la semence est comme la semence « des chevaux... Le terme de semence est beaucoup plus « expressif dans l'hébreu... »

Dans sa *Profession de foi...* déiste, Voltaire se fait également le gardien des bonnes mœurs :

« Les mœurs des théistes sont nécessairement pures ; puisqu'ils ont toujours le Dieu de la justice et de la pureté devant eux, le Dieu qui ne descend pas sur la terre pour ordonner qu'on vole les Egyptiens, pour commander à Osée de prendre

1. Henri Labroue, *Voltaire antijuif*, Paris, 1942.

une concubine à prix d'argent et de coucher avec une femme adultère. Aussi ne nous voit-on pas vendre nos femmes comme Abraham. Nous ne nous enivrons pas comme Noé, et nos fils n'insultent pas au membre respectable qui les a fait naître... »

D'une manière générale, c'est surtout l'organe sexuel mâle qui, en cette matière, excitait l'imagination de Voltaire : dans les seules pages 32 à 35 du recueil de Labroue, les mots de « prépuce », « déprépucé », « gland » et « verge » reviennent plus de vingt fois. Mais en *châtrant* ainsi les Juifs, le génial élève des déistes anglais n'obéissait-il pas à une préoccupation supérieure, celle de lutter contre l'obscurantisme ecclésiastique, d'*écraser l'Infâme* ?

Rien n'est plus révélateur que le dépouillement du document capital, document voltairien qu'est le *Dictionnaire philosophique*. Sur ses cent dix-huit articles, une trentaine prennent à partie les Juifs, *nos maîtres et nos ennemis, que nous croyons et que nous détestons* (art. « Abraham »), *le plus abominable peuple de la terre* (art. « Anthropophage »), *dont les lois ne disent pas un mot de la spiritualité et de l'immortalité de l'âme* (art. « Ame »), et ainsi de suite, jusqu'à « Torture », et jusqu'à Z. « Job », qui trouve grâce aux yeux de Voltaire, n'est point Juif ; il est Arabe. L'article « Juif » est l'article le plus long du *Dictionnaire* (30 pages). Sa première partie (rédigée vers 1745) s'achève ainsi : ... *vous ne trouverez en eux qu'un peuple ignorant et barbare, qui joint depuis longtemps la plus sordide avarice à la plus détestable superstition et à la plus invincible haine pour tous les peuples qui les tolèrent et qui les enrichissent* ; suit la fameuse recommandation qui dans un tel contexte produit l'effet d'une clause de style : *Il ne faut pourtant pas les brûler*. Plus significative encore est la dernière partie de cet article (« Septième Lettre »), rédigée en 1770. Le patriarche de Ferney y harangue des Juifs imaginaires, au nom de la Chrétienté : « *Nous vous* avons pendus entre deux chiens pendant des siècles ; *nous vous* avons arraché les dents pour vous forcer à nous donner votre argent ; *nous vous* avons chassé plusieurs fois par avarice, et *nous vous* avons rappelés par avarice et par bêtise... », et ainsi de suite ; mais, en définitive, les Juifs sont tous aussi coupables que leurs bourreaux chrétiens, sinon davantage : « Toute la différence est que *nos* prêtres vous ont fait brûler par des laïcs, et que *vos* prêtres ont toujours immolé les victimes humaines de leurs mains sacrées... » (Nous reviendrons encore à cette obsession voltairienne du meurtre rituel.) Suit cette recommandation : « Voulez-vous vivre paisibles ? imitez les Banians et les Guèbres ; ils sont beaucoup plus anciens que vous, ils sont dispersés comme vous. Les Guèbres surtout, qui sont les anciens Persans, sont esclaves comme vous après avoir été longtemps vos maîtres. Ils ne disent mot ; prenez ce parti. » En conclusion, enfin : *Vous êtes des animaux calculants, tâchez d'être des animaux pensants.* Cette comparaison entre le Chrétien qui pense et le Juif qui calcule, anticipe l'à priori de l'antisémitisme raciste, décrétant la supériorité de l'intelligence créatrice des Chrétiens, devenus des Aryens, sur le stérile intellect des Juifs. On retrouve le même Voltaire moderne lorsqu'il affirme que les Juifs sont *plagiaires en tout,* ou lorsqu'il écrit, dans l'*Essai sur les mœurs* : « On regardait les Juifs du même œil que nous voyons les Nègres, comme une espèce d'homme inférieure. »

La phobie antijuive de Voltaire était bien connue par ses contemporains ainsi que par la postérité immédiate, et elle frappait tant ses amis que ses ennemis. « Quand je dis, écrivait Louis de Bonald, que les Juifs sont l'objet de la bienveillance des philosophes, il faut en excepter le chef de l'école philosophique du XVIIIe siècle, Voltaire, qui, toute sa vie, a montré une aversion décidée contre ce peuple infortuné... » Pour ce qui est du camp philosophique, voici ce qu'en pensait le prince de Ligne, qui, au cours des huit journées qu'il passa à Ferney, dut en entendre de belles de la bouche de l'intarissable patriarche : « M. de Voltaire ne s'est déchaîné autant contre Jésus-Christ que parce qu'il était né parmi une nation qu'il abhorrait. Il en était le Fréron, et c'est le seul tort de M. de Voltaire. » La boutade donne à réfléchir, et elle pourrait porter loin.

Voltaire fut-il antijuif parce qu'il était anticlérical, ou son combat contre l'Infâme était-il animé par sa haine du peuple de la Bible ? Dans son dernier écrit important, *La Bible enfin expliquée...* (1776), à nouveau il se fait *Chrétien,* pour combattre *six Juifs* ; il avait employé le même procédé ironique en 1762 dans sa réponse à Isaac Pinto, qui lui reprochait *d'écraser un peuple déjà trop malheureux,* et son ironie se doublait de mauvaise foi polémique ; il promettait au Juif d'amender les passages dont celui-ci se plaignait, mais il ne tint pas parole.

Cette réponse, dictée par Voltaire au plus haut de l'affaire Calas qui servit de point de départ à ses grandes campagnes contre l'intolérance, il la signa : *Voltaire, chrétien, gentilhomme ordinaire de la chambre du Roi Très Chrétien,* lui qui, cinq jours plus tard, annonçait à son fidèle Damilaville : « ... je finis toutes mes lettres par dire *Ecrasez l'Infâme,* comme Caton disait toujours : « Tel est « mon avis, et qu'on ruine Carthage. » Ne retrouvons-nous pas ici le jeune Voltaire, celui qui, en 1715, s'exclamait dans son ode *Le vrai Dieu* : « L'homme est heureux d'être perfide, et coupable d'un déicide, tu nous fais devenir des Dieux ! » Il semble bien que les antisémites connaissent ce genre de jouissances divines.

Voltaire, antisémite ? Entendons-nous sur la signification permanente du terme. Pour les apôtres d'une raison universelle, une attitude critique devant le judaïsme allait de soi, et c'est en bonne logique qu'ils le qualifiaient de superstition ; mais nous verrons que, dans la pratique, ils accordaient au combat sur ce front une importance infiniment variable. Dans la mesure où, en s'attaquant à la Révélation de Moïse ils défiaient, en même temps que l'autorité de l'Eglise et de l'Etat, celle, « intériorisée », du père, le tour que prenait sur ce point précis leur polémique ne laisse pas d'être significatif pour la structure profonde de leur personnalité. Un rebelle de génie tel que le marquis de Sade ne traite nulle part des Juifs (à l'exception d'une mention apitoyée dans *Aline et Valcour* [1]), comme si sa prodigieuse agressivité, tournée pour l'essentiel contre lui-même, n'avait nul besoin d'être *projetée* sur ces symboles par excellence d'un Dieu le Père, vengeur et cruel.

Depuis longtemps, les biographes de Voltaire ont mis en évidence, chacun en son langage, les traumatismes infantiles qui pesèrent sur la vie de ce génie précoce : la vie d'un homme qui ne fonda pas de foyer, et auquel on ne connaît pas de virile passion amoureuse ; d'un homme sujet à des maladies et des fièvres indéfinissables, et travaillé par la peur de la mort ; d'un homme, enfin tourmenté par des angoisses et par des obsessions san-

1. « Les malheureux pères de votre religion, les Juifs, se brûlaient en Espagne en récitant les mêmes prières que ceux qui les déchiquetaient... » (*Aline et Valcour,* Ed. du Livre Précieux, p. 269.) Le grand spécialiste et éditeur de l'œuvre de Sade qu'est M. Gilbert Lély a bien voulu nous confirmer qu'on n'y trouve aucune autre mention des Juifs.

guinaires, dont sa prodigieuse vitalité ne triomphait qu'en les *intégrant* de manière adéquate, c'est-à-dire en transmuant leur dynamisme psychique en frénétique agressivité. Si un *Infâme* aux contours peut-être imprécis en était la cible principale, il lui arrivait aussi de tourner en dérision, avec une véhémence qu'un Céline n'eut pas désavouée, le genre humain en son entier, et l'homme devenait pour lui un « être misérable, qui est à peine un mode de l'Etre, un embryon né entre de l'urine et des excréments, excrément lui-même, formé pour engraisser la fange d'où il sort ». Les critiques littéraires n'ont également pas manqué de relever la répétition dans les tragédies de Voltaire du thème de *parricide,* ce qui suggère une homosexualité latente, d'où les angoisses de la castration : hypothèse à laquelle, en plus de ses écrits, ce qu'on sait de sa première enfance donne une réelle consistance. Sans raison apparente, il s'attribuait lui-même une filiation adultérine. Il est certain qu'il fut un enfant mal aimé, privé tout jeune de sa mère, et qui souffrit de la dureté et du fanatisme janséniste d'un père *grondeur comme Grinchard,* et d'un frère aîné aux *mœurs féroces* auquel il garda rancune sa vie durant ; il est remarquable que le Voltaire de l'âge mûr, qui n'a que du fiel pour les patriarches de la Bible, fait exception pour Joseph vendu par ses frères, se laisse aller à des sentiments et s'attendrit jusqu'aux larmes sur son sort. Plus tard encore, sur ses vieux jours, n'est-ce pas l'immortel enfant blessé qui se manifeste, lorsque Voltaire écrit, dans sa *Première lettre aux Juifs* : « Je sais que l'*instrument* ou prépuce ou déprépucé a causé des querelles bien funestes... »

Restent les déterminations sociales, celles qui purent inciter cet enfant frustré à demander ses comptes à tel substitut parental, plutôt qu'à tel autre, à *investir* ses haines irraisonnées, la spécificité de l'antisémitisme consistant précisément en ce que le peuple dit de Dieu, qui est au surplus circoncis, constitue pour la logique de l'inconscient chrétien l'objectif le plus raisonnable. Résumons ces déterminations dans le cas de Voltaire : famille paternelle bourgeoise et pieuse, mais du côté maternel, de tout autres influences : un ami de sa mère, l'abbé de Châteauneuf, lui faisait réciter les couplets de *La Moïsade* dès ses premières années :

Le mensonge subtil passant pour vérité
De ce législateur [Moïse] fonda l'autorité,

Et donna cours aux croyances publiques
Dont le monde fut infecté.

Les avait-il présents à l'esprit, ces couplets libertins, lorsqu'une vingtaine d'années plus tard il écrivait *La Henriade* ? On notera la ressemblance :

Le prêtre de ce temple est un de ces Hébreux
Qui, proscrits sur la terre, et citoyens du monde
Portent de mers en mers leur misère profonde,
Et d'un antique amas de superstitions
Ont rempli depuis longtemps toutes les nations.

Ce prêtre est un magicien juif, officiant parmi les Ligueurs qui veulent assassiner en effigie Henri III. L'opération échoue, et « les Seize éperdus, l'Hébreu saisi d'horreur, vont cacher dans la nuit leur crime et leur terreur » (dans une note, Voltaire affirme que Catherine de Médicis avait fait venir en France des Juifs détenteurs des « secrets de la Cabale » ; mais l'histoire n'en sait rien).

Le phantasme du crime rituel surgit dans l'esprit de Voltaire à d'autres occasions. Ainsi, lorsqu'en dictant ses mémoires il cite, à quarante ans de distance, les paroles de *cette belle chanson* jadis entendue par lui à Bruxelles :

Gaudissons-nous, bons Chrétiens, du supplice
Du vilain Juif appelé Jonathan
Qui sur l'autel a, par grande malice
Assassiné le Très-Saint Sacrement.

Les années passées par Voltaire adolescent chez les jésuites de Louis-le-Grand n'étaient sans doute pas de nature ni à le soulager de ses terreurs [1] ni à tempérer son animosité à l'égard des enfants d'Israël.

Vinrent ensuite les escapades et folies de jeunesse, qui aboutiront à l'humiliation des coups de bâton du chevalier de Rohan, et l'exil en Angleterre. A son arrivée à Londres, il disposait, écrit-il, d'une lettre de change de vingt mille francs, tirée sur un banquier juif qui venait de faire faillite. On connaît l'admirable pirouette voltairienne :

1. Cf. l'évocation que faisait Voltaire de la « chambre des méditations » : « C'est ainsi qu'on sortait autrefois de la chambre des méditations chez les jésuites : l'imagination s'enflamme à ces objets, l'âme devient atroce et implacable. » (*Avis public sur les Calas et les Sirven*, XXV, 527.)

« Lorsque M. Medina, votre compatriote, me fit à Londres une banqueroute de vingt mille francs, il y a quarante-quatre ans, il me dit que « ce n'était pas de sa faute, qu'il était « malheureux, qu'il n'avait jamais été enfant de Bélial, qu'il « avait toujours tâché de vivre en fils de Dieu, c'est-à-dire en « honnête homme, en bon Israélite ». Il m'attendrit, je l'embrassai, nous louâmes Dieu ensemble, et je perdis quatre-vingts pour cent. »

Il est intéressant de constater qu'à l'époque où il « embrassait Medina », le Voltaire des années anglaises manifestait en effet quelque bienveillance aux enfants d'Israël. Il fréquentait la famille d'un autre banquier juif, d'Acosta, qui finit par le tirer d'affaire (mais qui devint alors pour Voltaire un anonyme « gentilhomme anglais » que son étoile lui avait envoyé pour le sauver). Pour les natures antisémites, l'argent ne manque pas d'odeur, et c'est celui des Juifs qui dégage les effluves les plus agréables ; on perçoit de la sorte leur ambivalence, leur attirance secrète pour l'objet de leurs fureurs. Pour faire plaisir à son banquier, Voltaire inséra, dans l'édition anglaise de *La Henriade* des vers sur le fanatisme anti-juif :

Il vient : le Fanatisme est son terrible nom
...
... lorsqu'au Fils de Dieu Rome enfin fut soumise
Du capitole en cendres il passa dans l'Eglise :
...
Dans Madrid, dans Lisbonne, il allume ses feux,
Ces bûchers solennels où des Juifs malheureux
Sont tous les ans en pompe envoyés par les prêtres
Pour n'avoir point quitté la foi de leurs ancêtres.

Ce qui est autrement significatif, on trouve dans les carnets de Voltaire les notations suivantes :

« Mme d'Acosta dit, en ma présence, à un abbé qui voulait la faire chrétienne : « Votre Dieu est-il né Juif ? — Oui. « — A-t-il vécu Juif ? — Oui. — Eh bien, soyez donc Juif. »

« England is meeting of all religions, as the Royal exchange is the rendez-vous of all foreigners. When I see Christians cursing Jews, methinks I see children beating their fathers. Jewish religion is the mother of Christianity, and grand mother of the mahometism. »

Sont-ce quelques amis juifs qui lui inspirèrent ces réflexions ? Toujours est-il qu'à son retour d'Angleterre il décide de faire fi des préjugés français contre les affaires de Bourse et de finance, et commence à s'enrichir de la manière qu'on sait. C'est quelques mois après ce retour que, frisant l'illégalité, il réalise la plus astucieuse et la plus profitable opération de sa vie : le coup de la loterie Pelletier-Desforts lui rapporte, à l'en croire lui-même, près d'un million de livres. Ce faisant, il se conduit en *Juif*, selon la terminologie du temps, ce qui ne pouvait manquer de lui attirer des quolibets, et même quelques avanies plus sérieuses. Ainsi, une vingtaine d'années plus tard, lors de la fameuse affaire Hirschel, une « sale affaire », au jugement de Frédéric II, et qui lui valut le dur épigramme de Lessing. Comment le brillant dramaturge évita-t-il le piège que le plus rusé des Juifs de Berlin lui avait tendu ? demande le poète. Voici la réponse :

Pour dire très brièvement
Pourquoi cette affaire
A mal tourné pour le Juif,
La réponse est à peu près la suivante :
Monsieur de V. fut un plus grand fripon que lui.

Quel intérêt Voltaire avait-il, une fois sa fortune faite en 1730-1731, de se lancer dans des affaires douteuses et, au surplus, d'envergure médiocre, telle que le fut l'affaire Hirschel ? Au jugement d'un biographe de Voltaire financier, « étant venu aux affaires dans le dessein de s'enrichir, il se prend au jeu, et les affaires deviennent leur fin en soi (...) le génie de l'homme d'affaires déroba peut-être au génie de l'écrivain plus de temps qu'on ne le pense ». Par la suite, Voltaire ne craignit pas de prendre des parts dans une entreprise nantaise de traite des noirs, placement rémunérateur au premier chef, il devient « l'un des vingt personnages les mieux rentés du royaume ». Peu digne d'un philosophe, une telle conduite, tout en contribuant à mieux assurer son indépendance d'écrivain et de penseur, n'a en fait pas diminué la dépendance intérieure de ce fils de notaire vis-à-vis des rois et des princes, ainsi que l'attestent tant de détails de sa biographie. Qu'il cherchât alors à se débarrasser du Juif en lui, en s'en prenant aux Juifs publics et notoires, en reportant sur ces boucs émissaires sa réprobation de soi, ne serait que trop naturel.

Mais sa grande ferveur antisémite, telle que la révèlent ses écrits, date de sa dernière période, c'est-à-dire des quinze années de vieillesse au cours desquelles, atteignant, avec les affaires Calas et La Barre, une grandeur prophétique, il entreprend de refaire la société de son temps et devient le Messie incontesté du Siècle des Lumières. Après avoir beaucoup détruit, il s'applique alors à reconstruire ; en même temps que les esprits de l'Europe, il régente en bon père de famille son domaine de Ferney ; l'artiste en lui a enfin trouvé le grand rôle de sa vie.

« J'ai fait plus en mon temps que Luther et Calvin. » Voici que se dresse devant nous le Voltaire de l'attente eschatologique, le chef d'une nouvelle Eglise déiste, qui espère pour le lendemain une ère messianique, instaurée grâce à son verbe, et son « petit troupeau » d'apôtres, et qui rêve d'enrôler dans sa croisade les despotes éclairés, le Voltaire qui, dans ses lettres et ses écrits, s'exclame : *On a fait une petite réforme au XVI*^e^ *siècle, on en demande une nouvelle à grands cris. Un beau siècle se prépare... Une nouvelle révolution commence... Il suffirait de deux ou trois ans pour faire une époque éternelle.* D'Alembert, son disciple préféré, est celui *dont Israël attend le plus.* Obligé de boire son calice juif jusqu'au fond, le patriarche de Ferney est aussi le Voltaire qui décocha à l'éternel concurrent et modèle, au vieil Israël de toujours, les flèches les plus nombreuses et les plus cruelles : si l'on songe à la courbe de l'existence d'autres grands fondateurs de religion, un Mahomet, un Luther, on en vient à se demander s'il ne s'agit pas, à une telle altitude, d'un besoin psychologique inéluctable.

Voltaire, Juif ? Si, d'aventure, il l'avait été (après tout, de son vivant, le plus populaire philosophe d'Allemagne s'appelait Moïse Mendelssohn), la postérité aurait excellé à retrouver en ce grand démolisseur, mieux encore qu'en un Heine ou un Karl Marx, l'inquiet tempérament juif, ou l'âme juive négatrice et éternelle. Tel qu'il fut, sans doute n'y eut-il pas, aux temps modernes, d'homme à exciter, avec un art pareil, la fibre antisémite qui sommeille dans tant de cœurs, ceux des Juifs non exclus. Sur ce front mouvant, l'Eglise, cherchant à serrer les rangs, face aux campagnes de cet homme seul, semblait déjà ébaucher un renversement d'alliances : à témoin, les apologétiques *Lettres de quelques Juifs,* dues à l'abbé Guénée, ou les conclusions surajoutées aux *Mœurs des Israélites,* de l'abbé Fleury :

« XX. Ce peuple, au milieu de tant de revers, de tant de

calamités, conserve toujours une ferme espérance de voir un jour l'accomplissement des promesses qui lui ont été faites. Il soupire après le Messie, conserve une ferme espérance d'être un jour rétabli dans sa première splendeur, et a toujours les yeux tournés vers Jérusalem, comme le lieu destiné à sa gloire. Voilà certainement de quoi pour méditer pour ceux qui décrient le peuple juif et qui, ne voyant pas en lui l'instrument de la providence, ne le regardent que comme une nation vile et abandonnée à la superstition la plus absurde, et à la cupidité la plus insatiable. »

Quant aux rares Juifs français « éclairés » du temps, ils ne semblent pas avoir tenu rigueur à Voltaire, et aujourd'hui encore, la grande majorité de leurs descendants reprendrait à son compte, à propos de ce « patron des démocrates » (Julien Benda) ce qu'écrivait le sage Zalkind Hourwitz qui, lui, jugeait le patron des futurs antisémites :

« Il se peut bien que Voltaire en ait moins voulu aux Juifs modernes qu'aux anciens, c'est-à-dire au tronc du christianisme contre lequel il vise sans cesse. Quoi qu'il en soit, les Juifs lui pardonnent tout mal qu'il leur a fait, en faveur du bien qu'il leur a fait, quoique sans le vouloir, peut-être même sans le savoir ; car s'ils jouissent depuis quelques années d'un peu de repos, ils en sont redevables au progrès des Lumières, auquel Voltaire a sûrement plus contribué qu'aucun autre écrivain, par ses nombreux ouvrages contre le fanatisme. »

Des générations durant, en effet, les Juifs émancipés croyaient se reconnaître dans le masque crispé du champion de la tolérance, dans le pacifiste mystique qui eut en horreur les bûchers, et aussi dans le génial pourfendeur des mystères chrétiens. « Je n'y comprends rien assurément ; personne n'y a jamais rien compris, et c'est la raison pour laquelle on s'est égorgé. » Egorgés de toujours, ils ne voyaient dans Voltaire que le porte-drapeau de la démocratie bourgeoise, pacifique et laïque, sans se douter de ce que l'écrasement de l'*Infâme* préludera (à travers autant de médiations qu'on le voudra) à des égorgements autrement vastes.

Rousseau.

Si on essaie d'appliquer à Jean-Jacques Rousseau la grille existentielle dont nous venons de nous servir pour Voltaire, on voit aussitôt que de nombreux éléments se trouvaient réunis pour le disposer favorablement à l'égard des enfants d'Israël. Famille et arrière-plan calviniste ; conscience tourmentée, sensibilité maladive ; soif de justice, intolérance au succès, haine de la *philosophie commode des heureux et des riches* ; et l'on sait déjà la manière dont l'homme fit de sa vie un gâchis, fuyant ses pareils et frisant parfois la folie de la persécution. Mais nous ne creuserons pas plus loin le vieux thème des rapports entre génie et folie ; il suffit pour notre propos de constater que, contrairement au persécuteur Voltaire, qui avait choisi de se juger innocent, Jean-Jacques, qui plaide coupable sa vie durant (au point de confondre le remords avec le libre arbitre, lors de ses tentatives pour prouver l'existence d'un Etre Suprême : « Je suis esclave par mes vices, et libre par mes remords »), ne demandait qu'à prêter une oreille bienveillante *aux raisons des Juifs*. Il l'annonçait dans un curieux passage de sa *Profession de foi du Vicaire savoyard* où, sous couleur de comparer les mérites des trois grandes religions monothéistes, il se contente, en fait, d'opposer à l'Eglise triomphante la Synagogue voilée, et plaide en faveur de cette dernière, dont la révélation lui paraît « la plus sûre », mais ne serait-ce pas parce qu'on la tyrannise ? Il faut lire le passage :

« Nous avons trois principales religions en Europe. L'une admet une seule révélation, l'autre en admet deux, l'autre en admet trois. Chacune déteste, maudit les autres, les accuse d'aveuglement, d'endurcissement, d'opiniâtreté, de mensonge. Quel homme impartial osera juger entre elles s'il n'a premièrement bien pesé leurs preuves, bien écouté leurs raisons ? Celle qui n'admet qu'une révélation est la plus ancienne et paraît la plus sûre ; celle qui en admet trois est la plus moderne et paraît la plus conséquente ; celle qui en admet deux, et rejette la troisième, peut bien être la meilleure, mais elle a certainement tous les préjugés contre elle de nos jours...

« Nos catholiques font grand bruit de l'autorité de l'Eglise ; mais que gagnent-ils à cela, s'il leur faut un aussi grand appareil de preuves pour établir cette autorité, qu'aux autres sectes pour établir directement leur doctrine ? l'Eglise décide que l'Eglise a droit de décider. Ne voilà-t-il pas une autorité bien prouvée ? Sortez de là, vous rentrez dans toutes nos discussions.

« Connaissez-vous beaucoup de Chrétiens qui aient pris la peine d'examiner avec soin ce que le judaïsme allègue contre eux ? Si quelques-uns en ont vu quelque chose, c'est dans les livres des Chrétiens. Bonne manière de s'instruire des raisons de leurs adversaires ! Mais comment faire ? Si quelqu'un osait publier parmi nous des livres où l'on favoriserait ouvertement le judaïsme, nous punirions l'auteur, l'éditeur, le libraire. Cette police est commode et sûre, pour avoir toujours raison. Il y a plaisir à réfuter des gens qui n'osent parler.

« Ceux d'entre nous qui sont à portée de converser avec des Juifs ne sont guère plus avancés. Les malheureux se sentent à notre discrétion ! La tyrannie qu'on exerce envers eux les rend craintifs ; ils savent combien peu l'injustice et la cruauté coûtent à la charité chrétienne : qu'oseront-ils dire sans s'exposer à nous faire crier au blasphème ? L'avidité nous donne du zèle, et ils sont trop riches pour n'avoir pas tort. Les plus savants, les plus éclairés sont toujours les plus circonspects. Vous convertirez quelque misérable, payé pour calomnier sa secte ; vous ferez parler quelques vils fripiers, qui céderont pour vous flatter ; vous triompherez de leur ignorance ou de leur lâcheté, tandis que leurs docteurs souriront en silence de votre ineptie. Mais croyez-vous que dans les lieux où ils se sentiraient en sûreté l'on eût aussi bon marché d'eux ? En Sorbonne, il est clair comme le jour que les prédictions du Messie se rapportent à Jésus-Christ. Chez les rabbins d'Amsterdam, il est tout aussi clair qu'elles n'y ont pas le moindre rapport. Je ne croirai jamais avoir bien entendu les raisons des Juifs, qu'ils n'aient un Etat libre, des écoles, des universités où ils puissent parler et disputer sans risque. Alors seulement nous pourrons savoir ce qu'ils ont à dire. »

On notera l'argument de la fin. Par ailleurs, on peut se demander si Rousseau lui-même fut « à portée de converser avec les Juifs », ainsi qu'il s'exprime. Ses biographes ne nous apprennent rien là-dessus, mais la chose est plausible ; il aurait pu rencontrer, au cours de ses pérégrinations, sur les routes, les fripiers dont il parle, peut-être passés par l'hospice des catéchumènes comme lui, et ce timide aurait pu apercevoir, pendant son séjour à Venise, les mystérieux « docteurs, souriant en silence de votre ineptie ». Au temps où, réfugié à Montmorency, il disait ne vouloir plus rien lire, il consentait à faire exception pour le *Phédon* de Mendelssohn, « parce que c'est l'œuvre d'un Juif ».

Pourtant, dans la même *Profession de foi...*, Rousseau se montre le fils de son temps en clamant son horreur pour le cruel Dieu juif des combats :

« Si donc [la Divinité] ne nous apprenait que des choses absurdes et sans raison, si elle ne nous inspirait que des sentiments d'aversion pour nos semblables et de frayeur pour nous-mêmes, si elle ne nous peignait qu'un Dieu colère, jaloux, vengeur, partial, haïssant les hommes, un Dieu de la guerre et des combats toujours prêt à détruire et à foudroyer, toujours parlant de tourments, de peines, et se vantant de punir même les innocents, mon cœur ne serait point attiré vers ce Dieu terrible, et je me garderais de quitter la religion naturelle pour embrasser celle-là ; car vous voyez bien qu'il faudrait nécessairement opter. Votre Dieu n'est pas le nôtre, dirais-je à ses sectateurs. Celui qui commence par se choisir un seul peuple et proscrire le reste du genre humain, n'est pas le père commun des hommes... »

De même, à différentes reprises, Jean-Jacques parle des Juifs de l'Antiquité de la manière conventionnelle : « le plus vil des peuples », « la bassesse de [ce] peuple incapable de toute vertu », « le plus vil peuple qui peut-être existât alors ». Enfin la médiation théologique gênait cet apôtre de la religion du cœur tout comme beaucoup de ses contemporains : d'où la fameuse exclamation : « Que d'hommes entre Dieu et moi ! »

Mais à Moïse le législateur, Rousseau porte une admiration infinie. Dans un écrit peu connu, il lui attribue le mérite d'avoir institué d'emblée un système de gouvernement à l'épreuve du temps, et abstraction faite de la condensation anachronique, on ne peut pas dire que son jugement ait été démenti :

« [Moïse] forma et exécuta l'étonnante entreprise d'instituer en corps de nation un essaim de malheureux fugitifs, sans arts, sans armes, sans talents, sans vertus, sans courage et qui, n'ayant pas en propre un seul pouce de terrain, faisaient une troupe étrangère sur la face de la terre. Moïse osa faire de cette troupe errante et servile un corps politique, un peuple libre, et, tandis qu'elle errait dans les déserts sans avoir une pierre pour y reposer sa tête, il lui donnait cette institution durable à l'épreuve du temps, de la fortune et des conquérants, que cinq mille ans n'ont pu détruire et même altérer, et qui subsiste encore aujourd'hui dans toute sa force, lors même que le corps de la nation ne subsiste plus.

« Pour empêcher que son peuple ne fondît parmi les peuples étrangers, il lui donna des mœurs et des usages inalliables avec ceux des autres nations ; il le surchargea de rites, de cérémonies particulières ; il le gêna de mille façons pour se tenir sans cesse en haleine et le rendre toujours étranger parmi les autres hommes ; et tous les liens de fraternité qu'il mit entre les membres de sa république étaient autant de barrières qui le tenaient séparé de ses voisins et l'empêchaient de se mêler à eux. C'est par là que cette singulière nation, si souvent subjuguée, si souvent dispersée et détruite en apparence, mais toujours idolâtre de sa règle, s'est pourtant conservée jusqu'à nos jours éparse parmi les autres sans s'y confondre, et que ses mœurs, ses lois, ses rites, subsistent et dureront autant que le monde, malgré la haine et la persécution du reste du genre humain... » *(Considérations sur le gouvernement de Pologne.)*

Dans une autre page, restée inédite, une sorte d'identification le conduit à écrire qu'en dépit de la ruine de leur patrie et de leur condition infamante, les Juifs restent dans leurs ghettos des citoyens libres à leur propre façon :

« ... un spectacle étonnant et vraiment unique est de voir un peuple expatrié, n'ayant plus ni lieu ni terre depuis près de deux mille ans, un peuple mêlé d'étrangers, n'ayant plus peut-être un seul rejeton des premières races, un peuple épars, dispersé sur la terre, asservi, persécuté, méprisé de toutes les nations, conserver pourtant ses caractéristiques, ses lois, ses mœurs, son amour patriotique de la première union sociale, quand tous les liens en paraissent rompus. Les Juifs nous donnent un étonnant spectacle : les lois de Numa, de Lycurgue, de Solon, sont mortes ; celles de Moïse, bien plus antiques, vivent toujours. Athènes, Sparte, Rome ont péri et n'ont plus laissé d'enfants sur la terre ; Sion détruite n'a pas perdu les siens.

« Ils se mêlent chez tous les peuples et ne s'y confondent jamais ; ils n'ont plus de chefs, et sont toujours peuple ; ils n'ont plus de patrie, et sont toujours citoyens... [1] »

Non moins original paraît le jugement que Rousseau porte sur le *sage hébreu,* c'est-à-dire sur Jésus. C'est dans ce contexte que, tout naturellement, il dénigre les témoins que sont les Juifs : *Du sein du plus furieux fanatisme, la plus haute sagesse se fit entendre, et la simplicité des plus héroïques vertus honora le plus vil des peuples.* Pourtant, la mission historique de Jésus, telle qu'il la voit, ressemble étrangement à celle qu'au siècle suivant les apôtres du sionisme entreprendront de mener à bonne fin : *Jésus, que ce siècle a méconnu, parce qu'il est indigne de le connaître, Jésus qui mourut après avoir voulu faire un peuple illustre et vertueux de ses vils compatriotes...* (« Rousseau était chrétien à peu près comme

1. Nous remercions le distingué archiviste de la bibliothèque de Neuchâtel, M.-J. Biadi, qui a bien voulu nous communiquer la photocopie de cette page.

Jésus-Christ était Juif », ironisait Grimm.) Cette pensée, Rousseau la développait en ces termes :

« Son noble projet était de relever son peuple, d'en faire derechef un peuple libre et digne de l'être ; car c'était par là qu'il fallait commencer. L'étude profonde qu'il fit de la loi de Moïse, ses efforts pour en réveiller l'enthousiasme et l'amour dans les cœurs, montrèrent leur but, autant qu'il était possible pour ne pas effaroucher les Romains ; mais ses vils et lâches compatriotes, au lieu de l'écouter, le prirent en haine, précisément à cause de son génie et de sa vertu, qui leur reprochaient leur indignité... »

Dans l'ensemble, de telles prises de position ne sauraient étonner de la part de l'éternel non conformiste, du contempteur des philosophes à la mode, qu'il qualifiait *d'ardents missionnaires d'athéisme et très impérieux dogmatiques,* ni de l'ennemi juré de Voltaire, auquel il lançait : « ... Monsieur, je vous hais. » Par-delà les sympathies naturelles d'un penseur persécuté à l'égard d'un peuple persécuté, elles révèlent la sensibilité séismographique de l'homme qui fut peut-être le premier à pressentir les dangers d'*une inquisition philosophique, plus cauteleuse et non moins sanguinaire que l'autre.* Il reste que Rousseau n'avait pas l'avantage de l'offensive, et que, face à l'inlassable propagande de Voltaire, ses plaidoiries ne paraissent pas toujours faire le poids, d'autant plus que la lutte était inégale ; un arsenal de pseudo-arguments aussi réjouissants que variés emporte plus facilement la conviction que les leçons de raison et de vertu.

L'une des plus curieuses reliques du Siècle des Lumières est l'exemplaire de l'*Emile* annoté de la main de Voltaire. Trente et une observations, en majeure partie méprisantes, sont consacrées à la *Profession de foi...* (qui formait le t. III de l'*Emile*), mais elles sont groupées de manière discontinue, d'une manière qui permet de supposer, semble-t-il, que notre homme, qui déclarait « qu'on ne peut lire ce roman absurde », avait sauté en cours de lecture le passage où Rousseau plaidait en faveur du judaïsme ; on se surprend à regretter cette négligence, qui a peut-être privé la postérité d'un feu d'artifice littéraire. Un siècle et demi plus tard, Charles Maurras entreprenait de se substituer à un *Voltaire, éclairé par le génie antisémitique de l'Occident,* pour dire son fait à l'*aventurier nourri de moelle biblique* : c'est ainsi qu'il qualifiait le *misérable Rousseau* :

« Il entra [dans la civilisation des Français] comme un de ces énergumènes qui, vomis du désert, affublés d'un vieux sac, promenaient leurs mélancoliques hurlements à travers les rues de Sion ; s'arrachant les cheveux, déchirant leurs haillons et mêlant leur pain à l'ordure, ils salissaient chaque passant de leur haine et de leur mépris... Celui-là, rien ne le pouvait, ne le devait contenir. Il venait d'un des points du monde où, depuis deux siècles, grouillaient tous les mélanges de l'anarchie judéo-chrétienne... »

On pourrait, à ce propos, s'interroger sur l'effet exercé de génération en génération, en France et à travers le monde, par les diatribes voltairiennes ou par les plaidoyers de Rousseau. Par la nature des choses, celles-là paraissent disposer d'une force percutante autrement grande que celles-ci. Qu'on se dise aussi que nous avons cité tous les textes du promeneur solitaire dans lesquels il glorifie le nom d'Israël, mais une fraction seulement de ceux dans lesquels le seigneur de Ferney tourne ce nom en dérision.

On peut croire que l'influence de ces derniers, ou pour mieux dire, leur audience, fut d'autant plus vaste que Voltaire n'est pas entré dans l'histoire comme agitateur antisémite, mais comme champion de la tolérance et héraut de la démocratie, et tire de là son autorité. Commentateurs, éditeurs et enseignants évitent le plus souvent de parler des saillies et écrits antijuifs du défenseur de Calas. Ces textes n'en subsistent pas moins et continuent sans doute à trouver leur chemin au moment opportun, entretenant la flamme du « génie antisémitique de l'Occident » ; un génie qui pourrait n'être qu'une expression spécifique des rapports de l'homme occidental avec Dieu.

*De l'*Encyclopédie *de Diderot à la synagogue holbachique*

Le subtil Diderot, qui sa vit durant mena le combat contre la religion révélée, ne traitait des Juifs qu'en passant, par exemple pour démontrer que la pérennité de ce peuple n'était nullement due à des raisons surnaturelles (« la raison démontre au contraire que les Juifs se mariant et faisant des enfants, la nation juive doit subsister », etc.). Quant à vilipender cette nation, notre homme fut au-dessus de cela. Reportons-nous plutôt au grand œuvre de sa vie que fut l'*Encyclopédie.* Ce grandiose manifeste de la bourgeoisie montante fut l'œuvre de plus de deux cents collaborateurs, aux vues disparates ; du point de vue qui nous intéresse, on s'aperçoit rapidement que les Juifs, dont il y est question à bien des propos, sinon hors de propos, sont le plus souvent attirés pour la démonstration d'une thèse, et que les besoins de la démonstration conduisent, dans la majorité des cas, à en dire du mal.

Curieusement, l'exception la plus bienveillante est fournie par l'article dans lequel on s'attend le moins à la trouver : le long article « Usure ». Il s'agissait pour son auteur, l'économiste Faiguet, de démontrer l'absurdité de l'interdiction du prêt à intérêt. Plutôt que de critiquer ouvertement les commandements anti-usuraires de la Bible, il préférait tirer argument de la différence des temps et des mœurs, et c'est ainsi qu'il était conduit à décrire les Juifs de l'Antiquité sous des couleurs idylliques :

« Cette simplicité de mœurs s'oppose à notre faste (...).
« Il suit de cette différence que la pratique du prêt gratuit était d'une obligation plus étroite pour les Hébreux que pour nous, et l'on peut ajouter que vu l'influence de la législation sur les mœurs, cette pratique leur était aussi plus naturelle et plus facile, d'autant que leurs lois et leur police entretenaient parmi eux un certain esprit d'union et de fraternité qu'on n'a point vu chez les autres peuples. Ces lois, en effet, respiraient plus la douceur et l'égalité qui doivent régner dans une grande famille, que l'air de domination et de supériorité qui paraît nécessaire dans un grand état... »

Venons-en maintenant aux deux articles « Judaïsme » et « Juifs », c'est-à-dire ceux dans lesquels les Juifs ne sont plus de simples témoins, mais constituent le fond du débat. Ce sont des brefs exposés qu'on peut qualifier d'objectifs. Le premier a été souvent attribué à Diderot lui-même. En voici la conclusion :

« Les Juifs sont aujourd'hui tolérés en France, en Allemagne, en Pologne, en Hollande, en Angleterre, à Rome, à Venise, moyennant des tributs qu'ils payent aux princes. Ils sont aussi fort répandus en Orient. Mais l'Inquisition n'en souffre pas en Espagne ni en Portugal. » (Voyez « Juifs ».)

Ce second article est signé par le chevalier de Jaucourt, le bras droit de Diderot. Il s'y est visiblement inspiré de Montesquieu, et il conclut comme suit :

« ... Depuis ce temps-là, les princes ont ouvert les yeux sur leurs propres intérêts et ont traité les Juifs avec plus de modération. On a senti, dans quelques endroits du nord et du midi, qu'on ne pouvait se passer de leur secours. Mais, sans parler du grand-duc de Toscane, la Hollande et l'Angleterre, animées des plus nobles principes, leur ont accordé toutes les douceurs possibles, sous la protection invariable de leur gouvernement. Ainsi, répandus de nos jours avec plus de sûreté qu'ils n'en avaient encore eu dans tous les pays de l'Europe où règne le commerce, ils sont devenus des instruments par le moyen desquels les nations les plus éloignées peuvent converser et correspondre ensemble... On s'est fort mal trouvé en Espagne de les avoir chassés, ainsi qu'en France d'avoir persécuté les sujets dont la croyance différait en quelques points de celle du prince. L'amour de la religion chrétienne consiste dans sa pratique : et cette pratique ne respire que douceur, qu'humanité, que charité. »

Mais, traitant de la *médecine,* le même Jaucourt s'emportait contre les Juifs, au nom de la médecine somatique naissante, méfiante des guérisons par l'esprit :

« Les anciens Hébreux, stupides, superstitieux, séparés des autres peuples, ignorants dans l'étude de la physique, incapables de recourir aux causes naturelles, attribuaient toutes leurs maladies aux mauvais esprits (...), en un mot, l'ignorance où ils étaient de la *médecine* faisait qu'ils s'adressaient aux devins, aux magiciens, aux enchanteurs, ou finalement aux prophètes. Lors même que Notre Seigneur vint dans la Palestine, il paraît que les Juifs n'étaient pas plus éclairés qu'autrefois... »

Toujours Jaucourt, à l'article « Menstruel », se complaît à comparer les femmes juives, avec leur hantise de la souillure et leurs absurdes observances, aux Négresses de la Côte d'Or et du royaume du Congo. A l'article « Pères de l'Eglise », ce « maître Jacques de l'*Encyclopédie* » ne manque pas de se rappeler l'immoralité du patriarche Abraham, ce qui lui permet de mieux critiquer saint Jean Chrysostome et saint Augustin. D'autres auteurs, traitant de tous autres sujets (par exemple, *Géographie ou Astronomie*), déniaient tout mérite à Moïse qui n'aurait fait que se mettre à l'école des Egyptiens ; d'une manière générale, les encyclopédistes eurent tendance à glorifier l'histoire de l'Egypte, afin de mieux rabaisser l'histoire sacrée des Juifs. A l'article « Economie politique », c'est d'une manière plus traditionnelle, si l'on peut dire ainsi, que son auteur, Nicolas Boulanger, critiquait la « superstition judaïque » :

« Le monarque, chez les Juifs endurcis et chez toutes les autres nations, était moins regardé comme un père et un Dieu de la paix, que comme un ange exterminateur. Le mobile de la théocratie aurait donc été la crainte : elle le fut aussi du despotisme : le Dieu des Scythes était représenté par une épée. Le vrai Dieu chez les Hébreux était aussi obligé, à cause de leur caractère, de les menacer perpétuellement (...). La superstition judaïque qui s'était imaginée qu'elle ne pouvait prononcer le nom terrible de Jehovah, qui était le grand nom de son monarque, nous a transmis par là une des étiquettes de cette théocratie primitive... »

Mais ces flèches ou ces critiques, lors desquelles le dénigrement des Juifs ne servait le plus souvent que de paravent pour de tout autres attaques, sont bien peu de choses à côté du grand article « Messie », dû à un disciple de Voltaire, le pasteur Polier de Bottens. Cet article avait été commandé par le maître lui-même, qui en fournit le plan et ensuite le retoucha de sa main ; on y reconnaît bien sa manière, qui consiste à faire longuement sa pâture de l'ignominie des Juifs, ce qui permet, en passant, de tourner en dérision l'Eglise établie, sous couleur de la défendre :

« Si les Juifs ont contesté à Jésus-Christ la qualité de *Messie* et la divinité, ils n'ont rien négligé aussi pour le rendre méprisable, pour jeter sur sa naissance, sa vie et sa mort, tout le ridicule et tout l'opprobre qu'a pu imaginer leur cruel acharnement contre ce divin Sauveur et sa céleste doctrine ; mais de tous les ouvrages qu'a produit l'aveuglement des Juifs, il n'en est sans doute point de plus odieux et de plus extravagant que le livre intitulé *Sepher Toldos Jeschut*, tiré de la poussière par M. Wagenseil dans le second tome de son ouvrage intitulé *Tela Ignea*, etc. »

(Suit un long résumé du *Toldoth Iéchouth*, un écrit blasphématoire qui circulait dans les ghettos ; il date probablement des premiers siècles de l'ère chrétienne. Jésus s'y trouvait décrit comme le fils d'une femme de mauvaise vie et d'un légionnaire romain ; sa biographie était ornée de maint détail obscène. Dûment attribué aux Juifs et accompagné d'invectives à leur égard, le pamphlet pouvait passer la censure et faire les délices des ennemis de l'Eglise. Dans cette affaire, le pasteur Polier semble avoir été un outil entre les mains de Voltaire. Un procédé semblable fut employé en 1770 par la « synagogue holbachique », publiant le traité antichrétien *Israël vengé...*, du Marrane Orobio de Castro.)

« ... Cependant, c'est à la faveur de toutes ces odieuses calomnies que les Juifs s'entretenaient dans leur haine implacable contre les Chrétiens et contre l'Evangile ; ils n'ont rien négligé pour altérer la chronologie du Vieux Testament et répandre des doutes et des difficultés sur les temps de la venue de notre Sauveur ; tout annonce et leur entêtement et leur mauvaise foi... »

Ainsi qu'on le sait, l'*Encyclopédie,* attaquée à de nombreuses reprises tant par des libraires envieux que par des théologiens sourcilleux, fit l'objet d'une série de dénonciations et de cabales. En ces temps, les auteurs d'écrits subversifs s'y prenaient en général autrement, en faisant circuler leurs manuscrits sous le manteau, ou en les faisant imprimer, sous des noms d'emprunt, à l'étranger. Pour une part, leur propagande antireligieuse continuait et amplifiait celle des déistes anglais : les érudits Nicolas Boulanger, Nicolas Fréret et Jean-Baptiste Mirabaud s'y distinguèrent tout particulièrement.

Le principal centre de ces activités était installé à Paris, dans un hôtel particulier surnommé à l'époque *la synagogue de la rue Royale.* C'est à cette adresse qu'un baron allemand riche et cultivé, Pierre-Thiry (Dietrich) d'Holbach, tenait table ouverte et donnait deux fois par semaine des « dîners philosophiques ».

Cet amphitryon devait avoir une personnalité singulièrement forte. Diderot, l'un de ses commensaux, en a laissé un curieux portrait : « Il a de l'originalité dans le ton et dans les idées. Imaginez un satyre gai, piquant, indécent et nerveux, au milieu d'un groupe de figures chastes, molles et délicates. Tel il était entre nous... » Cependant, derrière le fastueux hôte de la « synagogue » se dissimulait un discret et méthodique apôtre de la propagande athée, qu'il fit passer du stade artisanal au stade industriel, en faisant imprimer à Londres ou à Amsterdam les manuscrits qui circulaient sous le manteau et en y ajoutant des écrits de sa propre fabrication.

Le baron d'Holbach fit publier de la sorte, entre 1760 et 1775, plus de cinquante ouvrages, sous de faux noms ou anonymement, et dont l'attribution n'est pas toujours aisée. L'un d'eux, l'ambitieux *Système de la nature,* est indubitablement de lui : héraut de la bourgeoisie montante, il y proclame ses grands principes, sous la devise de *Liberté, propriété, sûreté,* et y professe un matérialisme radical : un matérialisme pragmatiquement justifié par les grandioses conquêtes d'une science qui n'appréhendait qu'une matière tangible et mesurable, mais un matérialisme aussi qui, déclarant la guerre au spiritualisme de l'Eglise, se constituait dialectiquement en fonction de celui-ci et cherchait à lui substituer une autre vérité immuable et absolue.

C'est un point difficile (et que d'aucuns pourront juger fort discutable) que d'établir dans quelle mesure la nouvelle philosophie, dans sa démarche impérialiste, se modelait sur la théologie, tout en prenant son contrepied. Le problème devient plus simple lorsque cette philosophie porte les mêmes jugements de valeur que son ennemie, se contentant de renouveler les arguments. L'on ne se dépêtre pas facilement de l'univers mental ancien, et cette continuité se retrouve dans maints domaines, notamment celui de la morale ; les Juifs en pâtirent au premier chef. Rien n'en fournit un meilleur témoignage que les ouvrages propagés par d'Holbach : car, faisant flèche de tout bois, cet inlassable propagandiste se montrait fort éclectique dans son choix. En effet, son registre va de l'*Israël vengé ou Exposition naturelle des prophéties que les Chrétiens appliquent à Jésus, leur prétendu Messie,* du talmudiste Orobio de Castro [1], à *L'Esprit du*

---

1. Le procédé consistant à attaquer l'Eglise à l'aide des arguments des Juifs n'était pas nouveau et, au XVIIIe siècle, l'exemple en avait été donné par John Toland (voir plus haut). Un traité d'Anacharsis CLOOTS, publié à Londres en 1780 : *La certitude des preuves du mahométisme,* reprenait le procédé sous couleur d'une apologie de l'Islam. On y lit notamment dans la longue note des pp. 76-85 :

« Le peuple de Dieu a tous les préjugés pour lui : une loi pure et sainte, émanée de l'aveu de leurs adversaires, du Tout-Puissant, dont la volonté est immuable : des livres inspirés par l'Etre Suprême, qui ne font aucune mention de la destruction future du plus ancien culte de l'univers ; ces livres sont, au contraire, remplis de paroles flatteuses qui lui promettent une durée éternelle. En un mot, le Juif possède lui seul tous les avantages de la *Tradition ;* les objections des Chrétiens et des Mahométans s'en vont en poudre quand le rabbin prend les armes de la foudroyante *Tradition.* Toutes les interprétations de la Bible des Docteurs chrétiens et musulmans, tous les miracles qu'ils attribuent à *Jésus* et à *Mahomet,* les prophéties qu'ils leur appliquent, sont des chimères, des rêveries, des contes absurdes, quand la *Tradition* de l'Eglise judaïque se fait entendre ; c'est une chaîne inébranlable, un tissu que rien ne peut rompre. On s'imagine bien qu'elle est encore plus terrible contre les Nazaréens que contre les Islamites, à cause du lieu où la farce prétendue évangélique fut jouée. En disputant contre ces deux sectes, un Juif qui n'a même qu'une capacité très médiocre se tire facilement d'affaire. Je me rejette, dit-il, sur notre Tradition ; je me sers des mêmes arguments et des mêmes armes dont ils se servent contre les adversaires qu'ils ont dans leurs propres créances. Ils ne peuvent me refuser une chose dont ils tirent *judaïsme ou examen raisonné de la loi de Moïse*... qu'il attribua au déiste anglais Anthony Collins et dont on ignore le véritable auteur. Dans ce dernier ouvrage, on retrouve un argument de Nicolas Fréret :

« Il est évident que le christianisme n'est qu'un judaïsme réformé. La révélation faite à Moïse sert de fondement à celle qui, depuis, fut faite par Jésus-Christ : celui-ci a constamment déclaré qu'il n'était point venu pour détruire, mais pour accomplir la loi de ce législateur des Hébreux. Tout le Nouveau Testament est donc fondé sur l'Ancien. En un mot, il est clair que la religion judaïque est la vraie base de la religion chrétienne... »

Quant au peuple juif :

« Ce peuple uniquement chéri par un Dieu immuable est devenu très faible et très misérable. Victime en tous temps de son fanatisme, de sa religion insociable, de sa loi insensée, il est maintenant dispersé dans toutes les nations, pour lesquelles il est un monument durable des effets terribles de l'aveuglement superstitieux... »

Nous reconnaissons la grande idée déiste du peuple-témoin de l'*erreur* du christianisme révélé. En conclusion, notre auteur exhorte ses contemporains à détourner les yeux de ce misérable « monument », de ces « Asiatiques lâches et dégradés »...

« Ose donc enfin, ô Europe, secouer le joug insupportable des préjugés qui t'affligent ! Laisse à des Hébreux stupides, à de frénétiques imbéciles, à des Asiatiques lâches et dégradés, ces superstitions aussi avilissantes qu'insensées ; elles ne sont point faites pour les habitants de ton climat... ferme pour toujours les yeux à ces vaines chimères, qui depuis tant de siècles n'ont servi qu'à retarder le progrès vers la science véritable et à t'écarter de la route du bonheur ! »

D'autres accents rappellent encore davantage la propagande antisémite du XXe siècle, et spécifiquement, la propagande nazie de haut vol :

« Il faut convenir en effet que les Juifs, même en périssant, se sont bien vengés des Romains, leurs vainqueurs. Des ruines de leur pays il sortit une secte fanatique, qui, peu à peu, infecta tout l'Empire... »

Tel fut *L'Esprit du judaïsme*. Il va de soi que ce feu

---

eux-mêmes tant d'avantage, et à laquelle ils accordent tant d'autorité ! Ainsi je me sers de notre tradition comme d'un rempart inexpugnable : j'oppose l'autorité des Rabbins à celle des Pontifes ou des Muphtis et le Talmud aux livres de leurs premiers Docteurs... »

roulant n'était pas toujours aussi dense. Sa violence variait chez d'Holbach suivant les ouvrages. Ainsi, *La Contagion sacrée...*, attribuée à l'Anglais Trenchard, se borne, aux imprécations classiques contre « le dieu terrible des Hébreux (...) un Dieu de sang ; c'est par le sang qu'il veut être apaisé ; c'est par des flots de sang qu'il faut désarmer sa fureur ; c'est par des cruautés qu'il faut lui témoigner son zèle... », etc. *Le Christianisme dévoilé...*, dû à l'encyclopédiste Nicolas Boulanger, met en cause le peuple de ce Dieu, « peuple le plus ignorant, le plus stupide, le plus abject, dont le témoignage n'est d'aucun poids sur moi (...). Les Juifs demeurent dispersés, parce qu'ils sont insociables, intolérants, aveuglément attachés à leurs superstitions... » Mais des bordées de ce genre sont lâchées dans presque tous les ouvrages, quelque en aient pu être les véritables auteurs. Notamment, dans le fameux *Tableau des saints...*, probablement dû à d'Holbach lui-même, et où il copiait scrupuleusement les grands traités chrétiens de polémique antitalmudique :

« Quant à la morale véritable, elle est aussi parfaitement ignorée des Juifs modernes que des anciens. Ils ne sont ni plus honnêtes ni plus équitables que leurs ancêtres envers les étrangers. Ils se croient toujours tout permis contre des Infidèles et des hérétiques... Des docteurs juifs ont dit sans aucun détour que si un Juif voit un Infidèle prêt à périr ou à se noyer, il ne doit pas le sauver ou le retirer de l'eau, quoiqu'il ne soit pas permis de le tuer lorsqu'il ne fait pas la guerre aux Israélites... il n'est pas permis de traiter un Infidèle dans une maladie, pas même pour de l'argent, à moins qu'on ne craigne qu'il ne fasse quelque mal aux Israélites si on le refuse...

« En général, il paraît par la conduite des Juifs modernes que, de même que leurs ancêtres, ils ne se croient obligés à aucun devoir à l'égard de ceux qui ne sont pas de leur sainte nation. Ils sont fameux par leurs fraudes et leur mauvaise foi dans le commerce, et l'on a lieu de croire que s'ils étaient plus forts, ils renouvelleraient en bien des occasions les tragédies dont leur contrée fut jadis le théâtre continuel... »

Pourtant, l'optimiste baron ne doute pas qu'il existe des *bons* Juifs, ceux qui foulent aux pieds la loi de Moïse :

« Si, comme on n'en peut douter, il se trouve parmi eux des personnes honnêtes et vertueuses, c'est qu'elles dérogent aux principes d'une loi visiblement calculée pour rendre les hommes insociables et malfaisants, effet qu'auraient dû produire la Bible et les saints qu'elle propose pour modèles. En regardant un tel livre comme divinement inspiré et comme contenant les règles de la conduite, on ne peut que devenir injuste, sans foi, sans honneur, sans pitié, en un mot un homme complètement sans mœurs. »

Par conséquent si, pour les athées de l'école holbachique, le nom juif est réprouvé à tout jamais, il reste aux porteurs de ce nom la ressource d'échapper à leur opprobre en abandonnant leur foi. Les convertisseurs chrétiens ne disaient pas autre chose et, sur ce chapitre, les croisés de l'irréligion n'innovaient guère.

On voit que le baron n'était pas « raciste », au sens contemporain du mot. Les premiers fondements des futures théories racistes étaient jetées à l'époque pour de tout autres hommes, par des bâtisseurs de la science et des missionnaires du progrès œuvrant dans un domaine tout différent.

Les bâtisseurs de systèmes.

Le racisme, c'est d'abord l'histoire d'un mot, celui de *race.* Ce mot apparaît en Europe au XVe siècle, notamment dans le français courant, avec le sens de « génération » ou de « descendance ». Il implique dès les débuts un jugement de valeur : « noblesse de race » s'oppose à « roture de race », et la bonne race à la mauvaise.

> « *Race des dieux de France, honneur de l'univers,*
> *Mon prince, mon Seigneur, le support de mes vers.* »
> (Ph. Desportes, *Angélique.*)

> *Il fut des Juifs. Il fut une insolente race.*
> *Répandus sur la terre, ils en couvraient la face.*
> (Racine, *Esther.* II.)

« Bon chien, chasse de race. » Dans son acception générique et savante le terme fut appliqué aux animaux avant de l'être aux hommes. En France, vers 1765, *L'Encyclopédie* en limite en ce sens l'usage aux « espèces particulières de quelques animaux, surtout des chevaux ». En conséquence, appliqué aux hommes, le mot *race* tendait à revêtir la même nuance péjorative que ceux de *bête* ou *animal* ; nuance dont il reste quelque chose de nos jours, ainsi que nous l'apprennent les dictionnaires [1].

1. Voyez « Littré », *Race* (...) 5 : « Il se dit quelquefois d'une classe d'hommes se ressemblant ou par la profession, ou par les habitudes,

Cependant, dès le début du XVIIIe siècle, un curieux précurseur du transformisme, Benoît de Maillet, parle des *races* humaines, sorties, d'après lui, des mers.

Autre adepte du « polygénisme » avant la lettre, Voltaire marque fortement la supériorité raciale des Européens, « hommes qui me paraissent supérieurs aux nègres, comme ces nègres le sont aux singes et comme les singes le sont aux huîtres... ».

Ensuite, des penseurs à l'esprit plus méthodique jettent les bases de la future anthropologie, mais le rejet de la cosmogonie biblique leur laisse le champ libre pour des spéculations qui sont le plus souvent peu flatteuses sur le compte des « sauvages ». Les jugements de valeur portés de la sorte subissent l'empreinte du jeune orgueil bourgeois caractéristique de la société éclairée du temps, et sans doute faut-il faire la part de la pensée matérialiste des lumières, appliquée à arracher au corps les secrets de l'âme. Telle demeurera l'orientation générale de la recherche anthropologique : des générations durant, les savants s'évertueront à chercher les preuves matérielles et tangibles, inscrites dans le corps, de la supériorité intellectuelle et morale de l'homme blanc, ne se résignant pas à ce que sa constitution biologique soit pareille à celle du nègre, et semblable à celle du singe. La rapide diffusion du mot et du concept de *race* est fort éclairante à tous ces égards.

Leur grand popularisateur fut d'abord Buffon, dont l'autorité universelle, au Siècle des Lumières, ne le cédait qu'à celle de Voltaire. On sait que pour l'auteur de l'*Histoire naturelle* la création était une pyramide dont l'homme occupait le sommet :

> « Tout marque dans l'homme, écrivait-il, même à l'extérieur sa supériorité sur tous les autres êtres vivants ; il se soutient droit et élevé, son attitude est celle du commandement, sa tête regarde le ciel et présente une face auguste sur laquelle est imprimé le caractère de sa dignité ; l'image de l'âme y est peinte par la physionomie, l'excellence de sa nature perce à travers les organes matériels et anime d'un feu divin les traits de son visage ; son port majestueux, sa démarche ferme et hardie annoncent sa noblesse et son rang... »

---

ou par les inclinations ; en ce sens, il a quelque chose d'ironique, ou même d'injurieux... » De même, le *Dictionnaire de l'Académie française* : « *Race* se dit aussi d'une classe d'hommes exerçant la même profession, ou ayant des inclinations, des habitudes qui leur sont communes ; en ce sens, il se prend toujours en mauvaise part... »

Mais cette dignité et ces prérogatives, Buffon ne les trouvait pleinement présents que chez l'homme blanc d'Europe, le seul à incarner la pure nature humaine, dont toutes les autres races auraient *dégénéré*. Une telle conception, dont le premier auteur semble avoir été le mathématicien Maupertuis, dans sa *Vénus physique*, est développée par Buffon dans son discours *De la dégénération des animaux*. Partisan de l'unité de l'espèce humaine, il y suppose qu'en se répandant à travers le globe l'homme a subi des « altérations » de caractère dégénérescent :

« ... elles ont été légères dans les régions tempérées, que nous supposons voisines du lieu de son origine ; mais elles ont augmenté à mesure qu'il s'en est éloigné, et lorsque... il a voulu peupler les sables du Midi et les glaces du Nord, le changement est devenu si sensible qu'il y aurait lieu de croire que le *Nègre*, le *Lapon* et le *Blanc* forment des espèces différentes, s'il n'y a eu qu'un seul Homme de créé... »

Buffon suggère même une expérience *in vivo*, pour établir en combien de générations des Nègres transplantés en Europe pourraient réintégrer la nature de l'homme :

« Il faudrait cloîtrer ces Nègres avec leurs femelles, et conserver scrupuleusement leur race sans leur permettre de la croiser ; ce moyen est le seul qu'on puisse employer pour savoir combien il faudrait de temps pour réintégrer à cet égard la nature de l'homme, et par la même raison, combien il en a fallu pour changer du blanc au noir... »

Si la dégénération des Nègres en fait des hommes inférieurs, c'est aux Lapons que Buffon décerne la palme de la subhumanité. Son *Histoire naturelle de l'Homme* s'ouvre sur la description de ces « avortons » :

« Non seulement ces peuples se ressemblent par la laideur, la petitesse de la taille, la couleur des cheveux et des yeux, mais ils ont aussi tous à peu près les mêmes inclinations et les mêmes mœurs, ils sont tous également grossiers, superstitieux, stupides (...), sans courage, sans respect pour soi-même, sans pudeur : ce peuple abject n'a de mœurs qu'assez pour être méprisé. »

A l'appui de sa pensée, Buffon apprend à ses lecteurs que les Lapons poussent l'impudicité jusqu'à se baigner tout nus, tous ensemble, garçons et filles, mères et fils, frères et sœurs. Il laisse ensuite entendre que la seule marque d'humanité des Lapons est de savoir leur abjection. En effet, ils ont la coutume bizarre d'offrir aux étrangers leurs femmes, « ce qui peut venir de ce que connaissant leur propre difformité et la laideur de leurs femmes, ils trouvent apparemment moins laides celles que les étrangers n'ont pas dédaignées ». On retrouve chez Diderot cette relation entre les mœurs sexuelles des « sauvages » et la conscience qu'ils ont de leur infériorité : en offrant ses filles et sa femme aux Européens, le Tahitien commente : « Plus robustes, plus sains que vous, nous nous sommes aperçus que vous nous surpassiez en intelligence et, sur-le-champ, nous avons destiné quelques-unes de nos femmes et de nos filles les plus belles à recueillir la semence d'une race meilleure que la nôtre. »

Une telle conception s'explique d'abord par l'état de l'information, du temps, et le jugement que Buffon porte sur les Lapons est conforme à ce qu'en disaient Régnard et Maupertuis dans leurs récits de voyage sur le compte des Nègres, d'autres voyageurs rapportaient des légendes encore plus horribles [1]. Mais ces descriptions reflètent aussi, dans leur principe même, la fondamentale erreur de méthode de l'anthropologie à ses commencements, à savoir, le jumelage arbitraire de la description physique, de l'appréciation esthétique, et d'un jugement moral reposant sur la certitude de l'existence de « lois » morales tout aussi universelles que celles de la Raison. En fait, la nouvelle eschatologie du progrès se structurait sur celle de l'Eglise. La science naissante ne se dépêtrait pas de l'impérialisme de la théologie, sa devancière, et vivait sur un capital d'habitudes de pensées nourries par la morale chrétienne. D'où la croyance en une *loi naturelle* régentant tous les domaines de l'existence, et la confusion entre les faits et le droit, entre la science explicative et les disciplines normatives.

---

1. On sait aussi la vogue dont bénéficiait, au XVIIIe siècle, le mythe du « Bon Sauvage », dont les vertus étaient proposées pour modèle aux Européens. Mais il s'agissait surtout d'un procédé de critique sociale, et les apologies de cet ordre ne trouvaient pas l'adhésion des précurseurs et des fondateurs de l'anthropologie. On peut croire que leur nécessaire foi dans leur science impliquait un préjugé positif en faveur de la société au sein de laquelle celle-ci se développait. Quoi qu'il en soit, tous les écrits scientifiques ou à prétentions scientifiques du temps sont caractérisés par la notion de la supériorité, au sens large, de l'homme européen.

Le fallacieux appariement entre les tangibles « caractères physiques » des hommes, et leurs insaisissables « caractères mentaux », et même moraux, caractérise également la classification de Linné, le grand rival de Buffon, bien que ce pieux Chrétien ait été infiniment moins outrancier que le naturaliste français, à la religion incertaine. Dans son *Système de la nature*, Linné postulait l'existence au sein de l'ordre des *Primates*, qui englobait les singes, de quatre variétés de l'espèce *Homo sapiens* (« Américanus », « Europaeus », « Asiaticus » et « Asser »), différant entre elles tant par la couleur de l'épiderme et la chevelure que par les mœurs et le tempérament ; mais s'il oppose à l'« inventif et ingénieux » Européen l'Asiatique « fastueux, avare », et surtout l'Africain, l'*Homo asser* servile, « rusé, paresseux, négligent », il met en tête de classification l'Américain « opiniâtre, content de soi, aimant la liberté », ce en quoi on serait tenté de voir l'effet d'une certaine humilité chrétienne. A propos de son ordre des Primates, Linné écrivait : « Je ne puis découvrir de différence entre l'homme et le troglodyte [le singe anthropoïde], quoique toute mon attention ait porté sur ce point, à moins de prendre des caractères incertains... » Mais le fait même de « ne pas découvrir d'âme au bout de son scalpel » lui servait de preuve à l'appui de sa foi : « lorsque nous soumettons le corps humain au scalpel de l'anatomiste, écrivait-il encore, afin de trouver dans la structure de ses organes quelque chose qui ne se rencontre pas *dans les autres animaux*, nous sommes obligés de reconnaître la vanité de nos recherches. Il faut donc nécessairement reporter notre prérogative à quelque chose d'absolument immatériel, que le Créateur n'a donné qu'à l'homme, et qui est l'âme... ».

Ses émules français, qui ne disposaient pas de cette ressource théologique, clamaient leur indignation : pour eux, la dignité de la nature humaine avait été mise en cause. Critiquant le système de Linné, dans lequel le cheval et l'âne faisaient partie du même ordre (ou « famille »), Buffon s'exclamait : « ... on pourra dire également que le singe est de la famille de l'homme, que c'est un homme dégénéré ; que l'homme et le singe ont une origine commune... Les naturalistes qui établissent si légèrement des familles dans les animaux et les végétaux ne paraissent pas avoir senti toute l'étendue de ces conséquences ». Son collaborateur Daubenton reprochait également à Linné de dégrader la *nature humaine* : « Je suis toujours surpris de trouver l'homme dans le premier genre, immédiatement au-dessous de la dénomination générale de quadrupèdes, qui fait le titre de la classe : l'étrange place pour l'homme ! quelle injuste distribution, quelle fausse méthode met l'homme au rang des bêtes à quatre pieds ! »

On perçoit l'à priori métaphysique de part et d'autre, et Linné n'est pas embarrassé de ne point trouver des différences structurelles là où il *sait* que Dieu a posé des distinctions d'un autre ordre. Voici, pour illustrer la démarche contraire d'un esprit fort, une polémique qui opposait à la même époque l'anatomiste Johann Meckel l'aîné, le chirurgien de Frédéric II, à son célèbre confrère hollandais Pierre Camper. Ayant disséqué, en 1757 des Nègres, Meckel découvrait que leur cerveau était plus foncé que celui des Européens, et que leur sang était noir, « si noir qu'au lieu de rougir le linge, comme le sang le fait d'ordinaire, il le noircissait » ; il en concluait que les Nègres formaient « presque une autre espèce d'hommes, par rapport à la structure intérieure ». « Le peu d'habitude de voir des Nègres, commentait Camper, lui avait sans doute inspiré une espèce de répugnance et d'horreur pour leur couleur (...). J'ai donc résolu de traiter cette matière intéressante pour jeter, s'il était possible, quelque lumière sur cette vérité de la religion chrétienne, qu'au commencement du monde Dieu n'a créé qu'un seul homme, qui était Adam, à qui nous devons notre origine, quels que soient les traits du visage et la couleur de la peau qui nous distinguent... »

Ainsi donc, c'est dans la mesure même où le nouvel homme prométhéen du Siècle des Lumières, l'artisan de la science et du progrès, tend à prendre au sommet de la Création la place de Dieu, que s'élargit l'écart qui le sépare des autres créatures, des quadrupèdes, des singes et des sauvages. L'émancipation de la science de la tutelle ecclésiastique, l'abandon de la cosmogonie biblique et le délaissement des valeurs chrétiennes laissait la voie libre aux spéculations racistes ; chez certains savants en renom du temps, elles revêtaient déjà un caractère manichéiste. Ainsi, chez le philosophe allemand Christophe Meiners, qui croyait avoir découvert l'existence de deux races humaines : la race « claire et belle », et la race « foncée et laide », contrastant entre elles comme la vertu et le vice. Cette théorie, assurait-il, permettait de percer le secret des « hommes supérieurs » qui ne surgissent que chez les peuples nobles :

« Seuls les peuples blancs, surtout les peuples celtes, possèdent le vrai courage, l'amour de la liberté, et les autres passions et vertus des grandes âmes... les peuples noirs et laids en diffèrent par une déplorable absence de vertus et par plusieurs vices effroyables... »

On voit que dans le cadre de l'esthétisme moralisateur de la philosophie pré-kantienne allemande, la race blanche semble s'opposer chez Meiners aux autres races comme la lumière aux ténèbres, ou le bien au mal. Un savant français qui fit autorité au début du XIXe siècle, Jean-Joseph Virey, reprit vers 1800 cette classification, dans son *Histoire naturelle du genre humain* :

« Nous décrirons ici les caractères généraux de chaque race humaine qu'on peut diviser principalement en belles et blanches, en laides ou brunes ou noires (...). Les lignées celtiques, et même sarmates ou esclavonnes, présentent en effet une face ovale, agréable, très symétrique... Enfin, des formes nobles et fières, une âme généreuse, un caractère d'activité, de franchise, la beauté, la valeur, l'intelligence, la perfection et les vertus sociales élèvent cette race d'hommes au-dessus du troupeau servile des autres mortels qui rampent, tristement attachés à la terre dans une vile uniformité. Sans les Européens, que serait notre monde ? »

Aussi bien l'Européen est-il appelé à régir l'univers :

« L'Européen, appelé par ses hautes destinées à l'empire du monde, qu'il sait éclairer par son intelligence et dompter par sa valeur, est l'homme par excellence, et la tête du genre humain ; les autres, vile tourbe de barbares, n'en sont, pour ainsi dire, que l'embryon... »

Il n'empêche qu'en bon fils de la Révolution Virey déplore le triste sort des esclaves noirs (tout en laissant entendre qu'il y va de leur propre faute) ; ce qui est d'autant plus remarquable qu'il croit le Nègre plus proche de l'orang-outang que de l'homme blanc, et qu'il penche en conséquence vers l'hypothèse du polygénisme ; en ce temps-là, les savants avaient sur la question des origines humaines des lumières que nous ne possédons plus. C'est un autre fils de la génération révolutionnaire, Saumarez, qui eut en 1798 l'idée de mesurer l'intelligence en comparant la capacité crânienne des Blancs et des Noirs : il contribuait ainsi à l'enlisement de l'anthopologie dans l'ornière métrique dans laquelle elle restera embourbée plus d'un siècle durant.

On remarquera que tous nos savants, s'ils considèrent que l'homme blanc est supérieur à l'homme de couleur, ne font en général pas de distinction de cet ordre entre les diverses populations européennes ; en ce sens ils demeuraient de bons cosmopolites du XVIIIe siècle (ce qui, somme toute, tournait à l'avantage des Juifs ; même les systèmes de Meiners et de Virey les rangeaient implicitement dans la « race claire »). C'est à la faveur des guerres napoléoniennes et de l'explosion des chauvinismes qu'apparaîtront les nouvelles distinctions ; c'est alors aussi qu'à la superstition craniologique ou physiologique, legs de la philosophie matérialiste française, s'ajoutera la superstition philologique, engendrée par la philosophie idéaliste allemande, et accouchant à son tour du grand mythe de la « race aryenne ». Ce dont il sera question plus loin.

Il reste à ajouter qu'à l'échelle de l'Europe, le principal garant de la nouvelle anthropologie scientifique fut probablement Emmanuel Kant. Aussi universaliste qu'il se montrât dans ses grandes œuvres philosophiques, il n'hésitait pas à mettre à néant ce principe en traitant, dans ses cours d'anthropologie et dans diverses notes, de l'histoire du genre humain. En effet, il le subdivisait en races ou « souches » de valeur inégale, au point que leurs mélanges lui paraissaient menacer le progrès spirituel de l'humanité. Dans une note consacrée à ce thème, il écrivait notamment que « les bâtardisations entre Américains et Européens, ou ces derniers et les Noirs, dégradent la bonne race, sans élever en proportion la mauvaise ». Nous retrouverons ces idiosyncrasies du grand philosophe, marquées, lorsqu'il était question des Juifs, d'une sorte de fureur, en nous transportant, dans le chapitre suivant, en Allemagne [1].

Les régénérateurs.

C'est vers 1775-1780 que les milieux français éclairés commencent à s'intéresser à la condition avilie des Juifs. Cet intérêt coïncide avec la diffusion d'une sensibilité humanitaire qui vibre devant le sort de tous les déshérités, notamment des prisonniers et des fous. Ce n'est

1. Pour plus de détails sur l'anthropologie des Lumières, voir notre travail *Le Mythe aryen*, Paris, 1971.

pas que la nouvelle opinion publique bourgeoise ait sensiblement révisé son jugement sur le judaïsme, ni même sur les Juifs ; ce jugement demeure malveillant dans l'ensemble, et il s'agit plutôt d'une prise en charge des responsabilités, d'un retour de la société des Lumières sur elle-même : si la nation persécutée présente des tares multiples, la faute n'en reviendrait-elle pas à nous, qui fûmes ses persécuteurs d'abord ? Et ne lui devons-nous pas réparation ?

Dès 1775, ce point de vue est fortement exprimé par l'avocat Pierre-Louis Lacretelle le jeune, dans une plaidoirie qui fut ensuite publiée aux frais de ses clients. Elle n'était pas flatteuse pour *ce peuple, qui semble né pour l'avilissement, l'infortune et l'adresse (...). Ils sont, si l'on veut, une nation à part, une nation dégénérée, à qui la gloire, ni l'honneur, ni rien de tout ce qui flatte le cœur de l'homme ne peut appartenir... Mais est-ce là le tort de l'homme ? Est-ce seulement celui de sa situation ?*

Lacretelle demandait au tribunal de réviser des *lois insensées* en faveur de ses clients, et de prononcer leur *arrêt de régénération. Que cette basse âpreté du gain, cette lâche insensibilité, cette défiance cruelle, cette noire habitude de la fourberie et de l'usure sortent de leurs cœurs !* Il ne doutait pas que ce vœu puisse être exaucé, une fois que la société aurait rendu justice aux Juifs.

Les nouvelles campagnes pro-juives n'étaient pas entièrement spontanées. Les Juifs riches les stimulaient de manières diverses, en fournissant des arguments à leurs défenseurs, en faisant imprimer ou traduire leurs ouvrages, en faisant le siège des personnalités influentes ou puissantes, et, en premier lieu, les milieux de la cour. D'autre part, il s'agit d'une campagne éminemment internationale, dont le principal foyer se trouve dans les pays germaniques, où la question a été mise depuis longtemps à l'ordre du jour et où, à Berlin, Moïse Mendelssohn offre au monde étonné le spectacle d'un Juif philosophe, d'une régénération incarnée. De la part essentielle que prirent les Juifs allemands à leur émancipation il sera question dans le chapitre suivant ; pour ce qui est de la France, il est intéressant de constater que les principaux ouvrages offerts au public sont traduits de l'allemand, tels *Les Juifs* de Lessing (1781) ou *De la réforme politique des Juifs* de Dohm (1782), ainsi que le *Traité de droit mosaïque* de J.-D. Michaelis et *L'instruction salutaire...* de Hartwig Wessely. En 1787, Mirabeau, qui avait fréquenté les salons juifs de Berlin, publiait son livre *Sur Moses Mendelssohn* ou *De la réforme politique des Juifs.* « Un homme jeté par la nature au sein d'une horde avilie... », ainsi débutait, d'une manière bien caractéristique pour l'époque, son ouvrage ; à la veille de la Révolution, il en préparait un second sur « cet objet infiniment digne d'intérêt ».

Cette agitation ne manqua pas de soulever des inquiétudes, dont on trouve le reflet dans quelques publications à la mode *(L'évangile du jour, La défense de mon oncle, La philosophie de l'Histoire),* qui puisaient le plus clair de leurs arguments dans l'arsenal de Voltaire. Un auteur assez connu, Louis-Sébastien Mercier, avait publié en 1770 un roman d'anticipation, *L'an 2440, rêve s'il en fut jamais* ; en 1786, il y ajoutait un chapitre dans lequel son rêve s'enrichissait d'une vision préfigurant à la fois les Protocoles des Sages de Sion et le génocide hitlérien :

« Les Juifs, constatait le narrateur de 2440, prirent un accroissement presque surnaturel, sous le mépris des nations, qui devinrent si tolérantes à leur égard qu'ils crurent enfin qu'il était temps de ressusciter la loi mosaïque et de l'annoncer à l'univers par tous les moyens que leur donnait une grande opulence... se regardant comme un peuple antérieur aux Chrétiens et créés pour les subjuguer se réunirent sous un chef (...). Le titre de *Roi des Juifs,* donné à un ambitieux avait occasionné un orage politique dont les secousses ne laissèrent pas que de nous inquiéter. Nous ne voulions pas répandre beaucoup de sang, et ce peuple, de son côté, était disposé à renouveler toutes les horreurs qu'offre son histoire, et dont il a été l'agent ou la victime. Vous aviez laissé dormir ce ferment, qui pénétrait en silence tous les pays de l'Europe (...). Sa fureur nous épouvanta, car on eût dit qu'il n'aurait voulu laisser subsister sur le globe d'autres hommes que les croyants attachés à la loi de Moïse (...). Il a fallu user d'un moyen décisif pour réprimer la superstition féroce... »

Mercier, l'auteur des *Tableaux de Paris,* peut être considéré comme le porte-voix des corporations.

Au point de vue politique, une réforme radicale du statut des Juifs français était désormais inscrite dans les faits. Despote éclairé, Joseph II d'Autriche en avait donné l'exemple en promulguant successivement des « édits de tolérance » pour les protestants (1781) et pour les Juifs (1783). Son beau-frère Louis XVI faisait régler par Malesherbes la question des protestants en 1787, et lui confiait ensuite l'étude du problème des Juifs. Ce grand serviteur de la couronne conclut qu'une réforme des Juifs était aussi indispensable qu'ardue. A son avis, les Juifs formaient non pas un Etat dans l'Etat, mais un Etat dans les Etats *(imperium in imperiis)*. Il les comparait de ce point de vue aux jésuites : tout comme chez ces derniers, « les chefs de cette nation viennent au secours des particuliers autant qu'il le faut pour que le désespoir ne les porte pas à quitter cette religion, mais jamais au-delà de ce qui est nécessaire pour cette fin ». Il faisait remonter au prophète Jérémie et à la captivité babylonienne une politique consistant à « céder à l'orage, en attendant que ne se réalise le grand rêve de retour à la Terre Promise et vivre au milieu de la nation conquérante sans s'y mêler, en restant toujours une nation étrangère ». Mais il n'était pas question pour lui de faire expier par les troupes juives les fautes de leurs chefs : « Ces malheureux, qui sont cependant des hommes, ne trouveraient d'asile nulle part, et l'expulsion serait une barbarie presque égale à celle qui fit chasser les Morisques d'Espagne en 1610. » Mais Malesherbes se retirait des affaires en 1788 avant d'avoir présenté son projet de réforme.

L'émancipation se trouvant ainsi inscrite à l'ordre du jour, l'académie de Metz ouvrait, en 1785, un concours sur le thème : *Est-il des moyens de rendre les Juifs plus heureux et plus utiles en France ?*, énoncé postulant qu'ils n'étaient ni heureux ni utiles. Les dix réponses qu'elle reçut reflètent presque toutes l'esprit des lumières, un esprit qui croyait pouvoir résoudre tous les problèmes en édictant de bonnes lois, et qui anticipait sur l'effort centralisateur et niveleur de la Révolution : c'est ainsi que l'abbé Grégoire, après avoir exprimé l'espoir qu'on « parviendra quelque jour à extirper cette espèce d'argot, ce jargon tudesco-hébraïco-rabbinique dont se servent les Juifs allemands, qui ne sert qu'à épaissir l'ignorance ou à masquer la fourberie », formait le vœu général de l'« *anéantissement des patois,* au nom de la tranquillité politique et de *l'expansion des lumières* ». Mais pour mieux comprendre cet esprit, il importe de s'attarder un peu sur le concours ouvert par l'académie de Metz.

Celle-ci ne jugea entièrement satisfaisant aucun des dix mémoires. Elle leur reprochait de ne pas avoir tenu compte de tous les « embarras » que présentait la régénération des Juifs ; entre autres, de « la crainte de voir les Juifs, dont la population s'accroît avec une prodigieuse rapidité, former au sein du royaume une nation toujours étrangère, qui, après avoir profité de la liberté des arts et du commerce pour augmenter ses capitaux et de la liberté d'acquérir pour réaliser ses fonds, finiraient par envahir presque toutes les propriétés territoriales... » Elle n'en constatait pas moins avec satisfaction ;

« En général, tous les mémoires que nous avons reçus, à un ou deux près, accusent nos préjugés contre les Juifs d'être la cause première de leurs vices, et notamment celui qui nous révolte le plus. Nous les réduisons à l'impossibilité d'être honnêtes : comment voudrions-nous qu'ils le fussent ? Soyons justes envers eux pour qu'ils le deviennent envers nous, c'est le vœu de l'humanité et de tous les gens raisonnables ; tout porte à croire que le gouvernement l'a recueilli et ne tardera pas à le réaliser. »

En résultat, l'académie partageait son prix entre trois mémoires qui furent imprimés : celui de Zalkind-Hourwitz, celui de l'abbé Grégoire et celui de l'avocat nancéen Thiery.

Hourwitz était un talmudiste polonais qui avait exercé à Paris le métier de fripier, pour devenir ensuite le conservateur du département oriental de la Bibliothèque du Roi. S'étant de la sorte émancipé lui-même, ce Juif s'était détaché de sa communauté : « Tous ceux qui me connaissent, écrivait-il, savent que suis absolument isolé en France et hors d'état de profiter des avantages qu'on y pourrait accorder à ma nation. » Pourtant, il eut à cœur de prendre sa défense, et il fut même le seul concurrent à plaider que ses frères, tels qu'ils étaient, ne le cédaient nullement en vertu aux Chrétiens : « Les Juifs, écrivait-il, sont les plus paisibles, les plus sobres et les plus industrieux de tous les peuples ; les crimes capitaux sont presque inconnus parmi eux, et les seuls vices qui leur sont communs avec les autres nations sont l'usure et la fraude, encore sont-ils en grande partie l'effet de la nécessité, de la vengeance et du préjugé... Je défie tous les stoïciens du monde d'être, à la place des Juifs, plus patients et plus honnêtes qu'eux. »

Citant malicieusement le vers de Voltaire : « Mes crimes sont les vôtres, et vous m'en punissez », Hourwitz l'appliquait aux polémistes antijuifs : « Ils exagèrent la moindre peccadille d'un Juif, et ils en rendent toute la nation responsable ; ils prennent d'ailleurs l'effet pour la cause ; les Juifs, disent-ils, méritent d'être opprimés, parce qu'ils sont usuriers et fripons ; au lieu de dire qu'ils sont usuriers et fripons parce qu'ils sont opprimés et que toutes les professions légitimes leur sont défendues. » Des Juifs, il passait à leur doctrine, distinguant entre sa « philanthropie » et les conclusions peu scrupuleuses qu'en tiraient « par vengeance et désespoir » des rabbins peu éclairés ; fils de rabbin lui-même, il parlait de ces choses en connaissance de cause. Chemin faisant, il lançait un avertissement au gouvernement du roi très chrétien :

« Les mensonges débités sur le compte des Juifs, constatait-il, fournissent des armes victorieuses au pyrrhonisme et à l'irréligion ; en effet, quelle croyance mérite l'Histoire en général, et particulièrement celle de la Bible, qui est celle des anciens Juifs, si le gouvernement autorise tant de calomnies contre cette Bible, et tant de fables absurdes sur le compte des Juifs modernes mêmes, s'il encourage l'impudence jusqu'à les représenter comme un peuple de Pygmées, qui ont les yeux louches et l'esprit borné... »

Cet apologiste s'employait aussi à montrer que le « point d'honneur » était cultivé derrière le mur des ghettos tout comme dans les salons parisiens :

« Il me reste à répondre au troisième reproche qu'on fait aux Juifs : c'est être sans ambition, et absolument insensibles à l'honneur et au mépris. Ce reproche est tout à fait gratuit ; les gens de mérite sont estimés, les malhonnêtes et les ignorants sont méprisés parmi les Juifs, comme parmi les autres nations ; ils ont aussi leurs disputes, sur le pas de la synagogue ; leurs docteurs, sans porter de bonnets carrés, n'en sont pas moins vains ; il y en a qui supportent avec impatience de se voir le second dans leur communauté, comme César d'être celui de Rome. Si cette ambition ne les mène pas à la véritable gloire, c'est que l'oppression leur en ferme le chemin... »

On voit que notre homme ne cesse de comparer entre elles les deux sociétés qu'il connaît, celle des juiveries dont il est issu, et celle qu'il fréquente à Paris, et c'est cette double culture qui aiguise peut-être son regard et fait de lui un précurseur des sociologues juifs des générations à venir. L'académie de Metz n'aurait pas été si mal venue de lui décerner son premier prix, d'autant plus que, tout en s'excusant de son « style sarmatico-françois », cet habile dialecticien se montrait en même temps un styliste accompli [1].

---

1. *Apologie des Juifs en réponse à la question : Est-il des moyens de rendre les Juifs plus heureux et plus utiles en France ?*, par M. Zalkind-Hourwitz, Juif polonais, Paris, 1789.

Les deux autres mémoires récompensés par l'académie [2] offraient maints traits communs. L'avocat et le prêtre s'y montraient bien plus durs pour les Juifs que l'ex-fripier, décrivant leurs dépravations sous des couleurs également sombres. « Timidité imbécile... ils s'offrent à nous avec un front couvert d'opprobre et une âme souvent flétrie par le vice ; voyons si on peut espérer d'y développer le germe des vertus sociales... » (Thiery). « Ce sont des plantes parasites qui rongent la substance de l'arbre auquel elles s'attachent... Si les Juifs n'étaient que sauvages, on aurait plus de facilité pour les régénérer... » (Grégoire). Dans un chapitre consacré à la constitution physique des Juifs, l'abbé s'interrogeait sur les causes de leur dégénérescence que, sur l'autorité de Buffon, il attribuait, entre autres raisons, à leur alimentation, notamment à la consommation de la viande rituellement abattue.

Les seules vertus que nos deux auteurs accordent aux enfants d'Israël sont les vertus familiales, « presque universelles chez eux : une tendresse effective pour leurs frères indigents, un respect profond pour les auteurs de leurs jours ; ils seraient désolés de mourir sans recevoir la bénédiction de leurs pères, sans la donner à leurs enfants » (Grégoire) ; « c'est parmi ce peuple que les époux sont encore fidèles, les pères tendres et sensibles, les fils toujours respectueux » (Thiery).

Aucun d'eux n'ose s'inscrire en faux contre le reproche théologique du déicide. « Elle nous apprend, il est vrai, cette religion, que les Juifs coupables du plus grand des forfaits ont mérité le courroux de la Divinité... » (Thiery) ; « le sang de Jésus-Christ est retombé sur les Juifs comme ils l'ont désiré... » (Grégoire). Mais, demandent-ils tous les deux, de quel droit les hommes se sont-ils substitués à Dieu pour châtier les Juifs ? « Est-ce à nous qu'il appartient d'interpréter cet ordre de la Divinité ? Est-ce à nous que l'exécution en est confiée, et serions-nous allés jusqu'à nous croire les instruments de sa vengeance ? » (Thiery), et Grégoire va loin pour montrer l'inconvenance de tels raisonnements : « N'essayons donc pas de rendre la religion complice d'une dureté qu'elle réprouve ; en

---

1. *Essai sur la régénération physique, morale et politique des Juifs*, par M. GRÉGOIRE, curé du diocèse de Metz, Metz, 1789 ; *Dissertation sur cette question : Est-il des moyens de rendre les Juifs plus heureux et plus utiles en France ?*, par M. THIERY, avocat au parlement de Nancy, Paris, 1788.

prédisant les malheurs de la nation juive, l'Eternel n'a pas prétendu justifier les barbaries des autres ; et si, en qualité d'instruments de sa vengeance, pour accomplir les prophéties, nous nous prétendions innocents, on aurait bientôt justifié la trahison de Judas... »

La question du crime sacré écartée de la sorte, et aussi graves que soient les crimes profanes des Juifs, nos deux réformateurs endossent courageusement la responsabilité de leur avilissement ; on peut même se demander si ce n'est pas dans une intention rhétorique qu'ils avaient poussé leur tableau au noir. « C'est nous qu'il faut accuser de ces crimes si justement reprochés aux Juifs ; c'est nous qui y forçons... c'est à la conduite barbare de nos pères envers eux, c'est à notre propre injustice que nous devons l'attribuer... » (Thiery). « Si vous envisagez de nouveau les crimes passés des Juifs et leur corruption actuelle, que ce soit pour déplorer votre ouvrage ; auteurs de leurs vices, soyez-le de leurs vertus ; acquittez votre dette et celle de vos aïeux... » (Grégoire).

Mais les régénérateurs savent déjà qu'ils doivent combattre sur deux fronts : le même esprit du temps qui leur permet de contester l'enseignement traditionnel de l'Eglise a répandu le soupçon que les Juifs sont mauvais « absolument », c'est-à-dire que tel est le verdict sans appel de la Nature. C'est ce que nie absolument l'abbé Grégoire : « Mais les Juifs, nous dit-on, sont incapables d'être régénérés parce qu'ils sont absolument pervers... cette perversité... croira-t-on qu'elle soit innée ? Quelques philosophes chagrins ont prétendu que l'homme naissait méchant... Rectifions leur éducation, pour rectifier leurs cœurs ; il y a longtemps qu'on répète qu'ils sont hommes comme nous ; ils le sont avant d'être juifs (...). Le Juif naît avec les mêmes dispositions que nous... » De même, Thiery stigmatise les « insensés (qui) ont accusé la Nature elle-même : elle s'est trompée, disent-ils, en formant les Juifs, elle les a pétris d'un limon fangeux... » ; invoquer une telle erreur, c'est *blasphémer la Nature*, s'exclame-t-il. Du reste, la possibilité d'une régénération des Juifs peut également être démontrée à l'aide d'arguments positifs ; on peut la tenir pour un fait acquis, « puisque à Berlin... on a vu un Moïse Mendelssohn regardé, à juste titre, comme un des grands philosophes et des meilleurs écrivains de ce siècle ». L'abbé Grégoire tire de la célébrité de l'auteur de *Phédon* un effet encore plus spectaculaire : « La nation vient enfin de posséder un homme de génie dont la place n'est pas vacante, mais depuis l'historien Joseph il a fallu dix-sept siècles pour produire Mendelssohn. » Tel est l'argument vedette dont la fréquence permet de mieux comprendre le zèle que mettront les Juifs du XIXe siècle à prouver leur régénération, en se distinguant dans tous les domaines de l'existence.

Si le prêtre et l'homme de loi posent un même diagnostic, les remèdes qu'ils proposent diffèrent sur un point. Thiery pense qu'il suffit d'émanciper civilement les Juifs, sans se préoccuper de leur religion ; il préfère même les voir pratiquer la loi de Moïse, plutôt que de devenir des hommes sans foi ni loi, « ni Juifs ni Chrétiens ». En revanche, l'abbé Grégoire, qui qualifie le Talmud de « vaste réservoir, j'ai presque dit de cloaque où se sont accumulés les délires de l'esprit humain », veut les amener par la douceur à la religion chrétienne, et il propose même de rétablir à cet effet la pratique des sermons obligatoires, jadis instituée par le pape Grégoire XIII. Mais tout compte fait, la différence semble mineure et, étant donné la similitude des prémisses, notre apôtre ne faisait peut-être que tirer les dernières conséquences : celles-là mêmes auxquelles aboutiront par la suite des générations de Juifs européens, en se soumettant à la cérémonie du baptême afin de payer leur *prix d'entrée à la culture européenne* (Heine). Il est significatif, en effet, que cette culture adoptait, pour exprimer son confiant espoir en l'amendement des Juifs, le terme de *régénération,* que la science de Descartes et de Buffon avait emprunté au langage de l'Eglise et dont le premier sens fut bien celui des effets du baptême (« régénération en Jésus-Christ »).

III

L'Allemagne

La bonne Allemagne.

En traitant de l'Allemagne, il convient d'abord de relever la tendance des Européens des siècles passés à surestimer le sang germanique, en vertu d'obscures réminiscences remontant au temps des invasions barbares. Que des auteurs français, espagnols et même russes aient reconnu la préexcellence des races franque ou wisigothe, voilà qui donne au phénomène sa pleine signification et l'intermittente mégalomanie allemande se comprend mieux de la sorte. Il va de soi qu'à l'est du Rhin, ces thuriféraires furent plus nombreux encore, dont les propos et les songes s'inséraient au Moyen Age dans un riche contexte d'hérésies manichéennes, de rêveries de croisade, d'aspirations à la domination universelle et d'excitations aux massacres et aux pogromes [1]. Ces rêves ne cessèrent jamais d'agiter la vie allemande ; l'auteur le plus populaire du XVIIe siècle, Grimmelshausen, leur consacrait un chapitre entier dans son *Simplicius Simplicissimus.* Mais s'ils se perpétuaient de la sorte, dans le « tréfonds de l'âme populaire », c'est-à-dire dans les régions vitales de la sensibilité dans lesquelles le regard de l'historien a d'infinies difficultés à pénétrer (comme s'il s'agissait d'un inconscient collectif), ils échappent à

1. Voir à ce sujet l'ouvrage de Norman COHN, *Les Fanatiques de l'Apocalypse,* Paris, 1963, ainsi que mon *Mythe aryen,* Paris, 1971.

notre vue, dans ce qui fut, au début de l'*Aufklärung*, ou « lumières » allemandes, la pacifique Germanie de Bach. C'est en vain qu'on chercherait leurs manifestations littéraires ou leurs prolongements politiques auprès de l'une des trois cents cours allemandes de l'époque, servilement soumises au goût français. Ce pays à l'histoire cyclothymique semble traverser sa phase dépressive, au lendemain de la guerre de Trente Ans.

A cette époque, la chaotique Allemagne, sans « capitale et sans capitaux » (R. Minder), est un pays attardé ; on admet couramment qu'en même temps que son morcellement, c'est ce retard social et économique qui est à l'origine de l'atonie du sentiment national. Mais par rapport à l'Angleterre, aux Pays-Bas et à la France, tous les pays européens se trouvent en retard et l'Italie connaît un morcellement non moindre : à l'époque où nous sommes, les despotes éclairés entreprennent de combler ce retard, parfois non sans entrer en conflit avec les tenants de l'ancien ordre des choses. Ces conflits furent épargnés à l'Allemagne ; en revanche, sa civilisation, après avoir pris la tête du progrès européen au XIXe siècle, fera trembler le monde au XXe. Si la tragédie allemande est justiciable d'une explication cohérente, c'est tout d'abord vers l'esprit du luthéranisme qu'il convient de se tourner.

Pour le parti philosophique des lumières, cet esprit est effectivement synonyme du progrès. Rien de plus caractéristique à cet égard qu'une réflexion de Mirabeau, lorsque courut le bruit que le roi de Prusse voulait se convertir au catholicisme. « Que le Ciel préserve l'humanité de cet horrible malheur ! s'exclame-t-il. Le seul chef des protestants, c'est-à-dire du parti des lumières et de la liberté en Allemagne, deviendrait donc bientôt la proie du parti contraire ! » Ce parti contraire c'est bien entendu l'Eglise de Rome, figée dans l'immobilité de sa tradition ; l'Eglise luthérienne, par contre, s'ouvre largement à l'esprit du temps, puisqu'elle est libre, dans le cadre de sa réforme permanente, d'évoluer, de philosopher et d'aller de l'avant, libre aussi de se constituer en servante obéissante de l'Etat, notamment de la Prusse. Les pasteurs allemands sont les premiers à propager les idées nouvelles de science et de progrès et à les inculquer à leurs ouailles, en même temps qu'ils révisent eux-mêmes leur théologie et inaugurent la haute critique biblique. Ce qui, en France et en Angleterre, est arraché de haute lutte par une bourgeoisie audacieuse est professé en

Allemagne du haut des chaires, sur ordre du prince.

Mais de ce fait même, la révolution des esprits se poursuit en Allemagne avec une sage prudence : les lumières modernes y restent dûment contrôlées, les tendances radicales y sont presque inexistantes, seuls des princes osent pratiquer l'athéisme, le pays demeure massivement chrétien. Des despotes aux pasteurs, et des pasteurs aux ouailles, la transmission se fait sans heurts : depuis Luther, l'obéissance est la vertu nationale. Nous disposons, à ce sujet, de témoignages saisissants. Voici celui de Kant :

« L'Allemand est, de tous les peuples civilisés, celui qui est le plus facilement et le plus constamment gouvernable ; il est ennemi des nouveautés et de la résistance à l'ordre établi » *(Anthropologie).*

Voici celui de Mme de Staël qui, aussi pro-allemande qu'elle ait été, n'en apercevait pas moins le revers de la médaille :

« Il faut l'avouer, les Allemands de nos jours n'ont pas ce que l'on peut appeler du caractère. Ils sont vertueux, intègres, comme hommes privés, comme pères de famille, comme administrateurs, mais leur empressement gracieux et complaisant pour le pouvoir fait de la peine, surtout quand on les aime... [ils] sont flatteurs avec énergie, et vigoureusement soumis. Ils accentuent durement leurs paroles, pour cacher la souplesse des sentiments et se servent de raisonnements philosophiques pour expliquer ce qu'il y a de moins philosophique au monde : le respect pour la force et l'attendrissement de la peur, qui change ce respect en admiration » *(De l'Allemagne).*

« L'attendrissement de la peur, qui change le respect en admiration » est une jolie trouvaille, et l'on voit que Mme de Staël ne manquait pas d'esprit de finesse. Mais l'hypocrisie diagnostiquée de la sorte masquait à son tour les tensions et les conflits dus aux exigences asphyxiantes de la *Pflicht* (devoir) et de la *Sittlichkeit* (moralité), ces notions spécifiques qu'aucune traduction en aucune langue ne saurait rendre avec une suffisante fidélité.

Ici, nous ne saurions remonter plus haut dans l'histoire allemande que la Réforme ; du reste, dans le tissu infiniment riche de l'Histoire, il peut arriver à un homme d'imposer pour des siècles son cachet à un peuple, surtout lorsque cet homme le dote de sa langue commune, ainsi que cela fut le cas pour Luther. En échange des béatitudes de la vie spirituelle et du royaume intérieur de Dieu, le Réformateur prêchait à ses Allemands l'obéissance inconditionnelle à César, et la doctrine du « self arbitre », à partir de laquelle se développèrent les impératifs de la perfection absolue, chère à Leibnitz et à Kant. D'où notamment la conception des trois états de la morale : celle où la vertu attend sa récompense ici-bas (« morale judaïque ») ; celle où, parvenue avec le christianisme à la notion de l'immortalité de l'âme, elle l'espère dans l'au-delà, et celle où elle la trouve en elle-même, au nom de la *Pflicht* dûment accomplie. Morale héroïque, morale inhumaine, et que Luther déjà illustrait par l'apologue du Chrétien prisonnier des Turcs, dont le devoir est d'obéir aveuglément à ses nouveaux maîtres, même lorsqu'ils lui ordonnent de faire la guerre aux Chrétiens. Une telle morale permet d'excuser sous couvert d'héroïsme, les pires lâchetés. Celle de Kant n'a pas d'autre sens, lorsque dans sa *Métaphysique des mœurs* il constitue en devoir absolu la soumission à la tyrannie, un devoir qui a lié les bras d'une grande partie des élites allemandes, en 1933-1945.

Telles pourraient avoir été les sources idéologiques de l'irresponsabilité politique nationale, sous le Second Reich comme sous le Troisième, lorsque le culte de la puissance germanique était inculqué en qualité d'une vertu suprême. Mais les naissantes lumières allemandes, elles, se distinguent par leur cosmopolitisme intégral et quasi sacrificiel. Pour Lessing tout comme pour le jeune Gœthe, le patriotisme est un leurre, une aberration de l'esprit ; pour d'autres auteurs, il doit s'élargir aux dimensions de la planète, ainsi que le proclame expressément un journal qui s'intitule *Le Patriote*. Avec une bonne volonté infinie, les Allemands éclairés, au cours de cette phase dépressive de l'histoire nationale, veulent aimer d'un amour égal tous les hommes qui peuplent la terre. Mais les Juifs sont-ils des hommes ? Ils le sont par excellence, nous le verrons, pour Lessing, tandis que le cosmopolitisme de Gœthe, plus restrictif, se limite à l'Europe *chrétienne* ; par la suite, dans *Wilhelm Meister*, il excluera expressément les Juifs de sa cité idéale, ouverte aux hommes de tous les pays : « Nous ne tolérons aucun Juif parmi nous, car comment pouvons-nous leur accorder une part de la culture supérieure dont ils nient l'origine et les coutumes ? » Schiller, en revanche, qui deviendra le poète favori des ghettos polono-russes, ne semble pas avoir partagé cet exclusivisme de son grand ami.

Pour la fin du XVIIIe siècle, on pourrait citer également Herder, humaniste lui aussi, mais qui à son insu lançait au monde cet avertissement :

« L'historien de l'humanité se gardera d'adopter de préférence une race exclusive pour y sacrifier celles auxquelles leur état a refusé le même degré de gloire ou de bonheur... Libre à nous de nous réjouir que le monde romain ait été régénéré par une race telle que les Germains, forte, belle, noble dans sa culture, chaste dans ses mœurs, pleine d'honneur, de générosité et de loyauté. Pour cela, le prendrons-nous pour le peuple élu d'Europe, et ne serait-ce pas le vil orgueil d'un barbare ? »

Herder fut le grand chantre de la *Treue* allemande, de cette fixation passionnée à la personne du *chef*, de cette *Hörigkeit* ou dépendance, dont les liens sont raffermis par une homosexualité soit ouverte, soit latente. La description qu'il faisait des Juifs (dont, contrairement à Gœthe, il souhaitait cependant l'assimilation) anticipe elle aussi sur les propos des racistes des générations futures :

« Depuis des milliers d'années, même dès son origine, le peuple de Dieu, tenant sa patrie du Ciel même, s'en va végétant comme une plante parasite sur le tronc vivace des nations étrangères ; race astucieuse et sordide, à laquelle le monde entier suffit à peine, jamais elle n'a été émue d'une ardente passion pour soutenir ou ressaisir son honneur, et l'oppression la plus obstinée n'a pu l'armer pour s'assurer une retraite et une patrie indépendante » *(Idées sur la philosophie de l'histoire de l'humanité).*

Ainsi, la mise au ban des enfants d'Israël semble aller de pair, dans l'Allemagne des lumières, avec l'éveil des passions nationales. Mais dans la première moitié du XVIIIe siècle, une Allemagne qui se ressent encore de ses guerres de religion et de celle de Trente Ans, une Allemagne fatiguée, humble et bienveillante, aspire, dirait-on, à travers ses romanciers et ses dramaturges, à aimer d'un amour égal tous les hommes, y compris les Juifs.

Le bon Juif.

Si d'une manière générale, la pensée de l'*Aufklärung* allemande fut tributaire de ses voisins occidentaux, dans le cas spécial des Juifs, par contre, les auteurs allemands furent les premiers à plaider systématiquement leur cause. Cette priorité historique correspond aux nuances particulières du cosmopolitisme allemand, mais il est certain que le contact vivant avec les enfants d'Israël y contribua grandement. En effet, les rejetons des Juifs de cour faisaient de louables efforts pour la promouvoir. C'est ainsi qu'en 1745 le jeune Aron Salomon Gumpertz, de la dynastie berlinoise des Gumpertz, demandait à l'écrivain Gottsched l'autorisation de « venir paître sous vos ailes, pour téter le doux lait des sciences », « car c'est à vous que nous autres Allemands devons tant d'écrits spirituels et profonds ». Signe des temps, que ce Juif qui se déclare Allemand et qui aspire à la culture du siècle. De leur côté, les auteurs allemands, prenant le contre-pied des anciennes conventions ou habitudes de pensée médiévales, cherchaient l'*homme* sous le Juif.

Parmi les documents littéraires de cet ordre, c'est dans une interminable « robinsonade » de Schnabel qu'on trouve dès 1731 les premiers Juifs bienfaisants, sauvant les héros chrétiens des griffes impitoyables des Maures ; mais tout braves qu'ils soient, ils se font payer leur peine. En 1747, le poète Christian Gellert, qualifié à l'époque de *praeceptor Germaniae,* mit en scène dans sa *Comtesse suédoise* un groupe de Juifs riches, d'un désintéressement total. L'un d'eux, dont les vastes affaires s'étendent de la Sibérie à la Hollande, sert de Providence spéciale au mari de la comtesse, prisonnier des Russes ; il lui a prouvé « qu'il existe aussi des cœurs généreux dans ce peuple, qui paraît en avoir le moins ». Et voici la moralité : « Il est possible que beaucoup de gens faisant partie de ce peuple auraient meilleur cœur, si nous ne les forcions, par notre conduite, à haïr notre religion. » C'est ainsi que les premiers *Aufklärer* endossaient leur responsabilité dans l'avilissement des Juifs.

Des auteurs dont le nom n'a pas été entièrement oublié, Friedrich Klopstock, Christoph Wieland, partageaient cette position. Mais il faut surtout évoquer la figure de Lessing qui, à peine âgé de vingt ans, entrait en lice avec sa pièce intitulée *Les Juifs* :

L'argument des « Juifs » est fort simple. Le *Baron* et sa fille, la *Fräulein,* sont attaqués par des bandits ; un noble *Voyageur* les sauve au risque de sa vie. Ne sachant comment exprimer sa reconnaissance, le *Baron* lui offre la main de sa fille, mais le *Voyageur,* qui jusque-là avait caché ses origines, hésite ; et voici le dénouement :

LE VOYAGEUR. — (...) je suis... Je suis Juif.

LE BARON. — Il est Juif ! Fatal contretemps !

LISETTE. — Il est Juif !

LA FRÄULEIN. — Eh ! qu'est-ce que cela fait ?

LISETTE. — Chut, Fräulein, chut ! On vous dira tantôt ce que cela fait.

LE BARON. — Il y a donc des cas où le Ciel même nous empêche d'être reconnaissants !

LE VOYAGEUR. — Vous l'êtes suffisamment, par cela même que vous craignez de ne pas l'être assez.

LE BARON. — Au moins veux-je faire autant que le sort me permet. Acceptez ma fortune, j'aime mieux être pauvre et reconnaissant, que de vivre riche et ingrat.

LE VOYAGEUR. — Cette offre est superflue, car le Dieu de mes pères m'a donné plus qu'il ne me faut. Pour toute récompense, je ne désire autre chose de vous, monsieur, sinon que vous parliez désormais de ma nation en termes plus mesurés. Je ne me suis pas caché de vous à cause de ma religion ; mais en remarquant que vous aviez autant d'inclination pour moi en particulier, que vous aviez d'aversion pour mes semblables, j'ai cru digne de vous et de moi de me servir de l'amitié que j'avais le bonheur de vous inspirer, pour détruire dans l'esprit d'un homme tel que vous, des préjugés trop injustement établis contre ma nation.

LE BARON. — Je rougis de mon procédé (...). Tout ce que je vois de vous, monsieur, me remplit d'admiration. Venez, nous prendrons des mesures pour que les coupables soient punis. Oh, combien les Juifs seraient estimables, si tous vous ressemblaient !

LE VOYAGEUR. — Et combien le seraient les Chrétiens s'ils étaient tout aussi justes et généreux que vous, monsieur ! (Rideau.)

On voit combien élevés et délicats sont les sentiments de tous les personnages. On pourrait cependant s'étonner de la dissimulation obstinée du « Voyageur », mais peut-être était-elle conforme au savoir-vivre du temps (on trouve, dans un journal allemand, la description, dans une ville d'eaux, d'un « Juif qui se donnait en vérité pour un Chrétien ; il avait pris un autre nom, mais chacun savait qu'il était Juif. Personne, cependant, ne semblait le savoir, on l'abordait poliment, même amicalement, car le Juif était un homme aimable, et qui savait vivre... »). En tout cas, ce détail nous montre qu'il s'agissait moins, pour Lessing, de plaider la cause du groupe social formé par le judaïsme, que de lutter contre le préjugé d'après lequel tous les Juifs sont nécessairement mauvais. Aussi bien son « Voyageur » est-il riche, tout comme l'étaient, chez Schnabel et chez Gellert, ses prédécesseurs : l'argent valait aux enfants d'Israël la considération non seulement des princes ou des fonctionnaires, mais aussi des moralistes.

Trente ans plus tard, Lessing abordait à nouveau le thème des Juifs, dans son célèbre drame *Nathan le Sage,* dans lequel on a souvent voulu reconnaître le portrait de son ami Moïse Mendelssohn. Plaidoyer pour la tolérance, cette pièce classique reflète aussi l'évolution spirituelle d'un généreux non conformiste, qui, à la fin de sa vie, était devenu un « spinoziste », un athée secret. Sur son lit de mort encore, il aspirait à partir pour une contrée où « il n'y aurait ni Chrétiens, ni Juifs ».

Dans la seconde moitié du XVIIIe siècle, la plupart des dramaturges allemands en vogue — Iffland, Kotzebue, les deux Stephanie — mettent en scène les *bons Juifs,* tandis que les traducteurs de mainte pièce étrangère les introduisent, pour adapter la version originale au goût du jour [1]. Dans les pays allemands, le Juif devient le grand symbole de la lutte contre les préjugés.

Il reste que dès le début, l'accueil réservé aux « Juifs » de Lessing ne fut pas unanime. C'est ainsi que Johann David Michaelis, un théologien à l'érudition immense, affirma dans le *Journal de Gœttingen* qu'un Juif tel que le « Voyageur » ne pouvait pas exister. Même la vertu médiocre, expliquait-il, était exceptionnelle chez un peuple dont les principes et le genre de vie étaient délibérément immoraux. Lessing répliqua que de tels Juifs existaient réellement, et qu'il était en mesure d'en fournir

1. Ce fut notamment le cas du *Mercure galant* (ou *La comédie sans titre* de BOURSAULT, devenu *Die Heirat durch das Wochenblatt,* 1788) et du *Joueur* de REGNARD (devenu *Das Spielerglück,* 1790). De même, l'adaptation allemande de *The Jew* de CUMBERLAND (*Der Jude,* aus dem englischen, 1798) s'enrichit d'une tirade contre les lois d'exception qui pèsent sur les Juifs, qui n'existait pas dans l'original.

la preuve : ne venait-il pas de recevoir d'un jeune Juif une lettre respirant les sentiments les plus élevés ? Il la publiait donc, et c'est ainsi que Moïse Mendelssohn faisait son entrée sur la scène littéraire allemande.

« Le cruel verdict de M. Michaelis est-il fondé ? s'exclamait-il dans sa lettre. Quelle honte pour le genre humain ! Ne l'est-il pas ? Quelle honte alors pour l'auteur ! »

« Ne nous suffit-il pas de souffrir les assauts de la haine cruelle que nous portent les Chrétiens, et cette injustice doit-elle être justifiée par des calomnies ?

« Qu'on continue à nous opprimer, qu'on nous laisse vivre dans la sujétion parmi des citoyens libres et heureux, qu'on nous expose aux railleries et au mépris du monde entier ; mais qu'on ne cherche pas à nous contester la vertu, la seule consolation des âmes infortunées, le seul recours des abandonnés... »

De cette vertu, Mendelssohn ne cessa de témoigner aux yeux du monde sa vie durant. Personnage exemplaire à tous égards, que ce frêle autodidacte bossu, qui devint le chef du « parti philosophique » allemand, tout en continuant à travailler dans une boutique de soieries de Berlin, où les étrangers de passage venaient boire la sagesse sur les lèvres d'un Juif pieux. On a dit, et cela peut être vrai, que les faveurs de l'Europe éclairée allaient, en même temps qu'à ses écrits, à cet état paradoxal ; un état auquel d'après Henri Heine, la Providence avait rémédié à sa manière, en le gratifiant d'une bosse, pour lui faire mieux supporter sa condition juive. Son physique était tel qu'au dire de l'un de ses visiteurs, le cœur le plus grossier ne pouvait s'empêcher de le prendre en pitié. Mais au moral, il était doté d'un tempérament solidement philosophique ; sur ce point, on peut ajouter foi à son auto-portrait :

« En général, mon cœur est peu accessible à la colère, au dépit, aux remords et aux autres affections déplaisantes de ce genre. Je ne suis sensible qu'à la tendresse et à l'amitié, et en la matière aussi à un degré si modéré, que mes amis m'accusent très souvent de tiédeur. Mais je ne puis pas prétendre à des sentiments que je ne ressens pas et je suis incapable de mentir et de feindre, même lorsque les caprices de la mode l'exigent... »

Ajoutant que contrairement à la majorité des philosophes dont les noms ont été retenus par la postérité, Mendelssohn se maria, eut des enfants, et sut fonder un foyer heureux.

Après avoir, dans sa lettre à Lessing, rompu une lance en faveur de ses coreligionnaires, notre homme sembla se désintéresser du judaïsme. Sa première œuvre, *Les Entretens philosophiques*, publiée également par Lessing, contenait un dialogue pour la défense de la culture allemande, tournée en dérision par Frédéric II et son entourage ; il eut même la hardiesse, lui le *Schutzjude*, le « Juif toléré », susceptible à chaque instant d'être expulsé, de reprocher au roi son aversion pour la langue allemande. Déjà, ce Juif se montrait plus Allemand que beaucoup d'Allemands.

Par la suite, il développa, avec un grand art de la forme, les preuves chères au Siècle des Lumières, en faveur de la tolérance religieuse, de l'immortalité de l'âme, de l'existence de Dieu et d'une religion naturelle qui permet à chacun de faire son salut. Son *Phédon*, qui connut dix-sept éditions allemandes et fut traduit en une dizaine de langues étrangères, fonda sa gloire. Mais en 1769, il fut tiré de sa quiétude philosophique par le pasteur suisse Lavater qui, s'étant mis en tête de le convertir, lui rappelait par une provocation publique que même sur le plan du commerce d'idées, il restait un Juif.

De la sorte, ce frêle athlète, obligé de répondre, fut entraîné dans une retentissante polémique. En résultat, il en vint à rédiger son œuvre principale, *Jérusalem* ou *Le Judaïsme et le Pouvoir religieux*, dans laquelle le Juif philosophe devenait ou redevenait un philosophe juif. Ce traité conserve sa place historique, en tant que plaidoyer pour la séparation de l'Eglise et de l'Etat ; il donnait aussi à notre philosophe l'occasion de développer sa doctrine religieuse.

Son principal objectif était, cela va de soi, l'octroi des droits civiques à ses frères. A cette fin, il préconisait hardiment un Etat laïc, et partant, la suppression des droits politiques et juridictionnels des Eglises. Il se voyait naturellement contraint à étendre ce principe à l'« Eglise » juive, c'est-à-dire à réclamer, au nom de la Raison, l'abolition de l'autonomie judiciaire des communautés juives, et de leur redoutable moyen d'action, l'excommunication rabbinique.

Il franchissait ce pas non sans un douloureux effort, puisqu'il contredisait de ce fait la tradition talmudique, et paraissait enfreindre la loi de Moïse elle-même. De plus il donnait beau jeu à ses adversaires chrétiens de dire que ce premier pas allait en entraîner d'autres, et qu'autant valait aller tout droit aux fonts baptismaux. Se retournant contre eux, il contre-attaquait alors comme suit :

« ... dois-je faire ce pas, sans avoir réfléchi au préalable s'il me tirera de la confusion dans laquelle je me trouve à votre avis ? S'il est vrai que les fondations de ma maison menacent ruine, et qu'elle risque de s'écrouler, suis-je bien inspiré en me réfugiant avec mes biens de l'étage inférieur à l'étage supérieur ? Y suis-je mieux en sécurité ? Or, le christianisme est érigé sur le judaïsme, ainsi que vous le savez : Si celui-ci s'effondre, il doit nécessairement s'écrouler avec lui. Vous dites que mes conclusions sapent les fondements du judaïsme, et vous m'offrez la sécurité de votre étage supérieur ; ne dois-je pas penser que vous vous moquez de moi ? »

Qui plus est, Mendelssohn, face à l'attaque générale, et rejoignant sur ce point le libre penseur Toland, estimait que même le baptême chrétien ne délie aucunement un Juif :

« Même celui d'entre nous qui adopte la religion chrétienne, je ne comprends pas comment cela peut le libérer en conscience du joug de la Loi ? Jésus de Nazareth n'a jamais laissé entendre qu'il était venu pour délier de la Loi la maison de Jacob. Il a très explicitement dit le contraire et qui plus est, il a fait lui-même le contraire. Jésus de Nazareth a observé non seulement la loi de Moïse, mais aussi les décrets des rabbins... Toute sa conduite, ainsi que celle de ses premiers apôtres, illustre le principe rabbinique : *Celui qui n'est pas né sous la Loi, n'est pas lié par la Loi ; mais celui qui est né sous la Loi, doit vivre sous la Loi et mourir sous la Loi...* »

A l'originale position conciliatrice de Mendelssohn correspond son jugement sur les Juifs de son temps. S'il a déjà tendance à les mesurer à l'échelle de valeurs chrétiennes, son regard reste indulgent et compréhensif :

« La pression sous laquelle nous vivons depuis tant de siècles a enlevé à nos âmes toute vigueur. Ce n'est pas notre faute ; mais nous ne pouvons pas nier que l'aspiration naturelle à la liberté ne se manifeste plus parmi nous. Elle s'est transformée en une vertu monacale et ne s'exprime qu'en prières et en souffrances, non en actes... »

Dans un autre écrit, il exhortait ses coreligionnaires :

« O mes frères ! Vous n'avez que trop souffert jusqu'ici du joug de l'intolérance et peut-être avez-vous cru éprouver une sorte de satisfaction en faisant subir ce même joug à ceux d'entre vous qui étaient vos subordonnés. La vengeance se cherche son objet, et si elle ne peut pas s'exercer ailleurs, elle ronge sa propre chair... Oh mes frères, suivez l'exemple de l'amour, comme vous avez suivi jusqu'ici l'exemple de la haine ! Imitez les vertus des autres nations, comme vous avez cru devoir imiter leurs vices ! Si vous voulez être épargnés, tolérés et choyés, épargnez-vous, tolérez-vous et choyez-vous : aimez et vous serez aimés ! »

Faut-il ajouter que ces vœux, ou ces illusions du Siècle des Lumières, ne furent pas exaucés ? Le « joug de l'intolérance » fut aboli, sans que les Juifs soient mieux aimés pour autant, et ils ne s'aimèrent pas les uns les autres. La postérité immédiate de Mendelssohn, ses enfants les premiers, se convertirent sans songer un seul instant, cela va de soi, à perpétuer les antiques observances, et s'efforçant au contraire par tous les moyens à en abolir jusqu'au souvenir. D'où les jugements implacables que ces Juifs ou ex-Juifs riches et éclairés portèrent sur leurs frères déshérités ; mais de cela il sera question plus loin.

La philosophie allemande et les Juifs.

Moïse Mendelssohn clôt l'ère de la philosophie allemande pré-kantienne. Avec sa mort en 1786, toute une époque paraît révolue. Libérée des influences étrangères, bouillonnant d'une activité intellectuelle prodigieuse et faisant preuve d'originalité dans tous les domaines, l'Allemagne, ayant repris confiance en elle-même, se targuait désormais d'être « le pays des poètes et des penseurs ». Mais le temps n'est plus où un Lessing plaidait la cause des Juifs. Tout se passe comme si la nouvelle prise de conscience, en même temps qu'elle vivifiait le sentiment national, suscitait une hostilité grandissante à leur égard. Plus encore que les poètes, qu'un Herder ou un Gœthe, les grands philosophes s'acharnent contre le « Peuple élu », faisant flèche de tout bois, y compris des propres écrits de Mendelssohn.

Il n'est peut-être pas difficile de comprendre pourquoi. Sur bien des points, la philosophie classique allemande est sortie de la théologie luthérienne, dont elle fut une sorte de laïcisation progressive, et nous avons vu comment un tel processus aménage le terrain pour la propagande antijuive ; ce à quoi venaient s'ajouter des influences directes de la théologie d'outre-Manche sur la pensée religieuse allemande. Ajoutons-y l'effet d'une tradition antisémite spécifique, cultivée notamment dans les universités allemandes (tradition que nous avons qualifiée, dans notre volume I, d'« antisémitisme activé »), et se conjuguant, on se risque à l'écrire, avec des conséquences logiquement tirées de la doctrine de Luther, et on comprendra pourquoi les édifices conceptuels d'un Kant ou d'un Hegel furent entachés par endroits d'une hargne anti-juive prodigieuse.

Conformément à *La religion dans les limites de la raison* de Kant, le judaïsme n'est même pas une religion, puisque la loi de Moïse n'est qu'une contraignante « constitution civile », qui « a exclu le genre humain entier de sa communion », et qu'elle ignore la croyance à une vie future. Kant est convaincu que sans une telle croyance, « nulle religion ne peut être imaginée ; or, le judaïsme, comme tel, pris dans sa pureté, ne contient absolument aucune croyance religieuse ».

Des générations de kantiens juifs ont critiqué et glosé cette thèse ; pour disculper quelque peu leur idole, ils ont cherché à la rattacher soit à la tradition luthérienne interne (Luther, et les théologiens rationalistes de l'*Aufklärung*), soit à des sources externes (les déistes anglais que pratiquait Kant, ou même la « Jérusalem » de Mendelssohn). Mais lectures et sources, quelle qu'ait pu être leur importance, ont peut-être compté moins que l'hostilité viscérale d'un penseur qui, dans divers écrits et à divers endroits, préconisait l'*euthanasie* pour le *judaïsme* d'une façon qui pourrait n'avoir été que la manière métaphysique de clamer : « Mort aux Juifs ! » Les qualifiant de « Palestiniens », il les vitupérait dans son *Anthropologie* avec une hargne puissante :

« Les Palestiniens qui vivent parmi nous ont la réputation fort justifiée d'être des escrocs, à cause de l'esprit d'usure qui règne parmi la majeure partie d'entre eux. Il est vrai qu'il est étrange de se représenter une nation d'escrocs ; mais il est tout aussi étrange de se représenter une nation de commerçants, dont la patrie de loin la plus importante, reliés par une ancienne superstition, reconnue par l'Etat où ils vivent, ne recherchent pas l'honneur bourgeois, et veulent compenser cette défaillance par l'avantage de tromper le peuple qui leur accorde sa protection ou même de se tromper les uns les autres. Mais une nation qui n'est composée que de commerçants, c'est-à-dire de membres non productifs de la société (par exemple les Juifs en Pologne), ne peut être autre chose que cela ; en sorte que son antique constitution, reconnue par nous (qui avons en commun avec eux certains livres saints), même si le principe suprême de sa morale, dans le commerce avec nous, est « acheteur, ouvre bien tes yeux ! », ne peut être abolie sans inconséquence. »

Le philosophe viennois Otto Weininger († 1904), qui en matière d'antisémitisme métaphysique était orfèvre, estimait que ce passage était le texte le plus antisémite de la littérature mondiale. Si l'affirmation est contestable, ne fût-ce que parce que la littérature mondiale est fort riche en textes de ce genre, il est certain que Kant, à l'instar de tant d'autres antisémites, eut des Juifs pour ses amis les meilleurs. C'est son fidèle élève et correspondant Marcus Herz qui fit connaître sa philosophie à Berlin ; Lazarus Bendavid s'efforça d'en faire autant à Vienne ; Salomon Maïmon fut de son propre aveu, l'homme qui l'avait le mieux comprise ; Mendelssohn était pour lui « l'homme le plus important », et il souhaitait « avoir un commerce permanent et intime avec un tel homme, au naturel si doux, si gai et à la tête si lucide.. ». Il convient d'ajouter qu'en bon fils de l'*Aufklärung* finissante, Kant restait optimiste et estimait qu'une fois débarrassés de leur néfaste « esprit judaïque », les Juifs sauraient s'amender. Sa conception était donc « chrétienne » plutôt que « raciste » ; il préconisait même à cet effet, sur la suggestion de son élève Bendavid, la constitution d'une secte judéo-chrétienne, fondée à la fois sur la Thora et les Evangiles, l'essentiel demeurant une *euthanasie du judaïsme* qui à ses yeux annoncerait *le terme du grand drame de l'évolution religieuse* et l'avènement d'une ère de félicité pour l'humanité tout entière... N'est-il pas singulier de trouver chez le grand rénovateur de la philosophie moderne, une telle vision eschatologique, dans laquelle il s'inspire visiblement de saint Paul et de saint Augustin ?

Pour son disciple Fichte, par contre, le problème des Juifs ne pouvait être réglé que par leur expulsion des terres allemandes. « Pour nous protéger contre eux, je ne vois qu'un seul moyen : conquérir pour eux leur terre promise, et les expédier tous », écrivait-il dans sa première œuvre importante[1]. Il affirmait avec la dernière

---

1. J. G. FICHTE, *Beiträge zur Berichtigung der Usrteile über die französische Revolution* (1793). Cf. Ch. ANDLER, *Le pangermanisme philosophique*, Paris, 1917, pp. 8-11.) Fichte, se fondant surtout sur l'idée du contrat social, défendait le droit des Français à modifier leur constitu-

énergie que leur cas était sans espoir : « ... leur donner des droits civiques, ce n'est possible qu'à une condition : leur couper la tête à tous la même nuit et leur en donner une nouvelle qui ne contienne plus une seule idée juive. » Que l'on note que ces lignes datent de l'époque (1793) où Fichte se proclamait révolutionnaire et même jacobin ; il évoquait donc l'image d'une décapitation collective des Juifs, avant même de prêcher la croisade antifrançaise et de promouvoir mystiquement les Allemands au rang de seul peuple authentique *(Urvolk)*, appelé à régénérer l'univers. Dans un autre écrit, plus tardif (*Les Traits fondamentaux du siècle présent*, 1804), Fichte poussait à leurs ultimes conséquences les vues des déistes anglais les plus combatifs, tels que Tindal et Morgan. Identifiant à la « religion naturelle » le vrai christianisme, il ne le trouvait à l'état pur que chez saint Jean, qui lui semble mettre en doute les origines juives de Jésus ; pour la première fois dans l'histoire de la pensée européenne, on voit poindre de la sorte la notion d'un « Christ aryen ». Aussi bien, non content de vitupérer, à l'instar de ses prédécesseurs, l'Ancien Testament, critiquait-il sévèrement la majeure partie du Nouveau, notamment les épîtres de saint Paul. « Devenu Chrétien, écrivait-il, Paul ne voulait cependant pas avoir été à tort un Juif ; les deux systèmes devaient donc être réunis et s'adapter l'un à l'autre. » C'est dire que pour Fichte, le christianisme originel a été corrompu par son apôtre juif.

Peu après, dans ses célèbres *Discours à la nation allemande* (1808), qui devinrent la charte du pangermanisme naissant, Fichte s'exclamait : « Originaire d'Asie et devenu entièrement asiatique en conséquence de sa corruption, le christianisme, qui prêchait la soumission muette et la foi aveugle, était déjà pour les Romains quelque chose d'exotique et d'étranger... » Seuls les Allemands étaient aptes, d'après lui, à recueillir « le grain de vérité et de vie du christianisme originel ». Ses exégètes nazis n'eurent pas besoin de trop solliciter les textes, pour démontrer qu'il fut le premier prophète de la *Gottgläubigkeit* nazie et de la « foi aryenne », ces piliers de la brumeuse métaphysique hitlérienne... Au point de vue psychologique, cet illuminé, dont certains écrits et propos

---

tion et en venait ainsi à plaider pour le droit des citoyens d'un pays de faire sécession, ce qui lui fournissait l'occasion de s'élever contre « l'Etat dans l'Etat » que formaient, d'après lui, les Juifs.

laissent entendre qu'il se croyait destiné à remplir une mission messianique, à être non seulement un Chrétien, mais un Christ, pourrait être rangé dans la famille des réformateurs briguant le rôle de Messie et dont la fureur se tourne contre les fils d'Israël, qui ont usurpé cette sublime mission ; pour sa part, il remontait jusqu'à la racine, et saint Paul devenait le grandiose prototype du Juif corrupteur.

On trouve dans certains écrits de jeunesse de Hegel la même violence. Il se modéra quelque peu dans ses œuvres de maturité, dans lesquelles il s'abstenait d'invectiver franchement les enfants d'Israël, sans abandonner pour autant sa conception d'une « conscience juive » spécifique, malheureuse et servile *(Leçons sur la philosophie de la religion)*. La proverbiale obscurité de son style masquait elle aussi la fureur avec laquelle il destituait les Juifs de leur élection, pour en faire bénéficier les Allemands :

« Pour sortir de cette perte de soi-même, et de son univers et de la souffrance infinie qui en résulte, souffrance pour servir de support à laquelle le peuple israélite était maintenu tout prêt, l'Esprit refoulé en lui-même dans l'extrême de sa négativité absolue, saisit dans un renversement qui est en soi et pour soi, la positivité infinie de sa vie intérieure, le principe de l'unité des natures divine et humaine, la réconciliation comme vérité objective et liberté apparaissant dans la conscience de soi et la subjectivité. C'est le principe des peuples germaniques qui a pour mission de la réaliser » *(Principes de la philosophie du droit*, 1821, § 354).

Mais quel qu'ait été le ton, il s'agit toujours de variations laïcisées sur le thème de la faute et de l'esclavage perpétuel des Juifs. On le lit clairement dans les écrits de jeunesse :

« Tous les états du peuple juif, y compris l'état misérable, pouilleux et infâme dans lequel il se trouve aujourd'hui, ne sont rien d'autre que les conséquences et les développements du destin originel — une puissance infinie qu'il cherchait désespérément à surmonter — destin qui l'a maltraité et qui ne cessera de le faire, jusqu'à ce que ce peuple se le concilie par l'esprit de beauté, l'abolissant grâce à cette conciliation. »

Mais cette conciliation ne se fera pas tant qu'il se cramponnera à la loi de Moïse (nous retrouverons de la sorte la thèse maîtresse des Pères de l'Eglise) ; à l'adresse de cette loi, notre philosophie multiplie les reproches. Celui d'avoir institué l'oisiveté du sabbat n'est pas la moins caractéristique pour ce grand laborieux :

« Les trois grandes fêtes annuelles, célébrées pour la plus grande partie par des repas et des danses, sont ce qu'il y a de plus humain dans la constitution de Moïse : mais symptomatique est la fête de chaque septième jour. Ce repos ne peut être que le bienvenu pour des esclaves, après six journées de pénibles travaux ; mais réserver une journée d'oisiveté pour des hommes libres et vivants, les maintenir au cours de cette journée dans l'inactivité spirituelle, faire du temps consacré à Dieu un temps vide, et rendre ce vide si fréquent, ne pouvait venir à l'esprit qu'au législateur d'un peuple pour lequel la triste et morne unité est le bien suprême... »

Les Juifs sont donc des esclaves et leur loi est une loi d'esclaves ; ils ne méritent nulle pitié : « La grande tragédie du peuple juif n'est pas une tragédie grecque, elle ne peut susciter ni la crainte ni la pitié, car l'une comme l'autre résultent du destin de l'erreur nécessaire d'un être beau ; elle ne peut susciter que l'horreur. Le destin du peuple juif est le destin de Macbeth... »

Traitant, à un autre endroit, de la « foi dans le divin », le jeune Hegel trouvait des formules encore plus cruelles :

« L'esprit ne reconnaît que l'esprit : ils [les Juifs] ne voyaient dans Jésus que l'homme, le Nazaréen, le fils de charpentier, dont les frères et les parents vivaient parmi eux ; il n'était que cela, il ne pouvait être davantage, il n'était que leur semblable et ils sentaient eux-mêmes qu'ils étaient le néant. La tentative de Jésus de donner à la troupe des Juifs la conscience du divin ne pouvait qu'échouer, car la foi au divin ne peut pas résister dans la fange. Le lion n'a pas de place dans une noix ; l'esprit infini n'a pas de place dans le cachot d'une âme juive... »

D'entre les gloires de la philosophie idéaliste, il n'y eut que Schelling à observer à l'égard des Juifs et du judaïsme des dispositions favorables, encore qu'il lui est arrivé de critiquer lui aussi les imperfections de l'Ancien Testament [1]. La nouvelle école de « théologie rationaliste » adhérait à sa manière à ce concert philosophique. Arrê-

1. Cf. plus loin, p. 165.

tons-nous à Johann Semler et à son illustre élève Friedrich Schleiermacher.

Semler, qui est considéré comme le fondateur de la critique biblique historique, s'élevait contre la foi dogmatique ajoutée par la théologie traditionnelle aux livres saints des Juifs : « ... parce que les Juifs tiennent ces livres pour divins et sacrés, est-il juste de conclure que les autres peuples également doivent les tenir pour divins, d'une dignité supérieure à leurs propres histoires et annales ? » Ceci d'autant plus que ces livres relatent des histoires abominables, pleines de menaces et de malédiction pour les autres peuples, telles que Dieu, qui aime tous les hommes, n'aurait jamais pu les inspirer. Semler était aussi choqué par la prétention à l'élection d'un peuple grossier entre tous et il demandait, d'une manière caractéristique pour la théologie progressiste de l'*Aufklärung* : « ... seront-ils donc éternellement nécessaires, ces fondements que les Juifs incapables et incultes que nous connaissons, et qui ne peuvent même pas être comparés à bien d'honnêtes Grecs et Romains, ont adoptés sous le nom d'Ecriture sainte comme vénérables chroniques de leur peuple ? ».

Et voici les conséquences que tirait des écrits de Semler son élève Schleiermacher, prédicateur romantique et mondain, hôte assidu des salons juifs de Berlin :

« Le judaïsme est depuis longtemps une religion morte, et ceux qui portent encore ses couleurs se lamentent auprès d'une momie imputrescible, pleurant son décès et son triste abandon. Je ne parle pas de lui parce qu'il serait le précurseur du christianisme ; en matière de religion, je déteste ce genre de rapprochements historiques (...). Quelle est l'idée de l'univers qui transparaît à travers lui ? Nulle autre que celle d'un système de représailles directes et générales, d'une réaction propre de l'infini contre l'individuel et le fini, qui provient de son arbitraire (...). Son dernier fruit, produit à grand-peine, a été la croyance au Messie... Elle s'est conservée fort longtemps comme il arrive souvent qu'un fruit isolé reste suspendu jusqu'au cœur de la mauvaise saison, à un pétiole fané et s'y dessèche alors que tout élan vital a déserté le tronc. Du fait de son étroitesse, cette religion a eu la vie courte. Elle mourut lorsque furent fermés les livres saints. Alors le dialogue entre Jéhovah et son peuple fut considéré comme terminé. »

D'une manière peut-être caractéristique, la seule voix à détonner dans ce concert théologique fut celle d'un penseur violemment antirationaliste, Johann Georg Hamann.

un ami et adversaire philosophique de Kant. Ses écrits contiennent, au dire des spécialistes, des intuitions singulières sur le symbolisme de la pensée et du langage, anticipant sur la sémantique moderne. « Tous les creux discours sur la raison, s'exclamait-il, ne sont que du vent : c'est le langage qui est son organe et son critère. » De tels propos ne pouvaient que choquer son siècle ; aussi bien son œuvre sombra-t-elle bientôt dans l'oubli. Ce penseur solitaire, pour lequel la foi était la seule source de la vérité, apercevait dans les Juifs les « véritables aristocrates originels de tout le genre humain, dont les prétentions et les titres de noblesse sont mieux fondés que tous les titres héraldiques de notre ridicule style de chancellerie ». Non pas qu'il ait attribué aux enfants d'Israël une prééminence morale ou intellectuelle sur les autres peuples : c'est au seul nom de la révélation judéo-chrétienne qu'il s'exclamait :

« Pourquoi Dieu a-t-il élu ce peuple ? Non pas à cause de son excellence. Les esprits forts peuvent illustrer tant qu'ils le veulent sa bêtise et sa malignité, par rapport aux autres peuples : Dieu n'a-t-il pas fait également propager les Evangiles par des outils ignares et chétifs ? Qui peut sonder en cela son conseil ? »

« Chaque Juif, écrivait-il encore, est pour moi le miracle des miracles de la Providence et du gouvernement divins, plus que l'arche de Noé, la femme de Loth ou le buisson ardent de Moïse. Il faut sarcler et râtisser le vaste champ des blasphèmes que nos Héphaïstos ignares profèrent contre le judaïsme. »

Près d'un siècle durant, cette voix philosophique resta solitaire.

Les salons juifs de Berlin.

La colonie juive de Berlin comptait dix-huit cent cinquante membres en 1743 et quatre mille deux cent quarante-cinq, soit près de 5 p. 100 de la population de la capitale, en 1777. En même temps qu'elle croissait en nombre, ses chefs de file, à la faveur des guerres de Frédéric II et du développement économique de la Prusse, s'enrichissaient et se lançaient dans des entreprises commerciales et manufacturières de tout ordre. Ils surpassaient les entrepreneurs chrétiens aussi bien en esprit d'initiative qu'en richesse : au dire de Mirabeau, les seuls millionnaires de Berlin étaient des Juifs. Tandis que la masse, exclue des corporations et des métiers, réduite aux petits trafics et usures, végétait dans une dévote misère, ces millionnaires — les Lévy, les Markus, les Ephraïm, les Itzig — se faisaient construire des fastueuses demeures et nouaient des hautes relations : des hauts fonctionnaires et des membres de la noblesse prussienne se pressaient à leurs réceptions. Le gouvernement leur accordait un « privilège général », qui comportait l'octroi de tous les droits dont bénéficiaient les commerçants chrétiens.

Ainsi se trouvait juridiquement concrétisé un état de fait qui se vérifie de tous temps : une caste méprisée compensait sa déchéance, grâce à la puissance de l'argent. Nous avons parlé dans le volume précédent de ce phénomène, en traitant des Juifs de cour et l'avons mentionné à propos des Juifs « affranchis » de l'Espagne médiévale. La fréquentation des hautes sphères entraînait les uns comme les autres à multiplier les entorses à la loi de Moïse et certains s'en détachaient complètement. Mais, même en ce cas, ils restaient socialement, à moins de se convertir, des Juifs de pure eau, puisqu'il n'existait aucune société « affranchie » elle aussi à laquelle ils puissent s'intégrer. Le grand fait nouveau du Siècle des Lumières, c'est que désormais certains Chrétiens eux aussi, non seulement délaissent leur religion, mais la mettent ouvertement en question. Ainsi se constitue une couche sociale, qui n'est d'abord qu'une mince pellicule, à laquelle les Juifs en rupture de judaïsme peuvent *s'assimiler* sans se faire Chrétiens, sans renier brutalement la foi de leurs ancêtres, sans confesser le credo et le Dieu au nom duquel on les humilie et les persécute. Par ailleurs, dans cette société, leur argent ou leurs talents, dont ils ne manquent pas de faire étalage, leur permettent de jouer un rôle de tout premier plan. Cela est surtout vrai de Berlin, ville nouvelle, ville semi-coloniale, dont la vie sociale et culturelle est pauvre en ressources.

Cette société éclairée, cette pellicule philosophante et cosmopolite a délaissé la foi traditionnelle en faveur d'un culte nouveau, celui de la Raison ; culte qui lui aussi implique le plus souvent, ainsi que nous l'avons vu, un jugement fort sévère sur le compte du peuple d'Israël. Nous avons vu aussi que l'*Aufklärung* luthérienne, par l'organe de ses théologiens et de ses grands philosophes, tend à rendre le sien particulièrement implacable. (Elle fait encore, bien sûr, la distinction entre les *Juifs* qui lui paraissent régénérables et un *judaïsme* dont un Kant souhaitait l'*euthanasie*. Mais cette distinction, si évidente en théorie, se brouille facilement dans la pratique, ainsi que le suggère déjà l'ambiguïté du terme de « judaïsme », désignant à la fois une tradition religieuse et une société, un agrégat d'hommes.) Or, les Juifs initiés à la culture occidentale qui fréquentent les milieux éclairés de Berlin s'empressent d'en adopter les idéaux et les opinions ; ils tendent donc à juger le judaïsme à travers les lunettes de l'*Aufklärung* ; aliénation s'il en fut, ils posent sur eux-mêmes le regard d'autrui. Aussi bien prennent-ils violemment position contre les orthodoxes, c'est-à-dire contre la masse des Juifs, qu'ils veulent réformer et initier aux lumières. Ils y tiennent d'autant plus fortement que la solidarité juive conserve encore son cadre contraignant (institutionnel) : la communauté, et à travers elle chaque Juif, est responsable des délits et actes de ses membres, non seulement moralement mais aussi juridiquement.

Pour les tenants de la foi ancestrale, les Juifs éclairés sont des renégats et les rabbins les accablent d'invectives et d'excommunications. L'*Aufklärung* juive ou *Haskalah*, que les Juifs orthodoxes (notamment en Pologne) appellent « berlinisme », devient pour eux la pire des hérésies. Les tentatives faites par Moïse Mendelssohn pour trouver un point d'équilibre ou un compromis entre les lumières et la tradition du Sinaï, sont rapidement dépassées ; par la force des choses, ses émules et sa postérité témoignent à leur tour contre le judaïsme, c'est-à-dire en définitive contre eux-mêmes.

Ils le font de manières diverses ; du reste, tout ce qu'ils disent ou écrivent risque d'être retourné contre eux. Examinons d'abord la manière des penseurs et des idéologues.

Une des figures les plus extraordinaires de la scène philosophique allemande à la fin du XVIIIe siècle fut le Juif polonais Salomon Maïmon. Ce fils du ghetto, après avoir maîtrisé, dès son jeune âge, tous les arcanes de la pensée talmudique, chercha à s'initier à la « science grecque », sur laquelle la lecture de Maïmonide (d'où son surnom) lui avait ouvert quelques horizons. Abandonnant femme et enfants, il alla philosopher en Allemagne, où il mena jusqu'à la fin de ses jours une vie vagabonde et peu édifiante. Sa production philosophique, pour considérable qu'elle soit, et sa critique de Kant, ne nous intéressent pas ici ; il en va autrement de son *Autobiographie*, son livre le plus lu. A plus d'un égard, cet ouvrage fait songer aux *Confessions* de Rousseau, mais si le propos du citoyen de Genève fut de se peindre lui-même en toute sincérité, le même projet, chez un philosophe cynique juif devenait un témoignage sur le judaïsme en son ensemble, d'autant plus qu'en évoquant sa jeunesse, Maïmon multipliait les descriptions des superstitions pittoresques et de la crasse dans lesquelles croupissaient les ghettos polonais. A ce propos, il se lamentait sur sa jeunesse perdue :

« Ma vie en Pologne depuis mon mariage jusqu'à mon émigration, c'est-à-dire la fleur de mon âge, fut une série de misères sans fin. Faute de moyens pour favoriser mon développement, je dépensais mes forces intellectuelles à tort et à travers, d'une manière dont la description me fait tomber la plume des mains et dont je m'efforce d'étouffer en moi le douloureux souvenir. La constitution de ce pays et l'état de notre nation, qui, tel le pauvre âne, était écrasée par deux charges : sa propre ignorance et les préjugés religieux qui en découlent, et l'ignorance et les préjugés de la nation dominante, les malheurs de ma famille, enfin, tout contribuait à freiner mon développement et à empêcher l'essor de mes capacités naturelles... »

L'autobiographie de Maïmon fit sensation en Allemagne. Schiller et Gœthe la lurent avec un égal ravissement et ce dernier chercha, dit-on, à faire sa connaissance.

Jugeant en philosophe, Maïmon se montrait pourtant favorable à la morale rabbinique, qu'il comparait au vrai stoïcisme. Sur les grands penseurs allemands, il avait l'avantage évident de savoir de quoi il parlait, et son jugement mérite d'être rapporté :

« En ce qui concerne la morale rabbinique, je ne sais pas à la vérité ce qu'on peut lui reprocher, sinon dans certains cas des exagérations. Elle est le vrai stoïcisme, mais n'exclut pas de ce fait certains autres principes utiles (celui de la perfection, celui de la bienveillance générale et ainsi de suite). Sa sainteté s'étend même aux pensées. A la manière talmudique, on rapporte cela au verset du psalmiste : « Tu ne dois pas avoir en toi « un Dieu étranger », en disant : « Quel Dieu étranger peut « habiter le cœur de l'homme, sinon celui des mauvais pen- « chants ? » Les rabbins interdisent de tromper un païen, que ce soit en actes ou en paroles, ils proscrivent même, par exemple, l'emploi de la formule de politesse « Je suis heureux de vous voir », si celle-ci ne correspond pas aux véritables dispositions du cœur (...). J'aurais dû écrire un livre entier, si je voulais énumérer tous les excellents préceptes de la morale rabbinique. L'action d'un tel enseignement dans la vie pratique est certaine. Les Juifs polonais, auxquels il fut permis de tous temps d'exercer tous les métiers et qui ne sont pas réduits, ainsi que c'est le cas dans les autres Etats, aux petits trafics et à l'usure, se voient rarement reprocher d'être des escrocs. Ils restent fidèles aux pays qu'ils habitent et se nourrissent de manière honnête... »

Mais de la part d'un Juif éclairé du XVIIIe siècle, un tel jugement sur le Talmud et sur ses adeptes est assez exceptionnel. Plus caractéristiques sont les écrits d'un autre philosophe, le kantien Bendavid, qui condamnait indistinctement les rites et les mœurs des Juifs :

« Combien de temps encore dureront les excès de l'insensée et honteuse loi cérémonielle, combien de temps le Juif continuera-t-il à croire que le Père céleste le récompensera pour sa pratique par une couronne particulière ? » s'interrogeait ce réformateur. Il n'apercevait de salut que dans une rééducation des Juifs, conforme aux dogmes de la Raison ; une fois dûment initiés aux lumières, ils s'apercevront de l'absurdité de leurs superstitions et les rejetteront spontanément. A lui-même et aux autres Juifs déjà éclairés, incombe le rôle d'instructeurs et de guides dans cette ingrate entreprise : ces apôtres de la Raison, pour mieux témoigner en sa faveur parmi la masse des Juifs, doivent eux aussi renoncer aux avantages de la conversion, même si un tel témoignage risque de devenir pour eux un martyre authentique.

Payant d'exemple, Bendavid dirigea lui-même, jusqu'à la fin de ses jours, une école pour Juifs, dans laquelle non seulement l'enseignement, mais aussi le culte divin, se poursuivait en allemand et les tentatives de réforme de ce genre, les unes plus radicales, les autres plus modérées, se multiplièrent.

Le programme de Bendavid est un signe des temps. Son radicalisme outrancier reflète on ne peut mieux la situation ambiguë du Juif éclairé, qui cherche à faire quitter à ses frères orthodoxes l'état de Juif, pour mieux y échapper lui-même. Mais cet état devenu abject à ses yeux, eux s'y complaisent et le trouvent glorieux ; de la sorte, ils compromettent et ils tiennent ce Juif éclairé, qui se sent leur otage. Situation grosse de tensions psychiques et de déchirements (en ce sens, Bendavid n'avait pas tort de parler de martyre), qui marquera désormais au fur et à mesure des progrès de l'assimilation, l'existence des Juifs occidentaux. Par ailleurs, prodiguant les efforts pour se dépouiller, d'une manière ou de l'autre, de cette tunique de Nessus, ils feront preuve d'une fertilité et d'un dynamisme sans pareils dans tous les domaines de l'existence ce qui, à nouveau, contribuera à les singulariser comme « Juifs » et à stimuler l'antisémitisme.

A vrai dire, dès l'époque, les avis des Chrétiens instruits, à en juger d'après la presse de l'époque, étaient partagés. Certains mémorialistes saluaient la contribution juive à l'*Aufklärung,* tandis que d'autres se plaignaient déjà d'être envahis par « cette semence d'Abraham, innombrable comme le sable au bord de la mer ».

A Berlin, cette domination des Juifs déjudaïsés était celle des coteries mondaines : pour s'y faire un nom, rien ne valait l'appui d'un salon juif. Même l'intransigeant Fichte chercha à bénéficier d'une telle protection : sa première conférence berlinoise sur sa « Wissenschaftslehre » fut tenue par lui en 1800 dans le salon de Mme Samuel-Salomon Lévy. Il avait été introduit dans les milieux juifs par Dorothée Mendelssohn, la fille aînée du philosophe, à propos de laquelle il écrivait à sa femme : « L'éloge d'une Juive peut paraître étrange dans ma bouche, mais cette femme a détruit la conviction où j'étais que rien de bon ne pouvait venir de cette nation. »

Le cas de la famille Mendelssohn nous fournit une première illustration des mouvantes destinées des Juifs éclairés et déjudaïsés et de leurs problèmes, parmi lesquels dominait celui du baptême. Les six enfants de ce sage paraissent avoir hérité son caractère : ils demeurèrent unis à travers leurs hésitations et leurs reniements successifs et aucun d'eux ne vint renforcer la troupe croissante des Juifs antisémites. Les pour et les contre de la conversion, en ces temps-là, se trouvaient décrits avec une totale franchise dans une lettre qu'une belle-fille de Mendelssohn adressait en 1799 à un ami chrétien :

« Par leur mauvaise ou capricieuse conduite, la plupart des convertis ont jeté sur cet acte une sorte de mépris, dont la flétrissure s'étend aux meilleurs. Si seulement l'un d'eux donnait l'exemple digne d'imitation d'un caractère irréprochable, de fidélité aux principes et d'une conduite avisée (malheureusement, la plupart des jugements sont portés d'après ce dernier critère), cette prévention, qui n'est que trop fondée, se dissiperait en grande partie. Il aurait été heureux de pouvoir se dispenser de cette hypocrisie, mais l'aspiration à des activités plus élevées que celles d'un marchand, et les mille relations délicates que le commerce social fait nouer aux jeunes esprits ne laissent en fait aucune autre issue. Je crois que je n'ai jamais eu votre avis sur cette question, et j'aimerais le connaître... »

En ce qui concerne la descendance directe du philosophe, son fils cadet, Nathan, se convertit au protestantisme et devint fonctionnaire, tandis que les deux aînés, Joseph et Abraham, restèrent juifs et fondèrent une maison de banque ; mais ce dernier, le père du compositeur Mendelssohn-Bartholdy, convertit ses enfants, « parce que le christianisme est la religion de la plupart des hommes civilisés », écrivait-il à sa fille. Son beau-frère converti, Bartholdy, pour rasséréner sa conscience, lui tenait le raisonnement suivant :

« ... Crois-tu avoir commis une mauvaise action, en donnant à tes enfants la religion que tu tiens pour la meilleure ? C'est un véritable hommage que toi et nous tous rendons aux efforts de ton père pour instaurer l'*Aufklärung*, et il aurait agi comme toi... On peut rester fidèle à une religion opprimée et persécutée, on peut l'imposer à ses enfants, en qualité de couronne d'un martyre qui durera toute la vie, tant qu'on la tient pour la seule vraie. Mais si on n'y croit plus, cela devient un acte de pure barbarie... »

Quant aux filles de Mendelssohn, l'une, Recha, dont on sait peu de choses, semble être restée juive, tandis que les deux autres se tournèrent en définitive vers le catholicisme. La cadette, Henriette, ouvrit un pensionnat pour jeunes filles de la haute société à Paris, où elle tenait un salon fréquenté par Mme de Staël, Benjamin Constant et le compositeur Spontini. Se distinguant par sa piété exemplaire, elle fut par la suite l'éducatrice de Fanny Sébastiani, la future duchesse de Praslin. Beaucoup plus aventureuse fut l'existence de Dorothée, la sœur aînée. Mariée au banquier Simon Veit, dont elle eut deux enfants, elle le quitta vers 1795 pour se jeter dans les bras du bouillant romantique Friedrich Schlegel. Pendant quelques années le couple scandalisa Berlin, en affichant son union libre, dont il tirait la matière de deux romans d'avant-garde, consacrés au partenaire respectif : la *Lucinde* de Schlegel (1799), et le *Florentin* de Dorothée (1801). Après quoi, cette dernière se plongea dans la lecture de la Bible, « à titre de contre-poison », écrivait-elle à Schleiermacher en novembre 1802. « Je lis les deux Testaments et, à mon sentiment, le protestantisme est bien plus pur que le catholicisme et doit lui être préféré. Ce dernier a pour moi trop de ressemblances avec le vieux judaïsme, que j'ai en grande abomination, tandis que le protestantisme me paraît être la véritable religion de Jésus et la religion des gens instruits... »

En 1804, Dorothée se convertissait au protestantisme, ce qui permit de régulariser son union avec Schlegel ; les époux s'installèrent ensuite à Vienne et une conversion au catholicisme s'ensuivit, facilitant la carrière diplomatique du mari, au service du gouvernement autrichien.

Dorothée et Frédéric s'étaient connus dans le premier des salons juifs de Berlin, celui d'Henriette Herz, la femme du docteur Herz, l'ami et disciple de Kant. Célèbre pour sa beauté sculpturale, elle avait tourné bien des têtes. Schleiermacher en particulier se l'était choisie pour âme-sœur, assurant qu'elle était « la substance la plus proche de la sienne » ; platoniques ou non, leurs relations faisaient la joie des caricaturistes berlinois, à cause de la différence de taille entre la plantureuse Junon juive et le chétif prédicateur luthérien. Elle se convertit elle aussi, sur ses vieux jours, et rédigea des mémoires dans lesquels elle décrit non sans finesse les raisons de l'attrait que les salons juifs exerçaient sur la jeunesse allemande du temps :

« Ces milieux étaient dépourvus d'une tradition qui, transmise de génération en génération, les auraient progressivement adaptés à l'évolution des idées et des mœurs. De là, une absence totale de préjugés. De là aussi, une verve originale qui jaillissait de toute première source, un tour d'esprit indépendant et paradoxal qui, d'emblée, les mettait au-dessus des conventions, un attrait de nouveauté très piquant que n'excluait nullement une certaine profondeur de pensée... Comme par miracle, tous les jeunes gens de quelque signification qui habitaient ou visitaient Berlin se trouvaient entraînés vers ses milieux... »

Le salon d'Henriette Herz devint le principal siège de la « Ligue de la Vertu » *(Tugendbund)*, ainsi que se nommait, par antiphrase, le mouvement des jeunes romantiques de Berlin. Pour ces jeunes gens, la liberté des mœurs allait de pair avec le combat contre la morale austère personnifiée par le vieux Dieu d'Israël, un combat auquel la jeune génération des Juifs éclairés participait avec une vigueur croissante.

Sur les ressorts profonds de cette lutte, sur la fascination horrifiée qu'exerçait sur ces transfuges du ghetto leur passé historique, nous disposons du témoignage d'une femme d'un tout autre calibre que Dorothée Mendelssohn ou Henriette Herz. Laide et disgracieuse, mais dotée, au dire de tous les contemporains, d'un charme étrange et d'une intelligence géniale, Rahel Levine, la fille d'un joaillier, tenait elle aussi un salon à l'étage supérieur du pavillon qu'habitait sa famille. Sa chambre mansardée devint le foyer de la vie littéraire en Allemagne ; elle était fréquentée par des princes, des poètes et par les étrangers distingués de passage ; c'est là que naquit le culte de Gœthe et que les jeunes romantiques portèrent la sentence définitive de mort contre le culte de la Raison ; le prince Louis-Ferdinand de Prusse, le diplomate Gentz, les frères Humboldt, Heinrich von Kleist, Adalbert Chamisso, Clemens Brentano, les frères Tieck comptèrent parmi les familiers et les admirateurs de Rahel. Si Henriette Herz fut la Mme Du Deffand du Tout-Berlin philosophique et littéraire, Rahel Levine en fut la Mlle de Lespinasse ; comparaison d'autant plus justifiée que les salons fréquentés par des gens d'esprit et de bonne compagnie, à l'instar de ceux de Paris, furent une institution surtout juive, dans la Prusse des dernières années du XVIIIe siècle.

Ainsi que l'écrit Hannah Arendt, la plus récente biographe de cette grande accoucheuse des esprits allemands, « l'aspiration centrale de sa vie était de se dépêtrer du judaïsme ». Sa vaste correspondance témoigne souvent de cette obsession, et certaines formules sont saisissantes. A son ami d'enfance David Veit, elle écrivait :

« Je joue avec une étrange fantaisie : je m'imagine que lorsque je fus projetée dans ce monde, un être supraterrestre m'a gravé à l'entrée avec un poignard, ces paroles dans le cœur : « Tu auras une vive sensibilité, tu percevras des choses que les « autres ne voient pas, tu seras noble et généreuse et je ne puis « te priver des pensées éternelles. Mais j'allais oublier une chose : tu seras juive ! », et de ce fait, toute ma vie n'est qu'une lente agonie. Je puis végéter en me tenant immobile, mais tout effort pour vivre me cause une douleur mortelle et l'immobilité n'est possible que dans la mort... c'est de *là* que découlent tous les maux, toutes les déceptions et tous les désastres... »

On retrouve la même véhémence dans une lettre adressée à son frère : « ... jamais, à aucune seconde, je n'oublie cette infamie. Je la bois dans l'eau, je la bois dans le vin, je la bois avec l'air, à chaque respiration. Le Juif doit être exterminé en nous même au prix de nos vies, c'est la sainte vérité. »

Après plusieurs déceptions amoureuses (le comte de

Finckenstein, le marquis d'Urquijo, Alexander von der Marwitz), Rahel Levine se convertit en 1814 et épousa le diplomate et homme de lettres prussien August Varnhagen von Ense, de quatorze années plus jeune qu'elle. Le mariage fut heureux, et la soulagea quelque peu de son mal congénital.

Si de tels déchirements étaient le lot des âmes frémissantes et sensibles, des natures plus robustes cherchaient à échapper à la souffrance d'être Juif en abolissant le judaïsme pour leur compte personnel : une entreprise réalisable à condition de disposer d'un épiderme épais et surtout de moyens matériels suffisants. Conversions, anoblissements, mariages aristocratiques, installations à Vienne, à Paris ou à Londres, où il était plus facile de se faire oublier : la postérité des Juifs enrichis de l'époque s'est dissoute tout entière (à de rares exceptions près, en tête desquelles figurent les Rothschild) au sein de la masse et notamment de l'aristocratie chrétienne. A vue d'historien, la conclusion qui s'en dégage est que, contrairement à l'opinion commune, le judaïsme fut aux temps modernes tout le contraire d'une religion de riches !

Comment faisait-on pour se dépêtrer de l'état de Juif ? Arrêtons-nous au cas du banquier Salomon-Moïse Lévy, le neveu de la dame Samuel-Salomon Lévy qui tentait de lancer Fichte à Berlin. Vers 1805, il se convertit et adopta le nom de Delmar, en allusion au prénom paternel (Moïse = tiré des eaux). Sous l'occupation française, il entreprenait de se faire anoblir, excipant des services rendus par lui à l'Etat. Les fonctionnaires prussiens chargés de l'enquête dressaient de lui un portrait peu flatteur et qu'on peut tenir pour ressemblant :

« Le sieur Delmar fait preuve de l'indiscrétion effrontée propre à cette sorte de gens, dans le commerce avec les personnes qui lui paraissent de qualité et de rang élevé. Il possède une couche superficielle d'instruction et des dispositions innées pour le métier de banquier, ainsi que les connaissances et l'habileté nécessaires. Mais ses prétendus mérites disparaissent entièrement, lors d'un examen quelque peu attentif... »

Delmar faisait alors intervenir les autorités occupantes. L'ambassadeur français, Saint-Marsan, lui délivrait un diplôme de bon Prussien :

« Je le connais particulièrement parce qu'il a fait les affaires des administrations françaises et c'est précisément à cause que j'ai dû reconnaître qu'il a toujours agi d'une part avec la plus grande probité et de l'autre avec les sentiments d'un bon Prussien, fidèle sujet de Sa Majesté, que j'ose prendre la liberté de le recommander justement... »

L'appui français se révéla efficace ; en septembre 1810, notre homme recevait le diplôme de baron *(Freiherr)* Friedrich von Delmar. Par reconnaissance, ou par politique, il se faisait établir pour ses armoiries une couronne française de baron. Par la suite, son frère cadet Karl-August prenait part dans les rangs de l'armée prussienne, aux campagnes de 1813-1814, et était promu lieutenant. La paix une fois revenue, Friedrich von Delmar délaissa les affaires, pour tenter de jouer un rôle politique. On le vit, en 1818, au Congrès d'Aix-la-Chapelle, où il tenait table ouverte pour les diplomates. Mais sans doute ses ambitions ne furent-elles pas satisfaites en Prusse ; peu après, il s'installait à Paris, où il épousait une jeune Anglaise, Miss Rumbold, et entreprenait de forcer les portes du faubourg Saint-Germain. Le faste de ses réceptions et l'envergure de ses libéralités (sauf lorsqu'il s'agissait de Juifs) étaient tels que « même les douairières les plus fières et les demoiselles les plus étourdies, écrivait Henri Heine, cessèrent de se moquer de lui à haute voix ». Il mourut sans laisser de postérité ; la saillie de Heine a perpétué le souvenir de ce personnage oublié, qui aurait pu servir de modèle à Balzac.

Ce sont surtout de tels parvenus qui, au temps où l'Europe entrait dans l'ère de l'« enrichissez-vous », excitaient la fureur des Prussiens de vieille souche et si les bourgeois chrétiens qui disposaient des talents nécessaires ne se faisaient pas faute d'en faire autant que ces Juifs, leurs ascensions paraissaient moins spectaculaires et choquaient moins, sans doute parce qu'ils avaient moins de choses à se faire pardonner. Anticipant sur les chapitres suivants, citons ici une lettre qu'en juillet 1818 le maréchal Gneisenau adressait au maréchal Blücher :

« Je suis entièrement d'accord avec ce que Votre Excellence me dit dans son honorée lettre datée du 10 juillet, au sujet des Juifs et des nouveaux projets. C'est une maladie, une véritable fureur du siècle, que d'abolir les usages anciens et d'introduire des nouvelles lois. De ce fait, avec le cours du temps, la noblesse se trouvera ruinée, les Juifs et les fournisseurs prendront sa place et deviendront par la suite les pairs de notre royaume. Ce scandale juif me soulève le cœur, tout comme les mauvaises mœurs de ce siècle, qui ne respecte que celui qui jette la poudre aux yeux et peut donner des grands dîners auxquels on va même si l'hôte est corrompu jusqu'à la moelle des os... »

Rien de plus caractéristique que la distinction faite par le vieux soldat entre les « Juifs » nommément désignés et les anonymes « fournisseurs » chrétiens, fauteurs les uns comme les autres du « scandale juif » de la révolution industrielle commençante.

DEUXIÈME PARTIE

L'ÉMANCIPATION

I

L'émancipation

A mesure qu'une société bourgeoise, industrielle et laïcisée, au statut juridique uniforme, se substituait en Europe à la société féodale hiérarchisée du Moyen Age, l'émancipation des Juifs devenait inévitable : il était impensable qu'une catégorie d'hommes, jouant un rôle de premier plan dans les échanges et la production, reste soumise à un régime d'exception et à des lois particulières. A la veille de la Révolution française, cette émancipation se prépare dans tous les pays de l'Europe occidentale, dans le sillage des idées humanitaires de l'époque, et jusque dans l'empire tsariste, Alexandre Ier cherchera à améliorer la condition du peuple dispersé, songeant même à s'ériger en son protecteur universel. Mais c'est à la France révolutionnaire qu'il appartient d'offrir au monde le spectacle d'une émancipation complète, conforme à la Déclaration des droits de l'homme, et cet exemple est suivi par la plupart des autres pays à l'époque où ils se trouvent sous la coupe napoléonienne. De ce fait, l'idéologie révolutionnaire française se voit attribuer tout le mérite de l'émancipation des Juifs. Une telle rencontre contribue sans doute à pousser les Juifs, à mesure qu'ils s'émancipent, dans le camp dit de la gauche ; surtout, elle dresse contre eux, de génération en génération et de guerre en guerre, le sentiment national allemand, aggravant l'intolérance spécifiquement germanique.

D'autre part, dans tous les pays européens, le spectacle de l'affranchissement et de la montée des Juifs trouble profondément de nombreux esprits, et le sentiment d'une nouvelle et obscure menace réactive les légendes médiévales tissées autour du « peuple déicide » : adaptées au goût du temps, c'est-à-dire laïcisées et politisées, elles s'appelleront, dans leur version finale, *Les Protocoles des Sages de Sion*. Telle semble être la racine spécifique de l'antisémitisme moderne, sur le fond de ses facteurs d'ordre plus général, tels que la jalousie économique et les rivalités professionnelles. De cela, il sera question plus loin, dans ce travail ; d'abord, il faut voir comment se poursuivit l'émancipation des Juifs, au cœur du continent européen, et quelles réactions elle suscita.

L'émancipation en France.

Nous avons déjà parlé des travaux de la commission Malesherbes, chargée par Louis XVI d'améliorer la condition des Juifs, après avoir réformé celle des protestants : « Monsieur de Malesherbes, vous vous êtes fait protestant et moi je vous fais juif ! » lui aurait dit le roi, d'après la légende. Antérieurement, en 1782, le dernier vestige de la législation juive médiévale, le péage corporel (qui subsistait en Alsace), avait été supprimé ; l'édit de Louis XVI spécifiait « ... qu'il répugne aux sentiments que nous étendons sur tous nos sujets, de laisser subsister à l'égard d'aucun d'eux une imposition qui semble avilir l'humanité ». Cet édit humanitaire ne souleva qu'une seule opposition notable, celle du Parlement de Paris, qui refusa de l'enregistrer, estimant qu'il était « infiniment dangereux par ses conséquences parce qu'il comporterait la reconnaissance publique que les Juifs ont un droit d'habitation dans le royaume ». Sans doute faut-il y apercevoir un signe de la judéophobie spécifique de la bourgeoisie, notamment de la bourgeoisie parisienne.

Vint la convocation des Etats généraux, qui nous a laissé l'immense documentation sur l'état de l'opinion publique en France à la veille de la Révolution constituée par les « Cahiers des Doléances ». Dans les provinces où il existait une population juive, ces cahiers abondaient en griefs contre eux, notamment en Alsace et en Lorraine, où les trois états paraissent unanimes : « Le ton seul change : le clergé est sermonneur, la noblesse tranchante, les hommes de loi procéduriers. Sur le fond tous sont d'accord. Les Juifs se sont multipliés à l'excès et leurs usures ruinent la population des campagnes... » (Maurice Liber). Mais il n'y avait pas que les usures : à en juger, par exemple, par le cahier du clergé de Colmar, le mal était infiniment plus profond :

« Les Juifs, par leurs vexations, leurs rapines, la duplicité cupide dont ils offrent journellement de si pernicieux exemples, étant la principale et la première cause de la misère du peuple, de la perte de tout sentiment d'énergie, de la dépravation morale dans une classe renommée autrefois par cette foi germanique si vantée... [pour tous ces motifs] qu'il ne puisse plus être permis de contracter mariage qu'au fils aîné de chaque famille juive. »

Les cahiers de la noblesse, plus souvent que ceux du clergé ou du tiers état, proposaient des remèdes plus révolutionnaires et plus éclairés : tels ceux de Toul, et ceux de Metz, constatant que « tout moyen honnête de subsistance est interdit aux Juifs », et demandant « qu'il leur soit permis d'exercer les arts libéraux et mécaniques, comme aux autres sujets de Sa Majesté », et la noblesse de Paris ne sèmble pas avoir eu autre chose en vue, en proposant dans son cahier « de prendre en considération le sort des Juifs ».

Aux prises de position, dans leur majorité hostiles, des trois états, on peut ajouter celles, inarticulées, des « classes silencieuses », du « quatrième état », c'est-à-dire, des masses du prolétariat rural. En Alsace, elles exprimèrent leurs avis, sur le fond de la Grande Peur de juillet 1789, par une vague de pillages et de pogromes, en sorte que par milliers les Juifs durent chercher refuge dans la Suisse voisine.

Par ailleurs, ils ne restaient pas inactifs, et formulaient les doléances à eux propres. Mais dès cette époque, la France comptait plusieurs types de Juifs, qui, du point de vue culturel et social, n'avaient de commun que le fait de répondre à ce nom. Nous avons déjà parlé du fossé qui séparait les « Achkenazes » de l'Est (le groupe le plus nombreux) des « Sephardes » du Sud-Ouest, dont se rapprochaient les Juifs avignonnais, dit « Juifs du pape » ; de plus, Paris, à cette époque, comptait plusieurs centaines de Juifs semi-clandestins, en partie déjà gagnés aux idées nouvelles du temps. Les Juifs allemands de l'Est envoyaient des délégations à Paris, dans le souci de ménager la chèvre et le chou, c'est-à-dire d'obtenir la suppression des lois restrictives, tout en gardant leur autonomie communautaire, leur législation interne et leurs traditions orthodoxes ; les « Portugais » cherchaient à se distancer de ces coreligionnaires compromettants, se désolidarisant expressément de leurs démarches ; en en fin de compte, et à mesure que la Révolution progressait, ce fut l'action du petit groupe des Juifs parisiens qui eut raison des réticences de la Constituante, et lui arracha la grande décision de principe.

Ces ambiguïtés et ces contradictions se retrouvaient à l'échelle du macrocosme français. Si la bourgeoisie, acharnée à détruire les privilèges de la noblesse, parlait et agissait au nom du peuple, les protestants français, opprimés par l'Eglise, servirent de premier fer de lance à l'émancipation des Juifs. Dès la discussion sur la Déclaration des droits de l'homme, le porte-parole protestant Rabaut de Saint-Etienne, plaidant la cause de ses coreligionnaires, intervint également pour le « peuple arraché de l'Asie » :

« Je demande donc, messieurs, pour les protestants français, pour tous les non-Catholiques du Royaume, ce que vous demanderez pour vous, la liberté, l'égalité des droits ; je les demande pour ce peuple arraché de l'Asie, toujours errant, toujours proscrit, toujours persécuté depuis plus de dix-huit siècles, qui prendrait nos mœurs et nos usages, si par nos lois il était incorporé avec nous, et auquel nous ne devons point reprocher sa morale, parce qu'elle est le fruit de notre propre barbarie et de l'humiliation à laquelle nous l'avons injustement condamné ! »

On reconnaîtra, en passant, les thèses de l'abbé Grégoire, et des autres « régénérateurs » des Juifs.

Les 21-23 décembre 1789, la Constituante en vint aux décisions concrètes. L'affranchissement total des protestants fut adopté sans difficultés, et par la même occasion les droits civiques furent accordés aux comédiens, et même au bourreau ; seuls les Juifs se les virent refuser, face à l'opposition des représentants du clergé et de ceux des provinces de l'Est. Par ailleurs, les avocats de leur émancipation, tels que l'abbé Grégoire ou Mirabeau, convenaient que les Juifs formaient une nation déchue, régie par des lois barbares, mais, dans la grande tradition des Lumières, ils les voulaient réformer et régénérer, tandis que leurs adversaires aspiraient à les maintenir dans leur état ancien. La conception « philosophique » fut bien résumée à cette séance par une apostrophe de Robespierre : « Les vices des Juifs naissent de l'avilissement dans lequel vous les avez plongés ; ils seront bons quand ils pourront trouver quelque avantage à l'être ! », et encore mieux, par la célèbre formule de Clermont-Tonnerre : « Tout aux Juifs comme citoyens, rien comme nation ! » Le problème d'une conciliation entre la tradition talmudique de la dispersion, et les conceptions émancipatrices des Lumières, était en effet difficile, sinon insoluble : nous avons vu les tourments qu'il causait au « bon Juif » Moïse Mendelssohn.

Dans le camp opposé, La Fare, évêque de Nancy, l'abbé Maury, le grand défenseur de Louis XVI, et surtout le futur montagnard et membre du Directoire Rewbell, député de l'Alsace, accumulaient les arguments pour démontrer que les Juifs étaient incorrigibles, et que, sous peine de risques graves (danger d'une domination juive ou danger d'une explosion populaire), il importait de ne rien changer à leur condition. En bref, les uns voulaient promouvoir les Juifs et supprimer le judaïsme traditionnel : les autres, abaisser ceux-là et maintenir celui-ci ; ces deux grandes options, nous les retrouverons bien souvent, dans d'autres pays, et à d'autres époques. En fin de compte, les constituants votèrent, par quatre cent huit voix contre quatre cent trois, la motion suivante : « L'Assemblée nationale reconnaît les non-catholiques capables de remplir tous les emplois civils et militaires, sauf les Juifs, sur lesquels elle se réserve de se prononcer. »

Juifs et judaïsme, cependant, n'étaient, on ne saurait trop le répéter, que des mots, recouvrant des réalités très diverses, et dont l'état de non-Chrétiens au sein de la civilisation occidentale pourrait avoir été le seul dénominateur commun. Bien intégrés dans la bourgeoisie bordelaise, les « Portugais » manœuvrèrent séparément, et obtinrent l'égalité des droits un mois plus tard, le 28 janvier 1790 ; cela ne se fit pas sans mal et cette séance, qui dura onze heures sans interruption, fut la plus orageuse que la Constituante ait connue : d'une manière caractéristique, l'organe de Mirabeau écrivait, à propos de l'obstruction rageuse des représentants du clergé : « Le parti antijudaïque a retracé lui-même l'image de la synagogue. » En fait, l'émancipation des Sephardes fut appuyée, d'une manière sans doute décisive, par le girondin de Sèze, au nom de la ville de Bordeaux, tandis que les municipalités alsaciennes, notamment celles de Strasbourg et de Colmar, s'opposaient avec la dernière énergie à celle des Achkenazes. Rewbell, pour sa part, clama de toute la force de ses poumons, au milieu du tapage : « On vous propose, messieurs, de déclarer que les Juifs de Bordeaux ne sont pas juifs ! »

L'excellent chroniqueur Léon Kahn, dont le travail sur

Les Juifs de Paris pendant la Révolution reste une source de premier ordre, croyait pouvoir observer que l'émancipation globale ne devint possible qu'après la tentative de fuite à l'étranger du roi. Cette remarque porte loin. Effectivement, malgré le précieux appui de la Commune de Paris, et malgré les témoignages d'un esprit totalement éclairé que ne cessaient de prodiguer les Juifs de la capitale, la Constituante, dix mois durant, refusait d'entreprendre un réexamen de la question. Il en fut autrement après la célèbre affaire de Varennes, cet accident historique qui détruisit l'*aura* sacrée entourant le roi très Chrétien des Français, et sans lequel on s'imagine mal son procès et son exécution, c'est-à-dire un profil essentiel de la Révolution française. Le 27 septembre 1791, la Constituante, avant de se séparer, disposait à la quasi-unanimité, et sans que les rares opposants élèvent des objections sérieuses, l'émancipation totale des Juifs. Regnault de Saint-Jean d'Angély, qui présidait, l'avait mise en garde : « Je demande que l'on rappelle à l'ordre tous ceux qui parleront contre cette proposition, car c'est la Constitution elle-même qu'ils combattront. » La menace n'était guère déguisée. Les temps avaient changé, un esprit nouveau régnait à Paris, esprit qui conduira au procès de Louis XVI, et aux campagnes de déchristianisation : tout se passait comme si le processus qui mènera au *régicide* contribuait d'ores et déjà à disculper le peuple *déicide*. Les « biens-pensants » n'en déploraient que plus fortement l'émancipation des Juifs : commémorant 1789, l'abbé Joseph Lémann, un Juif converti, écrivait un siècle plus tard : « La journée du 23 décembre 1789 fut profondément humiliante pour notre race, mais elle fut d'une justice sublime ! Oui, le bourreau méritait d'être réhabilité avant nous ; car le bourreau ne fait mourir que les hommes, les coupables, et nous, nous avions fait mourir le Fils de Dieu, l'innocent ! » Par ailleurs, on peut rapprocher le cas des Juifs de celui des gens de couleur, auxquels, au cours de ce même mois de septembre, les droits de citoyen furent refusés ; et si, le lendemain de l'émancipation des Juifs, la Constituante votait, le 28 septembre, l'abolition de l'esclavage, celui-ci, sous la pression des grands planteurs, fut maintenu aux colonies. En l'occurrence, le préjugé, ou la « répugnance physique », se combinait à l'action de puissants intérêts; en ce qui concerne les Juifs, aucun intérêt organisé, de grande envergure, ne se trouvait mis en cause, étant donné leur petit nombre, leur hétérogénéité et leur dispersion. Dans ces conditions, l'émancipation put être décrétée en vertu de considérations purement idéologiques, au nom de l'affirmation d'un principe, et, en un sens, c'est ce qui en fait la grandeur.

Les Juifs, notamment ceux de Paris, avaient poussé à la roue, dans cette question vitale pour eux ; mais par ailleurs, ils n'ont joué pratiquement aucun rôle dans la Révolution française, et il semble que ceux de l'Est soient restés dans leur majorité des spectateurs non seulement passifs, mais aussi indifférents, ou pour le moins réservés, des débats qui se poursuivaient au sujet de leur sort. Il est intéressant d'observer à ce propos qu'à aucun moment, l'effondrement de la monarchie ou les persécutions de l'Eglise ne furent imputés par les contemporains à un complot des Juifs ; ce n'est que par la suite, ainsi que nous allons le voir, que surgirent de telles interprétations. Il est vrai que les esprits en quête d'une explication simple et manichéenne, faisant intervenir une puissance occulte qui agit dans l'ombre, pouvaient s'en référer aux protestants, plus nombreux, et plus puissants : dès 1790, des voix se faisaient entendre en ce sens, qui se multiplieront par la suite.

Ainsi donc, à de rares exceptions près, les Juifs ne figurèrent ni parmi les acteurs actifs ni parmi les acteurs passifs de la Terreur. Mais les campagnes de déchristianisation eurent naturellement pour corollaire des campagnes de déjudaïsation, et c'est ainsi que l'on vit *La Feuille du Salut public* tonner contre la circoncision :

> « ... avant que l'erreur soit dissipée, combien d'enfants peuvent périr victimes de cette observance judaïque ? Cet objet, qui intéresse la société, n'a pas encore fixé l'attention de nos législateurs. Il faut une loi précise qui défende aux *descendants d'Abraham* de circoncire les enfants mâles... »

Il y eut aussi des rabbins à faire étalage de leur civisme, à l'instar des curés et des pasteurs, tel ce Salomon Hesse, « prêtre juif à Paris », qui, le 20 brumaire an II, déclarait « n'avoir plus d'autre Dieu que celui de la liberté, d'autre croyance que celle de l'égalité » et offrait à la patrie « les galons tissés d'argent de ses ornements et hochets judaïques ». Si, à Paris comme en province, le culte juif était persécuté tout comme les autres cultes, on peut croire qu'une séculaire pratique de la semi-clandestinité permettait à ses fidèles d'échapper plus facilement aux foudres jacobines. Pourtant, on a l'impression très nette qu'à leur égard le sectarisme du culte de la Raison redoublait de virulence, notamment dans les départements de l'Est, s'alimentant à la sensibilité antijuive traditionnelle. Symptomatique à cet égard est une brochure populaire à la gloire de Marat, le comparant à Jésus, « tombé lui aussi sous les coups du fanatisme, en travaillant de toutes ses forces à opérer le salut du genre humain ». Dans les départements de l'Est se poursuivait une propagande antijuive ouverte. Le conventionnel Baudot, commissaire aux armées du Rhin et de la Moselle, proposait même un nouveau genre de régénération des Juifs, la *régénération guillotinière* :

« ... partout, ils mettent la cupidité à la place de l'amour de la patrie, et leurs ridicules superstitions à la place de la raison. Je sais que quelques-uns d'entre eux servent dans nos armées, mais en les exceptant de la discussion à entamer sur leur conduite, ne serait-il pas convenant de s'occuper d'une régénération guillotinière à leur égard ? »

A la même époque (brumaire an II), toutes les municipalités du Bas-Rhin recevaient l'ordre « de réunir à l'instant tous les livres hébreux, notamment le Talmuth, ainsi que tous les signes quelconques de leur culte, afin qu'un autodafé fût fait à la Vérité, le décadi de la seconde décade, de tous ces livres et signes du culte de Moïse ». Il semble que cet ordre ne fut pas suivi d'effet, car en pluviôse, c'est-à-dire trois mois plus tard, une autre circulaire portait défense aux « citoyens qui osent ternir le beau nom de citoyen et l'amalgamer avec celui de juif, de s'assembler dans leurs ci-devant synagogues et y célébrer leurs anciennes simagrées, dans une langue inconnue, avec laquelle on pourrait aisément troubler la sûreté générale ». Le II thermidor, enfin, ce n'est plus leur superstition, mais leur agiotage qui était reproché aux Juifs alsaciens, et l'ordre était donné aux municipalités du district « d'avoir sans cesse les yeux fixés sur ces êtres dangereux, qui sont les sangsues dévorantes des citoyens ».

A l'autre extrémité de la France, les Juifs portugais ne soulevaient pas les mêmes récriminations ; pourtant, leur enthousiasme révolutionnaire semble avoir été également assez tiède. Plusieurs gros commerçants et banquiers de Bordeaux furent mis à l'amende et contraints de pourvoir aux besoins des sans-culottes : la pénalité la plus forte, douze cent mille livres, fut infligée au banquier Charles Peixotto, accusé « d'avoir poussé l'aristocratie, même sous l'ancien régime, jusqu'à prétendre qu'il descendait de la famille de Lévi, et qu'il était par cela même le premier noble du royaume.. » On reconnaît les prétentions généalogiques des Juifs ibériques : au-delà des Pyrénées, la famille Ha-Lévi, *alias* Santa-Maria, avait su se réclamer d'une filiation encore plus auguste [1]. D'après le chroniqueur bordelais Detcheverry, « l'amende eût été bien plus forte si la Commission ne s'était rappelée à propos que Peixotto avait montré le plus grand empressement à acheter des biens nationaux ». Les Juifs alsaciens, eux, s'abstenaient d'acheter eux-mêmes des biens nationaux, d'abord par tradition, et ensuite, on peut le croire, par scepticisme pour l'avenir de la Révolution. Ce scepticisme, les grands Juifs portugais paraissent l'avoir partagé, à en juger par les tractations qu'ils poursuivirent, en 1791-1793, avec le parti du roi, à Paris et à Londres, aux fins de la constitution, dans les Landes, d'une sorte de fief autonome juif, sous la suzeraineté de la couronne de France. L'affaire, qui ne nous est connue que par un rapport de Joseph Fouché, pourrait avoir correspondu à un projet fort ancien, puisqu'une note de Montesquieu au sujet d'une « ville juive », à créer près de Bayonne, en faisait déjà état [2]. Elle révèle un sens et des aspirations politiques chez les Juifs sephardes, totalement étrangers au judaïsme achkenaze du temps.

En résumé, les Juifs de France, qui eurent pendant la Révolution quelques motifs particuliers d'inquiétude, n'ont pas témoigné pour elle, dans leur majorité, d'un enthousiasme débordant. L'émancipation qui, à partir de l'ère napoléonienne, vint bouleverser l'existence de tous les Juifs à l'Ouest de la Vistule n'amena d'abord de grands changements que pour ceux d'entre eux qui avaient commencé par s'émanciper eux-mêmes.

Il semble en avoir été de même dans les pays limitrophes, au fur et à mesure que les armées de la République y portaient le message révolutionnaire. Dès novembre 1792, le général Custine promettait aux Juifs des pays

---

1. La famille Santa-Maria, qui descendait du rabbin converti Samuel Ha-Lévi, fut admise au XVIe siècle au bénéfice du « sang pur » chrétien, parce qu'elle était supposée être de la même famille que la Sainte Vierge. Cf. le vol. précédent, p. 150.
2. Cf. plus haut, p. 28.

rhénans de mettre fin à leur *vile servitude* : « ... bientôt, partout où flotteront les étendards sacrés de la liberté, personne ne pleurera plus si ce n'est les esclaves et les tyrans ! » En 1795, la nouvelle « République Batave » accordait les droits civiques à tous les citoyens, y compris les Juifs. Bonaparte, au cours de ses campagnes, affranchissait la majeure partie de ceux d'Italie, notamment ceux de l'Etat de l'Eglise. Mais on ne peut pas dire que tous les enfants d'Israël furent unanimes à s'en réjouir. Les fiers sephardes d'Amsterdam, en particulier, parfaitement satisfaits de leur statut particulier, ne tenaient aucunement à bénéficier des droits civiques, ainsi qu'en témoignent les luttes intestines et les schismes communautaires qui s'ensuivirent. Les Juifs humiliés de la Rhénanie, tout comme ceux d'Italie, furent plus faciles à convaincre, et se signalèrent désormais par leur francophilie. Dans les autres pays germaniques, l'émancipation totale ou partielle des Juifs, également due à l'influence française, fut décrétée par les gouvernements locaux, et nous en parlerons plus loin. Le nouvel Evangile français exerça ses effets jusqu'au lointain Portugal, où de nombreux milliers de Marranes ou de pseudo-Marranes se trouvaient encore soumis aux antiques statuts de « pureté du sang » ; en 1809, lors de l'occupation française, ils devinrent les principaux animateurs du parti pro-français qui cherchait à offrir la couronne du pays au maréchal Junot.

C'est ainsi que la France s'érigeait en protectrice et en émancipatrice des Juifs à travers la plus grande partie de l'Europe. Mais à partir de 1800, la France, c'est Napoléon, dans lequel elle se reconnaît mystiquement, et qui « veut la même chose que le dernier de ses grenadiers, mais le veut mille fois plus fortement », ce qui pose à notre étude un problème de psychologie individuelle.

A première vue, il semble bien que sur le chapitre des Juifs plus que sur tout autre, Napoléon fut le fils fidèle de la Révolution, et plus spécialement de la Montagne. Il chercha à *régénérer* les Juifs, c'est-à-dire à les déjudaïser, et il y réussit en partie. Ses jugements sur les enfants d'Israël, principalement inspirés par la pensée déiste de son temps, n'étaient pas tendres, et cet ennemi des « idéologues » ne se souciait guère du problème des responsabilités que posait leur condition avilie, en sorte qu'assemblés bout à bout ces jugements fourniraient la matière d'un petit catéchisme antisémite. Ils combinaient l'ancien préjugé théologique à la naissante superstition scientiste : « Les Juifs sont un vilain peuple, poltron et cruel. » « Ce sont des chenilles, des sauterelles, qui ravagent les campagnes. » « Le mal vient surtout de cette compilation indigeste appelée le Talmud, où se trouve, à côté de leurs véritables traditions bibliques, la morale la plus corrompue, dès qu'il s'agit de leurs rapports avec les Chrétiens. » Il n'en reste pas moins que les Juifs forment pour lui une *race,* et que cette race est *maudite* : « Je ne prétends pas dérober à la malédiction dont elle est frappée cette race qui semble avoir été seule exceptée de la rédemption, mais je voudrais la mettre hors d'état de propager le mal... »

Le remède, à ses yeux, consiste dans la suppression de la race, qui doit se dissoudre dans celle des Chrétiens. La tâche est ardue : « ... le bien se fait lentement, et une masse de sang vicié ne s'améliore qu'avec le temps ». « Lorsque sur trois mariages, il y en aura un entre Juif et Français, le sang des Juifs cessera d'avoir un caractère particulier. »

Dans les faits, Napoléon régenta les Juifs d'une main ferme et efficace ; pourtant, ses desseins administratifs et politiques faisaient leur part à des rêves visionnaires, et peut-être aussi à une peur superstitieuse.

Dès l'expédition d'Egypte, il lançait une proclamation aux Juifs, leur proposant de s'enrôler sous ses drapeaux pour reconquérir la Terre promise. Mais ceux-ci restèrent sourds à son appel, et le projet peut être rangé parmi ses « mirages orientaux ». Trois ou quatre années ensuite, une fois nommé Premier Consul, Bonaparte entreprenait de régler les questions religieuses. Cependant, la loi du 18 germinal an X sur l'organisation des cultes catholique et protestant laissait le judaïsme à l'écart : « ... quant aux Juifs, aurait-il dit, c'est une nation à part, dont la secte ne se mêle avec aucune autre ; nous aurons donc le temps de nous occuper d'eux plus tard. » Ce temps vint sous l'Empire, au printemps 1806, et il semble bien que son intention première ait été de les priver de leurs droits civiques. Mais le Conseil d'Etat, peuplé d'anciens juristes de la Révolution (Regnault de Saint-Jean d'Angely, Beugnot, Berlier), sut exercer une influence modératrice sur lui. En fin de compte, il décidait de sonder auparavant les reins et les cœurs des Juifs, dont il réunissait à Paris les représentants, en une « Assemblée générale ».

Tenaient-ils à être Français ? Etaient-ils prêts à jeter par-dessus bord, s'il le fallait, la loi de Moïse ? Aux douze questions embarrassantes qui leur furent posées, les délégués répondirent d'une manière on ne peut plus satisfaisante. « Les Juifs... regardent-ils la France comme leur patrie et se croient-ils obligés de la défendre ? » « Oui, jusqu'à la mort ! » s'exclamait l'Assemblée unanime. Mais les nouveaux patriotes redevinrent le peuple à la nuque dure lorsqu'il fut question des mariages mixtes, dont l'Empereur souhaitait que les rabbins les recommandent expressément : sans heurter de front l'autocrate, l'Assemblée réussissait à esquiver la réponse. Dans l'ensemble, elle subit avec succès l'examen, et produisit une impression favorable sur les commissaires (Pasquier, Portalis) désignés par l'Empereur. Encore fallait-il trouver le moyen de lier la population juive bigarrée de l'Empire, des Pays-Bas à l'Italie, par les décisions adoptées par l'Assemblée : les commissaires furent fort surpris d'apprendre qu'il n'existait aucune autorité organisée, aucun gouvernement central, auquel tous les fidèles de Moïse prêtaient allégeance (un étonnement qui est encore parfois partagé, de nos jours). C'est dans ces conditions que naquit l'idée de réunir à Paris un *Grand Sanhédrin,* qui, à dix-huit siècles de distance, renouerait avec la tradition d'un gouvernement d'Israël.

L'idée enflamma aussitôt l'imagination de Napoléon ; au-delà d'un instrument de régénération et de police des Juifs, le génial opportuniste crut pouvoir utiliser un tel organe pour les besoins de sa grande politique. Le projet fut mis au point par lui au cours des derniers mois de l'année 1806, en même temps que celui du blocus continental ; sans doute comptait-il sur la pieuse allégeance des hommes d'affaires juifs pour mieux affamer l'Angleterre. Le nouveau gouvernement d'Israël allait être une réplique fidèle de l'ancien, et compter le même nombre de membres (soixante et onze), revêtus des mêmes titres ; des invitations furent adressées, au-delà des frontières de l'Empire, à toutes les juiveries de l'Europe. L'ouverture s'effectua le 9 février 1807, en grande pompe, dans la chapelle désaffectée Saint-Jean, rue des Piliers, qui fut débaptisée en rue du Grand-Sanhédrin.

Mais une telle forme de régénération des Juifs était riche d'associations fâcheuses, voire provocatrices, pour la sensibilité chrétienne. Le Sanhédrin n'était-il pas le tribunal juif qui avait accepté le marché de Judas, et lui compta les trente pièces d'argent ? N'était-ce pas là que « se passa cette scène d'outrages sans nom où le Fils de Dieu fut souffleté, couvert de crachats et d'insultes ? » Ne fut-il pas, en un mot, l'organe même du déicide ? Dès lors, les imaginations se donnèrent libre cours. La propagande antinapoléonienne à l'étranger exploita vigoureusement et longuement ce thème, qui vint compléter celui de Napoléon l'antéchrist, ainsi que nous allons le voir plus loin. En France, même les catholiques ralliés ne manquèrent pas d'y faire des allusions. « Pour le christianisme, l'état malheureux des Juifs est une preuve qu'on voudrait, *avant le temps,* faire disparaître... », protestait de Bonald, comparant le *Sanhédrin* des Juifs à la *Convention* des philosophes. Un pamphlet anonyme, qui fut saisi par la police, représentait Napoléon comme « l'oint du Seigneur, qui sauvera Israël ». Mais ce nouveau messie des Juifs ne serait-il pas lui-même d'origine juive ? C'est ce que *L'Ambigu,* l'organe des émigrés français à Londres, s'empressa d'affirmer, et cette imputation elle aussi a laissé sa trace dans la mémoire des hommes.

Le rapide licenciement du Sanhédrin peut laisser croire que ces campagnes impressionnèrent Napoléon, au point de susciter chez lui également une sorte de peur superstitieuse. En effet, cette assemblée au nom millénaire ne tint que quelques séances, au cours desquelles furent entérinées les décisions antérieurement prises par l' « Assemblée générale » ; le 9 mars 1807, un mois après son ouverture solennelle, elle fut dissoute, et il ne fut plus jamais question de la réunir à nouveau.

Par ailleurs, non seulement les Juifs des pays étrangers, mais aussi ceux de l'Empire, ne manifestaient pas un enthousiasme excessif pour l'institution appelée à les régir, sous la surveillance impériale. En résultat, et quels qu'aient pu être ses mobiles, Napoléon renonça à son grand plan politico-messianique. En définitive, il se contenta de soumettre les Juifs, par le décret dit « infâme » du 17 mars 1808, à des mesures d'exception partielles, département par département : ceux de la Seine et des départements du Sud-Ouest (auxquels plusieurs autres vinrent se joindre par la suite) gardèrent la plénitude de leurs droits ; ceux des autres départements furent assujettis à des mesures de discrimination qui entravaient leurs déplacements, et l'exercice par eux du commerce. Le décret du 17 mars, qui ruina bien des familles juives, était motivé par la lutte anti-usuraire, mais les laborieuses enquêtes sur « les abus des Juifs » prescrites à cette occasion aux préfets nous montrent une fois de plus comment leur mauvaise réputation tenait d'abord à leur qualité de Juifs.

Ainsi, le préfet du Vaucluse, tout en constatant qu'aucun des six cent trente et un Juifs de son département ne méritait le qualificatif d'usurier, écrivait : « Je présume que l'espèce d'abus dont vous me parlez... est le crime dont le nom seul de ce peuple rappelle l'idée, et qui, de tous les temps, les a rendus odieux, c'est-à-dire l'usure. » Plus lapidairement, le préfet du Mont-Tonnerre affirmait : « ... qu'il n'y a de pires Juifs, à Mayence, que certains Chrétiens. » Citons aussi le long rapport du préfet de la Seine, Frochot, faisant la distinction entre les *Juifs d'origine,* et les *nouveaux Juifs,* les seuls à se livrer aux *combinaisons juives* :

« ... parmi cette multitude d'individus qui avaient établi ces scandaleuses maisons de prêt que la sagesse du gouvernement vient de détruire et dont les opérations décelaient les combinaisons les plus excessivement *juives,* on ne trouve pas un seul Juif d'origine. Ainsi, dans cette coalition connue à Paris sous le nom de *bande noire* qui remplissait au département de la Seine et près des tribunaux les salles de vente, écartait les acquéreurs de bonne foi, et accaparait tous les domaines mis à l'enchère pour les revendre ensuite à plus haut prix, trompant ainsi le gouvernement et rançonnant les particuliers, on ne trouve pas un seul Juif d'origine. Plusieurs de ceux-ci ont acheté comme les autres citoyens des domaines nationaux, pour en jouir eux-mêmes ; mais on n'en connaît pas qui en aient acheté par spéculation. Et ce qui est bien plus certain, c'est que relativement aux acquisitions qu'ils ont faites, ils ont été obligés comme les autres acquéreurs honnêtes de payer le tribut aux nouveaux *Juifs* de la bande noire. »

On retrouve de la sorte, sous la plume du haut fonctionnaire impérial, la distinction, chère au Moyen Age, entre « Juifs » et « Chrétiens judaïsants » ou « Juifs chrétiens ».

Là où les Juifs restaient effectivement nombreux à exercer le métier de *Juifs,* ainsi que cela était le cas dans les départements rhénans, ils servaient couramment de prête-noms à des Chrétiens qui n'osaient pas *judaïser* ouvertement. Les rapports des préfets et des maires signalent à de multiples reprises cet état de choses, que le maire de Metz décrivait comme suit :

« Les acquéreurs et les soumissionnaires des biens nationaux cherchèrent et trouvèrent de l'argent chez les Juifs. Ils l'obtinrent à très haut prix, parce que les Juifs, en ayant peu, se firent pour ces opérations les courtiers des particuliers non juifs, qui voulurent se procurer de gros bénéfices, en conservant les dehors honnêtes sous lesquels ils étaient connus dans la société. Ainsi, l'odieux était pour les Juifs, et le profit revenait à d'autres. La liberté du commerce de l'argent favorisa d'ailleurs l'usure ; on vit à Metz des usuriers dans toutes les classes de la société... »

Pourtant, les commissaires de l'Empereur rejetaient le blâme sur les Juifs seuls :

« On eût dit que [les Juifs] enseignaient à ceux qu'ils dépouillaient l'oisiveté et la corruption, tandis qu'ils ôtaient leur moralité à ceux qu'ils ne dépouillaient pas. Des notaires publics, séduits par eux, employaient leur ministère à cacher leur honteux trafics, et des domestiques, des journaliers, leur apportaient le prix de leurs services ou de leurs journées, afin qu'ils le fissent valoir comme leurs propres derniers. De cette manière, les professions utiles étaient abandonnées par un certain nombre de Français, qui s'accoutumaient à vivre sans travail des profits de l'usure... »

Certaines de ces « professions utiles » dont parlaient les commissaires impériaux : sciences et arts, mais surtout le métier des armes, la génération montante des Juifs s'y illustrait déjà en nombre croissant, ainsi que nous allons le voir plus loin. Cependant, le régime d'exception des Juifs subsista jusqu'à la fin de l'Empire. Il incomba au gouvernement de Louis XVIII de parachever l'émancipation des Juifs français, en s'abstenant de proroger, en 1818, le « décret infâme » du 17 mars 1808.

L'émancipation en Allemagne.

Dans les différents pays allemands, une émancipation incomplète des Juifs eut lieu à l'époque de l'hégémonie napoléonienne. Là où elle n'avait pas été directement décrétée par les autorités d'occupation françaises, ainsi que cela fut le cas en Rhénanie, elle fut décidée sous leur influence ou à leur exemple, choquant le patriotisme de nombreux Allemands de la génération contemporaine et des générations futures, pour lesquels elle restera une mesure imposée par la « tyrannie étrangère ». Jusqu'à l'ère nazie, l'antisémitisme allemand trouvera dans cet argument sa pâture. Un autre trait distinctif de cette émancipation est le rôle parfois déterminant qu'y jouèrent certains « Juifs de cour », dont les richesses et l'influence s'accrurent en cette période troublée, puisque l'argent est le nerf de la guerre, mais qui ne pouvaient espérer d'effacer l'opprobre attaché à leur état de Juifs qu'à condition d'en laver les juiveries en leur ensemble. Mais si de la sorte les Juifs les plus puissants restaient les otages les plus misérables d'entre leurs congénères, les efforts entrepris pour débarrasser ceux-ci de leurs entraves reposaient aussi sur la relation particulière entre les chefs ploutocratiques des communautés et la masse des Juifs, relation de monarques à sujets, de monarques dont le sens des responsabilités était développé à l'extrême, dans la mesure même où ils étaient des monarques dérisoires aux yeux du monde extérieur chrétien. Vanité de parvenus, et solidarité traditionnelle des enfants d'Israël : tels étaient les deux grands mobiles contrastés des émancipateurs juifs.

Le plus actif d'entre eux fut Israël Jacobson, que Gœthe, adversaire de l'émancipation, qualifiait de « messie juif de Brunswick », et aussi, en jouant doublement sur les mots, de *jacobinischer Israelsohn* (fils jacobin d'Israël). Originaire de Halberstadt en Prusse, Jacobson s'installa dans le duché de Brunswick à la fin du XVIIIe siècle, et y devint le principal agent financier et banquier, le « Juif de cour » en un mot, du duc Charles-Guillaume ; ses affaires se développant, il joua bientôt le même rôle auprès de plusieurs princes du voisinage. En bon fils de la génération mendelssohnienne, il chercha, dès qu'il en eut les moyens, à propager les lumières européennes parmi les enfants du ghetto : en 1801, il fondait une école modèle à Seesen, dans laquelle jeunes Juifs et jeunes Chrétiens pauvres étaient éduqués côte à côte, qu'il dota d'un capital de cent mille thalers, et qui subsista jusqu'à l'époque hitlérienne. Cette tentative de rapprochement interconfessionnel, odieuse aux yeux des Juifs orthodoxes, indignait également de nombreux prêtres chrétiens ; un abbé y apercevait le signe de ce que « les temps sont passés, où on aimait jalousement sa propre religion ; la foi est de nos jours semblable à une vieille épouse délaissée, qui n'inspire plus aucune jalousie ». Mais les partisans de la tolérance, dans la haute société, encourageaient l'initiative de Jacobson, dont l'école fut honorée de nombreuses visites princières ; en 1807, l'Université de Helmstedt lui décernait le titre de docteur *honoris causa*, et, signe des temps, la sœur du duc lui fit la surprise de le décorer d'une couronne de lauriers qu'elle avait tressée de ses propres mains.

Dès 1803, Jacobson avait obtenu la suppression du péage corporel des Juifs dans le duché de Brunswick et, l'année suivante, il arrachait la même mesure au margrave de Bade. Mais c'est sous la domination française, à partir de 1806, qu'il put donner sa pleine mesure tant d'émancipateur que de financier. A l'époque, Napoléon avait imposé une contribution de plus de cinq millions de francs au duché de Brunswick, que les banquiers chrétiens furent impuissants à réunir ; il fallut donc bien en passer par le Juif. Le président du collège des ministres, Henneberg, qui trouvait ses conditions exorbitantes, écrivait à ses collègues : « Puisque le tour que prend l'affaire est destiné à nous mettre, ainsi que tout le pays, entre les mains d'Israël, et que toute voix contraire restera une voix clamant dans le désert, il ne nous reste qu'à accepter ses conditions purement et simplement... » Il est vrai que Jacobson paraissait envisager les choses d'une autre façon. Après une discussion avec Daru, l'administrateur français, lors de laquelle il parvint à le faire renoncer à l'émission d'un emprunt forcé, il écrivait au même Henneberg :

« ... je suis heureux d'être débarrassé d'une affaire qui me causait les plus grandes inquiétudes, et des nuits d'insomnie ; je ne sais si j'y aurais gagné, ou perdu, mais dans tous les cas je me serais fait traiter d'usurier, qui cherche à tirer d'énormes profits de la gêne passagère dans laquelle se trouve placé le pays. Grâces soient rendues à la Providence que les choses aient tourné autrement... »

Cette protestation du Juif vaut la peine d'être méditée, car elle résume le cercle vicieux d'une émancipation obtenue à l'aide d'une emprise financière qui révoltait la plupart des Chrétiens, et de ce fait constamment remise en question en Allemagne. Une fois créé le royaume de Westphalie (1807), Jacobson devint le banquier et l'intime du roi Jérôme comme il avait été celui du duc Charles-Guillaume, et ses moyens d'action s'accrurent. Le nouveau royaume ayant été organisé à la française, il n'eut pas de peine à y faire instituer pour les Juifs un régime imité de celui qui venait d'être établi à Paris : émancipation d'une part (mais sans les restrictions imposées en France par Napoléon), régime « consistorial » de l'autre, c'est-à-dire, organisation du culte juif sur le modèle des cultes chrétiens. S'étant fait nommer président du consistoire, il régenta ses coreligionnaires sur un mode assez tyrannique, modernisant à sa guise leurs rites et coutumes religieux. En même temps, il multipliait les initiatives pour faire hâter l'émancipation des Juifs des autres pays (ce sont ses démarches à Francfort qui suscitèrent l'épigramme de Gœthe), allant jusqu'à intervenir auprès du tsar Alexandre Ier. Il pourrait aussi avoir été l'un des promoteurs de l'idée du Grand Sanhédrin. « Je m'approche du trône de Votre Majesté avec cette confiance qu'inspirent les grandes actions dont vous faites retentir le monde étonné, écrivait-il à Napoléon ; ... daignez, Sire, étendre vos vues bienfaisantes aux Juifs qui habitent les contrées voisines du vaste empire... » Qu'il ait joué à fond la carte française n'était que trop naturel, et lors de l'exaltation des sentiments nationalistes allemands, à partir de 1810-1812, les patriotes teutomanes nourriront les rancunes qu'on devine contre ce « fils jacobin d'Israël » ; mais la Némésis de l'émancipation des Juifs allemands voulut aussi que, cherchant à rendre service à Jérôme, qui le comblait de faveurs, il dut acquérir des biens que ce roi faisait vendre à l'encan, notamment six couvents, qui furent fermés, et dont les pensionnaires maudirent le fils de la race déicide... Il mourut paisiblement, couvert d'honneurs et d'argent, à Berlin en 1828 ; mais toute sa postérité se convertit au christianisme.

Il en fut de même pour celle de Wolf Breidenbach, un autre émancipateur dynamique, dont le champ d'action comprenait les petites principautés du sud-ouest de l'Allemagne. Contrairement à Jacobson, Breidenbach était pourtant resté un Juif orthodoxe ; aussi bien ne cherchait-il qu'à améliorer le statut légal des Juifs, sans toucher à leurs rites et à leurs usages.

Ajoutons que si des émancipateurs tels que Jacobson ou Breidenbach furent d'abord des grands argentiers, certains autres ploutocrates juifs paraissent s'être fort peu préoccupés de l'émancipation de leurs frères. Ainsi, Meyer-Amschel Rothschild, à l'époque où il jetait à Francfort les fondements de la prodigieuse fortune familiale, ne semble pas avoir pris une grande part aux luttes engagées par la juiverie de la ville contre sa bourgeoisie, luttes qui aboutirent à la suppression du ghetto, à la fin de l'année 1811.

Nous ne nous attarderons pas à l'évolution du régime

des Juifs dans les autres pays allemands, dont certains (par exemple la Saxe) s'abstinrent d'ailleurs de toute réforme, pour nous arrêter au cas de la Prusse, qui fait ressortir avec une netteté particulière la dialectique de l'émancipation, dans sa perspective politique chrétienne : à savoir, une tentative de suppression d'un judaïsme universellement condamné, étant entendu qu'on ne saurait se débarrasser des Juifs (dans les deux acceptions, financière et « ethno-religieuse » du mot) d'aucune autre façon.

Il va de soi, d'autre part, que cette émancipation était dans la nature des choses, puisque les temps étaient mûrs pour l'écroulement de l'ancien ordre féodal. En 1807, après la grande défaite de la Prusse, le roi et son gouvernement, réfugiés à Königsberg, entreprenaient un vaste programme de réformes, auxquelles les noms des ministres von Stein et von Hardenberg restent attachés. Abolition du servage, suppression des anciennes castes (noblesse, bourgeoisie, paysannerie), mêmes droits et mêmes devoirs pour tous les habitants, les *Staatsbürger*, du royaume ; de ce fait, le maintien d'un régime d'exception pour les Juifs, et leur existence en tant que caste séparée de parias, devenait à la longue impossible : ils devaient soit disparaître, soit devenir des *Staatsbürger*, des « citoyens de l'Etat », eux aussi. A l'époque, comme du reste à toutes les époques historiques, la solution d'un bannissement intégral ne manquait pas de partisans, dont semble avoir fait partie le baron von Stein lui-même, qui aurait proposé de faire coloniser l'Afrique par ces « plantes parasitaires ». Mais il va de soi qu'un tel projet était utopique, surtout en un temps où les contributions de guerre napoléoniennes (cent quarante millions de francs pour la Prusse) posaient des problèmes de trésorerie sans doute impossibles à résoudre sans l'aide des Juifs, dont certains, au surplus, servaient de principaux fournisseurs à l'armée française en campagne. De ce dernier fait, non seulement la conjoncture générale, ainsi que l'exemple français, mais aussi une pression de Saint-Marsan, l'ambassadeur de France à Berlin, suscitée, on ne saurait en douter, par des Juifs opérant en coulisse, ne laissaient d'autre solution que l'émancipation, et concouraient à la hâter.

Par ailleurs, les trois grandes communautés de Berlin, de Königsberg et de Breslau ne cessaient de pousser directement à la roue, multipliant les démarches, bombardant de suppliques les ministres et le roi lui-même.

En été 1808, Frédéric-Guillaume III chargeait le ministre von Schrœtter, le bras droit de von Stein, de lui présenter un projet de réforme. Celui-ci, qui partageait sur le compte des Juifs les vues de son chef, en chargeait à son tour le conseiller criminel Brand. Il faut lire, dans les mémoires de ce fonctionnaire prussien, la description de leur entretien. Un incident mineur : l'octroi à un Juif, en contravention aux règlements, du droit de résidence à Königsberg, avait entraîné une remontrance royale : « Von Schrœtter reçut un blâme, ainsi que l'ordre de réviser les anciennes lois juives, et de proposer une nouvelle constitution. Il me convoqua, me reprocha d'avoir été le véritable fautif, me fit lire l'ordre du roi, et me demanda si je ne disposais pas, puisque je connaissais si bien les Juifs, d'un moyen pour les tuer tous d'un coup, sans effusion de sang. Je répondis que je connaissais un moyen efficace pour tuer non pas les Juifs, mais le judaïsme, et m'offris pour lui proposer le jour même un projet de la loi souhaitée en haut lieu. Il reçut ce projet le 29 octobre [1808]... »

Le projet élaboré par Brand envisageait une émancipation graduelle, et maintenait sur des points essentiels (exclusion du service de l'Etat, stricte limitation du nombre des commerçants juifs, etc.) un régime d'exception. Même sous cette forme, il fut critiqué comme trop libéral par la majorité des ministres auxquels il fut soumis pour avis. Seuls les vieux *Aufklärer* qui peuplaient le ministère de l'Instruction publique préconisaient une émancipation immédiate et totale. Ils mettaient l'accent sur les préjugés populaires à l'encontre des Juifs, dus, à leur avis, au régime d'exception, et se gaussaient des craintes, indignes d'un Chrétien, d'une domination juive. Le ministre lui-même, le grand philologue Wilhelm von Humboldt, crut utile de montrer que le destin des Juifs ne recelait nul mystère :

« ... Le caractère national des Juifs, dont les traits saillants sont la fidélité à la tradition primitive, et une remarquable force de résistance passive, est lié aux idées chrétiennes suivant lesquelles judaïsme et christianisme d'un côté appartiennent à la même classe, mais de l'autre doivent être considérés comme s'étant divisés en deux classes opposées, ce qui a conduit à attribuer une importance disproportionnée au petit peuple juif. Ce sont ces idées qui ont fait des Juifs ce qu'ils sont aujourd'hui. Leur situation résulte donc d'un aspect religieux de l'histoire universelle, aspect si curieux que bien d'excellents esprits se sont demandé s'il était possible de l'expliquer de manière naturelle... »

Nous ne citons que pour mémoire cette vue lumineuse, car en pratique, le premier projet de réforme, compte tenu de l'hostilité des autres ministres et du manque d'empressement des bureaux, s'enlisa dans les sables administratifs. Aussi bien est-ce à juste titre qu'on s'accorde à voir dans le prince Karl August von Hardenberg le véritable auteur de l'émancipation prussienne des Juifs.

Cet aristocrate, qui avait beaucoup voyagé, devait peut-être à sa formation cosmopolite son jugement bienveillant sur les enfants d'Israël. Il se trouvait aussi qu'à un moment difficile de sa vie un Juif l'avait tiré d'un embarras financier ; le prêteur désintéressé, qui n'était autre qu'Israël Jacobson, était loin de se douter qu'en 1810 son obligé deviendrait le ministre tout-puissant de la Prusse, et qu'il pourrait lui rappeler discrètement « qu'ils se connaissaient depuis vingt-cinq ans... ». Une fois au pouvoir, Hardenberg ne cessa d'œuvrer à une émancipation complète des Juifs, conforme au principe « mêmes droits, mêmes libertés, mêmes devoirs », et à ses conceptions empruntées à Adam Smith, sur la réorganisation du commerce et des finances prussiens. Il sut surmonter les innombrables objections de l'administration et du roi lui-même ; en fin de compte, l'édit d'émancipation, promulgué le 11 mars 1812, comportait une seule réserve, celle du § 9, relative à l'admission des Juifs au service de l'Etat.

Parmi les objections qui furent progressivement balayées par Hardenberg, quelques-unes méritent que l'on s'y arrête. Pour déjudaïser plus rapidement les Juifs, certains ministres proposaient de leur interdire le port de la barbe ; d'autres réclamaient la suppression de toutes les coutumes et tous les rites religieux incompatibles avec les usages chrétiens, c'est-à-dire, pratiquement, la suppression législative du judaïsme. D'autre part, il était suggéré de maintenir en vigueur certaines dispositions de l'ancien règlement des Juifs, notamment les peines spécialement dures pour les délits de recel, de contrebande et de banqueroute, ainsi que le principe de la non-recevabilité de leur serment en justice. David Friedländer, le porte-parole de la communauté juive de Berlin, sut exprimer avec bonheur l'iniquité de cette dernière proposition :

« ... Au civil et au criminel, le serment d'un Juif doit avoir la même valeur que celui de tout autre homme. Le Juif est un homme et un citoyen comme un autre, et rien dans sa religion ne le rend moins digne de foi qu'un Chrétien. Qu'elles sont fréquentes, les affaires criminelles au cours desquelles des Chrétiens déclarent en justice qu'ils ne pensaient pas avoir commis un péché en tuant un Juif ! Qu'est-ce que cela prouve contre la moralité des Chrétiens ? Il n'existe qu'un seul moyen pour faire disparaître dans tous les esprits de tels préjugés aussi nuisibles que honteux : égalité devant la loi, même confiance accordée à tous, mêmes peines en cas de parjure... »

Enfin, le ministre de la Police, Sack, se promettait beaucoup de la suppression du terme même de *Juif*, « devenu très méprisant... pour leur inculquer un sens de l'honneur qui les rendrait pareils aux autres citoyens, et les rehausserait dans leur propre estime... » ; il invoquait à l'appui le cas de la France et de la Westphalie, où cette réforme de langage aurait contribué à rapprocher les Juifs des Chrétiens, notamment dans l'armée. Mais son avis ne fut pas pris en considération.

Il restait la réserve du § 9, qui avait été formulée comme suit : « En ce qui concerne la question de savoir dans quelle mesure les Juifs peuvent être admis aux fonctions publiques et au service de l'Etat, nous nous réservons de la résoudre par la suite par la voie législative. » Une fois venu le temps de la réaction, après 1815, cet article permit de prendre à l'encontre des Juifs diverses mesures de discrimination, en sorte qu'ils restèrent toujours des citoyens de seconde zone en Allemagne, même au sens strictement législatif.

La question se posa d'abord pour les volontaires et anciens combattants juifs qui aspiraient à entrer au service de l'Etat. Les ministres prussiens furent unanimes à leur refuser ce droit. Pourtant, l'un d'eux, Bülow, le ministre des Finances, suggéra une exception en faveur des porteurs de la croix de fer, estimant que « les volontaires de religion juive récompensés par cette distinction peuvent être considérés sous le rapport de leur moralité comme meilleurs qu'habituellement ». Mais le Conseil des ministres fut d'avis que le courage manifesté sur le champ de bataille ne constituait pas, dans le cas d'un Juif, une preuve de moralité. Du reste, dès 1815-1816, il fut question de réviser l'édit du 11 mars 1812 : certains ministres proposaient de partager les Juifs en trois classes, suivant leurs métiers et le degré de leur utilité, en ne laissant le plein bénéfice de l'édit qu'à ceux de la première classe.

Mais cette proposition ne fut pas retenue : en fait, le § 9 suffisait pour restreindre fortement les droits fraîchement acquis des Juifs. Une interprétation très large fut donnée à la notion de « fonctions publiques et service de l'Etat » : elle fut étendue aux charges honorifiques, aux charges communales, aux diverses formes d'enseignement, et finit par englober des emplois tels que celui d'arpenteur communal, et même celui de bourreau. L'esprit régnant se reflète encore mieux dans une loi prussienne promulguée en 1836, interdisant aux Juifs non convertis de donner à leurs enfants des prénoms usuels chrétiens. L'idéologie de l'émancipation aspirait à rendre les Juifs, la question confessionnelle mise à part, pareils aux Chrétiens ; celle de l'« Etat chrétien » conduit à les singulariser au point d'envisager, avec Frédéric-Guillaume IV, le rétablissement du ghetto. Critiquant les tendances nouvelles, l'un des membres de l'ancienne équipe de Hardenberg, Stägemann, écrivait à un ami en 1819 : « Mes sentiments évangéliques chrétiens ne me permettent pas de faire souffrir les Juifs, et d'ailleurs, je suis foncièrement convaincu que seule une complète égalité des droits les transformera en Chrétiens. Plus forts la pression et le mépris, plus ils s'isolent tout en s'emparant de notre argent. » Dans une autre lettre, il exprimait un peu autrement la même pensée : « S'il n'y avait pas eu les maudites villes libres, nous n'aurions en l'espace de cinquante ans (ceux de Pologne exceptés) plus de Juifs en Allemagne. »

Les quatre « villes libres » (Francfort, Hambourg, Brême et Lübeck), dominées par la bourgeoisie, étaient en effet devenues le principal foyer de la réaction antiémancipatrice. La nostalgie chrétienne du ghetto s'y donnait libre cours : sous la pression des corporations, l'ancien régime d'exception y fut intégralement ou partiellement rétabli. Les pays attribués par Napoléon à l'éphémère royaume de Westphalie (Hanovre, Brunswick) eurent également à cœur de revenir à l'ancien ordre des choses. En 1815, l'émancipation paraissait compromise dans l'ensemble des pays germaniques. Cherchant à sauvegarder les positions acquises, les grands argentiers juifs firent le siège des diplomates réunis au Congrès de Vienne. Les représentants des villes libres ne restaient pas inactifs de leur côté, et les arguments sonnants, de règle à cette époque, furent largement utilisés de part et d'autre (un Gentz se faisait même stipuler par contrat la rémunération de ses bons offices). En fin de compte, la balance pencha en faveur des Juifs, dont la cause fut épousée par les représentants des grandes puissances : l'Europe entrait ainsi dans l'ère des Rothschild, celle de l'alliance entre le « concert des puissances » et la grande banque.

En fin de compte, le projet de la confédération des Etats germaniques fut complété par un article aux termes duquel les droits accordés aux Juifs *dans* certains pays faisant partie de la confédération leur resteraient acquis. Mais au dernier moment, le parti antiémancipateur réussit à substituer à l'adverbe *dans*, l'adverbe *par* dans le texte de l'article, ce qui servit par la suite de fondement juridique aux villes libres et à d'autres pays, pour abroger une émancipation promulguée non pas *par* les anciennes autorités restaurées, mais *par* le gouvernement français. Nous en revenons ainsi aux conditions très particulières de l'émancipation des Juifs allemands, qui coïncida avec l'exaltation patriotique antifrançaise des « guerres de libération », et avec l'agitation « germanomane » *(Teutschthümelei)*.

Dès l'époque, il y eut des esprits pour prévoir ce que pouvait signifier une telle conjonction. Ainsi, le philosophe Friedrich Schlegel, qui se trouvait alors au service du gouvernement autrichien, faisait observer dès 1815 qu'une émancipation générale des Juifs de tous les pays allemands était indispensable et urgente, précisément parce qu'elle avait débuté sous l'oppression française. Il raisonnait de la manière suivante : si les Etats et les villes abrogeaient l'émancipation parce qu'elle avait été décrétée par le tyran étranger, cela pourrait entraîner de graves conséquences, car « cela signifierait réformer un parti favorable à l'ennemi qui vient d'être heureusement abattu » ; un parti, ajoutait-il, non négligeable, puisque fort de cinq cent mille hommes ambitieux et actifs. « En adoptant le principe général de l'abrogation, ne faudrait-il pas faire sauter la route du Simplon, parce qu'elle a été construite sous Napoléon ? » demandait-il en conclusion.

II

Effets de l'émancipation

Le cas des Juifs.

De nos jours, l'immense majorité des Juifs ont la réclusion du ghetto en horreur ; seuls quelques groupuscules dit anachroniques (dont celui des *Mea Shearim* à Jérusalem est le plus connu) gardent la nostalgie de cette claustration, conforme d'après eux à la mission d'Israël. Cette horreur est facilement projetée sur le passé, de sorte qu'on tend généralement à croire que les Juifs saluèrent leur émancipation avec enthousiasme. Du reste, nombreux sont les documents qui paraissent justifier une telle vue : en effet, les partisans juifs de l'émancipation, qui menaient des campagnes de presse et multipliaient les pétitions, ont rétrospectivement étouffé, dirait-on, la voix de leurs adversaires.

La vérité fut singulièrement plus nuancée, tout en variant, ainsi que nous l'avons déjà relevé, suivant les pays et suivant les juiveries. En France, si les Juifs portugais, déjà fortement assimilés de fait, furent quasi unanimes à se réjouir de leur émancipation, ceux du Comtat-Venaissin se montrèrent plus réticents : il y en eut même à ne pas vouloir abandonner leur antique signe d'infamie, le « chapeau jaune ». Nous avons dit aussi que les Juifs de Paris étaient déjà relativement affranchis : pourtant, il y en eut pour regretter l'ordre des choses ancien, surtout parmi ceux de la « basse classe », ainsi que le laisse entendre un rapport de la Préfecture de police en 1809 : « ... ce qui paraîtra le plus étrange, quoique de la plus exacte vérité, c'est que cette misérable horde est précisément celle dont les individus sont le plus scrupuleusement attachés aux rites et aux pratiques de leur religion... ». C'étaient donc les plus pauvres, et on relève la même observation dans un rapport sur l'état d'esprit des Juifs alsaciens que Laumond, le préfet du Bas-Rhin, adressait à Paris en 1800. Constatant que la Révolution avait glissé sur les masses sans modifier leur mentalité, et que les préjugés ancestraux demeuraient aussi vivaces du côté juif que du côté chrétien, il écrivait : « J'en excepte toutefois la classe opulente, qui, en tous pays à peu près, abjure les préjugés de la populace. » Quant à la « foule hébraïque », poursuivait-il, « elle continue à croupir dans la même ignorance et la même bassesse qu'autrefois. Leurs principes religieux, qui les séparent en quelque sorte du reste des nations, et que rien jusqu'ici ne peut déraciner, sont un obstacle presque invincible au rapprochement que le bien public exigerait ». Chose curieuse, il estimait que la faute n'en revenait pas aux rabbins, qui étaient « en général, des hommes assez éclairés, et bien intentionnés, dont je ne peux faire que l'éloge », mais à leurs « ouailles fanatiques », décidées à faire payer cher aux talmudistes le « moindre écart ». En bref, les Juifs de l'Alsace « ne peuvent perdre l'idée de se croire étrangers partout, et cet ancien préjugé les empêchera encore longtemps de songer à former des établissements fixes. Les exceptions à cette disposition générale du peuple juif sont rares. Peut-être faudra-t-il des siècles avant qu'ils puissent franchement se résoudre à se regarder comme partie réelle de la grande famille ». Cependant, Laumond demeurait optimiste : « ... on peut assurer qu'avec le temps leurs misérables préjugés s'effaceront ; et que moins poursuivis, dès lors, par le mépris public, ils s'attacheront au sol qui les nourrit : mais ils sont encore bien loin de cette heureuse conversion ». On remarquera que cet excellent administrateur républicain, à la place du terme généralement employé de *régénération*, se servait de celui, plus expressif encore, de *conversion*.

Dans les pays allemands également, le tableau est varié, et parfois contradictoire. En Rhénanie, où l'émancipation fut directement décrétée par les Français, une partie seulement des Juifs votèrent pour le rattachement à la France : il reste que les francophiles juifs furent proportionnellement plus nombreux que les francophiles chrétiens. Le parti émancipateur, ou, ce qui est quasiment la même chose, le parti francophile, semble avoir rallié la majeure partie des suffrages à Francfort, et à Hambourg, ce qui ne saurait étonner, puisqu'il s'agissait de deux juiveries riches, établies dans des villes dominées par la bourgeoisie chrétienne. En Prusse aussi, les Juifs « éclairés », depuis les temps de Moïse Mendelssohn, tenaient le haut du pavé. Mais leurs adversaires, à en juger par certains écrits, ne manquaient pas d'arguments. Ainsi, dans son écrit *K'tav Yocher*, le rabbin réformiste Saül Lewin mettait en scène un *melamed* orthodoxe, ennemi des innovations qui le menaçaient de perdre son gagne-pain. Aussi bien aspire-t-il à ce que les persécutions des Juifs redoublent d'intensité, et met-il son espoir dans la haine des nations, seule capable d'accroître les mérites et la sainteté du peuple élu...

Pour l'empire autrichien, nous disposons d'une série de rapports gouvernementaux, qui rendent le même son de cloche que celui du préfet Laumond. A l'annonce de la convocation du Grand Sanhédrin, l'inquiétude s'empara du cabinet de Vienne, et les gouvernements furent invités à se renseigner sur l'état d'esprit des Juifs. Les résultats des enquêtes furent satisfaisants dans l'ensemble, et l'empereur François put conclure que « de la part des talmudistes zélés, il n'y avait absolument rien à redouter, et que le Congrès de Paris *(sic)* ne pouvait avoir d'influence que sur ceux qui appartenaient à la classe élégante, ou qui voulaient passer pour des éclairés ». Or, seule une minorité de Juifs de Vienne et de Trieste faisaient partie de la classe « élégante », et tenaient à passer pour éclairés. Ceux de Bohême, ceux de Moravie et ceux de Hongrie donnèrent toute satisfaction aux autorités. Ceux de Galicie paraissaient être encore plus fidèles : au dire du gouverneur von Urményi, « ils étaient tous absolument stupides et attachés à la Thora et au Talmud », et apercevaient dans le Sanhédrin « le tombeau du judaïsme ».

Telle était également l'attitude des Juifs de Pologne et de Russie, encore que dans leur cas, il faille peut-être nuancer le jugement : en effet, certains talmudistes polonais, loyaux jusqu'au bout envers leur pays, mettaient leurs espoirs dans sa résurrection définitive, et partant, dans la victoire de Napoléon. Parmi les divers facteurs qui déterminent les options politiques des Juifs, l'attachement au pays de leur enracinement avait sûrement sa part.

Il importe maintenant de voir ce que l'émancipation signifiait en réalité pour la masse des Juifs. C'est peut-être par le biais du bouleversement de leur condition politico-juridique qu'on peut éclairer le mieux ce problème.

De ce point de vue, ils n'avaient pas tort, ces polémistes antijuifs, ou ces émancipateurs, qui clamaient que les communautés juives constituaient un Etat dans l'Etat. A l'intérieur des ghettos, les Juifs, tout le long de leur vie, avaient affaire à des autorités juives, qui incarnaient pour eux le pouvoir à la fois coercitif et protecteur d'un Etat. Séparés des autorités chrétiennes par l'écran des oligarques communautaires (ces personnages généralement « émancipés avant la lettre »), ils tendaient effectivement à voir dans celles-ci un pouvoir étranger et un pouvoir hostile. De ce fait, la masse des enfants d'Israël constituait réellement une nation *sui generis*, nation bien intégrée, et se définissant en cette qualité par rapport aux autres nations de la terre. Humiliés et persécutés, les Juifs du ghetto savaient clairement ce qu'ils étaient.

La pierre angulaire du projet des émancipateurs : la suppression de l'autonomie communautaire, aboutissait sur ce point à un changement radical. Enfant, le Juif doit fréquenter l'école publique ; jeune homme, il doit faire son service dans l'armée ; adulte, il n'est plus justiciable d'un tribunal rabbinique, n'a plus à craindre les foudres excommunicatrices, et ainsi de suite. D'une part, il est effectivement « émancipé », puisque soustrait au pouvoir paternaliste des rabbins et des ploutocrates, en même temps que débarrassé de ses incapacités. Mais de l'autre, il doit désormais affronter directement, tout le long de sa vie, les autorités chrétiennes, autorités présumées ennemies. D'où, on peut le croire, l'effroi suscité tout d'abord par le nouvel ordre des choses, et l'hostilité à l'émancipation.

Il est vrai que ses avantages, notamment dans le domaine de la lutte quotidienne pour l'existence, les multiples possibilités qu'elle offrait pour s'enrichir ou pour faire carrière, déterminèrent assez rapidement un revirement. Là où les pères demeuraient hostiles, ou sceptiques, ce furent les fils qui devinrent des partisans de l'émancipation ; la rébellion contre l'autorité parentale précipitait l'insurrection contre le gouvernement rabbinique. En l'espace d'une ou de deux générations, presque tous les Juifs, des deux côtés du Rhin, se rallièrent aux idées nouvelles, et le processus se répétera par la suite à l'Est de l'Europe. Il reste que le système des valeurs de la société occidentale comportait sur le chapitre des Juifs une condamnation implacable. Au ci-devant fils du ghetto, on assure qu'il est désormais un citoyen comme les autres, « de confession israélite », un homme et non un Juif, mais il sent que les choses ne sont pas si simples, qu'on ne saurait cesser d'être juif tout en le restant, et parmi les diverses observations ou expériences de tout ordre qui le renforcent dans ce sentiment, la montée de l'antisémitisme, nous y viendrons plus loin, joue un rôle prépondérant.

De là, le déchirement du Juif émancipé, qui tend désormais à porter sur lui-même le jugement de la société majoritaire chrétienne, à se voir tel que les autres le voient. S'il se surestime parfois, plus souvent, il se met en accusation, et les deux attitudes vont facilement de pair. « Le patriotisme des Juifs consiste dans la haine de soi-même », constatait le philosophe juif Theodor Lessing ; la formule complète, sans la contredire, celle du philosophe antisémite Schopenhauer : « ... la patrie du Juif, ce sont les autres Juifs ». Inutile d'ajouter que toute généralisation est abusive, que de tels déchirements étaient déjà perceptibles au sein des ghettos, et qu'ils furent épargnés à d'innombrables Juifs des temps modernes, qui n'ont pas fait parler d'eux, et dont les vies simples et unies n'ont guère laissé de traces dans les documents. Pour tout dire, nos moyens d'investigation sont bien insuffisants pour éclairer un processus psycho-historique d'une complexité extrême, avec ses interactions constantes entre la psychologie individuelle des profondeurs et les phénomènes de psychologie collective ou sociaux. Il reste que les principales figures de proue juives des premières générations postémancipatrices se complaisaient le plus souvent dans un antisémitisme de surenchère, qu'elles se soient réclamées de la religion chrétienne (tel un Friedrich Stahl) ou de l'irréligion (tel un Karl Marx). La sensibilité de certains poètes a su trouver des répliques moins conventionnelles à la situation, et en fixer pour la postérité les véritables aspects.

A l'époque où nous sommes, nul n'a su mieux le faire que Henri Heine. Son ironie n'épargnait ni judaïsme, « ce malheur, cette maladie de famille des Juifs allemands », ni ses infidèles serviteurs, tels le marquis Gumpelino, « déserteur de la garde de corps de Jéhovah » et son valet Hyacinthe, « *famillionnaire* des Rothschild ». A l'article de la mort, il changea de registre : « Je le vois maintenant, les Grecs ne furent que des beaux adolescents, les Juifs en revanche furent toujours des hommes inflexibles et forts, non seulement jadis, mais jusqu'à nos jours, malgré dix-huit siècles de persécutions et de misère... des martyrs, qui ont donné au monde un Dieu et une morale, et qui ont lutté et souffert sur tous les champs de bataille de la pensée. » Plus fruste, son rival Ludwig Börne, s'il décochait au Talmud les flèches d'usage, glorifiait ses adeptes ou ses ex-adeptes : « Vous êtes trente millions d'Allemands, et vous ne comptez pas pour trente. Qu'il y ait trente millions de Juifs, et le monde serait à eux ! » L'inconséquence consistant à rabaisser le judaïsme tout en louant les Juifs, c'est-à-dire à blâmer une culture tout en vantant les produits de cette culture, fut poussée à son comble par un autre littérateur issu du ghetto de Francfort, l'Alsacien Alexandre Weill. Sa haine forcenée du Talmud et du gouvernement rabbinique ne l'empêchait pas de proclamer « qu'il se dépensait plus de malice, plus d'esprit en un jour dans la rue des Juifs à Francfort que dans tout le reste de l'Allemagne en un an... pendant des siècles, cette rue représentait, en pleine barbarie, une vie civilisée où, dans une société opprimée, régnaient la foi, la charité et la justice... ».

Au XXe siècle, d'autres juiveries en voie de mue ont produit des mémorialistes qui ont évoqué le conflit d'une manière encore plus suggestive. Pour le Juif méditerranéen Albert Cohen, le judaïsme est une oubliette mystérieure, un obscur sous-sol, que son héros, « Solal », fréquente et aime en cachette. L'image est la même, mais le signe de valeur s'inverse chez le Juif russe Ossip Mandelstam :

« Tous les élégants mirages de Saint-Pétersbourg n'étaient qu'un rêve, un brillant manteau jeté au-dessus de l'abîme dans lequel grouillait le chaos du judaïsme : non pas une patrie maternelle, ni une maison ni un foyer, mais précisément un chaos, le monde utérin inconnu dont j'étais issu, que je redoutais, au sujet duquel je faisais des vagues conjectures, et que je fuyais toujours... » Déroulant le fil de ses souvenirs de jeunesse, Mandelstam évoquait plus loin son précepteur juif : « La chose qui me frappait chez lui, bien que je la trouvasse artificielle, était son sentiment de fierté nationale juive. Il parlait des Juifs comme ma gouvernante française parlait de Victor Hugo ou de Napoléon. Mais je savais qu'il cachait sa fierté lorsqu'il sortait dans la rue, et c'est pourquoi je ne le croyais pas... »

Une autre image, forgée par l'écrivain David Scheinert, est celle du « petit locataire juif », installé à demeure même chez les Juifs entièrement détachés de la tradition ancestrale ou de la vie communautaire. Mais le grand nom de Kafka nous rappelle que des conflits de ce genre ont acquis de nos jours une résonance universelle : c'est dire que l'aliénation du Juif pourrait n'être que le cas extrême des tensions engendrées par la civilisation technicienne, et qu'on devrait pouvoir retrouver son pendant chez d'autres groupes humains.

Une telle situation exacerbe la soif de prestige, le désir de se faire accepter (estimer et aimer) par la nouvelle société. Ces objectifs peuvent être recherchés par des voies différentes, suivant le tempérament d'un chacun, sa condition sociale et les circonstances, mais quelle que soit celle qui se trouve choisie, l'argent ouvre toutes les portes, sinon tous les cœurs. Il « répond à tout » (comme le faisait déjà observer l'Ecclésiaste), et sert de dénominateur commun ; au sein de la société bourgeoise notamment, il est le signe universel du succès. Ayant de tous temps excellé dans la poursuite de la richesse, les Juifs émancipés s'y appliquèrent avec une ardeur redoublée, et les bouleversements politiques et économiques de l'époque facilitèrent mainte ascension spectaculaire. Pourtant, en s'enrichissant, ils se conduisaient, du point de vue des Chrétiens, de manière *juive* ; pour trouver grâce à leurs yeux, il fallait, semble-t-il, qu'ils dépouillent le vieil homme et fassent leurs preuves d'une autre manière. Par voie de conséquence, la qualité tant humaine que nationale (bon Français, bon Allemand, etc.) présumée naturelle et innée chez les Chrétiens, il fallait que les Juifs la démontrent, en faisant plus et mieux que les autres ; il fallait qu'ils se disculpent de la présomption contraire : et c'est les besoins de cette démonstration, ou de cette disculpation, qui aiguillonnent désormais les mieux doués d'entre eux vers leurs spectaculaires réussites. D'où, par la suite, un nouveau concert de reproches, écrivains et ballerines irritant tout autant la fibre antisémite qu'usuriers et brocanteurs ; mais la première génération des Juifs émancipés était loin de se douter de ce cercle vicieux.

Pour entrer dans la grande société, il leur fallait passer d'abord par l'école publique. Chemin de croix pour bien des enfants juifs, les marquant pour le reste de leurs jours. Arrivé au faîte des honneurs, Adolphe Crémieux évoquait ce passé : « ... je ne pouvais pas traverser les rues de ma ville natale sans recueillir quelques injures. Que de luttes j'ai soutenues avec mes poings ! ». (Pour corriger les effets de cette évocation, l'homme d'Etat ajoutait aussitôt : « Eh bien, peu d'années je faisais mes études à Paris, et quand je rentrais à Nîmes, en 1817, je prenais ma place au barreau et je n'étais plus juif pour personne ! » Ainsi donc, la société nîmoise eut le tact de ne pas voir le Juif en Crémieux ; tel est peut-être le secret de la tolérance française...) Se fondant, on peut le croire, sur ses souvenirs d'enfance, Frédéric Mistral évoquait dans *Nerto* ces guerres enfantines, à cinquante contre un : « Lou *pecihoun* ! Lou *capeu jaune* ! A la jutarié ! que s'encaune ! Cinquanto enfant ié soun darrié [1]... »

Tout porte à croire que dans l'est de la France, les brimades, aux rites semblables, étaient tout aussi courantes. Le rabbin de Metz, J.-B. Drach, décrivait l'enfance de son frère « ... que ses camarades d'école... poursuivaient au sortir de la classe, l'accablant d'injures, de coups de pierre, et, que pis est, lui frottant les lèvres avec du lard. Malgré les chefs de l'école, qui interposèrent plus d'une fois leur autorité, ces persécutions continuèrent jusqu'à ce que mon frère se fût distingué par ses progrès et les prix qu'il obtenait à la fin de chaque année ; il est maintenant un des meilleurs miniaturistes de sa province ».

Pour sa part, le rabbin Drach, arrivé à l'âge mûr, chercha à parachever sa régénération en se convertissant au catholicisme. Mais en règle générale, les conversions (sur lesquelles les statistiques font défaut) semblent avoir été relativement rares, en France ; en tout cas, elles n'acquirent jamais un caractère épidémique, et c'est plutôt en conséquence de défections individuelles, s'additionnant le long des générations, que la lignée des Juifs originaires du Comtat Venaissin, par exemple, qui étaient

1. « Le guenillon ! le chapeau jaune ! A la juiverie ! qu'il se cache ! Cinquante enfants après lui... »

près de trois mille, au temps de leur émancipation, ne sont plus de nos jours qu'un millier, tout au plus.

On peut dire que les gouvernements successifs de la France, sinon la société française en son ensemble, furent les seuls, en Europe, à prendre l'émancipation entièrement au sérieux : à partir de la Restauration, toutes les discriminations légales à l'encontre des Juifs disparurent effectivement.

En Allemagne, par contre, où les fonctions d'autorité et de commandement les plus prestigieuses, les moins « juives » par conséquent, et de ce fait les plus ardemment convoitées par nombre d'enfants d'Israël, restèrent toujours barrées aux « citoyens de confession mosaïque ». D'où, au début du XIXe siècle, une épidémie de conversions, dont le prétexte immédiat pouvait être l'exercice d'une profession libérale ou l'entrée au service de l'Etat ; mais le nom qu'elle reçut, *Gefallsucht* (souci de plaire), suggère que la soif de l'amour et de l'estime chrétienne fut sa cause générale et profonde.

En fait, ces conversions étaient motivées de manières très variées. David Mendel, un petit-neveu de Moïse Mendelssohn, qui devint, sous le nom de Johann Neander, le prince des historiens protestants de l'Eglise, fut touché par la grâce, à l'âge de dix-sept ans. La conviction sincère semble avoir également présidé au baptême de Julius Jolson, infiniment mieux connu sous le nom de Friedrich Julius Stahl, sous lequel il devint le grand maître à penser du conservatisme prussien. Nous avons vu qu'en faisant baptiser ses enfants, le père de Félix Mendelssohn-Bartholdy entendait payer tribut à la civilisation chrétienne ; c'était déjà prendre la religion bien moins au sérieux.

On connaît le cas de Henri Heine : un de ses amis, Edouard Gans, qui militait avec lui dans un cercle de rénovation de la culture juive, se convertit subitement pour obtenir une chaire de philosophie à l'Université de Berlin (ami de Hegel, Gans fut le maître de Karl Marx, qui, lui, fut baptisé sur le désir de son père, à l'âge de sept ans). Heine lança à Gans un distique courroucé :

« Und du bist zum Kreuz gekrochen,
Zu dem Kreuz, dass du verachtest [1]... »

---

1. *Et tu as rampé vers le crucifix,*
Le crucifix, que tu méprisais...

et suivit peu après son exemple, pour pouvoir s'inscrire au barreau de Hambourg, où il n'exerça jamais. « Billet d'entrée à la culture européenne », ironisait-il, et aussi : « ... si les lois autorisaient le vol des cuillères d'argent, je ne me serais pas converti ! » Son rival Ludwig Börne, qui se convertit pour pouvoir diriger un journal, s'exprimait sur le compte du sacrement du baptême d'une façon non moins cavalière : « Les trois gouttes d'eau qu'on m'a administrées ne valent même pas le peu d'argent qu'elles m'ont coûté. »

Rachel Varnhagen-Levine assurait qu'en 1823, la moitié des membres de la communauté juive de Berlin s'étaient déjà convertis. Il n'empêche que l'histoire allemande, si profondément marquée par les noms que nous venons de citer, les a enregistrés comme juifs. Parmi les hommes illustres de cette génération, seul Giacomo Meyerbeer ne s'est pas converti, peut-être par attachement à sa vieille mère, et peut-être aussi parce « qu'au bonheur d'avoir du talent il unissait le talent d'avoir du bonheur », ainsi que disait de ce millionnaire Berlioz.

La masse des Juifs allemands, sans aller jusqu'aux fonts baptismaux, ne pouvait manquer d'être impressionnée par la conversion de tant de personnages riches et brillants, et dont certains parachevaient d'ailleurs leur déjudaïsation en changeant leurs noms, ainsi que nous l'avons vu. De tels exemples venaient renforcer les effets de l'abolition du gouvernement rabbinique, et le judaïsme allemand s'émiettait rapidement entre les convertis de toute obédience, les indifférents ayant complètement délaissé les observances ancestrales, les partisans d'un mosaïsme réformé, et le dernier carré des fidèles du Talmud. Déjà, la majeure partie d'entre eux se voulaient Allemands d'abord : « En général, ce que demandent avec instance les Juifs de Prusse, c'est d'être Prussiens, et rien de plus », observait en 1844 Alexandre Weill. Même ceux qui se targuaient de leur fidélité à la tradition juive avaient une meilleure germanisation des Juifs en vue : il est caractéristique que le fondateur de la « science du judaïsme », Léopold Zunz, fut aiguillé vers ses recherches historiques par le désir de prouver que les Juifs médiévaux portaient couramment des prénoms chrétiens, et qu'ils utilisaient les idiomes locaux pour leur culte. « Le Juif allemand pense essentiellement d'une manière allemande, constatait en 1857 le célèbre théologien catholique Ignaz Döllinger ; et comme notre culture et notre civilisation sont issues du christianisme, et sont colorées chrétiennement, il ne peut, aussi réticent qu'il puisse être par ailleurs au christianisme, que penser en Chrétien sur beaucoup de sujets, consciemment ou inconsciemment, et agir en conséquence. »

En fait, il s'agissait d'une nouvelle génération de Marranes, la différence avec les victimes de l'Inquisition n'étant en gros que celle qui sépare la honte et la soif d'amour de la peur. Tout comme les « nouveaux Chrétiens » de la Péninsule ibérique, ces Juifs, même lorsqu'ils s'étaient convertis, restaient socialement des Juifs aux yeux des Chrétiens ; des Juifs, nous allons le voir, susceptibles d'exciter davantage les passions antijuives que les fils traditionnels du ghetto. Au début du XXe siècle, le grand économiste Sombart déplorait, au nom de ses statistiques, « la circonstance que des gens qui sont Juifs font figure de Chrétiens, uniquement parce que leurs ancêtres ou eux-mêmes ont été un jour baptisés », et il parlait de « la calamité qui permet de nous dissimuler le véritable statut d'une personne qui a changé de manteau religieux ». Mais dès 1832, le Juif militant Gabriel Riesser voyait plus loin : « ... croyez-moi, avertissait-il les néo-Marranes, la haine sait trouver son homme aussi bien que l'ange de la mort, elle sait le reconnaître quel que soit le nom dont il s'affuble... ». Et cependant, même ce Juif pratiquant admettait de partager son amour entre le Dieu d'Israël et une nouvelle déesse étrangère. N'avait-il pas choisi pour devise : « Nous avons un Père là-haut, et nous avons une mère : Dieu, le père de tous les êtres, et l'Allemagne, notre mère ici-bas. »

C'est ainsi que les déchirements d'une Rachel Levine devenaient le lot d'un nombre croissant de Juifs. A vrai dire, on hésite devant le terme à employer pour désigner une collectivité dont les figures de proue avaient abjuré la foi de Moïse. Nous avons vu que pour Heine, le judaïsme allemand était devenu un malheur de famille, et même une maladie. Pour Alexandre Weill, il était en voie de devenir « une secte chrétienne ». Les difficultés de l'identification sémantique reflètent la confusion régnant parmi les ci-devant enfants du ghetto, qui eux-mêmes ne savaient plus très bien ce qu'ils étaient. Pour la plupart, ils ne se connaissaient, dirait-on, d'identité que négative : « ... nous sommes ceux qui ne sommes pas des Allemands vieux-chrétiens ». Ils mimaient consciencieusement les conduites allemandes, et faisaient surenchère de patriotisme jusque dans leur culte synagogal, mais déjà l'Allemagne semblait répondre : « Vous êtes ce que vous n'êtes pas. »

Ainsi, l'un des résultats de l'émancipation *more germanico* fut de donner un tour nouveau à la millénaire dialectique judéo-chrétienne : c'est désormais en imitant le Chrétien que le Juif s'oppose à lui. Le génie ironique de Heine lui dicta le mot de la fin (mais la beauté des vers reste intraduisible) :

Voici bien un millénaire
Que nous nous tolérons fraternellement
Toi, tu tolères que je respire,
Moi, je tolère tes fureurs.
Parfois, en des temps obscurs
D'étranges humeurs te prenaient :
Tes pattes pieuses et affectueuses,
Tu les baignais dans mon sang.
Ces temps-ci, notre amitié croît,
Elle se consolide chaque jour
Car j'entre aussi en rage,
Et je deviens presque pareil à toi !

Mais déjà, l'un des premiers pionniers du socialisme en Allemagne, Moïse Hess, après avoir frayé la voie à Marx et à Engels, s'engageait, plutôt que de se convertir, dans la voie du sionisme politique, ce remède privilégié au déchirement néo-marrane.

Le cas des non-Juifs.

Pendant ou au lendemain des guerres napoléoniennes, de nombreux esprits cherchaient une explication simple et cohérente au spectacle apocalyptique que l'Europe offrait depuis 1789, et puisque le peuple juif était à la fois l'auteur, le porteur et l'acteur principal des Saintes Ecritures, son affranchissement ne pouvait manquer de trouver son reflet dans les divers schémas explicatifs proposés. La teneur de ces eschatologies pourrait donc nous fournir un premier fil conducteur pour l'étude des réactions des Chrétiens à l'émancipation.

Mais il est vrai aussi que les principales théories de ce type étaient d'une inspiration bien antérieure aux événements qu'elles prétendaient expliquer. L'âge de l'incrédulité, c'est-à-dire le Siècle des Lumières, fut aussi, on le sait, un âge d'extrême crédulité : une fois secoué le joug de l'Eglise, et relâchées les disciplines théologiques, des nouvelles révélations eurent beau jeu de le disputer à la révélation judéo-chrétienne, et si les natures de prophètes ont foisonné de tous temps, ils purent désormais recruter à loisir des adeptes, fonder des chapelles, des conventicules et des religions (de ce point de vue, le culte de la déesse Raison pourrait n'être considéré que comme le triomphe de l'hérésie la plus radicale d'entre toutes celles qui pullulèrent à l'époque). A l'étage inférieur, celui du charlatanisme pur, un Cagliostro ou un Saint-Germain glanaient de faciles succès en pratiquant les arts magiques ; à l'étage supérieur, celui du millénarisme mystique, un Swedenborg ou un Saint-Martin, prenant la suite de Jacob Bœhme, exerçaient une action en profondeur, et si les premiers, hommes d'action, ont tourné les têtes de leurs contemporains, les seconds, hommes de méditation, ont profondément marqué, à travers le romantisme et la philosophie, la sensibilité des générations postérieures.

Tout comme Bœhme jadis, Swedenborg glosait abondamment les deux Testaments ; c'est dire si les références aux Juifs sont nombreuses chez l'un comme chez l'autre. Il est à noter que Jacob Bœhme développait des vues extrêmement bienveillantes à l'égard des enfants d'Israël, telles qu'on les trouve à toutes les époques (mais surtout de nos jours) sous la plume de Chrétiens ayant médité l'Epître aux Romains ; il annonçait notamment la réintégration prochaine du Peuple élu. Il en alla autrement pour Emmanuel Swedenborg qui, à Stockholm et à Londres, fut célèbre comme savant, avant de le devenir encore plus comme prophète, menant grand commerce avec les esprits. Non seulement il niait résolument la possibilité d'une telle réintégration, mais ses gloses et ses visions l'avaient conduit à conclure que les Juifs furent de tous temps une nation abjecte, attachée aux biens de ce monde et idolâtre, incapable par nature de percevoir le message divin (on reconnaît la grande thèse déiste).

Les esprits avaient appris à Swedenborg qu'avant lui on avait mal lu les Ecritures, car par « réintégration d'Israël » il fallait entendre la réintégration des vrais Chrétiens ; en fait, cette réintégration avait déjà eu lieu puisque le Jugement dernier avait déjà été tenu, en l'an 1757 ; lui, Swedenborg, y avait reçu la mission d'élever la Jérusalem nouvelle, et ceux qui avaient écouté sa parole formaient le camp des élus.

Quant à la Jérusalem des Juifs, c'était « une ville dans laquelle ils affluent en se pressant ; mais cette ville est fangeuse et infecte, aussi est-elle appelée la Jérusalem souillée. Là, ils courent dans la boue et dans la fange jusqu'au-dessus des talons, en se plaignant et en se lamentant ». Ils n'y ont pour nourriture que la fange, ou pire, des « matières cadavéreuses, putrides, excrémentielles et stercoreuses, infectes et urineuses ». D'autres Juifs, cependant, errent en dehors de la *Jérusalem souillée* : « ... ce sont des Juifs qui errent ainsi, proférant des menaces de tuer, de massacrer, de brûler, de cuire, et cela contre tous ceux qu'ils rencontrent, même contre des Juifs ou des amis. Je pus connaître par là quel est leur caractère, quoique dans le monde ils n'osent pas se montrer tels qu'ils sont ». Swedenborg fut sans doute le premier auteur moderne à parler de la « véritable nature » des Juifs ; s'il fut fou, sa folie trouva de nombreux adeptes, et, nous l'avons dit à maintes reprises, un tel acharnement contre le Peuple élu est fréquent chez ceux des Gentils qui se sentent mandatés pour briser l'insolent monopole de ce peuple, et pour supplanter son message. Rien n'est plus caractéristique à cet égard que l'animosité de Swedenborg pour l'apôtre Paul : au cours de ses explorations de l'au-delà, l'intrépide visionnaire apprit même que les autres apôtres tenaient eux aussi ce Juif à distance.

On retrouve des conceptions analogues chez l'occultiste sans doute le plus influent de la génération suivante. Claude de Saint-Martin, « le philosophe inconnu ». Lui aussi traitant du problème de la « réintégration des Juifs » déduisait de leurs livres que ce rétablissement, fatal pour les Gentils, serait contraire aux décrets bien entendus de la Providence. « Si les Juifs étaient ramenés en corps de nation dans ce monde, il n'y aurait de salut éternel à espérer pour personne, parce que le cercle divin des opérations suprêmes serait rempli et fermé par là dans le temps. » Il est à noter que ce raisonnement semble dater de l'époque où Bonaparte, en lançant lors de la campagne d'Egypte une proclamation « sioniste » aux Juifs, se posait comme leur messie. Ajoutons que, contrairement à Swedenborg, Saint-Martin rendait grâce aux Juifs, dont le crime fut pour les Gentils « d'une utilité inappréciable... le sang qu'ils ont conjuré sur eux était esprit et vie » ; aussi leur offrait-il les consolations du baptême ; l'universalisme catholique semble être passé par là. Ailleurs, le « philosophe inconnu » dressait un parallèle entre les Français et les Juifs, qui illustre certaines attentes de l'époque :

« ... les Français pourraient être regardés comme le peuple de la nouvelle loi, ainsi que les Hébreux étaient le peuple de la loi ancienne. Il ne faudrait s'étonner de cette élection, malgré nos crimes et nos brigandages. Les Juifs qui ont été choisis dans leur temps ne valaient pas mieux que les Français... »

Les triomphes révolutionnaires, suivis des triomphes napoléoniens, donnèrent une puissante impulsion, cela va de soi, aux spéculations eschatologiques, et au thème des mystères éternels de l'existence s'ajoute celui de l'irréligion triomphante. Les inquiètes interrogations de ce temps étaient formulées par Joseph de Maistre, le principal auteur de la « théorie providentielle » de la Révolution (1796) :

« Je n'y comprends rien, c'est le grand mot du jour... Comment donc (s'écrie-t-on de tous les côtés) les hommes les plus coupables de l'univers triomphent de l'univers ! Un régicide affreux a tout le succès que pourrait en attendre ceux qui l'ont commis ! La monarchie est engourdie dans toute l'Europe ! Ses ennemis trouvent des alliés jusque sur les trônes ! Tout réussit aux méchants... Il y a dans la Révolution française un caractère *satanique* qui la distingue de tout ce qu'on a vu et peut-être de tout ce qu'on verra... »

Une première réponse consista à mettre en accusation les protestants (dirigés par Satan, ou en qualité de faction autonome et pleinement responsable). La théorie du « complot protestant » pouvait s'appuyer sur les sympathies pro-révolutionnaires de la majeure partie des réformés, vieux souffre-douleur des rois très chrétiens, et surtout sur le fait que les principaux banquiers de la monarchie, ainsi que le ministre Necker, étaient effectivement d'origine protestante. Mais le recours au « capital » ou au « capitalisme » ne s'était pas encore implanté dans les mœurs, en tant que grand principe explicatif, en sorte que la thèse du complot protestant s'effaça rapidement devant une autre, d'une plausibilité peut-être moindre, à nos yeux post-marxistes : celle de la main des sectes antichrétiennes, constituées en sociétés secrètes.

Ici, nous demanderons au lecteur un instant d'attention. Promues, surtout en relation avec 1789, au rang d'un facteur historique essentiel, les « sociétés secrètes » ne méritent certainement pas cet honneur (encore que l'enquête soit par définition malaisée) ; en revanche, la croyance en la toute-puissance de ces sociétés a incontestablement influé sur le devenir historique occidental, notamment au cours de la première moitié du XXe siècle. Encore fallait-il que ces croyances puissent se cristalliser autour d'un prétexte ou d'un fait divers opportunément fourni par des exaltés ou des mystificateurs *jouant* à la société secrète : condition peut-être indispensable à la naissance des grands mythes de cet ordre, et, en ce sens, il n'y aurait effectivement pas de fumée sans feu. C'est de cette manière que les principaux auteurs (les Français Augustin Barruel et Joseph de Maistre ; l'Anglais Robison ; l'Allemand Göchhausen) purent imputer l'apocalypse révolutionnaire à la triade « illuminisme-franc-maçonnerie-philosophie », en portant surtout l'accent sur son premier terme.

L'affaire de l'ordre bavarois des Illuminés ressemble curieusement au fait divers dont Dostoïevski a tiré la matière des *Démons*. Le jésuite défroqué Adam Weishaupt prétendait diriger une conspiration à l'échelle européenne destinée à détruire tous les Etats et à établir une république universelle ; il fut cru et jeté en prison ; il est à noter que l'affaire se joua quelques années *avant* 1789, et l'imagination, ou l'art, semblait anticiper sur la nature. La franc-maçonnerie fut associée par nos penseurs à l'illuminisme ; quant au « philosophisme », si aux yeux de l'abbé Barruel, la principale autorité en la matière, il avait ourdi, en les personnes de Voltaire, de d'Alembert et Frédéric II de Prusse, un plan soigneusement minuté, son action, même en l'absence d'un tel plan, fut, on le sait, autrement significative que celle des deux autres ordres occultes. Du reste, certains auteurs oubliés poussèrent la recherche des causes encore plus loin : dès 1794, un prêtre chargé par Pie VI d'écrire l'histoire de la « persécution française » énumérait, parmi les facteurs de subversion, les « inventions ingénieuses », telles que les ballons et les montgolfières.

En tout cela, les Juifs n'étaient pas oubliés. Mais il est intéressant de constater qu'au cours d'une première période, qui s'étend jusqu'en 1806, les polémistes antirévolutionnaires ne leur attribuent qu'un rôle épisodique et passif : ils sont les pions dont se servent les grands conjurés pour leurs machinations, ou des repoussoirs qui font mieux ressortir leur noirceur. Ainsi, l'Allemand Göchhausen, l'un des premiers propagandistes anti-illuministes attirait, dès 1786, l'attention sur les accointances judaïques de la maçonnerie :

« Aucun ordre ne porte des marques ou *envies* — laissez-moi faire valoir ce mot très approprié — plus révélatrices que la maçonnerie symbolique, qui est axée sur les plus purs hiéroglyphes juifs. Tous ses ustensiles, tapis, institutions, instructions, ainsi que son histoire — elle a été publiée — sont un ramassis d'imagerie hébraïque. Le Salomon juif est l'un de ses suprêmes maîtres, et son temple en est l'allégorie essentielle. »

L'abbé Barruel attribuait également à la franc-maçonnerie une filiation judaïque ; mais surtout, il reprochait aux conjurés philosophes d'avoir voulu affranchir les Juifs « pour détacher enfin les peuples de leur religion », en donnant un « démenti au Dieu des Chrétiens et à ses prophètes », et il citait à l'appui la correspondance de Voltaire avec Frédéric II, mais dans cette première version, les enfants d'Israël, laissés en dehors du complot, n'étaient pas censés œuvrer eux-mêmes à leur rétablissement et à la déconfiture de l'Eglise.

Pour tout dire, avant la réunion par Napoléon du Grand Sanhédrin, les contemporains ne s'avisaient guère de ranger les Juifs parmi les puissances maléfiques, acharnées à nuire à la Chrétienté. Si en d'autres temps, le peuple déicide était accusé de chercher à la perdre à l'aide de procédés magiques et sortilèges de tout ordre, ces légendes avaient perdu tout crédit pour les modernes, pour lesquels même Satan était apparemment obligé de tenir désormais compte des lois naturelles, et d'appliquer, de concert avec ses agents, une stratégie dictée par les réalités politiques.

L'initiative de l'« ennemi de l'Europe », déjà promu au rang d'ogre ou d'Antéchrist dans le camp de ses détracteurs, fournit aux esprits une pâture nouvelle et ranima les vieilles peurs. Les imaginations s'enfiévrèrent, et cette fièvre, les chancelleries l'exploitèrent. « Jamais on n'a tant parlé des Juifs que dans le moment où nous sommes, écrivait en 1806 un journal parisien. Toute l'Europe semble être en suspens sur le motif qui a dirigé leur convocation, ainsi que sur le résultat de leur assemblée... » Mais ce « suspens » ne se limitait pas à l'Europe. Dans les lointains Etats-Unis d'Amérique, spectateurs distants des déchirements européens, une polémique divisait en 1806-1807 l'opinion : Napoléon était-il un bienfaiteur général, *Judaœrum salvator, Europae pacificator* et *humani generis benefactor*, ou avait-il été acheté par l'argent des

Juifs ? Ne serait-il pas, par hasard, Juif lui-même, ainsi que le prétendaient certains ?

Ces derniers arguments, avancés outre-Atlantique sur un ton badin, étaient développés en Europe avec une grande véhémence. Nous avons fait état de l'inquiétude qui s'empara du gouvernement autrichien à l'annonce de la convocation du Grand Sanhédrin, et si la nouvelle ne fut pas exploitée aux fins d'une propagande politique, c'est, on peut le croire, par souci de ne pas envenimer les relations avec Napoléon. De telles considérations ne jouaient pas pour la Russie, en conflit ouvert avec la France. Au début de 1807, le Saint-Synode fit lire dans toutes les églises russes une proclamation accusant l'Empereur d'avoir passé un pacte sacrilège avec les Juifs :

« ... Pour achever d'avilir l'Eglise, il a convoqué en France les synagogues juives, rendu aux rabbins leur dignité, et fondé un nouveau Grand Sanhédrin hébreu, le même infâme tribunal qui jadis osa condamner à la croix Notre-Seigneur et Sauveur Jésus-Christ. Et maintenant il ose réunir tous les Juifs que la colère de Dieu avait dispersés sur la face du monde, et les lancer tous à la destruction de l'Eglise du Christ, pour, ô audace indicible dépassant tous les forfaits, qu'ils proclament le Messie dans la personne de Napoléon. »

Le métropolite catholique romain publia également un mandement prêtant à l'Empereur des Français des visées blasphématoires. De la sorte, la propagande politique cherchait à faire vibrer la corde mystique nationale. Elle y parvint amplement, à en juger par la place que les journaux russes du temps consacrèrent au thème Napoléon-Antéchrist, ou Napoléon-Messie des Juifs, et la francophonie mystique de la société russe alla s'amplifiant jusqu'à la guerre patriotique de 1812. Les calculs cabalistiques auxquels, dans *Guerre et Paix* de Tolstoï, se livre Pierre Besouhoff lorsqu'il forme le projet d'assassiner Napoléon sont un témoignage littéraire classique de cet état d'esprit.

Les inspirateurs les plus écoutés de ces spéculations millénaristes furent des théosophes allemands, continuateurs de Swedenborg et du « philosophe inconnu ». L'aventure napoléonienne pouvait-elle être autre chose que la lutte finale entre le Bien et le Mal, l'âge de la Grande Epreuve, celui où régnera la Bête ? Et l'usurpateur corse n'était-il pas, sinon l'Antéchrist en personne, du moins le *Panaléon* exterminateur, et l'*Appolyon* ou Ange noir prédit par l'Apocalypse (IX, 11) ? Du coup, son antagoniste Alexandre ne pouvait qu'être l'Ange blanc ou Ange sacerdotal. C'est ce que laissait entendre le plus influent des thuriféraires mystiques du tsar, Johann Heinrich Jung-Stilling, dont son biographe le plus récent (le professeur Max Geiger) assure « qu'il exerça une action directe et déterminante sur le cours du développement historique ». L'eschatologie de Jung-Stilling fut bienveillante pour les Juifs, même s'il furent à ses yeux « complètement immoraux et pervers » ; contrairement à Swedenborg et à Saint-Martin, il estimait en effet que c'est l'Israël charnel qui devrait se rassembler dans la Terre promise et rebâtir le Temple, à la veille de la parousie. « Qu'on s'imagine la Palestine, située entre l'Asie, l'Afrique et l'Europe, à l'est de la Méditerranée, reliée par terre et par eau à tous les pays du monde, et qu'on se représente la nation la plus laborieuse et la plus active de toutes, c'est-à-dire la nation juive, remplie d'amour brûlant pour Dieu et pour le Christ et s'efforçant de gagner à Christ toute l'humanité... » Encore fallait-il que d'abord le peuple réprouvé se convertisse : mais sur ce point, notre théosophe était résolument optimiste. Il était renseigné, nous dit-il, par des informateurs mystérieux, dont il consignait les révélations dans son journal, à l'aide d'une écriture secrète. C'est ainsi qu'après la convocation du Grand Sanhédrin il reçut la visite « d'un homme important, dont le père était émir en Syrie » :

> « Il me dit que son père appartenait à la société qui tenait ses assemblées à Jérusalem, sur la montagne du Temple. Cette société n'était autre que le Vieux Sanhédrin, qui jamais encore ne s'éteignit entièrement ; il consiste en Juifs apparents, qui cependant sont des Chrétiens secrets et n'attendent qu'un signe du Maître pour assembler Israël des quatre vents et le ramener au Christ et dans sa patrie. »

Le messager, sur lequel Jung-Stilling ne fournit pas d'autres détails, devait être soit un converti, soit un charlatan ; probablement les deux à la fois. Ce qui laisse quelque peu rêveur quant à certains ressorts secrets de l'inspiration théosophique : derrière maint mystique de cet ordre, n'y eut-il pas, dans l'ombre, un mystificateur juif ? En tout cas, on voit comment la passion prophétique peut conduire, en vertu d'un obscur choix, tant à l'amour qu'à la haine, tant au « philosémitisme » qu'à l'« antisémitisme », l'essentiel étant une attention vigilante au destin du peuple de la Bible.

Sans nous attarder aux nombreux émules allemands de Jung-Stilling, dont le philosophe catholique Franz von Baader fut le plus remarquable et reste le mieux connu, venons-en maintenant à la Grande-Bretagne, foyer traditionnel de l'exégèse apocalyptique et ennemi juré de l'Ogre. En vertu de cette conjonction, les millénaristes anglais, eux aussi, tout en vouant aux gémonies Napoléon Bonaparte, formulaient, suivant les cas et les tempéraments, des vues très variées sur le compte des Juifs ; mais on peut se dire aussi que pour ce genre de vaticinations, point n'est besoin d'une conjoncture politique particulière puisqu'il s'est trouvé, un demi-siècle plus tard, plus de cinquante auteurs anglais et américains pour se remettre à l'œuvre, indépendamment les uns des autres, et pour constater que l'Antéchrist avait déjà fait son apparition sous la forme de Napoléon III, et qu'il avait déjà contracté son alliance avec les Juifs [1] !

L'Angleterre était aussi le principal foyer de la propagande des émigrés français, voués, comme le sont tous les émigrés, à faire office d'excitateurs et de ferments politiques. Leur principal organe, *L'Ambigu,* consacrait en 1806-1807 une dizaine d'articles au Grand Sanhédrin, dans lesquels Napoléon se trouvait pris à partie sur tous les tons : « ... a-t-il la prétention de se faire passer et reconnaître par eux [les Juifs] pour le Messie qu'ils attendent depuis si longtemps ? C'est ce que le temps nous développera. Il ne nous reste qu'à voir cet Antéchrist lutter contre les décrets éternels de la Divinité : ce doit être le dernier acte de son existence diabolique ». Plus posément, un autre polémiste évoquait les enthousiasmes juifs du temps de Sabataï Zevi, citait Bossuet, et mettait l'Europe en garde : « ... l'auteur a voulu acquitter sa conscience envers les gouvernements et les peuples chrétiens ; s'ils négligent de prendre des contre-mesures promptes et efficaces, ils reconnaîtront trop tard les conséquences ». Un correspondant de Vienne qualifiait les Juifs de « peste qui ronge les entrailles de la monarchie autrichienne ». La prophétie de Nostradamus était également mise à contribution et un mois plus tard,

1. Cf. M. BAXTER, *Louis-Napoleon the destined monarch of the world and personal Antichrist, foreshown in Prophecy to confirm a seven-years Covenant with the Jews...* (Philadelphia, 1863), où l'auteur, après avoir exposé sa propre thèse, énumère les travaux de cinquante-sept auteurs qui ont abouti aux mêmes conclusions que lui.

L'Ambigu révélait à ses lecteurs le fond de l'énigme : l'usurpateur était un Juif lui-même, soit que sa famille « fût issue de race juive », soit que sa « joyeuse mère, Lætitia Fesch, lui ait donné le jour, après avoir exercé à Ajaccio, à l'égard de quelque descendant d'Israël, la même hospitalité que Rahab, à Jéricho, envers les espions de Josué ». Cette seconde version doit avoir été propagée dès la campagne d'Egypte, puisqu'en mai 1799 à Jung-Stilling, toujours bien renseigné, écrivait un ami que l'« homme du péché » était né du commerce adultérin d'une princesse orientale avec un « Juif important ».

Mais c'est en France même que le thème du Grand Sanhédrin fut exploité de la manière la plus originale. Tandis que de Bonald et d'autres publicistes catholiques entreprenaient une campagne contre l'émancipation des Juifs, l'abbé Barruel (qui entre-temps s'était rallié au régime impérial et était devenu chanoine de Notre-Dame) alertait les sphères gouvernementales. Tout comme Jung-Stilling, il disposait d'informateurs mystérieux, dont l'un, Simonini, un « militaire italien », était venu lui livrer les plans de la juiverie mondiale. Avant d'agir, Barruel prit la précaution de se renseigner auprès du pape Pie VII sur ce qu'il fallait en croire. Le pape lui aurait fait savoir que tout annonçait la véracité des informations de Simonini. L'affaire était d'importance. Ayant réussi à s'introduire dans l'intimité des grands Juifs toscans, Simonini avait appris que le rêve millénaire d'Israël était sur le point de se réaliser. Tous les maux dont souffrait la Chrétienté trouvaient ainsi leur explication ultime. C'étaient les Juifs qui avaient fondé la secte des francs-maçons, ainsi que celle des illuminés ; c'étaient encore eux qu'on trouvait derrière toutes les sectes antichrétiennes ; d'autres Juifs se faisaient passer pour Chrétiens, afin de « mieux tromper leur monde » ; en particulier, ils s'employaient à noyauter l'Eglise catholique, en sorte que, dans la seule Italie, plus de huit cents ecclésiastiques, dont quelques évêques et cardinaux, travaillaient en réalité pour leur compte. Quant au but final des conspirateurs, il était rien moins que « d'être les maîtres du monde, d'abolir toutes les autres sectes pour faire régner la leur, de faire autant de synagogues des églises des Chrétiens, et de réduire le restant de ceux-ci à un vrai esclavage ».

Aussi graves qu'aient été ces informations, l'abbé Barruel s'abstint de les rendre publiques, de crainte, disait-il, de provoquer un massacre général des Juifs. Afin « d'empêcher l'effet que pourrait avoir le Sanhédrin », il jugea plus efficace d'alerter discrètement Joseph Fouché et le cardinal Fesch, la police et l'Eglise. En conséquence, il s'attribuait le mérite « de la conclusion brusque du Grand Sanhédrin, que l'Empereur renvoya sans avoir obtenu aucun résultat positif ».

Voici donc que la juiverie se trouvait associée à la franc-maçonnerie, à l'illuminisne et au « philosophisme », en qualité de grande fautrice des guerres et des révolutions, et se voyait du coup attribuer un rôle dirigeant dans cet immense complot ; peut-être tenons-nous là la source première des *Protocoles des Sages de Sion.* Si Barruel, dont les écrits étaient traduits dans toutes les grandes langues européennes s'était abstenu de son vivant de publier son ultime révélation, d'autres s'en chargèrent pour lui : on croit notamment la reconnaître sous la plume de Joseph de Maistre, s'employant pour sa part à alerter le tsar, vers 1810 :

« Les Juifs... méritent une attention particulière de la part de tous les gouvernements, mais surtout de celui de Russie, qui en a beaucoup dans son sein ; il ne faut pas s'étonner si le grand ennemi de l'Europe les favorise d'une manière si visible ; déjà ils disposent de propriétés immenses en Toscane et en Alsace ; déjà ils ont un chef-lieu à Paris et un autre à Rome, d'où le chef de l'Eglise a été chassé. Tout porte à croire que leur argent, leur haine et leurs talents sont au service des grands conjurés. Le plus grand et le plus funeste talent de cette secte maudite, qui se sert de tout pour arriver à ses fins, a été depuis son origine de se servir des princes mêmes pour les perdre. Ceux qui ont lu les livres nécessaires dans ce genre savent avec quel art elle savait placer auprès des princes les hommes qui conviennent à ses vues. »

Dans la seconde moitié du XIXe siècle, les propagandistes antisémites ne manqueront pas de puiser à toutes ces sources. Mais d'une manière caractéristique, les Juifs, dissociés de Napoléon, feront alors cavaliers seuls, à la poursuite de la domination mondiale. « Habent sua fata fabulae » : Napoléon, messie des Juifs, fut un mythe aussi vite mort que né, que nous n'avons pu reconstituer qu'en remontant aux sources originales. C'est que pour l'homme européen des générations postérieures, le grand capitaine faisait figure d'un lumineux héros aryen (aussi bien les nazis tentèrent-ils de se l'annexer, après l'avoir dûment « germanisé »), et il se prêtait donc mal au rôle de chef d'orchestre d'une conspiration ténébreuse. Quant à ses origines sémitiques, elles ne pouvaient flatter, pour les mêmes raisons, qu'une certaine sensibilité juive, telle que celle d'un Disraeli, le principal garant juif de l'interprétation raciale de l'Histoire, ainsi que nous le verrons plus loin. Par ailleurs, à l'est de la Vistule, les Juifs finiront par cultiver le souvenir du « libérateur d'Israël » dont le portait, au siècle dernier, ornait maintes demeures juives.

***

Si nous avons séjourné, peut-être plus longtemps qu'il n'eût fallu, parmi les occultistes et les mystiques, à la lisière du charlatanisme, c'est que nous croyons que ces visionnaires, quoi qu'il en soit de leurs intuitions et de leurs intimes certitudes, disposent d'antennes très sensibles pour capter et les appréhensions et les aspirations du commun des fidèles. De nombreux autres contemporains au tempérament plus rassis, illustres ou obscurs, se sont également émus au spectacle de l'émancipation des Juifs et, sans crier au complot, ont évoqué le spectre de la domination juive. Ainsi Bonald, citant J.-G. Herder, prédisait en 1806 « ... que les enfants d'Israël qui forment partout un Etat dans l'Etat, viendraient à bout, par leur conduite systématique et raisonnée, de réduire les Chrétiens à n'être plus que leurs esclaves ». Chateaubriand estimait que le Sanhédrin « de conséquence en conséquence... a fait tomber les finances du monde aux échoppes des Juifs et produit par là une fatale subversion ». En 1808, un sous-préfet du Gard résumait le sens du débat : « Il vaudrait mieux chasser les Juifs d'Europe, plutôt que d'être chassés par eux ! » Au temps de Balzac, d'autres témoins, auxquels nous donnerons la parole plus loin, pensaient que les Juifs avaient gagné la partie. Tentons donc de projeter quelque lumière sur la cause profonde de ces inquiétudes.

Il faut en revenir aux bouleversements socio-économiques de l'époque et au nouveau règne de l'argent. Herder (que Bonald avait mal cité) avait critiqué à ce propos l'incurie des Chrétiens :

« Là où on trouve des Juifs, le redressement doit débuter par les Chrétiens dépravés. Un ministère où le Juif fait la pluie et le beau temps, une maison dans laquelle le Juif a la clef de la garde-robe ou détient la caisse, une administration ou une communauté dont les Juifs gèrent les affaires, une université dans laquelle les Juifs, prêteurs d'argent et intermédiaires, ont la haute main sur les étudiants, sont des marais pontins inasséchables ; mais les tentatives de conversion politique sont appliquées au mauvais endroit ; elles visent le Juif, non le Chrétien... »

Bonald, lui, mettait en cause les Juifs, « qui ont répandu en Europe cet esprit de cupidité qui a fait de si étranges progrès parmi les Chrétiens ». Voici donc apparaître les « Juifs et fournisseurs » du maréchal Gneisenau (« appelés à devenir les pairs de notre royaume ») ; voici que les élites européennes s'effrayent de la disparition de l'ancien ordre hiérarchique, et que la noblesse, naguère le meilleur soutien des Juifs, commence à rallier le nouveau camp antisémite. « Les Chrétiens peuvent être trompés par les Juifs, s'exclamait encore de Bonald, mais ils ne doivent pas être gouvernés par eux, et cette dépendance offense leur dignité, plus encore que la cupidité des Juifs ne lèse leurs intérêts. » Ce n'est donc pas d'un « antisémitisme économique » qu'il s'agit, loin de là ; une telle conception n'a exprimé de tous temps qu'une vue superficielle des choses, même dans les cas où il semble s'agir d'une concurrence au couteau. Georges Bernanos parlera à ce propos, dans son essai apologétique sur Drumont, « d'un prétexte inventé pour contenter le beau monde affamé de logique ». Dans le même livre, il déplorera « l'affreuse uniformité des mœurs » d'une époque « où tout semble glisser le long d'un plan incliné, avec une vitesse chaque jour accrue ». Certains propos de Gœthe nous permettent peut-être de mieux comprendre ce qu'il faut entendre par là.

Brossant, à la fin de ses jours, un tableau idyllique des mœurs d'antan, Gœthe mettait l'accent sur les bienfaits de « la subordination diversifiée qui, des plus grands aux plus petits, de l'*Empereur au Juif*, semblait unir plutôt que séparer les individus, et favorisait le bien-être ». Ainsi donc, ce qui, de l'avis du poète, cimentait la société et favorisait le bien-être général, c'était la place fixe traditionnellement assignée à un chacun, quel que puisse être l'échelon social auquel il se trouvait. N'est-ce pas le problème de l'identité personnelle, sur le fond du nivellement commençant, qui était évoqué de la sorte ? Dans une société en voie de démocratisation, dans laquelle l'*Empereur* est déboulonné de son zénith, et le *Juif* n'est plus enchaîné à son nadir, le cadre de référence traditionnel se trouve faussé ; c'était assurément cela, « le désordre pire que l'injustice ». A l'annonce de tout changement apporté au statut des Juifs, Gœthe entrait en fureur : « il s'attendait aux conséquences les plus graves et les plus désastreuses... tous les sentiments éthiques au sein des familles, sentiments qui reposent entièrement sur les principes religieux, seront compromis par ces lois scandaleuses », s'exclamait-il, soupçonnant une manœuvre du « tout-puissant Rothschild ».

Peut-être toute la tradition occidentale chrétienne nous parle-t-elle ici par la bouche de Gœthe. Quelle était donc la réalité psychologique de la notion millénaire de « peuple-témoin », un peuple dont tous les docteurs de l'Eglise s'accordaient pour prôner la « valeur probatoire », quant à la vérité du christianisme ? En quoi consistait la fonction psycho-religieuse de ces Infidèles dits déicides, dont l'existence même était jugée délictueuse, mais qui étaient néanmoins couverts par une immunité canonique et, suivant l'apôtre, apportaient le salut ? Lors des premières campagnes émancipatrices, un apologiste romain proclamait : « Un ghetto de Juifs est une meilleure preuve de la vérité de la religion de Jésus-Christ qu'une école entière de théologiens. » Pourquoi ? Ne serait-ce pas à titre d'un indispensable groupe de référence, permettant aux Chrétiens de se connaître chrétiens et d'incarner le bien par opposition au mal, tout comme, de l'avis de tant de théologiens, l'existence même du mal s'explique par son rôle de révélateur du bien ?

A côté de cette fonction millénaire, d'autres mécanismes jouaient sans nul doute, agissant en sens contraire, conformément au projet des idéologues de l'émancipation. Une fois abattu le mur des ghettos, le jeune Juif, à l'école et dans l'armée, se départissait aux yeux de ses camarades d'une partie au moins des attributs mystérieux et des aspects inquiétants que toute société a tendance à prêter à ceux qu'elle ignore et qui cultivent d'autres mœurs. Une page des *Illusions perdues* de Balzac reflète bien cette attitude réaliste, consistant, réflexion faite, à prendre le Juif pour ce qu'il est devenu désormais et à abandonner l'ancien préjugé :

« ... Lucien se demanda quel était le mobile de ce meneur d'intrigues royales. Il se paya d'abord d'une raison vulgaire : les Espagnols sont généreux ! L'Espagnol est généreux, comme l'Italien est empoisonneur et jaloux, comme le Français est léger, comme l'Allemand est franc, comme le Juif est ignoble, comme l'Anglais est noble. Renversez ces propositions ! Vous arriverez au vrai. Les Juifs ont accaparé l'or, ils écrivent *Robert le Diable,* ils jouent *Phèdre,* ils chantent *Guillaume Tell,* ils commandent des tableaux, ils élèvent des palais, ils écrivent *Reisebilder* et d'admirables poésies, ils sont plus puissants que jamais, leur religion est acceptée, enfin ils font crédit au pape... »

Des publicistes libéraux de l'époque, Benjamin Constant notamment, ont exprimé des idées semblables, et il serait certainement possible de produire, pour d'autres pays également, des exemples de cette attitude réaliste. Mais les documents de tout ordre, lorsqu'on les consulte pour éclairer le problème des réactions affectives des Chrétiens à l'émancipation d'Israël, semblent rendre le plus souvent un autre son de cloche, notamment en Allemagne. Décrivant la montée des haines en 1819, Ludwig Börne parlait de l'« horreur inexplicable » qu'inspire le judaïsme qui, « tel un revenant, tel le spectre d'une mère égorgée, accompagne en ricanant le christianisme depuis son berceau ». Mais les égorgés de toujours, en même temps déicides, c'est-à-dire mystiquement égorgeurs et infanticides, devenaient, tels des spectres vengeurs, infiniment plus menaçants pour les imaginations chrétiennes, une fois délivrés de leurs chaînes. Sans doute étaient-ce ces nouvelles peurs qu'exprimait Bonald dans son grand article *Sur les Juifs* : « Et qu'on ne s'y trompe pas, la domination des Juifs serait dure, comme celle de tant de peuples longtemps asservis, et qui se trouve au niveau de ses anciens maîtres ; et les Juifs, dont toutes les idées sont perverties, et qui nous méprisent ou nous haïssent, trouveraient dans leur histoire de terribles exemples... »

On perçoit la différence entre l'antisémitisme et la judéophobie médiévale dont il est issu, puisque cette dernière opposait globalement la juiverie à la chrétienté, que cet affrontement ou « guerre froide » séculaire, avec ses soubassements économiques, était aussi un conflit d'intérêts entre deux groupes socio-religieux et que chacun d'eux, dans le cadre de ses traditions et de son genre de vie, y trouvait finalement son compte et ses gratifications psychologiques. Mais avec la grande mue du monde moderne, cette règle de jeu est rompue. Les Juifs, privés, à leur corps défendant, du rôle de leur emploi, se résignent dans leur majorité à « s'assimiler » aux Chrétiens, à voir en eux leurs frères, et ils cherchent donc, à l'effroi d'une grande partie de ces derniers, à effacer la limite qui les en sépare. Pourtant, d'autres Chrétiens, à l'exemple de Balzac, ne paraissent apercevoir aucun mal à admettre les anciens enfants du ghetto dans leur société. La différence d'attitude est déterminée surtout par les dispositions affectives de l'équilibre individuel, par la « structure de la personnalité » d'un chacun et un profil antisémite commence à se dessiner de la sorte. D'autre part, l'époque est propice à l'exacerbation des haines et des préjugés dits « raciaux » ou « ethniques » ; tous les facteurs sociaux ou « anomies » paraissent réunis, dans lesquels les sociologues aperçoivent les conditions nécessaires (et parfois, les conditions suffisantes) de ces tensions : en même temps que les mœurs s'uniformisent, la « mobilité verticale » s'accroît, et l'urbanisation s'accélère ; mais dans la mesure où les ressentiments se tournent électivement contre les Juifs, ce sont toujours les antiques mythes religieux qui sont en cause.

En Allemagne, la révolution dans les mœurs a trouvé son reflet jusque dans certains tours de langage, qui font figure de signal d'alarme pour les tenants de l'ancien ordre des choses. Il arrive à ceux-ci de manifester leur inquiétude dans les documents officiels. C'est ainsi que, lors de la promulgation des réformes de Hardenberg en 1811, la noblesse prussienne protestait contre la suppression de ses privilèges dans les termes suivants :

« ... Déjà, on ne nous donne plus, ainsi qu'à nos domaines, le nom qui convient, parce qu'on le juge trop beau pour nous. Le projet de l'édit parle des « grandes propriétés foncières, dites domaines nobles ». Les Juifs, en revanche (pour donner un exemple), ne sont pas, eux non plus, appelés par leur nom, mais, pour une raison opposée, à savoir parce qu'on le juge trop vil pour eux. Dans l'ordonnance qui les autorise à acquérir des terres, ils sont qualifiés de « confessants de la religion mosaïque. »

« Ces Juifs, s'ils sont réellement fidèles à leur foi, sont nécessairement les ennemis de tout Etat existant (s'ils ne lui sont pas fidèles, ils sont des hypocrites). Ils ont une masse d'argent liquide entre leurs mains ; dès que les biens fonciers auront suffisamment baissé de prix pour être avantageusement acquis par eux, ils passeront aussitôt entre leurs mains ; les Juifs, en tant que propriétaires fonciers, deviendront les principaux représentants de l'Etat, et notre vieille et vénérable Prusse brandebourgeoise deviendra de la sorte un Etat juif à la nouvelle mode *(ein neumodischer Judenstaat).* »

Le projet primitif de la protestation parlait de « nouvelle Jérusalem ». Ce thème de l'enjuivement des terres chrétiennes fut exploité par divers écrivains romantiques, et devient en Allemagne un poncif littéraire, car la possession du sol maternel est un symbole puissant. Achim von Arnim a consacré à ce sujet son roman *Die Majoratsherren* (1820). C'est par la cupidité juive qu'il y explique le déclin d'une famille de bonne et vieille race ; le spectre de l'asservissement chrétien est évoqué en ces termes : « ... Par la suite, la ville passa sous la domination d'étrangers, les fiefs héréditaires furent abolis et les Juifs quittèrent leurs rues étroites, tandis que le continent tout entier était incarcéré, tel un criminel pris sur le fait... » Von Arnim manifestait la hantise du Juif tant dans ses œuvres que dans la vie quotidienne. Dès 1809, il avait fondé à Berlin une société patriotique, la *Deutsch-christliche Tischgesellschaft,* à laquelle « les Juifs et les Philistins » n'avaient pas accès : « ... ni les Juifs, ni les Juifs convertis, ni les descendants des Juifs ». Son beau-frère, Clemens von Brentano, célèbre surtout par ses contes hantés de Juifs malfaisants, parlait aux membres de la *Tischgesellschaft* de l'essence juive : « C'est ce dont tout Juif voudrait se débarrasser pour tout au monde, pour de l'argent excepté. » Contrairement aux Juifs, les Philistins étaient jugés incapables de percevoir ce qu'ils étaient, et la définition qu'en donnait Brentano n'était pas claire. On pense aux « Juifs et fournisseurs » du maréchal Gneisenau : quelle qu'ait été la terminologie adoptée, c'était toujours « Juifs et compagnie », la tête éclairante et la queue aux contours imprécis d'une comète de malheur. En revanche, Bettina von Arnim, la fantasque sœur de Clemens, elle-même romancière de talent et personnage hors série (elle fut la Bettina-enfant de Gœthe) appartenait à cette minorité combative qui surgit en tous temps et tous lieux, pour s'opposer à la compacte majorité et faire sienne la cause des Juifs. Agée de vingt ans, elle fut surprise un jour, en plein Berlin, le balai à la main, en train de nettoyer la masure d'une Juive malade et pauvre... Elle plaida la cause de l'émancipation dans ses romans et ses dialogues mi-fictifs. On regrette de ne pas trouver trace des discussions qui durent opposer, sur ce sujet brûlant, la sœur au frère et la femme au mari.

Ce genre d'écrits, dont il serait facile de produire de nombreux autres exemples, ainsi que des sources telles que les lettres et les journaux intimes, permettent de conclure à une caractéristique prédilection pour les Juifs qui, respectant l'antique règle du jeu, se tenaient à leur place de Juifs.

Il en fut ainsi pour le jeune Bismarck qui, en 1847, à la Diète de Francfort, reprenait l'argument dogmatique de Bonald (mais, signe des temps, avec des précautions oratoires) :

« ... J'avoue être, à ce point de vue, bourré de préjugés ; je les ai ingurgités avec le lait maternel, et aucune dialectique, aussi subtile soit-elle, ne me fournit les moyens de les éliminer. J'avoue que l'idée seule d'un Juif qui serait le représentant de l'auguste majesté royale, et à qui je devrais obéissance, oui, j'avoue que cette idée seule m'inspire des sentiments de gêne profonde et d'humiliation ; elle risque de me priver de la joie et du point d'honneur et d'honnêteté que je m'efforce de mettre actuellement à remplir mes devoirs envers l'Etat. Je partage d'ailleurs cette impression avec la masse des gens du peuple et je ne rougis aucunement de me trouver en leur compagnie... »

Peu après, écrivant à sa femme, Bismarck faisait l'éloge du vieux Rothschild de Francfort : « ... il me plaît, justement parce que ce n'est qu'un Juif trafiquant *(Schacherjude)*, et qu'il est en même temps un Juif strictement orthodoxe, qui ne touche à rien lorsqu'il offre à dîner et ne mange que *cacher* ». La sympathie jaillit donc ici de la double possibilité de se distancer du Juif. Pourtant, ce grand réaliste conseillait de faire saillir les « juments juives » par des « poulains chrétiens », et se promettait des bons résultats de ce croisement (mais il hésitait à donner un tel conseil à ses fils). « Il n'y a pas de mauvaises races », disait-il, tout en postulant une différence radicale entre elles et s'en remettant à son flair, pour reconnaître le Juif de loin.

Aux côtés de Bismarck, on pourrait citer le premier roi qu'il servit, Frédéric-Guillaume IV, qui, en 1842, au début de son règne, voulut accorder au peuple éternel une insigne faveur en rétablissant le ghetto en Prusse. Ce prince mystique parlait de l'émancipation avec une horreur toute gœthéenne : « L'ignoble clique juive, écrivait-il à un ami, porte tous les jours, par les paroles et les écrits, la hache à la racine de l'être allemand : elle ne veut pas (comme moi) ennoblir et confronter librement les Etats, qui seuls forment un peuple allemand, elle veut mêler en bouillie tous les Etats. »

Avec le temps et les progrès de l'assimilation, le thème de la nocivité particulière du Juif invisible devint un argument de choix pour les antisémites militants. Ainsi, chez Drumont :

« ... tout Juif qu'on voit, tout Juif avéré est relativement peu dangereux, il est parfois même estimable ; il adore le Dieu d'Abraham, c'est un droit que nul ne songe à lui contester, et comme on sait à quoi s'en tenir sur son compte, il est possible de le surveiller. Le Juif dangereux, c'est le Juif vague... C'est l'animal nuisible par excellence et en même temps l'animal insaisissable... il est le plus puissant élément de trouble que jamais la terre ait produit, et il traverse ainsi la vie avec la joie que donne aux Juifs la conscience d'avoir, sous des formes diverses, toujours fait du mal aux Chrétiens. »

En Allemagne, dans la polémique antisémite du début du XXe siècle, le terme de « Juif civilisé » *(Zivilisationsjude)* avait acquis valeur d'injure, équivalant à « ferment de décomposition ». Le mot de la fin sera dit par Hitler : « Le Juif est toujours installé en nous, mais il est plus simple de le combattre en chair et en os que sous la forme d'un démon invisible. »

La masse des gens du peuple, dont Bismarck disait qu'elle partageait ses idées, ne les exprimait que rarement de manière articulée. Mais, en 1819, l'Allemagne, ainsi que certains pays limitrophes, fut le siège d'une commotion populaire, qui peut être considérée comme l'expression par cette masse de ses sentiments et ressentiments à l'égard des Juifs.

Pour transgresser l'ordre existant, le peuple a d'ordinaire besoin des encouragements prodigués par des gens influents ou lettrés. En Allemagne, on trouve à l'origine des pogromes de 1819 l'exaltation nationaliste des « guerres de libération », cultivée surtout par des professeurs et des étudiants. Aux côtés du philosophe Fichte, il convient d'évoquer des propagandistes tels qu'Ernst Moritz Arndt et Friedrich Jahn. Le premier, un gallophobe acharné, préconisait un système de cloisons étanches entre les peuples d'Europe, que même les doctrinaires racistes du IIIe Reich trouvaient trop rigide ; le second, le fameux « père gymnaste » *(Turnvater Jahn)*, assurait que les peuples métissés, tels que les animaux hybrides, perdent leur « force de reproduction nationale ». Il proclamait aussi que les Polonais, les Français, les curés, les hobereaux et les Juifs étaient le malheur de l'Allemagne, ce qui faisait beaucoup de malheurs pour un seul pays.

Si un Arndt et un Jahn ne s'en prenaient aux Juifs

qu'à l'occasion, d'autres agitateurs se spécialisèrent dans ce domaine, surtout à partir de 1814, lorsque les idéologues de la libération et les combattants de naguère furent placés devant les réalités réactionnaires de la Sainte-Alliance, au lieu de voir fleurir les libertés germaniques pour lesquelles ils avaient lutté. Parmi ces libertés figurait en bonne place celle de pouvoir reconduire les Juifs dans les ghettos, faisant table rase de l'émancipation.

A partir de 1814, les écrits incendiaires fleurirent par dizaines, dus aussi bien à des folliculaires de bas étage qu'à des savants en renom. Sans nous arrêter aux premiers, disons quelques mots des seconds. Le plus illustre d'entre eux fut le kantien Jacob Fries (1773-1843), élève de Fichte et chef de l'école philosophique qui prétendait ramener la physiologie à la mécanique. Dans son pamphlet sur le « danger juif », il réclamait « l'extermination radicale de la caste des Juifs » (par la suite, il se justifiait en assurant qu'il avait eu en vue non pas les Juifs, mais le judaïsme). Fries fut aussi le seul professeur à honorer de sa présence la fameuse fête de la Wartburg (1817), au cours de laquelle les étudiants déchaînés jetèrent au feu, parmi d'autres livres jugés réactionnaires, ceux qui plaidaient la cause des Juifs. Parmi les émules de Fries, on peut citer le professeur Ruehs, de Berlin, un élève de l'imaginatif Meiners[1], et le docteur Köppe, qui, dans sa brochure, posait ce principe lapidaire : « Les Juifs instruits sont une canaille cosmopolite, qu'il faut traquer et chasser de partout. »

De proche en proche, cette agitation finit par avoir ses répercussions dans les masses qui, en été 1819, passèrent aux actes.

Nous avons parlé des idées propagées par les excitateurs, mais nous n'avons encore rien dit des intérêts qui volèrent à leur secours. L'Allemagne était en proie à une crise économique ; la fin du blocus continental permettait l'importation des marchandises anglaises, et nombre de fabricants se trouvèrent ruinés. Maints paysans s'étaient également endettés ; le Juif prêteur d'argent était encore une figure familière, dans les villes et dans les campagnes. Les corps de métier souhaitaient, comme toujours, évincer les artisans juifs. D'autre part, on ne

1. Voir plus haut, pp. 59-60.

saurait exclure la possibilité de provocations gouvernementales et policières destinées à détourner le peuple de toute aspiration libératrice ; tel était l'avis d'un observateur français, et telle fut aussi la stratégie classique des pogromes. Des rapports de police accusaient, en revanche, les teutomanes libertaires d'avoir voulu lancer les Juifs, « tels un ballon, dans les mains du peuple, pour voir jusqu'où l'on pouvait pousser la plèbe excitée, en vue d'autres bouleversements ». On voit que les facteurs explicatifs sont multiples, sinon contradictoires ; peut-être serait-il plus éclairant de s'en tenir au diagnostic de l'historien prussien von Treitschke, parlant à propos des troubles antijuifs, de la « prodigieuse émotion soulevée par les guerres de libération, qui révélèrent au grand jour tous les secrets de l'âme allemande ».

Quoi qu'il en soit de la genèse de l'affaire, ces troubles commencèrent à Würzburg, au début d'août 1819, et se propagèrent aussitôt à travers les villes et campagnes allemandes, à l'exception du royaume de Prusse, dans lequel l'ordre proverbial fut maintenu, en sorte que les Juifs n'essuyèrent que quelques horions. Dans les autres régions, les désordres furent plus graves, mais se limitèrent le plus souvent aux pillages et aux démolitions des synagogues : le sang coula peu. Il n'empêche que les victimes furent douloureusement surprises de voir les voisins cordiaux ou les clients de la veille se précipiter sur leurs magasins et sur leurs demeures, haches et leviers à la main ; de voir, mystère des pogromes, des amis d'hier, « les faire danser d'une autre manière ». Un mouvement d'émigration s'ensuivit, en direction des Etats-Unis, et aussi de la France, qui accueillit à bras ouverts les réfugiés. Le puissant Rothschild de Francfort, dont la banque faillit être mise à sac, songea lui aussi à quitter l'Allemagne. Les ministres de la Sainte-Alliance s'émurent et, devant la carence de nombreuses autorités municipales, Metternich donna l'ordre aux troupes autrichiennes d'intervenir en cas de nécessité. En même temps, il édicta des mesures sévères à l'encontre des corporations d'étudiants et des agitateurs révolutionnaires.

Dans une lettre à son frère, Rahel Varnhagen-Levine mettait en cause, à propos de ces événements, « Fries, von Arnim, von Brentano et leurs pareils ». Elle écrivait plus loin : « Je suis infiniment triste, à cause des Juifs. Les garder, ils y tiennent ; mais pour les martyriser, pour les mépriser, pour les traiter de sales Juifs, pour leur botter le derrière et leur faire dégringoler les escaliers... Ils excitent le peuple aux seules émeutes auxquelles il se laisse encore exciter aujourd'hui. » L'analyse psychologique ne manquait pas de finesse : en termes simples, Rahel mettait en lumière la « signification fonctionnelle » des Juifs, boucs émissaires de la Chrétienté. Son mari jugeait l'affaire d'un œil plus politique, et il reprochait aux enfants d'Israël d'avoir partie liée avec les puissants de ce monde :

« La persécution des Juifs dans nos villes est un phénomène horrible ; les autorités n'interviennent pas partout avec la même énergie qu'à Hambourg ; à Heidelberg, on accuse sévèrement le directeur Pfister ; à Karlsruhe, des personnages distingués auraient entonné le cri Hep ! Hep ! L'universalité de ces manifestations antijuives montre que ceux-là se trompent, qui croient apercevoir dans notre morcellement un obstacle à un mouvement populaire général. On reconnaît l'unité des Allemands dans le sentiment qu'ils manifestent. Pourtant, cette tempête antijuive pourrait préluder à des événements qui pourraient leur assurer l'égalité complète des droits, par la voie [d'un soulèvement] populaire. On conseille aux Juifs de militer dans le camp libéral ; jusqu'ici, ils se sont plutôt considérés comme les sujets des détenteurs du pouvoir... »

A nouveau, certains Juifs éclairés cherchèrent à amender leurs frères : ce sont les troubles de 1819 qui incitèrent Gans et ses amis à fonder leur « Association pour la culture et la science des Juifs ». Mais ils eurent beau militer en nombre grandissant dans le camp libéral ou progressiste, d'autres émeutes antijuives éclatèrent en Allemagne en 1830, en 1834, en 1844 et en 1848.

TROISIÈME PARTIE

LA RÉACTION RACISTE

I

La réaction raciste

Tant que les Juifs vécurent effectivement sous un régime d'exception, ils furent considérés, en bonne doctrine théologique, comme participant pleinement de la nature humaine, la malédiction pesant sur eux n'étant qu'une expiation, du point de vue de l'anthropologie chrétienne. C'est lorsqu'ils furent émancipés, et purent se mélanger librement à la grande société bourgeoise, que la malédiction devint, aux termes d'une nouvelle anthropologie dite scientifique, une différence ou infériorité biologique, et que la caste méprisée devint une race inférieure, comme si la rouelle ou le chapeau conique de jadis était désormais gravé, « intériorisé », dans leur chair, comme si la sensibilité de l'Occident ne pouvait se passer de la certitude d'une distinction qui devint, une fois effacés les *signes visibles* identifiant le Juif, une *invisible essence.*

Il importe donc d'examiner les fondements théoriques de l'antisémitisme moderne, une passion faisant fi de toute théologie, et cherchant ses raisons d'être dans la science. A ce propos, il convient d'abord de jeter un coup d'œil sur les principales sources du « mythe aryen » qui, jadis, était un objet d'enseignement dans les écoles et faisait partie de l'équipement intellectuel des gens cultivés du XIXe siècle.

Dans quelles conditions l'Europe d'Ernest Renan et de Richard Wagner s'est-elle fantastiquement choisi une généalogie indienne ? Antérieurement à l'âge de la science, les traditions des peuples européens se conformaient à l'enseignement de l'Eglise qui, tout en étant en l'espèce imprécis, n'en attribuait pas moins à ceux-ci une vague filiation « juive », en ce sens qu'il faisait remonter tout le genre humain au couple originel Adam et Eve, de même qu'il accordait à l'hébreu le rang de la langue primitive universelle. Le berceau du genre humain était immuablement placé dans le vieil Orient, à proximité de la Judée, là où se trouvait jadis le jardin de l'Eden, là aussi où Noé et ses trois fils purent toucher pied, au sud du Caucase, après le Déluge. Les Européens étaient généralement censés descendre de Japhet : ainsi, sous les traits d'Adam, progéniteur universel, ou sous ceux de Sem, le frère aîné, le « Juif » assumait de cette manière ontogénique également son vieux rôle de « père ».

Le nouveau mythe des Aryens impliquait, qu'on le note bien, la perte de cette qualité, et en ce sens, il marque aussi, ou il symbolise, l'affranchissement du joug ecclésiastique, la fin de « l'âge de la foi » (« le judaïsme perd, pour ainsi dire, en vénération, ce que les Juifs gagnent en liberté politique », notait un contemporain [1]). Au surplus, l'âge nouveau, celui de la science, passa à ses débuts par une étape déiste : il est caractéristique que l'idée de l'Inde, berceau de la « religion naturelle », voire du genre humain, se propagea dans la seconde moitié du XVIIIe siècle, avant même la découverte de la parenté entre les langues européennes et le sanscrit. Du reste, ce dernier fait avait déjà été constaté à plusieurs reprises dans le passé, mais les temps n'étant pas mûrs, la découverte retombait dans l'oubli. Il en fut autrement lorsqu'en 1786 l'Anglais William Jones signalait dans ses *Asiatic Researches* l'affinité structurelle qui existe entre le sanscrit, le grec, le latin, le « gothique » et le « celtique » ; ce faisant, il croyait pouvoir attribuer à l'idiome indien la précellence, « une structure admirable, plus parfaite que celle du grec, plus riche que celle du latin et plus exquise que celles de l'un comme de l'autre ». La philosophie du temps accueillit favorablement ce jugement, qui fut repris et amplifié par les frères Schlegel, les fondateurs de l'indologie en Allemagne. Vers 1805, Frédéric Schlegel écrivait que la langue indienne était « plus ancienne que les langues grecque ou latine, sans parler de l'allemand et du persan... l'indien se distingue, ajou-

1. M. CAPEFIGUE, *Histoire philosophique des Juifs*, Paris, 1833, p. 13.

tait-il, par la profondeur, la clarté, le calme et le tour philosophique » ; il supposait aussi que l'indien était « la plus ancienne des langues dérivées », la plus proche, par conséquent, « de la langue primitive dont toutes les langues sont issues ». Dans le même ouvrage *(Essai sur la langue et la philosophie des Indiens)* il inventait le terme d'« Aryens » pour désigner les conquérants invincibles descendus de l'Himalaya pour coloniser et civiliser l'Europe. August Wilhelm Schlegel, reprenant une idée de Leibnitz sur l'utilité de la philologie pour l'étude de l'origine des peuples, traitait également de l'« origine des Hindous », et proclamait la supériorité de leur langue sur les langues sémitiques. A la même époque, le philosophe Schelling critiquait les imperfections de la Sainte Ecriture qui, estimait-il, ne soutenait pas la comparaison « en contenu véritablement religieux » avec les livres sacrés des Indiens. « Ce fut alors une sorte d'enivrement, écrivait un siècle plus tard un historien du gobinisme, la civilisation moderne crut avoir retrouvé ses titres de famille, égarés depuis de longs siècles, et l'aryanisme naquit... [1] »

Les frères Schlegel aussi bien que Schelling se cantonnaient encore, pour l'essentiel, sur le terrain philologique et philosophique, et Frédéric Schlegel, tout comme avant lui Herder, refusait d'étendre le concept de *races* au genre humain (tandis que Schelling proposait d'en limiter l'application aux races « dégradées » non européennes). Mais c'est au cours de cette même première décennie du XIXe siècle qu'un autre philologue allemand, J. Chr. Adelung, se référant à des géographes tels que Pallas, de Pauw et Zimmermann, annexait franchement l'anthropologie à sa discipline, et la lumière dont il le faisait révèle avec une clarté particulière comment le « mythe aryen » en cours d'ébauche se modelait sur le « mythe biblique » tout en cherchant à s'émanciper de lui.

Dans l'introduction à son essai de grammaire comparée, le célèbre *Mithridate*, Adelung constate en effet que de tous temps, l'Asie a été tenue pour le berceau du genre humain. Mais de quelle partie de l'Asie s'agit-il ? Il faut tenir compte de l'avis concordant des savants, d'après lesquels le « peuple primitif » n'a pu se constituer que

1. Ernest SEILLIÈRE, *Le comte de Gobineau et l'aryanisme historique*, Paris, 1903.

sur les sommets des montagnes, d'où les eaux du déluge se sont retirées en premier lieu. Dès lors, Adelung croit pouvoir désigner l'endroit exact : il ne peut s'agir que du Cachemire, dont on sait qu'il réunit toutes les splendeurs du jardin d'Eden, tel que Moïse l'a décrit, « tout ce que l'imagination la plus prodigue peut se représenter, en tant qu'idéal de toutes les jouissances des sens ». Il développe donc longuement sa comparaison entre l'Eden et le Cachemire, et il ajoute une autre preuve : « Même les hommes s'y distinguent favorablement de tous les autres Asiatiques ; ils n'ont rien des caractères tartares et mongols, propres aux Tibétains et aux Chinois ; ils offrent les formes européennes les plus belles, et ils dépassent tous les Asiatiques en intelligence et en esprit. » Après quoi, il relate l'histoire du premier couple humain et de sa descendance telle qu'il se l'imagine. On voit donc qu'Adelung reste fidèle à l'anthropologie chrétienne, qu'il n'abandonne que sur un point essentiel : le « couple originel » n'est plus le couple biblique Adam et Eve, son habitat est transféré du Moyen-Orient en Inde, il parle une langue (avant la lettre) aryenne, et il « offre les formes européennes ».

Après Adelung, arrêtons-nous un moment sur un auteur bien oublié, l'Allemand Johann-Gottfried Rhode, qui lui aussi s'inscrivait en faux contre l'opinion commune qui plaçait en Mésopotamie ou au Caucase le berceau du genre humain. A cette fin, il se tournait en 1820 vers le Zend-Avesta, autrement dit la révélation de Zoroastre. Se fondant sur la description du paradis qu'Ormuzd aurait offert à son peuple (paradis qu'il substituait donc à l'Eden biblique), il croyait y découvrir une nomenclature géographique, permettant de reconstituer « la marche progressive de la conquête aryenne ». Selon lui, cette épopée aurait donc pris son envol du Pamir, et non de l'Himalaya, ou du Cachemire.

En tout cas, tout se passe comme si l'Europe, tout en demeurant prisonnière de certaines représentations traditionnelles, se cherchait des ancêtres nouveaux. On perçoit la parenté de cette aspiration avec la polémique déiste contre le Jéhovah de l'Ancien Testament, et elle est caractéristique, la distinction faite par un Rhode entre un mosaïsme fondé sur les miracles et un zoroastrisme qui ne repose que « sur la force intérieure de la vérité ». Cependant, tout le long de la première moitié du XIXe siècle, les savants continuaient à mesurer le temps à l'aune biblique ; si tous ne suivaient pas la chronologie médiévale, qui plaçait la naissance de Jésus-Christ en l'an 4004 de la Création, tous demeuraient convaincus que le genre humain n'existe que depuis quelques millénaires, et cette conviction a certainement retardé la naissance des sciences archéologiques (que l'on songe aux déboires d'un Lyell et d'un Boucher de Perthes), d'où des raisons supplémentaires pour situer en Asie le berceau d'une humanité ayant *colonisé* sur le tard l'Europe. Pour un autre pionnier de l'indologie, F.A. Pott, il était évident que l'humanité, dans sa marche ascendante, suivait le soleil : *ex oriente lux,* et l'Asie était pour lui le terrain de jeux et le gymnase des premiers exercices corporels et spirituels de l'humanité. Mais pourquoi cette migration vers les contrées septentrionales ? Jakob Grimm, dans sa célèbre *Histoire de la langue allemande,* disait que les populations furent mises en mouvement « par un instinct irrésistible dont la cause nous demeure cachée ». La timidité du monde savant à admettre que l'Européen puisse être tout simplement originaire d'Europe, l'hostilité à laquelle se heurtait toute hypothèse en ce sens, est un indice de plus de l'influence paralysante des idées reçues, même lorsqu'elles prenaient ostensiblement le contre-pied de la cosmogonie biblique.

Une forme de rupture plus radicale avec cette dernière s'offrait sous la forme des hypothèses polygénistes, en vogue depuis le Siècle des Lumières. Après Voltaire, Gœthe s'y était rallié, et les arguments qu'il avançait en leur faveur font apparaître avec une clarté particulière une motivation « antijudaïque » sous-jacente. Gœthe, en effet, justifiait d'abord sa préférence en personnifiant la nature dont l'*esprit,* d'après lui, n'était pas économe, mais au contraire prodigue :

« On croit que la nature est excessivement économe dans ses productions. Je suis obligé de contredire cette opinion. J'affirme, au contraire, que la nature se montre toujours généreuse et même prodigue ; que l'on se conforme à son esprit en admettant qu'elle a immédiatement fait venir les hommes par douzaines et même par centaines, plutôt qu'en supposant qu'elle les ait mesquinement fait sortir d'un seul et unique couple. Lorsque les eaux se furent écoulées et que les terrains secs furent suffisamment verdoyants, l'époque du devenir humain commença, et les hommes se produisirent par la toute-puissance de Dieu, partout où le terrain le permettait, peut-être d'abord sur les hauteurs... »

Gœthe avançait ensuite, sous la forme d'une boutade, un autre argument, qui cependant nous révèle un motif sous-jacent de l'option qui, vers le milieu du XIXe siècle, devint celle de la majorité des savants européens :

« Il est vrai que la Sainte Ecriture parle d'un seul couple humain, créé par Dieu le sixième jour. Mais les hommes avertis qui notèrent la parole de Dieu, transmise par la Bible, eurent d'abord affaire à leur peuple élu, auquel nous ne voulons en aucune manière contester l'honneur de descendre d'Adam. Mais nous autres, ainsi que les Nègres et les Lapons, avons certainement eu d'autres ancêtres : on conviendra certainement que nous différons des véritables descendants d'Adam de bien des manières, et qu'ils nous dépassent notamment en ce qui concerne les affaires d'argent... »

Il importait donc à Gœthe de « bien se différencier des véritables descendants d'Adam », ce à quoi les auteurs européens, notamment allemands, s'appliquaient d'innombrables manières, en traitant des origines du genre humain. Ainsi, le polygraphe Klemm, auteur d'une populaire *Allgemeine Cultur-Geschichte* distinguait déjà en 1843 entre une race *active* (virile) et une race *passive* (féminine) plus primitive : « Entre-temps, une autre race avait mûri, sur les hauts plateaux voisins de l'Himalaya... Tout comme la rigide écorce terrestre est agitée ou rompue par les forces volcaniques..., de même la paisible population primitive répandue sur la terre fut surprise dans ses calmes rêveries par les héros de la race active qui se précipitèrent sur elle... » Voici déjà des accents bien combatifs, les mêmes qu'on trouve dès cette époque sous la plume de Wagner et qu'il amplifiera en musique ; mais la confuse identification entre « jeunesse » ou « agressivité » et « perfection » ou « valeur » s'observe chez les érudits les plus sérieux. Ainsi, pour le grand indologue Lassen, « les Aryens forment le peuple le plus complètement organisé, le plus entreprenant et le plus créateur : il est donc le plus jeune, la terre n'ayant produit que tard les genres les plus parfaits des plantes et des animaux... » Lassen opposait déjà de ce point de vue, vers 1845, les Aryens aux Sémites :

« Parmi les peuples caucasiens, nous devons certainement accorder la palme aux Indo-Germains. Nous ne pensons pas que cela est dû au hasard, mais nous croyons que cela doit découler de leurs talents supérieurs et plus vastes. L'histoire nous apprend que les Sémites ne disposent pas de l'équilibre harmonieux de toutes les forces de l'âme qui caractérise les Indo-Germains... »

Les principaux défauts des Sémites étaient leur totale médiocrité philosophique et leur égoïsme religieux. Voici donc posée, en 1845, la dernière pierre angulaire du mythe — dont le jeune Renan, peu après, contestait énergiquement à Lassen la priorité, en parlant de « l'épouvantable simplicité de l'esprit sémitique », d'une « combinaison réellement inférieure de la nature humaine », et ainsi de suite [1].

Mais il y avait aussi les Noirs, c'est-à-dire les « Chamites ». La nouvelle anthropologie savante restait tributaire sur un point supplémentaire de l'ancienne, dans la mesure où elle affectionnait la division du genre humain en trois grandes races, en écho au mythe des trois fils de Noé. L'observation a été faite en ce qui concerne Cuvier ; il est remarquable de constater à ce propos que la terminologie généralement employée reste elle aussi celle de la Bible, puisque les Noirs et les Juifs, races viles, sont qualifiés de « Chamites » et de « Sémites », mais en ce qui les concerne eux-mêmes, les Européens, qui se veulent d'extraction noble, récusent la désignation, pourtant logique, de « Japhétites », avec ses relents d'Ancien Testament ; s'ils se veulent *Aryens*, c'est sans doute que le terme est censé provenir de la même racine qu'*honneur (Ehre)*. De telles conceptions se répandent avec une rapidité remarquable et se trouvent aussitôt appliquées aux domaines les plus variés, y compris le domaine dynamique de la religion ; dès 1853 Wagner, ce médium du XIXe siècle, écrivait que le « christianisme primitif » a été altéré par son mélange aux dogmes judaïques, et que « ce christianisme n'était qu'une branche du vénérable bouddhisme ».

On pourrait se demander une fois de plus si, compte tenu de l'état des connaissances scientifiques de ce temps, il existait des justifications positives à la grande « hypothèse aryenne ». Mais on a beau chercher, on n'en aperçoit pas d'autres que la découverte de la famille des langues indo-européennes, cette « découverte d'un monde nouveau » (Hegel) ; même pour un Cuvier, on pouvait distinguer les principales branches des races par l'« analogie des langues ». Rares sont les voix qui s'insurgent contre cette confusion ; au contraire, elle s'accentue, après la tourmente napoléonienne, et la question des origines européennes devient, avant que vienne Darwin, le champ

1. Cf. *Histoire générale et système comparé des langues sémitiques* (1855), Livre I, chap. 1.

réservé des philologues, soumis à la « tyrannie des sanscritistes ». C'est d'ailleurs le plus illustre d'entre eux, le Germano-Anglais Max Müller, d'Oxford, qui fit prévaloir l'usage du terme « aryen » dans la république des savants. Ses conférences au Royal Institute de Londres, en 1859-1861, au cours desquelles il évoquait l'avance triomphale des Aryens vers le cap Nord et les colonnes d'Hercule, sont restées célèbres ; ses rétractations et mises en garde, à partir de 1872, eurent moins d'écho, et c'est en vain qu'il déclarait à la fin de sa vie que le terme de *race aryenne* était aussi peu scientifique que celui de *grammaire dolichocéphale.*

L'ethnocentrisme européen, qui dès le Siècle des Lumières avait faussé l'anthropologie naissante, s'exalte prodigieusement à l'ère du romantisme et des nationalismes : il oriente la pensée des savants, et préside à la gestation de leurs hypothèses et de leurs classifications. C'est dans cette ambiance que s'élabore une tri-partition mystique : l'Aryen, ou le vrai homme, se définit aussi bien par rapport au frère Sem, le Juif mi-homme mi-démon, que par rapport au frère Cham, le Noir mi-bête mi-homme. Les philosophes multiplient à leur tour les hiérarchies de ce genre ; même un Hegel, tout « spiritualiste » qu'il soit, leur paie tribut en décrivant le caractère du Noir. « On ne peut rien trouver dans son caractère, écrit-il, qui rappelle l'homme :

« ... le Nègre représente l'homme naturel dans toute sa sauvagerie et sa pétulance : il faut faire abstraction de tout respect et de toute moralité, si on veut le comprendre ; on ne peut rien trouver dans ce caractère qui rappelle l'homme (...). Les Nègres possèdent donc ce parfait *mépris* des hommes qui constitue proprement leur condition fondamentale, quant au droit et à la moralité. L'immortalité de l'âme est ignorée aussi... et c'est considéré comme une chose fort répandue et permise de manger la chair humaine. »

Les savants professionnels ne se souciaient pas de l'immortalité de l'âme, mais leurs jugements sur la race de Cham étaient, si possible, encore plus sévères. D'après la brève description de Cuvier, « la race nègre est confinée au midi de l'Atlas ; son teint est noir, ses cheveux crépus, son crâne comprimé et son nez écrasé ; son museau saillant et ses grosses lèvres la rapprochent manifestement des singes ; les peuplades qui la composent sont toujours restées barbares ». Le grand précurseur du transformisme que fut l'Anglais Lawrence s'étendait plus longueement sur l'imbécillité morale et intellectuelle des Noirs :

« Ils se complaisent presque universellement dans une débauche et une sensualité dégoûtante, et ils témoignent d'un grossier égoïsme, d'indifférence aux peines et aux plaisirs d'autrui, d'insensibilité à la beauté des formes de l'ordre et de l'harmonie et de l'absence presque totale de ce que nous entendons sous les expressions de sentiments élevés, de vertus viriles et de sentiment moral. »

Faut-il s'étonner si la « race » fut bientôt promue au rang de grand moteur du devenir humain, supplantant la Providence ? Les historiens récents (principalement ceux de l'anthropologie) qui ont tenté de tirer au clair les raisons de la catastrophique confusion entre races et langues, entre histoire et anthropologie, mais surtout entre une philosophie bourrée de résidus théologiques et la science, évoquent souvent la lettre-programme adressée en 1829 par William Edwards à Amédée Thierry, dans laquelle il proposait de rechercher « jusqu'à quel point les distinctions que l'historien établit parmi les peuples peuvent s'accorder avec celles de la nature », et d'examiner en commun les concordances entre *les races historiques* et *celles qu'avouait la science naturelle*. En ce temps, ces idées étaient déjà dans l'air partout, et bien avant les historiens Thierry et le naturaliste Edwards, le romancier Walter Scott interprétait l'histoire anglaise « racialement », à la lumière des luttes entre les Saxons et les Normands. C'est ainsi que la science raciale s'inspirait des rêveries romantiques, et « depuis les batailles de Leipzig et Waterloo, le sol de l'Europe ne cessait d'engendrer des races » ; génération spontanée dont l'Allemagne, on l'a vu par les noms et les textes que nous avons cités plus haut, fut le laboratoire principal. Il reste à ajouter que ce concert scientifique international, s'il fut largement majoritaire, ne fut jamais unanime : à titre de voix dissonnante, on peut citer le vieil Alexander von Humbold qui, en remerciant Gobineau de l'envoi de son *Essai sur l'inégalité des races humaines*, lui écrivait que ce livre « était opposé par son titre même à mes croyances surannées touchant la distinction désolante de races supérieures et inférieures ».

II

Angleterre

Les Juives de Walter Scott et les Juifs de Disraeli

En traitant de l'émancipation, nous n'avons pas parlé du cas de l'Angleterre. En effet, les Juifs y bénéficiaient, depuis le XVIIIe siècle, d'un statut semblable à celui des catholiques, et autres « non-conformistes », en sorte que leurs incapacités se limitaient à l'exclusion des fonctions politiques et honorifiques. Il s'agissait du reste principalement de Juifs portugais, déjà fortement occidentalisés, comme nous l'avons vu. Le point essentiel sous litige était l'éligibilité à la Chambre des Communes, qui s'ouvrit aux catholiques anglais en 1829. L'affranchissement des « papistes » annonçait celui des fidèles de Moïse, mais ce dernier se heurta à des résistances autrement fortes, en sorte que les luttes politiques à ce propos se poursuivirent pendant près d'un quart de siècle. On perçoit l'analogie avec le cas de la France (où les Juifs furent émancipés dans le sillage des protestants), et cette analogie se retrouve dans maint point de détail : tout comme la jeune Assemblée constituante de 1790, la vénérable Chambre des Communes devint en 1854 le théâtre, à propos des enfants d'Israël, d'un « tumulte » inouï, qu'un journal anglais ne manqua pas de comparer à « la conduite des fidèles dans une synagogue, et on sait ce que cela signifie ».

Il reste qu'une fois acquis les droits politiques des Juifs ne furent jamais remis en question en Grande-Bretagne, de même que lui furent épargnées les crises et campagnes antisémites qui sévirent presque partout sur le continent européen, dans la seconde moitié du XIXe siècle. Pour Gladstone, une agitation contre les Juifs dans sa patrie était aussi improbable qu'une agitation contre la gravitation de la terre. Ce n'est pas que le préjugé universel s'y soit dissipé : le peuple élu y suscitait les mêmes sentiments troubles qu'ailleurs, et les thèmes correspondants y étaient développés, de génération en génération, par de nombreux publicistes, mais sans que leurs écrits fissent surgir un mouvement politique, des ligues de combat ou de défense, bref, une panique collective et organisée. On a invoqué, à propos de cette atonie de l'antisémitisme anglais, les affinités religieuses (« deux peuples nourris de l'Ancien Testament »), ou historiques (« le culte de la tradition ancestrale »), ou la similitude de l'éthique économique (« deux peuples de marchands, tenant le commerce en honneur »), ou encore l'idiosyncrasie anglaise (la « superbe » et l' « insolence » d'Albion). Sur ce dernier point, on peut admettre en effet que la phobie de l'« envahissement juif » était incompatible avec la glorieuse assurance des sujets de la reine Victoria, maîtres des mers et du commerce mondial. Quelle qu'ait pu être la signification de ces divers facteurs, l'originalité, souvent qualifiée de « philosémite », des Anglais, s'exprimait de manières bien diverses. Il faut surtout la mettre en rapport avec le respect des hiérarchies traditionnelles, dans un pays dont la population ne tomba jamais sous l'emprise des mythes révolutionnaires. De ce fait, les Juifs britanniques ne manifestèrent de leur côté aucune propension à allier leurs intérêts politiques à ceux de la « gauche », ou des « classes laborieuses » (Disraeli ne fut pas le seul champion juif du conservatisme : en 1868, sur huit députés juifs élus à la Chambre des Communes, trois appartenaient à la dynastie des Rothschild).

Au cours du XIXe siècle, la Grande-Bretagne s'arrogea à maintes reprises le rôle de puissance protectrice de la nation dispersée. De ce point de vue, 1840 est une date à retenir, car l'« affaire de Damas » (dont il sera question plus loin), en même temps qu'elle suscitait une nouvelle prise de conscience parmi les Juifs émancipés d'Europe, marquait le début de cette relation protectrice. Celle-ci reposait aussi sur des calculs politiques, dans le cadre de la « question d'Orient » et on pourrait faire la même remarque au sujet des divers projets de restauration d'un Etat juif, agités depuis les temps de Cromwell, dans une perspective mi-politique mi-eschatologique, par des littérateurs, des prélats et même des hommes d'Etat britanniques. Mais dans quel autre Etat chrétien un homme politique pouvait-il proclamer du haut de la tribune parlementaire que les Juifs étaient une race supérieure, une « aristocratie de la nature » sans que des propos aussi provocateurs l'empêchassent de devenir Premier Ministre et fondateur de l'Empire britannique ? Aussi bien est-ce à travers la singulière figure de Disraeli qu'on parvient à saisir le mieux, croyons-nous, l'originalité de la relation entre l'Angleterre et les Juifs.

***

Nous avons dit pourtant que ceux-ci faisaient vibrer outre-Manche les mêmes cordes sensibles qu'ailleurs. Pour les sentiments hostiles et méprisants de cet ordre, lorsqu'ils ne s'extériorisent pas, il n'est pas de meilleur révélateur que la création artistique : or, à travers l'évolution des modes d'expression et des styles littéraires, l'image du Juif, dans la patrie de Shakespeare, varie peu, et elle reste dominée par la grandiose figure de Shylock. Il est vrai que, comme ailleurs en Europe, la fin du XVIIIe siècle y vit fleurir sur les scènes théâtrales le type conventionnel du « bon Juif » ; mais cet artifice didactique ne fut utilisé que par des auteurs mineurs, de nos jours oubliés.

Les grands créateurs restent fascinés par la figure de l'implacable *Marchand de Venise,* dont les ressentiments font place chez Dickens à la malfaisance gratuite du bourreau d'enfants *Fagin* ; plus nuancée, et plus remarquable, est la manière dont Walter Scott traite le thème juif. Dans *Ivanhoé,* son roman le plus populaire, la race juive incarnée dans Isaac et sa fille Rébecca, s'oppose d'abord aux races chrétiennes, elles-mêmes engagées dans un conflit séculaire au cours duquel se forge lentement le devenir anglais, puisque « quatre générations n'ont pas suffi pour fusionner les sangs hostiles des Normands et des Anglo-Saxons ». En sorte que ces deux races paraissent n'avoir en commun que leur animadversion pour les enfants d'Israël. Mais Isaac et Rébecca contrastent aussi entre eux : moins vindicatif que Shylock, le père n'est qu'un pleutre méprisable, tandis que la fille joint à une radieuse beauté les vertus les plus sublimes, et sa perfection est encore soulignée par les épreuves et les malheurs auxquels la condamne Walter Scott. Un tel partage, qui ne faisait qu'accentuer les lumières et les ombres de l'image médiévale du Juif, convenait on ne peut mieux à l'inspiration romantique, et tourna presque aussitôt au poncif littéraire : durant la seule année 1820, pas moins de quatre auteurs dramatiques anglais portent les héros juifs d'*Ivanhoé* à la scène, tandis qu'en France Chateaubriand, dans son essai sur *Walter Scott et les Juives*, cherche à élucider « pourquoi, dans la race juive, les femmes sont plus belles que les hommes ». Il trouve à ce phénomène une explication intéressante : le Fils de Dieu fut renié, martyrisé et crucifié par des hommes seulement, tandis que « les femmes de Judée crurent au Sauveur, l'aimèrent, le suivirent, le soulagèrent dans ses afflictions ».

Une telle vue, que le récit évangélique ne corrobore qu'imparfaitement, nous fait en revanche toucher du doigt la vérité psychologique « œdipienne », de l'antisémitisme, pour lequel le Juif mâle seulement est dangereux et hideux, et le père castrateur ne peut être en effet que viril ; démunie de pénis, la femme juive ne partage pas la « malédiction de la race », et son innocence la rend même spécialement désirable. A ce propos, Chateaubriand se faisait l'interprète de la tradition chrétienne en évoquant la femme de Béthanie, la bonne Samaritaine, et l'adorable Madeleine, grâce auxquelles, concluait-il, « le reflet de quelque beau rayon sera resté sur le front des Juives ». Aussi bien la beauté, souvent qualifiée de *divine*, des Juives est-elle une idée reçue de l'époque romantique (« beauté céleste », écrira le plus sérieusement du monde Michelet, et « perle d'Orient »), tandis que ses malheurs permettent encore mieux de rehausser ses attraits de déesse violée ou de « symbole sexuel ». Rarement, croyons-nous, le mélange explosif de religion, d'érotisme et d'angoisse archaïque sur lequel repose l'antisémitisme a été si clairement mis en évidence que dans le commentaire oublié de l'auteur du *Génie du christianisme*.

La sensibilité dont témoigne Walter Scott aux phantasmes de cet ordre se révèle également dans son roman *La Fille du chirurgien*. Cette fois, l'intrigue est contemporaine. Copie moderne de Rébecca, la belle et malheureuse « Zilia Monçada » a été séduite par un noble chrétien et son amour est contrarié par un père fanatique et cruel. « Richard Middlemas », le fils bâtard qu'elle met au monde, devint un vaurien, aventurier et coureur ; à son tour, il séduit une innocente chrétienne (comme s'il devait venger la vertu outragée de sa mère ?), et sa noirceur se trouve soulignée par le contraste qu'elle forme avec la vertu de son ami « Adam Hartley... qui possédait l'air ouvert de l'Anglais de vieille race anglo-saxonne ». Après avoir causé mille tourments à ses parents et à la touchante « Menie Grey », le sombre héros est écrasé par un éléphant, qui « met fin du même coup à sa vie et à ses crimes ». Se dégageant du vieux thème des Juifs criminels et des Juives innocentes, voici donc la leçon historiquement la première sur les méfaits du « mélange des sangs ».

Avec l'émancipation des Juifs et leur entrée dans la société, la femme juive devient un phénomène original, et en quelque sorte autonome, de la vie culturelle européenne. Son charme singulier s'exerce de diverses façons : dans la réalité, en Allemagne ou en Autriche, elle fait office d'« accoucheuse des esprits » ; c'est le cas pour les grandes dames juives de Berlin et de Vienne ; dans la région intermédiaire entre la réalité et l'imagination, elle s'illustre sur la scène dramatique, telles en France les divines Rachel et Sarah Bernhardt ; enfin, en Angleterre, de Jessica à Rébecca, elle revêt la forme d'un phantasme séduisant ; gradation qui s'ordonne, semble-t-il, suivant l'intensité des réactions suscitées par son partenaire mâle, s'échelonnant de l'antisémitisme manifeste à l'antisémitisme latent.

*
**

Vers 1750, un marchand juif de Ferrare, Benjamin Disraeli, vint s'installer à Londres pour s'y livrer au commerce des coraux. Son fils Isaac se tournait vers la littérature et s'acquit une honorable renommée par ses essais et ses nouvelles, dont quelques-unes eurent l'honneur d'être traduites en français. Témoignant de toutes les qualités d'un gentleman accompli, Isaac fréquenta, à Londres et à Paris, les grands hommes de son temps : Lord Byron, ainsi que les frères Thierry firent partie de ses commensaux. En Angleterre, le baptême n'était pas un indispensable « billet d'entrée à la culture européenne », et si Isaac Disraeli quitta la synagogue, et fit en 1817 convertir ses enfants, ce fut à la suite d'une mésentente avec ses coreligionnaires. Cette défection ne l'empêcha pas de publier anonymement en 1833 *The genius of judaism,* défense et illustration du judaïsme surtout espagnol, dans laquelle on perçoit déjà l'influence des idées nouvelles relatives aux « génies » particuliers des peuples ou des races. L'ouvrage, qui témoignait d'une solide culture juive, fut aussitôt traduit en allemand.

Son fils Benjamin, né en 1804, fut d'abord éduqué dans un pensionnat anglais, où il semble avoir subi beaucoup d'avanies de la part de ses condisciples chrétiens, d'autant plus qu'un rabbin venait le samedi l'instruire dans la loi de Moïse. Mais au lieu de le conduire à la solennité de la « Bar-Mitzvah », sa formation religieuse déboucha en 1817, lorsqu'il eut treize ans accomplis, sur le baptême anglican : ce qui n'eut pas pour effet, on peut le croire, de fortifier son respect pour les religions établies.

Intelligent et ambitieux, il songea alors, tel un Julien Sorel juif, à conquérir un monde hostile. On peut se l'imaginer, adolescent aux boucles noires, fasciné par la splendeur passée d'Israël, pressant de questions son père. A son exemple, il tâta d'abord de la littérature : composé après un voyage d'Orient, son *Alroy* (1833) exprimait, notait-il dans son journal, son « ambition idéale », celle du rétablissement d'un Etat juif, ce vieux rêve des Marranes. Mais ses ambitions « actives et réelles » de Juif converti à l'anglicanisme étaient politiques et mondaines. Pendant quelques années, il affecta des manières de *dandy*, à l'exemple du célèbre Brummel, et brilla dans les salons ; ensuite, il se fit élire à la Chambre des Communes. Mais il s'y heurta aussitôt aux méfiances et aux obstacles inévitables pour un homme de petite naissance et, au surplus, né juif, ce dernier handicap étant aggravé par un nom sonnant comme un défi et par un physique oriental non moins insolite dans la vieille Angleterre.

D'ordinaire, la particularité de leur naissance poussait les jeunes Juifs ambitieux de cette époque à nier une « altérité » qu'ils voulaient réduire à une simple différence de confession, et c'est ainsi que les saint-simoniens juifs de France, tout comme les hérauts juifs de la « Jeune Allemagne » furent, avant la lettre, des « antiracistes », militant dans les divers camps libéraux. En Angleterre, l'historien libéral Macaulay développait en 1831 une vue de cet ordre, en intervenant pour les droits des Juifs ; il comparait la « judéité » aux « cheveux roux », à un peu significatif accident de naissance. La grande originalité du jeune Disraeli fut de jouer le jeu contraire, un jeu qui n'était praticable que dans l'excentrique vieille Angleterre : tout converti qu'il fût, il se réclama de son appartenance au Peuple élu pour exiger à ce titre un traitement de faveur, et la promotion politique de ses congénères.

Après son entrée dans la vie politique, Disraeli exposa sa vision du monde, en même temps que son programme d'action, dans sa « trilogie politique » romancée (*Coningsby,* 1844 ; *Sybil,* 1845 ; *Tancred,* 1847). Le cas particulier des Juifs n'avait pas de rapports avec la condition des ouvriers anglais, ou les devoirs de l'Eglise, mais ce n'était pas celui qui l'intéressait le moins. Au préalable, il s'était sérieusement documenté sur les conceptions anthropologiques de son temps, qui lui permettaient de classer les « Sémites », Juifs ou Arabes, dans la « race caucasique ». *All is race : there is no other truth,* était un leitmotiv de sa trilogie : si une telle idée, nous l'avons vu, était déjà en l'air, il fut le premier Anglais à en faire, en même temps qu'un principe explicatif, la pierre angulaire d'une vision politique. Mais, contrairement aux vues dominantes sur la précellence germanique, déjà propagées outre-Manche par un Carlyle ou un Thomas Arnold, ce sont les « Sémites » qui étaient promus par lui à la dignité d'une *Aristocratie de la nature.* Pour ajouter à l'insolence de cette leçon, il adoptait pour porte-parole « Sidonia », un Juif dont la sagesse n'a d'égale que la richesse (c'est, nous disent les critiques, « Disrothschild », c'est-à-dire un Disraeli père riche comme Rothschild). « Sidonia » sert de mentor et d'initiateur à « Coningsby » et à « Tancred », et il révèle à ces jeunes aristocrates anglais les secrets de la suprématie sémite, fondée sur le culte de la pureté de la race. A Lord Coningsby, il tient des propos de cet ordre :

« ... Le fait est que vous ne pouvez pas détruire une race pure d'organisation caucasique. C'est un fait physiologique... En ce moment, malgré des siècles et des dizaines de siècles de dégradation, l'esprit juif exerce une vaste influence sur les affaires européennes. Je ne parle pas de leurs lois, auxquelles vous obéissez encore, ni de leur littérature, dont sont saturés vos esprits, mais de l'intellect hébraïque vivant. Il n'y a pas de grand mouvement intellectuel en Europe auquel les Juifs ne prennent pas une grande part. Les premiers jésuites furent des Juifs ; la mystérieuse diplomatie russe qui trouble tellement l'Europe occidentale est principalement conduite par les Juifs ; cette révolution puissante, qui se prépare en ce moment en Allemagne, et qui, si peu connue en Angleterre, deviendra une seconde et plus vaste Réforme, se développe en son entier sous les auspices des Juifs, qui monopolisent presque les chaires professorales d'Allemagne... »

Mais Disraeli ne se contentait pas de peupler les couvents espagnols et les universités allemandes de Juifs camouflés, c'est-à-dire à Marranes ; il annexait aussi à leur race les plus grands personnages historiques, Kant, Mozart et même Napoléon, sans parler de héros mineurs tels que Masséna ou Soult. Cette mystification était naturellement un argument à double tranchant, qui pouvait servir aussi bien à démontrer la puissance corruptrice des Juifs : une telle arme fut employée par la suite par les antisémites de tous les pays de la manière qu'on sait, et continue à l'être de nos jours, en sourdine à l'Occident, à grand fracas ailleurs [1]. D'autre part, le procédé des naturalisations abusives fut utilisé à une échelle encore plus vaste par les thuriféraires du pangermanisme, qui s'annexaient, de Giotto à Pasteur, tout le Panthéon des grands hommes. Sur tous ces points, Disraeli fut un précurseur, et peut-être un maître à penser.

Dans *Tancred*, son œuvre préférée, il poussait ses thèses provocatrices encore plus loin, sans même s'embarrasser d'un prête-nom ; car c'est l'auteur lui-même qui y glorifie l'« esprit sémitique », et se gausse de la « civilisation des Francs » :

« ... quelques Francs au nez plat, outres sonores gonflées de prétention (race qui a peut-être surgi dans les marécages de quelque forêt nordique à peine défrichée) parlent de progrès !... L'Européen parle de progrès parce que grâce à l'application ingénieuse de quelques acquisitions scientifiques il a établi une société dans laquelle le confort tient lieu de civilisation ! »

Plus loin, c'est « Tancred » qui convient humblement à son tour qu'il descend « d'une horde de pirates baltiques », race qui se serait sans doute « entre-détruite » si elle n'avait pas été éclairée par la « spiritualité des Sémites ».

---

1. « Picasso est Juif ! comment, vous ne le saviez pas ? Cézanne l'était aussi. Et Kandinsky. Sans parler de Chagall, bien entendu. Celui-là, quand il était commissaire du peuple à Vitebsk, a tout fait pour tarir le renouveau de la peinture russe, commencé au XIXe siècle : il était à la tête de la grande conspiration ! » Ces propos sont tenus par un représentant de l'« opposition stalinienne ». (*Moscou 66*, par Jean NEUVECELLE, « France-Soir », 10 août 1966.)

Ce racisme outrancier fut propagé par Disraeli, sa vie durant, non seulement dans ses populaires œuvres romancées, mais aussi dans une profession de foi purement politique, *Lord George Bentinck* (1851), dont le chapitre XXIV est consacré à l'apologie des Juifs. Au lendemain de la révolution de 1848, le futur Lord Beaconsfield voit dans Israël la cause secrète et efficiente de la subversion européenne, et les stupides oppresseurs chrétiens n'ont qu'à s'en prendre à eux-mêmes : que n'ont-ils pas compris qu'il ne fallait pas pousser au désespoir la race élue ? En effet :

« La destruction du principe sémite, l'extirpation de la religion juive, que ce soit sous sa forme mosaïque, ou sous sa forme chrétienne, l'égalité naturelle de l'homme et l'abrogation de la propriété sont proclamées par les sociétés secrètes qui forment les gouvernements provisoires, et on trouve des hommes de la race juive à la tête de chacune d'elles. Le peuple de Dieu coopère avec les athées ; les habiles accumulateurs des richesses s'allient aux communistes ; la race particulière et élue tend la main à toute la racaille et aux viles castes de l'Europe ! Et tout cela, parce qu'ils veulent détruire le christianisme ingrat, qui leur doit jusqu'à son nom, et dont ils ne peuvent plus endurer la tyrannie.

« Lorsqu'en février 1848 les sociétés secrètes ont surpris l'Europe, elles ont été elles-mêmes surprises par leur succès inattendu, et elles n'auraient pas été capables de profiter de l'occasion s'il n'y avait eu les Juifs, qui malheureusement s'étaient liés depuis des années avec ces associations malfaisantes. Quelle qu'ait été la stupidité des gouvernements, le séisme politique n'aurait pas ravagé l'Europe. Mais l'énergie et les innombrables ressources des enfants d'Israël ont grandement prolongé cette lutte inutile... »

« Sociétés secrètes », et « race sémite » ; ces idées, chères au XIXe siècle, se trouvaient cautionnées de la sorte par un épigone de l'ironie marrane. Pourtant, s'il est difficile de penser que Disraeli croyait tout ce qu'il écrivait, son apologétique témoigne d'une passion singulièrement forte, notamment lorsque dans *Tancred* il fustige les Juifs faibles et honteux, ceux qui renient ou simulent leurs origines. Sa sincérité est encore mieux mise en évidence par l'étonnant discours dans lequel, jouant sa carrière politique, il exigeait en 1847 l'admission des Juifs à la Chambre des Communes, non en vertu de quelque principe abstrait de tolérance ou d'égalité, mais à titre de privilège dû au peuple de Dieu :

« Chaque jour sacré, vous proclamez en public les exploits des héros juifs, les preuves de la ferveur juive, les brillantes annales de la splendeur juive passée. L'Eglise a édifié dans tous les pays des bâtiments consacrés au culte, et sur chaque autel, nous trouvons les tables de la loi juive. Le dimanche, lorsque vous voulez rendre grâce au Tout-Puissant, ou lorsque vous cherchez une consolation dans la détresse, vous trouvez l'un et l'autre dans les strophes des poètes juifs... Tous les premiers Chrétiens furent des Juifs. La religion chrétienne fut d'abord prêchée par des hommes qui avaient été juifs, avant de se convertir ; au premier âge de l'Eglise, chacun des hommes dont le zèle, la puissance ou le génie propagèrent la foi chrétienne fut un Juif... »

Ces paroles ayant fait passer un frisson d'indignation sur les bancs, Disraeli surenchérissait :

« C'est dans la mesure même de l'ardeur de votre foi que vous devez chercher à rendre cet acte de justice. Si vous n'aviez pas oublié ce que vous devez à ce peuple, si vous lui étiez reconnaissants pour ses écrits, qui à travers les siècles ont apporté tant de consolations et tant d'édification aux fils des hommes, vous ne seriez que trop heureux de satisfaire à la première occasion les demandes de ceux qui professent cette religion. Mais vous restez influencés par les obscures superstitions, qui datent des siècles les plus obscurs de l'histoire de ce pays. C'est cette vérité qui ne s'est pas faite jour, au cours de ce débat, et, tout éclairés que vous soyez, elle ne s'est pas faite jour en vous-mêmes. Ces superstitions, elles continuent à vous influencer, à votre insu, tout comme elles influencent d'autres hommes, dans d'autres pays... »

Il est certain qu'à quelques exceptions près l'opinion anglaise goûtait fort peu la judéomanie de Disraeli. Carlyle s'indignait de ses « jacasseries juives », et demandait « combien de temps John Bull permettrait à cet absurde singe de danser sur son ventre ? ». Il le traitait aussi de « maudit vieux Juif, qui ne vaut pas son pesant en lard froid ». Un certain Christopher North répliqua au *Coningsby* par un *Anti-Coningsby*, publié en 1844. Dans *Punch*, Thackeray le pastichait dans un petit chef-d'œuvre d'humour britannique, intitulé *Codlingsby*. Le rôle initiatique de « Sidonia » y est tenu par « Mendoza », un descendant de « Rébecca », laquelle s'était mésalliée avec « Sir Wilfrid Ivanhoe » (c'est la seule « tache de son blason »). Mendoza révèle à Geoffroy de Bouillon, marquis de Codlingsby, les mystères du sang sémite. Jusqu'au Souverain Pontife, tout le monde est secrètement juif :

« Parlons plus bas, dit Mendoza, le raccompagnant vers la

sortie. Au revoir, cher Codlingsby. Sa Majesté est des *nôtres,* chuchota-t-il près de la porte ; et il en est de même du Souverain Pontife... La suite de ses paroles se perdit dans un chuchotement. »

Dans le monde scientifique, le professeur Robert Knox, dans une *Enquête sur l'influence de la race sur la destinée des nations,* critiquait sévèrement Disraeli, tout en paraphrasant littéralement sa doctrine :

« C'est la race qui est tout dans les affaires humaines. Cela est un fait, le plus remarquable et le plus lourd de conséquences que la philosophie ait jamais annoncé. La race est tout : la littérature, la science, l'art, la civilisation en un mot, dépendent d'elle. » « Cependant, le respect pour la vérité scientifique m'interdit de réfuter les romans de Disraeli. Il suffit simplement d'observer que, dans la longue liste de personnages distingués que M. Disraeli déclare être d'origine juive, je n'ai relevé aucun trait et aucune attitude juifs ; par conséquent, ils ne sont pas juifs, ni d'origine juive... »

L'antithèse valait la thèse, et les accents sont bien ceux de l'antisémitisme moderne. En effet, à un autre endroit, les Juifs et l'auteur de *Coningsby* se trouvaient conjointement pris à partie :

« Mais où sont les paysans juifs, et les ouvriers juifs ? Ne peut-il pas cultiver la terre ? Pourquoi n'aime-t-il pas travailler de ses mains ? Le véritable Juif n'a pas d'oreille pour la musique, ni d'amour pour la science ou la littérature ; il n'invente rien ; il ne se livre à aucune recherche ; la théorie de *Coningsby,* appliquée au Juif avéré et réel, n'est pas simplement une fable, elle est absolument démentie par toute l'Histoire. »

Pourtant, la gloire souveraine de Lord Beaconsfield fit rapidement oublier en Angleterre ces polémiques autour de Disraeli. Ses thuriféraires et ses biographes, s'ils n'observent pas le silence sur ses théories raciales, les traitent comme une mystification ou une lubie. « Il est curieux d'observer, écrit M. Raymond Maître, que la plupart des critiques mettent en doute le sérieux et la sincérité de Disraeli sur ce point. Ils y voient soit des incohérences, soit une marque de dérangement mental, soit le plus souvent une mystification : « la plus extraordinaire plaisanterie que Disraeli ait jamais osé perpétrer ».

Sur le continent, on comprenait mal ce genre d'humour. Il est remarquable que Disraeli, l'un des auteurs les plus goûtés en son temps par le public anglo-saxon, et qui continue d'être lu, a très peu été traduit en Europe, ce qui n'empêchait pas ses théories raciales d'y être prises bien autrement au sérieux que dans son propre pays. On a même cherché à démontrer que le comte de Gobineau lui avait emprunté l'essentiel de sa philosophie politique. Il est probable, en effet, que ces deux causeurs étincelants se connurent à Paris, en 1841 (où Disraeli fréquenta les frères Thierry et Tocqueville) ; l'*Essai sur l'inégalité des races humaines* fut conçu postérieurement à cette date, et certaines descriptions qu'on y trouve des « races » tant « anglaise » que « juive » présentent de fortes ressemblances avec les développements correspondants de la trilogie politique disraélienne. Mais de telles questions de priorité ou d'influences réciproques sont malaisées à résoudre, surtout lorsqu'une « idée dans l'air » fascine les esprits de la manière dont le faisait celle du déterminisme politico-racial dans le deuxième quart du XIXe siècle. On peut plus facilement produire des exemples de l'usage que la propagande antisémite et raciste fit par la suite des idées lancées par l'illustre Juif. En France, Gougenot des Mousseaux et Edouard Drumont devinrent tous les deux ses disciples naïfs : dans *Le Juif, le judaïsme et la judaïsation des peuples chrétiens,* plusieurs pages de Disraeli sont traduites et favorablement commentées ; dans *La France juive,* où il se trouve cité à treize endroits différents, ses thèses sont discutées notamment lorsqu'il s'agit du « sémitisme » de divers personnages historiques. Mais en ce qui concerne le cas particulier de Napoléon, Jules Michelet déjà accueillait avec faveur les vues du « spirituel Anglais M. Disraeli », qu'il étayait par cette réflexion : « L'amour aussi de thésauriser, tant de millions entassés aux caves des Tuileries, cela sent aussi le Marrane. »

Les divers arguments de cette sorte furent repris par la plupart des auteurs antisémites français d'avant 1914, surtout lorsqu'ils étaient anglophobes, ce qu'ils étaient le plus souvent. En Allemagne, Ludwig Schemann (l'apôtre de Gobineau) et Houston Stewart Chamberlain opposaient tous deux le grand Juif qui avait le premier proclamé l'importance de la race à la cohorte mesquine des « antiracistes » juifs, et il va de soi, d'autre part, que la propagande hitlérienne en faisait le symbole d'une Angleterre régie par les Juifs. Ainsi, ce nom sonore se prêtait à des exploitations bien diverses, et sans doute a-t-il éveillé d'innombrables façons, de 1845 à 1945, la fibre antisémite. Une telle action est difficile à mesurer exactement, puisque nous sommes dans le domaine des forces dites invisibles, et des influences occultes, que les initiés entourent de secret, mais on peut croire que l'auteur de *Coningsby* et de *Tancred* a servi d'inspirateur inavouable à des générations de mystificateurs antisémites, de faussaires et d'illuminés, et qu'il fut d'autant plus volontiers cru et imité, sinon démarqué, que sa carrière spectaculaire semblait illustrer la justesse de ses théories. Celles-ci, à leur tour, reposent, sur sa familiarité avec la tradition marrane, qui, en sa personne, souvent jugée énigmatique, jette son dernier éclat : en son temps un duc de Naxos ne fut-il pas pour l'Empire ottoman ce que devint Lord Beaconsfield pour l'Empire britannique ?

III

France

Dès 1816, un contemporain célébrait l'ère nouvelle : « Nous voyons les Israélites à côté de nous ; nous leur parlons, ils partagent nos charges, nos sacrifices, nos plaisirs, nos veilles, nos craintes, nos espérances ; pourquoi ? Parce qu'ils jouissent des mêmes droits... » En effet, rien, sinon des préjugés désuets, ne semblait plus devoir séparer les Juifs des Chrétiens. Toutes les carrières leur étant ouvertes désormais, déjà on les voyait, notait Benjamin Constant en 1818, « figurer honorablement dans les administrations, ne plus s'éloigner de la carrière des armes, cultiver les sciences et les enseigner... » Contrairement à ce qui se passera outre-Rhin, cette première génération ne fournira (à l'exception, peut-être, de Rachel) aucune personnalité de tout premier plan, mais à titre de seconds violons, les fils d'Israël se faisaient un nom, tels les frères Halévy, un Léon Gozlan ou un Alexandre Weill, dans les salles de théâtre ou de rédaction, peuplaient en force le mouvement saint-simonien, et cultivaient, d'une manière peut-être typique pour le judaïsme français, l'art de la guerre. Quant à la deuxième génération, de l'avis d'Alfred de Vigny, elle était près d'atteindre « le sommet de tout dans les affaires, les lettres et surtout les arts et la musique avant les beaux-arts ». C'est dire qu'il n'y avait pas que les Rothschild, et la banque. Et déjà, le problème, posé par l'émancipation, de l'incertaine identité des « Israélites » trouvait son reflet littéraire : un anonyme exprimait en 1840 son tourment en l'enrobant d'une affabulation romantique et médiévale, à la mode de ce temps :

Et si, pour éviter une fortune maudite,
Je viens à déserter ma race proscrite,
En me montrant du doigt, le Chrétien ébahi
A mon tour s'écriera : voilà le Converti !
(...) Et vous vous étonnez de ma tristesse extrême ?
Juifs, Chrétiens, je vous hais ! Sur vous tous anathème !

Pourtant, sous la Restauration, l'opinion bourgeoise et policée semblait favorablement disposée envers les enfants d'Israël. Un pays qui aspirait à l'ordre et à la légalité redoutait les sujets de discorde. Toute brimade ou discrimination trouvait aussitôt des censeurs vigilants, notamment parmi les protestants, riches, actifs et collectivement traumatisés eux aussi. A propos du baptême frauduleux d'un Juif, le spectre des dragonnades était agité : « L'édit de Nantes est-il une seconde fois révoqué, et sommes-nous destinés à voir renaître le temps où des convertissants... enlevaient les enfants des protestants et des Juifs, et les faisaient élever dans les couvents ? » Dénonçant les brimades infligées aux protestants des Cévennes, Benjamin Constant enveloppait dans sa défense « l'autre culte, bien plus cruellement persécuté depuis deux mille ans, et qui par une suite inévitable de cet injuste anathème semblait empreint de haine et d'hostilité contre l'ordre social qui le proscrivait ».

Mais les Juifs possédaient désormais leurs propres avocats. Dans ses plaidoiries, Adolphe Crémieux proclamait de son côté que les vieilles haines avaient fait leur temps. « Vous n'êtes plus les mêmes, ils ne sont plus les mêmes, leur changement est remarquable, le vôtre ne l'est pas moins... »

« Jetez les yeux sur cette France, patrie de tous les sentiments généreux ; voyez les Israélites s'élançant dans toutes les carrières honorables et se distinguant par toutes les vertus qui font les bons citoyens... Que l'on cesse donc de faire retentir dans cette enceinte le nom de la nation juive, si tant est que l'on puisse regarder les Juifs comme une nation, depuis qu'ils ont eu le bonheur d'être confondus dans la grande famille du peuple français. »

Le nom d'Adolphe Crémieux symbolisait la réussite de l'émancipation en France. En 1830, Gans (le maître berlinois de Karl Marx) notait, avec une pointe d'envie, que Crémieux « brillait grâce à la renommée de ses connaissances, de son habileté et grâce à un troisième point qui ici fait honneur, à savoir qu'il est Juif ». *Ici,* c'était le salon du marquis de Lafayette dans lequel se pressait la haute société parisienne et internationale.

Plus suggestif encore, pour l'éclipse du préjugé antijuif dans les classes éclairées et possédantes de ce temps, est un argument dont se servit Victor Schœlcher pour montrer l'inanité du préjugé antinègre : « Parmi les Européens, il existe quelque chose de cela entre nous et nos serviteurs à gages, comme autrefois entre les catholiques et les Juifs, comme encore aujourd'hui entre les seigneurs russes et polonais et leurs serfs. »

Il est vrai que le nouveau point d'honneur était en réalité un privilège des Juifs ultra-riches. Or, c'étaient les plus misérables d'entre eux qui restaient la pierre d'achoppement à l'entrée collective dans la société et la nation. Pour les transformer en citoyens dits utiles, en « Israélites », les consistoires, rigidement organisés par Napoléon, ne ménageaient pas les efforts, multipliaient les écoles, les bourses d'étude et les centres d'apprentissage. S'il fut un point sur lequel les communautés restèrent fidèles aux errements ancestraux, ce fut celui de leur structure ploutocratique : un franc-tireur, le mathématicien Olry Terquem, qualifiait en 1836 le judaïsme français de « vaste confédération commerciale, à propos d'une religion » :

> « Ayez de l'argent, vous devenez notable ; de l'or, vous arrivez aux consistoires ; des diamants, vous atteignez le Consistoire central... »

De ce fait, la direction suprême du judaïsme français échut tout naturellement au Juif le plus riche, le consul d'Autriche (il ne se fit jamais naturaliser en France), James de Rothschild, *primus inter pares* des cinq illustres frères, et « grand rabbin de la rive droite » suivant Henri Heine, ou « grand prêtre du judaïsme en dernier ressort », suivant cet autre enfant terrible que fut Alexandre Weill.

« Rois des Juifs, et Juifs des rois » ; les Rothschild, ce sont d'abord les Juifs de cour de la Sainte-Alliance des monarques. Mais le phénomène rothschildien, c'est bien autre chose que cela. En un temps où les banques, par le biais du crédit public, « prennent la tête des Etats » (Stendhal), celle des fils du ghetto de Francfort devient, en maintes circonstances, l'arbitre de la situation politique, en même temps que de la situation financière. A Paris, la maison « joue un rôle bien plus considérable que les gouvernements, à l'exception du cabinet anglais » (chancelier Metternich). « Vice-roi, et même roi de la France », s'exclamait plus crûment la femme du chancelier russe Nesselrode, après avoir dîné chez James de Rothschild. Les gens de finance estimaient de leur côté qu'une grande opération, en Europe, n'avait de chances de réussir qu'avec le concours des Rothschild. Leur pouvoir était devenu aux yeux des contemporains « une sorte de fatalité, à laquelle il était difficile d'échapper ». Les adversaires de l'ordre établi pouvaient s'en donner à cœur joie. Dans ses *Lettres de Paris,* Börne fut le premier à ironiser sur cette « domination juive » :

« Rothschild a baisé la main du pape... L'ordre s'est enfin établi, que Dieu projetait lorsqu'il créa l'univers. Un Chrétien pauvre baise les pieds du pape, et un Juif riche lui baise la main. Si Rothschild avait obtenu son emprunt romain à 60 p. 100 au lieu de 65 p. 100, et s'il avait pu envoyer au cardinal camerlingue plus que dix mille ducats, on lui aurait permis d'embrasser le Saint-Père. Le monde ne serait-il pas plus heureux si tous les rois étaient déposés, et la famille Rothschild placée sur le trône ? »

Bonne ou mauvaise, la plaisanterie avait sa raison d'être, puisque les Rothschild s'employaient à empêcher les carnages insensés. La paix était le grand mot d'ordre de la banque : une paix que, pesant de tout le poids de son or, « bridant l'Europe, pour que rien ne bouge », elle parvint à faire sauvegarder jusqu'au milieu du siècle. Si le sang ne coulait pas en Europe, sa domination occulte y était bien pour quelque chose. Mais les contemporains, faut-il le dire, n'entendaient pas payer la paix d'un tel prix. « Sombre médiateur des nations, écrivait en 1842 Michelet, qui parle la langue commune à toutes, l'or, et les force par là à s'entendre entre elles... Ils ne devineront pas par exemple, qu'il y a, à Paris, dix mille hommes prêts à mourir pour une idée... »

A elle seule, l'illustre famille personnifiait l'épouvantail naguère agité par les Maistre et les Arnim, elle paraissait justifier les sombres prophéties d'un Barruel, ou la mégalomanie d'un Disraeli. « Et ne remercions pas le Juif de la paix qu'il nous donne, protestait le fouriériste Toussenel ; s'il avait intérêt à ce que la guerre se fît, la guerre se ferait. » Pourtant, si les Rothschild aspiraient à la paix au nom de la bonne marche de leurs affaires, cette aspiration restait conforme à la tradition pacifique et cosmopolite des ghettos. « A quoi bon se quereller ? La Russie est loin... », écrivait sententieusement Nathan de Londres à Salomon de Vienne, en 1829 ; et James de Paris, en 1830 : « Nous ferons l'impossible pour maintenir la paix... » Nous verrons un peu plus loin comment il contribua à la sauvegarder en 1840, lors de la grande crise d'Orient, et comment le conflit international fut précédé par un débat sur les crimes rituels des Juifs.

Si le thème des Rothschild a inspiré des générations de propagandistes antisémites, il est remarquable de le voir partiellement ou même entièrement dissocié de celui des Juifs, chez les grands témoins de l'époque. Pour Balzac, le « loup-cervier » Nucingen, c'est-à-dire le baron James, est d'abord alsacien, et son proverbial accent est germanique ; Heine, non sans une pointe d'ironie, faisait figurer les Rothschild parmi les gloires de l'Allemagne ; Stendhal, qui peint le baron sous les traits de Leuwen le père, le déjudaïse complètement et lui attribue une origine mi-hollandaise. En somme, les Rothschild paraissent à ces contemporains plus étrangers que juifs ; on peut dire aussi qu'ils exauçaient à leur manière un vœu des émancipateurs, en voyant l'étranger dans le Juif, plus que le Juif dans l'étranger. Même les polémistes antirothschildiens dissociaient à leur manière les banquiers des enfants d'Israël : le pamphlétaire Mathieu-Dairnvaell écrivait dans *Rothschild, ses valets et son peuple* : « Je n'en veux aucunement aux Juifs que je considère comme mes frères... J'en veux à ceux que j'appelle Juifs... »

Il reste que sous ces apparences, l'antique préjugé conservait toute sa vitalité, ainsi que le montrent l'occasion de certaines affaires retentissantes. Un Juif se trouvait-il au centre d'un scandale, ce scandale devenait aussitôt juif, et tous les enfants d'Israël se trouvaient enveloppés dans la même condamnation. Il en fut ainsi en 1832, lors de l'arrestation de la duchesse de Berry, livrée au gouvernement de Louis-Philippe par le converti Simon Deutz. C'était le Saint-Siège qui avait recommandé cet aventurier à la duchesse, mais c'est à la synagogue qu'alla une réprobation dont Chateaubriand et Victor Hugo furent les deux grands porte-parole. Le premier évoquait l'ombre de Judas Iscariote :

« Que le descendant du Grand Traître, que l'Iscariote en qui Satan était entré, *intravit Satanas in Judam*, dise combien il a reçu de deniers pour le marché... »

Le second se servait de l'image, plus moderne, du Juif-errant, et si Deutz avait apostasié, c'est qu'il était pire qu'un Juif :

Ce n'est même pas un Juif ! C'est un payen immonde,
Un renégat, l'opprobre et le rebut du monde,
Un fétide apostat, un oblique étranger (...)
Marche, autre Juif errant...

Börne, de son côté, marquait le coup avec un humour noir bien caractéristique : « On ne comprend pas pourquoi ce Juif s'est fait catholique, il aurait pu aussi bien devenir un gredin en restant juif. » Seul Alexandre Dumas réserva à Deutz un traitement tant soit peu équitable.

Si l'épisode Deutz reste surtout symptomatique, l'affaire de Damas, en 1840, eut des résonances profondes et internationales. Par un accident de l'histoire, le concert des puissances, y compris la Russie de Nicolas Ier, prit alors sous sa protection des Juifs persécutés par les agents du gouvernement français, mais ce n'est pas par accident qu'une telle conjoncture suscita, à l'ère des nationalismes, une incompatibilité temporaire entre l'état de Juif et celui de Français.

En 1840, la crise d'Orient, au cours de laquelle la France, qui patronnait le vice-roi d'Egypte Méhémet Ali, s'opposait au reste de l'Europe, favorable au sultan, entra dans la phase aiguë. La petite histoire vint alors dire son mot à la grande : à Damas, ville en partie chrétienne, un moine capucin, le Père Thomas, disparut mystérieusement en février 1840. Les consuls français Ratti-Menton et Cochelet imputèrent cette disparition à la communauté juive et firent déclencher des poursuites contre ses notables, accusés de meurtre rituel. Longuement torturés, les uns succombèrent, d'autres apostasièrent, d'autres encore passèrent des aveux mensongers. Il se trouvait que deux de ces notables étaient des sujets autrichiens. Les consuls d'Autriche Merlatto et Laurin cherchèrent à tirer d'affaire leurs nationaux. De part et d'autre, les gouvernements, celui de Metternich et celui de Thiers, prirent le parti de leurs agents, et ce conflit devint un épisode de l'épreuve de force qui mettait aux prises la France et les autres grandes puissances, à laquelle il servit en quelque sorte de prologue. C'est ainsi que l'Europe se passionna pour l'affaire : en Syrie, les représentants de l'Angleterre, de la Prusse et de la Russie se portèrent au secours de leurs collègues autrichiens ; dans les capitales respectives, la question des sacrifices humains que le Talmud est censé prescrire fut discutée au grand jour.

A Paris, le Conseil des ministres se souciait médiocrement de savoir si le sang chrétien servait d'ingrédient à la cuisson des pains azymes. Mais il importait à Thiers de ne pas laisser découvrir qu'il bluffait en proclamant son intention de défendre Méhémet Ali jusqu'au bout, et c'est pourquoi il se solidarisa avec ses consuls. Ses principaux antagonistes, Crémieux, Fould et Rothschild, étaient tenus par une autre solidarité. Les documents laissent entendre que le baron James et ses frères se sentaient vitalement concernés par le sort de leurs coreligionnaires syriens (cet aspect des « loups-cerviers » germaniques avait totalement échappé à Balzac). Thiers s'étant montré intraitable au cours d'un entretien avec James, celui-ci voulut recourir, écrivait-il à son frère Salomon, « au moyen tout-puissant ici, à savoir l'aide des journaux », mais pour une fois, la recette échoua, d'autant plus que la fièvre patriotique commençait à monter à Paris. Un organe gouvernemental *(Le Messager)* fut chargé d'écrire que les superstitions des Juifs orientaux prescrivaient le meurtre rituel, et que leurs congénères feraient mieux de se taire. Peut-être Thiers y croyait-il : que pouvait-il savoir du judaïsme ? En tout cas, il s'enferrait de plus en plus.

A propos de la crise d'Orient en son ensemble, il écrivait à Guizot : « Nous sommes neuf, vous dix, le roi onze. A nous tous nous saurons suffire. N'ayons pas peur et marchons d'accord. L'animation en France est extraordinaire. » En ce qui concerne les meurtres rituels, il contre-attaquait, du haut de la tribune de la Chambre :

« Vous réclamez au nom des Juifs, et moi, je réclame au nom d'un Français. Et puis, qu'il me soit permis de le dire : il se passe une chose extrêmement honorable pour les Israélites. Lorsque les faits ont été connus, ils se sont émus dans toute l'Europe, et ils ont apporté dans cette affaire un zèle, une ardeur qui les honorent profondément à mes yeux. Et qu'ils me permettent de le dire, ils sont plus puissants dans le monde qu'ils ne prétendent l'être, et à l'heure qu'il est, ils sont en réclamation auprès de toutes les chancelleries étrangères. Ils y mettent un zèle extraordinaire, une ardeur dont on ne peut se faire une idée. Il faut du courage à un ministre pour protéger son agent ainsi attaqué. Je crois que j'ai montré quelque fermeté dans cette affaire, et je l'ai dû... »

Peu après, Thiers parlait à la Chambre des Pairs un

langage encore plus perfide : « Ne dois-je pas plutôt ajouter foi à la parole de M. Cochelet qu'à celle d'une secte que je respecte dans ses efforts énergiques pour se justifier, mais qui, enfin, est elle-même partie au procès ? » Endossée par le président du Conseil, propagée par lui au cours de ses conférences de presse quotidiennes, la fable sanglante s'étalait dans tous les journaux, sur le fond de l'humeur belliqueuse des Français ; y compris, se lamentaient les *Archives israélites,* « les plus dévoués aux idées de progrès et de libéralisme ». Quant à ceux dont « les opinions politiques et religieuses sont restées le plus en arrière », ils surenchérissaient en invoquant une raison d'Etat et d'Eglise. « Si l'on veut que les Juifs soient innocents... écrivait *La Gazette de France,* il faudra accuser les Musulmans et les Chrétiens ; c'est une triste alternative » ; suivant *La Quotidienne,* « leur innocence même serait un sujet de plus de grave attention ; il est commode d'accuser d'imbécillité la race humaine tout entière pour expliquer son animadversion héréditaire contre le peuple des trafiquants ». Autant de raisons pour condamner les Juifs : il n'y eut que deux journaux à Paris, *Le Journal des Débats,* acquis aux Rothschild, et *L'Espérance,* par solidarité protestante, pour prendre leur défense.

En revanche, dans les autres pays occidentaux, et singulièrement en Grande-Bretagne, une opinion hostile à la France tendait de ce fait même à épouser la cause des Juifs. Ceux-ci, soucieux de se laver d'un soupçon infamant, ne voyaient le problème que sous son angle juif, et ils étaient donc les seuls à se préoccuper de son fond, de préférence à ses prolongements et à son exploitation politique. Etat de choses qui montre comment, en luttant pour leur sécurité et leur honneur, ils peuvent être amenés à servir la cause de la vérité, ce dont l'affaire de Damas fut le premier grand exemple. S'organisant, pour la première fois depuis leur émancipation, à l'échelle internationale, les notables juifs se réunirent à Londres. Crémieux, délégué de la France, s'exclama : « La France est contre nous ! » ; ainsi, dans la conjoncture, il paraissait se sentir plus *juif* que *français,* et sur ce point au moins, les attaques de Thiers portaient juste. L'un des notables anglais, Bernard van Oven, proposa de faire jurer solennellement par tous les rabbins de l'Europe que la religion juive ne prescrit pas de sacrifices humains. Finalement, il fut décidé de déléguer auprès du sultan et de Méhémet Ali une mission composée de Crémieux, de Moïse Montefiore et de l'orientaliste Munk. Elle partit effectivement, sur une frégate mise à sa disposition par le gouvernement britannique. Mais le sort des Juifs de Damas restait suspendu à l'issue de la crise internationale. Celle-ci se dénoua sur la démission de Thiers, à laquelle une démarche de James de Rothschild auprès de Louis-Philippe semble ne pas avoir été étrangère ; la rente venait de baisser, la paix fut sauvée. Les Rothschild imposèrent-ils le renvoi de Thiers, facilitant ainsi la solution pacifique du conflit ? S'employèrent-ils ensuite à faire convoquer une conférence internationale, afin de panser les plaies de l'amour-propre français ? Cela, c'est la grande histoire, que les historiens interprètent chacun à sa manière, en fonction de leurs conceptions et des documents disponibles. L'histoire juive, elle, a noté que les Juifs furent réhabilités, après la capitulation de Méhémet Ali, et qu'il ne fut plus question, à Paris, des « rites sanglants du Talmud » ; mais, l'alerte ayant été chaude, l'intrigue ourdie par l'obscur comte de Ratti-Menton servit de point de départ à la constitution des organisations internationales de défense des Juifs, à commencer par l'Alliance israélite universelle.

Les spectres du passé : les Juifs errants.

En 1842, trois Juifs : Crémieux, Cerfberr et Fould furent portés à la Chambre par le corps électoral français. Les *Archives israélites* jubilaient : « Qui parle de dissensions ? Il n'y en a plus de possibles en France, après un tel résultat, il n'y a plus chez nous de différences religieuses, plus de haines héréditaires, plus de croyances qui tuent ! Le fanatisme est en ruines, la persécution est morte, la superstition est évanouie ! » Dans un autre article, la revue adjurait « les maréchaux littéraires commandant la grande armée de la presse » de renoncer à tout jamais à l'adjectif de *juif* :

> « Non pas que nous rougissions de notre croyance... — à Dieu ne plaise ! — mais c'est qu'en France, en 1842, *juif* est un adjectif vide de sens ; c'est que le Juif, comme l'entend le dictionnaire de l'Académie, devient chaque jour plus rare ; c'est que le Juif dont l'âme est à Jérusalem tandis que son corps est en France n'existe plus guère de nos jours ; c'est que la *nation juive* ne se trouve plus sur le sol français... »

C'est le mouvement romantique, et ses auteurs à succès, que les *Archives israélites* accusaient de la pérennité d'un « mot qui est une arme en permanence contre nous » :

« Chacun d'eux tient au moins une fois en sa vie à se tailler un pourpoint en plein Moyen Age, et, quand leur imagination est épuisée, ils bâclent une histoire de Juifs. Il n'y a pas un romancier, pas un apprenti nouvelliste, pas le plus piètre fabricant de feuilleton qui n'ait dans son sac la peinture fantastique du Juif d'autrefois, le récit de nos malheurs passés, la représentation de nos naïves légendes. On dirait que depuis notre grand naufrage historique, le moindre rapin a sur nous droit d'épave.

« Aimez-vous le Juif ? on en a mis partout.

« Au théâtre, depuis Shakespeare jusqu'à Scribe ; dans les romans, depuis Ivanhoé jusqu'à Paul de Kock ; dans les journaux, depuis qu'il y a des écrivains qui commettent des feuilletons et un public qui consent à en avaler quotidiennement une tartine ; partout enfin, dans ce monde de papier imprimé (...) crac ! on vous improvise un Juif comme on ferait des œufs sur le plat... Que le ciel vous préserve de la couleur locale de ces messieurs ! »

Le témoignage est de prix. Mais c'est en vain que les *Archives israélites* s'évertuaient « à dire à ces écrivains qu'ils nous caricaturent, qu'ils nous défigurent et qu'ils nous affublent à tort d'oripeaux vieillis » ; le pire, aux yeux de la revue, restait à venir, puisqu'en 1844 *Le Constitutionnel* commençait à publier le fameux *Juif errant* d'Eugène Sue.

Rappelons que si le thème date du Moyen Age, la légende populaire du Juif errant se propagea en Europe au XVIe siècle, et que c'est au début du XIXe qu'elle acquit une notoriété universelle et entra dans la grande littérature. Gœthe, Schubart, A.W. Schlegel, Brentano, Chamisso, Gutzkow en Allemagne, Byron, Shelley et Wordsworth en Angleterre s'attaquèrent alors au thème. En France, la version populaire, sous forme d'une complainte, semble dater de 1800 environ. En 1833, Edgar Quinet faisait d'*Ahasvérus* le symbole, prométhéen ou faustien, et quelque peu confus, de l'humanité laborieuse et souffrante ; Sue donna à son personnage la même signification. C'était, auraient pu clamer les *Archives israélites,* faire trop d'honneur à leurs coreligionnaires ; et c'était aussi, bien sûr, trahir l'intention populaire de signifier par le mythe « l'image du peuple juif, chassé de ses foyers pour avoir méconnu le Christ, errant depuis lors à travers le monde, et conservant toujours, malgré les persécutions, sa bourse suffisamment garnie ». D'autant plus que la légende suit l'enseignement de l'Eglise sur des points essentiels : la notion d'un témoignage éternel porté par le peuple-témoin, ainsi que celle de la déchéance du frère aîné, puisque, errant comme Caïn, le Juif errant est marqué d'un signe sur le front tout comme lui.

L'originalité du Juif errant dans sa version littéraire fut de devenir, sous la monarchie de Juillet, progressiste et révolutionnaire. Celui de Quinet, généreux et universaliste, inspirait à la fin de 1834 un journal de la même veine : *Le Juif errant, journal*, revue mensuelle du progrès. L'organe s'en expliquait dans son premier numéro :

« Le Juif errant ! à ce nom chacun s'arrête et s'incline avec effroi devant la majesté de Dieu : l'enfant, le paysan, la noble dame...

« Le Juif errant, selon le prêtre croyant, c'est la race juive, éternellement dispersée parmi les nations sans leur être confondue, sans devenir leur sœur, seule parmi les peuples de la terre, accomplissant ainsi les prophéties de la malédiction divine... Selon nous, c'est l'humanité qui voyage, c'est le progrès qui marche, et voilà pourquoi nous avons pris pour bannière de ralliement ce titre à la fois populaire et symbolique de l'avenir... »

Tel fut aussi le Juif errant selon Eugène Sue. Cet humble artisan, qui a voué tous les artisans ses descendants, tous les damnés de la terre, « à d'éternelles douleurs » fut aussi, on le sait, un instrument au service d'une machine de guerre antijésuite : et son succès égala *Les Mystères de Paris* ; de là, son innombrable progéniture. Ce fut d'abord, l'année suivante, *La Juive errante* de Léon Lespès, une fille dévoreuse, qui de Juive, à y regarder de plus près, n'avait que le titre. En réaction, Collin du Plancy fit paraître en 1847 un *Juif errant* approuvé par l'archevêché et singularisé par sa rageuse impénitence, égorgeant les enfants chrétiens et fracassant les calvaires sur son passage. L'année 1848 vit éclore un nouveau *Juif errant* périodique et révolutionaire, dont l'existence fut aussi éphémère que celle de son précurseur de 1833. La même année, le théâtre eut son *Juif errant*, celui de Sue, à l'Ambigu-Comique ; l'Opéra eut le sien en 1851, musique de Halévy, paroles de Scribe et Saint-Georges. Un Juif maléfique, dont la vue « glace de terreur » son propre fils :

AHASVÉRUS *(à ses enfants). — Ne craignez rien !*
Ce sang qu'on veut verser, mes [enfants, c'est le mien !

LÉON. — *Non, non ! Je ne veux pas de ton secours terrible !*
C'est toi qui sur nos fronts appelles le malheur !
[*Va-t'en !*
THÉODORA *(à Léon). — A sa douleur ne sois pas insensible !*
AHASVÉRUS *(avec désespoir). — O décret inflexible !*
LÉON. — *Ton nom, ton nom maudit me glace de terreur !*

Ce Juif-là survivait sur la scène de l'Opéra au Jugement dernier. La même année, Alexandre Dumas s'attaquait, pendant son exil de Bruxelles, à un *Juif errant* encore plus prodigieux : un Juif « chrétien et évangélique... du Byron sans le doute, de la consolation toujours... l'avenir, le monde, tel qu'il sera dans mille ans — Siloö, le second fils de Dieu — le dernier jour de la terre — le premier jour de la planète qui doit lui succéder ». Un Juif errant galactique, en somme, mais dont deux volumes seulement virent le jour, au lieu des vingt ou vingt-cinq prévus, la censure impériale ayant interdit une entreprise qui, dans l'esprit de son auteur, devait être une histoire à la fois universelle et surnaturelle de l'humanité.

Cette grandiloquence romantique restait pourtant superficielle, en ce sens que chez les grands créateurs de l'époque, l'image du Juif en général était aussi diversifiée, ou aussi arbitraire, que chez les figures de proue des Lumières. C'est ainsi que le Victor Hugo de la période proprement romantique se montra assez féroce. Dans un fragment datant de la prime jeunesse (1819), l'influence voltairienne, ou déiste, est clairement visible : les massacres perpétrés par les croisés se trouvent justifiés non pas par le déicide, mais comme « représaille sanglante des bibliques massacres commis par les Juifs ». Pourtant, c'est la tiédeur religieuse de ses contemporains qu'en conclusion déplore le jeune Hugo : « Aujourd'hui, il y a fort peu de Juifs qui soient juifs, fort peu de Chrétiens qu soient chrétiens. On ne méprise plus, on ne hait plus, parce qu'on ne croit plus. Immense malheur ! » Derrière l'emphase du « jeune jacobite », ne perçoit-on pas la sourde inquiétude suscitée dans les milieux les plus divers par l'émancipation des Juifs ? Par la suite, Hugo campera dans *Cromwell* et dans *Marie Tudor* des Juifs assez inquiétants. Le rabbin Manassé ben Israël (qui négocia le retour des Juifs en Angleterre) se montre assoiffé de sang chrétien :

Des deux partis rivaux, qu'importe qui succombe ?
Il coulera toujours du sang chrétien à flots
Je l'espère du moins ! C'est le bon des complots.

C'est dire si ce rabbin mérite l'apostrophe de *Juif fétide, déicide, Barrabas,* que Cromwell lui lance à la face. Tout comme paraissent justifiées au spectateur les sentences de *Juif qui parle, Bouche qui ment* et *Le mensonge et le vol, c'est tout le Juif !*, que Fabiani applique au Juif Gilbert dans *Marie Tudor.* Mais ce ne sont que les procédés dramatiques et commerciaux en usage chez les jeunes romantiques, et le poète qui, assurait Drumont, « s'est éteint entouré de Juifs » avait auparavant, dans son *Torquemada* (1882), fait amende honorable envers Israël.

Lamartine, à première vue, semble s'opposer au jeune Hugo un peu comme Rousseau s'opposait à Voltaire. Dans son *Voyage d'Orient,* il proclame son amour pour les Juifs, l'une de ces « nations poètes... qui ont idéalisé la politique et fait prédominer dans la vie des peuples le principe divin », et tout comme Rousseau, il affirme son espoir sioniste et providentiel :

« Un tel pays, repeuplé d'une nation jeune et juive, cultivé et arrosé par des mains intelligentes, fécondé par le soleil du tropique... — un tel pays, dis-je, serait encore la terre de permission aujourd'hui, si la Providence lui rendait un peuple, et la politique du repos et de la liberté. »

Ce sont les accents du *Vicaire savoyard* et, peu après, Lamartine ajoute à son *Jocelyn* l'épisode du colporteur juif :

Le pauvre colporteur est mort la nuit dernière.
Nul ne voulait donner des planches pour sa bière ;
Le forgeron lui-même a refusé son clou :
« C'est un Juif, disait-il, venu je ne sais d'où,
Un ennemi de Dieu que notre terre adore
Et qui, s'il revenait, l'outragerait encore... »
Et la femme du Juif et ses petits enfants
Imploraient vainement la pitié des passants.

Le prêtre Jocelyn fait la leçon à ses paroissiens : « Je fis honte aux Chrétiens de la dureté de leur âme. » L'apologue qu'il leur raconte les fait revenir à de meilleurs sentiments : « Cette morale du drame a retourné leur âme, et l'on se disputait l'enfant et la femme. »

D'autres auteurs ne se prononcent pas sur les destinées d'Israël, et les Juifs qui paraissent épisodiquement dans leurs récits ne permettent pas de conclure sur leurs sentiments personnels ; peut-être n'en cultivent-ils pas. C'est le cas d'Alfred de Musset, qui campe, dans *L'habit vert,* un fripier juif, Munius ; mais ce vieux fripon est roulé à son tour par la grisette Marguerite et ses amis. C'est aussi celui de Stendhal, dont *Le Juif (Philippo Ebreo),* est d'abord un homme, qui raconte à l'auteur sa vie aventureuse. On relève, dans le récit, cet admirable raccourci stendhalien :

« Voilà la vie que j'ai menée de 1800 à 1814. Je semblais avoir la bénédiction de Dieu. »
« Et le Juif se découvrit avec un *respect tendre.* »

Chez George Sand, on trouve, dans les *Mississipiens,* un agioteur du temps de Law, Samuel Bourset, neveu imaginaire du célèbre financier Samuel Bernard, que la romancière, tout comme des générations d'historiens, croyait à tort avoir été un Juif.

Dans l'univers de Balzac, les Juifs foisonnent, croqués sur le vif, et souvent identifiables (Nucingen = Rothschild, Nathan = Gozlan, docteur Halpersohn = docteur Koreff ou = docteur Knothé). On en compte une trentaine au total. La courtisane à la beauté « sublime » n'y manque pas, ni l'« usurier des toiles » Magus, ou l'usurier tout court Gobseck ; mais le créateur ne manifeste aucune prévention à leur égard. Il en va autrement de certains de ses personnages. Lady Dudley, recevant l'écrivain Nathan, dit à son amie : « Il y a, mon ange, des plaisirs qui nous coûtent bien cher » *(Le Lys dans la vallée).* L'étudiant Juste « a dit en 1831 ce qui devait arriver et ce qui est arrivé : les assassinats, les conspirations, le règne des Juifs » *(Z. Marcas),* Balzac lui-même note la rigidité de l'ostracisme provincial : « L'origine de Mlle de Villenoix et les préjugés que l'on conserve en province contre les Juifs ne lui permettaient pas, malgré sa fortune et celle de son tuteur, d'être reçue dans cette société tout exclusive qui s'appelait, à tort ou à raison, la noblesse » *(Louis Lambert).* La haute société parisienne savait, nous l'avons vu, être moins traditionnaliste.

Nous avons déjà eu l'occasion de citer, à deux reprises, Chateaubriand. Ce gentilhomme breton avait voué aux Juifs une haine tenace, tantôt se réjouissant de la déchéance des *immolateurs du Christ* (« le genre humain a mis la race juive au lazaret, et sa quarantaine proclamée du haut du calvaire ne finira qu'avec la fin du monde »), tantôt en jalousant leur prospérité (« Heureux Juifs, marchands de crucifix, qui gouvernez aujourd'hui la Chrétienté... Ah ! si vous vouliez changer de peau avec moi, si je pouvais au moins me glisser dans vos coffres-forts, vous voler ce que vous avez dérobé aux fils de famille, je serais le plus heureux des hommes »). La contradiction entre ces deux passages des *Mémoires d'outre-tombe* ne pouvait être levée qu'en prêtant aux Juifs des pouvoirs surnaturels ; c'est aux Rothschild que Chateaubriand attribuait, paraît-il, l'échec de sa carrière politique.

De tels sentiments, nous l'avons déjà dit, sont caractéristiques d'une noblesse qui ne pouvait se réconcilier avec le nouvel ordre social. On retrouve chez Alfred de Vigny cette rancœur de caste, mais compliquée par ses singularités et défauts de caractère, et revêtant chez ce penseur amer une forme quasi obsessionnelle. Si son Juif de théâtre (le « Samuel Montalto » de *La maréchale d'Ancre,* « riche et avare, humble et faux ») n'est que le pendant du Manassé ben Israël de Hugo, et de ses innombrables émules, son *Journal d'un poète* contient nombre de passages révélateurs de cette hantise.

Dans l'homme juif, quel qu'il soit, Vigny voit régulièrement le Juif d'abord, l'homme ensuite. *Heine est juif...* — suit la description de ce personnage « froid et méchant », qui déplaît à Vigny (1832). *Spinoza est juif...* — suit un raccourci du «système » de *L'éthique* (1833). En 1847, Vigny note un *fait remarquable : M. Halphen (juif) a été nommé maire du deuxième arrondissement de Paris.* Le *Journal d'un poète* nous renseigne aussi d'abondance sur la manière dont Vigny voit le monde. Ce monde est atroce, tout y va de mal en pis : « Paris triste chaos, me donne de bonne heure la tristesse qu'il porte en lui-même, et qui est celle d'une vieille ville, tête d'un vieux corps social. » « La bourgeoisie est la maîtresse de la France, elle la possède en longueur, en largeur et en profondeur. » « L'homme redevient singe. » Dans un tel univers, qui est le lot du comte de Vigny, qui fut, assure-t-il, « opprimé dès l'enfance » ? Voici : « Dans mille occasions de ma vie, je vis que les nobles sont en France comme les hommes de couleur en Amérique, poursuivis jusqu'à la vingtième génération. »

Aussi bien ce monde est-il totalement juif. Les réflexions qu'à ce propos nous livre Vigny sont soit des vues personnelles, soit des notes d'écrivain pour une œuvre future, mais entre les vues de l'homme, et leur transfiguration par l'artiste, on n'arrive pas toujours à faire le départ. D'ailleurs, les contradictions ne manquent pas — à moins qu'il ne s'agisse d'une lente évolution, au fil des années. En avril 1837, le Juif est le fauteur, et le grand triomphateur, de la révolution de Juillet :

« Le Juif a payé la révolution de Juillet parce qu'il manie plus aisément les bourgeois que les nobles. — Le Juif paie Prospero... — Ce Juif est beau, gros, pâle, heureux et triomphant des Chrétiens qui adorent le veau d'or dans tous les pays. — Au dernier chapitre, il raconte que le Grand Turc et le Pape l'ont également bien reçu et qu'il a acheté une croix à l'Empereur et l'autre à un Roi. — Le monde est à lui. — Les duchesses font les honneurs de ses salons, quand il veut, et les barons chrétiens sont ses humbles serviteurs... »

Vingt ans plus tard, en mars 1856, ce triomphe juif est décrit sous de tout autres couleurs :

« *Note sur les Juifs.* — Cette race orientale et enflammée, race directe des patriarches, remplie de toutes les lumières et de toutes les harmonies primitives, a des aptitudes supérieures qui la mènent au sommet de tout dans les affaires, les lettres, et surtout les arts et la musique avant les autres beaux-arts. *Cent mille* Israélites à peine sont établis au milieu de *trente-six millions* de Français et ils ont sans cesse les premiers prix dans les lycées. *Quatorze* d'entre eux à l'école Normale avaient les premières places. On a été obligé de réduire le nombre de ceux à qui il serait permis de concourir aux examens publics. »

Quant à Vigny l'artiste, c'est dans *Daphné,* une œuvre inachevée qui est aussi, à tout prendre, une sorte d'autoportrait, qu'il semble avoir dévoilé toute sa sensibilité, sur le point qui nous intéresse. Le contraste judéo-chrétien y est marqué de la manière suivante : d'une part, les *autres,* les Gentils, Julien l'Apostat et ses amis païens ou chrétiens, le philosophe Libanius ou saint Jean Chrysostome, qui discourent, qui luttent et qui souffrent ; de l'autre, le narrateur, le jeune marchand juif Joseph Jechaïah, spectateur impassible de ces discours, luttes et souffrances, une identification d'auteur donc, sinon une conscience. Aussi bien Joseph Jechaïah n'est-il pas un marchand ordinaire : il fréquente de plain-pied et égale en culture l'Empereur et ses commensaux ; et philosophe lui-même, il ne peut « s'empêcher d'admirer comment tous les changements des idolâtres tournaient d'une manière inévitable à l'accroissement de notre puissance sur le monde ».

Tout le long du récit, ce ne sont que sentiments ineffables, que soucis lancinants des augustes protagonistes pour le devenir humain — vaut-il mieux pour l'humanité d'être chrétienne ou d'être païenne ? — et le Juif philosophe paraît même participer à ces sentiments et à ces soucis. Mais tout à la fin, lorsque des Chrétiens « stupides et féroces » ont massacré les païens et saccagé leur temple, Joseph Jechaïah, après leur avoir racheté à vil prix le trésor des païens, jette le masque : « Cela pourrait reconstruire une bonne partie du saint Temple de Salomon. Ainsi, grâce à notre persévérance, notre sainte nation creuse sous les pieds de toutes les nations de la terre une mine remplie d'or où elles s'enseveliront, deviendront nos esclaves avilies et reconnaîtront notre puissance impérissable. Loué soit le Dieu d'Israël !... »

Les menaces de l'avenir : les mouvements socialistes.

Si un Chateaubriand, et même un Vigny, utilisaient contre les Juifs les vieux arguments de l'arsenal catholique, l'Eglise s'abstint, au cours de la première moitié du XIXe siècle, de mener campagne contre eux. Etait-ce le souvenir, encore trop cuisant, de la Révolution et des attaques voltairiennes ? — toujours est-il qu'on ne rencontre guère de membres du clergé parmi les polémistes antijuifs de ce temps. La seule exception notable fut l'abbé italien Chiarini, professeur d' « antiquités orientales » à Varsovie, qui publiait en 1829 à Paris, aux frais de l'empereur Nicolas Ier, sa *Théorie du judaïsme appliquée à la réforme des Israélites de tous les pays de l'Europe.* L'ouvrage, qui agitait les vieilles fables du meurtre rituel et de l'empoisonnement des puits, fit quelque bruit, et les *Archives israélites* rangèrent son auteur parmi les grands diffamateurs historiques du judaïsme.

Pour le reste, les spécialistes catholiques de l'antijudaïsme se recrutaient parmi les Juifs convertis, tels l'abbé Drach, les frères Ratisbonne, ou Cerfberr de Medelsheim, dont l'opuscule *Ce que sont les Juifs de France* (1842) fut vendu à vingt mille exemplaires et retint, paraît-il, l'attention de Vigny ; mais il mérite d'être tiré de l'oubli pour une autre raison. Il est des traits qui peignent une société : sous la monarchie de Juillet, le Juif, à en croire cet écrit, ne pouvait accéder à la vertu et à la religion qu'une fois fortune faite :

« ... Quoique le Juif allemand meure ordinairement dans l'impénitence finale, il arrive quelquefois qu'il s'amende, surtout lorsque sa fortune est faite. Ces Juifs sont alors véritablement bons et généreux : ils pratiquent le bien sans ostentation, vivent sans faste et sans morgue ; ils donnent à leurs enfants une éducation solide et libérale : ils sont des citoyens utiles, et la patrie peut compter sur eux à l'heure du danger ; ils sont francs et loyaux, reconnaissant les erreurs de leur nation, et comme aucun intérêt ne les oblige alors à dissimuler leurs sentiments, ils confessent la vérité, et presque tous sont christianisants. »

On comprend d'autant mieux qu'à cette époque les grandes campagnes antijuives soient venues d'un tout autre bord. Mais tout projet d'une réorganisation radicale de la société s'est trouvé confronté, à travers l'histoire occidentale, avec l'image multiforme du Juif, se couvrant parfois du messianisme d'Israël, plus souvent tendant à faire du Juif un antisymbole. Le phénomène se vérifie avec une netteté particulière dans le cas des mouvements socialistes français.

Héritier direct des Lumières, Saint-Simon ne semble pas s'être personnellement préoccupé d'une question au sujet de laquelle on ne trouve sous sa plume que quelques lignes sans grand relief. Mais il compta parmi ses rares disciples deux jeunes Juifs, Léon Halévy et Olinde Rodrigues, et lorsque après sa mort le mouvement saint-simonien prit son essor, de nombreux fils d'Israël figurèrent parmi les militants ou les sympathisants. La doctrine, qui mettait à l'honneur le commerce et la banque, avait de quoi attirer les spécialistes héréditaires de ces professions, déracinés par l'émancipation, et cherchant sans doute aussi un nouveau mode d'insertion dans la société. Cette alliance entre les jeunes Juifs et le saint-simonisme trouva son expression non seulement dans le « philosémitisme » de celui-ci, mais aussi pour ce qui était des prétentions eschatologiques de la secte, dans une expédition dans l'Orient, à la recherche d'une « Mère » à la fois universelle et juive ; et elle contribua, aux yeux de l'opinion, à une identification des saint-simoniens aux Juifs qui reposait sur des fondements plus profonds. On connaît l'issue de l'aventure saint-simonienne et comment les frères Pereire, mais aussi les frères Talabot, Michel Chevalier et le chef de la secte, Enfantin lui-même, trouvèrent leur place dans les banques et les conseils d'administration. Un mot, que cite Taxile Delord, courait alors dans le monde financier :

« Vous ne réussirez pas, disait-on à un industriel qui fondait une grande entreprise, vous n'avez pas de Juifs dans votre Conseil. Rassurez-vous, répondit-il, j'ai deux saint-simoniens. »

D'autres observateurs prenaient les choses plus au tragique. Elle est suggestive, et à sa manière perspicace, cette diatribe de Capefigue, dans son *Histoire des grandes opérations financières* :

« Pourquoi le nier ? Nous sommes en pleine société saint-simonienne et juive. On avait en vain voulu l'éviter ; on y court. Lorsque la magistrature, avec cette noble et sainte dignité qui la caractérise, avait condamné, en 1832, les chefs des saints-simoniens (aujourd'hui riches et promus aux dignités) à la prison correctionnelle, elle avait pressenti la société que ces doctrines feraient au monde : la famille s'en va ; la propriété s'émiette ; la campagne se dépeuple pour les cités, les petites villes pour les grandes ; les machines créent un sombre esclavage ; les chemins de fer un engourdissement monotone, une existence babylonienne, qui n'a plus pour distraction que la fumée narcotique d'un nouvel opium... »

Ils furent nombreux les contemporains qui, épouvantés de la sorte, qualifiaient de *juives* les irréversibles transformations du monde moderne, prophétiquement perçues par Saint-Simon et ses adeptes. Les autres doctrinaires du socialisme, hostiles à la révolution industrielle, exprimaient plus fidèlement la protestation populaire et, la rivalité sectaire aidant, ils furent dans leur majorité antisémites, à un degré plus ou moins prononcé.

Et d'abord, Charles Fourier. On retrouve, sous la plume de cet ancien voyageur de commerce, les récriminations des marchands du XVIIIe siècle [1], et c'est l'esprit petit-bourgeois le plus routinier qui nous parle par sa bouche, lorsqu'il se fait le porte-parole des concurrents menacés, dans son « apologue du Juif Iscariote et des six Chrétiens » :

« Le Juif Iscariote arrive en France avec cent mille livres de capitaux, qu'il a gagnés dans sa première banqueroute : il s'établit marchand dans une ville où il a pour rivales six maisons accréditées et considérées. Pour leur enlever la vogue, Iscariote débute par donner toutes ses denrées au prix coûtant ; c'est un moyen sûr d'attirer la foule : bientôt les rivaux d'Iscariote jettent les hauts cris ; celui-ci sourit de leurs plaintes, et continue de plus belle à donner les denrées à prix coûtant.

« Alors le peuple chante merveille : vive la concurrence,

1. Cf. le volume précédent, pp. 444-447.

vivent les Juifs, la philosophie et la fraternité ; toutes les denrées ont baissé de prix depuis l'arrivée d'Iscariote ; et le public dit aux maisons rivales : « C'est vous, messieurs, qui êtes les « véritables Juifs et qui voulez trop gagner : Iscariote est un « honnête homme, il se contente d'un bénéfice modique, parce « qu'il n'a pas un ménage aussi splendide que vous. » Vainement les anciens commerçants représentent-ils qu'Iscariote est un fripon déguisé, qui fera tôt ou tard banqueroute ; le public les accuse de jalousie et de calomnie, et court de plus en plus chez l'Israélite... »

La banqueroute frauduleuse ne tarde pas à venir, et « Iscariote disparaît avec son portefeuille en Allemagne, où il a acheminé ses marchandises achetées à crédit ». Mais de plus, il entraîne, de proche en proche, les six maisons chrétiennes dans sa chute, et « c'est ainsi que l'établissement d'un vagabond ou d'un Juif suffit pour désorganiser en entier le corps des marchands d'une grande ville, et contraindre les plus honnêtes gens au crime ».

Faut-il s'étonner si le criminel de l'apologue se prénomme Iscariote ? Le ressentiment économique, on y revient, se nourrissait d'un ressentiment théologique : Fourier ne prétendait-il pas (dans sa *Fausse industrie*) être un « interprète social venu après Jésus », son « prophète post-curseur » ?

Par ailleurs, ce prophète, qui avait vécu au contact des réalités, n'ignorait pas qu'en France l'usure était exercée par des Chrétiens, des « naturels du pays », ainsi qu'il s'exprimait. Mais, à ses yeux, l'usure juive était plus dangereuse, et d'autant plus néfaste l'émancipation des Juifs : une fois ceux-ci bien répandus en France, écrivait-il en 1808, le pays « ne serait plus qu'une vaste synagogue, car si les Juifs tenaient seulement le quart des propriétés, ils auraient la plus grande influence, à cause de leur ligue secrète et indissoluble ».

S'il est des Juifs honnêtes, écrivait encore Fourier, cela ne met que mieux en évidence les vices de la secte. Une autre preuve de son infamie est fournie par le refus de rompre le pain et le sel avec les Chrétiens (rien sans doute ne pouvait choquer davantage cet amateur de bonne chère). A ce propos, Fourier a une anecdote à nous conter :

« Un jour, le président du Grand Sanhédrin était invité à dîner chez l'archichancelier ; il se borna à s'asseoir à table et boire ; il refusa de manger d'aucun des mets, parce qu'ils étaient apprêtés par des Chrétiens. Il faut que les Chrétiens soient bien patients pour souffrir de telles impertinences. Elles dénotent dans la religion juive un système de défiance et d'aversion pour les autres sectes. Or, une secte qui veut conserver ses haines jusqu'à la table de ses protecteurs, mérite-t-elle d'être protégée ? Ce refus de manger fait par le chef des Juifs ne démontre-t-il pas la réalité de toutes les infamies qu'on leur reproche, entre autres le principe que voler un Chrétien n'est pas voler ? »

Il n'est guère d'écrit de Fourier qui ne contienne sa part d'attaques antijuives, à l'exception de sa dernière œuvre, *La Fausse Industrie.* Sans doute espéra-t-il, à la fin de sa vie, intéresser Rothschild à ses idées : en tout cas, il le comparait à Esdras et à Zorobabel, et lui offrait même le trône de David :

« La restauration des Hébreux serait donc une belle palme pour MM. de Rothschild ; ils peuvent, comme Esdras et Zorobabel, ramener les Hébreux à Jérusalem et y rétablir le trône de David et Salomon, pour y asseoir une dynastie Rothschild. L'augure semble un rêve, et rien n'est plus facile de réaliser en six mois, sous la protection de tous les monarques... »

Les disciples de Fourier ne désarmèrent pas après sa mort. Lors de la révolution de 1848, *La Démocratie pacifique* écrivait : « La présence de M. Crémieux au ministère de la Justice est un danger grave... Les Israélites sincèrement républicains, ennemis du favoritisme et de la coterie, ne s'offenseront pas quand nous dirons : la France vient de faire une révolution et non un sabbat ! » Par la suite, aux temps de l'affaire Dreyfus, la *Rénovation* fouriériste témoigna d'un antisémitisme frénétique. On peut aussi évoquer l'ombre de Dostoïevski, qui, après avoir brûlé ce qu'il avait adoré, ne conserva de son fouriérisme que la judéophobie : sur ce point, les chemins de Damas ont été rarement suivis jusqu'au bout.

Dispersées chez Fourier, les attaques furent concentrées chez son disciple Toussenel dans *Les Juifs, rois de l'époque* (1844). Cet ouvrage, avant d'être supplanté par *La France juive,* fut un classique, que Drumont n'avait d'autre ambition que d'égaler [1]. Son principal intérêt historique réside sur la lumière qu'il projette sur l'utilisation du terme de Juif, à l'époque où celui-ci commence à servir

1. « Pamphlet, étude philosophique et sociale, œuvre de poète, de penseur, de prophète, l'admirable livre de Toussenel est tout cela à la fois et ma seule ambition, je l'avoue, après de longues années de labeur littéraire, serait que mon livre pût prendre place près du sien dans la bibliothèque de ceux qui voudraient se rendre compte des causes qui ont précipité dans la ruine et dans la honte notre pays. »

de cri de guerre. Toussenel est on ne peut plus explicite à ce sujet : « J'appelle de ce nom méprisé de Juif tout trafiquant d'espèces, tout parasite improductif, vivant de la substance et du travail d'autrui... Et qui dit Juif, dit protestant, et il est fatal que l'Anglais, que le Hollandais et le Genevois, qui apprennent à lire la volonté de Dieu dans le même livre que le Juif, professent pour les lois de l'équité et pour les droits des travailleurs le même mépris que le Juif. » Plus loin, le cercle semble s'élargir, pour comprendre les *étrangers* en général. S'attaquant spécialement à l'Angleterre, Toussenel en vient, à propos du commerce de l'opium, à mettre en cause le pape, qui « lui-même a gardé le silence. Il y a trop longtemps que le Dieu de l'Evangile n'a plus de vicaire ici-bas ! Le vicaire du Christ, c'est un vieillard qui emprunte aux Juifs... ». Et nombreux sont les chapitres des *Juifs, rois de l'époque,* dans lesquels il n'est pas question des Juifs du tout.

Plus nuancé fut le socialiste chrétien Pierre Leroux, dont le travail, publié en 1846, s'intitulait également *Les Juifs, rois de l'époque.* Sous la plume de Leroux, le Juif devient le symbole ambivalent du genre humain : « Nous élevant à la racine même de tous les maux qui affligent l'humanité dans tous ses membres, nous dirons que si le mal, sous une certaine forme particulière, se montre plus spécialement dans ce peuple, ce n'est pas que le mal, sous ce rapport même, soit spécialement dans ce peuple, et n'atteigne que lui : le mal atteint à des degrés différents tous les hommes. » Si Leroux parle de la « prédestination terrible attachée à ce peuple », en revanche, il envisage pour lui les plus hautes destinées : « ... nous ne verrons pas toujours cette laide figure qu'il a aujourd'hui. Il reprendra une figure plus sereine, plus jeune, souriante ; il cessera de ressembler au Juif Shylock ; et j'espère le voir ressusciter sous les traits du Nazaréen que les Juifs ont crucifié, et qu'ils crucifient encore aujourd'hui par l'agiotage et le capital ».

Tous ces propos, quoiqu'on en veuille, faisaient écho aux campagnes des prédicateurs populaires du Moyen Age, moines mendiants ou fraticelles hérétiques qui, se réclamant du message évangélique, excitaient jadis contre les déicides usuriers un peuple chrétien assoiffé de justice, et les soubassements religieux des mouvements socialistes ressortent avec une netteté particulière à la lumière de leur agitation antijuive. Pourtant, les temps avaient changé ; la pointe antisémite avait cessé d'être inévitable ;

chez plusieurs socialistes de la première heure, tels qu'Etienne Cabet, Constantin Pecqueur, Louis Blanc et Auguste Blanqui, elle est absente. Au sein du mouvement fouriériste même, des militants tels que Victor Hennequin et Jean Czynski eurent à cœur de prendre la défense des Juifs. On peut dire que l'antisémitisme s'individualise, et même qu'il s'intériorise ; comme la religion, il devient une affaire privée. Mais cette affaire prend facilement des proportions démesurées : ainsi, chez Pierre Proudhon.

Pour ce penseur influent du socialisme français, le Juif était le *mauvais principe, Satan, Ahriman,* et peut-être fut-il le premier, en France, à voir ce principe incarné dans une *race,* celle de Sem. Voici comment il développait cette conception :

« Le Juif est par tempérament antiproducteur, ni agriculteur, ni industriel, pas même vraiment commerçant. C'est un entremetteur, toujours frauduleux et parasite, qui opère, en affaires comme en philosophie, par la fabrication, la contrefaçon, le maquignonnage. Il ne sait que la hausse et la baisse, les risques de transport, les incertitudes de la récolte, les hasards de l'offre et la demande. Sa politique en économie est toute négative ; c'est le mauvais principe, Satan, Ahriman, incarné dans la race de Sem. »

Si le Juif de Proudhon a toute licence pour exercer dans le monde contemporain son influence malfaisante, c'est que ce monde est profondément dépravé. Aussi bien est-ce sous le titre de *Décadence* que le révolutionnaire, dans son œuvre maîtresse *(De la justice...),* accuse les Juifs d'avoir « rendu, par toute l'Europe, la bourgeoisie, haute et basse, semblable à eux ». On reconnaîtra l'argument avancé en 1808 par Bonald, dont Proudhon s'est peut-être directement inspiré ; en effet, il invoquait, à propos de la décadence, le témoignage de Napoléon et de Chateaubriand, « le héros et le barde » ; mais c'est en vain que « Napoléon essaya de réveiller le sentiment religieux par le Concordat... il se trouva qu'il avait fait rentrer une âme de Chrétien dans le corps d'un incrédule ». Encore plus vaine apparaît à Proudhon, au point où en sont venues les choses, la tentative de lutter contre « les souverains de l'époque » ; « il ne servirait absolument de rien aujourd'hui de les expulser ». De son époque, Proudhon perçoit la décadence à de multiples signes, parmi lesquels il énumère la diminution de la taille des conscrits, et l'abâtardissement des races chevalines.

Ces accents pessimistes, ces illusions et ces idées fixes,

c'est déjà l'antisémitisme moderne et, en Allemagne, un Richard Wagner en dira autant et plus. Chez Proudhon, c'est la confusion entre théologie et racisme qui est remarquable. Pour lui, les Juifs se sont placés « hors du genre humain » en rejetant le Christ. Sa théologie devient moins banale lorsqu'il oppose (dans *De la justice...*) le *polythéisme juif* au monothéisme *indo-germanique* : Jéhovah n'est-il pas désigné dans les Ecritures comme « Seigneur des seigneurs », ou « Dieu des armées » ? « C'est un polythéisme hiérarchisé... Le monothéisme est si peu une idée juive ou sémitique, qu'on peut dire que la race de Sem a été par lui désavouée, rejetée ; c'est ce qu'exprime la déclaration des apôtres aux Juifs obstinés dans leur particularisme : *Puisque vous repoussez la parole de Dieu*, du Dieu universel, *nous passons aux Gentils.* Le monothéisme est une création de l'esprit indo-germanique ; il ne pouvait sortir que de là... »

C'est ainsi que la nouvelle anthropologie raciale, élaborée principalement en Allemagne, se trouve mise au service d'une vision globale du monde. Encore Proudhon tempère-t-il ses véritables sentiments, car ceux qu'il consigne dans ses *Carnets* ne sont guère publiables : « Les Juifs, race insociable, obstinée, infernale. Premiers auteurs de cette superstition malfaisante, appelée catholicisme, dans laquelle l'élément juif furieux, intolérant, l'emporte toujours sur les autres éléments grecs, latins, barbares, etc., et fit longtemps les supplices du genre humain... Ainsi l'influence de l'élément juif dans le christianisme est expliquée par le caractère de cette nation : beau sujet d'histoire à traiter. » Il oublie (tout comme Voltaire) son anticléricalisme, face à un Juif : « Quand Crémieux parle à la tribune, sur une question où le christianisme est engagé, directement ou indirectement, il a soin de dire : *votre* foi, qui n'est pas la mienne ; votre Dieu, votre Christ, votre Evangile, vos frères du Liban. Ainsi font tous les Juifs ; ils sont d'accord avec nous sur tous les points, à tant qu'ils peuvent en tirer parti ; mais ils ont toujours soin de s'exclure — ils se réservent ! Je hais cette nation. » Après quoi, Proudhon en vient à la question du salaire féminin, qu'il veut inférieur : « Et puis, il est bon que la femme sente la supériorité de l'homme, et qu'à l'amour se joigne en elle le sentiment de la protection reçue, et du dévouement à sa faiblesse et à ses charmes. » Mais les Juifs ne recèlent aucun charme pour lui : aussi bien esquisse-t-il, quelques mois après, un programme d'action progressive, semblable à celui qui sera appliqué en Europe dans le deuxième quart du XXe siècle : « *Juifs.* Faire un article contre cette race, qui envenime tout, en se fourrant partout, sans jamais se fondre avec aucun peuple. — Demander son expulsion de France, à l'exception des individus mariés avec des Françaises. — Abolir les synagogues, ne les admettre à aucun emploi, poursuivre enfin l'abolition de ce culte. Ce n'est [pas] pour rien que les Chrétiens les ont appelés déicides. Le Juif est l'ennemi du genre humain. Il faut renvoyer cette race en Asie, ou l'exterminer. »

A ces fureurs de Proudhon, l'influence de Fourier, ou ses démêlés avec Marx (qu'il qualifia de « ténia du socialisme »), ne fournissent pas d'explication suffisante, et encore moins est-ce le cas de ses lectures théologiques ou de ses origines campagnardes. Peut-être tout ceci a joué, en s'additionnant, et peut-être n'ont-ils pas tort, ces historiens qui ont voulu voir dans cet apôtre des classes moyennes un fasciste avant la lettre (nous n'allons pas entrer dans ces discussions). Pour mieux le comprendre, il faut d'abord connaître ses autres haines, et ses autres appréhensions.

Enumérant dans *De la justice...* les symptômes de la décadence de la France, il y incluait l'envahissement étranger : « Tandis que les Juifs s'emparent, sur tous les points, de la banque, du crédit, de la commandite, règnent sur les manufactures et tiennent par l'hypothèque la propriété, des armées de travailleurs belges, allemands, anglais, suisses, espagnols se substituent dans l'industrie aux ouvriers français, et déjà envahissent les campagnes. » De même, il écrit à Pierre Leroux : « Je veux ma nation rendue à sa nature primitive, libre une fois de toute croyance exotique, de toute institution aliénigène. Assez longtemps le Grec, le Romain, le Barbare, le Juif, l'Anglais ont déteint sur notre race... » La France aux Français ? Le xénophobe dans Proudhon parle encore plus haut dans un ouvrage inachevé et posthume, *France et Rhin* :

« *Nationalité française.* Envahie par les Anglais, Allemands, Belges, Juifs, etc. La Déclaration des droits de l'homme, le libéralisme de 1789, 1814, 1830 et 1848 n'a profité qu'aux étrangers. Qu'importe aux étrangers le despotisme gouvernemental ? Ils ne sont pas du pays ; ils n'y entrent que pour l'exploiter ; ainsi le gouvernement a intérêt à favoriser les étrangers, dont la race chasse insensiblement la nôtre. »

Suit le plan d'un travail à écrire : « Quelques pages fortement accentuées sur les Juifs. — Une franc-maçonnerie à travers l'Europe. — Une race incapable de former un Etat, ingouvernable par elle-même, s'entend merveilleusement à exploiter les autres. Son analogue dans les Bohémiens, les Polonais émigrés, les Grecs et tout ce qui vagabonde. » Ce travail ne verra jamais le jour : un livre à écrire sur les Juifs, soit anciens, soit contemporains, semble avoir hanté Proudhon toute sa vie, et sur le chapitre de l'antisémitisme, cet homme qui sur bien des points sait réviser ses jugements demeurera toujours fidèle à lui-même. On pourrait aussi s'arrêter à Proudhon l'antiprotestant, qui alla jusqu'à justifier la révocation de l'Edit de Nantes. Mais c'est surtout l'antiféministe fanatique qui mérite notre attention.

Dans *De la justice...*, Proudhon s'en prend aux émancipateurs « qui s'obstinent à nous faire la femme autrement que nous ne la voulons (...). L'homme sera le maître, et la femme obéira. *Dura lex sed lex* ».

« L'être humain complet, adéquat à sa destinée, je parle du physique, c'est le mâle, qui par sa virilité atteint le plus haut degré de tension musculaire et nerveuse que comportent sa nature et sa fin et, par là, le maximum d'action dans le travail et le combat. La femme est un diminutif d'homme, à qui il manque un organe pour devenir autre chose qu'un éphèbe. »

Que deviendrait la civilisation, si cet être démuni de *l'organe* jouissait de la plénitude des droits ? Un monde châtré, un monde d'eunuques :

« C'est que, pour mettre [les femmes] au pair avec nous, il faudrait rendre en nous la force et l'intelligence inutiles, arrêter le progrès de la science, de l'industrie, du travail, empêcher l'humanité de développer virilement sa puissance, la mutiler dans son corps et dans son âme, mentir à la destinée, refouler la nature, le tout pour la plus grande gloire de cette pauvre petite âme de femme qui ne peut ni rivaliser avec son compagnon ni le suivre. »

Plus loin, Proudhon invoque, pour défendre les privilèges masculins, les valeurs suprêmes que sont pour lui la justice, la dignité virile et la chasteté :

« Ainsi, la chasteté est un corollaire de la justice, le produit de la dignité virile, dont le principe, ainsi qu'il a été expliqué plus haut, existe, s'il existe, à un degré beaucoup plus faible chez la femme. Chez les animaux, c'est la femelle qui recherche le mâle et lui donne le signal ; il n'en est pas autrement, il faut l'avouer, de la femme telle que la pose la nature et que la saisit la société. Toute la différence qu'il y a entre elle et les autres femelles est que son rut est permanent, quelquefois dure toute la vie. Elle est *coquette,* n'est-ce pas tout dire ? Aux champs, à la ville, partout où se mêlent dans leurs jeux petits garçons et petites filles, c'est presque toujours la lubricité de celles-ci qui provoque la froideur de ceux-là. Parmi les hommes, quels sont les plus lascifs ? Ceux dont le tempérament se rapproche le plus de celui de la femme. »

En définitive, la femme est « improductive par nature, inerte, sans industrie ni entendement, sans justice et sans pudeur », et elle est même « une sorte de moyen terme entre lui [l'homme] et le reste du règne animal ».

Hantise de la femme, hantise du Juif : tout laisse croire que l'asservissement de l'une et l'expulsion de l'autre revêtaient pour Proudhon des significations voisines, et toute réflexion faite, on est bien fondé à voir dans ce révolutionnaire en retard sur son temps, dans ce violent, le prototype d'un *fasciste* du XXe siècle.

IV

Allemagne

Arndt, Jahn et les germanomanes.

Le culte de la race germanique, qui surgit en Allemagne au début du XIXe siècle, est un phénomène sans analogie dans les autres pays : parmi les nationalismes européens qui commencent à rivaliser en exaltation, aucun ne prend cette forme biologisée. C'est presque sans transition que les auteurs passent, entre 1790 et 1815, de l'idée d'une mission spécifiquement allemande à la glorification de la langue, et, de là, à celle du sang allemand, dans le cadre d'un « contre-messianisme » particulariste qui se constitue en réplique au messianisme universaliste français. C'est que le drame de la Révolution française reste la donnée fondamentale de la tragédie allemande du XXe siècle, tout, ou presque tout, ayant été dit outre-Rhin dans le domaine qui nous préoccupe plus d'un siècle avant la naissance du mouvement hitlérien.

Dans la perspective de l'antisémitisme raciste, la hantise germanique de la pureté du sang conduit à une condamnation des Juifs même en l'absence d'une haine spécifique, et aux côtés du type de l'antisémite international dont l'univers mental est peuplé de Juifs, on voit apparaître le type allemand du patriote subjectivement non antisémite, mais qui leur est hostile parce qu'il professe le mythe de la race. Ce deuxième type s'annonce avec les écrits des deux grands apôtres du racisme germano-chrétien, Ernst Moritz Arndt et Ludwig Friedrich Jahn.

Des deux, Arndt reste le mieux connu, et c'est surtout

en lui que les nazis voyaient leur grand précurseur idéologique. Ils n'avaient assurément pas tort : dès le vivant de notre homme, le baron de Stein (dont il était le secrétaire) disait « qu'il appartenait de toute évidence à une tribu de Peaux-Rouges, puisqu'il possédait un nez de chien de chasse pour flairer les différents genres de sang ». C'est dans le sang qu'Arndt supposait ancrée la précellence du « peuple lumineux » *(Lichtvolk)* allemand ; pour ce pieux luthérien, ce peuple était le seul à posséder la véritable étincelle divine. Aussi bien ne cessa-t-il de prêcher, sa longue vie durant, la lutte contre le mélange des sangs, ou l'« abâtardissement », et réclama-t-il des cloisons étanches entre les peuples, dont ses commentateurs nazis eurent beau jeu de montrer qu'elles étaient bien plus resserrées et compartimentées que celles de la doctrine et de la législation hitlériennes. C'est qu'il identifiait les races humaines avec les peuples, et distinguait donc entre race allemande, française, italienne ou russe, dont il proclamait qu'elles se perpétuaient de la même manière que les différentes races canines ou chevalines : pour montrer les méfaits du mélange racial, il se référait aux expériences des éleveurs anglais. En tout cela, on croit reconnaître, rapidement poussées jusqu'à l'outrance dans le climat allemand du temps, certaines démarches de l'anthropologie des Lumières, mais quant à lui, Arndt se réclamait de tout autres sources. Le culte de la pureté du sang, il croyait le retrouver chez les anciennes tribus germaniques décrites par Tacite, et en protestant qui avait fréquenté l'Ancien Testament, il invoquait également à l'appui de sa thèse la colère de l'Eternel contre « les fils de Dieu qui virent que les filles de l'homme étaient belles » (Genèse, VI, 1-6) ; ainsi le déluge n'était à ses yeux que le juste châtiment du premier « abâtardissement ».

Le sang des Juifs semble avoir été pour Arndt ni pire ni meilleur que tout autre sang étranger. S'il s'élevait avec véhémence contre l'admission en Allemagne des Juifs polonais, « cette plaie et peste des Chrétiens », il ne s'éloignait pas tellement des vues des émancipateurs, en exprimant l'espoir que ceux d'Allemagne disparaîtraient rapidement, une fois convertis. « L'expérience montre, écrivait-il, que dès qu'ils abandonnent leurs lois déconcertantes et se font Chrétiens, les particularités du caractère et du type juif s'estompent rapidement et, à la seconde génération, c'est à peine si on reconnaît encore la semence d'Abraham. »

Sous d'innombrables variantes, la notion de l'élection allemande trouve alors son reflet chez les esprits romantiques ; des poètes tels que Novalis et Hölderlin l'expriment à leur manière et les noms d'Adam Müller, de Görres et de son ami Perthes nous rappellent qu'elle ne faisait pas halte devant la frontière confessionnelle. Avec Fichte, elle se drape de métaphysique, tandis que Friedrich Ludwig Jahn lui donne une forme plus directe et plus brutale ; en outre, cet apôtre de la culture physique sut propager un folklore et créer un mouvement populaire, qui préfigure maints aspects des organisations paramilitaires nazies.

Tout comme Arndt, le « père gymnaste » *(Turnvater)* Jahn, s'il professait une philosophie raciale encore plus primitive, n'était pas spécialement préoccupé par le danger des « métissages juifs ». Mais c'est lui qui se trouve à l'origine d'une caporalisation spécifique des associations de jeunesse, notamment des *Burschenschaften* (associations d'étudiants) allemandes. A des titres divers, il a laissé des traces mémorables dans l'histoire européenne. Des termes tels que *Turnen* ou *Volkstum* sont de son invention, ainsi que les couleurs rouge-noir-or, couleurs nationales devenues officielles, dans les deux Allemagnes, depuis 1945. Le programme patriotique qu'il professait allait assurément beaucoup plus loin. Les arts, la littérature et même la langue devaient être expurgés ; les prénoms étrangers, y compris ceux d'origine biblique, devaient disparaître ; tout acte quelque peu solennel de la vie, tel que la fréquentation de l'église, devait être accompli en costume national, la *Volkstrache* (de couleur verte pour les fillettes, rouge pour les vierges, bleue pour les épouses, brun pour les matrones et orange pour les putains). En matière de politique internationale, ses vues étaient plutôt enfantines : « Il existe des frontières ou divisions naturelles, et un rapide coup d'œil sur une carte géographique de l'Europe les fait découvrir » ; il faut supprimer les excroissances telles que le Portugal, qui n'est qu'un cancer sur le corps de l'Espagne. Si Jahn ne fut pas le seul Européen à vanter les bienfaits de la guerre, il trouvait pour cela des formules particulièrement énergiques : sur ses vieux jours, en 1848, il qualifiait ses contemporains de « vermine engendrée par une longue paix, engeance issue d'une situation totalement pourrie ». Complétons le tableau par sa sollicitude pour les bêtes, que nous retrouverons chez d'autres germanomanes célèbres ; notre homme réclamait des mesures policières de protection même pour les hannetons.

En somme, ce fut un inquiétant personnage, que ce « père gymnaste », dont l'historien Treitschke disait qu'il voulait bouter les Français hors d'Allemagne à l'aide d'un rétablissement sur le ventre. Il exerçait sur les athlètes qu'il formait un singulier ascendant. Au lendemain de la paix, les sociétés sportives inspirées par lui groupaient près de six mille adhérents, dont la plupart faisaient partie des nouvelles *Burschenschaften.*

Telle fut l'idole des gymnastes et des étudiants germanomanes, les éléments les plus dynamiques d'une jeunesse qui, après 1815, rêvait de l'unification de la patrie et s'exaltait aux mots magiques de liberté et de révolution. En ces temps-là, les universités, notamment celles d'obédience protestante, constituaient en Allemagne le principal foyer de l'agitation politique. Mais il était paradoxalement réactionnaire, le programme de ces premiers révolutionnaires allemands. Ils se montraient belliqueux et chauvins ; ils cherchaient leur inspiration dans un passé façonné par leur imagination et c'est dans cet esprit qu'ils songeaient à une rénovation des mœurs universitaires.

Arndt et Jahn avaient, chacun de son côté, élaboré à cet effet un programme de réorganisation des associations estudiantines que les nouvelles *Burschenschaften* cherchèrent à appliquer. Plus radical, le programme d'Arndt était aussi plus exclusif, puisqu'il barrait aux Juifs l'entrée de ces corporations. Cette question souleva de grandes discussions dans les diverses *Burschenschaften.* Au dire de Treitschke, leurs membres « croyaient être une nouvelle chevalerie chrétienne, et manifestaient à l'égard des Juifs une intolérance qui faisait penser au temps des croisades ». En fin de compte, il fut convenu que chaque *Burschenschaft* déciderait elle-même de la politique qu'elle suivrait. Il est curieux de constater que ce furent les plus dynamiques et les plus radicales, celle par exemple de Giessen, animée par le « Robespierre allemand » Karl Follen, qui, en même temps qu'elles rêvaient d'action directe, insistaient sur l'importance de la vie et des pratiques religieuses, et refusaient d'accepter en leur sein les Juifs.

L'unanimité se faisait plus facilement sur le chapitre des sentiments antifrançais, et c'est ainsi que la *Burschenschaft* d'Iéna, considérée comme la mère des nouvelles corporations, stipulait dans ses premiers statuts que ces

« éternels ennemis du nom allemand » ne pourraient jamais être admis en son sein. Ces statuts ne disaient rien au sujet des Juifs. Le philosophe kantien J. Fr. Fries, qui vint enseigner à Iéna en 1814, précédé d'une solide réputation de bouffeur de Juifs — « toute la juiverie tremble, écrivait Gœthe, car son ennemi le plus féroce vient de s'installer en Thuringe » — obtint une révision des statuts, dans le sens voulu.

Jahn et Fries furent en octobre 1817 les grands animateurs de la fameuse fête de la Wartburg, destinée à commémorer à la fois le tricentenaire de la Réforme et le deuxième anniversaire de la bataille de Leipzig. A cette occasion, les délégations de quatorze autres universités, pour la plupart protestantes, affluèrent à Iéna pour fonder l'*Allgemeine deutsche Burschenschaft*. Après une procession solennelle, suivie d'un service divin, un groupe d'adeptes de Jahn organisa un autodafé de livres ou d'objets considérés comme anti-allemands et réactionnaires : des règlements administratifs voisinaient sur le bûcher avec un bâton de caporal, une queue de perruque et la *Germanomanie* d'un certain Saul Ascher, ce qui ne laisse pas d'être suggestif quant à la nature de ces premières aspirations libertaires allemandes. « Sans doute ont-ils brûlé ma *Germanomanie,* écrivait Ascher, parce que j'y dis que tous les hommes sont faits de la même manière que les Allemands, et que le christianisme n'est pas une religion allemande. » Ce commentaire d'un auteur par ailleurs médiocre annonce la fonction démystificatrice qui sera exercée par tant de ses illustres coreligionnaires d'outre-Rhin.

Le détour de l'antisémitisme économique.

Nous avons vu que l'émancipation des Juifs, dans les Etats allemands, fut une émancipation incomplète. Dans certains pays, leur condition ne connut presque aucun changement : ainsi, dans le royaume de Saxe, où ils étaient trop peu nombreux pour que le gouvernement se soucie de statuer sur leur cas, en sorte que jusqu'en 1848 ils restèrent régis par les lois féodales d'antan. Ailleurs, il leur arrivait de voir remises en question les libertés octroyées en 1800-1815 : le cas le plus remarquable fut celui de la Prusse, après l'accession au trône, en 1840, du roi Frédéric-Guillaume IV.

Ce monarque, qui dans sa jeunesse avait pris part à la « guerre de libération », était resté fidèle aux idéaux romantiques et germano-chrétiens de sa génération. Friedrich Carl de Savigny, le célèbre historien du droit qui fut chargé de sa formation politique, ne pouvait que le raffermir dans ses convictions ; n'avait-il pas dès 1815 comparé les Juifs aux pérégrins romains, et exigé le rétablissement de leur régime d'exception ? (Parmi les partisans du retour au ghetto, les penseurs de l'école historique allemande figurent en bonne place, dont Heine se méfiait « comme des gendarmes et de la police ».) S'inspirant des conceptions de ce genre, Frédéric-Guillaume IV, parmi ses autres mesures de joyeux avènement, décerna la croix de fer à Jahn et rétablit le vieil Arndt dans sa chaire universitaire ; d'autre part, il voulut instituer pour les Juifs un régime conforme à leur destinée dite surnaturelle. Il décida donc de les dispenser du service militaire, de les écarter définitivement de la fonction publique et de les constituer en « nation séparée », sous sa protection spéciale ; de la sorte, il pensait « obéir aux décrets d'en haut et prouver aux Juifs la bienveillance dont ils sont l'objet ». Mais les communautés juives supplièrent le roi d'exercer sa bienveillance d'une autre manière, et leurs protestations de patriotisme (« Nous cesserions d'être de vrais Prussiens, si nous étions dispensés de servir dans l'armée ») contribuèrent à le faire renoncer à ce projet utopique.

On voit par là la précarité de l'émancipation en Allemagne, où certaines exclusives antijuives, aux postes d'influence et d'autorité, furent toujours maintenues. De ce fait, les enfants d'Israël n'étaient que mieux canalisés vers les occupations auxquelles les prédisposait leur passé, et vers lesquelles les poussaient les nouvelles promesses de la révolution industrielle. Commerce, finance et professions libérales, tels furent les domaines dans lesquels ils déployèrent leurs talents.

Dans quelle mesure ont-ils contribué à l'essor économique de l'Allemagne ? Le fait même de l'émancipation rend difficile la réponse, puisqu'on ne dispose pas, pour le XIXe siècle, de documents administratifs consacrés aux activités de l'ex-« nation juive ». Les historiens qui de nos jours s'efforcent d'éclairer cette question (la disparition des Juifs a stimulé en Allemagne des recherches de ce genre) citent des faits disparates, et avancent des noms : on apprend ainsi, par exemple, qu'à Berlin, sur les cinquante-deux maisons de banque qui y existaient en 1807, trente appartenaient à des Juifs. On apprend aussi que, les omniprésents Rothschild en tête, les banquiers juifs furent les principaux promoteurs du crédit public, à l'époque où se généralisait la pratique des emprunts d'Etat, et que d'autres fils du ghetto furent les grands animateurs des branches d'activité nouvelles, telles que la construction des chemins de fer ou l'industrie textile allemande (l'un d'eux, Liebermann, put se targuer devant Frédéric-Guillaume IV « d'avoir expulsé les Anglais du continent ». Par la suite, leur esprit d'initiative fera merveille dans le commerce des métaux non ferreux, dans la création d'une industrie électrique et dans la fondation des grands magasins qui, en Allemagne, demeureront jusqu'en 1933 un monopole juif à près de 80 p. 100. La mise en valeur du bassin minier de la Haute-Silésie est également due, en majeure partie, à des entrepreneurs juifs ; en revanche, l'empire industriel de la Ruhr, avec ses dépendances de la Sarre, a été édifié par des maîtres de forge chrétiens uniquement, et il semble qu'il en ait été de même pour l'industrie chimique, branche d'activité pourtant typiquement « nouvelle ». Il serait aussi facile de multiplier des exemples de telles disparités, que difficile de leur proposer une explication cohérente ; aussi bien ces indications n'ont-elles pour notre sujet qu'un intérêt marginal. Au surplus, elles nous rappellent qu'en régime libéral et capitaliste (qualifié à l'époque de « juif » par ses principaux détracteurs), la religion de l'opérateur économique perd sa signification, et que si certaines spécialisations anciennes persistent, les spécialisations nouvelles semblent s'opérer au hasard ; ce à quoi vient s'ajouter la tendance à la concentration et la montée des sociétés anonymes, avec leurs entrelacements d'intérêts, si bien qu'en fin de compte il devient impossible de distinguer entre « affaires juives » et « affaires chrétiennes ».

Mais à l'aube de la révolution industrielle, en Allemagne comme ailleurs, et peut-être plus qu'ailleurs, des facteurs extra-économiques faisaient paraître plus important qu'il ne l'était le rôle économique des Juifs : ainsi, leur afflux dans les grandes villes, et dans ces villes, leur concentration dans les quartiers résidentiels aisés, où ils manifestaient une certaine propension à étaler les signes extérieurs de leur réussite, tels qu'hôtels particuliers ou équipages. La persistance des anciennes occupations de boutiquier, marchand ambulant et prêteur à la petite semaine jouaient dans le même sens, et les nouvelles professions d'avocat ou de notaire, de médecin ou de pharmacien multipliaient elles aussi les services onéreux rendus aux Chrétiens par des Juifs. De plus, au XIXe siècle, les Juifs étaient encore nombreux dans les villages, en Bavière et au Wurtemberg notamment, où ils servaient d'intermédiaires entre la campagne et la ville, tentaculaire et mystérieuse, et en personnifiaient facilement la domination.

Tous ces facteurs contribuaient à renforcer l'impression d'un envahissement ou d'une mainmise juifs, une impression qui, en Allemagne, reposait sur des bases moins fragiles que dans les autres pays occidentaux. Pour le début du XXe siècle, on dispose à ce propos de quelques données statistiques qui, reflétant la fin d'une évolution, permettent de fixer les idées en ce qui concerne son début. Il ressort notamment de ces données (réunies par Werner Sombart) que les Juifs, qui formaient près de 1 p. 100 de la population allemande, fournissaient vers 1900 25 p. 100 des membres des conseils d'administration et 14 p. 100 des titulaires des postes directoriaux dans les entreprises industrielles et financières. On peut croire qu'une partie de ces capitaines d'industrie auraient préféré assouvir leurs ambitions au sein de l'Etat-Major et du corps diplomatique, ou dans la haute administration, qui leur étaient fermés ; leur relégation dans l'économie contribuait à son tour à renforcer l'impression selon laquelle ils s'étaient hissés à leurs positions en « Juifs », et non en « directeurs » ou « banquiers ». Quant à l'ensemble des Juifs, il ressort des tableaux dressés par Sombart qu'ils étaient en moyenne six ou sept fois plus riches que leurs compatriotes, autrement dit, qu'ils détenaient entre leurs mains 6-7 p. 100 de la fortune nationale.

Telles étaient les sources, mi-réelles, mi-imaginaires, de l'antisémitisme économique, phénomène qui, s'il mérite son nom, ne le mérite aux temps modernes que tant que les Juifs surpassent les non-Juifs en qualité de financiers et d'entrepreneurs, ou dans l'exercice des professions dites libérales. Région européenne par région, une telle supériorité fut surtout marquée aux débuts de l'industrialisation, lors de la phase du « démarrage capitaliste », qui fut aussi celle de l'émancipation juive. Les jalousies traditionnelles des corporations chrétiennes confluèrent alors avec l'émoi général suscité par l'affranchissement des hommes du ghetto, dont la concurrence devint encore plus redoutable pour elles. Nul doute que leurs menées ne se soient trouvées à l'origine de mainte campagne antisémite, que maint pamphlet ait été fabriqué sur commande ; mais les intrigues et provocations de ce genre, ourdies dans le secret, sont malaisées à retracer. Cependant, les troubles antijuifs de 1819, qui furent suivis d'enquêtes policières, nous révèlent l'agitation bourgeoise, sur le fond de la crise qui frappa les naissantes industries allemandes après le retour à la paix. On apprend ainsi que les maîtres offraient à boire aux ouvriers et aux apprentis, et les excitaient contre les Juifs ; des aubergistes auraient même distribué des armes ; à Würzburg, où naquirent les troubles, les provocations étaient si évidentes que le gouvernement menaça de supprimer les corporations.

On retrouve des conjonctures analogues en Russie, à un siècle de distance. L'économiste et homme d'Etat soviétique, M.I. Kalinine, en a fait la description :

« Une famille juive, sortie à peine du ghetto, devient naturellement plus apte pour la lutte pour la vie que les familles cultivées russes, qui ont obtenu les droits non pas de haute lutte, mais par une sorte de droit d'aînesse. Il en est de même pour les marchands. Avant de pouvoir s'engager sur le grand chemin de l'exploitation capitaliste, le Juif a dû passer par la dure école de la lutte pour l'existence. Seuls pouvaient sortir du ghetto, dans lequel des milliers de petits commerçants et artisans se disputaient avec acharnement leur clientèle, les Juifs qui faisaient preuve de capacités particulières pour l'enrichissement, par voie d'utilisation honnête ou malhonnête des conditions ambiantes. Il est évident que ces Juifs dépassaient d'une tête entière les marchands russes, qui n'avaient pas été formés à une école aussi dure. C'est pourquoi aux yeux des marchands russes et des membres des professions libérales, aux yeux de la bourgeoisie en général, les Juifs passaient pour des concurrents terriblement dangereux. »

Il s'agissait donc, nous l'avons dit, d'un phénomène général, en Europe, mais qui s'accusait spécialement à un stade donné du développement socio-économique. Il importe aussi de remarquer que les marchands chrétiens avaient effectivement tout à gagner à la disparition des Juifs, tandis que le peuple ne pouvait qu'y perdre. Rappelons ce qu'écrivait Charles Fourier : « ... le peuple chante merveille : « Vive la concurrence ! Vivent les Juifs, la « philosophie et la fraternité » ; toutes les denrées ont baissé de prix depuis l'arrivée d'Iscariote, et le public dit aux maisons rivales : « C'est vous, messieurs, qui « êtes les véritables Juifs ! »

Mais ce peuple se laissait facilement abuser. Serrons donc de plus près la notion d'« antisémitisme économique », ce « socialisme des imbéciles », a-t-on souvent dit, qui, dans son acception la plus courante, englobe les convoitises et les fureurs aveugles du peuple chrétien tout entier.

Quelle que soit l'acception, et qu'il soit « rationnel » (le cas des marchands) ou « irrationnel » (le cas des clients), l'antisémitisme économique reste enraciné dans la théologie et ne subsiste que par elle, puisque, à son défaut, les Juifs possédants n'auraient été que des hommes d'argent pareils aux autres. « Là où il n'existe pas de Juifs, les Chrétiens judaïsent bien pire... », faisait déjà observer Bernard de Clairvaux. Ce qui est vrai pour les lointaines origines semble se reproduire au fil des générations à la manière d'une répétition compulsive. Historiquement, la fonction théologique du Juif précéda et détermina ses spécialisations économiques, et c'est l'image composite résultant de ces deux fonctions qui, au sein de la nouvelle société bourgeoise, continue à le singulariser comme Juif. Par rapport à l'antisémitisme, c'est la première fonction qui est topique. Et elle est protéiforme ; nous avons vu, et nous verrons encore, comment elle peut se draper et se masquer, comme, dans l'Occident, le Juif, quelle que soit sa vérité à lui, sert de témoin à des vérités contradictoires qui s'affrontent. C'est pourquoi une histoire de l'antisémitisme est d'abord et surtout une histoire théologique, aussi enchevêtrée soit-elle avec l'histoire économique.

Pour donner un exemple : on ne saurait isoler les ressentiments des Français à l'encontre de l'hégémonie rothschildienne de l'émotion soulevée par l'affaire du meurtre rituel de Damas ; or, ce sont les passions de cet ordre-là qui, de génération en génération, font distinguer les Juifs banquiers dans les banquiers juifs. Cette permanente interaction, ou cette antique généalogie, peut être encore mieux retracée dans l'Allemagne moderne : en effet, les Juifs, tout en continuant de faire figure, dans le nouveau monde bourgeois et chauvin, de concurrents redoutables en affaires, y deviennent, d'une manière encore plus expressive que naguère — les uns, en idéologues, les autres, plus nombreux, par leur seule présence, et sans trop comprendre comment — les ennemis désignés des convictions professées par ce monde et promues par lui au rang de valeurs suprêmes. C'est surtout en cette dernière qualité qu'ils pèseront lourd sur les destinées germaniques, ce qui nous ramène au cœur de notre véritable sujet.

Börne et Heine. Jeune Allemagne ou jeune Palestine ?

Né en 1785 dans le ghetto de Francfort, Ludwig Börne, né Lœb Baruch, était le fils d'un Juif de cour déjà affranchi qui, sur ses vieux jours, « lisait volontiers ce que son fils écrivait, mais aurait préféré que ce ne fût pas écrit par son fils ». Il bénéficia d'une éducation philosophique, fréquenta à Berlin le salon d'Henriette Herz, suivit les cours de Schleiermacher et s'éprit de l'Allemagne. Pourtant, à l'époque du Grand Sanhédrin, il fit de Napoléon son idole, le comparant à Moïse et au Christ, mais il déchanta ensuite et participa à l'ardeur patriotique de « la guerre de libération » ; il reste qu'il garda toujours dans son cœur l'amour d'une France libératrice des enfants d'Israël. Il vantait l'esprit et les talents des Juifs allemands, et se réjouissait de leur rapide engouement pour les idées et les modes occidentales ; mais la foi ancestrale n'était pour lui qu'une « momie égyptienne qui n'a que l'apparence de la vie, mais dont le cadavre résiste à la pourriture ». C'est dire qu'il ne voyait d'avenir pour ses frères qu'au sein d'une Allemagne elle-même régénérée, libre et fraternelle. Un Arndt ou un Jahn rêvaient également d'une telle Allemagne, mais ils la concevaient autrement ; un patriote tel que Börne ne pouvait militer que dans un camp qui ne lui contestait pas les qualités de patriote et d'Allemand ou, à défaut, fonder un tel camp. C'est ainsi que s'annonçait la dialectique particulière de l'histoire allemande, depuis 1789.

Pour sa part, Börne affirmait candidement sa conviction d'être un patriote allemand meilleur que les autres, précisément parce que né au ghetto. C'est ainsi qu'il notait : « Je me réjouis d'être juif ; cela fait de moi un citoyen du monde, et je n'ai pas à rougir d'être allemand. » Aux Allemands qu'exaspérait un tel aphorisme, il rétorquait qu'ils n'étaient que des esclaves : « L'Allemagne n'est-elle pas le ghetto de l'Europe ? Les Allemands ne portent-ils pas tous un chiffon jaune sur leur chapeau ? Vous deviendrez libres *avec* nous, ou vous ne le serez pas. » Et il s'enorgueillissait de la « grâce divine » d'être juif : « ... je sais apprécier le bonheur immérité d'être à la fois Allemand et Juif, de pouvoir prétendre aux vertus des Allemands, sans partager leurs défauts. Oui, c'est parce que je suis né dans l'esclavage que je comprends la liberté mieux que vous. Oui, c'est parce que je suis né apatride que je vous souhaite une patrie plus ardemment que vous ne le faites vous-mêmes ». Ainsi donc, cet adepte intégral des Lumières ne distinguait pas entre la libération des Allemands et l'émancipation des Juifs, parlant de ces derniers à tout propos, sinon hors de propos, réclamant pour eux le « droit à la haine », relevant la fatale convergence de la judéophobie avec la francophobie, reprochant aux Allemands « d'aspirer, comme à l'Opéra, à un chœur uniforme, à l'unisson ; on veut des Allemands issus des forêts de Tacite, aux cheveux roux et aux yeux bleus. Les Juifs foncés détonnent.. ».

Une telle apologétique ne pouvait qu'exciter au rouge vif les fureurs germanomanes, et il va de soi que le premier argument des adversaires de Börne consistait à contre-attaquer le Juif. Ainsi qu'il le constatait lui-même, « dès que mes ennemis se sentent en perdition devant Börne, ils jettent l'ancre de secours, Baruch ». Ce qui lui permettait de conclure : « ils sont tous fascinés par ce cercle magique juif, personne ne peut en sortir ». Ce cercle, qui sans doute le laissait paraître plus grand que nature, faisait du nom de Baruch-Börne un symbole.

Cette fonction de symbole, ou plus exactement d'anti-symbole, est encore mieux accusée dans le cas de son grand rival Henri Heine. Peut-être n'y a-t-il pas eu d'homme à percevoir et à exprimer avec autant de justesse les impasses et les aléas de l'émancipation ; lorsque Heine écrivait qu'il « avait trouvé dans son berceau sa feuille de route pour la vie entière », il résumait en une formule saisissante les déterminations qui conduisaient Börne et lui à militer dans le même camp et à s'élever contre les mêmes injustices. Pour le reste, les deux hommes formaient un contraste, les certitudes passionnées du tribun s'opposant au démon ironique et aux déchirements du poète. On a souvent reproché à Heine de ne prendre rien ni personne au sérieux ; à y regarder de plus près, ses lettres intimes nous apprennent qu'il faisait une exception pour les Juifs patriarcaux à la vieille mode. Il accusait sa génération de « ne pas avoir la force de porter la barbe, de jeûner, de haïr et d'endurer la haine » à l'instar de ses ancêtres du ghetto, comme s'il était fasciné par ces grandioses images parentales ; la fréquence de ce thème, dans ses lettres et aussi dans ses écrits, suggère une conscience tourmentée par un « complexe de trahison », surtout après son baptême. Mais si Heine n'épargnait pas ses pareils, « déserteurs de la vieille garde de Jéhovah », à commencer par lui-même — ne s'exclamait-il pas, au lendemain de sa conversion, qu'il était désormais abominé tant par le Juif que par le Chrétien ? — c'est surtout aux dépens des Allemands nés baptisés qu'il exerçait ses dons de sarcasme prophétique. Si, en Juif, il ne pouvait que porter une haine viscérale aux adeptes du culte de la race germanique, il se distinguait d'un Börne ou d'un Ascher par sa faculté de voir clair et loin, de pressentir le tragique aboutissement de ce culte et de prévoir avec une acuité singulière le tour que prendrait l'histoire du XXe siècle. Il le faisait dans ses poèmes — où la satire devient souvent outrageante ; ainsi, lorsqu'à la fin de *Wintermärchen*, une déesse lui fait humer les senteurs de l'avenir allemand, et qu'il tombe en syncope dans ce cloaque, — ou dans ses essais, où les contours de cet avenir deviennent, sous sa plume, plus précis :

« Le christianisme a adouci, jusqu'à un certain point, l'ardeur belliqueuse des Germains ; mais il n'a pu la détruire, et quand la croix, ce talisman qui l'enchaîne, viendra à se briser, alors débordera de nouveau la férocité des anciens combattants, l'exaltation frénétique des Bersekers que les poètes du Nord chantent encore aujourd'hui. Alors, et ce jour, hélas, viendra, les vieilles divinités guerrières se lèveront de leurs tombeaux fabuleux, essuieront de leurs yeux la poussière séculaire ; Thor se dressera avec son marteau gigantesque et démolira les cathédrales... Ne riez pas à ces avertissements, quoiqu'ils viennent d'un rêveur qui vous invite à vous défier de kantistes, de fichtéens, de philosophes de la nature ; ne riez pas du poète fantasque qui attend dans le monde des faits la même révolution qui s'est opérée dans le domaine de l'esprit. La pensée précède l'action comme l'éclair le tonnerre. Le tonnerre, en Allemagne, est bien, à la vérité, allemand aussi ; il n'est pas très leste et vient en roulant un peu lentement ; mais il viendra, et quand vous entendrez un craquement comme jamais craquement ne s'est fait entendre dans l'histoire mondiale, sachez que le tonnerre allemand a enfin touché le but. A ce bruit, les aigles tomberont morts du haut des airs, et les lions, dans les déserts de l'Afrique, baisseront la queue et se glisseront dans leurs antres royaux. On exécutera en Allemagne un drame auprès duquel la Révolution française ne sera qu'une innocente idylle. Il est vrai qu'aujourd'hui tout est calme, et si vous voyez ça et là quelques Allemands gesticuler un peu vivement, ne croyez pas que ce soient les acteurs qui seront un jour chargés de la représentation. Ce ne sont que des roquets qui courent dans l'arène vide, aboyant et échangeant quelques coups de dents avant l'heure où doit entrer la troupe des gladiateurs qui combattront à mort. »

Aussi bien Heine souhaitait-il à ses arrière-petits-enfants de venir au monde avec un épiderme bien épais.

Heine et Börne sont entrés dans l'histoire littéraire allemande comme les deux chefs de file du mouvement « Jeune Allemagne ». Les autres membres de ce groupe — Gutzkow, Laube, Wienbarg, Mundt — étaient des auteurs dont la fronde visait surtout l'ordre moral et familial, et dont les œuvres prêchaient notamment « l'émancipation de la chair ». Presque tous avaient subi l'influence de Rachel Varnhagen-Levine, et Mundt qualifiait même cette Juive de « mère de la jeune Allemagne ». Tous ces émancipateurs furent enveloppés dans la même condamnation. Le critique germanomane Wolfgang Menzel, qui dénonça leur mouvement aux autorités, le traitait de « Jeune Palestine », de « république juive du vice de la nouvelle firme Heine et compagnie ». Le décret de censure qui, en 1835, frappa d'interdiction ces écrivains mettait lui aussi à la charge de Gutzkow, de Wienbarg et de Mundt leur sang prétendument israélite, et l'on constate de la sorte à nouveau la signification que revêtait, lors de ces luttes politico-littéraires allemandes, la judéité de Heine et de Börne.

Karl Gutzkow, l'auteur le plus important de la « Jeune Allemagne », écrivait qu'ils avaient un succès retentissant chez les jeunes esprits, et que pourtant ils ne plaisaient pas, « ils occupaient la pensée et ne gagnaient pas les cœurs, mais il fallait deux Juifs pour renverser l'ancienne idéologie et secouer toutes les illusions ». Il observait aussi que « la répulsion des Chrétiens envers les Juifs était une idiosyncrasie physique et morale contre laquelle il est aussi difficile de lutter que contre la répugnance que certains ont pour le sang ou pour les insectes ». Mais cet ancien *Burschenschaftler* aurait pu se donner lui-même en exemple. N'écrivait-il pas, après son entrée en rébellion, que le « Juif éternel » s'était rendu coupable de crimes contre l'humanité, bien pires que celui qu'à tort on lui reprochait, consistant en égoïsme particulariste, en « matérialisme nihiliste » et en mercantilisme littéraire.

Déjà le terme de « ferments de décomposition » apparaissait sous sa plume ; cet émancipateur reprochait encore aux Juifs « de croire que le soleil, la lune, les étoiles, tout ne se meut et ne tourne que pour l'émancipation ; Gœthe, Schiller, Herder, Hegel ne doivent être jugés que selon ce qu'ils pensaient au sujet de l'émancipation ».

Heinrich Laube manifesta d'abord davantage de bienveillance. Dans *La Jeune Europe,* son œuvre maîtresse, le Juif Joël combat pour la liberté universelle, mais s'en trouve mal récompensé ; bien qu'il ait « répudié le Juif en lui », les Chrétiens continuent à le répudier, si bien qu'il décide « de devenir juif », et même de se faire marchand ambulant. Mais, par la suite, Laube aussi, que Meyerbeer avait accusé d'un plagiat, aboutit à la conclusion que les Juifs étaient « d'une nation orientale, complètement différente », dont « les maximes d'existence les plus profondes nous répugnent d'une manière criante ». Ce en quoi il exprimait apparemment la conviction commune de la république allemande des lettres de ce temps.

En effet, c'est à peine si de nombreux Juifs allemands se jugeaient moins sévèrement, et les figures dominantes témoignaient de retournements parfois étonnants. Ainsi, pour le socialiste Ferdinand Lassalle, issu d'une famille encore orthodoxe. Adolescent, il rêvait, au temps de l'affaire de Damas, de devenir le messie vengeur des Juifs, « Peuple lâche, tu mérites ton sort ! Le ver foulé aux pieds se tortille, mais toi, tu t'aplatis encore davantage ! Tu ne sais pas mourir, détruire, tu ne sais pas ce que signifie une juste vengeance, tu ne sais pas périr avec l'ennemi, le déchiqueter en mourant ! Tu es né pour l'esclavage ! » Peu après, il affirmait son espoir de voir proche l'heure de la vengeance, et clamait sa soif du sang des Chrétiens. Il ne tarda pas à changer d'ambitions et de vues, et lorsque sa vie agitée fit de lui le messie de la classe ouvrière allemande, ses fureurs semblèrent se tourner contre ses frères uniquement : « Je n'aime pas du tout les Juifs, même je les déteste généralement. » Karl Marx, qui les détestait encore davantage, ne l'en traitait pas moins de « nègre juif », voire pire. De telles passions, et de tels reniements, couronnés de telles réussites, ne pouvaient que singulariser ou isoler davantage les Juifs en Allemagne, où l'exclusivisme juif trouvait ample pitance dans l'exclusivisme germanique.

L'itinéraire pouvait être différent, conduire de l'universalisme émancipateur au particularisme nationaliste.

Tel fut le cas de Moïse Hess, le « rabbin communiste », qui servit d'annonciateur à Karl Marx et fut le premier maître de Frédéric Engels. Lui aussi professait sur le compte des Juifs les conceptions chrétiennes dominantes, accommodées à la mode hégélienne ; ils n'étaient, écrivait-il, que des momies sans âme, des fantômes attardés en ce monde, et il opposait le Dieu humaniste des Chrétiens au Dieu nationaliste d'Abraham, Isaac et Jacob.

S'étant lui aussi exilé à Paris par la suite, Hess y chercha la vérité dans les sciences positives de ce temps, se plongea dans les lectures anthropologiques et, opérant désormais avec les concepts d'Aryen et de Sémite qu'li avait sous la main, il crut avoir découvert dans la « lutte des races » la cause première de la lutte des classes. C'est ainsi que, aiguillonné par l'esprit du temps et l'antisémitisme ambiant, il devint, à la fin de sa vie, un nationaliste, un « teutomane juif », selon son expression ; pour lui comme pour ses adversaires, c'est la « race » qui faisait le Juif. En 1862, le précurseur de Marx devenait, dans *Rome et Jérusalem*, son dernier livre, le doctrinaire du sionisme politique, précurseur de Herzl ; ainsi, le chemin parcouru par ce Jean-Baptiste semble anticiper celui que l'histoire du XXe siècle imposera au judaïsme allemand.

La croisade des athées.

Méditant à la fin de ses jours sur les hardiesses de la philosophie germanique et se donnant lui-même en exemple, Heine mettait en garde ses amis Ruge et Marx, ainsi que Daumer, Feuerbach et Bruno Bauer contre l'« autodivinisation des athées ». En 1840-1850, la mise en question de Dieu par les métaphysiciens allemands se poursuivait au grand jour ; sur ce point, les « Jeunes hégéliens » entrèrent en lice trois quarts de siècle après les matérialistes français des Lumières.

L'aîné des cinq, Georg-Friedrich Daumer, le moins connu de nos jours, n'est pas le moins intéressant. Il se voulut d'abord un philosophe, mais sa quête et ses lectures immenses l'entraînèrent sur un sentier oublié, celui frayé jadis par les penseurs arabes qui reprochaient aux Chrétiens de « manger leur Dieu ». Furieusement attaqué ou provoqué au nom de la religion établie, il en vint à voir dans le christianisme une confrérie de cannibales ; il croyait avoir pénétré jusqu'en ses derniers retranchements dans son ouvrage *Secrets de l'Antiquité chrétienne* (1847). Remontant encore plus haut, il finit par conclure que Jéhovah et Moloch n'auraient d'abord formé qu'un, et la pâque aurait été « la fête solennelle où les Sémites sacrifiaient les enfants » ; mais dès les temps les plus reculés, les Hébreux auraient épuré leur culte et institué les offrandes d'animaux. Pourtant, il subsista parmi eux « une secte qui ne cessait de perpétuer les anciennes horreurs cannibales ». Jésus aurait été le chef de cette secte clandestine ; s'il se méfie de Judas, c'est qu'il se sent épié par lui. Les deux hommes s'affrontent au cours de la Cène, cérémonie anthropophage pour Daumer : « Jésus constate que Judas est dangereux, grâce au fait que celui-ci ne participe pas du tout ou ne participe qu'incomplètement à ce repas trop spécial. Pour éprouver les sens et l'esprit de ce faux apôtre, il lui fait goûter un morceau du mets, dont l'autre ne veut pas, et qu'il ne peut avaler qu'avec dégoût et horreur. Après cette scène, Judas, profondément bouleversé et indigné, s'empresse de dénoncer ce qui est arrivé sous le couvert du silence. » Ainsi s'éclairent les derniers mystères du christianisme.

Cependant, Daumer se considérait comme un déiste en quête de vraie religion, non comme un athée. Si son déisme évolua vers des formes singulièrement agressives, cette agressivité tourne entièrement sa pointe vers la religion et la société dominantes. Les Juifs semblent n'avoir été critiqués par lui que dans la mesure où il ne pouvait pas en aller autrement, lors d'une entreprise de ce genre : comment dénoncer Jésus ou ses apôtres sans démontrer la malfaisance de ces Juifs-là ou de leurs émules modernes ?

Faut-il dire que si Daumer distinguait entre les Juifs éclairés, dont le prototype fut Judas, et les Juifs cannibales, dont le prototype fut Jésus, il trouva des adeptes qui s'empressèrent de replacer l'élucubration sur ses pieds. En premier lieu, son élève Friedrich-Wilhelm Ghillany qui, au cours des années qui suivirent l'affaire de Damas, accusait indistinctement de cannibalisme tous les Juifs. Ce « molochisme » se trouvait attesté à ses yeux aussi bien par le meurtre rituel de Jésus que par ceux que les Juifs ne cessaient, pensait-il, de commettre dans l'Allemagne de son temps, n'ayant rien oublié ni rien appris. Comment accorder les droits politiques à « de tels hommes, qui tiennent si rigidement à ces vieux préjugés inhumains, qui nous considèrent comme impurs, comme des serfs et des chiens... »

Daumer a-t-il également influencé son ami Ludwig Feuerbach, dont *L'Essence du christianisme* impute en passant aux Juifs une sorte d'appétence gastronomique pour Dieu? Il est vrai que déjà les Pères de l'Eglise parlaient de gloutonnerie juive. Quoi qu'il en soit, voici deux passages du célèbre livre de Feuerbach :

« Les Juifs se sont conservés jusqu'à nos jours dans leur originalité. Leur principe, leur Dieu est le principe le plus pratique du monde — l'égoïsme, et à la vérité l'égoïsme sous la forme de la religion. L'égoïsme est le Dieu qui ne laisse jamais tomber ses serviteurs dans le besoin et l'ignominie. L'égoïsme est essentiellement monothéiste, car il n'a qu'une chose pour but : lui-même. L'égoïsme unit et concentre les forces de l'homme, il lui donne un principe de vie pratique, solide et condensé ; mais il en fait en théorie un être borné, indifférent à tout ce qui n'est pas pour lui d'une utilité immédiate. La science et l'art ne peuvent donc naître qu'au sein du polythéisme, dont les sens sont ouverts sans distinction à tout ce qui est bon et beau, au monde, à l'univers tout entier... »

« Manger est l'acte le plus pompeux, l'initiation à la religion juive. Dans l'acte de manger, le Juif célèbre et renouvelle l'acte de la création ; l'homme en mangeant déclare que la nature par elle-même n'est rien. Lorsque les soixante-dix sages montèrent sur la montagne avec Moïse, « là ils virent Dieu, et quand ils l'eurent contemplé, ils burent et mangèrent ». La vue de l'Etre suprême ne fit donc, à ce qu'il paraît, qu'exciter leur appétit... »

Il semble que la théologie du fondateur de l'humanisme athée ait reposé en l'espèce sur l'association inconsciente entre l'accusation moderne de matérialisme (« le Juif, être borné, indifférent à tout ce qui n'est pas pour lui d'une utilité immédiate » ; le goût passe pour un sens matériel) et l'ancienne accusation de déicide ou meurtre rituel (« ils ne jouissaient de leur Dieu que dans la jouissance de la manne » = pain azyme = sang chrétien). Peut-être pourrait-on également rapporter à une réminiscence du stade oral la fameuse maxime feuerbachienne : « Der Mensch ist, was er isst. » Nous ne nous arrêterons pas à ces délires, par crainte de perdre pied et de nous laisser entraîner dans des eaux profondes ; correctement interprétés, ils pourraient cependant dévoiler la projection la plus secrète, cannibale, du mécanisme antisémite (cf. l'expression populaire « bouffer du Juif »). Restons en terrain solide et venons-en aux autres croisés de l'athéisme dont parlait Heine.

Arnoldt Ruge était un ancien *Burschenschaftler* germanomane qui avait trempé dans une conspiration et passa plusieurs années en détention. Libéré, il se convertit en 1833 à l'hégélianisme ; à défaut de talents philosophiques, il disposait d'une plume alerte et d'un tempérament d'animateur et d'organisateur. En 1838, il fonda une revue, les *Hallische Jahrbücher*, qui devint l'organe des « Jeunes hégéliens », c'est-à-dire de l'aile radicale d'une école qui, à l'exemple du maître, attendait de la Prusse le salut. Une Prusse qui, écrivait Ruge, était « si profondément enracinée dans le germanisme qu'elle était empêchée, par là même, de s'opposer à la tendance aux formes libres d'Etat... Ce n'est qu'en réalisant toutes les conséquences du protestantisme et aussi du constitutionnalisme que la Prusse pourra, avec l'Allemagne, accomplir sa haute mission et réaliser pleinement le concept de l'Etat absolu ». Pour Ruge comme pour les autres jeunes hégéliens, il était entendu qu'un tel Etat, à l'instar de la philosophie, devait être athée ; mais il ne fut pas le seul polémiste de ce genre à retrouver, dirait-on, sa foi lorsqu'il traitait des Juifs, « ces asticots dans le fromage de la Chrétienté, écrivait-il, qui se sentent si indiciblement bien dans leur peau agiotatrice qu'ils ne croient à rien et restent Juifs, précisément pour cette raison ». Ruge, pour sa part, croyait à une philosophie qu'il pensait ne pouvoir être qu'athée. L'homme semble bien avoir appartenu à l'espèce des athées qui, suivant l'adage, « croient qu'ils ne croient pas ». A partir de 1850, il vécut en Angleterre, où il continua à s'occuper de journalisme politique ; abandonnant la philosophie, il se fit l'apologiste de l'Allemagne unifiée de Bismarck, qui lui fit accorder en 1877 une « solde d'honneur » de trois mille marks annuels.

Bruno Bauer était une tête philosophique d'un autre calibre. Ce théologien protestant, d'abord bien pensant, se convertit lui aussi à l'hégélianisme et perdit la foi ; la critique qu'il entreprit alors des Evangiles reste, de l'avis d'Albert Schweitzer, « le répertoire le plus génial et le plus complet qui ait jamais été dressé des difficultés posées par la vie de Jésus ». A Berlin, Bauer fut, en 1836-1840, l'âme de ce *Doctorenklub*, dont le fougueux benjamin s'appelait Karl Marx. Parmi les divers plans d'avenir qu'ils dressaient en commun en 1841 figurait la publication d'une revue intitulée *Archives de l'Athéisme*. Leur amitié fut, elle aussi, rompue peu après par une brouille que Marx a immortalisée dans *La Sainte Famille* et dans *L'Idéologie allemande.*

En conclusion à son principal ouvrage de critique biblique (*Kritik der evangelischen Geschichte der Synoptiker,* 1841), Bauer résumait sa philosophie de l'histoire :

« Les religions antiques, tout en étant elles aussi des formes d'aliénation du Moi, avaient eu leurs charmes de la nationalité, de la famille, de la nature ; les chaînes dont elles chargeaient l'homme étaient ornées de fleurs. L'abstraction spiritualiste [= le christianisme] arriva. Ce vampire enleva aux mortels jusqu'à la dernière goutte de leur sang vital et de leur intelligence ; il réussit enfin à appauvrir et à dessécher tout : nature, beaux-arts, famille, nation, Etat politique. Le Moi, sans force et sans résistance, restait donc seul sur les débris de son univers, et il lui fallait quelque temps pour commencer une nouvelle création. Ce Moi était maintenant tout, et en même temps rien ; il avait absorbé l'ancien monde, et il était toujours vide. Force lui était de se jeter à son tour dans le sein d'une puissance universelle appelée le Messie qui, au fond, n'était que le Moi lui-même, et que le Moi regardé dans le miroir. Le Moi venait d'engloutir le monde ; le Messie lui aussi avait absorbé le monde créé en son entier : la Nature, la Famille, les Nationalités, les Sciences, les Beaux-Arts, la Morale, tout s'était enfui de la réalité et concentré dans le Messie.

« Le point de départ pour cette évolution était donné dans le judaïsme, qui n'avait ni le culte de la Nature ni celui de l'Art... »

Destitué aussitôt de sa chaire universitaire, Bruno Bauer redoubla d'ardeur combative. Son premier coup, *La Question juive,* fut oblique. Polémiquant contre l'émancipation des Juifs, il y disait que « sa conception du judaïsme allait paraître encore plus dure que celle qu'on s'était habitué à trouver jusqu'ici chez les adversaires de l'émancipation ». En effet, il reprochait aux Juifs, « qui avaient fait leur nid dans les pores et les interstices de la société bourgeoise », d'être eux-mêmes les artisans de leurs malheurs, puisque Juifs ils restaient. La « ténacité de l'esprit national juif » était attribuée par lui à l'absence de faculté de développement historique, conforme au caractère complètement « anhistorique » de ce peuple, et dû à son « essence orientale » (on reconnaît une idée de Hegel). Le délit des Juifs était « de ne pas reconnaître le développement purement humain de l'Histoire, le développement de la conscience humaine ». Achèvement du judaïsme, le christianisme se trouvait dans cet écrit également critiqué et réinterprété dans le cadre des catégories hégéliennes :

« Il est vrai que le christianisme est l'achèvement du judaïsme... Mais cet achèvement est, ainsi que nous l'avons démontré plus haut, en même temps et nécessairement la négation de l'essence spécifiquement juive. Les théologiens chrétiens nient cette négation, la négation radicale de l'essence de l'Ancien Testament, car ils ne veulent pas convenir qu'au cours de l'histoire universelle la révélation ait jamais progressé... De toute manière, ils aboutissent à un christianisme juif... »

A la fin de sa vie, Bauer connut une évolution semblable à celle de Ruge : le rebelle, dont Marx disait dès 1845 « que sa croyance en Jéhovah s'était transformée en croyance en l'Etat prussien », devint un doctrinaire du conservatisme allemand et servit sous Bismarck ; mais, en ce qui concerne les questions connexes des Juifs et des sources du christianisme, sa théologie demeurait en 1880 ce qu'elle avait été en 1840.

Il reste le cas de Karl Marx qui, surenchérissant aussitôt sur son aîné, publiait à son tour une *Question juive,* dans laquelle le monde corrompu, mais encore « chrétien » de Bauer devenait « juif ». Marx y distinguait déjà entre théorie et *Praxis* : « ... dans la pratique, l'égoïsme spiritualiste du Chrétien devient forcément l'égoïsme matérialiste du Juif ». L'écrit se divisait en deux parties. Dans la première, théorique, il polémisait avec son ex-ami, montrant qu'il était vain de chercher à supprimer la religion, tant qu'on n'avait pas porté la hache aux racines de la société et de l'Etat ; en passant, il déclarait aux Juifs que l'émancipation politique qu'ils réclamaient n'était pas l'émancipation humaine, puisqu'elle ne les déjudaïsait pas nécessairement. Dans la seconde partie, Marx attaquait avec la dernière violence la société de son temps, qu'il dénonçait comme entièrement juive, puisque entièrement assujettie à l'argent ; il se servait donc des termes dans leur acception dérivée ou conventionnelle, se souciant aussi peu qu'un Ruge et un Bauer — ou qu'un Alphonse Toussenel, dont *Les Juifs, rois de l'époque* datent de la même année 1844 — de la réalité humaine des fidèles de Moïse dispersés à travers le monde.

Des phrases percutantes émergeaient de la brume de la dialectique hégélienne :

« Ne cherchons pas le secret du Juif dans sa religion, mais cherchons le secret de la religion dans le Juif réel. Quel est le fond profane du judaïsme ? Le besoin pratique, l'utilité personnelle (...). Le Juif qui se trouve placé comme un membre particulier dans la société bourgeoise ne fait que figurer de façon spéciale le judaïsme de la société bourgeoise... Quelle était en soi la base de la religion juive ? Le besoin pratique, l'égoïsme. Le monothéisme du Juif est donc en réalité le polythéisme du multiforme besoin, un polythéisme qui fait même des lieux d'aisance un objet de la loi divine... L'argent est le dieu jaloux d'Israël, devant qui nul autre dieu ne doit subsister. L'argent abaisse tous les dieux de l'homme et les change en marchandises... La traite, voilà le vrai dieu du Juif. Son Dieu n'est qu'une traite illusoire... ce qui est contenu sous une forme abstraite dans la religion juive, le mépris de la théorie, de l'art, de l'histoire, de l'homme considéré comme son propre but, c'est le point de vue réel et conscient, la vertu de l'homme d'argent. Et même les rapports entre l'homme et la femme deviennent un objet de commerce ! La femme devient l'objet d'un trafic. La nationalité chimérique du Juif est la nationalité du commerçant, de l'homme d'argent. La loi sans fondement ni raison du Juif n'est que la caricature religieuse de la moralité... Le jésuitisme juif, le même jésuitisme pratique dont Bauer prouve l'existence dans le Talmud, c'est le rapport du monde de l'égoïsme aux lois qui dominent le monde (...). Le christianisme est issu du judaïsme, et il a fini par se ramener au judaïsme. Par définition, le Chrétien fut le Juif théorisant ; le Juif est, par conséquent, le Chrétien pratique, et le Chrétien pratique est redevenu juif... Ce n'est qu'alors que le judaïsme put atteindre la domination universelle (allgemeine) (...). Dès que la société réussira à supprimer l'essence empirique du judaïsme, à supprimer le trafic de ses conditions, le Juif deviendra impossible... L'émancipation sociale du Juif, c'est l'émancipation de la société du judaïsme. »

La Question juive fut rédigée par Marx au cours de l'hiver 1843-1844, pour une partie à Kreuznach, pour une autre à Paris ; elle date de l'année décisive de sa vie, celle de son mariage, de son exil et de sa conversion au communisme. L'écrit semble déjà annoncer cette *Idéologie allemande* qu'il qualifiera plus tard « d'examen de conscience philosophique ». Dans sa colère prophétique, il fustigeait le monde de son temps en se servant de la terminologie forgée par celui-ci ; on peut croire aussi que les Juifs, qu'il ne connaissait qu'à travers quelques bourgeois, lui paraissaient aussi condamnables que ce monde. Le thème de l'écrit, le procédé qu'il impliquait, et jusqu'à son titre, avaient été dictés à Marx par Bauer que, dans sa passion polémique, il cherchait à surpasser ; aussi bien critiquait-il avec encore plus de violence une société bourgeoise que tous deux identifiaient au judaïsme. Mais chez le rejeton d'une lignée de rabbins, il est loisible d'admettre un second objectif, ignoré de l'ex-théologien ; un objectif plus secret, poursuivi par une démarche inverse et dicté par une autre passion ; en identifiant le judaïsme à cette société, en transformant magiquement tous les autres Juifs en hommes d'argent, ce Juif désargenté, converti à l'âge de sept ans, n'aurait-il pas inconsciemment cherché à prendre ses distances par rapport au judaïsme, à produire son certificat de non-judéité, à exhiber un alibi auquel, surtout à l'époque, aspiraient vainement tant de ses congénères ?

Quoi qu'il en puisse être de cette interprétation, il serait erroné de ne voir dans *La Question juive* qu'un procédé polémique à la mode hégélienne, voire une erreur de jeunesse. En effet, un coup d'œil sur la correspondance de Karl Marx suffit pour nous apprendre qu'il se complaisait à des pointes antisémites jusqu'à la fin de ses jours. A noter qu'il n'appliquait l'épithète de *juif* qu'aux autres, jamais à lui-même (ce qui confirme l'interprétation ci-dessus) :

« Le Juif Steinthal, au sourire mielleux... » (1857) ; « L'auteur, ce cochon de journaliste berlinois, est un Juif du nom de Meier... » (1860) ; « Ramsgate est plein de poux et de Juifs » (1879). Son médecin est qualifié de Juif parce qu'il est pressé de se faire payer (1854). Pire encore, si le Juif est banquier : Bamberger fait partie « de la synagogue boursière de Paris », Fould est un « Juif de bourse », Oppenheim est « le Juif Süss d'Egypte ». Quant à Lasalle, « la forme de sa tête et de ses cheveux montre qu'il descend des Nègres qui se sont joints à la troupe de Moïse, lors de l'exode d'Egypte », ou bien il est « le plus barbare de tous les youpins de Pologne », ou encore il est Lazare le lépreux, qui est à son tour « le type primitif du Juif ».

Qui plus est, on trouve des invectives de ce genre dans les articles politiques non signés qu'au cours des années 1850, l'auteur du *Capital* donnait au *New York Daily Tribune*, afin d'arrondir ses fins de mois. Un échantillon suffira :

« Qu'il y a 1855 années le Christ ait chassé les marchands

d'argent du temple, et que ces marchands, qui aujourd'hui se tiennent aux côtés des tyrans, soient de nouveau pour la majeure partie des Juifs, pourrait être davantage qu'un simple accident de l'histoire. Les marchands d'argent juifs ne font que commettre à plus grande échelle et d'une façon plus abjecte ce que bien d'autres pratiquent à une échelle petite et moins significative. Mais puisque les Juifs sont si puissants, il est temps et il importe de démasquer et de dénoncer leur organisation. »

Qu'en penser ? — Au Messie révolutionnaire, peut-être pourrait-on appliquer ce que nous avons dit, en traitant de Voltaire. En effet, dans l'alchimie de la passion antisémite, l'imagination (se reprocher d'agir en Juif, tout en rivalisant avec les Juifs, s'identifier négativement à eux), et la réalité (être Juif de naissance, et ne plus vouloir l'être) peuvent amener des précipités semblables. Mais dans le second cas, la réaction peut être encore plus explosive, puisque la réalité vient au secours de l'imagination. D'où des stimulations et des tensions supplémentaires : aux convertis notamment, il importe encore davantage de se prouver et de prouver aux autres qu'ils ne sont pas juifs. Dans notre cas, les amis et les disciples de Marx eux aussi relevaient, chacun à sa façon, sa judéité ; son beau-fils, le docteur Lafargue, croyait même reconnaître la race juive dans les proportions de son corps. De ce fait, les antisémites issus de la lignée d'Israël manquent de ce point de chute qui permettait à un Voltaire, face à un Juif, de se retrouver « gentilhomme très Chrétien ». Vaine est la simulation ; les coups sont encaissés par celui-là même qui les porte, victime et bourreau cohabitent sous la même peau ; aux Juifs, l'antisémitisme ne réserve que des joies médiocres.

Restaient tous les autres phantasmes ; restait une historiosophie « remise sur ses pieds », mais qui n'en demeurait pas moins sous-tendue par les visions apocalyptiques des jeunes hégéliens. Ce messianisme révolutionnaire et chrétien, improprement qualifié de « messianisme juif » de Karl Marx [1], cette attente des jours derniers ou de la

1. D'une manière extrêmement large, tout « messianisme » (aussi bien celui des Lumières, par exemple, qu'à fortiori celui des mouvements millénaristes de la Réforme) peut être qualifié de « juif » puisque, en retraçant leur généalogie, on finit nécessairement par remonter, de proche en proche, aux apocalypses et livres prophétiques juifs. Mais quand on parle du « messianisme juif » de Marx, ce sont ses origines ethniques ou culturelle qu'on a en vue. Or, il est certain qu'aucun

lutte finale, il ne s'en départit jamais non plus. Et c'est cette eschatologie même qui assurait le retentissement de la pensée scientifique du marxisme. Il semble qu'il y eut autre chose : un regard qui, à l'exemple de celui des vieux scolastiques, cherchait à percer les derniers mystères de l'existence n'était-il pas conduit justement de ce fait à embrasser la vie sociale dans sa plénitude, à mettre en relief la dimension historique, à dévoiler la mutabilité et la relativité des institutions et des régimes ?

D'une manière ou de l'autre, les aspirations et les intuitions métaphysiques de la jeunesse de Marx ne cessent d'animer sa critique économico-sociale. Aussi, l'hérésie millénariste fut à l'origine de la constitution d'une sociologie. D'impossibles rêves faisaient progresser la science. Comme chez Kepler ou Newton, des spéculations métaphysiques se cherchaient une démonstration rigoureuse. Le faux, comme cela est courant, faisait passer le vrai ; mais c'est ainsi que vont les choses, en ce monde.

Et tout aussi naturellement, l'arme avec laquelle Marx cherchait à blesser la société de son temps se retourna aussitôt contre lui. Dans la *Nouvelle Gazette rhénane* qu'il dirigea à la fin de l'année révolutionnaire 1848, son correspondant préféré était Eduard Tellering, qui, de Vienne, lui écrivait : « Ce que vous appelez bourgeois, ce sont ici les Juifs, qui se sont emparés du gouvernail démocratique. Mais ce judaïsme est dix fois plus infâme que la bourgeoisie occidentale... Si nous vainquons, ce seront à nouveau les Juifs du commun, dont le lâche agiotage déconsidère complètement la démocratie aux yeux du peuple, qui seront les gagnants et qui nous feront connaître toutes les infamies du régime bourgeois... » La révolution ayant échoué, Tellering chercha à se mettre au service du gouvernement prussien. Pour mieux faire amende honorable, il publiait en 1850 une brochure anticommuniste. « Marx, le futur dictateur allemand, est Juif, y écrivait-il. Or, il n'est pas de vengeance plus implacable que celle d'un Juif. En 1848, je l'ai obligé à attaquer les Juifs dans sa feuille. Il se mordit les lèvres et s'exécuta, parce que ses autres collaborateurs attaquaient également les Juifs. Son

---

rudiment de la tradition juive ne lui fut inculqué au cours de son enfance, et qu'il ne songea jamais à parfaire de ce côté sa culture : toutes ses sources (et il témoignait d'une excellente familiarité avec la Bible) étaient, dans un sens large, chrétiennes. Tout au plus le milieu familial aurait-il pu lui léguer un certain « progressisme », commun chez les Juifs émancipés.

cœur cherche maintenant la vengeance... » La brochure s'intitulait : *Avant-garde de la future dictature allemande de Marx et Engels.* D'autres suivirent, et le flot des auteurs alla grossissant. L'écrit de Tellering n'était en effet qu'un avant-goût.

Le cas de Richard Wagner.

Bien des artistes ont voulu être des prophètes, mais Wagner fut le seul à se faire reconnaître pour tel par son pays, et par l'Occident tout entier ; ce n'est donc pas comme musicien en soi, mais comme musicien qui contribua à modeler politiquement le monde d'hier qu'il nous concerne.

Tout fut exceptionnel dans son cas. A commencer par l'insoluble problème de ses origines, car on ne saura jamais s'il était le fils du fonctionnaire saxon Karl Wagner ou celui de l'acteur Ludwig Geyer, dont il porta le nom jusqu'à l'âge de quatorze ans ; et encore moins saura-t-on si ce dernier était d'origine juive, ainsi qu'on l'a souvent prétendu [1]. De telles questions n'ont du reste pas d'importance en soi pour notre sujet : ce qui, en revanche, peut en acquérir beaucoup, c'est ce que les intéressés en pensent eux-mêmes, et qui devient leur vérité subjective. Or il est certain que Wagner penchait vers l'« hypothèse Geyer » et se croyait donc fils adultérin. Croyait-il, au surplus que Geyer (= vautour) était Juif ? Cela paraît également vraisemblable. Mais à nouveau, le dilemme : bâtard simplement, ou bâtard fils de Juif, n'est pas fondamental puisque si le Juif est bâtard pour l'inconscient antisémite, la réciproque peut être vraie, dans la mesure où le bâtard persécuté se rapproche du Juif

1. En 1912, un certain Otto Bournot consacrait sa thèse de doctorat à Ludwig Geyer. Les archives paroissiales saxonnes lui permirent de remonter jusqu'à son arrière-grand-père, Benjamin Geyer, qui fut, à la fin du XVIIIe siècle, organiste à l'église d'Eisleben. L'étude des actes de naissance successifs lui permit de conclure que tous les ascendants de Ludwig Geyer avaient appartenu à l'Eglise évangélique et de déclarer que « la possibilité de la paternité Geyer n'implique rien de défavorable, quant aux jugements qui peuvent être portés sur l'œuvre d'art de Bayreuth ». (O. Bournot, *Ludwig Heinrich Christian Geyer*, Leipzig, 1913, p. 13.) Les wagnériens purent être rassérénés de la sorte ; mais il reste que Wagner lui-même ne disposait pas de ces données ; il pouvait difficilement songer à entreprendre une enquête sur les origines de son beau-père.

(l'un comme l'autre sont des gens sans aveu, « sans feu ni lieu »), et nous rappelons ce que nous avons dit au chapitre précédent : en ces matières, c'est l'imagination, la « réalité psychique » qui prime. Tout au plus peut-on se demander, eu égard cette fois aux jeux de l'imagination collective, si Wagner (= forgeron) serait devenu exactement ce qu'il fut pour l'Allemagne, sous le nom de *vautour*.

Dans l'autobiographie où nous lisons que Wagner, dans son enfance, se connut sous ce nom doublement équivoque (un *Geyer* est déjà presque un *Adler*, s'exclamait Nietzsche) [1], il nous dit que Ludwig Geyer consolait sa mère des infidélités de son mari, et il en parle avec affection, l'appelant tantôt son beau-père, tantôt son père, comme si sa propre identité restait incertaine pour lui. Ces *lapsus calami*, chez un homme qui se drape pour l'éternité, semblent attester l'origine d'une névrose dont presque tous les biographes de Wagner font état, chacun à sa manière, et quelle que soit leur piété pour le monstre sacré : une névrose revendicatrice, démesurée, proprement wagnérienne.

Citons le témoignage de son premier apôtre français, Edouard Schuré :

« ... la moindre contradiction provoquait en lui des colères inouïes. Alors, c'étaient des bonds de tigre, des rugissements de fauve. Il arpentait la chambre comme un lion en cage, sa voix devenait presque rauque et jetait les mots comme des cris, sa parole mordait au hasard. Il semblait alors un élément déchaîné de la nature, quelque chose comme un volcan en éruption. Avec cela, des élans de sympathie fougueuse, des mouvements de pitié touchants, des tendances excessives pour les hommes qu'il voyait souffrir, pour les bêtes et même les plantes. Ce violent ne pouvait voir un oiseau en cage ; une fleur coupée le faisait pâlir, et lorsqu'il trouvait dans la rue un chien malade, il le faisait porter chez lui. Tout en lui était gigantesque et démesuré »...

Certaines touches de ce portrait, les premières notamment, ne font-elles pas songer à une idole allemande plus récente ? Mais c'est l'amour des bêtes qui pourrait être

---

1. *Adler* est un nom de famille fréquent chez les Juifs allemands, ainsi que d'autres noms d'oiseaux *(Sperling, Gans, Strauss,* et, génériquement, *Vogel),* et il va de soi que *Geyer* a en allemand la même signification figurée qu'en français *vautour* d'homme rapace et d'usurier, ce qui ne pouvait que fortifier les soupçons relatifs à l'origine du beau-père de Richard Wagner.

la piste significative, et l'égorgement d'un poulet réveillait chez Wagner, il l'écrivait lui-même à Mathilde Wesendonck, de vieilles obsessions :

« L'affreux cri de l'animal, et, plus faibles, ses pitoyables plaintes au cours du viol pénétrèrent avec horreur dans mon âme. Depuis, je n'ai pas pu me débarrasser de cette impression, que j'ai déjà si souvent éprouvée. Il est effroyable, l'abîme infini de misère cruelle sur lequel continue à reposer notre existence tellement jouisseuse... »

La hantise de la castration allait de pair chez Wagner avec l'angoisse de la mort, et aussi avec l'ardeur amoureuse, avec ses tumultueuses et provocantes liaisons, avec des goûts effrénés de luxe que ses biographes nous décrivent chacun à leur manière. Il s'en justifiait lui-même devant son ami Liszt par son génie d'artiste et de mage :

« ... Je ne peux pas vivre comme un chien. Je ne peux pas dormir sur la paille et me contenter de liqueurs de basse qualité. Ma sensibilité, qui est excitable, délicate, exceptionnellement douce et tendre, doit être flattée d'une manière quelconque pour que mon esprit puisse s'acquitter de la tâche horriblement difficile de la création d'un monde non existant. »

Ce monde grandiose qu'il créa fut peuplé par la suite d'Aryens et de Sémites, une imposture à l'échelle wagnérienne. Tout fut spectaculaire chez lui : l'éveil de sa rage antisémite, qui a sa place dans l'histoire de la musique et dans l'histoire de l'Allemagne, en mériterait une autre dans les manuels de psychologie. Cette rage éclata au grand jour en 1850, lorsque Wagner avait trente-sept ans ; auparavant, il nous l'apprend lui-même, il avait milité pour l'émancipation complète des Juifs.

Depuis 1837, il avait noué des relations, lui artiste inconnu, avec Meyerbeer, de vingt ans son aîné, et à l'époque le roi de l'opéra européen. Il en fit d'abord son dieu artistique, allemand et universel. Dans une première lettre, il lui écrivait de loin : « ... ce n'est pas l'endroit ici de multiplier les louanges maladroites de votre génie ; je me contenterai d'écrire que je vous vois résoudre à la perfection la tâche de l'Allemand, qui fait siennes les qualités des écoles italienne et française, pour rendre universelles les créations de son propre génie... ». Dans un article, il le comparait à Glück, Hændel et Mozart, « ses vieux prédécesseurs allemands ».

Lorsqu'en 1839 Wagner vint chercher fortune à Paris, Meyerbeer l'aida avec une réelle générosité, l'introduisit dans les milieux musicaux et lui prêta de l'argent. L'irrésistible jeune musicien l'acceptait comme son dû : pouvait-il concevoir un meilleur père nourricier qu'un artiste juif riche et aimable dont, au surplus, le nom même rimait avec celui de Geyer ? Aussi bien déclarait-il à Meyerbeer qu'il n'espérait de salut que de lui : « Aidez-moi, suppliait-il, et Dieu m'aidera ; avec vénération je me recommande à vous, avec tous mes péchés, misères, faiblesses et afflictions, et j'implore Dieu et vous de me délivrer de tous les maux. Gardez-moi votre bienveillance, et Dieu sera près de moi... » Pour exagérées qu'elles aient été, ces effusions semblent bien avoir d'abord correspondu à des sentiments de sincère gratitude, dont on trouve le reflet en juin 1840, dans le Journal intime qu'il tenait. Mais la trempe du caractère wagnérien, et peut-être aussi les intrigues parisiennes, ne pouvaient faire durer l'idylle, et tandis que Meyerbeer continuait à s'acquitter de son rôle d'efficace protecteur, son protégé en vint bientôt à faire preuve d'une duplicité très lucide. Ici, c'est la correspondance avec Robert Schumann qui est révélatrice. A la fin de 1840, Wagner est encore pro-meyerbeerien : « Ne laissez donc pas éreinter Meyerbeer : je lui dois tout, et en particulier ma très prochaine célébrité ! » De telles dettes deviennent facilement insupportables : au début de 1842, le ton est tout autre : « Halévy est franc et honnête, il n'est pas un trompeur sciemment rusé comme Meyerbeer. Mais ne l'éreintez pas ! Il est mon protecteur, et — trêve de plaisanteries — un homme aimable ! » Wagner n'est donc pas encore consciemment antisémite : mais il est déjà antimeyerbeerien et... il est prudent. Suffisamment pour que Meyerbeer continue à s'employer en sa faveur, faisant monter *Rienzi* à Dresde et le *Hollandais volant* à Berlin. Wagner le remercie publiquement dans la première édition de son *Autobiographie* et dans une lettre de février 1842 : « L'éternité durant, je ne pourrai vous dire rien d'autre que merci, merci ! », cependant qu'à Schumann il écrit que l'œuvre de son bienfaiteur est « une source dont la simple odeur, du plus loin que je la perçoive, me répugne ». Il n'en continue pas moins de faire la cour à Meyerbeer, ce qui lui permet de solliciter à nouveau, en automne 1848, son aide financière.

Ayant échoué à Paris, Wagner dirige, depuis 1842, l'opéra de Dresde. C'est la période révolutionnaire et jeune-hégélienne de sa vie : il lit Feuerbach, se lie d'amitié avec Bakounine, veut lier l'avenir de son art à l'avenir politique allemand et, au printemps de 1849, prend part à la révolution saxonne. (Un curieux épisode nous montre qu'il fut un révolutionnaire prudent, « sachant jusqu'où il peut aller trop loin » ; au moment crucial de l'émeute, cet impétueux se laissa enfermer sous clef par sa femme Minna.) Il émigre ensuite en Suisse, où, en 1849-1851, il rédige ses principaux traités théoriques. Dans cet exil, il médite les mythes germaniques et germanomanes ; il mettra désormais en musique les spéculations des philologues et des métaphysiciens avec le retentissement que l'on sait. « Les noms wagnériens, la musique wagnérienne, rappelait en 1939 M. Georges Dumézil, ont animé les combattants allemands de 1914 à 1918 aux heures de sacrifice et d'échec plus encore qu'aux heures de triomphe. Le IIIe Reich n'a pas eu à créer ses mythes fondamentaux... » Mais avant d'insuffler la vie à ces rêves, Wagner va s'expliquer sur son projet.

Dans le premier de ses écrits, il proclame que la légende est plus vraie que l'Histoire et résume la théorie dite aryenne de l'origine de l'humanité : « C'est sur ces montagnes [l'Himalaya] que nous devons chercher la patrie primitive des peuples actuels de l'Asie et de tous les peuples qui émigrèrent en Europe. Là est l'origine de toutes les civilisations, de toutes les religions, de tous les idiomes... » Il ressuscite plus loin le vieux dieu Wotan ou, plutôt, il croit retrouver le Dieu des Chrétiens en lui : Dieu le Fils, qu'on le note bien, plutôt que Dieu le Père :

« Le dieu suprême abstrait des Allemands, Wotan, n'a pas nécessairement cédé la place au Dieu des Chrétiens ; il put même être absolument identifié avec lui ; il suffit de le dépouiller des attributs sensibles dont les différents peuples l'avaient revêtu, suivant leur caractère, leur pays et leur climat... Ce dieu primitif, unique, national, dont les différentes races dérivaient leur existence terrestre, a été évidemment le moins abandonné : car en lui se trouva, avec le Christ, fils de Dieu, cette analogie décisive que lui aussi était mort et fut pleuré, vengé, comme nous vengeons aujourd'hui encore le Christ sur les Juifs. La foi et l'attachement se reportèrent d'autant plus facilement sur le Christ qu'on reconnut en lui le Dieu primitif. »

Mais Wagner, lui aussi, avait quelque chose à venger : son enfance, sa misère et ses échecs ? ou les bienfaits reçus du Juif Meyerbeer et ses propres flagorneries ? On peut croire que ce dernier objectif n'était pas le moins pressant, même si, prudent comme toujours, il publiait son traité sur *Le Judaïsme dans la musique*, sous le couvert d'un double anonymat : il le signait d'un nom d'emprunt et il n'attaquait pas Meyerbeer nommément, mais à travers Mendelssohn-Bartholdy, et les Juifs en général. En juin 1849, il s'ouvrait de ses intentions à Liszt :

« Il faut que j'aie de l'argent comme Meyerbeer, même plus d'argent que Meyerbeer, ou bien que je me fasse craindre. Eh bien ! faute d'argent, j'ai une furieuse envie de pratiquer un peu le terrorisme dans le domaine de l'art. Donne-moi ta bénédiction, ou plutôt prête-moi ton assistance. Viens diriger cette grande chasse : nous tirerons de manière à faire une belle hécatombe de lièvres... »

L'année suivante, il mettait son projet à exécution. Trois thèmes s'entrecroisent dans *Le Judaïsme dans la musique,* le plus retentissant et aussi le plus influent de ses écrits. A titre d'entrée en matière, Wagner fait amende honorable d'ex-révolutionnaire, qui entend désormais pactiser avec les puissances et les traditions établies : raison de plus pour choisir les Juifs pour boucs émissaires :

« Même lorsque nous luttions pour l'émancipation des Juifs, nous combattions plutôt pour un principe abstrait que pour un cas déterminé. De même que tout notre libéralisme n'était qu'un jeu de l'esprit un peu trouble, quand nous défendions le peuple sans le connaître, et même en évitant tout contact avec lui, de même notre zèle à réclamer l'égalité pour les Juifs résultait beaucoup plus d'une excitation produite par un état d'esprit général que d'une réelle sympathie... »

C'est que — et c'est le deuxième thème de l'écrit — les Juifs tiennent sous leur domination une société dégénérée et surtout l'art de cette société : « Nous n'avons pas à donner la preuve que l'art moderne s'est judaïsé ; le fait saute aux yeux et tombe sous le sens. Le plus urgent, c'est de nous émanciper de l'oppression juive... » Suivent les images funèbres :

« Ce n'est qu'au moment où la mort intérieure d'un corps est évidente que les éléments étrangers prennent assez de force pour s'en emparer, mais seulement pour le décomposer ; alors la chair de ce corps peut bien se dissoudre dans la vie grouillante des vers, mais qui donc, à son aspect, s'aviserait encore de le considérer comme vivant ? »

Mais si le Juif corrupteur marche ainsi de triomphe en triomphe, son cas n'en est pas moins tragique. Wagner s'attache à nous le décrire : c'est le troisième thème du *Judaïsme dans la musique,* dans lequel le fiel n'exclut pas la lucidité : « Le Juif cultivé s'est donné toutes les peines imaginables pour dépouiller tous les signes caractéristiques de ses vulgaires coreligionnaires : en beaucoup de cas, il a même jugé conforme à ses buts d'aider par le baptême chrétien à laver toute trace de son origine. Mais ce zèle dont il n'a jamais recueilli tout le bénéfice escompté n'a contribué qu'à isoler d'une façon complète le Juif cultivé, et à faire de lui le plus sec de tous les hommes, à tel point que nous en perdîmes même notre ancienne sympathie pour le destin tragique de sa race. »

Rien de bon ne peut venir d'un tel Juif, doublement maléfique et stérile aux yeux de Wagner, puisqu'il a « rompu tout lien avec sa propre race ». Même un Mendelssohn-Bartholdy, dont, dans le privé, il plaçait très haut le talent, n'a jamais pu « produire sur notre cœur et en notre âme cette impression saisissante que nous attendons de l'art ». Mais c'est à Meyerbeer que vont les flèches les plus perfides :

> « Pour qui a observé la tenue insolente et l'indifférence de l'assemblée des fidèles à la synagogue, pendant un service divin en musique, il est facile de comprendre qu'un compositeur d'opéra juif ne se sente pas blessé de retrouver la même chose chez un public de théâtre, et soit capable de travailler sans dégoût pour lui... C'est par l'impression de froideur et de ridicule réel qu'il nous laisse, que le célèbre compositeur nous révèle le caractère du judaïsme dans la musique. De l'examen attentif de ces faits, que nous avons pu connaître en cherchant à justifier notre antipathie invincible pour l'esprit juif, ressort pour nous la preuve de la *stérilité de notre époque dans l'art musical.* »

« Le judaïsme est la mauvaise conscience de la civilisation moderne », conclut Wagner, et il évoque le Juif errant, qui n'a de salut à attendre que de la tombe. Menaçant, il exhorte les Juifs : « Réfléchissez qu'il existe un seul moyen de conjurer la malédiction qui pèse sur vous : la rédemption d'Ahasvérus — l'anéantissement ! » C'est sur ces lignes que s'achevait le pamphlet ; jusqu'au bout, le nom de Meyerbeer n'y avait pas été prononcé.

L'année suivante, dans *Opéra et Drame,* Wagner, en passant, attaquait son bienfaiteur nommément et il mettait en avant un nouvel argument : « Etant Juif, Meyerbeer n'avait pas de langue maternelle indissolublement liée au nerf le plus intime de son être ; il parlait avec le même intérêt dans n'importe quelle langue, et la mettait de la même manière en musique. » Plus brièvement, Gœbbels dira, après lui : « Lorsqu'un Juif parle en allemand, il ment ! »

Dans son *Autobiographie*, Wagner assurait que *Le Judaïsme dans la musique* suscita une conspiration juive contre lui, avec Meyerbeer pour chef d'orchestre : il attribuait à cette conspiration toutes les critiques, toutes les cabales, tous les coups du sort qu'il connut après 1851 dans sa vie mouvementée :

« La sensation provoquée par cet article, la véritable terreur qu'il répandit, ne peuvent être comparés à aucun événement semblable... C'est surtout ainsi que s'explique l'hostilité inouïe que me manifeste jusqu'à ce jour la totalité de la presse européenne... La fureur revêtit le caractère de la perfidie et de la calomnie, car la campagne fut systématisée par un grand connaisseur en la matière, M. Meyerbeer, et il la dirigea d'une main sûre jusqu'à la fin de ses jours... »

Voici donc Wagner en proie à la manie de la persécution ; le voici, une fois commise l'agression, devenu un parfait antisémite. En 1853, Liszt décrivait à la princesse Wittgenstein la nouvelle obsession de leur ami commun : « ... il m'a sauté au cou, puis il se roulait par terre caressant son chien Pepi et lui disant des sottises, tour à tour crachant sur les Juifs, qui sont pour lui un terme générique d'un sens très étendu. En un mot, une grande et grandissime nature, quelque chose comme un Vésuve... ». Une vingtaine d'années plus tard, le gobiniste Ludwig Schemann faisait des fureurs wagnériennes un récit plus circonstancié :

« Ses plaintes sur la misère indicible que les Juifs ont infligée à notre peuple culminèrent dans la description de la situation du paysan allemand, qui bientôt ne posséderait plus un seul arpent en propre. Je n'ai jamais observé chez lui quelque chose d'approchant à cette sainte colère, même de loin ; après ses dernières paroles, il se précipita, entièrement hors de lui, dans la nuit hivernale, pour ne rentrer que quelque temps après que le paroxysme se fut passé et que les ébats de son terre-neuve, qui l'accompagnait, l'eussent apaisé... »

Il est remarquable que, caniche Pepi ou fidèle terre-neuve, des chiens se profilent à l'arrière-plan de ces diatribes ; cela mérite considération. Cependant, d'autres lettres et d'autres témoignages nous apprennent que Wagner, qui se faisait peu d'illusions sur son propre compte, était fort conscient des avantages qu'il pouvait tirer de sa manie. Avantages subjectifs : « ... depuis longtemps, je retenais ma colère contre les Juifs, une colère aussi indispensable à ma nature que la bile au sang... Leurs maudites écrivailleries me servirent de prétexte, et j'éclatai.. » (à Liszt, 1852). Mais aussi avantages objectifs, renommée accrue : « Grâce à la stupidité de Meyerbeer, qui vient d'engager à Paris une troupe d'écrivaillons, je suis subitement devenu célèbre à Paris, ou tout au moins très intéressant... La perspective d'une lutte terrible, mais importante et riche en promesses, avec Meyerbeer, excite ma... mettons : ma méchanceté » (à sa nièce Franziska, même année). Ce lucide Wagner-là ne s'abusait que sur un seul point : jamais Meyerbeer n'entreprit quoi que ce soit contre son ancien protégé : il avait pour principe de ne pas répondre aux attaques, il avait pris son parti de l'antisémitisme ambiant. Il n'empêche que même sur le plan humain, il reste historiquement le perdant, le « faux bonhomme ». (Comme s'il s'y était résigné à l'avance, Meyerbeer écrivait en 1840 à Henri Heine que « 99 p. 100 des lecteurs sont antisémites, c'est pourquoi ils goûtent et goûteront toujours l'antisémitisme, si seulement il leur est administré avec un peu d'habileté ».)

De même, les « Juifs » de ce temps n'entreprirent jamais rien ni contre le compositeur ni contre le pamphlétaire ; au contraire, il continua à trouver parmi eux ses appuis et ses amis les plus fidèles. A l'abri du voile musical, sous la devise de l'art pour l'art, la dialectique de l'antisémitisme pouvait se donner libre cours dans toute sa pureté.

***

Quelles qu'en aient pu être les raisons, le fait est que, dans le domaine des beaux-arts, c'est d'abord en qualité de musiciens que les Juifs émancipés ont excellé. Dès l'aube du XIXe siècle, ils se font compositeurs et ils se font interprètes : que le maître d'œuvre de *L'Anneau*, que le génial entrepreneur Wagner ait eu recours à leurs talents n'aurait eu rien d'étonnant en soi. En l'occurrence, c'est la fréquence qui devient un symtôme. La prédilection de Wagner pour les interprètes juifs était bien connue : « Pourquoi votre père et le mien ne nous ont-ils pas circoncis, en leur temps ? » s'exclamait comiquement le chef d'orchestre Hans von Bülow, devant un confrère.

« Nombre de mes meilleurs amis sont Juifs » ; Wagner a toujours suivi cette bonne règle de l'antisémitisme de naguère. Mais ce coupable penchant, ou cet alibi, n'était pas à sens unique ; psychologiquement, les bénéfices devenaient facilement réciproques. Dans l'entourage wagnérien, le cas extrême de ce genre fut celui du virtuose Joseph Rubinstein. Leur liaison s'engagea sur une lettre que cet artiste adressa de son Ukraine natale à l'auteur du *Judaïsme dans la musique,* pour lui dire qu'il l'approuvait sur tous les points et qu'il ne lui restait donc que le choix entre le suicide ou une rédemption à l'ombre du Maître ; Wagner consentit à lui servir de protecteur paternel, l'accueillit vers 1872 dans sa maisonnée et en fit son pianiste préféré : aux invités, les airs de *Siegfried,* de *Wotan,* des *Walkyries* étaient révélés, dans leur arrangement pour clavier, par ce Juif. Son dévouement pour Wagner ne connaissait pas de bornes, et sa mort le laissa désemparé, à tel point qu'il se suicida sur la tombe de son maître. « Il ne put supporter ce que supportèrent tous les fidèles du Maître : lui survivre », commentait la biographie officielle de Wagner.

Un autre pianiste, Karl Tausig, un élève de Liszt, n'est pas mentionné comme Juif dans cette biographie, rédigée sous le contrôle de Cosima Wagner : ses auteurs se limitent à une allusion à « ses troubles origines ». C'est que Tausig, qui était aussi un homme d'action, fut le grand artisan du projet de Bayreuth ; sans doute importait-il aux wagnériens de l'épargner à titre posthume.

Juif également, le ténor Angelo Neumann, le Lohengrin et le Siegfried préféré de Wagner ; devenu directeur de théâtre, il parvint à se faire promettre par le maître les droits mondiaux de *Parsifal,* hors de Bayreuth. Après les artistes et les impresarii, les admirateurs et les mécènes. Wagner appréciait tellement le critique musical Heinrich Porges qu'il le fit venir en 1864 à Munich et voulut s'attacher en qualité de secrétaire ce « doyen des wagnériens ». Les affaires du *Patronatsverein* de Bayreuth étaient administrées par un certain banquier Cohn, et le compositeur convenait lui-même que c'étaient les Juifs qui applaudissaient le plus ses opéras.

Cherchaient-ils de la sorte à mieux affirmer leur germanité ? L'attrait que l'antisémite peut exercer sur le Juif assimilé peut tirer de là l'une de ses sources : à ses yeux, son ennemi semble investi d'un ministère spécial, pour lui délivrer un certificat de patriotisme, sinon de non-judéité. La tentation peut devenir subtile : à témoin, les réflexions qu'un Juif, pourtant traditionaliste, le romancier Berthold Auerbach, confiait à un parent, après avoir lu *Le Judaïsme dans la musique* :

« La chose est plus dangereuse et plus venimeuse qu'il ne le paraît, et il ne suffit pas de dire : cela passera, car on verra bientôt que Wagner n'est animé que par la malice et l'envie. Non, il y a là quelque chose d'autre, qu'il faut reconnaître et sonder à fond (...) ce que dit Wagner de la musique de Mendelssohn, je l'ai toujours en partie ressenti moi-même... »

Auerbach ajoutait que cette musique manquait de naturel, et ne faisait d'exception que pour *La Nuit de Walpurgis* et *Le Songe d'une nuit d'été.* Parlait-il en musicien seulement, ou se décernait-il, par le même mouvement, un brevet de bon Allemand ?

Voyons maintenant le côté wagnérien de l'affaire. Son antisémitisme alla en croissant jusqu'à la fin de ses jours, et trouva des expressions de plus en plus violentes. Avant d'en venir à ses écrits ou à ses lubies, signalons une réaction caractéristique, au lendemain de l'incendie du Ringtheater de Vienne, dans lequel plus de huit cents spectateurs, Chrétiens ou Juifs, laissèrent leurs vies. « Les hommes sont trop mauvais pour qu'on les plaigne, lorsqu'ils périssent en masse, s'exclama-t-il. A quoi sert la racaille réunie dans un tel théâtre ? Lorsque les ouvriers sont victimes d'une catastrophe minière, là, je m'émeus... » La même année (1864), il déclarait : « Que le genre humain périsse ne serait pas un dommage : mais qu'il périsse par les Juifs serait une ignominie. » Que périsse le monde, mais qu'il périsse par Wagner !

Pourquoi les antisémites se complaisent-ils dans la société ignominieuse des Juifs ? Sans doute pour des motifs divers, dans lesquels la générosité dont ils témoignent de la sorte peut entrer pour une part ; mais le bénéfice essentiel doit être l'étalage de leur splendeur aryenne, face à des Sémites obséquieux, et, en dernière analyse, face à eux-mêmes. Dominer les Juifs, c'est se mettre au-dessus des gens les plus astucieux qui soient, dépasser les surhommes, qui ont su abrutir, châtrer les Aryens : « Nous sommes des ânes bâtés qui avons tout emprunté aux Juifs », disait encore Wagner, peu avant sa mort.

Ce tyran se plaisait à jouer avec le « Juif » comme le chat avec la souris. Au faîte de sa gloire, il confiait la direction de *Parsifal,* son « œuvre germano-chrétienne scénique sacrée » *(christlich-germanisches Weihefestspiel),* au chef d'orchestre Hermann Levi, qu'il qualifiait de son « plénipotentiaire » et même de son *alter ego.* Il voulait le convertir au protestantisme, mais le félicitait aussi d'avoir gardé son nom, sans y changer un iota. Une brouille passagère, survenue peu avant la première représentation de *Parsifal,* en dit long sur la nature de leurs rapports.

Vers la mi-juin 1881, Wagner reçut de Munich une lettre anonyme le conjurant de ne pas laisser diriger son œuvre par un Juif qui, au surplus, était-il insinué, entretenait des relations coupables avec Cosima. Les époux Wagner, ce jour-là, attendaient Levi pour déjeuner. Le mari plaça la lettre dans la chambre réservée à Levi, sur une table.

Or, Levi arriva en retard. Wagner l'attendait dans l'entrée, la montre à la main, et lui dit, sur un ton grave : « Vous êtes en retard de dix minutes ! Manque de ponctualité vient immédiatement après infidélité ! » Il ajouta ensuite : « Maintenant, allons déjeuner — non, lisez auparavant la lettre que j'ai préparée pour vous. »

A table, Levi, bouleversé par la lettre, gardait le silence. Wagner lui demanda pourquoi il restait si silencieux. Levi lui répondit qu'il ne comprenait pas pourquoi Wagner lui avait fait lire la lettre, au lieu de la déchirer sur-le-champ. Il s'entendit répondre ceci : « Je vais vous le dire. Si je n'avais montré la lettre à personne, si je l'avais déchirée, peut-être quelque chose de son contenu serait-il resté en moi, mais ainsi, je puis vous assurer que je n'en garderai pas le moindre souvenir. »

Sans prendre congé, Levi rentra à Bamberg, d'où il demanda avec insistance à Wagner de le décharger de la direction de *Parsifal.* Wagner répondit par télégramme « Cher ami, vous êtes très sérieusement prié de revenir au plus vite : la chose principale doit être menée à bien. » Levi insista sur sa démission et reçut alors une lettre contenant les phrases suivantes :

« Très cher ami ! Tout mon respect pour votre sensibilité, cependant de cette manière vous ne facilitez les choses ni pour vous ni pour nous. C'est justement parce que vous regardez en vous-même d'un œil si sombre, que nous pourrions être saisi d'angoisse dans nos relations avec vous. Nous sommes tout à fait d'accord pour raconter cette m... à tout le monde, mais cela exige aussi que vous ne nous abandonniez pas et ne laissiez pas encore supposer des absurdités. Pour l'amour de Dieu, revenez tout de suite et apprenez à nous mieux connaître !

Ne cédez rien de votre foi, mais prenez aussi du courage pour cela ! — peut-être y aura-t-il un grand tournant dans votre vie —, mais de toute façon vous êtes mon chef d'orchestre pour *Parsifal.* »

Tel pouvait être le grand jeu de Wagner : une envie sadique d'humilier ; une humeur conciliante et sentimentale ; et surtout, la volonté de s'attacher encore plus étroitement sa victime. Levi en vint à convenir que *Le Judaïsme dans la musique* avait été dicté par un généreux idéalisme ; la même année, il écrivait à son père, un rabbin : « La postérité reconnaîtra un jour que Wagner fut aussi grand comme homme que comme artiste, ainsi que le savent déjà ses intimes. Sa lutte contre ce qu'il appelle le « judaïsme » dans la musique et dans la littérature s'explique également par les motifs les plus nobles. »

Après la mort de ce fidèle wagnérien, H. St. Chamberlain lui consacrait une notice élogieuse dans les *Bayreuther Blätter.* Après avoir dit ses mérites de Juif d'exception, il concluait que son problème humain insoluble, c'est-à-dire la conscience qu'il avait du stigmate de sa race, le rendait spécialement apte pour exprimer en artiste la quête désespérée de *Parsifal.* Mais tout se passait, nous le verrons plus loin, comme si ce beau-fils de Wagner s'arrêtait à mi-chemin du raisonnement.

⁂

La bibliographie wagnérienne comporte plus de quarante-cinq mille titres, ne le cédant paraît-il en importance qu'à celle de Jésus-Christ et de Napoléon. Nul autre artiste n'a autant remué les foules, nul aussi n'a été autant haï.

Il fut la grande déception de la vie de Nietzsche qui, après l'avoir beaucoup aimé, exhortait les Allemands à se défendre contre lui « comme contre une maladie » *(Le cas Wagner).* « Wagner était quelque chose de complet ; il était la corruption complète ; Wagner était le courage, la volonté, la *conviction* dans la corruption. » Et Nietzsche déclarait la guerre au « crétinisme de Bayreuth — et, incidemment, au goût allemand. » (On le ferait à moins : Edmund von Hagen, dans ses *Aphorismes sur Wagner,* ne qualifiait-il pas son idole « d'omnipotent, de Sophocle et Platon, Shakespeare et Bacon, Schiller et Kant, Gœthe et Schopenhauer en une seule personne, dominant le monde ».)

Mais le wagnérisme, tout comme l'hitlérisme, fut aussi un phénomène européen. En France, il y eut les enthousiasmes de Baudelaire, de Barrès et de Proust, des symbolistes et de la *Revue wagnérienne*, « le service, dès l'enfance rendu, aux autels du dieu Richard Wagner », dont parle M. Lévi-Strauss. Le cours du temps et plus encore l'épreuve de l'hitlérisme ont progressivement infléchi les jugements sur un art qui se voulait la musique de l'avenir, et qui a orchestré un sanglant passé. « Il n'est pas douteux que cet Allemand de race pure, ce génie si authentiquement germanique, écrivait à la fin du siècle dernier Henri Lichtenberger, a trouvé précisément chez nous une seconde patrie spirituelle... nous respectons en lui un des plus nobles héros de l'Allemagne moderne et de l'art de tous les temps. »

De nos jours, Marcel Schneider convient que Wagner fut grand, mais d'une grandeur qui, justement parce que « sacrée », l'exposait à la haine et à la raillerie : « On flaire la supercherie, la mauvaise foi, et rien ne choque davantage que le faux prophète qui utilise à des fins personnelles la ferveur de ses fidèles, que le mage dérisoire qui fait un usage criminel du sacré. C'est pourtant à cette notion de mystère religieux qu'il faut en revenir pour concevoir l'apothéose qu'à la fin de ses jours Wagner a connue. Elle ne s'explique pas autrement. Quand la religion a perdu son prestige, les hommes attendent de l'artiste qu'il remplace le prêtre... »

En Allemagne même, Wagner, fêté dans le Troisième Reich plus encore qu'il ne l'avait été dans le Second, y fut considéré comme un précurseur et un initiateur. C'était là tout un climat, mais c'était aussi, plus particulièrement le fait d'un homme. Un ami d'enfance d'Adolf Hitler assure que celui-ci « cherchait en Wagner bien plus qu'un modèle et un exemple. Il s'appropria littéralement la personnalité de Wagner, comme pour en faire une partie intégrante de son individu ». La formule ne paraît pas exagérée, pour un homme qui, dans sa jeunesse, partageait son siècle en ceux qui étaient wagnériens et en « ceux auxquels on ne donnait pas de nom ». (Cf. les *Libres propos* de Hitler.) Dans le style qui lui était propre, Alfred Rosenberg ne semble pas dire autre chose : « Bayreuth est l'accomplissement du mystère aryen (...). L'essence de l'art occidental se révèle chez Wagner : à savoir, que l'âme nordique n'est pas contemplative, qu'elle ne se perd pas dans la psychologie individuelle, qu'elle aspire à vivre suivant les lois cosmiques de l'âme et les former spirituellement, architectoniquement. » Mais peut-être Wagner n'a-t-il pas eu de meilleur exégète que Wagner lui-même.

Sa vie durant, il s'est expliqué sur une œuvre dans laquelle il cherchait à fondre en une unité indissoluble musique, action thématique et idéologie. Après la période de Zurich, c'est surtout à Bayreuth, à la fin de sa vie, qu'il multiplia les écrits sur l'art, la politique et d'autres sujets. Son antisémitisme ne se démentit pas ; avec le temps, il devint plus funèbre : « Je tiens la race juive pour l'ennemi né de l'humanité et de tout ce qui est noble ; il est certain que les Allemands notamment vont périr par elle, et peut-être suis-je encore le dernier Allemand qui a su s'affirmer contre le judaïsme, qui tient déjà tout sous sa coupe », écrivait-il en 1881 au roi de Bavière Louis II. (Ce qui ne l'empêche pas de réconforter la même année son impresario Angelo Neumann, en butte aux troubles antisémites de Berlin, de critiquer à cette occasion les campagnes antisémites et de parler « d'absurdes malentendus » ; cela aussi, c'est Wagner.) Les motifs pessimistes de Schopenhauer s'enrichissent de ceux de Gobineau, relatifs à la décadence raciale. « Démon plastique de la décadence de l'humanité » : aussi qualifie-t-il le Juif dans un écrit intitulé, ce qui peut-être n'est pas indifférent, *Connais-toi toi-même (Erkenne dich selbst)*. Il y attribue au « Juif » une supériorité malfaisante, et des succès étonnants ; il lui impute l'invention de l'argent, et, pire, celle du papier-monnaie, « machination diabolique » ; à la limite, enfin, toute la civilisation occidentale, qui « est un pêle-mêle judaïco-barbare », et nullement « une création chrétienne ». Cette puissance du Juif lui paraît inhérente à son sang, tellement puissant que « même le mélange ne lui nuit pas ; homme ou femme, qu'il s'allie aux races les plus étrangères à la sienne, il engendre toujours un Juif ».

Thème fondamental du nazisme, et dont celui-ci tira les conséquences que l'on sait. Chez Richard Wagner, il s'entrecroise avec celui du végétarianisme, dont Hitler fut également un adepte. Il met expressément en relation « la consommation défendue de la chair des animaux » avec « le fait que le Dieu des Juifs trouva l'agneau gras sacrifié par Abel plus savoureux que les fruits des champs offerts par Caïn ». A ses yeux, la consommation de la chair animale est une cause majeure de la décadence de l'humanité.

Vers la fin de sa vie, il se sentit attiré par la figure du Christ, mais il se fabriqua un christianisme sur mesure. En effet, il pensait que la Cène signifiait le retour à l'innocence primitive, qu'elle voulait symboliser le respect de la vie animale, et donc du végétarianisme. C'est ainsi que le pain et le vin auraient été substitués à la chair et au sang ; c'est ainsi que les apôtres entendaient commémorer le souvenir du Sauveur et sceller l'Alliance Nouvelle ; mais l'Eglise s'étant rapidement « enjuivée », ce symbolisme du christianisme primitif aurait été complètement oblitéré.

Quoi qu'il en soit de ces fantaisies théologiques, qui à y regarder de plus près constituent l'inverse des fantaisies daumeriennes, le fait qu'au lendemain de la victoire de 1871, Wagner ait situé à Paris un « abattoir universel » possède sa signification propre. Il s'est alors gaussé des Français, ces « Latins sémitisés », mais ils n'en restaient pas moins pour lui « les dieux et les maîtres du monde ». L'ambivalence est caractéristique.

Des autres « races inférieures », Slaves et Noirs, Wagner, qui n'était pas un doctrinaire systématique, ne s'est guère préoccupé. Pour ce qui est des femmes qui l'aimèrent et l'aidèrent tellement, elles symbolisent dans son œuvre l'« éternel féminin » romantique, sous les deux formes de la Mère immaculée de Dieu et de Vénus génitrix, ou encore la « nature » opposée à l'« esprit ». Ce qu'il avait à en dire discursivement fut interrompu en février 1883 par sa mort ; il ne semble pas que dans l'essai qu'il avait ébauché sur « l'élément féminin dans l'être humain » il aurait prêché un antiféminisme à la manière de Proudhon.

L'obsession de cet égotiste, c'était la hantise de la pollution, que ses écrits (notamment celui qu'il considérait comme le plus important : *Héroïsme et christianisme*) nous révèlent sous deux formes : souillure par le sang juif et souillure par la chair animale. C'est à leur conjonction qu'il tendait à attribuer la *décadence occidentale.* A cette déchéance, il ne voyait de remède que dans une « purification divine », grâce à la « réception du sang de Jésus, telle qu'elle se produit symboliquement dans le seul sacrement véritable de la religion chrétienne... Cet antidote s'opposerait donc à la décadence des races, causée par leur mélange ; et peut-être l'univers n'a-t-il produit des êtres vivants que pour servir cette religion ».

Quelle est donc cette religion ? Quel est ce *Mystère aryen de Bayreuth,* dans lequel certains exégètes croyaient retrouver des éléments de la « religion vieille-aryenne ? ». Dans un autre écrit, Wagner assurait que le péché majeur du genre humain était de tuer les animaux. Ce crime est d'autant plus horrible à ses yeux que la bête lui semble moralement supérieure à l'homme, notamment par sa « fidélité dévouée jusqu'à la mort ». Il lui attribue d'autres vertus, la sincérité, la naïveté, l'impossibilité du mensonge. Il finit ici aussi par évoquer la mort expiatoire de Jésus, mais les puissances du mal ont repris le dessus, le christianisme s'est enjuivé : « L'Ancien Testament est vainqueur aujourd'hui, et l'animal féroce [c'est-à-dire l'homme] est devenu l'animal calculant... »

Dans une lettre qu'il adressait à E. von Weber, le président de la ligue antivivisectionniste, Wagner lui conseillait d'utiliser la manière forte, et songeait de nouveau aux Juifs : « Il serait excellent, par exemple, de faire peur aux Juifs, eux qui, de jour en jour, se conduisent de manière plus insolente. De même, il faut faire peur à messieurs les vivisectionnistes ; il faudrait que tout simplement ils craignent pour leur vie et qu'ils croient voir devant eux le peuple, armé de matraques et de cravaches. »

Voici encore les Juifs cités à titre d'exemple, d'une façon qui fait songer aux « Juifs et fournisseurs » du maréchal Gneisenau, et aux « Juifs et philistins » de Clemens von Brentano ; d'autres, en ces temps-là, parlent de « Juifs et francs-maçons ». Mais nous croyons avoir réuni suffisamment d'éléments pour pouvoir conclure, de la manière même que semble nous suggérer le génial artiste qui se voulait « conscient de l'inconscient » *(Der Wissende des Unbewussten).*

La névrose wagnérienne, c'est d'abord un climat, une forme du « mal du siècle ». Elle est — démesurée chez Wagner comme le reste — « la souffrance de l'artiste » ; elle peut donc être profitablement cultivée et exhibée, tout comme son symptôme antisémite ne fait qu'exprimer une idéologie dominante de l'époque. Il demeure le mal authentique, la blessure narcissique ; sur ce plan, cette névrose, comme toute autre, prolonge dans la vie adulte le conflit de première enfance, un conflit compliqué chez Wagner par la double et incertaine paternité. Le conflit ayant été mal résolu, l'image du père se trouvait scindée en deux, et tous les liens affectifs du compositeur restaient marqués par cette scission : les amis, les protecteurs devenaient l'image du père aimant et bon, d'un Geyer auquel il vouait une mémoire reconnaissante ; les ennemis, les rivaux prolongeaient le père menaçant et castrateur — Geyer dans le lit de la mère, Geyer l'intrus, le Juif — qu'il haïssait, dont il cherchait à refouler le souvenir, mais auquel il continuait également à s'identifier, dans l'inconscient profond.

On peut croire que la conversion de Wagner à l'antisémitisme mit quelque baume sur la plaie. Elle lui permit de régler, en partie du moins, ce vieux compte ; désormais, il semble se sentir, à sa manière, un père, un chef, et il règle sa vie en conséquence ; il ne joue plus au rebelle ; il acquiert une audience, des disciples, il domine à son tour. Mais la blessure subsiste, l'âme reste mutilée et, à y regarder de plus près, ce misanthrope n'a de véritable affection que pour ceux qu'il tient entièrement sous sa coupe. Il en fut ainsi pendant quelques années pour Nietzsche. En 1872, il écrivait au jeune philosophe qui se mettait à ses pieds qu'il était, après sa femme Cosima, le seul gain qu'il avait retiré de sa vie ; en dehors d'eux, il n'y avait que son chien Fidi ; ses enfants charnels, Siegfried et Eva, ne figuraient pas dans ce bilan existentiel.

C'est ainsi que les chiens et les Juifs jalonnaient la vie affective de l'artiste, et sans doute associait-il dans les profondeurs de son inconscient les uns aux autres : à témoin les deux hantises de la pollution par la chair (animale) et le sang (juif). De même, les sentiments affectueux qu'il portait aux animaux, il les étendait aux Juifs asservis, châtrés par lui, un Joseph Rubinstein, un Hermann Levi, ces chiens humains de Wagner, choses animées soumises à son entier contrôle : joies de la revanche, répulsion métamorphosée en attirance. Des déplacements de ce genre ont été également observés chez les tueurs nazis, grands amateurs de bêtes et prodiguant leur affectueuse bienveillance aux esclaves juifs affectés à leur service personnel. Jeux caractéristiques de la psyché antisémite, qui s'emploie au surplus à attribuer à l'objet de son acharnement, par le mécanisme de la projection, tout ce qu'elle redoute et voudrait ignorer en elle-même : dans le cas de Wagner, une avidité dévorante, la soif d'argent et la soif de sang, toutes deux perçues comme immondes, et facilement associées ; bref, le « Juif » en lui. Mais ce démon-là ne s'en laisse pas conter, surtout chez un personnage aussi clairvoyant que Wagner, et cette soif-là ne se laisse pas assouvir ; la plaie reste inguérissable, la haine rentrée persiste ; d'où des sentiments de culpabilité, perçus sous forme de souillure, et l'aspiration à une rédemption par le sang du Sauveur, ce qui, à nouveau, chez le rénovateur des vieux mythes, reflète la soif du sang, la pulsion vengeresse.

C'est autour de ce sang précieux que s'organise mystiquement l'action du *Parsifal,* l'œuvre sacrée de Bayreuth, l'apothéose méditée pendant un quart de siècle ; c'est lui qui viendra guérir la plaie du roi Amfortas, auquel Wagner a donné toutes ses angoisses. On sait qu'il a tiré ce thème de la légende du Graal, qu'il modifia à sa manière, assurant que son auteur médiéval l'avait mal comprise. Certaines de ces modifications nous permettent, à la lumière de ses rapports avec Hermann Levi, d'ajouter une ou deux dernières touches à son portrait.

Parmi les libertés qu'il prit avec le thème du Graal il en est qui étonnèrent ou choquèrent maints critiques. Le roi Amfortas, « une figure d'un intérêt tragique prodigieux », écrivait-il dès 1859, devient le personnage central de l'action ; la Cène — les catholiques notamment le lui reprochaient — est une sorte de banquet végétarien ; et surtout, le Vendredi saint est tout le contraire d'une fête endeuillée. « Heureuse toute créature, tout ce qui s'ouvre et bientôt meurt, car la nature rachetée s'orne d'innocence en un tel jour ! » C'est le célèbre *Enchantement du Vendredi saint,* dont, en février 1879, il envoyait la partition à Hermann Levi. L'envoi était accompagné d'une lettre remplie d'allusions énigmatiques, que H. St. Chamberlain publiait en 1901 dans les *Bayreuther Blätter,* en même temps qu'une trentaine d'autres lettres adressées par Wagner à Levi ; mais la première phrase de cette lettre-là était remplacée par des points de suspension :

« Cher ami !

[« Ma femme ne s'arrête pas de me parler de vos amabilités à son égard, et je dois donc vous remercier par un autographe que vous pourrez recopier pour votre collection.] Ce que j'y ai à vous dire n'aura pas beaucoup d'importance, à moins que l'expression de ma joie n'en présente une. En parlant de la sorte de « ma joie », je ne voudrais pas passer pour un prétentieux, comme si cette joie avait de la valeur ; mais là-dessous, il y a de graves et profonds secrets, et celui qui les éclairerait complètement à la lumière de la raison estimerait par exemple que « ma joie à votre sujet » est de bon augure pour la construction future des choses humaines. Pour nous deux, il devrait être consolant de nous retrouver, purifiés, dans l'harmonie de cette construction.

« — Métaphysique sociale !

« Remerciements et salutations cordiales de votre très dévoué
Richard WAGNER.

« Bayreuth, 27 février 1879. »

On peut croire que la suppression de la première phrase avait été pratiquée par égard à Cosima Wagner, ou même sur sa demande : il lui aurait importé de prendre ses distances avec le prévenant chef d'orchestre juif. Mais il reste la suite, qui aux wagnériens ne paraissait nullement subversive, et c'est elle qui nous importe. Quels sont ces « graves et profonds secrets » dont parlait plaisamment Wagner, en envoyant à Levi *L'Enchantement du Vendredi saint* ? Quelle est cette « purification » commune qu'il entrevoyait ? Quelle est cette « métaphysique sociale » ? Au surplus, pourquoi tenait-il tellement à convertir Hermann Levi et à communier avec lui ? Pourquoi le qualifiait-il d'*alter ego*, et attachait-il un tel prix à ce que *Parsifal* soit dirigé par ce fils de rabbin ? La nature exacte des rapports Wagner-Cosima-Levi aurait besoin elle aussi d'être étudiée de plus près : les deux parties de la lettre, la phrase supprimée et le reste, pourraient s'enchaîner de diverses manières...

Nous voici ramenés à la « question Geyer ». Si Wagner l'antisémite s'était secrètement cru Juif, il ne se serait pas exprimé autrement, et sa « plaie d'Amfortas », ce mal mystérieux, ces tourments qu'il décrivait au roi de Bavière, elle aurait été cela. Mais au-delà, il est possible d'esquisser une hypothèse supplémentaire, relative à une source, sans doute obscure à l'artiste lui-même, du mythe wagnérien de *Parsifal*.

Ironisant sur les enthousiasmes sentimentaux de Meyerbeer, Wagner le qualifia une fois de « rédempteur moderne, d'agneau de Dieu expiant les péchés du monde ». Indigné, un critique catholique, le Père Th. Schmid, se demandait à ce propos si *Parsifal*, où il est beaucoup question du Rédempteur et de la Rédemption, n'était pas une farce sacrilège, une parodie de la Passion. Il énumérait les hérésies de Wagner et se demandait si son art ne portait pas inscrit sur le front le schibboleth : « Mysterium, Babylona magna, mater fornicationum et abominationum terrae. »

Peut-être n'était-il pas nécessaire de viser si haut. On peut admettre que les écrits antisémites furent pour Wagner, dont ses admirateurs clamaient qu'il avait, sous l'inspiration de l'Esprit Saint, retrouvé le sens véritable de la Cène, une meilleure source d'inspiration. Il en était un lecteur assidu, ce qui ne saurait étonner, et les critiquait à l'occasion : ainsi, il reprochait à Wilhelm Marr sa superficialité, et à Eugen Dühring la vulgarité de son style. Mais *Le Juif du Talmud* du Père A. Rohling, professeur de théologie à l'Université de Prague, trouva son entier assentiment : ce traité, dans lequel il est beaucoup question du meurtre rituel, l'aide à supporter l'eczéma dont il souffrait en 1880, et il s'ébahissait des « singuliers usages des Juifs ». On peut admettre qu'il avait lu en son temps *Les Secrets de l'Antiquité chrétienne*, de Daumer ; que l'on pense aussi à son émoi — « formation réactionnelle » pour le psychologue — lors de l'égorgement d'un poulet. Qu'il ait accusé les Juifs de cannibalisme, ou qu'il ait aspiré à la rédemption par le sang du Sauveur, on retrouve cette fascination exercée par le sang innocent. Or, à quel usage sert le sang chrétien chez les Juifs, aux termes de la tradition antisémite ? Les variantes sont multiples : à commémorer haineusement la passion du Christ ; à consacrer le pain azyme ; à panser la blessure de la circoncision ; à enlever le *foetor judaïcus* ; à arrêter chez les hommes le sang menstruel ou à guérir quelque autre mal inavouable. En tout cas, ce sang doit être de préférence procuré le Vendredi saint. Les Juifs sont censés se réjouir ce jour-là ; cette fable a eu la vie dure, comme le montre une réflexion que Proust prête au baron de Charlus.

Le génie créateur de Wagner se serait-il laissé intoxiquer par ces thèmes ? S'agissait-il obscurément pour lui d'effacer les stigmates de Geyer, d'exorciser ce vieux spectre ? Serait-ce le « Juif » en lui — et tel qu'il le voyait en lui — qui aurait aspiré à cette guérison rédemptrice par le sang chrétien et se serait réjoui un Vendredi saint ? Le sens dernier de *Parsifal,* incompris de Wagner lui-même, serait-ce cela : un meurtre rituel, une immense farce délirante, dirigée, orchestrée par son « autre moi-même », le fils du rabbin Hermann Levi ?

Livre II

L'EUROPE SUICIDAIRE

PREMIÈRE PARTIE

1870-1914

I

Les pays germaniques

« Je n'ai jamais rencontré un seul Allemand qui aimât les Juifs », observait à la fin du XIXe siècle Nietzsche, qui pour sa part faisait brillamment exception à la règle ; quant à savoir pourquoi il en était ainsi, il proposait dans le même contexte un commencement de réponse, en mettant en cause l'immaturité ou la labilité politique et culturelle des Allemands de son temps. « Ils sont d'avant-hier et d'après-demain — *Ils n'ont pas encore d'aujourd'hui* (...) L'Allemand n'est pas, il *devient*, il « évolue » (...) Il digère mal ce qu'il a vécu, il n'en vient jamais à bout. La profondeur allemande n'est trop souvent qu'une « digestion » pénible et différée. »

Sans doute aurait-on pu ajouter que la digestion était au surplus ralentie parce que les Juifs étaient plus nombreux en Allemagne qu'en Italie ou en France : mais il reste que, lors d'un processus assimilateur, les données statistiques ne jouent qu'un rôle subordonné, lorsqu'il s'agit dans tous les cas d'une infime minorité ; ce qui importe, ce sont les complexes de persécution et la mégalomanie compensatrice qu'entraînent l'immaturité ou la labilité. J'ai traité ailleurs des rationalisations mystico-politiques de ces complexes : sur le plan littéraire et philosophique, ils s'exprimaient, ainsi que de règle, par la peur et la haine des Juifs.

Ainsi, prenons l'auteur le plus lu de l'Allemagne impériale, Gustav Freytag, dont l'œuvre maîtresse, *Soll und Haben* (1855), connut 500 éditions successives, et figurait dans toutes les bibliothèques familiales. Ses deux personnages principaux, l'Allemand Anton Wohlfart et le Juif Veitel Itzig, dont les noms déjà ont une résonance symbolique, incarnent respectivement la vertu et le vice ; pour mieux marquer ses intentions, Freytag entoure son « Itzig » d'une demi-douzaine d'autres Juifs qui, à une exception près, sont presque aussi repoussants que lui, tandis que parmi la multitude de personnages allemands qui peuplent son œuvre, il n'existe qu'une seule et unique créature de cet acabit.

Une pédagogie simpliste du même ordre caractérise le bestseller n° 2 du roman bourgeois allemand, le *Hungerpastor* (1864) de Wilhelm Raabe. Ici, Veitel Itzig s'appelle Moses Freudenstein ; tout aussi ambitieux et cupide que lui, il se convertit, change de nom, et nargue son ami d'enfance, le bon pasteur Hans Unwirrsch : « J'ai le droit d'être Allemand où il me plaît de l'être et le droit de me dépouiller de cet honneur quand cela me convient... Depuis qu'on ne nous met plus à mort en tant qu'empoisonneurs de puits et égorgeurs d'enfants chrétiens, notre position est bien meilleure que la vôtre, soi-disant Aryens ! » On peut ajouter que les autres personnages du roman sont typés d'une façon moins manichéenne que chez Freytag.

Après les écrivains qui peuplèrent de Juifs leur avant-scène, voyons ceux qui s'en sont désintéressés, du moins en tant que créateurs. Chez le délicat conteur Theodor Fontane, on trouve épisodiquement un professeur de dessin juif, décrit avec sympathie ; et dans un poème, il évoquait avec une aimable condescendance les Abraham, les Isaac et autres fils d'Israël, fleur d'une « noblesse préhistorique », venus lui présenter leurs hommages, lors de son 75e anniversaire : « Tous, ils m'ont lu. Tous, ils me connaissaient de longue date, et c'est l'essentiel. — Venez donc, Cohn. » Mais en même temps, il écrivait à sa femme : « Plus je prends de l'âge, plus je suis partisan d'une nette séparation... Les Juifs entre eux, les Chrétiens entre eux... Il est énorme, le mal fait par Lessing avec son histoire des trois anneaux. » Dans les nouvelles « nordiques » de son contemporain Storm, on ne trouve aucun personnage juif ; mais dans sa correspondance avec son ami suisse Gottfried Keller, on se heurte à un passage caractéristique : Storm s'emportait contre le « Juif impudent » Eber, qui avait qualifié la nouvelle de genre littéraire mineur, et le citoyen de la libre Helvétie dut le raisonner : « La judéité d'Eber, que j'ignorais, n'a rien à voir dans l'affaire. Von Gottschall, un Chrétien de pure souche germanique, ne cesse de clamer lui aussi que la nouvelle et le roman sont des genres inférieurs... Mon expérience m'a appris que pour tout Juif mal élevé et vociférant on trouve deux Chrétiens qui le sont tout autant, qu'ils soient Français ou Allemands, les Suisses non exceptés. »

Dans le domaine philosophique, les opinions étaient si possible encore plus tranchées. Nous avons vu comment Kant, Fichte ou Hegel critiquaient les Juifs et le judaïsme dans le cadre de systèmes métaphysiques qui restaient encore ancrés dans la théologie luthérienne, tout en s'en distançant progressivement. Voyons maintenant comment s'y prenait Schopenhauer qui, ayant rompu les dernières amarres, affiliait le message évangélique au bouddhisme, Moïse n'étant qu'un législateur ou « tuteur » étranger et barbare :

« Comme un lierre en quête d'un appui s'enlace autour d'un tuteur grossièrement taillé, s'accommode à sa difformité, la reproduit exactement, mais reste paré de sa vie et de ses charmes propres, en nous offrant un aspect des plus agréables, ainsi la doctrine chrétienne issue de la sagesse de l'Inde a recouvert le vieux tronc, complètement hétérogène pour elle, du grossier judaïsme ; ce qu'on a dû conserver de la forme fondamentale de celui-ci est quelque chose de tout différent, quelque chose de vivant et vrai, transformé par elle... »

La suite du passage suggère que le tempérament atrabilaire de Schopenhauer ne pouvait supporter l'idée d'un Créateur qui juge bonne sa Création :

« [Dans le christianisme] le Créateur en dehors du monde, qu'il a produit de rien, est identifié avec le Sauveur, et par lui, avec l'humanité ; il est le représentant de celle-ci, qui est rachetée par lui, de même qu'elle avait failli en Adam, et se trouvait depuis lors dans les liens du péché, de la corruption, de la souffrance et de la mort. C'est ici la manière de voir du christianisme aussi bien que du boudhisme : le monde ne peut plus apparaître dans la lumière de l'optimisme juif, qui avait trouvé que « tout est bien » ; non, c'est plutôt le diable qui se nomme maintenant « prince de ce monde »... »

La fureur avec laquelle Schopenhauer s'emportait contre l'omniprésente « puanteur juive » *(foetor judaicus)*, ce par quoi il entendait la croyance dans la bonté du Créateur et dans le libre arbitre, suggère que ce n'est pas d'idées pures qu'il s'agissait pour ce contempteur de la philosophie classique, mais que « les Juifs » désignaient chez lui, comme chez les théologiens médiévaux, tous ceux qui n'étaient pas d'accord avec lui. Aussi bien s'employait-il par tous les moyens à approfondir le fossé entre les tenants de l'Ancienne et ceux de la Nouvelle Loi : « Les Juifs sont le peuple élu par *leur* Dieu, qui est *le Dieu élu par son peuple,* et cela ne concerne personne d'autre qu'eux et lui. » Et encore plus lapidairement : « La patrie du Juif, ce sont les autres Juifs. »

Il reste que Schopenhauer vitupérait les Juifs en se plaçant sur le terrain métaphysique et spiritualiste. Mais que dire de son adepte « néo-vitaliste » Eduard von Hartmann, ce philosophe de l'inconscient qu'on cite souvent en qualité de précurseur de Freud ? Après avoir élaboré vers 1875-1880 le programme d'une religion scientifique de l'avenir, Hartmann eut à cœur de publier son opinion philosophique sur les campagnes antisémites, qui à l'époque faisaient rage en Allemagne. Il commençait par observer que ces campagnes contrecarraient fâcheusement l'assimilation complète, autrement dit la disparition des Juifs, et la description qu'il faisait ensuite des haines populaires à l'encontre de « l'engeance parasitaire » *(Schmarotzerbrut)* ne manque pas d'intérêt ; sans doute n'avait-il pas tort en s'exclamant qu'il était apparemment impossible de faire comprendre aux fils d'Israël la précarité de leur situation dans les pays germaniques. Par ailleurs, il développait longuement les banalités d'usage sur leur « négativité » sur leur manque d'esprit créateur et sur leur action insidieusement corruptrice. Plus remarquable encore était le chapitre qu'il consacrait à la « race ». Il en venait à y soulever la question de savoir si les Juifs étaient racialement supérieurs, ou inférieurs, aux Allemands ; la réponse, écrivait-il, dépendait du comportement sexuel des femmes (les hommes étant « naturellement polygames ») : si les Juives se sentaient attirées par la virilité germanique, c'est donc que leur race était inférieure — et vice versa — ; mais il ne se permettait pas de conclure, sans doute faute de disposer de l'information requise sur ce sujet. Mais même si les filles juives se trouvaient comblées par les Allemands, concluait Hartmann, « il s'ensuit seulement que c'est le type *actuel* du judaïsme qui est marqué d'infériorité par l'instinct sexuel. Or, on ne saurait douter que ce type a dépéri et dégénéré par suite des circonstances historiques... ».

Serait-ce à propos de Hartmann que Nietzsche s'est exclamé : « Quel soulagement que de rencontrer un Juif parmi les Allemands ! Que d'abrutissement, que de cheveux filasse, que d'yeux bleus ; quel manque d'esprit... » On est tenté de paraphraser : quel soulagement que de rencontrer un Nietzsche parmi les philosophes allemands ! Certes, lui aussi payait tribut à propos de la « race sémite » aux divagations scientifiques de son temps, mais c'était pour en tirer aussitôt des conclusions qui ne se laissent qualifier de paradoxales que parce qu'elles allaient à contre-courant de l'opinion commune : certains raccourcis provocants rendent, à un siècle de distance, un son quasiment prophétique :

« Ce que l'Europe doit aux Juifs ? Beaucoup de bien, beaucoup de mal, et surtout ceci, qui relève du meilleur et du pire, le grand style en morale, la majesté redoutable des exigences infinies, des symboles infinis, le romantisme sublime des problèmes moraux, c'est-à-dire ce qu'il y a de plus séduisant, de plus capiteux, de plus exquis dans ces jeux de couleur et ces séductions dont le reflet enbrasse aujourd'hui le ciel de notre civilisation européenne, un ciel vespéral et qui peut-être va s'éteindre. Nous qui parmi les spectateurs sommes des artistes et des philosophes, nous éprouvons à l'égard des Juifs de la reconnaissance. » (*Par-delà le bien et le mal*, § 250.)

Dans *Aurore*, Nietzsche en venait même, au terme d'un extraordinaire développement dans lequel il était question tant des vertus des Juifs, « surpassant les vertus de tous les saints », que de leurs mauvaises manières et inextinguibles rancunes d'esclaves insurgés, à placer en eux tous ses espoirs en vue d'une régénération du genre humain. De la sorte, il tendait inopinément la main aux visionnaires catholiques de son temps, à Gougenot des Mousseaux et à Léon Bloy :

« Alors, quand les Juifs pourront montrer comme leur œuvre des gemmes et des vases d'or tels que les peuples européens, avec leur expérience plus courte et moins profonde, ne peuvent ni ne purent jamais les produire, quand Israël aura transformé sa vengeance éternelle en une bénédiction éternelle de l'Europe : alors reviendra ce septième jour où le vieux dieu des Juifs pourra se *réjouir* de lui-même, de sa création et de son peuple élu — et nous tous, nous voulons tous nous réjouir avec lui ! » (*Aurore*, § 205, « Du peuple d'Israël ».)

Il reste qu'en évoquant ainsi le vieux Jéhovah et non le Christ, Nietzsche s'abstenait de faire le dernier pas, c'est-à-dire de redevenir chrétien face aux Juifs, à la manière de Voltaire et de tant d'autres grands esprits, qui surent se réserver ce point de chute. Mais il n'aurait pas été Nietzsche si dans cette affaire aussi, il n'eût pas *inversé le signe.*

Dans *Humain, trop humain,* Nietzsche justifiait la reconnaissance que l'Europe devait porter aux Juifs d'une façon plus réfléchie et plus précise :

« ... ce furent des libres penseurs, des savants, des médecins juifs qui maintinrent le drapeau des lumières et de l'indépendance d'esprit sous la contrainte personnelle la plus dure ; c'est à leurs efforts que nous devons en grande partie qu'une explication du monde plus naturelle, plus raisonnable, et en tout cas affranchie du mythe, ait enfin pu ressaisir la victoire, et que la chaîne de la civilisation qui nous rattache maintenant aux lumières de la civilisation gréco-romaine soit restée ininterrompue. Si le christianisme a tout fait pour orientaliser l'Occident, c'est le judaïsme qui a surtout contribué à l'occidentaliser à nouveau : ce qui revient à dire en un certain sens, à rendre la mission et l'histoire de l'Europe une *continuation* de l'histoire grecque. » (*Humain, trop humain,* § 475, conclusion.)

Pour ce qui était du présent, Nietzsche se laissait aller à de « joyeuses divagations » à propos de croisements entre officiers prussiens et filles d'Israël qui doteraient le Brandebourg « d'une dose de l'intellectualité qui fait cruellement défaut à cette province ». Il percevait avec une excellente acuité que, dans leur majorité, les Juifs allemands ne cherchaient qu'à se fondre au sein des populations chrétiennes : sans doute surestimait-il leurs possibilités — et surtout, leur cohésion interne :

« Il est évident que les Juifs, s'ils le voulaient ou si on les y obligeait, comme semblent vouloir le faire les antisémites, pourraient avoir dès maintenant la prépondérance et littéralement la mainmise sur l'Europe entière ; il est clair aussi qu'ils n'y visent pas et ne font pas de projets en ce sens. »

Peut-être n'existait-il pas de catégorie humaine que Nietzsche méprisait et détestait autant que les « braillards antisémites » (parmi lesquels son beau-frère Bernhard Förster figurait en bonne place). Il reste qu'il succombait à un double piège, puisqu'il attribuait lui aussi aux Juifs des pouvoirs quasiment surhumains, et qu'il rattachait ces pouvoirs à leur constitution héréditaire, à leur « sang ». Sur ces points, il demeurait un fils de son époque et aussi de son pays. Ils étaient nombreux, ses contemporains de toute origine et de toute tendance, à en juger pareillement.

En 1911, l'économiste Werner Sombart publiait son célèbre traité sur *Les Juifs et la vie économique.* Il s'attaquait donc à un domaine dans lequel théoriquement les jeux de l'imagination devraient être quelque peu bridés par des chiffres. Mais en fait, il ne faisait que reprendre la thèse fantastique, remontant aux jeunes hégéliens Bruno Bauer et Karl Marx, d'une identité entre « capitalisme » et « judaïsme ». Une brève envolée poétique de Sombart résume la quintessence de son ouvrage : « Tel un soleil, Israël se lève sur l'Europe : partout où il paraît, on voit surgir une vie nouvelle, tandis que dans les endroits qu'il quitte, tout ce qui avait fleuri jusqu'alors dépérit et s'étiole. » Les réfutations qui se multiplièrent aussitôt n'empêchaient pas la thèse de faire autorité. L'année suivante, Sombart complétait son écrit par une brochure sur *L'avenir des Juifs,* dans laquelle les problèmes de l'économie capitaliste cédaient la place à ceux de la culture allemande. Il y affirmait que les Juifs tenaient en main, ou du moins influençaient d'une manière décisive toute la vie culturelle nationale : l'art, la littérature, la musique, le théâtre et surtout la grande presse ; ce qui, à l'entendre, était dû au fait qu'ils étaient, en moyenne, beaucoup plus intelligents et plus industrieux que les Allemands. Supériorité qui pour lui aussi était enracinée dans le « sang » juif, et qui posait un problème qu'il était fallacieux de passer sous silence, puisqu'il s'agissait du « plus grand problème du genre humain ». Mais ce n'est pas par l'assimilation ou le « métissage » qu'il convenait de le résoudre ; chaque groupe devait préserver son originalité et sa pureté : « Nous ne voulons pas d'une bouillie mi-blanche mi-noire. » C'est ainsi que Sombart en venait à préconiser une politique d'*apartheid* avant la lettre, imposée par une majorité « inférieure » à la minorité « supérieure » juive.

Peut-être le lecteur du dernier quart du XXe siècle aura-t-il quelque peine à comprendre comment le brillant érudit Werner Sombart, qui fut l'un des fondateurs de l'histoire économique, pouvait poser sur ses semblables ce regard de zootechnicien. Mais cela même nous montre à quel point la « philosophie vétérinaire » appelée à servir de doctrine officielle au IIIe Reich avait déjà acquis droit de cité, parmi les élites de l'Allemagne wilhelmienne. La majorité des auteurs admettant *a fortiori* une différenciation psycho-physiologique entre « Sémites » et « Aryens », c'est surtout la qualité raciale respective qui faisait l'objet des discussions, et nombreux étaient les Juifs allemands à se reléguer eux-mêmes au rang de la race inférieure. Il s'agissait souvent d'un tragique patriotisme dédoublé, qui a été à l'époque défini par la formule « Le patriotisme des Juifs consiste dans la haine de soi-même » (formule qui complétait, sans la contredire, celle, précitée, de Schopenhauer). Nous avons traité ailleurs de plusieurs cas de ce genre ; nous nous contenterons de résumer le plus saisissant d'entre eux.

Il n'est pas indifférent de savoir qu'Otto Weininger avait vu le jour à Vienne, le foyer germanique le plus chaud de l'agitation antijuive, et la seule ville européenne dans laquelle le suffrage universel portait au pouvoir, en 1897, une liste municipale antisémite. Weininger avait alors dix-sept ans ; peu après, il s'attelait à la composition d'un traité psycho-philosophique qui lui apporta la notoriété, mais non le bonheur ; après avoir vainement cherché une consolation dans le baptême, il se suicidait à l'âge de vingt-quatre ans. Son ouvrage s'intitulait *Le Sexe et le Caractère* (la traduction française date de 1975). Il y traitait, le long de cinq cents pages, de l'infériorité morale et intellectuelle de la femme : pour finir, il y portait une condamnation encore plus cruelle contre le Juif, la différence étant que la femme, au moins, croyait à quelque chose, à savoir en l'homme, tandis que le Juif était démuni de croyance d'une façon absolue. Si Weininger précisait bien que le judaïsme n'était à ses yeux « qu'une orientation de l'esprit, une constitution psychique, qui pouvait se manifester chez tout homme, mais qui avait trouvé dans le judaïsme historique sa manifestation la plus grandiose », cela n'ébranlait pas le principe du contraste qu'il posait entre l'infini des Germains et le zéro d'Israël. Son livre s'achevait sur une invocation apocalyptique :

> « Le genre humain attend un nouveau fondateur de religion, et la lutte approche de son étape décisive, comme en l'an Un de notre ère. A nouveau, l'humanité a le choix entre le judaïsme et le christianisme, entre le commerce et la culture, entre la femme et l'homme, entre l'espèce et l'individu, entre la nullité et la valeur, entre le néant et la divinité ; il n'y a pas de troisième royaume... »

Le Messie qu'il annonçait ainsi lui témoigna de la reconnaissance. « Il fut le seul Juif digne de vivre », disait de lui Hitler, aux temps de la « solution finale ».

On peut encore citer le jeune germaniste Moritz Goldstein, qui reprenait également à son compte ces conceptions courantes d'un conflit germano-juif, mais y réagissait autrement, encore que d'une manière à peine moins suicidaire.

« Il apparaît de plus en plus, écrivait-il en 1912 dans un article retentissant, que la vie culturelle allemande est en train de passer entre les mains juives. Ce n'est pas ce à quoi se sont attendus et ce qu'ont voulu les Chrétiens, lorsqu'ils ont accordé une participation à la culture aux parias qui vivaient parmi eux... Nous avons donc à faire face à un problème : nous autres Juifs, nous sommes devenus les administrateurs des biens spirituels d'un peuple qui nous dénie les droits et les capacités requises à cette fin. »

Suivait la description d'une emprise, branche par branche ou muse par muse, description semblable à celles auxquelles se livraient Sombart, Hartmann, et tant d'autres, c'est-à-dire grossie dans une mesure impossible à préciser, dans un domaine où le subjectivisme règne en maître et où il est au surplus exaspéré par les jeux de la passion contradictoire, par cette *Hassliebe* ou haine amoureuse dont les relations entre Richard Wagner et ses interprètes ou admirateurs juifs restent l'exemple majeur. Pour sa part, Moritz Goldstein succombait lui aussi aux miasmes wagnériens, surtout dans sa conclusion, où il envenimait un problème très réel en lançant un défi à la ronde, tant aux Allemands, qu'ils fussent pro ou antijuifs, qu'aux Juifs assimilés qui « se bouchaient les oreilles » :

« Nous combattons sur deux fronts. Nos ennemis sont d'un côté les imbéciles et les envieux germano-chrétiens, qui ont fait du mot « juif » une injure, pour qualifier de « juif » tout ce qui vient des Juifs et de cette façon les salir et les discréditer. Nous ne sous-estimons pas ces chefs et leur suite ; ils sont plus nombreux qu'ils ne le savent eux-mêmes, et tout Allemand qui ne veut avoir rien de commun avec eux devrait examiner avec soin si, à son corps défendant, il n'a pas beaucoup en commun avec eux.

« De l'autre côté se trouvent nos ennemis les pires, les Juifs qui ne veulent rien remarquer... C'est eux qu'il faut refouler de leurs positions trop marquantes, où ils représentent un faux type de Juif, c'est eux qu'il faut faire taire et peu à peu exterminer, pour que nous autres Juifs puissions jouir de l'existence de la seule manière grâce à laquelle un homme peut se sentir fier et libre : en livrant ouvertement le combat à un adversaire de son rang. »

On voit qu'il s'agissait bien, quant à l'inspiration de l'article, d'un duel imaginaire, voire d'un suicide. Goldstein relatait aussi qu'après sa publication, qui souleva des réactions violentes et diverses, il se tourna d'abord vers le sionisme, mais ne put se résoudre à aller jusqu'au bout en tentant la difficile expérience du retour à la terre. Il se résigna donc à diriger à Berlin une collection d'auteurs classiques, en germaniste éminent qu'il était — jusqu'à ce que l'histoire en décidât autrement. Peu après son licenciement, il eut la pénible surprise de voir son essai de 1912 intégralement reproduit dans l'un des premiers ouvrages officiellement antisémites du IIIe Reich, *Die Juden in Deutschland* (1935), sous le titre : *Les Juifs en qualité d'administrateurs de la culture allemande...*

Campagnes antisémites et néopaïennes.

Deux ouvrages, publiés respectivement en 1871 et en 1873, précèdent les débuts de l'agitation antisémite en Allemagne et en Autriche ; l'un comme l'autre se servaient d'arguments déjà connus, mais qui, repris par la presse, discutés dans les réunions publiques, purent bénéficier cette fois d'une audience autrement vaste que toutes les publications antérieures du XXe siècle.

Le « Juif du Talmud » *(Talmudjude)* du chanoine Auguste Rohling, centré notamment sur le thème du meurtre rituel, n'était qu'un démarquage du classique « Judaïsme démasqué » (1700) d'Eisenmenger. Mais les titres de Rohling, professeur à l'université impériale de Prague, conféraient à son écrit une meilleure autorité. Son ignorance même du Talmud le servait, car ses grossières erreurs ou ses faux, dénoncés par des théologiens plus sérieux, multipliaient les polémiques et assurèrent une grande publicité à son livre. En 1885, il perdait un procès en diffamation d'une manière tellement scandaleuse qu'il dut quitter sa chaire universitaire ; il n'empêche qu'il garda des adeptes à travers toute l'Europe catholique, au point qu'en France, trois traductions de son « Juif du Talmud », dues à trois traducteurs différents, voyaient le jour en 1889. Les douze procès de meurtre rituel qui, entre 1867 et 1914, furent engagés contre des Juifs dans l'aire germanique (et qui, à une exception près, se terminèrent par des acquittements) pouvaient être attribués en grande partie à son agitation, authentifiée à Rome par l'organe officieux *Civilità Cattolica.*

Si le catholique Rohling, épigone de l'antijudaïsme chrétien sous sa forme la plus sanguinaire, représente le passé, l'ex-socialiste Wilhelm Marr, qui transposa le débat sur le terrain racial, annonce l'avenir. On lui attribue l'invention du terme « antisémitisme », qui s'imposa internationalement en quelques années ; il sut aussi faire vibrer la note apocalyptique qu'on décèle déjà chez Gobineau ou chez Wagner ; mais son écrit à lui paraissait à une heure plus propice.

Son petit livre, intitulé *La Victoire du judaïsme sur le germanisme,* venait d'autant mieux à son heure que le boum spéculatif déclenché par l'unification de l'Allemagne fut suivi en 1873 par une débâcle qui ruina nombre de petits spéculateurs. Les nouvelles mœurs financières étaient donc sans conteste des mœurs juives ; et les Juifs, expliquait Marr, venaient de gagner la partie, grâce à leurs « qualités raciales », qui leur avaient permis de résister à toutes les persécutions. « Ils ne méritent aucun reproche. Ils ont lutté dix-huit siècles durant contre le monde occidental. Ils ont vaincu ce monde, ils l'ont assujetti. Nous sommes les perdants, et il est naturel que le vainqueur clame *Vae victis*... Nous sommes tellement enjuivés que rien ne peut plus nous sauver, et qu'une brutale explosion antijuive ne peut que retarder l'effondrement de la société enjuivée, sans pouvoir l'empêcher. » (Aucun antisémite ne s'est soucié d'expliquer pourquoi les Aryens se laissaient si facilement enjuiver, tandis que les Juifs étaient hors d'état de s'aryaniser.) « Vous n'arrêterez plus la grande mission du sémitisme. Le césarisme juif — je le répète avec la plus intime conviction — n'est plus qu'une question de temps, et ce n'est qu'après que ce césarisme aura atteint son point culminant qu'un « dieu inconnu » viendra peut-être nous aider... »

Il y a à la fois du Gobineau et du Marx dans une telle vision (rappelons que le dernier nommé annonçait lui aussi en 1844 que le judaïsme, qu'il identifiait à la bourgeoisie, avait atteint « la domination universelle »). « C'est la détresse d'un peuple subjugué qui parle par ma plume, concluait Wilhelm Marr, en affectant de s'adresser aux Juifs ; d'un peuple qui gémit aujourd'hui sous votre joug, comme vous avez gémi sous le nôtre, mais qu'avec le cours du temps vous avez réussi à mettre sur vos deux épaules. Le « crépuscule des dieux a commencé pour nous. Vous êtes les maîtres, nous sommes les serfs... Finis Germaniae. » En quelques années, le funèbre écrit connut une douzaine d'éditions ; dans les faits, son auteur fit preuve d'un certain optimisme, puisqu'il fondait en 1879 une « Ligue antisémite ».

En 1875, des thèmes de cet ordre furent adoptés par deux grands journaux d'opinion, qui menaient campagne contre la politique intérieure de Bismarck : la protestante *Kreuzzeitung* et la catholique *Germania.* L'un et l'autre opéraient avec des concepts raciaux, sans y voir rien de répréhensible ; c'est ainsi que la *Germania* affirmait que la persécution des Juifs n'était jamais due à des motifs religieux, mais représentait la protestation de la race germanique contre l'intrusion d'une tribu étrangère. Il reste que l'organe catholique baissa bientôt de ton, et finit par renoncer à toute agitation antijuive, tandis que la presse protestante dans son ensemble conserva son ton hostile jusqu'à l'avènement du IIIe Reich. C'est du reste à un collaborateur de la *Kreuzzeitung,* Hermann Goedsche, *alias* « Sir John Retcliffe », qu'est dû le roman fantastique *Biarritz,* qui fournissait un premier canevas pour les « Protocoles de Sion ». En Allemagne, l'antisémitisme fut surtout l'affaire des luthériens, comme il fut l'affaire des catholiques en Autriche et en France ; il devenait de la sorte, au siècle du suffrage universel, l'affaire du « groupe de référence » majoritaire et d'une certaine manière anonyme, celui qui nomme ou définit les autres, et considère sa primauté comme allant de soi [1].

Aussi bien est-ce sous le signe de Luther qu'on voit en Allemagne l'agitation dans la presse conduire à l'agitation dans la rue. Le pasteur Adolf Stoecker, chapelain de la cour impériale, issu lui-même d'un milieu ouvrier, cherchait à combattre l'emprise de la social-démocratie athée sur les masses ouvrières, ou, comme il s'exprimait lui-même, « défaire l'Internationale de la haine à l'aide d'une Internationale de l'amour ». A cette fin, il fondait en 1878 à Berlin son « parti chrétien-social des travailleurs ». Une foule considérable d'ouvriers assista au meeting contradictoire d'ouverture, mais ce fut un orateur social-démo-

---

1. Cf. Colette GUILLAUMIN, *L'Idéologie raciste, Genèse et langage actuel,* Paris, 1972, XIV, pp. 213-221 « Le catégorisant ».

crate qui rallia les suffrages ; la motion adoptée constatait que le christianisme s'était montré un mauvais remède aux détresses du genre humain, et elle mettait ses espoirs dans le socialisme. Stoecker persévéra néanmoins dans son agitation, sans grand succès, jusqu'à ce qu'il eût l'idée de mettre à l'ordre du jour le sujet : « Les exigences que nous adressons au judaïsme. » Il dut constater que cette fois-ci, il avait visé juste et découvert une excellente plate-forme d'union ; il centra donc de plus en plus son agitation sur les thèmes antisémites, encore que ceux-ci fissent affluer dans son parti des artisans, des petits commerçants et des fonctionnaires en bien plus grand nombre que des ouvriers proprement dits.

En conséquence, Berlin devint en 1880-1881 le théâtre de scènes de violence, d'autant plus que des agitateurs nullement chrétiens — Bernhard Förster, le beau-frère de Nietzsche, ou le jeune instituteur Ernst Henrici — s'en mêlèrent : des bandes organisées assaillaient les Juifs dans les rues, les chassaient des cafés, brisaient les vitres de leurs magasins. En province, des synagogues furent brûlées. Cet antisémitisme-là, l'antisémitisme dit 100 p. 100 ou raciste, tombait dans l'aire germanique sur un terrain spécialement favorable, puisque, nous l'avons vu, l'interprétation raciale de l'histoire s'y était bien mieux enracinée qu'ailleurs — au point que même les défenseurs des Juifs voyaient dans le conflit un affrontement entre « sang étranger » et « sang sémite », et préconisaient les mariages mixtes pour remède, en vue d'une fusion de ces « sangs ». Et c'est pourquoi aussi le mouvement sioniste, qui (à quelques exceptions près) laissait indifférents les Juifs français, ou même leur faisait peur, trouva de nombreux partisans en Autriche où il est né et en Allemagne.

En 1880, Bernhard Förster, inspiré par un séjour dans le Bayreuth wagnérien, lançait l'idée d'une pétition antisémite, qui réclamait un recensement spécial des Juifs en Allemagne, et leur exclusion totale de la fonction publique et de l'enseignement ; en quelques semaines, près de 225 000 signatures furent recueillies ; mais si les étudiants s'y associèrent en grand nombre, un seul professeur d'université, l'astronome Johann Zöllner, se risqua à la signer. Pourtant, l'orgueilleux corps professoral allemand, qui entendait demeurer au-dehors de la mêlée, ne tarda pas lui aussi à y être entraîné. Le coup d'envoi fut donné par le maître à penser de la jeunesse nationaliste allemande, l'historien Heinrich Treitschke.

D'une façon qui n'était guère exceptionnelle dans son pays et dans son siècle, Treitschke combinait une vive foi luthérienne avec le culte de la guerre fraîche et joyeuse. La montée des Juifs l'inquiétait au moins depuis 1871 : « La colère contre la colossale puissance des Juifs augmente partout, écrivait-il à sa femme, et j'en viens à craindre une réaction, un mouvement antijuif de la plèbe. » Dans une lettre plus tardive, il louait la beauté de la race germanique en ces termes : « La différence décisive réside dans les yeux et dans les hanches : ils restent le privilège des peuples germaniques, les Slaves et les Latins n'en possèdent pas. » Lorsque l'agitation antisémite descendit dans la rue, multipliant les incidents et les scandales, il décida de dire son mot à ce sujet.

En novembre 1879, Treitschke publiait un court écrit traitant des relations judéo-chrétiennes, qu'il intitula : « Nos Perspectives ». Celles-ci ne lui paraissaient pas brillantes ; lui aussi évoquait le spectre de la domination juive, et il criblait de sarcasmes la « jeune troupe des marchands de pantalons natifs de Pologne », dont les enfants ne manqueraient pas de devenir les maîtres des bourses et de la presse allemandes. Or, un abîme impossible à combler séparait d'après lui « l'Etre germanique » de « l'Etre oriental ». « Les Juifs sont notre malheur ! », s'exclamait-il, et il assurait que les Allemands les meilleurs, « les plus cultivés, les plus tolérants », partageaient au fond de leurs cœurs ce jugement. En conséquence, l'agitation antisémite n'était à ses yeux qu'une « réaction brutale et haineuse, mais naturelle, du sentiment populaire germanique contre un élément étranger ».

L'écrit de Treitschke suscita d'innombrables polémiques universitaires ; surtout, comme le constatait son principal contradicteur, le grand latiniste Theodor Mommsen, son intervention avait rendu l'antisémitisme « respectable » *(anständig),* elle lui avait « enlevé le caveçon de la pudeur ». Or, l'agitation croissante, avertissant Mommsen, menaçait de conduire « à une guerre de tous contre tous », et il qualifiait les campagnes des antisémites « d'avortement du sentiment national ». Jusqu'à la fin de ses jours, Mommsen s'évertua à lutter contre le chauvinisme et le racisme germanique, contre « les fous nationaux qui veulent substituer à l'Adam universel un Adam germanique, renfermant en lui toutes les splendeurs de l'esprit humain ». Mais dans sa repartie à Treitschke, lui aussi parlait de « l'inégalité qui subsiste entre l'Occident allemand et le sang sémitique » ; et lui aussi conseillait avec une certaine insistance aux Juifs de se convertir, pour s'acquitter complètement du « prix d'entrée dans une grande nation ».

L'antisémitisme ainsi intégré aux mœurs bourgeoises, les mouvements et les partis antisémites se multiplièrent ; des congrès internationaux furent réunis (Dresde, 1882 ; Chemnitz, 1883) ; de nombreuses corporations d'étudiants décidaient d'exclure les Juifs de leur sein ; de plus, un usage qui se laisse qualifier de spécifiquement germanique (puisqu'il n'exista qu'en Autriche et en Allemagne) interdisait aux étudiants de se battre en duel avec les Juifs. Pour le Germain, le duel est une action morale, pour le Juif, il est un mensonge conventionnel, écrivait en 1896 un commentateur ; ainsi, il ne fallait pas croire même les témoins juifs disposés à se laisser égorger.

Un universitaire qui s'était fait connaître par ses travaux philosophiques et sa critique de la religion, Eugen Dühring, multiplia à partir de 1880 ses traités antisémites, aux titres prétentieux et interminables (*Die Judenfrage als Rassen—, Sitten— und Kulturfrage*, 1881 ; *Der Ersatz der Religion durch Vollkommeneres und die Ausscheidung des Judentums durch den modernen Völkergeist*, 1885, et ainsi de suite). Ce social-démocrate en rupture de ban assurait que les Juifs ne sauraient être convenablement matés que par un régime socialiste ; son influence sur les masses incita Friedrich Engels à lui consacrer spécialement une volumineuse défense et illustration du matérialisme dialectique (« L'Anti-Dühring », 1878). On pourrait aussi citer l'orientaliste Adolf Wahrmund, qui mettait les Allemands en garde contre le « nomadisme dominateur » et la « maturité raciale » des Juifs. Mais tous les écrits pseudo-scientifiques de ce genre furent éclipsés en 1900 par la *Genèse du XIXe siècle* du wagnérien anglo-allemand Houston Stewart Chamberlain. Cette Bible raciste de haut vol, dans laquelle un chapitre de plus de cent pages était consacré à la démonstration de l'*aryanité* de Jésus, eut, signe des temps, des admirateurs aussi divers que le président Theodor Roosevelt, Léon Tolstoï et Bernard Shaw, sans parler des enthousiasmes de l'empereur Guillaume II, que saluait Chamberlain comme un « libérateur » : « vous montrez la voie du salut aux Allemands et au reste du genre humain ».

Il reste que chaque théoricien et chaque agitateur avait son propre programme, et que l'unité d'action fut impossible à atteindre. Les diverses ligues et associations rivalisaient âprement, et aucune n'atteignait la prépondérance ; ce n'est qu'en 1887 qu'un militant antisémite, le jeune folkloriste Boeckel, fut élu au Reichstag. Aux élections de 1890, son parti, l'*Antisemitische Volkspartei*, obtint quatre sièges, grâce aux 48 000 voix qu'il recueillit (sur sept millions d'électeurs). Mais en 1893, le nombre de voix fut de 260 000, et le nombre de sièges, de seize. A ce stade, les antisémites « purs » commencèrent à inquiéter par la démesure de leurs mensonges (encore que leurs fabulations restaient moins énormes, nous le verrons, que celles de certains auteurs français), et surtout, par leur mépris de la légalité. On peut prendre pour exemple le maître d'école Hermann Ahlwardt, condamné pour détournement de fonds et autres délits de droit commun, et déchu en conséquence de son mandat. Surenchérissant sur Wilhelm Marr, il avait intitulé son écrit le plus connu : « Le combat désespéré livré par les peuples aryens à la juiverie », et certaines de ses accusations étaient très précises : ainsi, il reprochait au fabricant d'armes Löwe d'avoir livré à l'armée allemande, sur l'ordre de l'Alliance israélite universelle, 425 000 fusils défectueux, « moins dangereux pour l'ennemi que pour nos soldats ». Il fut cru, du moins par ses électeurs : « Plus les accusations d'Ahlwardt sont monstrueuses, plus il est acclamé », constatait un contemporain. Aussi bien une « Association de défense contre l'antisémitisme » qui se constitua en 1891, avec la participation de notabilités telles que le maire de Berlin Funk von Dessau, Theodor Mommsen, le biologiste Rudolf Virchow et même Gustav Freytag (l'auteur du perfide *Soll und Haben*), déclarait-elle que son principal objectif était l'assainissement des mœurs politiques nationales, et non la défense des Juifs.

Le succès électoral de 1893 marque le zénith de l'agitation antisémite en Allemagne (et à y regarder de plus près, dans toute l'Europe occidentale). Ensuite, elle commença à baisser, et le groupe antisémite du Reichstag se débanda peu à peu (six sièges en 1907, trois en 1912). On peut admettre que l'action de l'« Association de défense » y fut pour quelque chose, mais les vraies raisons du déclin apparent sont à chercher ailleurs. En réalité, on constate désormais une évolution dichotomique : dilution de l'antisémitisme, qui imprègne une grande partie du corps social allemand d'une part, concentration quasi ésotérique de l'autre.

La dilution se comprend facilement. Dans la dernière décennie du XIXe siècle, l'Europe entrait dans l'ère des grandes rivalités impérialistes, de sorte que les rancunes et les peurs archaïques sur lesquelles repose l'antisémitisme se trouvèrent, en partie du moins, de nouveaux exutoires.

Il n'empêche que les ambitions coloniales ou l'impérialisme économique n'étaient nullement exclusifs de l'antisémitisme ; et en fait, les milieux nationalistes, c'est-à-dire la majeure partie de la bourgeoisie et de l'aristocratie, témoignaient en règle générale d'une hostilité plus ou moins prononcée à l'égard des Juifs, même si ce n'était qu'à titre subsidiaire. Les polémiques s'étendirent même à un terrain à la fois très ancien et très nouveau, celui de la Bible.

Si dès le XVIIIe siècle certains théologiens mettaient en cause l'éthique de l'Ancien Testament, qu'ils dévalorisaient par rapport au Nouveau, l'archéologie et les disciplines associées permettaient désormais de lancer l'attaque sur un front bien plus vaste. Elle fut dirigée par l'assyriologue Friedrich Delitzsch, qui en 1902 entreprit de démontrer, sous la devise *Babel oder Bibel ?* que les grandes traditions mosaïques avaient été empruntées à la culture mésopotamienne, et que d'ailleurs cette dernière était éthiquement supérieure à la culture hébraïque (l'éthique bourgeoise de la Belle Epoque servant nécessairement d'étalon). L'empereur Guillaume II honora de sa présence les conférences de Delitzsch, dont la thèse fit sensation. Les théologiens orthodoxes protestèrent, et les rabbins parlèrent de leur côté du « haut antisémitisme » de la haute critique biblique. Ils n'avaient certainement pas tort : non seulement les grands érudits luthériens tels que Wellhausen, Harnack ou Schürer dépréciaient systématiquement le judaïsme post-exilique, mais ils en venaient, à l'occasion, à marquer dans leurs bibliographies les travaux de leurs collègues juifs d'un signe conventionnel, que le rabbin Felix Perles comparait amèrement à l'insigne jaune.

Sur le plan général, à la veille de la première guerre mondiale, tous les partis et mouvements nationalistes ou conservateurs s'étaient imprégnés d'antisémitisme à un degré plus ou moins accusé, en sorte que deux grandes formations politiques seulement, la social-démocratie et le « Zentrum » catholique, ne manifestaient pas d'hostilité à l'égard des Juifs. Des lois non écrites leur interdisaient les carrières militaires et administratives, et maint témoignage nous apprend que leur isolement social allait en croissant. Même la guerre de 1914-1918 et l'union sacrée de rigueur n'y remédièrent pas ; pourtant, les Juifs firent preuve de la même ivresse patriotique que leurs compatriotes, et ils en faisaient davantage : tandis que Walter Rathenau mettait sur pied l'économie de guerre allemande, le poète Ernst Lissauer composait son populaire *Chant de haine contre l'Angleterre (Hassgesang gegen England),* et Hermann Cohen s'évertuait à démontrer que les Juifs de tous les pays étaient éthiquement obligés à prendre parti pour l'Allemagne ; même les dirigeants sionistes austro-allemands proclamaient qu'elle se battait pour la vérité, le droit, la liberté et la civilisation mondiale. Il va de soi que les Juifs mobilisés combattaient et mouraient de la même façon que les autres soldats, mais dans certaines sphères militaires et civiles, le soupçon se répandit qu'ils ne le faisaient pas en quantité suffisante. Ce soupçon conduisit le grand quartier général à prescrire, en octobre 1916, un recensement systématique des militaires juifs, dont on lira plus loin les détails ; un premier vœu des activistes de la fin du XIXe siècle se trouvait exaucé de la sorte.

Un foyer antisémite virulent s'était constitué dès les premières années du XXe siècle dans les sphères dirigeantes, ainsi qu'en témoignent notamment les réactions aux troubles révolutionnaires qui commençaient à agiter la Russie, troubles communément attribués à l'action subversive des Juifs. Guillaume II en personne notait en marge d'un rapport consulaire sur les manifestations de janvier 1905 à Riga : « Toujours les Juifs ! » et « Cela arrivera ici aussi » ; mais plutôt que de se préoccuper de l'avenir, il cherchait à pêcher en eau trouble et à aggraver les ennuis de son impérial cousin, le tsar de toutes les Russies. C'est ainsi qu'en apprenant, au lendemain du pogrome de Kichinev, que le gouvernement russe avait édicté de nouvelles restrictions antijuives, il prescrivait « de notifier tout cela aux Rothschild et à leurs consorts, pour faire couper les vivres [au gouvernement russe] », et l'on ne sait s'il se réjouissait davantage de l'affaiblissement du régime tsariste ou de la détresse des Juifs. (A propos de la répugnance des troupes russes à tirer sur les pogromistes chrétiens, il notait : « Tous les hommes allemands et surtout toutes les femmes allemandes pensent de même » ; apprenant que des Juifs russes s'étaient réfugiés en Allemagne, il commentait : « A la porte, les cochons ! ».)

Cependant, les organisations d'antisémites « purs » paraissaient avoir sombré dans l'impuissance, à l'époque. Elles s'étaient émiettées en une multitude de groupuscules et de sectes au noms ésotériques ou néo-païens : le *Hammerbund*, animé par le « grand-maître » *(Altmeister)* Theodor Fritsch, le *Urdabund*, le *Walsungenorden*, *Artamanen*, *Ostara*, et combien d'autres. Puisque les Juifs étaient censés manipuler les Aryens grâce à leur science du camouflage et du secret, les adeptes de Fritsch voulurent en faire de même, comme du reste les y invitait, de diverses manières, une tradition européenne déjà vénérable (nous y reviendrons dans les chapitres qui suivent). En 1912, ils fondèrent une loge antisémite secrète, le *Germanenorden*, qui donna à son tour naissance à la « société de Thulé », clandestinement liée aux débuts du parti nazi. Mais c'est au grand jour qu'à partir de 1905, la revue autrichienne *Ostara* exhortait les Aryens à exterminer les sous-hommes simiens, à l'aide de leurs radiations électriques « corporelles » ou de quelque autre façon : il est avéré que certains adolescents qui, une fois mûris, utilisèrent à cette fin des procédés plus réalistes, et notamment Adolf Hitler et Heinrich Himmler, prêtaient à ces appels une oreille attentive [1].

Il va de soi que tous ces écrits et tous ces propos n'apprenaient rien sur les Juifs, mais beaucoup sur les auteurs et les organisateurs de ce genre, pour autant que leurs visions exprimaient leurs propres rêves, projections et fantasmes mégalomanes. Des antisémites isolés publiaient de leur côté des milliers de brochures et de livres aux titres et aux thèmes non moins délirants. Deux noms méritent d'être retenus. Le cas de Houston Stewart Chamberlain, le beau-fils de Richard Wagner et le maître à penser de Guillaume II et de sa *Genèse du XIXe siècle*

1. L'ordre et la revue *Ostara* (du nom de la déesse germanique du printemps) avaient été fondés par un aventurier autrichien d'origine inconnue, qui se faisait appeler Joerg Lanz von Liebenfels. Le titre de son œuvre majeure en dit long sur les aspirations de ses disciples, et sur les prétentions de ses bailleurs de fonds : *Theozoologie oder die Kunde von den Sodom-Afflingen und dem Götter-Elektron, Eine Einführung in die älteste und neueste Weltanschauung und eine Rechtfertigung des Fürstentums und des Adels.* Ce titre se traduit ainsi : « Théozoologie ou la science des Simiens de Sodome et de l'électron des dieux. Une introduction à la vision du monde la plus ancienne et la plus nouvelle, et une justification des princes et de la noblesse » pp. 31-33 et p. 465.

a déjà été signalé précédemment ; un certain Arthur Dinter volait bien plus bas, et c'est pourquoi son roman raciste *Le Péché contre le sang* ne retint pas l'attention des élites ; en revanche, les ventes atteignirent, entre 1911 et 1931, près de 600 000 exemplaires. Ce que « la Genèse » et « le Péché » avaient en commun, c'étaient les prétentions à la scientificité, l'invocation des inexorables lois de la nature qui régissent l'éternel combat du Juif contre l'Aryen.

En fait, c'était sans doute aussi là le dénominateur commun de toutes les formes et variantes de l'idéologie raciste ou antisémite, qui était, à y bien réfléchir, une « anti-science » au premier chef, mimant les démarches de l'autre et faisant appel à son écrasante autorité, « recourant avec un effarant éclectisme à la biologie, à la théologie et à la psychologie pour bâtir sa théorie de la « race ». Après tout, il ne faut pas s'étonner de voir surgir à l'époque du *Kulturpessimismus*, et autour des hauts-lieux germaniques de la science occidentale, sa haineuse contrefaçon.

Et ce sont aussi les frustrations de la civilisation scientifique et industrielle qui firent surgir vers 1900, en Allemagne et en Autriche, d'authentiques contre-sociétés, avant la lettre, sous forme de mouvements de jeunesse organisés, les *Wandervögel*, « oiseaux migrateurs » et la *Freideutsche Jugend*, ou les associations plus traditionnelles de gymnastes, d'alpinistes et de cyclistes. Ces jeunes gens et jeunes filles aspiraient à une vie communautaire et « naturelle », loin des villes et des conventions artificielles de la société des adultes. Ils voulaient aussi tourner le dos, au début du moins, aux stupides querelles et combinaisons politiques de ceux-ci ; mais dans le climat intellectuel de l'époque, leur soif de pureté ne pouvait pas ne pas les exposer à la contagion du racisme, et leur quête finit par se traduire par l'adjectif *judenrein* (« épuré », ou « pur-de-Juifs »).

En Autriche, les *Wandervögel*, le mouvement le plus important, se voulut pur-de-Juifs dès sa fondation en 1901 ; à la veille de la première guerre mondiale, l'exclusion fut étendue aux Slaves et aux « Latins ». En Allemagne, la question donnait lieu à des discussions prolongées ; finalement, il fut décidé que chaque section pourrait la trancher à sa façon (comme ce fut le cas pour les corporations d'étudiants, au début du XIXe siècle). La *Freideutsche Jugend* admettait les Juifs mais avait tendance à les grouper en sections ou troupes particulières. Dans les associations gymnastiques et sportives, l'exclusion des Juifs date également du début du XXe siècle et, là encore, les premières initiatives furent prises en Autriche : du reste, en province, il n'y avait parfois personne à exclure, mais le principe de la pureté n'en était proclamé qu'avec davantage d'énergie, semble-t-il.

Face à cet ostracisme, beaucoup de jeunes Juifs formaient, sur le modèle des associations germaniques, des associations juives, qui servirent de pépinière aux futurs cadres sionistes, et telle était la contagion de l'exemple que le célèbre penseur religieux Martin Buber en vint alors lui aussi à voir dans la « communauté de sang » le substrat indispensable de « l'identité spirituelle ». Faut-il s'étonner si les mouvements de jeunesse germaniques servirent de leur côté de serre chaude aux activistes du national-socialisme ?

II

La France

Avant l'Affaire.

Si on voulait mesurer la force de l'antisémitisme dans un pays à la quantité d'encre répandue à propos des Juifs, c'est sans doute à la France que reviendrait la palme, à la fin du XIXᵉ siècle. L'affaire Dreyfus demeure en effet le procès le plus retentissant de tous les temps ; mais entre autres conséquences, il donna à l'antisémitisme français une résonance qu'on peut croire artificielle. Qu'on tienne cette affaire pour une honte nationale, ou pour une gloire nationale — sans doute fut-elle les deux à la fois — elle ranima en la décuplant, à partir de 1894, une agitation qui commençait à se diluer tout comme dans les pays germaniques, et pour quelques années, la France devint effectivement la seconde patrie de tous les hommes qui se sentaient concernés, d'une manière ou de l'autre, par le débat international autour des Juifs. Les perspectives historiques s'en sont trouvées faussées, au point que des philosophes ont pu voir dans l'Affaire une répétition générale (heureusement avortée) du nazisme. Il reste qu'avant même qu'elle n'éclate, la France fut, dans le monde occidental, le second foyer des campagnes antisémites du type moderne, et qu'il n'y en eut pas de troisième : il y eut donc, à ce propos, une sorte de dialogue franco-allemand, dont on est tenté de se demander s'il ne fut pas l'indice d'une certaine affinité, remontant peut-être à des temps très anciens, lorsque les descendants de Charlemagne régnaient des deux côtés du Rhin et que la future Allemagne s'appelait « Francie orientale »... Mais, en tout cas, si l'antisémitisme français fut pour une partie calqué sur l'antisémitisme germanique, pour une autre partie il correspondait à une tradition différente, et coulait de sources autochtones.

D'une manière ou d'une autre, il s'agissait en France de certaines séquelles de la Révolution. De ses prolongements idéologiques directs, d'abord : nous avons vu à quel point les mouvements socialistes, qu'ils aient été « utopiques » ou « scientifiques », à la seule exception du saint-simonisme, étaient entachés d'antisémitisme. Mais au cours des années 1880, le relais fut pris par les militants du camp adverse, surtout par des catholiques pour lesquels la Révolution était le Mal incarné, un Mal attribué à un complot ourdi par des forces antichrétiennes et antifrançaises occultes.

C'est en effet en France que s'est formée, au lendemain du drame révolutionnaire, l'école de pensée pour laquelle les complots montés par des ennemis du genre humain constituent la clef majeure de l'histoire universelle. Cette école, dont au XXe siècle les nazis furent les principaux, mais non les seuls adeptes, a la fâcheuse tendance de tirer ses preuves les plus péremptoires de l'absence de preuves, puisque l'efficacité d'une société secrète se mesure le mieux par définition, au secret dont elle sait entourer ses activités. La plus grande ruse du Diable n'est-elle pas de faire croire qu'il n'existe pas ? Des convictions de ce genre permettent au dénonciateur de gagner à tous les coups. Pour ce qui est de la Révolution de 1789, l'ennemi invisible fut d'abord figuré par les protestants, mais dès 1807, il est question d'une conspiration juive ; par la suite, les protestants passèrent à l'arrière-plan, tandis que les Juifs et les francs-maçons occupaient alternativement ou conjointement l'avant-scène. Au demeurant, les comploteurs étaient le plus souvent censés opérer pour le compte du Diable ou de l'Antéchrist, qui (d'après les révélations de Léo Taxil, acclamées par l'ensemble de l'épiscopat français) leur donnait ses instructions par télégraphe ou par téléphone : en prenant connaissance de ces exploits de « Satan Franc-Maçon », on en vient à se dire que c'est dans la France de Louis Pasteur et d'Ernest Renan que furent établis les records absolus de la crédulité humaine, du moins au XIXe siècle.

En ce qui concerne le « complot juif » dans sa version modernisée, dans laquelle le Diable passe à l'arrière-plan, l'action se noue en France sous le Second Empire, en liaison avec la dernière et la plus retentissante affaire de rapt d'un enfant juif, victime d'un baptême à la sauvette, par les autorités pontificales (l'affaire Mortara, 1858). Napoléon III, qui s'apprêtait à libérer l'Italie, fit des représentations à Pie IX, sans succès d'ailleurs, mais le conflit envenima la « question romaine » et contribua sans doute de diverses façons à hâter le démantèlement de l'Etat de l'Eglise. De son côté, un groupe de Juifs français prit la résolution de créer un organe international pour la défense des droits de leurs coreligionnaires, l'« Alliance israélite universelle ». Il va de soi que ses dirigeants souhaitaient eux aussi la disparition du pouvoir temporel de l'Eglise, et même « la chute prochaine du pape ». Ils furent alors pris à partie par Louis Veuillot, le chef réel du catholicisme français, tandis que des auteurs moindres les rendaient responsables des malheurs de l'Etat pontifical, ou même de la catholicité tout entière. Rapidement, l'« Alliance » devint pour les antisémites de tous les pays l'organe suprême, installé à Paris, de la conspiration mondiale juive : ce n'est qu'au lendemain de la première guerre mondiale que cette version fut définitivement supplantée par celle des *Sages de Sion*, également élaborée à Paris, ainsi que nous allons le voir.

Il est vrai que sous le long pontificat de Pie IX (1846-1878), les catholiques français ou autres ne livrent pas encore aux Juifs une vraie guerre, et peut-être cette modération se laisse-t-elle mettre en rapport avec le tempérament proverbialement conservateur de ce pape, une certaine sollicitude pour le « peuple-témoin » faisant partie des traditions les plus vénérables du Saint-Siège. En Italie, l'officieuse *Civiltà Cattolica* n'invective contre les Juifs qu'au nom du Christ ; en France, le jésuite Nicolas Deschamps, le grand expert de la « théorie du complot », s'abstient d'en parler, dans son ouvrage sur les « sociétés secrètes ». Il n'en sera plus de même sous le pontificat plus moderne de Léon XIII, et sans doute s'agit-il de plus que d'une coïncidence, mais il va de soi que des bouleversements autrement profonds qu'un changement de pontificat étaient nécessaires pour que la sensibilité des Chrétiens militants en vienne à se complaire aux campagnes antisémites.

Ainsi donc, sous la IIIe République, l'agitation antijuive reste d'abord, comme par le passé, le fait de la « gauche » anticléricale, mais cette agitation ne porte pas loin, d'autant plus qu'au lendemain de la Commune, les principaux chefs socialistes sont en fuite ou en prison. Sa teneur est d'une part anticapitaliste, et de l'autre, raciale ou raciste : sous ce dernier rapport, c'est Ernest Renan qui sert d'autorité principale, mais les références à Voltaire ou à Jules Michelet ne manquent pas. On peut citer Gustave Tridon (*Du Molochisme juif*, composé en prison), Auguste Chirac, qui non sans raison pouvait écrire en 1887 à Drumont : « J'ai ouvert toutes les portes que vous avez enfoncées », et le blanquiste Eugène Gellion-Danglar (*Les Sémites et le sémistisme,* 1868).

Quant au camp catholique, il n'a produit, avant les années 1880, qu'un seul ouvrage antijuif, et encore cet ouvrage réserve-t-il au lecteur des surprises, car un amour fervent l'y dispute ouvertement à la haine. Il s'agit, en 1869, de *Le Juif, le judaïsme et la judaïsation des peuples chrétiens* du chevalier Gougenot des Mousseaux, qui fut béni par Pie IX pour cette œuvre. C'est effectivement un ramassis de toutes les accusations antijuives anciennes et modernes ; il y est longuement question des venins distillés par le Talmud et la Cabale, des méfaits de l'Alliance israélite universelle et des crimes rituels. Mais tout en déplorant ces erreurs et ces crimes des Juifs, Gougenot leur porte un respect et une admiration infinis, au point de décrire ses contemporains émancipés en ces termes :

> « Le Juif est un seigneur que la misère accabla, qu'elle avilit, qui dérogea de mille manières, et qui de sa crasse se fit un masque, mais qui sent la valeur de son sang, et que le moindre souffle relève. Vous le voyez donc rentrer dans les droits de sa noblesse avec d'autant d'aisance et de nonchaloir que l'homme qui, s'étant couvert pendant une nuit glaciale de la dégoûtante couverture d'une auberge, lave son corps au point du jour et rentre dans ses vêtements de la veille. »

Il reste que les Juifs ne cessent de tramer des complots antichrétiens et de fomenter les révolutions, ainsi que le leur prescrit le Talmud, « ce code sauvage, où les préceptes de la haine et de la rapine se mêlent aux doctrines de la magie cabaliste, qui professe la haute idolâtrie » ; « c'est pourquoi, jusqu'au jour où le Talmud sera détruit, le Juif sera un être insociable ». Ce jour, qui n'est pas lointain, sera précédé par les épreuves les plus cruelles, puisque le Juif est « un personnage hautement prophétisé par l'Eglise, terrible, lugubre » ; mais ce jour ne tardera pas, et il réintégrera alors « la maison de son père ». C'est alors qu'assumera enfin son véritable rôle, « pour le salut et l'étonnement du monde, le peuple *à jamais élu, le plus noble et le plus auguste des peuples,* le peuple issu du sang d'Abraham, auquel nous devons la mère sans tache, le Sauveur, Fils de Dieu fait homme, et le collège entier des apôtres, et que combleront alors les bénédictions du Ciel, mêlées sans fin aux cris de reconnaissance et aux bénédictions des hommes ».

Ainsi donc, le premier intérêt de Gougenot des Mousseaux, dont le livre passa du reste inaperçu à l'époque, est d'étaler au grand jour les contradictions ou l'ambivalence de « l'antisémitisme chrétien », d'une manière qui chez lui semble friser l'hérésie. Son second intérêt, c'est de le voir anticiper sur Léon Bloy, le penseur catholique qui a su exprimer ces antinomies avec une ferveur et une impudence inégalées, croyons-nous, dans l'histoire chrétienne. On s'en convaincra peut-être sur la foi des citations ci-dessous :

« L'histoire des Juifs barre l'histoire du genre humain comme une digue barre un fleuve, pour en élever le niveau. » Pour hausser cette histoire jusqu'où ? Apparemment, pour lui faire approcher l'Absolu, grâce au mystérieux accord entre l'abjection la plus parfaite et les gloires divines. Les Juifs sont « une poignée de boue merveilleuse »...

Le point de vue ainsi adopté est, comme l'écrit M. Jacque Petit, *audacieusement celui de Dieu,* auquel ne saurait jamais se hisser la raison humaine. Et pourtant, M. Bloy le tente, à l'aide d'alternances vertigineuses.

Que sont donc les Juifs ? Ils sont, comme chez Gougenot des Mousseaux,

« ... un peuple d'où sont sortis les Patriarches, les Prophètes, les Evangélistes, les Apôtres, les Amis fidèles et tous les premiers Martyrs ; sans oser parler de la Vierge-Mère et de Notre Sauveur lui-même, qui fut le Lion de Juda, le Juif indicible et qui, sans doute, avait employé toute une éternité préalable à convoiter cette extraction. »

Mais ils sont aussi le peuple que

« le Moyen Age avait le bon sens de cantonner dans des chenils réservés et de leur imposer une défroque spéciale qui permit à chacun de les éviter. Quand on avait absolument affaire à ces puants, on s'en cachait comme d'une infamie et on se purifiait ensuite comme on pouvait. La honte et le péril de leur contact était l'antidote chrétien de leur pestilence, puisque Dieu tenait à la perpétuité d'une telle vermine ».

Il nous faut maintenant revenir aux antisémites intégraux et en quelque sorte positivistes de ce siècle redoutablement naïf.

Après Gougenot, et à l'exception d'un passage des prophéties millénaristes d'un certain abbé Chabauty, il faut attendre les années 1880-1881 pour voir resurgir le thème du complot juif. A cette époque, les catholiques français, dix ans après le désastre collectif de 1871, commençaient à accumuler leurs défaites particulières (séparation de l'Eglise et de l'Etat, lois scolaires, loi sur le divorce, cette dernière étant due au Juif Alfred Naquet) qui les prédisposaient à mettre en accusation le bouc émissaire traditionnel. Pourtant, on ne saurait parler, en France, d'un antisémitisme entièrement autochtone, car les premiers sons de cloche de cet ordre se réfèrent aux campagnes qui se poursuivent à l'étranger.

C'est ainsi qu'en juillet 1881 la revue catholique *Le Contemporain* s'interroge, d'abord avec émoi, sur les pogromes russes :

> « La persécution actuelle des Juifs en Russie et les scènes les plus émouvantes de meurtres et de pillages dont les familles israélites viennent d'être victimes dans ce pays ont forcément amené à se demander pourquoi ce peuple est l'objet d'une haine si violente... »

Les campagnes antijuives, continue la revue, sévissent également en Allemagne et en Roumanie ; pour sa part, elle déclare mal comprendre la raison de tous ces phénomènes : elle n'en cite pas moins Calixte de Wolski, un agent du gouvernement russe, suivant lequel les Juifs n'ont qu'à s'en prendre à eux-mêmes de leurs malheurs, puisqu'ils « poursuivent de temps immémorial et par tous les moyens l'idée de régner sur la terre ».

Par contre, c'est à une source romaine que puisait en avril 1882 la *Revue des questions historiques* pour déclarer : « Le judaïsme gouverne le monde, et il faut nécessairement conclure ou que la maçonnerie s'est faite juive, ou que le judaïsme s'est fait franc-maçon. » Cette source, c'était le bimensuel jésuite *Civiltà Cattolica*, qui en 1880 avait commencé à attaquer les Juifs avec la dernière violence, en tête de sa rubrique « Chronique contemporaine ».

Ses campagnes se poursuivaient d'une manière quasiment ininterrompue jusqu'aux dernières années du XIXe siècle, pour continuer sporadiquement jusqu'au milieu du XXe, faisant flèche de tout bois, scandales financiers, affaire Dreyfus, ou même le premier congrès sioniste de Bâle, mais s'attachant surtout à l'antique reproche de meurtre rituel, dont tant de souverains pontifes du passé avaient tenu à proclamer l'inanité. La *Civiltà Cattolica* étant, depuis sa fondation en 1850, l'organe officieux du Saint-Siège, il n'est pas interdit d'admettre une relation entre l'avènement, en 1878, du pape réformateur Léon XIII, et le cours nouveau adopté par la revue.

En 1882, il faut aussi tenir compte de la banqueroute d'Eugène Bontoux, fondateur de la banque l'Union générale, destinée à faire travailler les capitaux de la bourgeoisie catholique et à servir les intérêts des légitimistes et de l'Eglise. Bontoux ne manqua pas d'attribuer sa déconfiture, qui ruina nombre de petits épargnants, aux manœuvres des Rothschild ; il fut facilement cru, et l'énorme impression produite par le scandale a trouvé son reflet dans les œuvres qu'il inspira aux trois romanciers majeurs de l'époque : *Mont-Oriol* de Maupassant (1887), *L'Argent* de Zola (1891) et *Cosmopolis* de Paul Bourget (1893), ainsi que dans une trentaine d'œuvres mineures. D'une manière générale, la production d'ouvrages antisémites augmente, et des périodiques spécialisés font leur première apparition : l'*Antijuif* à Paris en 1881, l'*Antisémitique* à Montdidier en 1883.

Il n'en reste pas moins que, vu de Paris, l'antisémitisme démagogique et forcené, l'antisémitisme de la rue, demeure encore une déconcertante manie étrangère. A la fin de l'année 1882, *Le Figaro* écrit : « Un mouvement antisémitique, tel qu'il se produit en ce moment sur quelques points du globe, tomberait en France sous la risée publique. » Des données plus précises sont fournies par la minutieuse étude de l'historien Pierre Sorlin sur le cas du quotidien *La Croix* et les autres publications éditées par La Bonne Presse, « Jusqu'à l'été 1886 », conclut-il, « La Bonne Presse semble étrangère à l'antisémitisme. » Tout compte fait, on croit pouvoir dire que dans son ensemble, et le secteur catholique y compris, le corps social français mit du temps à se mettre à l'heure étrangère, fût-ce celle de Berlin, de Saint-Pétersbourg, ou de Rome.

Ce n'est effectivement qu'au printemps 1886 que le fulgurant succès de *La France juive* d'Edouard Drumont créa un climat nouveau et pava le chemin à l'agitation antisémite à grande échelle. Avec la *Vie de Jésus* d'Ernest Renan, *La France juive* fut le bestseller français de la deuxième moitié du XIXe siècle : 114 éditions en un an, 200 éditions en tout, sans compter une édition populaire abrégée, et plusieurs « suites ». (*La France juive devant l'opinion, La Fin d'un monde, La Dernière Bataille, Le Testament d'un antisémite* — on remarquera la tonalité désespérée de tous ces titres.)

Pourquoi ce subit triomphe ? Drumont était un bon journaliste, et son énorme volume, dont l'index comptait plus de trois mille noms, était une chronique scandaleuse, dans laquelle étaient dénoncés non seulement les inévitables Rothschild et autres « fils d'Abraham », mais aussi tout ce qui en France avait un nom, pour peu que ses porteurs aient cultivé des relations avec les Juifs. Il y avait là certes de quoi provoquer de l'intérêt pour le livre : mais non de quoi entourer Drumont de l'auréole de prophète, « révélateur de la Race » (Alphonse Daudet), « le plus grand historien du XIXe siècle » (Jules Lemaitre), « observateur visionnaire » (Georges Bernanos).

Peut-être Bernanos nous livre-t-il une première clef du succès de *La France juive,* lorsque lui-même dépeint les temps présents comme « une époque où tout semble glisser le long d'un plan incliné avec une vitesse chaque jour accrue », et qu'il ajoute que l'« œuvre de Drumont respire une sorte de terreur physique, charnelle ». Indépendamment du sujet, sans doute ce pessimisme viscéral suscitait-il facilement des échos dans le camp antilaïque et antirévolutionnaire, nostalgique d'un bon vieux temps qui se confondait pour ce camp avec l'Ancien Régime. De plus, il y avait la manière de traiter le sujet. Lorsque Drumont écrivait dès la première page, confrontant deux entités haïssables : « Le seul auquel la Révolution ait profité est le Juif. Tout vient du Juif ; tout revient au Juif », il faisait d'une pierre deux coups. Plus loin, la glorieuse France de jadis, « la France des Croisades, de Bouvines, de Marignan, de Fontenoy, de Saint Louis, d'Henri IV et de Louis XIV », venait porter témoignage contre le Juif, puisqu'elle « lui a obstinément fermé ses portes, a fait de son nom la plus cruelle des injures ». Ainsi donc, la France « juive » de Drumont était tout simplement la France moderne, républicaine et laïque, et ce n'est qu'au bout de plus de mille pages décrivant l'enjuivement de la France en conséquence de l'affranchissement des Juifs, que Drumont convenait de la simplicité de son dessein :

« A la fin de ce livre d'histoire, que voyez-vous ? Je ne vois qu'une figure et c'est la seule que j'ai désiré vous montrer : la figure du Christ insulté, couvert d'opprobres, déchiré par les épines, crucifié. Rien n'est changé depuis dix-huit cents ans... »

Faut-il s'étonner si *La France juive* trouva ses lecteurs les plus enthousiastes parmi ces « bons prêtres » que Drumont exhortait à « expliquer que la persécution religieuse n'est que la préface du complot organisé par la ruine de la France » ? Mais sans doute sa plus grande habileté fut-elle de « rajeunir la formule » (Barrès), en asseyant une partie de son argumentation sur les prestiges de la science. Tout son livre premier était consacré, sur la foi de sommités aussi peu cléricales que Littré et Renan, au contraste entre « le Sémite mercantile, cupide, intrigant, subtil, rusé » et « l'Aryen enthousiaste, héroïque, chevaleresque, désintéressé, franc, confiant jusqu'à la naïveté. Le Sémite est un terrien... l'Aryen est un fils du ciel (...) [Le Sémite] vend des lorgnettes ou fabrique des verres de lunettes comme Spinoza, mais il ne découvre pas d'étoiles dans l'immensité des cieux comme Leverrier », et ainsi de suite. S'étant ainsi mis en règle avec la science de son siècle, Drumont, une centaine de pages plus loin, commençait à récrire à sa façon l'histoire de la France, évoquant les Juifs à travers les paroles ou les actes de Saint Louis et de Bossuet.

En fin de compte, c'est surtout à ce syncrétisme théologico-raciste qu'on peut attribuer les triomphes de Drumont. Dans cette foulée, *La Croix*, une fois devenue ouvertement antisémite, opposait à la « race juive » non pas une race chrétienne, mais la « race franque », un autre jour elle écrivait « qu'en dehors de toute idée religieuse », il serait absurde de penser qu'un Juif puisse devenir un Français. En regard, l'abbé Lémann, un Juif converti, entendait assumer, avec une humilité plus que chrétienne, sa responsabilité de Juif pour le crime de la Crucifixion (« Oui, le bourreau méritait d'être réhabilité avant nous ; car le bourreau ne fait mourir que les hommes, les coupables, et nous, nous avions fait mourir le Fils de Dieu, l'innocent ! »).

Il va de soi que le thème juif devint à partir de 1886 un thème à la mode, un vrai filon pour les journalistes aussi bien que pour les romanciers. Au total, la production antisémite française de la Belle Epoque se compte par des centaines, voire des milliers de titres. Certains propos peuvent donner l'impression que l'antisémitisme était en voie de devenir en France, vers 1890, une sorte de monopole catholique. En septembre 1890, *La Croix* se proclamait fièrement « le journal le plus antijuif de France » ; en mars 1891, le premier numéro d'une feuille éphémère qui s'intitula *L'anti-Youtre* déplorait que « jusqu'ici, les cléricaux seuls se sont attaqués à la juiverie », et au plus fort de l'affaire Dreyfus, Georges Clemenceau ne disait pas autre chose, en constatant que « l'antisémitisme n'est qu'un nouveau cléricalisme en train de reprendre l'avantage ». A peu près à la même époque, un rédacteur de *La Croix* écrivait à son directeur, le P. Vincent de Bailly : « L'affaire de la juiverie passionne de nouveau tous les Chrétiens... Un grand nombre de semi-incrédules commencent à trouver qu'en France, il n'y a de vrais Français que les catholiques », constituant ainsi l'antisémitisme en attribut exclusif de la catholicité. Mais tous les catholiques ne pensaient pas ainsi, et surtout, l'antisémitisme laïque, scientiste et intégralement raciste, ne manquait pas de champions de son côté.

L'impérissable inspiration voltairienne, par exemple, est manifeste dans les très populaires écrits, si prisés par S. Freud, de l'essayiste et psychologue Gustave Le Bon : « Les Juifs n'ont possédé ni arts, ni sciences, ni industrie, ni rien de ce qui constitue une civilisation... Aucun peuple n'a laissé, d'ailleurs, de livre contenant des récits aussi obscènes que ceux que renferme la Bible à chaque pas. » Le philosophe matérialiste Jules Soury, l'ami et la caution scientifique de Maurice Barrès, s'exprimait pour sa part en termes plus matérialistes : « Faites élever un Juif dans une famille aryenne dès sa naissance (...) ni la nationalité ni le langage n'auront modifié un atome des cellules germinales de ce Juif, par conséquent de la structure et de la texture héréditaires de ses tissus et de ses organes. »

Ce n'est pas pour rien que Soury croyait avoir découvert « le substratum cérébral des opérations rationnelles ». On peut citer aussi l'anthropologue illuminé Georges Vacher de Lapouge qui, redoutant l'extinction des Aryens, consignait en 1887 cette vision effectivement prophétique : « Je suis convaincu qu'au siècle prochain, on s'égorgera par milliers pour un ou deux degrés de plus ou de moins dans l'index céphalique... les derniers sentimentaux pourront assister à de copieuses exterminations de peuples. »

Dans la vie politique, le camp socialiste, tout en commençant sur le tard à se distancer d'une idéologie qui était en voie de devenir l'apanage de la bourgeoisie catholique, comptait encore dans ses rangs, vers 1900, c'est-à-dire au lendemain de l'affaire Dreyfus, des antisémites convaincus comme le médecin Albert Régnard ou le célèbre avocat belge Edmond Picard, tandis que René Viviani ou Alexandre Millerand, par exemple, adoptaient une attitude ambiguë. Mais l'ambiguïté — ou ce que nous aurons tendance à qualifier rétrospectivement de ce nom — paraissait régner à tous les niveaux : en 1892, Guesde et Lafargue eux-mêmes ne dédaignaient pas de se mesurer au cours d'une réunion contradictoire avec deux lieutenants de Drumont, et en janvier 1898 encore, le parti socialiste, sous les signatures de Jaurès, de Sembat et de Guesde, renvoyait dreyfusards et antidreyfusards dos à dos, en leurs qualités respectives d'opportunistes et de cléricaux : « Prolétaires, ne vous enrôlez dans aucun des clans de cette guerre civile bourgeoise ! » D'autres idéologues voulaient combiner, tout comme en Allemagne, socialisme et antisémitisme. Au début de 1890, il s'était formé à Paris, sous la présidence de Drumont, une « Ligue antisémitique nationale de France », dont le vice-président, Jacques de Biez, se qualifiait de « national-socialiste ». Ce mouvement descendit dans la rue et chercha à se prolétariser, avec pour animateur l'aventureux marquis de Morès, chef d'une bande de forts des Halles et de bouchers de la Villette. Comme en Allemagne, un groupe antisémite se constitua alors à la Chambre des députés : en novembre 1891, une proposition de loi tendant à l'expulsion générale des Juifs recueillit 32 voix. Comme en Allemagne, il se trouva des auteurs à entreprendre la démonstration de l'aryanité de Jésus, que Jacques de Biez affiliait patriotiquement à la race celte. Et cependant l'antisémitisme français supporte mal la comparaison avec l'antisémitisme germanique.

A ce propos, il faut en revenir à des points déjà évoqués, à une laxité des principes qui n'était pas sans rapport avec le goût de la farce, voire avec l'art de la mystification. La différence des conceptions respectives ressort, par exemple, des circonstances dans lesquelles fut fondée en avril 1892 *La Libre Parole*, le célèbre quotidien de Drumont : ce journal avait pour bailleur de fonds un certain Gérin, un affairiste qui, deux ans auparavant, avait lancé un appel aux Juifs pour financer la lutte contre l'antisémitisme ; et pour administrateur-gérant, Gaston Crémieux dit Wiallard, un Juif converti. Cette tolérance *sui generis* se laissait observer non seulement dans les affaires de finance, mais aussi dans celles de l'honneur : les antisémites ne refusaient pas aux Juifs, comme ils le faisaient en Allemagne, d'aller sur le terrain avec eux. Après le mémorable duel Drumont-Arthur Meyer, et malgré son issue scandaleuse, il y en eut beaucoup d'autres, notamment le duel Morès-Armand Mayer, à l'issue tragique ; aù lendemain de la mort de l'officier juif, Drumont, dans *La Libre Parole,* déplorait qu'un sang aussi valeureux n'eût pas été versé au service de la patrie, sur un champ de bataille, et l'émotion fut intense à travers toute la France (un journal provincial peu tendre pour Israël commentait : « Quiconque porte l'épée n'a pas l'âme juive »). Dans cette optique, le « baptême du sang » lavait les Juifs de leurs tares à titre posthume, et le Juif mort devenait le bon Juif (ce dont la première guerre mondiale multipliera, nous le verrons, les exemples). En regard, on peut placer les dettes que les grands ténors de l'antisémitisme contractaient facilement chez les Juifs (ainsi, le marquis de Morès chez l'aventurier Cornélius Herz, par l'intermédiaire de Drumont, ou le traître Ferdinand Esterhazy, qui servait volontiers de second à des officiers juifs, chez le baron Edmond de Rothschild) : sans doute croyait-on de part et d'autre jouer au plus fin, mais les jeux de ce genre ne témoignent pas d'ordinaire de convictions bien profondes.

Les historiens de l'économie nous apprennent que la France connut, à partir de 1882, une récession prolongée qui dura jusqu'en 1890 environ. Ces dates-limites sont respectivement marquées par le krach de l'« Union générale », et les difficultés du « Comptoir d'escompte » ; celles-ci furent communément attribuées aux Juifs, et spécialement aux Rothschild, tout comme celui-là. Mais une faillite autrement scandaleuse reste infiniment mieux gravée dans la mémoire collective : elle l'est à l'échelle internationale, au point que de nos jours encore, à Moscou ou à Leningrad, on qualifie de *Panama* une escroquerie de très grande envergure, comme on le faisait dans la France de la Belle Epoque. Au centre du scandale, on trouvait un vieillard entêté et mégalomane, le « héros de

Suez » Ferdinand de Lesseps, assisté de son fils ; ensuite s'étageaient en cercles concentriques une poignée de corrupteurs, des dizaines de parlementaires et des centaines de journalistes corrompus, et des dizaines de milliers, sinon davantage de petits épargnants ruinés. Or, les principaux corrupteurs étant juifs (Lévy-Crémieux, Jacques de Reinach, Cornélius Herz, Arton), on est tenté de se dire que pour une fois, la propagande antisémite n'était pas gratuite. Il suffit alors de se reporter aux écrits de l'époque pour constater qu'en tout état de cause, les Juifs auraient été les coupables.

En effet, bien avant que les noms des grands tentateurs Cornélius Herz et le baron de Reinach ne soient rendus publics, *La Croix*, prenant la défense des Lesseps, mettait en accusation des Juifs imaginaires : « On laisse mourir Panama, parce que cette société a voulu agir sans se mettre sous la tutelle des financiers juifs » ; qui plus est, pour des raisons politiques que résume fort bien Pierre Sorlin, ce journal s'abstint de vitupérer Herz et Reinach même lorsque leurs noms furent sur toutes les lèvres.

Cela dit, faut-il ajouter que le rôle *tentateur*, et de ce fait si conforme à une millénaire démonologie chrétienne, que jouèrent auprès de Lesseps les intermédiaires juifs, contribua à l'ampleur du scandale. Mais peut-être est-ce le moment de décrire en quelques mots ce que représentaient en réalité les Juifs en France, à la fin du XIXe siècle.

Leur nombre total ne dépassait pas quatre-vingt mille (0,02 p. 100 de la population française), dont plus de la moitié était installée à Paris. Rarement, jamais peut-être, un aussi petit nombre a-t-il autant fait parler de lui ; c'est qu'ils étaient effectivement arrivés, conformément à la prédilection d'Alfred de Vigny, « au sommet de tout dans les affaires, les lettres, et surtout les arts et la musique... ». A ce propos, on peut signaler qu'en règle générale, ce sont les petits-fils du ghetto qui, à la « troisième génération », accumulent les réussites les plus spectaculaires, et cela dans tous les domaines de l'existence. Ainsi donc, aux financiers, on peut opposer les savants, aux rastaquouères, les amants de la France (l'un n'excluant pas nécessairement l'autre, ainsi que le suggèrent les cas de Cornélius Herz et de la famille Reinach).

A un siècle de distance, qu'ils nous paraissent pathétiques, ces idéologues de l'assimilation, ces historiens consistoriaux pour lesquels « les temps du Messie étaient venus avec la Révolution française », ces rabbins qui se croyaient obligés de faire l'éloge du tsar judéophobe Alexandre III, ces savants enfin qui, tel le philologue James Darmesteter, espéraient que la capitale de la France deviendrait « la capitale morale du monde et la lumière des cœurs... la cité sainte ». La tendance dominante était certainement à la francisation intégrale, à une fusion qui paraissait inévitable — et souhaitable — aussi bien aux libres penseurs « pro-juifs » à Renan et à Zola, qu'à un Alfred Naquet ou aux frères Reinach (pour le cadet, Théodore, auteur d'une *Histoire des Israélites,* le judaïsme « pourrait considérer sa « mission » comme accomplie, et mourir sans regret, enseveli dans son triomphe »). Mieux, les actes devenaient de plus en plus conformes aux paroles — au point que les souvenirs d'André Maurois, de Joseph Kessel, d'Emmanuel Berl et de bien d'autres nous apprennent que leurs parents ne leur faisaient pas connaître leur état de Juifs, qui ne leur était révélé de façon plus ou moins traumatisante, qu'à l'école. Notons aussi, à ce propos, une réflexion de Théodore Herzl, en 1898 : « On ne peut tirer aucun parti des Juifs français. A la vérité, ils ne sont plus juifs » — et le prophète du sionisme ajoutait : « Bien sûr, ils ne sont pas français non plus. » Mais c'est justement ce que ces hommes et ces femmes croyaient être — tout en le voulant encore mieux devenir.

Une contradiction de ce genre est lourde de déchirement et de conflits, dont le génie de Marcel Proust a su admirablement — et implacablement — dépeindre les dénouements de tout ordre (on n'a pas assez remarqué que le chassé-croisé, au fil des années, entre l'aristocrate Swann, qui, « arrivé à l'âge de prophète », se solidarise avec les Juifs et le parvenu Bloch, qui, devenu Jacques du Rozier, réussit sa déjudaïsation, est l'un des thèmes majeurs de l'œuvre proustienne). Voici pourquoi Bloch aspirait à devenir un Rozier :

« Bloch était mal élevé, névropathe, snob, et, appartenant à une famille peu estimée, supportait comme au fond des mers les incalculables pressions que faisaient peser sur lui non seulement les chrétiens de la surface, mais les couches superposées des castes juives supérieures à la sienne, chacun accablant de son mépris celle qui lui était immédiatement inférieure. Percer jusqu'à l'air libre en s'élevant de famille juive en famille juive, eût demandé à Bloch plusieurs milliers d'années. Il valait mieux chercher à se frayer une issue d'un autre côté. »

C'est ce que parvint à faire Bloch vingt ans après, en changeant de nom — et de visage : « Un chic anglais avait en effet complètement transformé sa figure et passé au rabot tout ce qui se pouvait effacer (...) ce nez juif disparut comme semble presque droite une bossue bien arrangée... » Un peu plus loin, on lit, dans ce passage du *Temps retrouvé* : « Bloch était entré en sautant comme une hyène. »

Si Proust a ainsi cruellement mis à nu la psychologie de certains « Israélites », un artiste presque aussi grand que lui, Maurice Barrès, le premier maître à penser du général de Gaulle et de tant d'autres Français illustres, reste le meilleur témoin de la perception antisémite des Juifs, aux temps du Panama.

A lire Barrès, on retrouve l'ambivalence des antisémites français, chez lesquels l'attirance ou même l'admiration sont si clairement perceptibles, derrière la haine. Dès 1890, il s'interrogeait sur « le caractère commun des intelligences juives » : « Le juif est un logicien incomparable. Ses raisonnements sont nets et impersonnels, comme un compte en banque (...) Ainsi échappent-ils à la plupart de nos causes d'erreurs. De là leur merveilleuse habileté à conduire leur vie... » Dans le même contexte, Barrès ne dissimulait pas son admiration pour Disraeli, et Léon Blum, qui le connut à l'époque, évoquait en 1935 « la grâce fière et charmante de son accueil, cette noblesse naturelle qui lui permettait de traiter en égal le débutant timide qui passait son seuil. Je suis sûr qu'il avait pour moi de l'amitié vraie... » Ce n'est que pendant l'affaire Dreyfus que Barrès fut atteint de la manie de persécution antisémite, qui empreint du début jusqu'à la fin son grand « Roman de l'Energie nationale » (1897-1902). Réunis dans le salon du baron de Reinach, les financiers juifs « sont le gouvernement de notre pays, auxquels nos ministres demandent de diriger dans l'ombre et sans responsabilités les finances de l'Etat » ; ils n'en sont pas moins des « laquais allemands », mais ces laquais « se mêlaient de négocier la France même ».

Il reste que ces outrances dataient de l'affaire Dreyfus. Quant au scandale du Panama, pour démesuré qu'il fût, d'autres sensations politiques, et notamment, de l'attentat de Vaillant à celui de Caserio, le sanglant effroi semé par les anarchistes, l'évincèrent au cours de l'année 1893 de l'actualité. Plus généralement, l'antisémitisme paraissait baisser à l'échelle européenne : en ce qui concerne la

France, il s'affaiblissait, à partir de l'automne 1893, à vue d'œil ; au point que Drumont, après avoir été obligé de réduire le format de *La Libre Parole*, engagea en été 1894 des pourparlers en vue de sa vente.

L'Affaire.

De bonne heure, nombre de fils de famille juifs s'étaient lancés à l'assaut des carrières militaires qui, en France, leur étaient ouvertes : dès 1880, ils étaient « proportionnellement » dix fois plus nombreux à l'Ecole polytechnique que les Chrétiens ; en ce qui concerne l'ensemble du corps des officiers, il comptait, en 1894, près de 1 p. 100 de Juifs (plus de 300 sur 40 000), et Drumont s'indignait de voir que les Lévy y étaient déjà plus nombreux que les Martin. Aussi bien la toute première attaque de *La Libre Parole*, en mai 1892, visait-elle ces traîtres en puissance, un officier juif étant par définition « l'officier qui trafique sans pudeur des secrets de la défense nationale » (de là, la série des duels que nous avons mentionnés). Sans doute un grand nombre d'officiers catholiques partageaient-ils ce jugement, et sans doute le quotidien de Drumont n'avait-il pas complètement tort lorsqu'il ajoutait qu'il « existait chez l'énorme majorité des militaires un sentiment de répulsion instinctive contre les fils d'Israël ». La médiocre sympathie, si souvent relevée, qu'inspirait le capitaine Alfred Dreyfus à ses frères d'armes, doit être appréciée aussi à cette lumière-là, et sa façon de parler de son « cœur alsacien » (jamais de son « cœur juif ») n'y pouvait rien changer.

Il est vrai qu'en ce qui concerne la genèse policière du drame, « on ne pourrait, sans s'aventurer beaucoup, déterminer dans quelle mesure exacte le fait que Dreyfus fût juif fit pencher du mauvais côté la balance ». Mais on peut le faire à partir du moment où, en novembre 1894, elle commença à défrayer les journaux, et jusqu'à la fin. L'essentiel a été dit en deux mots par Théodore Herzl, qui, en sa qualité de journaliste, avait assisté au procès et à la dégradation : « Ils ne hurlaient pas « A bas Dreyfus ! » mais « A bas les Juifs ! » Mais s'*ils*, c'est-à-dire les Français pour une fois quasi unanimes, hurlaient de la sorte, c'est qu'ils étaient patriotiquement excités par l'ensemble de la presse, travaillée à cette fin par l'état-major, et qui par surcroît avait à se faire pardonner d'avoir été naguère stipendiée par Reinach, Cornélius Herz et Arton, ces corrupteurs juifs. C'est seulement ainsi qu'on peut s'expliquer « l'extraordinaire intérêt passionnel » (Herzl) porté au procès. Peu nombreux étaient les contemporains à ne pas succomber à la frénésie antisémite de ces semaines. Citons parmi eux Saint-Genest, le chroniqueur militaire du *Figaro* :

« Eh bien ! avant qu'on le juge, je déclare encore une fois que tout cela est fou. Dreyfus n'est rien, ce procès n'est rien. Ce qui est grave, c'est le spectacle que nous avons donné à l'Europe... »

Le futur maréchal Lyautey, qui parlait lui aussi « d'un étalage de honte en face de l'étranger », s'exprimait encore plus durement : « Il nous semble discerner là une pression de la soi-disant opinion ou plutôt de la rue, de la tourbe, de celle qui est souvent emballée à côté. Elle hurle « à la mort » sans savoir contre ce Juif, parce qu'il est juif et qu'aujourd'hui l'antisémitisme tient la corde, tout comme elle hurlait il y a cent ans : « Les aristocrates à la lanterne. »

De ces hurlements, Emile Durckheim tirait par la suite une vieille et amère morale : « Ce sont les parias qui servent de victimes expiatoires. Ce qui me confirme dans cette interprétation, c'est la manière dont a été accueillie, en 1894, l'issue du procès Dreyfus. Ce fut un élan de joie sur les boulevards. On fêta comme un succès ce qui aurait dû être un deuil public... »

Tels furent les déchaînements du *procès* d'Alfred Dreyfus. Son transfert au pénitencier de l'île de Ré d'abord, au bagne de l'île du Diable ensuite, suscita encore quelques remous et explosions de joie, mais à partir de l'été 1895, son nom commençait à sombrer dans l'oubli, à tel point que son frère Mathieu, qui ne désespéra jamais, faisait lancer en automne 1896 la fausse nouvelle de son évasion, afin de remédier au désintérêt général.

Quant à l'*affaire Dreyfus* proprement dite, elle ne débuta que trois ans après le procès, en novembre 1897. C'est alors que la France donna au monde le spectacle d'une guerre civile froide autour du sort d'un Juif. Auparavant, le *procès*, qui avait laissé les Juifs français aussi inactifs qu'atterrés, mais poussé à l'action leurs frères des autres pays, avait conduit Herzl à écrire *L'Etat juif*, et à convoquer le premier Congrès sioniste. Ce congrès, réuni à Bâle en été 1897, allait inspirer à son tour le terrifiant mythe des « Sages de Sion », également forgé à Paris, ce grand laboratoire des modes et des idées de toutes sortes.

Ainsi donc, *l'Affaire* éclatait en novembre 1897, le premier coup de théâtre étant l'identification du véritable traître, le commandant Esterhazy ; deux semaines après, *Le Figaro* publiait les fameuses lettres dans lesquelles cet officier étale la haine pathologique qu'il portait à la France. Esterhazy n'étant pas juif, seul un groupe d'« intellectuels » crut à sa culpabilité ; le monde politique en particulier, pour lequel la trahison de Dreyfus était devenue un dogme, continuait à s'en prendre aux Juifs, cette « puissance mystérieuse et occulte assez forte pour jeter le soupçon sur ceux qui, le jour où l'armée aura un grand devoir à accomplir, seront là pour la diriger » (interpellation d'Albert de Mun) ; aux quelques députés dissidents ou troublés, Georges Lebret, le ministre de la Justice, conseillait peu après de « regarder dans leurs circonscriptions ». La fable du « syndicat juif » riche de tout l'or de la terre avait solidement pris corps. Suivirent d'autres coups de théâtre, le *J'accuse* d'Emile Zola et sa condamnation en cour d'assises, l'acquittement d'Esterhazy, l'arrestation de son accusateur, le colonel Picquart. Rien ne pouvait ébranler la foi antidreyfusarde de la majeure partie des Français. Cette foi, ils l'extériorisaient à partir de janvier 1898 par des manifestations et désordres antijuifs, tandis que la bonne société obligeait *Le Figaro* à se séparer de son directeur dreyfusard (Fernand de Rodays). Citons aussi cette envolée de Drumont : « Pourquoi le snob, pourquoi l'Allemand, l'Anglais, l'Italien, l'étranger, le métis sont-ils pour Dreyfus ? Pourquoi quiconque est antifrançais, ou bien a une souillure, une plaie, une difformité intellectuelle, une suppuration morale quelconque, est-il pour Dreyfus ? »

Les dispositions contraires de l'opinion étrangère étaient dues en grande partie à l'influence de deux puissantes internationales, dreyfusardes de bonne heure avec la même conviction, sinon la même passion : celle des rois, bien renseignée sur l'innocence de Dreyfus par les cours de Berlin et de Rome, et celle des Juifs, qui prenaient parti pour des raisons plus émotionnelles. Il est difficile de donner une idée de la force des sentiments investis dans l'Affaire, à l'échelle, peut-on dire, universelle. Le témoin Léon Blum comparait l'affaire Dreyfus à la Révolution française, ou à la guerre de 1914-1918.

Le coup de théâtre décisif et le grand tournant de

l'Affaire datent de l'été 1898, lorsque furent découverts les faux fabriqués pour étayer l'accusation : le faussaire en chef, le colonel Henry, avoua et scella ses aveux par son suicide. « Je ne suis pas sûr d'avoir, dans ma vie entière, reçu une commotion plus forte », écrivait trente-cinq ans plus tard Blum. Une grande partie des élites françaises, écrivains, universitaires, tirèrent les conclusions et rejoignirent les glorieux combattants de la première heure, les Scheurer-Kestner, les Bernard Lazare, les Lucien Herr ; dans le monde politique également, de nombreux députés « changèrent de lâcheté », ainsi que l'écrivait plaisamment Anatole France ; et le camp socialiste notamment se rallia à la cause du Juif. Les dreyfusards « devaient à leur faible nombre de précieux avantages et en premier lieu de compter parmi eux moins d'imbéciles que leurs adversaires, qui en étaient surchargés », pour citer encore A. France. (Pourtant, les dreyfusards eux aussi étaient hantés par l'idée d'un complot séculaire — à savoir, le complot jésuite.) La révision du procès Dreyfus devint inévitable. Mais le camp antidreyfusard ne se déclara pas battu pour autant : si faux il y avait eu, c'était un faux *patriotique*, et Henry était un martyr, proclamèrent Maurras et Drumont ; la souscription ouverte pour lui élever un monument recueillit plus de quinze mille adhésions. Parmi les souscripteurs figuraient soixante-neuf députés et quatre sénateurs, ainsi que Maurice Barrès et Jean Lorrain, Gyp et Pierre Louÿs, François Coppée et Paul Valéry (3 frs. — « non sans réflexion »).

Les passions montaient au rouge vif, les incidents violents se multipliaient, et plus le triomphe dreyfusard semblait imminent, plus paraissaient se préciser les dangers d'un coup d'Etat ou d'une guerre civile ouverte. En fin de compte, ce n'est que grâce à un compromis unique en son genre : en faisant condamner l'officier innocent une deuxième fois, pour le faire gracier ensuite, que la France retrouva son calme — en apparence du moins.

On trouvera dans les manuels d'histoire des indications sur les séquelles de l'Affaire, fondation de *L'Action française* ou séparation des Eglises et de l'Etat : et puis, une certaine déchirure séculaire de la France, qui, accentuée en conséquence, s'est perpétuée jusqu'à nos jours. On n'a pas suffisamment fait attention jusqu'ici à ses répercussions antisémites et mondiales.

L'indignation internationale s'apaisa rapidement elle aussi, et le projet de boycotter l'Exposition de 1900 échoua complètement. Mais c'est dans l'ambiance fiévreuse des années 1897-1899 que furent élaborés à Paris ces *Protocoles des Sages de Sion* qui font recette chaque fois que le trouble et le désarroi s'installent quelque part dans le monde, dans l'Europe de 1918-1921 par exemple, face au danger communiste, ou dans l'inquiet Moyen-Orient, sur le fond des guerres israélo-arabes.

Cet écrit avait été commandé par un policier tsariste de haut rang, le général Ratchkovsky, désireux de complaire à Nicolas II, à un faussaire de génie dont l'identité reste inconnue. Son titre avait été évidemment inspiré par le premier congrès sioniste. Mais il ne s'agit pas du titre seulement. Il importe d'abord de savoir que l'initiative de Théodore Herzl suscita quelque sensation à l'époque, à l'échelle européenne : un correspondant du *Journal* de Paris vint l'interviewer, et Drumont lui avait déjà consacré un article élogieux. En revanche, certains milieux du Saint-Siège crurent justifiés tous les soupçons, et la *Civiltà Cattolica* officieuse écrivait, le 8 février 1898 :

« ... La condamnation de Dreyfus a été pour Israël un coup terrible ; elle a marqué au front tous les Juifs cosmopolites à travers le monde, mais surtout dans celle de leurs colonies qui gouverne la France. Cette flétrissure, ils ont juré de l'effacer. Mais comment ? Avec leur subtilité ordinaire, ils ont imaginé d'alléguer une erreur judiciaire. Le complot a été noué à Bâle, au Congrès sioniste, réuni en apparence pour discuter de la délivrance de Jérusalem. Les protestants ont fait cause commune avec les Juifs pour la constitution d'un syndicat. L'argent vient surtout d'Allemagne... »

Souvenons-nous que l'Affaire proprement dite éclatait en novembre 1897 ; on voit comment se laissait accommoder cette chronologie. En France, la même interprétation fut proposée par Joseph Humbert, le directeur de *La France chrétienne.* En Russie, le premier éditeur des *Protocoles* insistait en 1903 sur les dangers du sionisme, « qui a la tâche d'unir les Juifs du monde entier en une seule organisation, plus étroite et plus dangereuse que les Jésuites ».

Des angoisses millénaires, dont le faussaire inconnu se faisait l'interprète, se trouvaient ainsi ravivées par l'annonce d'un congrès international des Juifs. Si depuis plus d'un demi-siècle les formes pathologiques et homicides de l'antisémitisme font appel, en se cherchant une justification, à cet écrit-là, si incohérent à première vue, de préférence à tout autre, c'est que sa teneur doit être spécialement bien adaptée aux aspirations d'une vaste famille d'esprits. On trouvera une analyse de cette affinité particulière dans l'édition originale et complète du présent ouvrage [1] ; peut-être se laisse-t-elle résumer par un *Credo quia absurdum*, à la dernière puissance.

L'agitation antisémite en France ne prit nullement fin en été 1898, en même temps que les tumultes de l'Affaire, comme on est souvent porté à le croire. Sous ces rapports, l'année 1898 se laisse même considérer comme un point de départ tout comme un point d'arrivée. Certes, l'affaire Dreyfus fit éclore une génération nouvelle de témoins chrétiens, d'écrivains et de penseurs chez lesquels la justice rendue aux Juifs orienta désormais leur œuvre — et d'abord, Charles Péguy, le prophète qui, le premier en Europe, défendit, souvent contre les Juifs français eux-mêmes, « le droit d'Israël à la différence » (comme on le dirait de nos jours). Mais cette même année 1898 vit naître nombre d'organisations antisémites nouvelles, telles que la *Ligue de la patrie française*, présidée par le poète François Coppée, la *Jeunesse nationale et antisémite*, présidée par Drumont, et surtout *L'Action française* de Charles Maurras et Léon Daudet. Si le premier nommé devint le théoricien le plus écouté d'un nationalisme « intégral », auquel l'antisémitisme servit jusqu'à l'invasion nazie comme de pierre de touche, le second fut un polémiste particulièrement efficace, au « style charnel, olfactif », n'épargnant ni son ami Marcel Schwob, avec « son extrême laideur ethnique, boursouflée, ses grosses lèvres de jambon » ni les Juifs accusés de meurtre rituel en Russie, « animaux à face humaine qui oscillent avec monotonie de l'or à l'obscénité », et apercevant la main d'Israël même dans les dérèglements de la nature, tels que l'inondation parisienne de 1910. Sur ce dernier point, son argumentation reflète fort bien en quoi le style antisémite moderne différait du style médiéval. Pour le fanatique du Moyen Age, c'est sciemment que, par exemple, le Juif propageait la peste ; pour son émule moderne, sa spéculation sur le bois entraînait des déboisements, qui entraînaient les inondations : ainsi donc, dans le premier cas, le Juif était nocif délibérément et en vertu de son idéologie, dans le second, il pouvait l'être à son insu et en

1. *L'Europe suicidaire*, Calmann-Lévy, 1977, pp. 75-78.

raison de sa nature — ce qui, du point de vue de la rationalité, n'était guère un progrès.

Il reste que les superstitions moyenâgeuses demeuraient vivaces elles aussi, et il va de soi que Léon Daudet fut loin d'être le seul en France à se faire le porte-voix de l'administration tsariste : en 1913-1914, au lendemain du procès Beilis (dont il sera question plus loin), plusieurs livres nouveaux traitaient des crimes de sang juifs, et *La Croix* tournait en dérision les théologiens catholiques qui eurent à cœur de dénoncer cette fable absurde. Fondée en 1912, la *Revue internationale des sociétés secrètes* de Mgr Ernest Jouin, avant de se spécialiser dans les « Protocoles », traduisait les écrits des experts russes du meurtre rituel. Mais plutôt que revenir aux professionnels ou semi-professionnels de l'antisémitisme, nous allons évoquer, pour conclure, des auteurs du début de ce siècle, chez lesquels on ne s'attendrait peut-être guère à le trouver.

Ce sera d'abord le publiciste Gustave Téry, connu surtout par son journal *L'Œuvre*, un respectable organe de gauche de l'entre-deux-guerres, qui portait en manchette la devise « Les imbéciles ne lisent pas *L'Œuvre* ». Or, il s'agissait d'une version modifiée : l'originale, celle de 1911, était « Pas un Juif n'est abonné à *L'Œuvre* ». Le brillant normalien Téry se distinguait de cette manière sa vie durant ; avant 1914-1918 ouvertement ; après, sournoisement, ainsi qu'on le verra. Ses talents faisaient merveille surtout en ce qui concerne les devises et les titres, dont certains furent promus à quelque notoriété : ainsi, *Le Juif, voilà l'ennemi*, *Le péril juif*, *L'invasion juive organisée par les pouvoirs publics*, voire *Le Juif partout*, un titre qui pourrait avoir inspiré celui de *Je suis partout*, l'hebdomadaire antisémite des années 1934-1944.

Encore plus remarquable fut le cas de Georges Clemenceau. De l'affaire Dreyfus, lorsqu'il publia le *J'accuse* de Zola et fut l'un des principaux stratèges du camp dreyfusard, jusqu'à ses derniers jours glorieux, lorsqu'il eut Georges Mandel pour bras droit et Georges Wormser pour confident, peu de Français illustres semblent avoir été si bien disposés envers Israël. Mais justement de ce fait, les sentiments et vues intimes de ce républicain sans peur ni reproche, de cet anticlérical convaincu, peuvent nous en dire long sur le climat de l'époque.

Clemenceau s'en est ouvert de diverses manières. Une première fois en 1898, en se faisant essayiste pour publier

Au pied du Sinaï, un recueil de nouvelles sur les Juifs de Galicie (qu'il avait eu l'occasion d'approcher lors de ses cures à Carlsbad). Certes, le poncif n'en est pas absent — « Ce qui domine à Busk, après le canard et l'oie, c'est le Juif crasseux (...) des nez crochus, des mains en griffes s'accrochant aux choses obscures, et ne les lâchant que contre monnaie sonnante. » Mais c'est l'admiration qui l'emporte, et de loin, pour « cette race énergique, partout répandue sur la terre, toujours combattue, toujours vivante (...) possédant le plus précieux trésor, le don de vouloir et de faire ». Pourtant, comment les Juifs employaient-ils ce capital ? A en entendre Clemenceau, grâce à lui, ils espéraient devenir les maîtres du monde : « Méprisé, haï, persécuté pour nous avoir imposé des dieux de son sang, [le Sémite] a voulu se reprendre et s'achever par la domination de la terre. » *Sémite*, ici, est synonyme de Juif ; ailleurs, *sémitisme* ou *judaïsme* désignent, chez Clemenceau, comme chez Karl Marx et tant d'autres, le règne de l'argent en général : « Le sémitisme, tel que nous en voyons présentement tant d'exemples chez les enfants de Sem et de Japhet... » Ailleurs encore, il se réclame de son *idéalisme aryen* pour déplorer la montée de *l'endurante race*. Mais, à sa manière, il conclut sur des paroles d'espoir : « Il suffit d'amender les Chrétiens, encore maîtres du monde, pour n'avoir pas besoin d'exterminer les Juifs en vue de leur voler le trône d'opulence jusqu'ici convoité des hommes de tous les temps et de tous les lieux. » C'est sur cette note conciliante que s'achève *Au pied du Sinaï*.

Ainsi donc, tout comme un Wagner ou un Dostoïevski, encore que dans un esprit bien différent, Clemenceau admettait la proximité d'un « règne juif » ! Vingt ans plus tard, en automne 1917, il témoigna d'une autre façon des pouvoirs qu'il prêtait aux enfants d'Israël, puisqu'il accusait les Juifs allemands d'être à eux tout seuls les fauteurs de la Révolution et de la défection russes. Sans doute s'agissait-il d'une intoxication du 2e Bureau ou de quelque autre agence, comme on le verra plus loin.

Quelles conclusions tirer ? L'une serait banale : à savoir, qu'un très grand homme, traitant d'un très grand sujet (*grande race tragique*, écrivait encore Clemenceau), est porté à se contredire plus que quiconque. L'autre serait que jadis antisémitisme et sionisme n'étaient guère incompatibles, ainsi que l'attestent les propos ou les écrits de Martin Luther, de Fichte, de H. Stewart Chamberlain ou de Drumont, pour ne citer que quelques antisémites majeurs. A la réflexion, la proposition se laisserait étendre à Clemenceau, qui n'intitula pas son recueil de nouvelles *Au pied des Carpathes,* ainsi que l'aurait commandé la géographie.

C'est donc la Palestine qui aux yeux des Européens du passé, et singulièrement à ceux des antisémites, était le lieu naturel des Juifs ; un rattachement qui n'a été mis en question par certains de leurs adversaires, avec la passion que l'on sait, que depuis qu'ils y ont fait retour. Il est vrai aussi que vue par les Européens du XIXe siècle, la Palestine n'était qu'un stérile lambeau de l'Empire turc. Mais nous n'allons pas épiloguer plus loin là-dessus.

III

La Russie

Résumons le mythe des origines *sui generis* sur lequel s'achevait le volume précédent de cette « Histoire de l'Antisémitisme ». A peine affranchie du joug mongol, la jeune Russie pravoslave, promue au rôle d'une Troisième Rome, se trouva exposée à une menace encore pire, celle de « l'hérésie des judaïsants ». Pour éviter leur joug, les tsars, à commencer par Ivan le Terrible, statuèrent que leurs domaines n'allaient plus jamais être foulés par les fils du peuple déicide. Tous les autocrates russes demeurèrent fidèles à ce principe, y compris Pierre le Grand, qui pourtant, en « européisant » son pays, bafouait les traditions nationales les plus sacrées. Mais ses annexions, suivies par celles de ses successeurs, comportaient des provinces peuplées de Juifs. Le compromis consista alors à les soumettre à une législation spéciale, et à leur interdire — à certaines exceptions près — l'entrée des terres proprement russes.

Sous le règne de Catherine la Grande, les partages de la Pologne transformèrent en sujets russes la concentration la plus importante de Juifs en Europe. Sous celui de son fils Paul, nous voyons un seigneur déjà acquis aux Lumières, le poète Gabriel Derjavine, chargé d'une enquête sur le rôle social et économique des Juifs ex-polonais, les décrire en ces termes :

« Compte tenu des observations anciennes et modernes sur les Juifs, voici mon avis : les synagogues ne sont rien d'autre que des nids de superstition et de haine antichrétienne ; (...)

les « Kahals » (communautés) constituent un Etat dans l'Etat, qu'un corps politique sainement organisé ne doit pas tolérer ; les affermages, les factoreries, le commerce, les auberges et toutes les institutions et activités des Juifs ne sont que de subtils stratagèmes, destinés à s'emparer sous prétexte de gagne-pain et de services rendus aux particuliers, de leurs biens et de leurs fortunes... »

Pour rééduquer les Juifs, ces « trompeurs trompés », Derjavine recommandait de les contraindre à exercer des métiers honnêtes et utiles, mais il plaçait surtout ses espoirs dans une transformation morale, telle qu'elle lui paraissait avoir eu lieu en Allemagne, grâce à l'apostolat du philosophe Moïse Mendelssohn et d'autres Juifs éclairés : « ... le règne des Talmuds y a pris fin. Depuis, des Juifs savants, qui ne le cèdent en rien aux hommes les plus érudits de l'Europe, se sont multipliés dans les terres allemandes... ».

En somme, Derjavine voulait reformer les Juifs par la persuasion et la douceur, par une propagation raisonnée des Lumières, et le même esprit caractérisait les projets idéalistes d'Alexandre Ier. Son ministre et inspirateur Speranski écrivait qu'il « était préférable et plus sûr de conduire les Juifs vers la perfection en leur ouvrant des nouvelles perspectives pour la poursuite du bonheur, surveillant leurs activités de loin, et écartant les obstacles de leur chemin, mais sans recourir à la force ». Du reste, jusqu'à la fin de ses jours, le mystique tsar Alexandre témoignait aux Juifs une sollicitude particulière : il envisageait leur émancipation à l'échelle européenne, espérant qu'elle hâterait leur conversion, et il intervenait en leur faveur aux congrès de la Sainte-Alliance. Mais le spectacle insolite d'un tsar philosémite ne devait pas durer très longtemps.

Ce n'est pas que son frère et successeur Nicolas n'ait pas également eu le souci d'ouvrir les yeux des Juifs à la vérité chrétienne. Conformément à l'opinion dominante, c'est surtout au Talmud qu'il attribuait leur endurcissement : un orientaliste français à son service préconisait même, pour les éclairer, « deux moyens différents, mais presque également sûrs et nouveaux : à savoir, par l'hébreu appris par principes et par la version du Talmud, afin de faire éclater au grand jour ce chaos informe, ce réceptacle d'erreurs et de préjugés où viennent se presser tous les rêves du fanatisme en délire ». Mais Nicolas Ier opta pour une autre méthode, proposée par son ministre de l'Instruction publique, le comte Ouvarov, qui voulait les contraindre soit à envoyer leurs enfants dans les écoles et lycées russes, soit à ouvrir, à leurs frais, des écoles spéciales dans lesquelles l'enseignement se poursuivrait en russe. De la sorte, écrivait Ouvarov, « ce peuple opprimé pendant des siècles apercevrait les rayons des Lumières (...) mais en dirigeant l'instruction dans ces écoles contre le Talmud, il n'est pas nécessaire de proclamer ouvertement cette intention ».

Méfiants, les dirigeants des communautés juives sabotèrent de leur mieux ce projet, en sorte qu'à la fin du règne de Nicolas Ier, les « écoles juives de la couronne » ne comptaient que quelques milliers d'élèves. Faisant preuve d'une méfiance non moindre, le tsar déclarait que tant qu'il vivrait, les lois antijuives seraient maintenues. En fait, d'année en année, il s'employait à les rendre plus dures. Dans leur « zone de résidence », les Juifs, soupçonnés de contrebande ou d'espionnage, durent évacuer les localités situées à moins de 50 km des frontières ; en 1844, les « Kahals » furent dissous ; et une censure spéciale fut introduite pour les livres juifs. Nicolas Ier envisageait également d'obliger les Juifs (peut-être à l'exemple de la *predica coattiva* pontificale) à assister à des offices divins destinés à les édifier, célébrés en yiddish dans une église orthodoxe. Mais c'est une autre mesure pseudo-missionnaire du « gendarme de l'Europe » qui leur rendit odieux à tout jamais le nom des Romanov.

Depuis qu'ils étaient devenus des sujets russes, les Juifs se faisaient dispenser du service militaire moyennant une taxe ou capitation spéciale, conformément aux lois sur le recrutement en vigueur. Nicolas Ier décida qu'ils devaient y être astreints tout comme ses autres sujets ; qui plus est, il eut l'idée d'assimiler les enfants juifs de sexe mâle aux « cantonistes », c'est-à-dire aux fils des soldats russes qui, ainsi qu'en avait disposé Pierre le Grand, étaient élevés dans des prytanées, et devaient ensuite servir vingt-cinq ans sous les armes. Pour les jeunes Juifs, l'âge du recrutement fut fixé à douze ans ; en fait, il descendait facilement à sept ans, tel étant l'âge réglementaire fixé par la loi de Pierre le Grand. La conversion, dans ces conditions, était quasi inévitable. Mais sur qui allait tomber le choix ? La sélection des victimes incombait aux dirigeants communautaires, ce qui suscitait, dans les ghettos ou dans les bourgades, des intrigues et des manœuvres indescriptibles. Pour atteindre le *quota* requis, les responsables juifs faisaient appel à des « khappers » ou kidnappeurs semi-officiels, la terreur des orphelins et des veuves.

On estime à plus de soixante mille le nombre de cantonistes ainsi recrutés et formés. Pour la mémoire collective juive, ils devinrent des émules des victimes des Croisades, qui préférèrent la mort au baptême ; suivant une légende populaire, quelques centaines d'entre eux, qui devaient être baptisés à Kazan, en présence de Nicolas Ier, conclurent un pacte de suicide collectif, et plongèrent dans la Volga.

Dès son avènement en 1855, Alexandre II fit supprimer ce mode de recrutement, et pendant la première moitié de son règne, il put paraître que ce que le père n'avait pas pu imposer par la force, le fils l'obtiendrait par la douceur. Dans le cadre du programme général des réformes, l'installation dans la Russie de l'intérieur fut autorisée aux artisans et aux marchands « de première guilde » ; dans les lycées, l'instruction religieuse chrétienne devint facultative, et en résultat, le nombre d'élèves juifs décupla en vingt années. Surtout, un vent nouveau soufflait à travers le pays, et, avec la Russie tout entière, les Juifs plaçaient d'immenses espoirs dans le « tsar libérateur » qui avait aboli le servage. Léon Levanda, le premier écrivain juif de langue russe de quelque stature, comparait déjà Alexandre II à Macaulay... et à Disraeli. La russification faisait de rapides progrès, surtout dans les couches aisées, des revues et journaux juifs commençaient à être publiés en russe, et une « Société de propagation de l'instruction parmi les Juifs », qui se donnait pour but de familiariser les masses juives avec la langue et la culture russes, et accessoirement, de les détourner du « jargon », ainsi qu'était qualifié à l'époque l'idiome ancestral, trouvait un vaste écho. De son côté, la société russe cultivée semblait tendre la main aux Juifs, et en venait (tout comme les milieux « éclairés » français à la fin du XVIIIe siècle) à assumer les responsabilités historiques pour leur état misérable. En 1858, un article hostile aux « Jids » publié par la revue *Illustration* suscitait la protestation collective de la fleur de l'intelligentsia russe, de Tourgueniev et Nekrassov aux futurs réactionnaires Katkov et Aksakov.

L'image du Juif dans les lettres russes.

Jusqu'au milieu du XIXe siècle approximativement, la société lettrée, tout comme le peuple grand-russe, ne connaissaient d'ordinaire les Juifs que par ouï-dire. Des officiers en campagne avaient pu en apercevoir de loin, surtout en 1800-1815, ou se faire mettre en garde contre eux ; pour le reste, l'idée que les Russes s'en faisaient ne pouvait reposer que sur l'enseignement traditionnel chrétien d'une part, sur les auteurs occidentaux, notamment les romantiques, de l'autre ; et ni l'un ni l'autre n'étaient très flatteurs, c'est le moins qu'on puisse en dire. Paul Pestel, l'un des chefs des révolutionnaires « décembristes » de 1825, envisageait dans son programme politique soit l'assimilation forcée des Juifs, telle que Nicolas Ier (qui le fit pendre) chercha à l'imposer, soit leur expulsion en direction de la Palestine : « Si on rassemble tous les Juifs russes et polonais en un seul endroit, écrivait-il, leur nombre dépassera deux millions. Une telle quantité de gens à la recherche d'une patrie n'auront pas de peine à surmonter tous les obstacles que les Turcs pourraient leur opposer. » Cette hostilité se laisse éclairer par une réflexion contemporaine d'Alexandre Pouchkine, parlant « des notions indissociables de Juif et d'espion ». Les Juifs qu'on rencontre en divers endroits de ses œuvres sont des Juifs conventionnellement traîtres ; dans *Le Chevalier avare,* son art de la concision lui fait apostropher « l'usurier » (par « le chevalier ») en ces termes « Maudit Juif, honorable Salomon », et exprimer ainsi en quatre petits mots toute l'ambivalence chrétienne ; et bien entendu, ses femmes juives sont désirables à souhait. Aussi conventionnellement romantique sur ce chapitre que lui, Lermontov s'en distinguait en se penchant sur la cause des fils d'Israël avec une sympathie attentive. Son premier drame en vers, *Les Espagnols,* rédigé à l'âge de seize ans, traitait de la persécution des Marranes, et à la fin de sa brève vie, il évoquait encore dans l'une de ses poésies les plus populaires, *Le rameau de Palestine,* le sort dramatique des « pauvres fils de Jérusalem ».

C'est avec l'Ukrainien Nicolas Gogol que des Juifs pour ainsi dire autochtones font leur entrée dans les lettres russes. Ils meublent l'arrière-plan de ses récits réalistes ou fantastiques ayant la « Petite-Russie » pour théâtre, et ils en viennent à occuper le devant de la scène dans *Tarass Boulba.*

« Nous descendons tous du *Manteau* de Gogol », notait Dostoïevski. Le « Yankel » de *Tarass Boulba* devint en effet le Juif archétypal de la littérature russe. Gogol le voulut exploiteur, lâche et répugnant à souhait, encore qu'il le montre capable de reconnaissance ; mais que lui et ses congénères soient noyés dans le Dniepr par les « seigneurs cosaques » est présenté dans le récit comme allant de soi. Yankel est surtout ridicule, et l'image du « poulet déplumé » dont Gogol s'est servi a fait le tour de la grande littérature russe : on la trouve dans les *Souvenirs de la maison des morts* de Dostoïevski, appliquée au bagnard Issaï Bumstein, ce Juif qui « faisait rire tout le monde sans exception » ; on la retrouve dans le *Journal d'un provincial à Pétersbourg* de Saltykov, et, légèrement modifiée, dans *La steppe* de Tchekhov ; survivant à la Révolution, les « Juifs, oiseaux plumés » figurent encore dans *La Cavalerie Rouge* d'Isaac Babel. Non moins ridicule est le Hirschel décrit dans le *Jid* (1846) de Tourgueniev, mais cette fois, le rire est entrecoupé d'angoisse, car c'est de l'exécution capitale d'un espion (un de plus) qu'il s'agit :

> « Le malheureux Jid était véritablement ridicule à voir, malgré l'horreur de sa situation ; l'affreuse certitude de quitter la vie, sa fille, sa famille, se peignait chez lui par des gestes si étranges, par des cris, des soubresauts si absurdes, que nous ne pouvions nous empêcher de sourire, quelque attristante que fût cette scène... »

Pourquoi la pendaison d'un Juif, si effrayante à voir qu'elle soit, prête-t-elle à sourire (chez Gogol aussi, lors des noyades, les Cosaques « ne faisaient que rire à l'aspect de ces jambes juives battant l'air de leurs savates et de leurs chaussettes ») ? Le rire ne masquerait-il pas un autre sentiment, peut-être une peur latente, susceptible en une autre conjoncture de devenir manifeste ? — Pour ce qui est de Tourgueniev, dans la deuxième partie de sa vie cosmopolite, il fit preuve au contraire d'une attitude pénétrante et humaine envers ses épisodiques personnages juifs. Mais d'une manière générale, la bienveillance que la société russe témoigna aux Juifs pendant quelques années n'eut pas de véritable pendant littéraire. Leur entrée dans cette société ne manqua pas de renouveler la manière de « traiter le sujet », mais les descriptions tendent désormais à mettre en relief la puissance ou même le danger juifs, et la réaction générale est celle d'un rejet. Cette réaction se précise assez rapidement, au cours des années 1870. Se plaçant au-dessus de la mêlée, le critique Nicolas Mikhaloïvski résumait la situation ainsi : « En comparant les figures de Potiemkine, le magnifique prince de Tauride, et de Samuel Salomonovitch Poliakov, on peut regretter que *ceci a tué cela,* ou on peut s'en réjouir... mais on ne peut nier que *ceci a tué cela.* » Le poète Nekrassov, le chantre de la souffrance du peuple russe, faisait contraster pour sa part le gros marchand slave, qui connaît le remords, qui jette l'argent par la fenêtre, et le Jid financier, qui exploite et pille sans scrupules, pour placer à l'étranger le fruit de ses extorsions.

Mais pour bien comprendre les nouveaux accents de la décennie 1870-1880, il importe de ne pas perdre de vue certains autres facteurs, tels que l'exemple donné par l'Occident, où débutaient en Allemagne les premières campagnes antisémites à argumentation raciale, une argumentation qui passait facilement en Russie pour « le dernier mot de la science ». Encore plus faut-il sans doute tenir compte de l'exaltation patriotique de la guerre russo-turque de 1877, lorsque Disraeli, ce symbole ou cette cible de choix, fit stopper net la marche de l'armée russe vers Constantinople. C'est surtout de cette guerre que l'observateur privilégié de l'antisémitisme russe que fut le comte Ivan Tolstoï, ancien ministre de l'Instruction publique, datait la montée d'un sentiment antijuif virulent tant dans les hautes sphères que dans les masses populaires. Or, on trouve certains éléments à l'appui de cette idée tant dans l'œuvre de Dostoïevski que dans celle du grand Léon Tolstoï, et à ce point de vue comme à bien d'autres, leurs contradictoires écrits méritent toute notre attention.

En 1861, Dostoïevski, polémiquant avec le slavophile extrémiste Ivan Aksakov, préconisait l'abrogation des lois d'exception antijuives ; en 1873, il prenait à partie les *Jids* avec une grande violence, une première fois. En 1876, il revenait à la charge à plusieurs reprises, soit en dénonçant les *Jids* financiers qui, à l'en croire, étaient sur le point de rétablir à leur profit le servage des paysans, soit en s'en prenant à Disraeli (lord Beaconsfield, *né Israel,* écrivait-il), la *piccola bestia,* la tarentule, qui se sert des Turcs pour crucifier les frères slaves des Balkans.

En mars 1877, sur le fond de l'exaltation patriotique

russe, Dostoïevski développait plus longuement ses conceptions. Dans la seconde partie du même fascicule du *Journal d'un écrivain,* il prêchait une croisade en vue de conquérir Constantinople et délivrer l'Eglise du Christ. C'est donc l'idée dostoïevskienne de la mission du peuple russe, peuple rédempteur du genre humain. On peut admettre que la rencontre des deux thèmes sous la même couverture reflétait leur contiguïté interne, l'élan prophétique se heurtant à la primogéniture spirituelle du « peuple élu » ; de là, une fureur dont, de Mahomet à Luther et de Voltaire à Marx, nous avons déjà relevé tant d'exemples dans nos livres précédents. Mais voyons cela de plus près.

Le texte porte pour titre *La Question juive* ; mais Dostoïevski s'exclame aussitôt qu'un tel titre ne peut être qu'une plaisanterie, car il n'est pas de taille à affronter une question aussi immense ; c'est tout juste s'il peut se permettre de donner son avis. Dans la suite de l'écrit, on peut distinguer trois grands motifs.

En premier lieu, Dostoïevski déclare que, dans leur générosité, les Russes (à commencer par lui-même) n'en veulent aucunement aux Juifs, et que, par exemple, il n'est pas vrai que le Russe du commun nourrit à leur égard une haine religieuse, du genre « c'est parce que Judas a tué le Christ » ; seuls les enfants et les ivrognes raisonnent parfois ainsi, continue-t-il, commettant un lapsus de taille[1]. Ce sont les Juifs qui, d'après lui, traitent de haut le peuple russe, et le méprisent, le haïssent ; « ces sentiments ne sont que très naturels », commente-t-il (la « projection » est ici évidente). Cependant, ils ne cessent de se plaindre de leur avilissement et de leurs souffrances : « c'est à croire qu'ils ne gouvernent pas l'Europe, qu'ils ne régentent pas, tout au moins là-bas, les Bourses, et par conséquent la politique, les affaires intérieures, la vie morale des Etats ». C'est donc le deuxième motif, si banal à l'époque, et que consacreront définitivement les *Protocoles des Sages de Sion :* « proche est leur règne, leur règne absolu ! ».

Reste le troisième motif, et c'est ici que se manifeste la puissante originalité de Dostoïevski. En effet, aucun autre grand religionnaire de l'antisémitisme, avant ou après

1. En effet, *ce sont les enfants et les ivrognes qui, proverbialement, disent la vérité !*

lui, ne s'est interrogé, comme il le fait, sur le bien-fondé de son eschatologie antijuive. Il convient de ses incertitudes à diverses reprises : tout en affirmant l'existence de « lois ésotériques, et peut-être occultes, protégeant l'idée juive », il déclare qu'il est impossible de se prononcer sur la vraie nature de cette idée, « étant donné que les temps et les délais fixés ne sont pas encore tous révolus, en dépit de quarante siècles écoulés, et que l'humanité n'a pas encore dit son dernier mot sur ce grand peuple ». Plus loin il parle, toujours à propos de « l'idée juive », de « quelque chose d'universel et de profond sur quoi l'humanité n'est sans doute pas encore à même de se prononcer ». Qu'on se souvienne aussi de son avertissement, mi-ironique, mi-sérieux : « Je ne suis pas de taille. » Et il en vient à exhorter « Messieurs les Juifs supérieurs » à ne pas se détourner de « leur Jéhovah quarante fois séculaire... Ce n'est pas seulement du point de vue national qu'ils ont tort, mais pour d'autres causes d'une importance primordiale ». Son idée se trouve quelque peu précisée, plus loin : « Et puis, n'est-ce pas quelque chose d'étrange : des Juifs sans Dieu, conçoit-on cela ? On ne saurait même pas se représenter ce que c'est qu'un Juif sans Dieu. » Mais il n'y a pas de conclusion explicite.

Ajoutons que la date de l'écrit, mars 1877, offre un intérêt double. En effet, peu après, Dostoïevski commençait à fréquenter la cour impériale, et paraissait promu aux fonctions de penseur officiel du régime tsariste. En conséquence lui qui, en janvier 1877 rêvait d'une fusion des « races de Japhet, de Sem et de Cham », en venait à magnifier en août 1880, peu avant sa mort, la « grande race aryenne » ! D'autre part, en 1878 et 1879, le journal auquel il collaborait (le *Grajdanine*) s'acharnait à promouvoir la légende du meurtre rituel. Dostoïevski le romancier s'emparait aussitôt de ce thème, pour l'introduire dans *Les Frères Karamazov*. L'adolescente Lise, fascinée par la souffrance et le sang, qui a lu un livre sur les meurtres rituels des Juifs, imagine et décrit à son ami Aliocha les jouissances infinies qu'ils savent en tirer, et lui demande s'ils tuent effectivement les enfants chrétiens. « Je ne sais pas », répond Aliocha. Si sadique que soit l'évocation, anticipant sur les délires de son interprète Rosanov, on remarquera que Dostoïevski, par le truchement d'Aliocha, nous dit une fois de plus : « Je ne sais pas. »

Tolstoï, lui, nous paraît sûr de ses vérités, dans la

question des Juifs comme dans les autres. Dans son œuvre, des *Jids* surgissent assez souvent, mais épisodiquement, en qualité de petits trafiquants, d'usuriers ou de colporteurs, aussi bien dans *Sébastopol* que dans *Guerre et Paix*. Dans *Anna Karénine,* le Juif « Bolgarinov » n'occupe également que quelques lignes, mais c'est un Juif d'une tout autre trempe. Rappelons que ce roman fut achevé en 1878 (dans l'épilogue, il est longuement question de la guerre russo-turque), et qu'il traitait de la société russe contemporaine. Vers la fin du livre, le frère d'Anna, l'aimable « Stiva » Oblonski, cherche à augmenter ses ressources à l'aide d'une sinécure, et se compromet en démarches. La sinécure « dépendait de deux ministères, d'une dame et de deux Juifs » ». L'un d'eux, que Tolstoï nomme « Bolgarin-ov », est évidemment « Poliak-ov » (le « Polonais » est devenu un « Bulgare »). Ce Juif fait faire antichambre à Oblonski deux heures durant, pour le recevoir cnfin « avec une politesse exquise, heureux visiblement de l'avoir humilié, l'éconduisant presque ». C'est tout ce que nous apprenons sur Bolgarinov-Poliakov. On peut remarquer à ce propos que si un aristocrate russe (c'est à cette occasion-là que nous apprenons qu'Oblonski descend de Rurik) pouvait imputer de tels sentiments à un parvenu juif, le contentement de celui-ci devait exprimer la vanité satisfaite de fraîche date plutôt qu'une vindicte séculaire enfin assouvie. Mais que les Juifs aient constitué une pierre d'achoppement pour l'art de Tolstoï ressort encore mieux de *Résurrection,* son troisième grand roman.

En effet, sa rédaction date des années 1895-1900, lorsqu'un nouveau revirement s'était manifesté dans la vision socio-littéraire russe du Juif. En cette ère de persécutions et de pogromes, Tolstoï voulut, ainsi que l'attestent les variantes inédites, camper un Juif exemplaire, un déporté politique, pour lui faire épouser en Sibérie Katioucha Maslova, l'héroïne du roman. Ce déporté, « Wilhelmson », nous est présenté comme « un Juif ferme, intelligent et sombre » ; on nous dit aussi que seul parmi les exilés, il est un non-violent qui s'oppose aux assassinats même politiques ; en bref, il est un authentique tolstoïen. Mais dans la version définitive, Wihelmson devient Simonson, un révolutionnaire qui garde et même développe toutes les qualités de l'ébauche — excepté celles d'un fils d'Israël. Il semble que Tolstoï l'artiste, qui sut si bien être l'exubérante Natacha Rostova, ou le moribond Ivan Ilitch, ou même le cheval Kholstomiér, ne parvenait pas à s'identifier à un Juif.

Quant à l'homme Tolstoï, il s'entourait sur ses vieux jours aussi bien de Juifs, tel le pianiste Goldenweiser, que d'antisémites, tel son médecin particulier Makovitsky (son illustre client ne lui connaissait que « ce défaut-là »). Mais il semble que l'homme éprouvait les mêmes difficultés que le romancier pour parler publiquement des Juifs. Il en convenait lui-même : en signant, en 1890, une protestation collective, il écrivait à son ami le philosophe Vladimir Soloviev qu'il n'avait pas envie de traiter ce sujet.

Encore plus significative était une lettre qu'il adressait en 1906 à son apôtre Tchertkov. Il écrivait qu'il venait de lire trois livres sur le Christ, dont « le livre de l'Allemand Chamberlain, [montrant] que le Christ n'était pas juif », et il faisait apparemment sienne l'idée de ce raciste illuminé suivant laquelle le drame de l'humanité provenait d'une antinomie raciale entre le Christ et saint Paul : « Je voudrais écrire quelque chose pour démontrer comment à l'enseignement du Christ, qui n'était pas juif, on a substitué l'enseignement très différent de l'apôtre Paul, qui, lui, était juif ; mais je doute de pouvoir le faire. Le temps me manque, et puis, j'ai d'autres tâches pressantes. Mais c'est un sujet admirable, et important. » Chamberlain ne sut jamais qu'il avait fait un aussi illustre prosélyte ; le manque de temps ne permit pas à Tolstoï d'entacher son œuvre par un traité de théologie raciste.

Ainsi, tout comme Dostoïevski, le patriarche de Iasnaïa Poliana se laissait contaminer à la fin de sa vie par la mythologie aryenne ; et tous les deux le faisaient sur l'autorité d'une science occidentale dans laquelle ils voyaient, chacun à sa manière, une fausse valeur, peut-être même la dernière ruse du Malin.

Cependant, à la fin du XIXe siècle, l'attitude des intellectuels russes change à nouveau : il devient gênant, presque indécent d'attaquer les Juifs. Ce n'est pas que les réussites financières, qui, en 1870-1880, paraissaient si menaçantes, soient devenues exceptionnelles ; au contraire, la Russie devient « le pays des possibilités illimitées », et les Juifs en tirent profit au même titre que tant d'Allemands, de Grecs, d'Arméniens, et aussi, de marchands autochtones. Mais voici qu'on les pille et les assassine en nombre croissant : dans les faits, les pogromes ne s'abattent que sur les prolétaires juifs, et cependant, tout se passe comme si les Rothschild ou les Poliakov avaient du coup été rendus inoffensifs, tant il est vrai que le peuple dispersé d'Israël ne forme qu'un seul corps aux yeux des nations. On exagérera à peine en écrivant que désormais, les écrivains russes (du moins, ceux dont la postérité a retenu les noms) appliquent en la matière le principe *aut bene, aut nihil.* Et c'est ainsi que les deux grands peintres de mœurs Saltykov et Leskov, qui avant les pogromes de 1881-1882 paraissaient rivaliser en férocité, se transmuent en défenseurs passionnés. Seul parmi les grands écrivains russes de la nouvelle génération, Tchekhov se permettra dans de nombreux contes de railler les Juifs, sans fiel aucun, mais aussi, sans le moindre complexe. D'autres, par exemple Maxime Gorki, avoueront que la seule idée du Juif les remplit « de confusion et de honte » : en conséquence, ce personnage est toujours « bon » chez eux. On reconnaîtra dans cette évolution la haute idée que les écrivains russes se faisaient de leur mission.

Nous en viendrons maintenant à l'essentiel, c'est-à-dire aux techniques politico-policières de la diffamation et de la persécution des Juifs élaborées de 1881 à 1914-1918 par le régime tsariste.

Le chemin des pogromes.

Depuis que la majeure partie de la Pologne avait été annexée à la Russie, les nouvelles autorités avaient à affronter, entre beaucoup d'autres problèmes, celui des « meurtres rituels juifs », qui, au milieu du XVIIIe siècle, avait beaucoup agité l'opinion polonaise. Dans sa grande enquête de 1799-1800, Gabriel Derjavine opinait, en homme des Lumières, que bien que la loi de Moïse ne prescrive rien de tel, il était hautement probable que des Juifs fanatiques commettent de temps en temps de tels crimes. Une trentaine d'années plus tard, Nicolas Ier raisonnait d'une manière assez semblable : « Sans penser que cet usage puisse être commun à tous les Juifs, je ne saurais repousser l'idée qu'il existe parmi eux des fanatiques aussi affreux que ceux qu'on trouve parmi nous autres Chrétiens. » En 1840, « l'affaire de Damas » avait ranimé à travers toute l'Europe l'antique soupçon. Pour en avoir le cœur net, le tsar chargea ses fonctionnaires, et notamment le célèbre folkloriste et lexicographe Vladimir Dahl, d'une nouvelle enquête. Celui-ci, dans un travail de plus de cent pages, se rangeait pratiquement à l'opinion de Nicolas Ier, en concluant que les meurtres rituels n'étaient ni pratiqués ni même connus par la majorité des Juifs, mais qu'ils étaient bel et bien d'usage chez « la fanatique secte des Hassids » (que leurs adversaires juifs eux aussi accusaient « d'horribles usages secrets »). Le travail de Dahl fut imprimé en 1844 en dix exemplaires, réservés, sans doute par souci de l'ordre public, à quelques hauts fonctionnaires seulement, et le public, les Juifs y compris, n'en eut jamais connaissance. Cependant, des procès de meurtre rituel avaient lieu de temps en temps : ainsi, en 1879, à Koutaïs dans le Caucase (c'est ce procès qui éveilla les soupçons de Dostoïevski). A la même époque, l'ex-prêtre polonais Hippolyte Lutostanski, qui s'était converti à l'orthodoxie, rédigeait un long traité sur les meurtres rituels ; il en offrait un exemplaire au prince héritier, le futur Alexandre III, qui, en récompense, lui fit présent d'une bague sertie de diamants ; d'où l'on voit à quel point, depuis l'ère de son grand-père Nicolas, les superstitions antijuives s'étaient épaissies au sein de la famille Romanov. En même temps, une discussion publique s'engageait à ce sujet, et le semi-officiel *Novoïe Vrémia,* le plus important quotidien russe, publiait une étude de l'historien Nicolas Kostomarov sur les crimes rituels que les Juifs auraient jadis commis en Ukraine.

Mais il va de soi qu'à l'exemple occidental, les Russes lettrés de l'époque s'engouaient plus facilement pour les fantasmes politico-économiques du jour que pour les délires antiques. Dès 1862, l'idéologue slavophile Ivan Aksakov s'était élevé contre l'émancipation des Juifs, et en 1867, il revenait à la charge, paraphrasant, le détail est à noter, la fameuse formule de Karl Marx : « La vraie question, écrivait-il, n'est pas d'émanciper les Juifs, mais d'émanciper la population russe des Juifs, de libérer les hommes russes du Sud-Ouest du joug juif. » Peu après, Aksakov trouvait un allié efficace en la personne de Jacob Brafman.

Ce converti, professeur d'hébreu au séminaire orthodoxe de Minsk, était l'expert du Saint-Synode pour les problèmes de la mission auprès des Juifs. A partir de 1867, il commençait à publier dans le *Courrier de Vilna* des articles sur la vie et les mœurs des communautés juives, qui lui fournirent ensuite la matière de deux gros ouvrages, avec annexes documentaires à l'appui, *Le Livre du*

Kahal, et *Les Confréries juives locales et universelles*, publiés tous deux en 1869. Ils furent diffusés par les soins du gouvernement dans les services administratifs, et ils permirent à Brafman de devenir membre actif de la Société impériale de Géographie. Dans *Le Livre du Kahal*, il prétendait dévoiler « les procédés et les moyens dont se servent les Juifs, malgré les lois qui limitent leurs droits civils dans les pays qu'ils habitent, pour réussir à évincer du commerce et de l'industrie les particuliers des autres religions, et à concentrer entre leurs mains tous les capitaux et tous les immeubles ». Mais comment les Juifs s'y prenaient-ils ? Voici le résumé qu'Aksakov donnait du *Livre du Kahal* :

> « Il apparaît que chaque propriétaire foncier chrétien est vendu par le Kahal à un Juif (...). De la même manière, des villages, des localités entières, avec tous leurs habitants (chrétiens, naturellement) font l'objet d'achats et de ventes. Sous le couvert de notre droit civil, c'est un tout autre « ordre juridique », ordre secret et négateur, qui règne et qui soumet à la juridiction juive non seulement les Juifs, mais aussi les Russes, même à leur insu... »

Des révélations encore plus effarantes étaient faites par Brafman dans *Les Confréries juives locales et universelles*. « Les confréries, annonçait-il, sont pour ainsi dire les artères essentielles de la société juive (...) elles unissent tous les Juifs, dispersés sur la terre en un seul corps puissant et invincible. » Ainsi, les « Kahals » du monde entier étaient à leur tour soumis à une direction unique, et cette direction, installée en France, pays de la Révolution, n'était autre que l'Alliance israélite universelle. Dès 1871, le gouverneur général de Kiev, le prince Dondoukov-Korsakov, s'appuyait sur cette révélation pour attirer l'attention d'Alexandre II sur le danger représenté par l'Alliance, et pour réclamer un renforcement de la législation antijuive. A mesure que se développait le mouvement révolutionnaire et que se multipliaient les attentats terroristes, l'inquiétude qui s'emparait des sphères dirigeantes leur faisait prêter à ces délires une oreille plus attentive.

Il va aussi de soi qu'attentive comme toujours aux idées et aux humeurs occidentales, l'opinion russe ne pouvait pas rester indifférente aux campagnes antisémites à l'allemande. Certes, la Russie mit du temps à se mettre sous ce rapport à l'heure européenne ; les tsars et leur entourage se souciaient aussi peu des doctrines raciales que les masses populaires. Mais en 1879, l'officieux *Novoïe Vrémia* publiait de larges extraits du célèbre pamphlet de Wilhelm Marr, *La Victoire du sémitisme sur le germanisme,* et promettait aux Slaves le même sort désastreux. L'année suivante, sous le titre très suggestif de *Le Jid est en marche,* le *Novoïe Vrémia* précisait ces inquiétantes perspectives, les étayant par certaines données statistiques d'ailleurs exactes : les Juifs, qui ne formaient que 3 p. 100 de la population russe, fournissaient d'une part 7 p. 100 des condamnés politiques, et de l'autre, plus de 10 p. 100 des lycéens ; ce dernier pourcentage était passé de 9,9 p. 100 en 1876 à 10,7 p. 100 en 1877. Où s'arrêtera cette marche ? s'exclamait le journal ; qu'en sera-t-il dans quelques décennies ? La russification des Juifs, naguère une pierre angulaire de la politique des tsars, paraissait désormais lourde de menace, aux yeux des soutiens les plus fidèles du régime.

On peut dire que, d'une certaine façon, les conséquences de l'assassinat d'Alexandre II, le 1er mars 1881, donnèrent consistance à toutes ces craintes.

Le terroriste qui avait lancé la bombe, Ignace Grinevitzki, était décrit dans le rapport officiel comme un Russe assez typique, « au visage rond et plein, au nez large », mais, le lendemain de l'attentat, le *Novoïe Vrémia* parlait d'« un individu de type oriental, au nez crochu ». Plus ouvertement, le « Courrier de Vilna », l'organe qui avait propagé les écrits de Jacob Brafman, accusait « les Juifs ». Mais voyons quelle fut la situation en Russie, au lendemain du tsaricide.

L'attentat réussi n'était que l'aboutissement de toute une série d'attentats manqués, préparés par la *Narodnaïa Volia,* une organisation petite en nombre, mais d'une extraordinaire efficacité, composée presque uniquement, peut-être n'est-il pas inutile de le préciser, de Russes authentiques. L'affolement qui s'empara des milieux de la cour et des sphères dirigeantes est décrit comme suit par le grand-duc Constantin, un frère d'Alexandre III :

« Nous traversons l'époque de la Terreur, avec cette différence toutefois que les Parisiens voyaient alors leurs ennemis de face, tandis que nous ne les voyons pas, ne les connaissons pas et n'avons même pas la moindre idée de leur nombre... La panique est générale : les gens ont définitivement perdu la tête et accordent leur foi aux rumeurs les plus absurdes. »

Ensuite, d'autres rumeurs, ou « contre-rumeurs », furent mises en circulation, et reprises par plusieurs journaux de la Russie méridionale : l'indignation populaire qui montait allait conduire à une explosion, laquelle allait se tourner contre les Juifs coupables, ou contre les Juifs exploiteurs.

Effectivement, au cours de la Semaine sainte 1881, une semaine de tous temps propice aux excès antijuifs, un pogrome éclatait à Elisavetgrad (le Kirovograd actuel), suivi d'autres, plus importants, à Kiev et à Odessa, et dans plusieurs dizaines d'autres localités moyennes ou petites. Leur déroulement semble avoir été partout le même : des agitateurs venus on ne sait d'où distribuaient des tracts antisémites et assuraient que le nouveau tsar souhaitait venger son père en faisant régler leur compte aux Juifs. Les pillages des maisons juives, accompagnés de voies de fait plus ou moins graves, se poursuivaient ensuite au grand jour ; la police et l'armée, au début du moins, laissaient faire. Aux douteurs, les agitateurs montraient des écrits qu'ils prétendaient officiels (ainsi, à Poltava, une proclamation antisémite allemande, traduite et publiée dans le journal local !). Il y eut aussi des cas où des paysans se faisaient certifier par écrit qu'ils avaient le droit de ne pas assaillir les Juifs ; d'autre part, la notion de « judaïsme » et ses limites ne faisaient pas problème, pour le peuple : à Kiev, la foule se jetait sur les passants vêtus à l'européenne et ne les relâchait qu'après qu'ils avaient fait le signe de la croix.

Mais qui avait instruit les organisateurs ? Alexandre III, pour viscéralement antisémite qu'il fut, était épouvanté par les pogromes, que pendant quelques semaines il crut fomentés par les révolutionnaires. En fait, certains membres de la *Narodnaïa Volia* se livraient effectivement à une propagande antijuive, dans l'espoir que les désordres conduiraient de proche en proche à un soulèvement général. « Aidez-nous ! Rebellez-vous ! était-il dit dans une de ces proclamations, destinée aux paysans ukrainiens : tirez vengeance des seigneurs, pillez les Juifs, tuez les fonctionnaires ! » Mais pour l'essentiel, la provocation venait des milieux monarchistes, proches de la Cour impériale. Il est avéré qu'au lendemain du 1er mars, quelques grands-ducs et officiers de la garde avaient monté, à l'insu du tsar, une organisation contre-terroriste dûment cloisonnée, la

« Sainte Légion », aux fins d'un noyautage des cellules révolutionnaires. Elle y échoua à peu près complètement, et fut obligée de se saborder en automne 1882. Il est également avéré que certains de ses membres s'étaient consacrés à l'organisation des pogromes, ne fût-ce que pour fournir un exutoire à l'émoi populaire. Dans une telle conjoncture, les Juifs ne pouvaient pas ne pas devenir un bouc émissaire commode, l'emploi étant précisément authentifié par les fureurs du peuple chrétien. C'est dans ces conditions que pour la première fois dans l'histoire moderne, l'antisémitisme allait devenir, à partir de 1881, moyen de gouvernement.

Le 11 mai 1881, le tsar assurait à une délégation de notables juifs que les troubles étaient le fait des « anarchistes », et qu'il saurait y mettre fin ; mais il parlait aussi de l'exploitation par les Juifs des masses populaires, dans laquelle il voyait la cause profonde des pogromes. En même temps, il faisait hâter les enquêtes en cours. A mesure que celles-ci établissaient le rôle mineur joué par les révolutionnaires dans le déchaînement des pogromes, il imputait aux Juifs une part de responsabilité croissante, et, après la dernière flambée, en mai 1883, il traçait de sa propre main la résolution : « Cela est fort affligeant, mais je n'en vois pas la fin, car ces Jids sont trop haïs par les Russes et tant qu'ils continueront à exploiter les Chrétiens cette haine ne désarmera pas. »

Les victimes étaient donc les coupables. Antérieurement, le tsar avait pris deux décisions. En mai 1882, il avait fait édicter des décrets ou « règlements provisoires » destinés dans son esprit à soustraire les Chrétiens à l'exploitation juive. En février 1883, il avait institué une « Commission suprême pour la révision des lois en vigueur sur les Juifs ». Cette commission, présidée par l'ancien ministre de la Justice Pahlen et composée de hauts fonctionnaires, aboutit, au bout de cinq années de labeur, à la conclusion qu'à la racine du mal se trouvait la discrimination antijuive. Elle préconisait donc l'abolition des lois d'exception, aux fins « d'une fusion aussi intime que possible des Juifs avec la population chrétienne générale ; le système des mesures répressives et exceptionnelles doit céder la place à un système de lois d'affranchissement égalitaire progressif ».

Mais ces recommandations restèrent lettre morte, ainsi que par la suite tant d'autres du même genre, émanant parfois des serviteurs les plus dévoués de l'autocratie ou des partisans les plus convaincus de l'ordre établi. Sous les deux derniers Romanov, sous le faible et superstitieux Nicolas II plus encore que sous son père, la condition des Juifs devint le domaine réservé de l'empereur de toutes les Russies, régie en conséquence par des « règlements provisoires » et non par des lois, et l'aggravation délibérée de cette condition créa une situation explosive à l'échelle mondiale, aux répercussions multiples et lointaines.

Pour commencer, les premiers « règlements provisoires » de 1882 rétrécirent la zone de résidence, interdisant aux Juifs de s'installer librement à la campagne, ou ils étaient censés exploiter la paysannerie, ainsi que dans certaines villes (dont Kiev, la « mère des villes russes », et Yalta, la résidence impériale en Crimée), et déclassant au surplus de nombreuses « bourgades » *(Miéstetchki)* en « villages ». La notion d'*exploitation* était entendue dans un sens très large : c'est ainsi qu'en 1884, le général Drenteln, gouverneur général de la région du Sud-Ouest, ordonnait la fermeture d'une école artisanale qui depuis 1861 fonctionnait à Jitomir, avec la motivation suivante :

« Compte tenu de ce que dans les villes et localités de la région du Sud-Ouest, les Juifs constituent la majeure partie des artisans et empêchent ainsi le développement de l'artisanat dans la population autochtone exploitée par eux, une école artisanale, dont les Chrétiens ne possèdent pas l'équivalent, constitue entre les mains des Juifs une arme supplémentaire pour l'exploitation de la population autochtone. »

Dans une telle optique, tout Juif, et quel que fût son métier, devenait un exploiteur, censé priver de gagne-pain un Chrétien. Il est vrai que pour le général Drenteln, la « supériorité intellectuelle des Juifs » faisait d'eux des concurrents invincibles dans tous les domaines ; aussi bien conseillait-il de stimuler autant que possible leur émigration. Les autorités de Saint-Pétersbourg, aussi l'estimaient désormais souhaitable, tout en se gardant de le proclamer officiellement, et, d'après une célèbre formule surgie dans l'entourage d'Alexandre III, la question juive finirait pas se résoudre d'elle-même : « Un tiers des Juifs émigrera, un tiers se convertira, un tiers périra. »

Entre-temps, cantonnés dans leur zone de résidence, les Juifs se trouvaient de plus en plus concentrés dans les villes, où ils étaient parfois plus nombreux que les Chrétiens ; non seulement ils ne pouvaient plus élire domicile à la campagne mais l'acquisition de terres et d'immeubles leur y fut interdite. Hors de la zone, et notamment dans les deux capitales, où quelques dizaines de Juifs privilégiés avaient pu s'installer sous le règne d'Alexandre II, des rafles spéciales étaient destinées à en diminuer le nombre par tous les moyens et sous tous les prétextes. A un haut fonctionnaire qui lui décrivait les férocités de sa police, Alexandre III aurait répondu : « Nous ne devons jamais oublier que les Juifs ont crucifié notre Seigneur et versé son sang précieux. » Le propos rappelle que les souffrances des Juifs étaient couramment imputées au légendaire déicide, conformément aux conceptions médiévales. Mais les techniques appliquées lors des rafles étaient des techniques très modernes. Des fichiers spéciaux furent institués dans les commissariats de police ; parmi d'autres mesures anticipant sur les futurs procédés nazis du contrôle et d'identification des « non-Aryens », citons l'interdiction de modifier (notamment en les russifiant) les prénoms et l'obligation imposée aux commerçants juifs de Saint-Pétersbourg d'afficher bien visiblement leurs noms et prénoms sur leurs magasins ; dans les passeports, la confession « juif » était souvent indiquée à l'encre rouge. En pratique, l'effet de toutes ces mesures était tempéré par la proverbiale vénalité de la police russe, ce qui à son tour n'était pas de nature à fortifier chez les sujets juifs du tsar le respect de la légalité et de l'ordre établi. Mais la mesure la plus lourde de conséquences, celle qui littéralement condamna la jeunesse juive, ou du moins sa partie déjà russifiée, à militer dans le camp de la révolution, fut prise en été 1887, dans le cadre d'une révision générale de la politique éducative, destinée à juguler le recrutement révolutionnaire.

En juin 1887, le ministère de l'Education publiait, à l'indignation de l'*intelligentsia* tout entière, sa célèbre « circulaire des cuisiniers », ordonnant de « débarrasser les lycées et gymnases des enfants des cochers, domestiques, cuisiniers, blanchisseuses, petits boutiquiers et enfants de ce genre. Car, exception faite pour ceux qui sont exceptionnellement bien doués, il n'est pas indiqué pour les enfants de ces gens de changer de position dans l'existence ». Il s'agissait donc de freiner l'afflux dans les universités des enfants issus des milieux populaires, qui du reste n'arrivaient pas le plus souvent à achever leurs études, et se lançaient d'autant plus ardemment dans l'activisme politique.

En juillet de la même année, cette disposition fut complétée par une mesure spéciale visant les Juifs, qui désormais ne devaient être admis dans les établissements d'enseignement secondaire qu'à raison de 10 p. 100 du nombre total des élèves dans la « zone », de 3 p. 100 dans les deux capitales, et de 5 p. 100 ailleurs ; en 1901, ces quotas étaient réduits à 7 p. 100, 2 p. 100 et 3 p. 100 respectivement, mais ils furent portés, dans l'enseignement secondaire *uniquement,* à 15 p. 100, 5 p. 100 et 10 p. 100 en 1909. Ce « numerus clausus » tendait en pratique vers un *numerus nullus,* puisque, si les Juifs ne constituaient que 3 p. 100 de la population de l'empire, ils formaient 25 p. 100 des classes urbaines, dont était issue la quasi-totalité des lycéens. Du reste, même les rares élus qui parvenaient à obtenir un diplôme universitaire étaient empêchés d'en tirer grand profit, la fonction publique, le barreau, l'enseignement secondaire et bien d'autres carrières devenant progressivement inaccessibles aux Juifs. « Un Juif ne peut pas devenir juge dans un tribunal russe, comme il ne peut pas devenir prêtre dans une église russe ! » s'exclamait le ministre de la Justice en 1912... on peut ajouter que toutes ces exclusions ne visaient que les enfants d'Israël du sexe masculin ; leurs compagnes, auxquelles l'imaginaire chrétien avait de tous temps fait grâce, en étaient en principe exemptées.

L'irrésistible ascension des « Jids », qui en 1877 faisait trembler les publicistes du *Novoïe Vrémia,* se trouvait donc stoppée à partir de 1887, en même temps que celle du petit peuple des villes, et de la même manière. Ainsi était cimentée une alliance qui, pour ambiguë qu'elle fût à maints égards, s'avéra d'une efficacité exemplaire, et qui dura jusqu'à la révolution de 1917, ou même quelque temps au-delà. Sans doute est-ce par la « circulaire des cuisiniers » (immortalisée par Lénine dans son slogan sur « les cuisinières qui, chez nous, sauront diriger l'Etat »), plus que par tout autre faux pas ou toute autre excentricité, que le régime tsariste avait creusé sa propre tombe.

La révolte.

La vague des pogromes, mais surtout les conclusions qu'en tira le régime, douloureusement ressenties par tous les sujets juifs du tsar, suscita un immédiat et spectaculaire revirement dans le secteur déjà russifié ou en voie de russification. Dès l'été 1881, les grandes communautés juives présentaient aux autorités des pétitions dans lesquelles on relève maint commentaire acerbe. Les Juifs de Kiev comparaient ironiquement le judaïsme à une maladie inguérissable, contre laquelle il n'existait qu'un seul remède, de nature miraculeuse : la conversion. Avec une pointe d'ironie plus discrète, les Juifs d'Odessa suppliaient, « si aucune autre solution n'est possible, de rendre légale l'émigration » ; ce à quoi le nouveau ministre de l'Intérieur, le comte Ignatiev, rétorquait que la frontière occidentale leur était largement ouverte. Avant même la promulgation des premiers règlements provisoires, les organes périodiques juifs recevaient des lettres ou publiaient des articles déchirants :

« Quand je pense comment on a procédé à notre égard, comment on nous a appris à aimer la Russie et les lettres russes, comment on s'y est pris pour nous faire introduire dans nos foyers la langue russe, de sorte que nos enfants n'en connaissent plus d'autre, et comment actuellement on nous fait la chasse et nous persécute — mon cœur se remplit du désespoir le plus corrosif... »

Mais l'identité ainsi affichée, et qui se voulait une identité retrouvée, ne se laissait plus satisfaire par les consolations et les promesses que depuis près de deux millénaires les rabbins avaient coutume de prodiguer aux enfants d'Israël. Une fois de plus dans l'histoire de la dispersion, des Juifs assimilés, des néo-marranes repentis, concevaient leur problématique à l'imitation des Chrétiens, dans les catégories de la pensée politique occidentale ; autrement dit, la notion d'un peuple, fût-il éternel, leur paraissait pratiquement indissociable d'une base géographique, voire d'un Etat. Dès 1882, le médecin Léon Pinsker, après avoir dépeint la condition tragique du « peuple-fantôme », un peuple de « revenants » craints et haïs dans tous les pays du monde moderne, concluait son *Auto-émancipation* sur le cri : « Nous devons enfin posséder notre propre pays, sinon notre propre patrie ! » En même temps, un concept et un mot nouveaux, la « palestinophilie », qu'il appartint à Theodor Herzl de rebaptiser « sionisme », enflammait nombre de jeunes esprits. Des dizaines d'associations « palestinophiles » se constituèrent, telles que les *Bilou* ou les *Amants de Sion (Hovevei Tsion)*, dont les membres les plus hardis partaient pour faire refleurir la Terre Promise, « pour y vivre, et non pas pour y mourir ». Ces idéalistes n'étaient à l'époque que quelques centaines, mais des dizaines de milliers d'esprits plus rassis et plus prudents les approuvaient et les admiraient, sans se décider pour autant de les suivre dans une contrée semi-désertique et malsaine. Ils n'en militaient qu'avec une plus grande ardeur sur place, publiant des bulletins ou des livres, se prodiguant en discours, quêtant des fonds. Suivant un mot célèbre de l'époque, « un sioniste était un Juif qui, aux frais d'un second Juif, en expédiait un troisième en Palestine ».

Parallèlement à la dialectique pogromes-sionisme, une relation plus élémentaire ne tarda pas à s'établir entre la persécution administrative et l'émigration effective, entraînant des conséquences plus lourdes encore, du moins à vue d'homme. Sur le fond d'une industrialisation commençantc, qui par elle-même portait ombrage à l'artisanat et à certaines branches du petit commerce juif, les « règlements provisoires », restrictions et gênes de tout ordre, les expulsions et les paniques, les considérables tributs en argent ou en nature prélevés par les membres de la police et par d'autres fonctionnaires, conduisaient à une paupérisation des masses juives et, en conséquence, à une brutale accélération de l'émigration. Ses principaux flots s'écoulaient vers les Etats-Unis. Pour accueillantes qu'elles étaient au XIXe siècle, les autorités américaines en vinrent à s'interroger sur les raisons de cette crue spectaculaire. Dans le cadre d'une enquête générale sur l'immigration, deux hauts fonctionnaires furent chargés d'étudier le cas des Juifs de l'empire russe. Leur arrivée coïncida avec la grande expulsion de Moscou en 1891, et ils devinrent ainsi les témoins quasi oculaires de chasses à l'homme proprement incroyables pour la mentalité occidentale de l'époque : rafles et arrestations nocturnes de familles entières, recherches d'abri dans les maisons publiques et les cimetières, déportations en masse vers la zone de résidence. Les enquêteurs purent notamment constater qu'en dépit des démentis de l'administration impériale, les Juifs étaient déportés par convois pénitentiaires, mêlés à des criminels de droit commun et enchaînés eux aussi. Dans la conclusion de leur rapport, ils suggéraient à leur gouvernement une protestation diplomatique, car « on ne peut considérer comme un acte bienveillant à l'égard des Etats-Unis la façon dont tant d'individus sont dépouillés de leurs moyens d'existence et contraints de venir dans notre pays, appauvris et découragés ».

Mais, malgré l'indignation internationale, malgré le refus des Rothschild français de souscrire des emprunts, ou la baisse des valeurs russes en Allemagne, les persécutions ne cessaient de s'aggraver. Aussi bien l'émigration aux seuls Etats-Unis progressait-elle suivant une courbe exponentielle, centuplant entre 1860-1870 et 1900-1910, pour atteindre un chiffre total voisin d'un million et demi (cependant, l'accroissement naturel des Juifs compensait dans l'ensemble ce déficit démographique).

Un autre remède à la condition de Juif en Russie : la conversion (à une religion bien-pensante, ce qui n'était le cas ni de l'Islam, ni des sectes schismatiques russes), qui assurait « une guérison miraculeuse et instantanée », n'entra jamais dans les mœurs. Elle demeurait le fait d'isolés ; il n'y eut pas de vagues collectives de baptêmes, sans doute parce que le procédé était réprouvé non seulement par les Juifs, mais aussi par tous les camps de la société russe, et notamment par l'*intelligentsia*. Le nombre total des conversions qui eurent lieu au XIXe siècle est estimé à 85 000.

En revanche, sous le règne des deux derniers tsars, un nombre croissant de jeunes gens et jeunes filles décidaient, plutôt que de se convertir ou d'émigrer, de lutter sur lieu et place contre le régime abhorré. A ce propos, l'historien Simon Doubnov écrivait, non sans lyrisme, qu'en 1905, « les Juifs répliquaient aux pogromes par l'intensification de la lutte révolutionnaire ; l'élément juif fut actif dans tous les détachements de l'armée de libération : chez les démocrates constitutionnels, chez les sociaux-démocrates et chez les sociaux-révolutionnaires ».

A ce propos, il faut surtout citer le parti ouvrier juif « Bund », constitué en 1897 (la même année que l'organisation sioniste de Herzl). L'année suivante, il servait de cellule germinale au parti social-démocrate russe, fondé sous son impulsion, mais les idéologues marxistes du Bund étaient des étudiants qui parcouraient le chemin inverse, menant des milieux intellectuels russes aux masses ouvrières juives, et le plus écouté d'entre eux, Vladimir Medem, s'astreignait même à apprendre le yiddish, aux fins de son agitation révolutionnaire. D'ailleurs, sous la pression de sa base populaire, le Bund accentuait progressivement son caractère de parti spécifiquement juif, complétant son programme socialiste par la revendication, exorbitante du point de vue marxien, d'une autonomie nationale juive ; aussi bien s'attirait-il dès l'époque les foudres de Lénine et de Staline.

En bref, malgré les multiples et parfois séculaires inimitiés entre les Juifs pauvres et les riches, entre pratiquants et athées, entre *hassidim* et *mitnagdim*, entre sionistes et bundistes, une sorte de front juif unifié se cimentait, face au régime abhorré, et ils étaient rares les Juifs qui doutaient des bienfaits que leur apporterait (en même temps qu'à la Russie tout entière) un changement politique radical, quelle qu'en fût la nature. « Que voulez-vous ? En fait, nous sommes tous des bundistes », disait en 1904 Maxime Vinaver, le vice-président juif de la fraction modérée (« constitutionnelle ») de la première Douma, au bundiste Abramovitch.

Ainsi se levait une génération militante entre toutes, la fermentation étant encore accrue par les milliers de jeunes gens qui, faute de pouvoir accéder aux universités russes, partaient étudier à l'étranger, où ils se laissaient facilement recruter par les émigrés politiques ; du reste, le séjour à l'Occident a de tout temps eu pour les sujets du tsar, quelle qu'en soit l'extraction, des conséquences politiquement explosives. Rapidement, les Juifs devinrent dans l'empire russe l'ethnie subversive par excellence, laissant loin derrière eux même les irréductibles Polonais : leur proportion parmi les condamnés politiques doublait de décennie en décennie, pour atteindre 29 p. 100 en 1902-1904, et un rédacteur du *Novoïe Vrémia*, évoquant le joug des Tatares, prédisait en 1904 une catastrophe nationale encore pire. Cette proportion était encore plus élevée dans les comités centraux et autres postes de commande des organisations antigouvernementales, où les jeunes Juifs jouaient un rôle moteur ou même initiateur, sur lequel les contemporains étaient d'accord d'une manière générale ; et le monarchiste lucide Choulguine vitupérait *la colonne vertébrale* ou *le corps d'officiers* de la Révolution, tandis que le « père du marxisme russe » Plekhanov saluait *l'avant-garde de l'armée des travailleurs en Russie*, et Lénine, *les traits grandioses, universellement progressistes, de la culture juive.*

Ainsi, de manières diverses, comme acteurs mais aussi comme des pommes de discorde, les Juifs se trouvaient placés au foyer de l'incendie qui couvait. De ce fait, sous le règne de Nicolas II, les milieux dirigeants, et singulièrement le tsar lui-même, en vinrent à les identifier complètement à la révolution ; qui plus est, ces milieux adoptèrent une version russe de la « théorie du complot », attribuant à un insaisissable centre juif la direction de cette révolution et cherchaient à le localiser et détruire, sans être pour autant d'accord sur la tactique à suivre. Mais le tsar optait toujours pour la ligne la plus dure. Ainsi se trouvait inexorablement accéléré le classique mécanisme de la rétro-réaction politique, de « la prophétie par elle-même accomplie ». Et c'est en définitive pourquoi la génération des Juifs venus à l'âge d'homme sous les deux derniers Romanov a si profondément marqué notre monde actuel à travers les artisans juifs de la révolution ou à travers les créateurs de l'Etat d'Israël, de Léon Trotski à Haïm Weitzmann ou de Rosa Luxemburg à Golda Meïr.

Les précurseurs.

En 1879, Pierre Ratchkovsky, un petit fonctionnaire qui s'était compromis avec des étudiants subversifs, choisit, plutôt que d'être exilé en Sibérie, de travailler pour la fameuse *Okhrana.* L'année suivante, il devint l'éditeur-gérant, autrement dit l'œil gouvernemental, de la revue *Roussky Ievréi,* l'un des premiers périodiques juifs autorisés à paraître en langue russe ; sans doute est-ce cette occupation qui lui révéla les divers partis à tirer de l'obsession antisémite qui commençait à se propager en Russie. En tout cas, il dut donner satisfaction à ses employeurs puisqu'en 1884 nous le retrouvons à Paris, en qualité de chef des services étrangers de l'*Okhrana.* A ce poste, il témoigna d'un véritable génie de la provocation, faisant monter tant en Russie qu'à l'étranger des complots qu'il découvrait victorieusement après, et mettant ainsi au point les méthodes de travail de ses successeurs tsaristes ou soviétiques. En même temps, la thèse du « complot juif », qui en ces temps trouvait tant d'adeptes en France, fut utilisée par lui pour discréditer les révolutionnaires russes aux yeux de l'opinion publique occidentale : en montrant que la France catholique et la Russie orthodoxe devaient lutter contre le même ennemi juif, peut-être contribua-t-il à sa manière au rapprochement franco-russe. En 1891, il écrivait à ses supérieurs qu'il avait l'intention de déclencher une campagne antisémite, et les *Protocoles des Sages de Sion* ont dû être conçus en conséquence.

Il semble que le célèbre écrit ne fut d'aucune utilité pour la carrière de Ratchkovsky, car Nicolas II, si antisémite qu'il fût, finit par se convaincre qu'il s'agissait d'un faux. A ce sujet, on dispose du témoignage, haut en couleurs, de l'*okhrannik* Globatchev. Il ressort de son récit que les ministres ou fonctionnaires compétents refusaient d'abord de communiquer les *Protocoles* au tsar. Ils ne lui furent soumis qu'au cours de l'année révolutionnaire 1905 :

« Cette lecture, continue Globatchev, produisit sur le tsar une très profonde impression, et il fit des *Protocoles* son manuel politique. De ce point de vue, typiques sont les notes manuscrites de Nicolas II, faites sur l'exemplaire qui lui avait été soumis : « Quelle profondeur de pensée ! » « Quelle prophétie ! » « Quelle précision dans la réalisation du programme ! » « Notre année 1905 semble avoir été dirigée par les Sages. » « Il ne peut pas y avoir des doutes sur leur authenticité. » Mais sur les instances de Lopoukhine [le directeur du département de la police], le ministre Stolypine chargea deux officiers de la gendarmerie, Martynov et Vassiliev, d'une enquête sur les origines des *Protocoles*. Cette enquête révéla clairement leur fausseté. Les résultats de l'enquête furent soumis par Stolypine à Nicolas II, qui en fut complètement bouleversé. Et voici la résolution prise par le tsar, en ce qui concerne l'utilisation des *Protocoles* pour la propagande antisémite : « Les *Protocoles* sont à retirer de la circulation. On ne peut pas défendre une cause pure avec des méthodes malpropres. »

Il est de fait que ni les organes gouvernementaux, ni les organisations protofascistes russes subventionnées par ces organes, ne misèrent sur les *Protocoles*, qui ne furent diffusés, avant 1917, que par quelques illuminés. Quant à Ratchkovsky, il s'illustra à partir de 1905 dans l'agitation antisémite d'une autre manière : devenu, après une disgrâce passagère, le vice-directeur du département de la police, il joua un certain rôle dans la formation de *l'Union du peuple russe*, la première et la plus importante organisation des « Cent Noirs », et monta un service d'impression de tracts antijuifs et appels aux pogromes. Les souvenirs et mémoires des acteurs des dernières années du tsarisme font souvent mention de ce personnage remuant, qui à sa manière a marqué son époque.

Les *Protocoles* n'étaient pas le seul écrit de son genre. A étudier les données, nécessairement fragmentaires, dont on dispose sur les provocations de ce style, on a l'impression que certains *okhranniks,* tels les proverbiaux augures romains, manipulaient d'autant plus allégrement le mythe de la conspiration juive qu'ils étaient les hommes les mieux renseignés de Russie sur la vraie vie interne des Juifs, du point de vue politique. A cette fin, ils puisaient largement dans la vaste production mystico-occultiste de ces temps, qu'ils accommodaient à leur façon.

C'est ainsi qu'une note d'une trentaine de pages, intitulée *Le secret du judaïsme,* faisait son apparition dans les archives du département de la police en 1895, au lendemain du couronnement de Nicolas II. Elle attribuait aux Juifs un rôle encore plus grandiose si possible que les *Protocoles.* En bref, ce secret se laisserait résumer comme suit :

L'écrit commençait par révéler que le sublime mystère du monothéisme était connu dès la plus haute antiquité par un petit nombre d'initiés égyptiens ou chaldéens, qui dans leur sagesse s'abstenaient de le divulguer à des populations encore trop primitives. Mais Moïse, ce Juif exalté, avait enfreint ce principe, afin d'assurer à son peuple une position supérieure et exclusive. L'heure venue, le Christ voulut faire bénéficier de la vérité révélée l'humanité tout entière, mais les Juifs, jaloux de leur privilège, le crucifièrent et furent châtiés en conséquence. C'est à ce moment-là que se serait noué le millénaire complot juif. En effet, l'unique moyen de mettre un terme aux souffrances juives était désormais « d'accélérer autant que faire se pouvait l'évolution spirituelle du restant du genre humain (...) Comment ne pas s'incliner involontairement devant un peuple qui sut subordonner toutes ses pensées, passions, enthousiasmes, et même tous les détails de sa vie quotidienne, à un programme général minutieusement réglementé, et qui, s'inspirant de sa grandiose mission d'expiation religieuse, sut avoir la patience de supporter ses tourments pendant des millénaires ?... »

Cette mission expiatrice aurait été paradoxalement double : hâter par tous les moyens la propagation du christianisme, pour s'ingénier ensuite, celui-ci une fois solidement implanté, à le ruiner. De l'ordre des Templiers aux révolutionnaires américains et français, et en passant par les sociétés secrètes gnostiques, martinistes ou franc-maçonnes, tous les bouleversements de l'histoire occidentale auraient été le fait des Juifs. « Tout mouvement idéologique prometteur était aussitôt repris à son compte par le judaïsme, et, insensiblement adapté par lui à ses fins particulières, il se trouvait couronné de succès. » Au XIXe siècle, les Juifs opéraient surtout sous le couvert des loges franc-maçonnes, afin de multiplier les révolutions politiques, leur arme la meilleure étant désormais « le nouveau facteur du capitalisme, habilement pris en main par la juiverie ». En Russie, ils se servaient de plus de « l'inquiète *intelligentsia* russe, adroitement poussée [à semer le trouble] dans le peuple par les chefs juifs de la maçonnerie mondiale », afin de « déchristianiser systématiquement les ouailles de l'Eglise grecque orthodoxe ». Pourtant leur prodigieuse action subversive ne faisait pas perdre de vue aux Juifs que la partie créatrice de leur œuvre restait à parachever : aussi bien, la mission catholique en Chine, par exemple, se poursuivait-elle surtout grâce aux libéralités des Rothschild et du baron de Hirsch...

Ce fatras pseudo-mystique (mais à peine plus absurde que les fatras pseudo-scientifiques des antisémites occidentaux contemporains) était destiné à être soumis au nouveau tsar, soupçonné à l'époque de nourrir des intentions libérales. Toutefois, il ne lui fut pas communiqué, en raison « du pessimisme excessif et injustifié de l'écrit », ainsi que l'indiquait une note marginale du ministre de l'Intérieur. Dix ans après, lorsque la révolution de 1905 paraissait justifier toutes les craintes, *Le secret du judaïsme* fut exhumé des archives ; cette fois-ci, c'est l'homme fort du régime, Pierre Stolypine, qui l'arrêtait au passage, ainsi que l'attestent ses deux annotations : « logique mais tendancieux » (quant à la teneur), et « un tel procédé de contre-action est absolument inadmissible pour le gouvernement » (quant à la diffusion). Tant en 1895 qu'en 1905, les ministres responsables ne semblaient trouver rien d'invraisemblable dans ce « secret », pris en soi. Quant au tsar, il avait au sujet des Juifs des vues bien arrêtées, car il leur portait des sentiments simples et forts, opposant, d'une manière déjà proche de la manière hitlérienne, son bon peuple chrétien, le *narod,* aux *Jids* corrupteurs et malfaisants, la différence étant que, contrairement au Führer, il croyait, ou feignait de croire, qu'il existait aussi des Juifs innocents.

Les historiens nous décrivent à l'envi la faiblesse de caractère de ce malencontreux autocrate, fasciné sa vie durant par l'image pesante de son père. Il est aussi d'usage de faire contraster ses qualités de père de famille et de chrétien scrupuleux avec sa totale incapacité à faire face aux devoirs de sa charge. Non moins grand paraît le contraste entre sa sujétion aux influences de tout ordre — en premier lieu, à celles du couple fatidique constitué par sa femme et Raspoutine — et l'inébranlable fermeté avec laquelle il refusait de changer le moindre iota à la condition des Juifs. Ils restaient pour lui les grands responsables de tous les troubles qui agitaient l'empire russe, et les pogromes n'étaient à ses yeux que la réaction naturelle d'un peuple chrétien qu'il croyait indéfectiblement attaché à sa personne. La révolution de 1905 lui inspirait à ce propos le commentaire suivant, peu après la promulgation du « Manifeste constitutionnel » du 17 octobre :

« Au lendemain du Manifeste, écrivait-il à sa mère, les mauvais éléments levèrent la tête, mais une forte réaction se produisit ensuite, et toute la masse des hommes fidèles se redressa. Le résultat fut bien entendu le même que d'ordinaire, chez nous : le peuple fut exaspéré par l'audace et l'insolence des révolutionnaires et des socialistes, et comme les neuf dixièmes d'entre eux sont des Jids, toute la colère s'est tournée contre eux — d'où les pogromes antijuifs. Il est étonnant de constater avec quelle unanimité ils ont aussitôt éclaté dans toutes les villes de Russie... »

Deux mois après, Nicolas II donnait son assentiment au projet d'une « action commune internationale » contre les Juifs, élaboré peut-être sur ses indications, en tout cas en fonction de ses désirs, par le ministre des Affaires étrangères, le comte Lamsdorf. Au fond, ce projet n'était que la traduction dans le langage des chancelleries de l'historiosophie des *Protocoles* ou du *Secret du judaïsme*. On y lisait que Karl Marx et Ferdinand Lassalle étaient « d'une origine juive avérée », qu'il était non moins avéré que les mouvements révolutionnaires russes étaient formés et financés par « les milieux capitalistes juifs », et que le suprême « organe nourricier de la lutte » était « la célèbre ligue fondée en 1860 sous le nom d'*Alliance israélite universelle* dont le siège central est à Paris, et qui possède des ressources pécuniaires colossales ». Pour faire convenablement face au danger, il importait donc de s'entendre avec les deux autres grandes puissances menacées par la subversion juive, qui étaient le Reich allemand et l'Eglise catholique :

« On ne saurait douter qu'un échange de vues confiant et cordial de notre part avec les sphères dirigeantes aussi bien de Berlin que de Rome est au plus haut point nécessaire. Il pourrait être le point de départ d'une action commune internationale des plus avantageuses, d'abord du point de vue de l'organisation d'une surveillance vigilante, ensuite de celui d'une lutte commune et active contre l'ennemi général de l'ordre chrétien et monarchique en Europe. Comme première démarche dans la direction indiquée, il paraît souhaitable de se limiter provisoirement à un échange de vues tout à fait confiant avec le gouvernement allemand. »

En marge de ce projet, Nicolas II annotait : « Il faut entrer sans délai en conversation. Je partage entièrement l'opinion exprimée ici. » Mais nous ignorons comment débutèrent ces conversations, et quelle suite fut donnée à ce projet d'une Triplice ou d'un premier « axe » antisémite.

A la décharge intellectuelle du comte Lamsdorf et du tsar, on pourrait invoquer le trouble général des esprits russes, en ces semaines ensanglantées. De la Pologne à l'océan Pacifique, des révoltes éclataient dans une ville après l'autre, à commencer par Moscou ; dans les campagnes, des bandes de paysans pillaient et assassinaient les propriétaires et les fonctionnaires ; l'idée d'un invisible chef d'orchestre juif s'emparait de cervelles autrement solides que celle de Nicolas II. Nous avons vu que cette idée paraissait « logique » à Stolypine ; son rival Witte n'en jugeait pas autrement, à en croire le témoignage de Lopoukhine.

L'ancien chef de la police relate que Witte, revenu au pouvoir après le Manifeste d'Octobre, le convoqua en janvier 1906 pour lui demander de lui désigner l'organisation juive avec laquelle il fallait traiter, afin « de lui faire agir sur les masses juives pour qu'elles renoncent à participer au mouvement révolutionnaire » :

« Je fus très surpris, continue Lopoukhine, de trouver chez Witte, cet homme si intelligent et si versé dans la vie des affaires et la vie politique, ces représentations typiquement banales sur l'existence d'un centre politique juif, d'un « Kahal » mondial censé diriger au moyen de fils mystérieux les Juifs du monde entier, orienter leur « emprise » sur tel pays ou tel autre, et capable de leur donner l'ordre de s'élancer dans la révolution ou de s'abstenir d'y participer. Je répondis à Witte qu'une telle organisation n'existait que dans les légendes antisémites, et qu'en réalité le judaïsme, soumis aux lois sociales générales, souffre de la désunion peut-être encore davantage que le monde chrétien. »

Le ministère Stolypine, qui au printemps 1906 avait

remplacé le ministère Witte, était lui aussi fermement décidé à « composer avec les Juifs », mais les réformes envisagées rétrécissaient comme une peau de chagrin de mois en mois, surtout en conséquence de la mauvaise volonté de Nicolas II et de son entourage. En dernière instance, Stolypine tentait en décembre 1906 d'accorder quelques satisfactions à « la partie non révolutionnaire du judaïsme », sous le couvert d'une loi relative à la liberté religieuse. Cette modeste concession se heurta inopinément elle aussi à un *veto*, motivé par une objection de la conscience impériale :

« Je ne puis approuver les idées que vous m'avez exposées sur la question juive, écrivait le tsar à Stolypine. Je puis dire que depuis longtemps je médite jour et nuit cette question. Malgré les arguments les plus convaincants en faveur d'une décision positive dans cette affaire, une voix intérieure me dicte avec une insistance croissante de ne pas assumer cette décision. Jusqu'ici ma conscience ne m'a jamais trompé. C'est pourquoi cette fois-ci également je vais me plier à ses ordres. Je sais que, vous aussi, vous croyez que « le cœur du tsar se trouve entre les mains de Dieu ». Qu'il en soit ainsi. Je suis responsable devant Dieu et devant le pays, et à tout moment je suis prêt à en prendre compte. Je ne regrette qu'une seule chose : que vous-même et vos collaborateurs ayez si longtemps travaillé à un problème, dont je viens de repousser la solution. »

Le cas d'Adolf Hitler permet de réfléchir sur le rôle de l'individu dans l'histoire, notamment en ce qui concerne le sort des Juifs. L'incapacité du dernier tsar « d'assumer », comme il s'exprimait lui-même, toute décision qui leur soit favorable, semble elle aussi avoir affecté de plusieurs manières le cours pris par les choses, ainsi que nous l'avons dit. Il est évident d'autre part qu'au-delà de sa sujétion aux commandements paternels ou même dynastiques, Nicolas II, dans sa ferveur antisémite, devait communier avec une couche de coreligionnaires ; autrement dit, son cas individuel se doublait d'un problème de mentalités collectives, que nous allons maintenant passer en revue.

Sous ce rapport, les Juifs pâtissaient en premier lieu d'un certain zèle bureaucratique. Lorsqu'il s'agissait d'eux, l'administration tsariste paraissait courir comme un seul homme au-devant des vœux du monarque, et quoi qu'il en fût des convictions intimes des fonctionnaires, leurs attitudes étaient hostiles en règle générale, sous réserve des accommodements et allègements obtenus grâce à la corruption. Lors de l'une des conférences ministérielles consacrées à la levée des restrictions antijuives, le contrôleur de l'Etat plaisantait cruellement en prétendant qu'on ne saurait éviter une grève générale de la police ; les revenus annuels qu'elle tirait des Juifs se chiffraient en effet à des dizaines de millions de roubles-or : ils étaient estimés à six millions de roubles pour la ville de Pétersbourg, à un million de roubles pour la province de Bessarabie. Les Juifs russes, ainsi que l'attestent tous leurs ouvrages historiques ou mémoires, n'ont pas gardé un bon souvenir de la police et de l'administration tsaristes. Plutôt que de puiser dans leurs réquisitoires, nous allons citer un haut fonctionnaire russe, le prince Ouroussov.

Au lendemain du pogrome de Kichinev (Pâques 1903), le premier et le plus mémorable des pogromes du début du XXe siècle, ce grand seigneur fut désigné comme nouveau gouverneur de la province de Bessarabie. L'expérience ainsi acquise le conduisit par la suite à dénoncer, du haut de la tribune de la « Douma », les pratiques administratives, et à rédiger des mémoires qui furent traduits à l'époque dans toutes les grandes langues européennes. D'après lui, les discriminations et brimades antijuives étaient quasiment de rigueur dans le service public russe. « La mentalité de notre fonctionnaire moyen prend presque inconsciemment l'habitude d'appliquer au Juif démuni de droits un code moral spécial. » A cela, il apercevait deux grandes raisons.

D'une part, « la haine provenait en partie des soucis, des plaintes, des blâmes, des explications, des erreurs et de la responsabilité que procurait constamment aux fonctionnaires une législation stupide et inutile (...) La tendance générale de l'administration était de tracasser les Juifs à tout prix, dût-on même pour cela tourner la loi » — ce qui permettait évidemment de pressurer encore mieux les Juifs « tolérés » par la police.

Mais la cause majeure était le besoin de se faire valoir, et bien noter. [La police] « considérait qu'en traitant les Juifs avec malveillance, elle obéissait au mot d'ordre du gouvernement et que la persécution à leur endroit était non seulement tolérée, mais voulue. » D'une manière plus générale, « la fureur antisémite... était pour ainsi dire obligatoire pour tous les fonctionnaires impériaux ». Par conscience professionnelle, il convenait donc de maltraiter les Juifs ; l'agitation antisémite, précisait encore

Ouroussov, va de haut en bas, des palais aux chaumières. »

Le mode hiérarchique de transmission est suggestivement décrit dans les mémoires d'Alexis Lopoukhine. Au lendemain de la grande vague de pogromes de l'automne 1905, Nicolas II recevait le général Dratchevsky, le gouverneur de Rostov. Au cours de l'audience, il lui disait que le nombre des victimes juives avait été inférieur à celui auquel il se serait attendu. « Ces indications venues de haut lieu, expliquait Lopoukhine à Witte, seront sans doute transmises oralement par Dratchevsky au chef de la police de Rostov, et seront répercutées de proche en proche jusqu'aux brigadiers et simples agents qui, sûrs d'être dans le droit chemin, feront savoir sur les marchés et dans les rues qu'il faut rosser les Jids, et qu'on peut y aller sans rien craindre. » Le IIIe Reich connut des filières du même genre, mais les Russes surent d'instinct exceller dans ces jeux de demi-mots et de sous-entendus, contrairement aux Allemands.

Corps par corps, l'armée russe cultivait un antisémitisme encore plus virulent que la police, ainsi que le constatait en 1908 un auteur. La constatation a du reste une portée générale, et l'on peut se reporter à ce propos aux chapitres précédents : sous la « Belle Epoque » européenne, la malveillance à l'égard du peuple cosmopolite se trouvait promue à la dignité d'une vertu militaire dans presque tous les pays. Dans le cas russe, le devoir de réprimer les désordres engendrait tant chez les généraux que chez les simples soldats un conflit spécifique, qu'évoquait candidement en 1903 le vice-ministre de l'Intérieur, en disant « qu'il était impossible de permettre aux soldats de tirer sur des Chrétiens, afin de protéger des Juifs ». Le dilemme se comprend d'autant mieux que la fête de réconciliation chrétienne de Pâques était aussi la grande saison des pogromes ; l'impunité dont bénéficièrent ceux de 1881-1883 s'éclaire mieux de la sorte elle aussi. Mais c'est surtout au cours de la guerre russo-japonaise de 1904-1905 que l'armée devint une serre chaude de l'antisémitisme, que des proclamations et brochures antijuives étaient distribuées aux jeunes recrues, et que fut inauguré l'usage moderne de constituer les Jids en boucs émissaires des défaites. Il n'empêche que certains généraux louaient dans leurs ordres du jour le courage des soldats juifs, dont les hauts faits en venaient à être glorifiés par les correspondants militaires des journaux antisémites : fraternelle éthique des combats, mais aussi Russie, pays des grands contrastes.

Les suspicions s'aggravèrent au cours de l'année révolutionnaire 1905 ; dans l'entourage du grand-duc Nicolas, chargé, en sa qualité d'expert militaire de la famille Romanov, de la répression des révoltes paysannes, elles tournaient à la manie de la persécution, et le comte Witte était accusé de faire partie de la conjuration judéo-maçonnique en vue de la ruine et du dépeçage de la Sainte Russie. Les bruits les plus fous circulaient au sein de l'état-major : l'aide de camp du grand-duc, le général Rauch, notait dans son journal :

« ... Witte craint maintenant qu'ils aient été trop loin, et les Jids veulent éteindre la révolte armée, mais après ils vont recommencer. Cette décision est significative. Il [Doubrovine, le chef de l'*Union du peuple russe*] m'a raconté qu'on a fait venir à Pétersbourg, en pièces détachées, la guillotine sur laquelle doit périr le tsar... »

Il est plus difficile de porter un jugement sur l'autre soutien traditionnel de l'autocratie qu'était le clergé russe. Il est certain qu'on n'a pas vu sortir de son sein de grands champions de l'antisémitisme, tels que le pasteur Stöcker en Allemagne ou les jésuites de la *Civiltà Cattolica* à Rome. Mais d'une manière générale, le clergé orthodoxe ne connaissait pas de polémistes belliqueux de ce type, et tant sa sujétion hiérarchique au tsar que sa culture limitée et son manque de prestige le maintenaient à l'écart de l'agitation politique. La naïveté de certains religieux était désarmante. Mais il est remarquable de constater qu'aucun prêtre ou théologien de l'Eglise orthodoxe ne vint étayer de son témoignage la furieuse propagande des meurtres rituels, de sorte que les antisémites russes en étaient réduits à faire appel, notamment lors du procès Beilis, à des experts catholiques.

A un niveau supérieur, les deux grands représentants de la spiritualité russe qu'étaient Vladimir Soloviev et Basile Rosanov étaient tous les deux fascinés par le judaïsme : mais ce fut, dans le cas du premier, pour écrire sur lui les pages peut-être les plus belles ou les plus profondes jaillies sous la plume d'un Chrétien des temps modernes ; et dans le cas du second, pour littéralement se vautrer dans une bouillie d'élucubrations sur les splendeurs de l'âme des Aryens et sur la concupiscence des Juifs pour le sang chrétien. Risquons-nous à dire, malgré la prudence de rigueur à l'endroit du thème des « caractères nationaux » que les dimensions de l'espace mental russe, ce fut aussi cela.

Si l'on tente maintenant de jeter un coup d'œil sur les milieux politiques, il importe d'abord de constater que dans la mesure où ils entendaient mener une existence propre, ces milieux ne pouvaient être que critiquement oppositionnels, ou « de gauche », puisqu'il convenait aux sujets bien-pensants du tsar de s'abstenir de toute initiative politique. Ce n'est que lorsque les événements de 1905 eurent révélé la fragilité du régime autocratique que, sous l'impulsion d'ailleurs de Ratchkovsky et d'autres *okhranniks,* des intégristes du trône et de l'autel issus de toutes les couches sociales formèrent des mouvements ou partis qui se laisseraient qualifier « de droite ». Dans ces conditions ou sous ces auspices, ils ne pouvaient qu'être violemment antisémites, et leur activité la plus claire consistait dans une propagande correspondante (financée de notoriété publique par Nicolas II) et dans la participation aux pogromes. D'ailleurs, le nom même de « Cent Noirs » *(Tchernaïa Sotnia)* qui leur est resté attaché parle son propre langage, puisque le terme russe qui désigne la « canaille » est dérivé de la racine « noirceur » *(tchern').* Le grand-duc Constantin, l'intellectuel de la famille Romanov et du reste un estimable poète, résumait ce problème à la fois sémantique, politique et familial, lorsqu'en automne 1905 il écrivait dans son journal que le comte Witte avait sans doute tort « de voir dans les masses populaires, indignées par la sécession de l'intelligentsia, des Cent Noirs, c'est-à-dire une canaille prétendument lancée par le gouvernement et par sa police contre les rebelles ».

La tardive apparition d'une « droite » protofasciste, dont les activités se tournaient électivement contre les Juifs, ne pouvait évidemment que renforcer la tendance préexistante des milieux politiques oppositionnels ou révolutionnaires à se faire leurs défenseurs et leurs alliés ; nous avons déjà évoqué cette tradition, si caractéristique pour l'intelligentsia russe. Faut-il ajouter qu'une attirance qui aurait été une sorte de négatif de la malveillance n'en découlait pas nécessairement ? C'est ce que relevait un autre grand seigneur libéral, le comte Ivan Tolstoï :

« On suppose en général que l'antisémitisme est étroitement lié à la mentalité réactionnaire, à l'obscurantisme. Mais il faut avouer qu'il existe beaucoup de gens aux convictions progressistes qui ne se distinguent pas tellement de leurs adversaires pour ce qui est des sentiments qu'ils portent aux Juifs. S'ils s'abstiennent le plus souvent de manifester ouvertement leur antisémitisme, c'est que les Juifs leur semblent indispensables pour la lutte qu'ils ont engagée contre le régime établi, et aussi, pour des raisons « tactiques », la persistance du mécontentement chez les Juifs leur paraissant utile au mouvement libérateur lui-même : car à leur avis, ceux-ci constituent un contingent nombreux, bien que de seconde classe, de lutteurs énergiques pour la « liberté ».

On ne peut pas dire que les avatars de la condition des Juifs russes, depuis la révolution d'Octobre, aient démenti cette analyse.

On peut enfin envisager la question sous l'angle des appartenances nationales ou sociales. D'un premier point de vue, on ne croit pas pouvoir déceler de différence réelle entre les Ukrainiens et les Polonais, habitués à côtoyer les Juifs, et les Grands-Russes, qui le plus souvent ne les connaissent que de loin ; il est vrai que les antagonismes internes au sein de la « prison des nations » tsariste, les tacites alliances entre opprimés, ou au contraire les transferts d'animosité, rendent la question complexe au possible. Quant aux catégories sociales, les mémorialistes insistent beaucoup sur la judéophobie des marchands, un phénomène primaire qui se laissait observer en tous temps et en tous lieux ; il reste qu'aux temps modernes, les marchands russes étaient les seuls à bénéficier d'une protection législative *sui generis,* en leur qualité de Chrétiens. A ce propos, le ministre des finances Kokovtsov déclarait en 1906 que le remède était devenu pire que le mal :

« Les Juifs sont si malins, opinait-il au Conseil des ministres, qu'on ne peut se reposer sur aucune loi pour les contenir. Il ne sert à rien de verrouiller les portes pour s'en protéger : ils trouveront toujours un rossignol pour les ouvrir. De plus, une politique répressive ne fait que les irriter, et elle favorise les abus et l'arbitraire administratifs ; les lois antijuives ont pour seul effet la création de revenus pour toute sorte de fonctionnaires. »

(Le ministre qui rapporte ces propos, V.I. Gurko, ajoute qu'il aurait objecté à Kokovtzov : « Pour la première fois dans ma vie, j'entends dire que lorsqu'un verrou ne remplit pas son but, parce que quelqu'un se sert d'un rossignol, il faut enlever le verrou. »)

Venons-en maintenant à l'immense catégorie connue

sous le nom de « peuple », et dont les mémorialistes, suivis par les historiens, parlent le plus souvent avec sympathie.

Dans ses souvenirs, le prince Ouroussov niait vigoureusement l'existence d'un antisémitisme populaire russe. « Le reproche immémorial adressé par le peuple aux Juifs : « Vous avez crucifié le Christ » prouve que la conscience religieuse russe a condamné ce fait historique, mais il ne donne pas le droit de conclure à l'intolérance du peuple. » A l'appui, il invoquait les nombreux entretiens qu'il eut, de Chrétien à Chrétiens, avec ses administrés :

> « Sans une seule exception, leurs réponses prouvaient l'absence totale d'hostilité des Chrétiens envers eux [les Juifs]... je n'arrivais pas à découvrir dans les villages bessarabes l'ombre même de ce sentiment de haine entre les Juifs qui éclate parfois brusquement et sans cause évidente dans les salons mondains et autres lieux éloignés de la vie naturelle. »

Non moins suggestive est l'évocation par Ouroussov de sa visite à la prison de Kichinev, où venaient d'être incarcérés plusieurs dizaines de pogromistes :

> « Les prisonniers manifestaient une gaieté et une douceur comiques ; ils échangeaient des plaisanteries et reconnurent que, s'ils n'étaient pas sans reproches, ils étaient innocents des meurtres, que Dieu nous en préserve ! Ils assurèrent que les Juifs étaient de braves gens, qu'ils vivaient tous ensemble en bonne harmonie, qu'il y avait des Chrétiens pires que les Juifs. Ils ajoutèrent que les Juifs s'étaient montrés fort offensés du pillage et poursuivaient maintenant les prisonniers en les accusant faussement de crimes. »

Nous allons maintenant en venir à l'histoire des pogromes, et nous verrons comment ces dispositions bonasses pouvaient coexister avec des explosions de férocité, et aussi avec la sanguinaire croyance aux meurtres rituels juifs, perpétrés, disait-on parfois, avec la connivence d'un « pouvoir » soudoyé par le peuple déicide. Sans doute sommes-nous en présence de la labilité qu'on dit propre aux « populations sans écriture ». Souvenons-nous aussi qu'en Russie, les Juifs étaient loin d'être une minorité numériquement insignifiante et en voie d'assimilation, qu'ils constituaient un peuple, face à d'autres peuples, quelles qu'aient pu être les singularités, dont faisait partie un plus haut degré de culture, de ce peuple-là.

Il n'est pas facile de faire l'anatomie d'un pogrome, même lorsqu'on dispose, ainsi que c'est le cas pour celui de Kichinev, d'un dossier très complet (dossier qui incidemment nous révèle la haute tenue et l'indépendance de l'administration judiciaire, dans la Russie des contrastes). En 1903, Kichinev, chef-lieu de la Bessarabie et ville à 45 p. 100 juive, paraissait vivre encore à l'abri des troubles politiques ; mais le propriétaire de l'unique quotidien local, Paul Krouchevane, ne cessait d'agiter dans sa feuille, ainsi que dans celle qu'il publiait à Pétersbourg, toute la gamme des sentiments antisémites (il fut aussi le premier éditeur des *Protocoles).* Aussi bien le meurtre d'un adolescent, en février 1903, fut-il attribué par la rumeur publique aux Juifs, et il en fut de même pour quelques autres décès jugés suspects, à travers l'Ukraine.

A l'approche de Pâques, des appels à la vengeance, signés par un « Parti des travailleurs vrais Chrétiens », furent distribués dans les débits de boisson de Kichinev. Les Juifs meurtriers du Seigneur y étaient accusés de sucer le sang chrétien et d'exciter la population contre « notre père le tsar, qui sait quel peuple ignoble, malicieux et cupide sont les Jids, et qui refuse de les affranchir (...) Venez à notre secours, précipitez-vous sur les sales Jids. Nous sommes déjà nombreux.

« Faites lire cet appel par vos clients, ou nous mettrons en pièces votre débit ; nous le saurons, nos gens fréquentent votre débit. »

A la veille de la fête, la ville entière savait de science certaine que quelque chose de grave allait se passer, mais les autorités civiles et militaires s'en tenaient à une inaction apparemment concertée. Lorsque le dimanche de Pâques (6 avril) le pogrome commença, rien ne fut changé aux festivités et visites protocolaires, le gouverneur restait chez lui, le chef de police passait l'après-midi chez l'évêque, l'orchestre militaire continuait à jouer sur la place, tandis que sur son pourtour, la foule assaillait les Juifs et commençait à incendier leurs maisons. L'armée n'entra en action que le lundi soir, arrêta quelques centaines de pogromistes et rétablit le calme en quelques minutes, sans avoir tiré un seul coup de feu. Le niveau des responsabilités, soit à Kichinev, soit à Pétersbourg, resta obscur. La presse étrangère mit en cause le ministre de l'Intérieur, Plehve, mais le document que *The Times* rendait public semble avoir été controuvé. Le 14 avril, le général Kouropatkine, *namiestnik* (vice-roi) de l'Extrême-Orient, de passage dans la capitale, notait dans son journal : « Tout comme l'empereur, Plehve m'a dit qu'il fallait donner une leçon aux Jids, qu'ils se permettent trop et qu'ils ont pris la tête du mouvement révolutionnaire » — mais ces propos pouvaient avoir été tenus aussi bien après qu'avant le pogrome.

Ce que les autorités ne semblent pas avoir prévu, c'est l'envergure prise en quelques heures par le pogrome. Le premier jour, il y eut deux morts, mais l'inaction des autorités ayant confirmé à la population que « le tsar le voulait », le second, il y en eut quarante-sept (dont deux Chrétiens). Le nombre des blessés s'élevait à un demi-millier, et près d'un tiers des maisons de la ville était détruit ou endommagé. La commission judiciaire chargée de faire le bilan du pogrome constatait : « Partout dans les rues sont éparpillés des débris de meubles, de glaces, des samovars et des lampes tordues, des pièces de linge et de vêtements, des matelas et des édredons éventrés. Les rues sont comme enneigées, car elles sont couvertes de duvet, de même que les arbres ».

Encore moins les autorités russes avaient-elles prévu l'immensité du scandale. Tous les journaux respectables d'Europe et d'Amérique clamaient leur indignation et fustigeaient la barbarie russe ; certes, les journalistes juifs et leurs amis faisaient de leur mieux, mais ils étaient loin d'être les seuls à crier au massacre. Ainsi, Guillaume II, tout en approuvant la raclée infligée aux enfants d'Israël, s'emparait de l'occasion pour faire une crasse à son « cher cousin Nicky » et ordonnait de diffuser la nouvelle que le tsar avait félicité les pogromistes. Le chancelier Bülow expliquait qu'il fallait s'y prendre « de manière à ce qu'on ne puisse pas remonter jusqu'à nous ; il est surtout important de faire publier la chose dans la presse anglaise, française, *américaine* et italienne ». Une fois de plus, les antisémites russes pouvaient maudire la puissance et la perfidie de la juiverie internationale. En même temps, les journaux du monde entier diffusaient une violente protestation contre « les bestialités commises par des hommes russes », signée par 317 écrivains et artistes, dont Léon Tolstoï. L'affaire tourna donc au désastre pour le bon renom de la Russie, naturalisant dans toutes les langues le terme de *pogrome*.

En 1904 il n'y eut pas de récidive, mais en automne 1905, dans le climat anarchique de la « Première révolution russe », les pogromes se multiplièrent dans un tout autre climat. Ils devinrent inévitables en octobre, lorsqu'une grève générale qui paralysa tout le pays obligea Nicolas II à promulguer un « Manifeste constitutionnel ». Des manifestations de joie éclatèrent alors dans toutes les villes. Elles furent suivies le lendemain par des contre-manifestations pro-tsaristes, qui conduisaient parfois à de sauvages excès ; ainsi, dans la ville sibérienne de Tomsk, deux ou trois mille grévistes rassemblés dans un théâtre furent brûlés vifs. Dans la zone de résidence, les contre-manifestants prenaient le chemin du quartier juif, et dans des centaines de localités, des pogromes eurent lieu, le mot d'ordre général étant : sus aux Juifs et aux révolutionnaires ! Ainsi qu'on le sut par la suite, les appels correspondants, commandés par Ratchkovsky, étaient imprimés à Pétersbourg, au siège même du département de la police, dans une pièce bien isolée dite « chambre de liège », par les soins du colonel de gendarmerie Kommissarov (au nom, dirait-on, prédestiné, puisqu'il reprit par la suite du service au sein de la Guépéou). Cet *okhrannik*, véritable ogre de légende, se faisait fort d'organiser des pogromes sur mesure : « On peut monter n'importe quel pogrome : si vous le voulez, de dix personnes, et si vous le voulez, de dix mille. » Ainsi qu'à l'accoutumée, l'armée refusait d'intervenir : à Kiev, le général Bezssonov disait aux acteurs : « Vous pouvez détruire, vous ne devez pas piller » ; à Odessa, le gouverneur Neidgart disait aux victimes : « Vous vouliez la liberté ? — La voici, votre liberté juive ! » En tout, il y eut, au cours de la dernière décade d'octobre 1905, une cinquantaine de « grands » et près de six cents « petits » pogromes.

Il n'en reste pas moins que le nombre total des victimes : 810 tués et 1 770 blessés demeurait inférieur à celui du désastre de Tomsk. On ne peut s'empêcher d'avoir une pensée nostalgique pour un passé où le massacre de 810 Juifs suscitait une réprobation universelle, et où l'autocrate responsable refusait de « défendre une cause pure avec des méthodes malpropres ». Il est vrai aussi qu'au lendemain de ces événements, des nouvelles méthodes et de nouveaux arguments faisaient leur apparition en Russie.

A partir de 1906, et à l'exception des deux grandes tueries de Bialystok et de Siedlce (110 tués au total), la tactique pogromiste fut abandonnée en faveur de l'agitation à froid. Le nombre total de brochures et livres antisémites publiés au cours de la décennie 1906-1916 fut de 2 837 ; la contribution financière de Nicolas II fut de plus de douze millions de roubles. Cette production se modernisait, faisant désormais appel aux thèmes raciaux élaborés à l'Occident ; mais les arguments classiques n'étaient pas abandonnés pour autant, et celui du meurtre rituel conservait la première place. Pour un psychiatre, le professeur Sikorsky, il s'agissait « de vengeance raciale ou de la vendetta des fils de Jacob — mais en choisissant les jeunes victimes et en recueillant leur sang, les meurtriers montrent qu'ils obéissent à d'autres considérations et que leur acte a sans doute pour eux une signification religieuse ».

Le *Znamia* de Krouchevane mettait pour sa part l'accent sur la race :

« La question juive ne consiste aucunement dans la religion, si hostile au christianisme qu'elle puisse être... Ce qu'il faut connaître, c'est le danger représenté par ce type anthropologique et social, par ses instincts parasitaires et rapaces. Les Juifs ne sont terribles que parce que c'est une espèce exceptionnellement criminelle, apportant la mort à toute société saine qui tolère leur envahissement. »

Mais c'est en discourant à la tribune de la *Douma* sur les meurtres rituels que le démagogue Nicolas Markov annonçait, pour le jour où le peuple russe y verrait enfin clair, le pogrome universel et final :

« ... Le jour où avec votre complicité, messieurs de la gauche, le peuple russe se convaincra définitivement que tout est truqué, qu'il n'y a plus de justice, qu'il n'est pas possible de démasquer devant un tribunal le Judéen qui égorge l'enfant russe et boit son sang, que ni la police, ni les gouverneurs, ni les ministres, ni les législateurs suprêmes ne sont d'aucun secours — ce jour-là, messieurs, il y aura des pogromes de Juifs. Ce n'est pas moi qui l'aurai voulu, messieurs, ni l'Union du peuple russe : c'est vous qui aurez créé les pogromes, et ces pogromes ne ressembleront pas à ceux qui ont eu lieu jusqu'ici, ce ne seront pas des pogromes d'édredons de Jids, mais tous les Jids seront proprement égorgés jusqu'au dernier ! »

En ces dernières années du régime tsariste, la société lettrée russe dans son ensemble, se mettant tardivement à l'heure occidentale, en venait à envisager l'antisémitisme comme un cas particulier des « conflits raciaux ». Des auteurs de bonne volonté publiaient des brochures antiracistes : celle que nous avons sous les yeux, intitulée

Races nuisibles et races nobles, conjurait en conclusion les anthropologues d'abandonner leurs efforts pour établir « des liens inexistants entre types somatiques et types psychiques ». Le comte Ivan Tolstoï nous apprend que les écrits antisémites d'Eugen Dühring bénéficiaient de son temps en Russie du même succès de scandale qu'au cours des années 1880 en Allemagne.

La législation tsariste elle aussi commençait à s'écarter du principe conformément auquel un Juif converti devenait « un Chrétien comme les autres ». Dès 1906, il était question d'interdire aux fils des convertis l'accès des écoles militaires ; une loi promulguée en 1912 interdisait d'une façon générale la promotion au rang d'officier tant des fils que des petits-fils. Le clergé de son côté en vint à mettre en question la validité du baptême, dans le cas des conversions de pure forme, et un avocat membre de la *Douma,* qui s'y était spécialisé dans la défense de ses anciens coreligionnaires, se vit interdire l'enterrement au cimetière chrétien.

Mais c'est sur le terrain du meurtre rituel que le régime livra sa dernière grande bataille contre les Juifs. On a souvent comparé l'affaire Beilis à l'affaire Dreyfus, et il est de fait que le procès de Kiev de 1913 fit couler à peu près autant d'encre et fut à peu près aussi long que le procès de Rennes de 1898. En tant que procès qui se voulut édifiant, il se laisserait aussi mettre en regard des « grands procès de Moscou », bien qu'il aille de soi que la mise en scène tsariste ne souffrait pas la comparaison avec la régie stalinienne. Mais les affaires de meurtre rituel appartenaient à une catégorie bien à part, surtout dans la perspective juive : ainsi que l'écrivait à l'époque le penseur Ahad Ha'am, « cette accusation constitue le cas solitaire dans lequel l'adhésion générale à une idée [que le monde nourrit] à notre sujet ne nous pousse pas à nous demander si le monde n'a pas raison et si nous ne sommes pas dans le tort, car cette accusation est fondée sur un mensonge absolu, et n'est même pas étayée par une fausse inférence du particulier au général ».

Le 20 mars 1911, le cadavre exsangue d'un garçonnet de treize ans, André Iouchtchinsky, fut découvert dans la banlieue de Kiev. Aussitôt, la presse antisémite cria au meurtre rituel, et tant à Kiev qu'à Pétersbourg, l'*Union du peuple russe* s'efforçait de faire orienter l'enquête en ce sens, tandis qu'à la *Douma,* son porte-parole, Zamyslovsky, interpellait dès le 18 avril le gouvernement sur les lenteurs de cette enquête. C'est qu'au cours des premières semaines, le coupable juif ne se laissait pas trouver, en raison de la conscience professionnelle de la magistrature et de la police criminelle de Kiev. Il fallut donc d'abord faire limoger ou déplacer un juge d'instruction et deux ou trois policiers, ce à quoi le ministre de la Justice, Chtcheglovitov, se prêta volontiers. Un Juif égorgeur put alors être procuré, en la personne de Mendel Beilis, le contremaître de la briqueterie près de laquelle avait été trouvé le cadavre. On a pu comparer ce figurant à Dreyfus, en ce sens qu'il était aussi peu compréhensif des valeurs en jeu que le célèbre capitaine (au surplus, ce prétendu sacrificateur n'était pas un Juif pratiquant).

Mais il apparut peu à peu que l'affaire se présentait aussi mal que possible. La presse libérale ne restait pas non plus inactive. Un rédacteur du journal *Kievskaïa Mysl* entreprit une enquête pour son compte personnel et tomba sur la piste des vrais assassins, une bande de voleurs qui avaient égorgé l'enfant par crainte de son témoignage, en maquillant leur crime de façon qu'il puisse être mis sur le dos des Juifs. Un tout autre genre de souci étaient les réactions internationales : « La presse étrangère harcèle le gouvernement russe d'une manière inouïe et sauvage », se plaignait Beletsky, le directeur du département de police. En décembre 1911, les Etats-Unis en vinrent à dénoncer le traité de commerce russo-américain. Cherchant à complaire à son gouvernement, l'ambassadeur russe commentait : « Cet incident prouve surtout que les Américains se trouvent encore à un stade assez primitif du développement social ! » (Dans le même style, l'ambassadeur nazi à Sofia blâmera trente ans après les Bulgares, qui protégeaient les Juifs, « d'être tout particulièrement dépourvus de la compréhension idéologique allemande ».)

Mais en Russie également le climat était décevant, même dans le camp monarchiste. En effet, Choulguine, son idéologue le plus écouté, dénonçait dans son journal le coup monté, attaquait le gouvernement, et proclamait sinon l'innocence des Juifs, du moins l'innocence de Beilis :

« On ne peut s'empêcher de se sentir honteux pour le procureur de Kiev et pour la justice russe tout entière, qui a pris le risque de se présenter à la face du monde avec des preuves si misérables (...) Nous ne nous lasserons pas de répéter que cette affaire inique ne rapportera pas les fruits désirés (...) En raisonnant comme vous le faites, vous qui ne cessez de dénoncer les meurtres rituels, vous vous préparez à consommer un sacrifice humain. »

Plus grave encore que cette impressionnante attaque était la position adoptée par l'Eglise orthodoxe, qui (sans doute sur l'ordre du prince Obolenski, procureur général du Saint-Synode) refusa de se prêter à la farce judiciaire. Aucun prêtre russe et aucun bibliste qualifié ne voulaient servir de témoin à l'accusation, tandis que deux grands théologiens, les professeurs Kokovtseff et Troïtski, se laissèrent citer par la défense. Le *Znamia* tempêtait : « Pourquoi notre clergé se tait-il ? Pourquoi ne réagit-il pas au bestial assassinat du petit André par les Jids ? Comment peut-il le passer sous silence ? Mais il se tait. Telle est l'emprise des Jids sur la presse... »

Dans ces conditions, un vent de panique souffla au printemps 1912 parmi les metteurs en scène, et Makarov, le ministre de l'Intérieur, proposait d'abandonner les poursuites. Chtcheglovitov préféra temporiser, et ordonna d'élaborer un nouvel acte d'accusation. En ce qui concerne l'expertise théologique, il fallut se rabattre sur un prêtre catholique auteur d'une brochure sur le meurtre rituel, que Beletsky fit venir à grands frais de sa paroisse de Tachkent, en Asie centrale. Surtout, vingt-trois limiers furent affectés à l'étude préalable des jurés ; les *intelligents* en furent soigneusement écartés, et la sélection définitive ne comprenait que des paysans et des petits employés, réputés de bonne moralité.

Le procès s'ouvrit le 25 septembre 1913. Deux agents secrets déguisés en gendarmes furent postés par Beletsky dans la salle de délibération des jurés, afin de renseigner les autorités sur leurs réactions et d'orienter l'accusation en conséquence. L'un d'eux, le jeune juriste Lioubimov, se laissait gagner au début par un certain pessimisme :

« ... Il ne s'agit pas du procès d'un Juif jusqu'ici inconnu, mais d'une bataille générale entre la juiverie mondiale et le gouvernement russe. On voit clairement maintenant comment cette juiverie toute-puissante sait organiser ses forces et à quel point le pouvoir russe est mal outillé pour lutter contre les Juifs. Toutes les lumières du droit, de la littérature, de la médecine, de la science, sont du côté des Juifs. »

L'accusation disposait cependant d'autres lumières. L'expert catholique, le Père Pranaïtis, le personnage fabuleux que Chtcheglovitov avait déniché en Asie centrale, se révéla à la hauteur de sa tâche. Lioubimov lui décernait l'attestation suivante :

« Lituanien d'origine, Polonais de formation, grandi en pleine zone de résidence et connaissant les Juifs, il est, pour ce qui est de son âme et de son tour d'esprit, plus Russe que Krassovsky et les professeurs Pavlov et Bekhterev [les principaux témoins de la défense] et que tous les autres valets russes des Juifs... »

A la vérité, l'antisémitisme, pour les derniers serviteurs du régime, était en voie de devenir le principal signe de reconnaissance du vrai Russe !

Le Père Pranaïtis commença sa déposition en accommodant à sa façon les légendes médiévales sur le châtiment des Juifs :

« Le peuple Juif a été maudit par Moïse, qui a dit : Dieu vous frappera de toutes les plaies d'Egypte. Il est clair que cette malédiction s'est accomplie puisque tous les Juifs européens ont un eczéma du siège, tous les Juifs asiatiques de la gale sur la tête, tous les Juifs d'Afrique des furoncles sur les jambes et puisque les Juifs américains souffrent d'une affection des yeux qui les rend idiots. Les pervers rabbins ont trouvé un remède contre ces maladies : ils enduisent les parties malades de sang chrétien. Lorsque les Juifs tuent un Chrétien, ils obéissent à un triple motif. Premièrement, ils satisfont la haine qu'ils portent aux Chrétiens et pensent que leur crime est un sacrifice agréable à Dieu. Deuxièmement, cela leur permet de se livrer à des actes magiques. Troisièmement, comme les rabbins ne sont point sûrs que le fils de Marie ne soit point le Messie, ils pensent qu'en s'aspergeant de sang chrétien ils pourront peut-être se sauver... »

Le Père Pranaïtis discourut ainsi onze heures d'affilée, allant jusqu'à affirmer que la Bible enjoignait aux Juifs de sacrifier à Jéhovah des incirconcis, et par conséquent, des Chrétiens : « L'enseignement juif rapproche la notion de bouc émissaire de celle de peuple chrétien, qui doit être offert en sacrifice. » Le Saint-Siège ne le censura pas (l'ambassadeur russe à Rome s'acquit du mérite en sabotant la communication des copies conformes des bulles, par lesquelles les papes du passé condamnaient la légende du meurtre rituel). Pranaïtis fut, au dire du correspondant du *Times,* « l'un des personnages les plus saisissants du procès ; un homme d'église efflanqué, avec d'énormes sourcils ». Lioubimov s'en montrait satisfait : « ce prêtre sait comment parler et convaincre les paysans ». L'avocat général, Vipper, venu spécialement de Pétersbourg, lui donnait moins de satisfactions : « il parle trop vite, et il n'est pas très clair ». La thèse antisémite moderne que Vipper développait à propos des Juifs était sans doute trop complexe pour l'entendement des gens simples :

« La condition des Juifs en Russie est dure, personne ne le niera, et pourtant, je dirai ouvertement, même si je suis mal jugé — non par ce tribunal, certes, mais par notre société — que personnellement, je me sens soumis au pouvoir des Juifs, au pouvoir de la pensée juive, au pouvoir de la presse juive. Car la presse russe n'est russe qu'en apparence ; en réalité, presque toutes nos publications se trouvent entre les mains des Juifs (...) Juridiquement, les Juifs vivent sous des lois d'exception, mais en fait, ils sont les maîtres de notre monde, et sous ce rapport, les promesses bibliques s'accomplissent sous nos yeux ; leur situation est difficile, mais dans le même temps nous sommes sous leur joug... »

En clair : tous ceux qui ne sont pas d'accord avec nous sont des enjuivés.

L'agent secret Lioubimov opinait que le pire pour les Juifs serait que le caractère rituel du meurtre soit reconnu, et que Beilis soit acquitté, car d'une part l'affaire ne pourrait pas aller en ce cas en appel, et de l'autre, la légende sanglante recevrait de la sorte une sanction judiciaire et en quelque sorte officielle. L'idée fut retenue, et le président du tribunal, Boldyrev, rachetait toutes les faiblesses de l'accusation, à l'aide d'une formule astucieuse qui permettait de gagner sur tous les tableaux.

En effet, il posa deux questions au jury : le petit André avait-il été assassiné dans une briqueterie appartenant aux Juifs, « de manière à provoquer d'atroces souffrances et une hémorragie totale qui entraîna sa mort » ; et Beilis était-il coupable d'avoir, de concert avec des inconnus et « pour des motifs de fanatisme religieux », commis cet assassinat ? De la manière dont les questions avaient été rédigées, le jury, tout en répondant *non* à la deuxième question, ne pouvait dans sa simplicité que répondre *oui* à la première, dont toute référence explicite à un meurtre rituel avait été évincée. Mais ainsi qu'il fallait s'y attendre, les agences télégraphiques et une partie de la presse n'y regardèrent pas de si près ; le *oui* du jury et la mention de la briqueterie juive paraissaient signifier qu'il s'était rallié à la thèse antisémite.

En conséquence, les deux camps fêtèrent victoire. A première vue, l'accusation paraissait avoir triomphé, ainsi que l'assuraient *La Croix* à Paris, ou la *Reichspost* à Vienne : plus nuancé, un rédacteur du *Daily News* de Londres commentait ironiquement : « L'affaire de Kiev a sapé l'intérêt que je portais à la puissance cosmopolite, financière et politique du judaïsme. A quoi a abouti cette force internationale ? A un verdict qui confirme la vieille légende des sacrifices sanglants. » En Russie, le tsar, qui avait fait présent au juge Boldyrev d'une montre en or, se déclarait satisfait sous tous les rapports : « Il est certain qu'il y a eu un meurtre rituel, mais je suis heureux que Beilis ait été acquitté, car il est innocent. » Chtcheglovitov et d'autres personnalités félicitaient télégraphiquement « les héros du procès de Kiev », en leur qualité « d'hommes russes indépendants et incorruptibles ». Le populaire auteur mystique Basile Rosanov publiait peu après une brochure bizarrement intitulée *Le rapport olfactif et tactile des Juifs avec le sang,* dans laquelle il croyait pouvoir produire le verset biblique, passé inaperçu de tous ses prédécesseurs, qui prescrivait aux Juifs les meurtres rituels, à savoir, un passage du Lévitique relatif au bouc émissaire (X, 16-18) : « N'est-il pas étonnant que personne n'ait relevé ce passage... Tout est clair, trop clair. Sont-ils si aveugles qu'ils ne voient pas ? Pour moi, le petit André est un martyr chrétien. Que nos enfants prient pour lui, comme pour un juste martyrisé... » En effet, il fut question d'ériger une chapelle à proximité de la fameuse briqueterie ; il semble que le projet fut déjoué grâce à une intervention de Raspoutine auprès du tsar.

Mais dans l'ensemble, l'acquittement de Beilis pesa beaucoup plus lourd que l'apparente condamnation des Juifs, tant il est vrai qu'un procès s'incarne dans un homme, dont le sort demeure le symbole. C'est ainsi que le résultat fut généralement compris en Russie, où il y eut des explosions de joie dans les rues ; c'est ainsi que l'interprétèrent dans leur ensemble des auteurs du temps, et il est de fait que, deux obscures tentatives des nazis mises à part, les procès de meurtre rituel, depuis 1913, ne font plus partie de l'arsenal antisémite occidental.

DEUXIEME PARTIE

1914-1933

I

La première guerre mondiale

Les pays germaniques.

En août, l'Europe s'engageait sur le chemin de son déclin dans un climat d'enthousiasmes belliqueux auxquels peu de contemporains surent échapper. Une vaste littérature en fait foi, de Péguy à Soljenitsyne, ou de Martin du Gard à Kipling. Pour les Allemands, il s'agissait, comme l'écrivait à l'époque Thomas Mann, de lutter « pour ses droits de domination, et de participation à l'administration de la planète » ; plus réservé, le Juif Jacob Wassermann notait dans son journal : « Je prévois une grande victoire de l'Allemagne et du germanisme ; l'Allemagne devient une puissance mondiale ; mais que Dieu nous préserve de l'orgueil ! », et peu après : « Il n'y a pas de doute, un esprit sublime souffle en Allemagne. » A Vienne, Robert Musil s'exclamait : « Que la guerre est belle et fraternelle ! » et le père de la psychanalyse lui-même se laissait submerger par ce flot de passions tribales, déclarant « donner toute sa libido à l'Autriche-Hongrie » ; il serait de tout cœur avec l'Allemagne, ajoutait-il, si seulement il pouvait admettre que l'Angleterre se soit rangée du « mauvais » côté.

Si, en moyenne, les enthousiasmes des Juifs germaniques étaient plus mesurés que ceux de leurs concitoyens, ils s'exerçaient à l'échelle internationale, car, tant aux Etats-Unis que dans l'Empire tsariste, une grande partie, la majorité peut-être de leurs coreligionnaires avaient épousé alors la cause allemande. Le philosophe Hermann Cohen annexait les Juifs au germanisme purement et simplement, en leur lointaine qualité de germanophones, « car c'est du langage, si mutilé qu'il soit, qu'un homme tire les pouvoirs originels de la raison et de l'intelligence » ; d'où le devoir, pour tous les Juifs, « de respecter pieusement l'Allemagne, leur demeure spirituelle ». Un autre auteur, Karl Hilmar-Berlin, assurait que l'Allemagne disposait en fait d'un corps supplétif de dix millions de partisans, et décrivait comment le psychologue juif Hugo Münsterberg, devenu, par amour pour son pays d'origine, le « Führer des Allemands » aux Etats-Unis, avait héroïquement succombé à sa tâche. Sans doute la haine du tsarisme était-elle un stimulant plus virulent : le poète juif Morris Rosenfeld, l'idole des masses juives de New York, composait un hymne antirusse qui s'achevait sur les cris : « Hourra pour l'Allemagne ! Vive le Kaiser ! »

Dans le genre, le poète juif Ernst Lissauer faisait encore mieux, en Allemagne même, en improvisant, le soir du 4 août où le gouvernement de Londres sortait de sa neutralité, son célèbre *Chant de haine contre l'Angleterre,* qui fut aussitôt sur toutes les bouches :

> ... Et quelque jour nous conclurons la paix
> Mais toi, nous te haïrons d'une longue haine
> Jamais ne se relâchera notre haine
> Haine sur mer, haine sur terre
> Haine de la tête, haine de la main
> Haine du forgeron, haine du prince
> Haine féroce de soixante-dix millions
> Unis pour aimer, unis pour haïr
> Ils n'ont tous qu'un seul ennemi
> L'Angleterre

Un organiste luthérien de Chemnitz mit le *Chant* en musique, Guillaume II décora personnellement l'auteur, et les ressorts de son inspiration poétique firent l'objet d'assez remarquables débats. Les Juifs allemands se félicitaient de voir l'un des leurs glorifié en qualité de porte-parole de la juste colère allemande ou de l'âme allemande. En effet, d'après un commentateur nationaliste, le poème reflétait *la sensibilité la plus profonde du* Volk *allemand,* d'après un autre, « le *Chant de haine* rend admirablement notre état d'esprit, exprimant les profondeurs du *Volk* » — mais ni l'un ni l'autre ne savaient que Lissauer était Juif. Mieux renseigné, Houston Stewart Chamberlain, tout en trouvant du mérite au chant, reprochait à son auteur d'appartenir à un peuple « qui, contrairement au peuple allemand, a de tout temps cultivé la haine à titre d'une qualité fondamentale » ; et dans la presse juive, l'organe sioniste *Der Jude* faisait exception, en critiquant la haineuse virulence de l'œuvre ; ce que, bien entendu, il attribuait aux dissonances de l'assimilation.

A y regarder de plus près, il ne s'agissait que d'un cas particulier d'une confusion beaucoup plus générale portant sur un hypothétique lien de parenté entre « l'esprit allemand » et « l'esprit juif ». C'est encore Hermann Cohen, le fondateur de l'école néo-kantienne, qui a écrit à ce sujet les sottises les plus émouvantes, allant jusqu'à parler « d'une profonde fraternité entre le judaïsme et le germanisme », fraternité qui serait « une caractéristique fondamentale de l'esprit allemand » ; mais dans l'atmosphère exaltée du temps, il ne faisait que tirer des conclusions extrêmes d'une vue très répandue, et les antijuifs les plus convaincus tendaient la main aux Juifs les plus orthodoxes pour convenir qu'il existait en effet de curieuses analogies entre les conditions respectives : les Allemands ne s'étaient-ils pas attiré la haine universelle tout comme les Juifs, n'étaient-ils pas tout comme eux injustement soupçonnés de vouloir subjuguer le monde entier ?

Sur ce point, le sioniste Arnold Zweig faisait une fois de plus bande à part, s'élevant, au nom du « tact des mal aimés », contre toutes les « tentatives plus ou moins profondes pour démontrer des concordances métaphysiques ou psychologiques entre le judaïsme millénaire et le jeune germanisme ». Mais un autre sioniste de qualité, Nahum Goldmann, affirmait une « identité fondamentale » dans la manière « d'envisager l'existence comme une vocation et une mission ». Au surplus, Goldmann n'hésitait pas à intituler son écrit *L'Esprit du militarisme ;* et un demi-siècle après, tout en choisissant autrement son titre et ses termes, il continuait à soutenir « qu'il existe une certaine communauté entre l'esprit juif et l'esprit allemand ».

Je ne tenterai pas de plaider ici la thèse opposée, qui serait tout aussi gratuite, le pour et le contre étant en l'occurrence également indémontrables ; il reste que sans se complaire aux spéculations métaphysiques, on peut légitimement rapprocher les Allemands des Juifs sous le rapport du dynamisme intellectuel et de l'efficacité pratique ; mais surtout, on peut constater qu'aux temps modernes, « l'apport juif à la culture » a été surtout un apport des Juifs austro-allemands, bien qu'ils ne constituaient qu'un dixième à peine de la population juive mondiale. A la triade Marx-Freud-Einstein, qui domine encore notre culture contemporaine, le lecteur pourra facilement ajouter d'autres noms de son choix, et l'on peut supposer en effet qu'une certaine tension ou relation spécifique, dont le mode d'action est obscur, fut pour quelque chose dans cette floraison de génies. En ce qui concerne l'Allemagne impériale de 1914-1918, que les faux calculs de ses héros nationaux Ludendorff et Tirpitz conduisirent à la perdition, elle put durer grâce à l'économie de guerre mise sur pied dès 1914 par Rathenau et Ballin, tous deux dévoués jusqu'à la mort à leur patrie. Mais pour la majeure partie, leurs compatriotes ne leur en surent nul gré ; qui plus est, et contrairement à la vue courante, la montée de l'antisémitisme *précéda* en Allemagne la défaite et les troubles de tout ordre, dont les Juifs furent rendus responsables, ainsi qu'on le sait. Il nous faut maintenant relater cette histoire tragiquement ironique dans le détail.

En Allemagne, l' « Union sacrée » porta le nom médiéval de *Burgfriede* (= « trêve de Dieu ») : dès l'ouverture des hostilités, Guillaume II déclarait qu'il ne connaissait plus de partis, mais seulement des Allemands. Les Juifs exultèrent en croyant pouvoir enfin « s'immerger dans le vaste fleuve du destin national » (Ernst Simon, le futur doyen des philosophes israéliens) ; « un stupéfiant sentiment d'appartenance nous arrachait le cœur des mains » surenchérissait l'Autrichien Robert Musil. Mais la trêve ne dura pas longtemps. Le *Hammerbund* de Theodor Fritsch se préoccupait dès les premières semaines des avantages que les Juifs ne manqueraient pas d'en retirer, notamment en ce qui concerne leurs promotions au rang d'officiers, et promettait d'étudier à la loupe leur comportement au front.

Les antisémites plus respectables, tels que les *Alldeutsche* de Heinrich Class, se tinrent tranquilles plus longtemps. On peut croire que les espoirs placés par la diplomatie allemande dans l'aide internationale juive furent pour quelque chose dans cette retenue (d'après le secrétaire de légation Prittwitz, il devait être possible de saboter le ravitaillement des armées russes grâce à l'aide des fournisseurs et intermédiaires juifs ; dans une perspective analogue, Ludendorff publiait son fameux appel en yiddish : « A mes chers Juifs polonais. ») Quoi qu'il en soit, le programme politique élaboré en décembre 1914 par Class au nom de l'*Alldeutscher Verband* ne réclamait plus l'élimination des Juifs de la vie allemande ; et Chamberlain allait jusqu'à écrire en automne 1914 qu'ils étaient devenus méconnaissables, « s'acquittant de leur devoir d'Allemands en première ligne tout comme à l'arrière ». Mais le même Chamberlain écrivait en mars 1915 à un ami que le nouvel état de choses — « l'atout d'être Juif », était « un symptôme inquiétant ». A partir de l'automne 1915, cette inquiétude perdait ses raisons d'être.

A ce propos, il faut remarquer d'abord que si tous les pays belligérants, une fois évanoui le rêve d'une guerre fraîche et joyeuse, souffrirent les atroces réalités de la guerre des tranchées, c'est en Allemagne que les masses populaires apprirent les premières à connaître les restrictions de tout ordre, les *ersatz* plus ou moins frelatés, le rationnement et la sous-alimentation. On a l'impression que ces épreuves de la population civile se cherchèrent dès l'hiver 1915-1916 quelque soulagement de la manière classique. Mais surtout, au niveau articulé ou idéologique, celui auquel sont désignées nommément les entités à haïr, on entrevoit une conjoncture particulière qui, d'une façon plus accusée qu'ailleurs, déviait vers les fils d'Israël les recherches du bouc émissaire.

En effet, puisqu'à la catastrophe universelle on ne pouvait pas ne pas chercher de fauteur, le *Boche* remplissait ce rôle pour les Français, tout comme le *Hun* pour les Britanniques, et les masses russes avaient elles aussi un vieux compte à régler avec le *Niémetz*. Dans le cas des Allemands, la situation était bien moins claire : une fois passée l'explosion de fureur anti-anglaise, à qui s'en prendre, à moins de mettre en accusation tous les ennemis de l'Allemagne, c'est-à-dire la majeure partie des nations dites civilisées ? L'une des issues consistait à admettre l'existence d'un ennemi « supranational », dont le spectre prenait d'autant mieux corps que, d'une certaine façon, l'Allemagne avait elle-même tendance à se considérer comme telle. Une tradition européenne remontant à la Renaissance au moins, et dont j'ai retracé les avatars dans mon *Mythe aryen*, lui accordait le statut d'une nation quasiment pan-européenne. Un auteur aussi raffiné que Thomas Mann qualifiait en 1916 le peuple allemand de *übernationales Volk*, auquel incombait une responsabilité également « supra-nationale », et qui, face à un monde d'ennemis, incarnait la conscience européenne ; et il arguait, à l'aide d'exemples assez probants, que les haineuses outrances de la propagande française, les écrits malmenant les Boches comme autant de « sous-hommes », n'avaient pas leur pendant en Allemagne. On voit comment dans ces conditions l'adversaire des Allemands lui aussi se laissait concevoir comme à la fois intérieur et « supra-national », comme une puissance invisible et secrète. Le sociologue juif Franz Oppenheimer rendait compte de cette situation en écrivant, dès avant 1914, que « l'antisémitisme était le visage, tourné vers l'intérieur, du nationalisme chauvin et agressif ». Pour de multiples raisons, dont certaines remontaient au Moyen Age, le chauvinisme germanique gardait même pendant cette guerre les yeux fixés dans cette direction.

Il reste qu'au cours de la guerre, les philosophes et autres intellectuels germaniques prenaient position par rapport aux Juifs de bien des manières diverses. La moins originale n'était pas celle d'Oswald Spengler, qui rédigeait pendant ces années son célèbre essai sur *Le Déclin de l'Occident*. S'inspirant beaucoup de la *Genèse du XIX*e *siècle* de Chamberlain, mais cherchant apparemment à masquer cette source d'inspiration, il récusait « les ridicules clichés de Sémite et d'Aryen » ; à la place, il établissait une dichotomie entre « nations faustiennes » — en premier lieu, bien entendu, les Germains — et les « nations magiques », dont faisaient partie les Juifs, qui étaient aussi, aux côtés des Arabes, un « peuple fellah ». D'après Spengler, une incompréhension totale régnait entre les hommes magiques et les hommes faustiens :

« Même quand [le Juif] se considère comme un membre du peuple hôte et prend part à ses destinées, comme ce fut le cas en 1914 dans la plupart des pays, en réalité il ne vit pas cet événement comme son propre destin, mais il prend parti pour lui, le juge en observateur intéressé, et la signification dernière de ce pour quoi on se bat doit, pour cette raison même, lui rester fermée (...) Le sentiment de la nécessité de cette mésentente réciproque aboutit à la haine effrayante, profondément concentrée dans le sang, qui s'attache à des marques symboliques comme la race, le genre de vie, la profession, le langage, et qui... conduit les deux parties jusqu'à des explosions sanglantes. »

De la haine ainsi décrite, les Juifs, en Allemagne du moins, devenaient pour Spengler l'étalon, puisque « la haine raciale n'est pas moins forte entre Français et Allemands qu'entre Allemands et Juifs » (et il continuait : « de cette même pulsation naît, d'autre part, l'amour réel entre l'homme et la femme qui est parent de la haine. Celui qui n'a pas de race ne connaît pas cet amour dangereux) ».

Jusqu'ici, nous n'avons qu'un système bio-métaphysique de plus, comme, depuis Schelling et Hegel, ils ne cessaient de se succéder, « brouillards passagers obscurcissant l'esprit et la conscience des Allemands » (Nietzsche), et qui presque inévitablement comportaient des digressions plus ou moins antisémites. L'originalité de Spengler apparaît dans le cinquième et dernier chapitre de son ouvrage, chapitre intitulé « Le monde formel de la vie économique ». On y trouve, entre autres choses, des formules nazies avant la lettre sur « la tradition raciale enracinée dans le sol, luttant désespérément contre l'esprit de l'argent », ou sur le dépassement et du socialisme et du capitalisme. D'autant plus surprenante paraît l'absence, dans ce chapitre, de toute mention des Juifs, de tout propos, outrancier ou non, sur « la finance juive », tels qu'en la matière, ils étaient de règle, surtout à l'époque. A cette singularité, on ne voit qu'une seule explication : Spengler ne voulait pas porter de l'eau au moulin de « l'antisémitisme vulgaire », comme si, pressentant confusément les conséquences, il tenait à se distancer de la démagogie et des mouvements de rue.

Quant aux futurs protagonistes de ceux-ci, la lettre d'un soldat engagé contre les Anglais en Flandre peut donner une idée de leur état d'esprit : « Chacun de nous, écrivait-il, n'a qu'un souhait : régler bientôt son compte à la bande, définitivement. » Quelle bande ? — Celle des « étrangers », en général :

« [Nous espérons] que ceux d'entre nous qui auront le bonheur de revoir la mère-patrie, la retrouveront épurée des métèques *(Fremdländerei)*, et que grâce à nos sacrifices et à nos souffrances, grâce aux flots de sang que nous verrons quotidiennement face à un monde international d'ennemis, non seulement les ennemis extérieurs de l'Allemagne seront taillés en pièces, mais notre internationalisme interne sera écrasé lui aussi. Cela serait plus important que toutes les annexions. »

Datée du 5 février 1915, cette lettre était signée : Adolf Hitler.

Les professionnels de l'antisémitisme organisé ne chômaient pas de leur côté. A la fin de l'année 1915 eut lieu une conférence discrète des principaux agitateurs, dont certains, comme le comte Reventlow ou le critique Adolf Bartels, s'illustrèrent par la suite dans le mouvement nazi. Il fut décidé de réunir des matériaux pour un ouvrage qui, intitulé *Les Juifs dans l'armée,* serait diffusé gratuitement parmi les officiers et les étudiants, étant entendu que sa publication ne serait possible que lorsque après la guerre la censure serait abolie. En même temps, le professeur Hans von Liebig faisait circuler un mémoire critiquant la politique de Bethmann-Hollweg, qu'il fut le premier à qualifier de « chancelier des Juifs allemands », partisan « d'une paix de compromis pourrie » (cette priorité ne l'empêcha pas d'être sacqué en 1919 par le *Alldeutscher Verband,* en qualité de « non-Aryen »). Peu après, en mars 1916, Theodor Fritsch et son fondé de pouvoirs Alfred Roth adressaient à Guillaume II et aux principales personnalités politiques un exposé dans lequel ils dépeignaient en couleurs vives la vie dissolue des profiteurs de guerre, le marché noir et les autres injustices et scandales : « la ploutocratie cosmopolite, qui ne songe qu'au profit, antinationale en cas de besoin, ne demande qu'à servir les intérêts de la finance internationale ; c'est ainsi que se tissent de part et d'autre des fils qui, tels ceux de l'araignée, entourent déjà les princes, les pays, les peuples ». En Allemagne, les positions économiques de Ballin, de Rathenau et d'autres Juifs leur ont déjà permis « d'instituer un système d'interpénétration d'innombrables sociétés dirigé par l'esprit juif ». Tout porte à croire que des exposés ou messages semblables, inspirés ou dirigés par les animateurs d'autres organisations semi-secrètes, parvenaient à l'époque en grand nombre aux mêmes destinataires ou à d'autres, tant à l'arrière qu'au front. En été 1916, le ministère de la guerre était « littéralement submergé » par les dénonciations des Juifs embusqués. En août 1916, Walter Rathenau qui, parce que sur la plupart des points il voyait clair dès le début, fut haï comme Juif défaitiste, avant de l'être comme « Sage de Sion », témoignait déjà d'un désespoir lucide :

« Ne tente pas, écrivait-il à son ami nationaliste Wilhelm Schwaner, de dissuader les gens : leur croyance à la corruption d'autrui les aide à vivre... En leur enlevant cette croyance, tu leur ôtes quelque chose d'irremplaçable ; même si c'est la haine, elle réchauffe presque aussi bien que l'amour. Plus nombreux seront les Juifs tués au front, mieux leurs ennemis sauront prouver qu'ils étaient tous restés à l'arrière, s'enrichissant en usuriers qu'ils sont. La haine doublera et triplera... »

Le pessimisme de Rathenau se confirmait aussitôt.

Schwaner ayant communiqué sa lettre à un officier antisémite, le lieutenant Gräff, celui-ci répondait : « Même si Rathenau était notre sauveur, il serait déshonorant pour le peuple allemand d'être sauvé par un Sémite. Je crois au mot de Friedrich Ludwig Jahn. » « Seuls des Allemands peuvent sauver les Allemands, des sauveurs étrangers ne peuvent que les conduire à la perdition. »

Mais le pire restait à venir.

On peut considérer comme tournant décisif de la première guerre mondiale ce même mois d'août 1916, alors que le commandement suprême passait des mains du général Falkenhayn entre celles du duumvirat Hindenburg-Ludendorff, le premier couvrant de son autorité de héros national de Tannenberg les décisions du second, brillant stratège et organisateur, « premier maître du quartier général ». Aussitôt, la politique militaire allemande prit un cours nouveau, plus dur, anticipant déjà certaines mesures nazies. En octobre, le Grand Quartier général approuvait le projet de Tirpitz d'une guerre sous-marine à outrance et ordonnait la déportation de 400 000 travailleurs civils belges ; une troisième mesure, promulguée le 11 octobre par le ministère de la Guerre, prescrivait le recensement des Juifs mobilisés au front et à l'arrière. Il semble que cette « Judenstatistik » avait été réclamée par le lieutenant-colonel Max Bauer, un officier d'état-major rompu aux intrigues politiques, qui fut le principal artisan de la nomination de Ludendorff et qui devint l'homme de confiance de l'*Alldeutscher Verband* de Class auprès du commandement suprême. Ludendorff assurait par la suite que ce n'est que pendant la guerre qu'il apprit à connaître la « question juive », notamment grâce à Muller von Hausen, l'éditeur allemand des « Protocoles », qui lui avait été présenté par Bauer. Le fait est qu'à mesure que le conflit mondial approchait de sa fin, les dirigeants allemands succombaient en nombre croissant à l'idée fixe d'une Internationale juive dictant le cours des événements.

Remarquons-le d'ores et déjà (nous aurons à y revenir) : en sa qualité de fantasme, le Juif international semblait vouloir égorger la mère patrie dans *tous* les pays belligérants ; chez aucun peuple chrétien, il ne pouvait faire figure d'Allié !

Cela dit, il va de soi que leur recensement n'a pas accru

les sympathies des Juifs, si patriotes qu'ils fussent, pour les seigneurs de guerre allemands. Il est vrai que le ministère le justifiait par la nécessité de démentir statistiquement les rumeurs selon lesquelles d'ordinaire les soldats juifs parvenaient à se faire affecter dans les bureaux ou à l'arrière. Mais les résultats du recensement, pour probants qu'ils aient été, ne furent jamais rendus publics, et, dans certaines circonscriptions, on fit repasser tous les réformés juifs devant les conseils de révision, ou bien on muta d'office les soldats affectés à l'arrière, de sorte que le ministère dut préciser qu'il ne s'agissait nullement « de retirer les Juifs des positions occupées par eux », mais uniquement de les recenser. Du coup, le fossé traditionnel entre « l'armée » et « les Juifs » se transformait en abîme. Au surplus, l'idée des militaires suscitait des imitations : dès le 19 octobre, Erzberger, le leader du *Zentrum* catholique, réclamait au Reichstag une enquête sur les Juifs employés dans les bureaux et organes de l'économie de guerre. Au cours du débat qui s'ensuivit, il justifiait sa proposition ainsi : « Comme il a été dit que les Juifs et les socialo-démocrates dominent le Reich allemand, la question de la confession doit être posée », tandis qu'un autre député catholique ironisait qu'il devait déclarer sa religion même en descendant à l'hôtel. A l'arrière, le pathétique vieillard Hermann Cohen parlait « d'un coup de poignard au cœur... On en vient au diabolique soupçon d'une tentative d'ébranler le patriotisme des Juifs, parce qu'ils compromettent l'idée que les Allemands se forment de leur haine ». Au front, le député Haas, promu lieutenant en 1914, résumait la réaction générale de ses coreligionnaires : « Nous voici marqués, devenus soldats de seconde zone », et des sous-officiers juifs s'étonnaient de voir leurs hommes continuer à leur obéir. Le jeune volontaire Ernst Simon, qui en 1914 se réjouissait de pouvoir « s'immerger dans le vaste fleuve du destin national », constatait en 1916 que le recensement était « une chose fort populaire, l'expression réelle d'un sentiment réel » — et adhérait au mouvement sioniste ; mais Rathenau exprimait sans doute mieux la position majoritaire en s'exclamant : « Que d'autres aillent fonder un royaume en Asie ; rien ne nous attire vers la Palestine. » Comme l'observe l'historien W. Jochmann, « la majorité des Juifs décidaient de lutter pour un ordre meilleur et plus juste, et dans l'état des choses, ce ne pouvait être que la démocratie parlementaire ». La décroissance immédiate de leurs dons au profit des œuvres de guerre en disait encore plus long sur leurs sentiments.

La révolution russe de 1917 créera une situation nouvelle et encore plus explosive, qu'on comprendra mieux en se souvenant que déjà celle de 1905 était considérée dans l'entourage du Kaiser comme une « révolution juive ».

Dès le début des hostilités, le gouvernement de Guillaume II avait cherché à paralyser ou à affaiblir la Russie en y activant les mouvements révolutionnaires et les tendances allogènes. Ses deux principaux agents étaient Alexandre Helphand-Parvus et l'Estonien Keskula : le premier, ancien menchevik lui-même, préconisait d'agir à travers les mencheviks, tandis que le second, mieux avisé, misait sur Lénine, avec lequel il avait élaboré en Suisse dès septembre 1915 un programme de paix séparée — mais c'est le nom du premier que les passions antisémites ont fait retenir par l'histoire mondiale. La révolution « bourgeoise » de février 1917 permit à ces visées de se concrétiser. Le projet Keskula de 1915 se laissant mettre à exécution, un train « extraterritorial » fut mis à la disposition de Lénine et ses amis ; mais d'autre part, la résonance européenne de l'appel du soviet de Pétrograd pour « une paix sans annexions ni contributions » (27 mars) suscitait une vive inquiétude chez les dirigeants allemands. En effet, dès le 6 avril, le parti social-démocrate, après s'être séparé de son « aile gauche » (dont faisaient partie Rosa Luxemburg et Liebknecht) adoptait l'idée d'une paix sans annexions ; des grèves s'ensuivirent, et même une première mutinerie des matelots à Kiel, « sur le modèle russe » (juin-juillet 1917). De proche en proche, la majorité du Reichstag se laissait gagner par ce climat contestataire, et votait, le 19 juillet, sa fameuse « résolution de paix » antiannexionniste.

Une furieuse réaction du camp belliciste, qui groupait, derrière le commandement suprême, l'industrie lourde, les pangermanistes de Class et d'innombrables autres associations patriotiques et « völkistes » ne se fit pas attendre. Ludendorff fit distribuer aux troupes, unité par unité, une brochure sur *L'avenir de l'Allemagne lors d'une bonne et lors d'une mauvaise paix,* dans laquelle il était dit en substance qu'en cas d'une mauvaise paix de compromis, l'Allemagne, ployant sous le poids de 170 milliards de dettes, serait économiquement asservie, tandis que dans le cas contraire, « l'ennemi paiera » D'autres écrits de ce genre se multiplièrent, et la diversion antisémite ne pouvait manquer, qu'un organe juif décrira ainsi :

« Le Reichstag vote une résolution de paix qui ne convient pas aux pangermanistes : c'est une résolution juive ; le Reichstag dans son ensemble n'a pas l'honneur de plaire aux antisémites ; c'est un Reichstag juif ; une paix de compromis leur répugne ; c'est une paix juive... »

Menaçant de démissionner, Ludendorff et Hindenburg obtinrent alors la tête du « chancelier juif » Bethmann-Hollweg. Au cours de cet été 1917, les « Juifs embusqués » devinrent aussi des « Juifs révolutionnaires », et peu importait leur position personnelle : les attaques prenaient indifféremment pour cible l'antiannexionniste Theodor Wolff du « Berliner Tageblatt » ou le belliqueux Georg Bernhard de la « Vossische Zeitung ». Certes, un certain nombre de Juifs allemands étaient révolutionnaires ; les révolutionnaires étant globalement censés être Juifs, d'autres le devenaient en nombre croissant, conformément à la dialectique d'airain qui avait précédemment joué dans la Russie tsariste — et qui, depuis 1967-1968, et surtout en France, a rendu « sionistes » tant de Juifs.

Au lendemain de la révolution d'Octobre, les propos de certains responsables des destinées allemandes frisèrent le délire. Du reste, celui-ci se propageait durant ces semaines à l'échelle inter-européenne : prenant des formes différentes suivant les pays, il reflétait dans tous les cas le refus d'admettre qu'un bouleversement aussi total et aussi scandaleux de l'ordre établi pouvait se produire sans l'intervention de forces occultes — lesquelles, puisqu'un nombre incertain de bolcheviks étaient d'origine juive, ne pouvaient être que des forces juives. On peut citer un mémorandum rédigé au printemps 1918 par le colonel Bauer, qui à l'époque était le représentant de Ludendorff à Berlin : « Les négociations avec les Juifs de Brest-Litovsk, écrivait-il, ont eu le grand avantage de nous faire dévoiler par le Juif vantard Trotski les buts des sociétés secrètes internationales... [Ces sociétés] s'arrogent le droit, en fomentant des bouleversements politiques, d'intervenir dans les destins des peuples. En conséquence, les Etats monarchiques ont le devoir sacré de lutter pour les principes monarchiques même au-delà de leurs frontières. » L'idée était donc la même que celle du ministre russe Lamsdorf en 1906 : monarques de tous les pays, unissez-vous !

La tendance délirante s'accentua lorsqu'il devint évident que l'Allemagne avait perdu la guerre. Les uns, notamment Class et ses pangermanistes, songèrent alors à préparer systématiquement l'avenir. Vers le 15 septembre 1918, un « comité juif » fut créé sous la présidence du général von Gebsattel, avec mission « de profiter de la situation pour faire éclater les fanfares contre le judaïsme et utiliser les Juifs comme paratonnerres pour toutes les injustices ». Class ajoutait : « Je ne reculerai devant aucun moyen et je m'en tiendrai sous ce rapport à la devise de Heinrich von Kleist, qui visait les Français [en 1813] : « Tuez-les, le tribunal mondial ne vous demande pas vos raisons ! » Certains membres du *Germanenorden* qui s'étaient regroupés en août 1918 à Munich sous le nom de *Thulegesellschaft*, prenaient eux aussi des dispositions en vue d'une campagne antisémite.

Pour d'autres, à savoir pour les suprêmes responsables militaires et civils, il s'agissait, depuis qu'en septembre Ludendorff avait exigé la conclusion immédiate d'un armistice, de négocier avec les Alliés. A cette fin, on demanda au prince Max de Bade de constituer un gouvernement démocratique, tel que le réclamait le président Wilson, avec la participation des social-démocrates. D'après le colonel Bauer, ce gouvernement « était entièrement inféodé aux dirigeants juifs opérant derrière les coulisses » ; les conseils de soldats qui se constituaient alors dans l'armée allemande étaient eux aussi composés de « Juifs embusqués ».

En réalité, c'est le Juif Albert Ballin qui, poussé en avant par Bauer, Ludendorff et le grand industriel Hugo Stinnes, fut chargé d'ouvrir les yeux du Kaiser sur la vraie situation de l'Allemagne ; et c'est encore lui qui, dans le total désarroi des derniers jours, était pressé par Stinnes, au nom du *Zentrum* et de la social-démocratie, d'offrir aux Alliés la capitulation allemande. Ballin préféra le suicide.

La folie exemplaire d'Erich Ludendorff.

Nous allons conclure ce chapitre en examinant de plus près le cas du général Ludendorff, dont la vie active comporta deux volets, le second, généralement passé sous silence, étant celui qui nous concerne ici. En effet, après avoir été le stratège qui dirigea en 1916-1918 le camp des puissances centrales, il fut saisi par la folie antijuive la plus achevée, à ce qu'il semble, dont jamais un homme du XXe siècle fut pris. Est-ce pour cette raison que ce seigneur de guerre, dont le nom reste familier à l'homme de la rue, se trouve si souvent effacé de la mémoire collective qu'incarnent de nos jours les encyclopédies et les bibliographies ? En ce cas, les historiens ne font que suivre les mémorialistes, qui, dès son vivant, se détournaient de lui. Après la guerre, il devint compromettant jusqu'au scandale pour ses pairs d'abord, pour les nazis ensuite ; et pourtant, d'une certaine façon, les uns partageaient tout comme les autres les démentielles visions du monde qu'il développait avec une logique souveraine.

Erich Ludendorff est né en 1865 en Posnanie ; son père était officier de cavalerie ; la famille était traditionnellement luthérienne, et lui-même doit avoir subi l'influence de la secte des Frères Moraves, puisqu'à la veille d'une décision importante, il consultait leur calendrier, pour savoir si le jour était propice ou néfaste. Ayant embrassé la carrière des armes, il attira l'attention de ses chefs par sa personnalité puissante et son acharnement au travail, fut promu officier d'état-major, et participa à l'élaboration du « plan Schlieffen ». Dès l'été 1914, il fut l'artisan de la prise de Liège à l'ouest, et de la victoire de Tannenberg à l'est. En 1916, il devenait l'homme le plus puissant de l'Allemagne, « dictateur sans le savoir », ainsi que le lui disait Rathenau, qui lui reconnaissait du génie ; l'autre grande figure de la république de Weimar, Gustav Stresemann, voyait à l'époque en lui « le Cromwell allemand ». Parmi les décisions politiques qui lui incombèrent figure l'envoi en Russie de Lénine, le 4 avril 1917 (on ne sait s'il consulta à cette occasion le calendrier des Frères Moraves). Du point de vue des opérations militaires, l'initiative lui échappa entre le 15 (un « mauvais » jour) et le 18 juillet 1918, lorsqu'une attaque allemande vouée à l'échec fut suivie par la contre-offensive française de Villers-Cotterêts. Il entra alors dans une période de troubles psychiques : les crises de larmes alternaient avec des crises de rage, ses propos étaient parfois incohérents, et certains témoins parlent même d'une attaque de paralysie hystérique. Le médecin militaire qui le soigna au cours de ces semaines s'étonnait de la pauvreté de la vie affective de ce titan intellectuel. Parfois, l'espoir le reprenait : ainsi le 14 août, à une conférence militaire à Spa, en présence du Kaiser : après s'être lancé dans une longue tirade contre le relâchement de la discipline à l'arrière et l'urgence qu'il y avait à envoyer au front les jeunes Juifs fainéants, il se ragaillardit et remplaça de sa propre main dans le procès-verbal de la conférence les mots « Ludendorff espère pouvoir imposer notre volonté à l'ennemi » par « Ludendorff pourra imposer... »

Au lendemain de l'armistice, il fuyait sous un nom d'emprunt en Suède, d'où il adressait à sa femme des lettres dans lesquelles il se plaignait de l'état de ses nerfs, tout en se préoccupant de sa gloire posthume : « ... Ne manque pas de dire à tous à quel point mon destin ressemble à celui d'Annibal. Cela leur permettra de comprendre. Chérie, conserve mes lettres... » En même temps, il rédigeait ses « Souvenirs de guerre », dans lesquels il n'était pas encore question d'un complot des Juifs ; au contraire, il avait pour eux quelques paroles assez élogieuses, notamment à propos du « fort sentiment de solidarité de ce peuple ».

Rentré au printemps 1919 en Allemagne, Ludendorff s'installa à Munich, où l'éphémère « République révolutionnaire de Bavière » venait d'être renversée et qui devint aussitôt le principal centre allemand des menées réactionnaires et antisémites. C'est apparemment alors qu'il aperçut la lumière et, à l'instar de tant de ses frères d'armes et anciens subordonnés, commença à dénoncer la grande trahison des Juifs. En même temps, il militait dans les mouvements *völkistes,* et finit par s'associer au parti nazi (d'après J. Fest, le biographe de Hitler, ce dernier se résignait au début à n'être que « l'annonciateur » du « sauveur » Ludendorff). Il participa donc au putsch du 9 novembre 1923, et passa en jugement avec Hitler et ses lieutenants ; pour sa part, il fut acquitté, le tribunal ayant estimé qu'intellectuellement surmené, il n'avait pas été en possession de toutes ses facultés. Cela ne l'empêcha pas de devenir député (nazi) au Reichstag, de 1924 à 1928, et de faire acte de candidature pour la présidence de la république de Weimar, en 1925. Mais, de plus en plus, et surtout depuis qu'en secondes noces il avait épousé la mystique germanomane Mathilde Kemnitz, il se plongeait dans l'étude de la philosophie de l'histoire, et sa paranoïa se teintait d'un hyperdéterminisme animiste ou magique.

« La clef de l'histoire mondiale, écrivait-il en 1933, se trouvait dans l'imperfection, voulue par Dieu, des hommes et dans l'ignorance des lois de l'âme humaine et de l'âme du *Volk*... Nous avons découvert cette clef en étudiant l'action des puissances secrètes supra-nationales : le Juif, avec ses doctrines fallacieuses, du christianisme au communisme et au bolchevisme, et Rome, avec sa doctrine erronée, enracinée, tout comme chez le Juif, dans la Bible et dans l'occultisme. »

Par « occultisme », Ludendorff entendait en premier lieu la franc-maçonnerie dont les rites, qui étaient « une circoncision symbolique », transformaient les Chrétiens en « Juifs artificiels » *(Künstliche Juden)*, contraints désormais d'œuvrer pour le triomphe mondial de Juda avec une intensité décuplée. Il n'empêche qu'il admettait une divergence d'intérêts et même une rivalité entre Juda et Rome : l'assassinat de Walther Rathenau, par exemple, représentait pour lui une défaite juive, car « avec Rathenau s'éteignait un espoir de Juda et un adversaire dangereux des prétentions à la domination mondiale du pape de Rome ».

On peut dire que la vision de Ludendorff n'était raciste qu'accessoirement : tout en cultivant, sous l'influence de sa femme, l'idée d'une âme ou substance raciale germanique, il reprochait à Theodor Fritsch et ses adeptes de méconnaître le caractère foncièrement religieux de la lutte millénaire qui constituait la clef de l'histoire mondiale. Ainsi donc, si les Juifs étaient malfaisants, ce n'était pas en vertu de leur nature, mais parce qu'ils avaient succombé à la néfaste superstition de Jahveh. Sur ce point, les mécanismes de son délire se laissent démonter avec une belle simplicité : « ce n'est pas ma femme et moi qui sommes superstitieux, écrivait-il, ce sont les adorateurs de Jahveh, auxquels il arrive même, dans leur stupide superstition *(blöder Aberglaube)*, de révéler furtivement certaines vérités, comme s'ils voulaient vérifier si les *goyim* étaient suffisamment stupides pour ne pas comprendre ce qui venait d'être révélé. En dénonçant la superstition juive, nous nous exposions au reproche d'être superstitieux nous-mêmes. Elle est dure, la bataille qu'il faut livrer aux Allemands pour les conduire à cette vérité à laquelle ils aspirent. » A une autre occasion, à une réunion publique, il exhortait ses auditeurs à lire chez Henri Heine « les claires et peut-être imprudentes révélations d'un initié ». Il leur lisait lui-même ce passage mémorable :

« Henri Heine a écrit :

« Le christianisme a adouci, jusqu'à un certain point, l'ardeur belliqueuse des Germains ; mais il n'a pas pu la détruire, et quand la croix, ce talisman qui l'enchaîne, viendra à se briser, alors débordera de nouveau la férocité des anciens combattants, l'exaltation frénétique des Bersekers que les poètes du Nord chantent encore aujourd'hui. Alors, et ce jour viendra, les vieilles divinités guerrières se lèveront de leurs tombeaux fabuleux, essuieront de leurs yeux la poussière séculaire : Thor se dressera avec son marteau gigantesque et démolira les cathédrales... »

« Messieurs, l'Allemand ne détruira jamais des œuvres d'art ! » s'exclamait à cet endroit Ludendorff. Au cours de la même réunion publique, il traitait aussi de l'histoire pré-chrétienne des Germains : des fouilles récentes auraient révélé leur haute culture, mais Charlemagne, à l'instigation de l'Eglise, se serait appliqué à effacer toutes les traces de ce glorieux passé, et ainsi de suite.

Le même mécanisme simple — « Ce n'est pas moi, ce sont eux » — déterminait ses déclarations au procès de Hitler, au printemps 1924 : « Ce n'est pas moi qui ai attaqué Rome et les Juifs, ce sont eux qui ont commencé il y a plus de mille ans leur offensive contre le peuple allemand ; nous autres Allemands, nous ne faisons que nous défendre... » Raisonnement qui n'est pas sans rappeler ceux que les dirigeants allemands, et bien d'autres, tenaient à leurs peuples en 1914-1918. Mais en ce qui concernait Ludendorff, il ne pouvait plus mettre en marche les divisions, diriger les armées ; et si l'ancien exégète du calendrier morave continuait à prêter une signification aux dates et aux millésimes, ce n'était pas lui, c'étaient les Juifs qui pouvaient désormais ajuster leurs décisions en conséquence, par superstition, ou pour tourner en dérision les Germains. Ainsi, 1923 étant suivant ses calculs une année faste pour Jahveh, le Juif Helphand-Parvus pouvait décréter la stabilisation du mark le 9 novembre 1923 (le jour anniversaire de la fuite du Kaiser en Hollande) ; la même « guématriah » cabalistique aurait présidé à la signature du traité de Versailles, le 28 juin 1919 (le jour anniversaire de Sarajevo !) ; le 11 août 1919, date de la promulgation de la constitution de Weimar, était un autre « nombre de Jahveh » (à savoir, 30, ainsi que le montrait l'addition successive des chiffres).

Au fil des années, ces délires le poussaient à l'action, et pour mieux lutter contre les puissances supra-nationales, il créait en 1926 le *Tannenbergbund*. L'année suivante, il soulevait un mémorable scandale en prenant à partie Hindenburg, lors de l'inauguration du mémorial de Tannenberg, en Prusse orientale. C'est qu'en réalité cet édifice, couvert d'emblèmes cabalistiques qu'il sut déchiffrer, était un monument à Jahveh, « destiné à insulter à la vigueur allemande et à la volonté de vivre des Allemands » ; en surplus, le président Hindenburg avait lancé un appel à l'union, « c'est-à-dire à la sujétion à la collectivisation voulue par Juda et par Rome ». Après cet éclat, il ne lui restait qu'à dénoncer un second traître du peuple allemand, plus dangereux encore, car ayant l'avenir pour lui : en 1931, il publiait une brochure intitulée « Hitler a trahi les Allemands au profit du pape de Rome » *(Hitlers Verrat der Deutschen an den römischen Papst).*

Le syndrome de la folie de persécution du « révolutionnaire mondial » que Ludendorff voulait désormais être ne pouvait pas être plus éloquent ; mais comme on le sait, cette psychose reste localisée, elle n'entrave pas une parfaite lucidité en d'autres domaines. Son immense puissance de travail lui permettait, tout en publiant livre sur livre sur les Juifs ou sur Rome et en dirigeant (conjointement avec sa femme) une revue hebdomadaire, la « Ludendorffs Volkswarte », de rédiger des ouvrages sur la guerre totale qui font encore l'admiration de certains experts, et dans lesquels il adaptait la pensée de Clausewitz aux féroces réalités du XXe siècle (la politique devenait la poursuite de la guerre, mais par d'autres moyens). La maison d'édition qu'il avait fondée était florissante, au point de survivre à la deuxième guerre mondiale ; une brochure qu'il avait publiée en 1932 atteignait le tirage de 800 000 exemplaires ; pour une partie, ce rayonnement était international (en 1927, la presse Hearst lui avait commandé une série d'articles). Mais il s'était, bien entendu, successivement brouillé avec tous ses anciens frères d'armes et avait été exclu de toutes les associations d'officiers et d'anciens combattants ; il va tout aussi de soi que, dès son avènement au pouvoir, Hitler fit dissoudre son *Tannenbergbund* (« après la prise du pouvoir, notre lutte et notre vie furent rendues très difficiles », se plaignit-il). Il n'en poursuivit pas moins son combat jusqu'à sa mort, en décembre 1937, feintant en cas de besoin la censure, sous ce rapport assez libérale, du IIIe Reich. Son dernier écrit, intitulé « La Grande épouvante — La Bible n'est pas la parole de Dieu », s'achevait sur une protestation contre l'appui prêté par la législation nazie aux « doctrines de propagande des Juifs, de Rome et de la théocratie, doctrines qui répugnent au sentiment moral de notre race nordique ».

A tout prendre, les clefs de l'histoire mondiale découvertes par les époux Ludendorff étaient-elles tellement neuves ? Un homme plus illustre encore que le « révolutionnaire mondial » ne déclarait-il pas un jour, devant l'aréopage le plus respectable et le plus conservateur qui soit :

« Tous les premiers Chrétiens furent des Juifs. La religion chrétienne fut d'abord prêchée par des hommes qui avaient été Juifs, avant de se convertir ; au premier âge de l'Eglise, chacun des hommes dont le zèle, la puissance ou le génie propagèrent la foi chrétienne fut un Juif... Mais vous restez influencés par les obscures superstitions... »

Ainsi parlait Benjamin Disraeli à la Chambre des communes, en y prononçant en 1847 son premier discours. Peu auparavant, il en avait fait dire à « Sidonia », son porte-parole romancé, bien davantage :

« En ce moment même, malgré des siècles et des siècles de persécution, l'esprit juif exerce une vaste influence sur les affaires européennes. Je ne parle pas de leurs lois, auxquelles vous obéissez encore, ni de leur littérature, dont vous êtes saturés, mais de l'intellect hébraïque vivant. Il n'y a pas de mouvement intellectuel en Europe auquel les Juifs ne prennent part. Les premiers jésuites furent des Juifs ; la mystérieuse diplomatie russe qui trouble tellement l'Europe occidentale est principalement conduite par des Juifs ; cette révolution puissante qui se prépare en Allemagne et qui, si peu connue en Angleterre, deviendra une nouvelle et plus vaste Réforme, se développe en son entier sous les auspices des Juifs, qui monopolisent presque les chaires professorales en Allemagne... »

Si aucun autre auteur de souche juive n'a poussé les prétentions de ce genre aussi loin que le futur lord Beaconsfield, ils furent de tout temps légion, ses semblables à vouloir tirer quelque gloire de « l'apport juif à la civilisation ». Certains Juifs allemands, encombrés par une origine qui n'était à leurs yeux qu'un fâcheux accident de naissance, se complaisaient ainsi à énumérer des noms-phares à titre d'une ultime consolation. Contentons-nous de citer une dernière fois Walther Rathenau, philosophe mystique à ses heures :

« Sous la notion de génies historiquement décisifs, je n'entends pas un nombre quelconque d'hommes très éminents, mais uniquement les incarnations humaines qui ont influencé la marche de l'histoire pour des siècles ou des millénaires. On peut en énumérer une douzaine, dont ne font pas partie quelques-uns des plus grands hommes, mais parmi lesquels il faut ranger certains autres dont la conscience européenne ne tient pas toujours compte, comme Confucius, Lao-Tsé, Mahomet. A cette courte série, le judaïsme a contribué par le personnage certainement historique de Moïse, ensuite par le Christ, Paul, Spinoza, et, à une distance considérable, Marx. Aucun autre peuple n'offre une série de ce genre... »

Or si, par hypothèse, on convient de tenir l'influence exercée par Moïse ou par Karl Marx (ou par Jésus, ou par Einstein) pour néfaste, le délire de Ludendorff, qui après tout avait « correctement observé » que la Bible, écrite par et pour des Juifs, restait le livre-clef de l'histoire occidentale, ou que la Maçonnerie déclarait vouloir idéalement reconstruire le temple de Salomon, n'acquiert-il pas une valeur heuristique ? En effet, la *coincidentia oppositorum* nous illustre comment, lors de toute prise de position par rapport au peuple juif, le primaire est la fascination par la puissance invisible ou l'immortalité qu'on lui prête, le secondaire, le signe de valeur adopté : ce à quoi on peut ajouter qui si les Juifs, comme tout groupe humain, sont enclins à s'apprécier positivement (identification positive), tandis que hors de leur groupe, l'identification est facilement négative, les nuances et les combinaisons de tout ordre sont singulièrement variées et complexes. Dans le cas des figures de proue occidentales surtout, les exceptions sont presque aussi nombreuses que la règle. A témoin, les contempteurs du judaïsme Marx ou Spinoza, et ses admirateurs J.-J. Rousseau ou Nietzsche ; nous renvoyons à ce sujet à ce que nous avons écrit plus haut de chapitre en chapitre.

II

L'empire russe

L'étrange explosion de joie qui, en été 1914, marqua l'ouverture des hostilités, n'épargna pas la Russie ; et pour une part au moins, la part russifiée ou assimilée, les Juifs partagèrent les sentiments ambiants. Leurs journaux protestaient de leur patriotisme sur tous les tons. Ainsi, le *Novy Voskhod*, publié à Vilna, la « Jérusalem de la Lituanie » :

« Notre cher pays, la grande Russie, a été provoquée dans un duel formidable et sanglant. C'est une lutte sans merci pour l'intégrité et la grandeur de la Russie. Tous les fils fidèles de la patrie se sont levés comme un seul homme pour faire de leur poitrine un rempart contre l'attaque ennemie. Dans tout l'Empire russe, nos frères en religion, les Juifs, se sont empressés de remplir leur devoir ; beaucoup se sont même volontairement engagés... »

Une « Union sacrée » s'ébaucha à la Douma, groupant toutes les tendances, à l'exception des extrémistes des deux bords, Cent-Noirs ou bolcheviks. Par la suite, l'antisémite tempéré Choulguine s'en expliquait comme suit :

« Le judaïsme a fait le premier pas " à crédit ", sans poser de conditions, en se ralliant (au début de la guerre) au pouvoir historique russe (...) Les Juifs russes, qui dirigeaient en fait la presse russe, adoptèrent une position patriotique et lancèrent la devise : " Faire la guerre jusqu'à la victoire finale. " Ce faisant, ils niaient la révolution. Et je suis devenu

" philosémite ". J'étais disposé à suivre ce chemin jusqu'au bout, afin d'alléger de cette façon la terrible pression exercée par la guerre sur l'Etat russe. »

Mais d'autres antisémites en jugeaient autrement, et à aucun moment, la presse des Cent-Noirs, subventionnée par Nicolas II et libéralement distribuée parmi les troupes en campagne, n'interrompit son agitation antijuive. Pour comprendre la suite des événements, il faut tenir compte de la vague d'espionnite préludant à la décomposition générale, qui déferla sur la Russie, dès les premiers revers militaires, et qui déboucha sur la chute du tsarisme.

Qui donc trahissait la Russie ? Deux thèses étaient en présence. La version de loin la plus répandue, celle sans laquelle la pacifique révolution « bourgeoise » de février 1917 serait incompréhensible, mettait en cause l'impératrice Alexandra, son idole Raspoutine, et les ministres (notamment Boris Stürmer) choisis par le couple tragique. Dans l'intelligentsia et la bonne société, l'horrible soupçon circulait d'abord de bouche en bouche, tournant peu à peu à la certitude et semant le désespoir ou le cynisme, jusqu'à ce que le dirigeant « cadet » Milioukov en fasse état en automne 1916 du haut de la tribune de la Douma. Mais parmi les masses populaires aussi, personne n'ignorait en 1916 l'étrange manière dont était gouvernée la Russie, et les soldats étaient généralement convaincu que le « staretz » était l'amant de « la tsarine allemande ».

L'autre version, celle des Cent-Noirs, partagée par une partie des cadres de l'armée, mettait en cause l'espionnage des Juifs, et plus généralement leur volonté délibérée de profiter de la conjoncture pour tirer vengeance des Chrétiens de toutes les manières. Un ordre du jour mettait en garde les soldats contre les sucreries vendues par les Juifs, « néfastes pour la santé » ; un article de journal décrivait, « d'après les sources officielles », le martyre que faisaient subir les prisonniers de guerre juifs à leurs camarades d'infortune chrétiens, dans les camps allemands. « Après avoir cousu des galons de sous-officier sur leurs manches, ils se font distribuer des matraques avec lesquelles ils rouent de coups nos prisonniers. Les Juifs prisonniers circulent librement en ville... » On remarquera en passant la dichotomie entre « Juifs prisonniers » et « nos prisonniers », qu'ils soient orthodoxes, catholiques ou musulmans. Inaugurant une pratique reprise par la suite sous Staline, la censure interdisait de rendre publics les hauts faits des combattants juifs, en faisant supprimer, dans les listes des soldats décorés, les noms ou les prénoms, lorsqu'ils étaient typiquement juifs. Pourtant — et sur ce point également le paradoxe de 1914-1918 se reproduira en 1939-1945 — c'est encore sous l'uniforme que les Juifs pâtissaient le moins de leur condition. En effet, dès les premiers revers de l'automne 1914, les civils juifs à l'arrière de la ligne du front — un front qui en reculant balaya la majeure partie de la « zone de résidence » — commencèrent à être systématiquement évacués, ou pour mieux dire déportés.

Au cours de la première année de la guerre, le commandement suprême était assuré par le grand-duc Nicolas, assisté du général Yanouchkevitch, et leur état-major était peuplé de ces extrémistes que nous avons vus à l'œuvre en 1905-1906. Lorsque commença la retraite des troupes russes, la tendance se dessina de recourir à la parade « moscovite » de 1812, c'est-à-dire à la stratégie de la terre brûlée, et d'évacuer en conséquence toute la population, mais il apparut rapidement qu'en l'occurrence, le procédé gênait les Russes plus qu'il ne gênait les Allemands. Il fut alors décidé de limiter les évacuations aux « Juifs et autres personnages suspects d'espionnage », ainsi que s'exprimait une circulaire du 16 janvier 1915. Au cours de cette première année, plus d'un demi-million de Juifs fut ainsi déporté à l'intérieur de la Russie ; un moyen plus sommaire, préconisé par le commandement du XVIIIe corps d'armée, consistait à « expulser les Juifs vers les lignes ennemies, sans en laisser un seul dans le rayon des troupes ». C'est dans ces conditions dramatiques que les masses juives purent enfin fouler le sol de la Russie traditionnelle, affamées et démunies de tout, réservoir de choix pour le recrutement révolutionnaire.

En automne 1915, Nicolas II prit la décision d'assumer lui-même le commandement en chef, et choisit le général Alexéev pour chef d'état-major. La pratique des déportations fut alors remplacée par celle des prises d'otages, et les arrestations et procès allèrent en se multipliant. Dans certains cas, il s'agissait d'une justice ultra-sommaire, suivie de pendaisons ; dans d'autres, lorsqu'il s'agissait des tribunaux militaires réguliers des corps d'armée, les débats, le plus souvent suivis d'acquittements, confirmaient que les Juifs avaient été bel et bien choisis pour boucs émissaires. D'après une rumeur, ils dissimulaient des appareils de télégraphie sans fil dans leurs longues barbes traditionnelles ; une autre coutume qui prêtait à soupçon consistait à garder à la synagogue une corde ou un fil de fer suffisamment longs pour suffire à encercler « la ville », c'est-à-dire le périmètre qu'il fallait s'abstenir de franchir, le samedi. C'étaient donc, aux termes des sentences portées par certains tribunaux militaires, des fils télégraphiques ou téléphoniques, qui permettaient de communiquer avec l'ennemi.

C'est ainsi que, sinon l'armée tout entière du moins une partie du corps des officiers, se fortifiait dans la croyance que les Juifs étaient des espions quasiment par définition, et l'on pourrait aussi rappeler qu'avant de servir aux provocations antisémites, cette croyance avait été cultivée par quelques-uns des plus glorieux auteurs russes. On peut se demander aussi ce qu'il en était en réalité : la connaissance de l'allemand, ou la vivacité d'esprit ou plus simplement l'exaspération, n'incitaient-elles pas dans de nombreux cas les Juifs à aider l'ennemi ? Sans pouvoir l'exclure entièrement, on peut remarquer à ce propos qu'en règle générale, les espions travaillent pour le plus offrant ; l'argent russe ayant aussi peu d'odeur que l'argent allemand, gardons-nous d'attribuer aux traîtres juifs une trop forte dose d'idéalisme.

On peut ajouter aussi que si l'Impératrice et Raspoutine étaient soupçonnés bien à tort de travailler pour l'Allemagne, on ne saurait en dire autant de leur entourage, et des appels parfois très francs en faveur d'un renversement d'alliances partaient du camp des Cent-Noirs. Dans le « Grajdanine » du prince Mechtchersky, le conseiller préféré de Nicolas II, son cousin le roi George V était froidement accusé en 1916 d'être un franc-maçon et un révolutionnaire, la « Zemchtchina » écrivait en 1915 que « ce n'est pas l'Allemagne qui avait déclaré la guerre, mais les Juifs, qui ont choisi l'Allemagne comme instrument de leurs desseins ; il leur fallait jeter l'une sur l'autre les deux puissances où le principe monarchique est le plus fort, pour les affaiblir toutes les deux ».

Certains officiers russes témoignaient d'une sorte de génie pour semer la haine entre les Juifs et les soldats des autres nationalités, globalement qualifiés de « soldats russes ». Qu'on s'imagine l'effet que pouvait produire sur les uns et sur les autres la lecture de l'instruction suivante, due au général-lieutenant Jdanovitch, commandant de la première brigade d'infanterie :

« Au cours de l'actuelle guerre patriotique, toutes les nombreuses nationalités qui peuplent la Russie, à la seule exception des Jids, se sont si bien fondues, lors de l'action commune, que les dissensions nationales ont été entièrement oubliées. Les Jids auraient pu tirer parti de ce moment historique exceptionnel pour rétablir la réputation de leur peuple, apporter la preuve de leur dignité humaine et obtenir l'égalité des droits, eux qui prétendent être l'objet d'un traitement injuste. Qu'ils en profitent donc pour manifester leur attachement et leur amour de la patrie ; ils verront qu'une telle conduite ne passera pas inaperçue. Qu'ils acquièrent, non par la ruse, mais au moyen d'actes exemplaires, le droit de dire : " Nous versons notre sang pour la patrie ", et la patrie ne les oubliera pas. Les officiers doivent impérieusement faire entendre aux soldats juifs que la guerre finira un jour, et que le soldat russe, de retour dans ses foyers, ne manquera pas de relater comment les Jids russes multipliaient les subterfuges pour éviter de participer à la défense de la patrie. La colère et la haine trouveront alors un exutoire qui sera infiniment plus dangereux pour eux que les risques qu'ils courent en s'acquittant de leurs obligations militaires, car la vindicte populaire ne se tournera pas uniquement contre ceux qui par leurs agissements criminels ont aidé l'ennemi et leurs parents et enfants innocents. » (8 juillet 1915.)

Certes, on ne saurait dire que ce perfide message était représentatif de l'état d'esprit des officiers russes (mais il le deviendra, nous le verrons, par la suite, au cours de la guerre civile), et encore moins les provocations de la presse des Cent-Noirs l'étaient-elles, en ce qui concernait l'opinion publique. Celle-ci, en devenant de plus en plus hostile au couple impérial et à son entourage, prenait d'autant plus volontiers fait et cause pour les Juifs. La majeure partie des écrivains russes alors en renom, Gorki ou Korolenko, Merejkovski ou Léonide Andréev, élevaient des protestations, signaient des manifestes pro-juifs, dénonçaient dans leurs articles les iniques accusations et procès. Ainsi Maxime Gorki :

« Notre peuple, irrité par nos défaites et si souvent induit en erreur, veut savoir à qui incombe la responsabilité de nos malheurs militaires. On lui présente le Juif et on lui dit : voici le coupable ! Depuis longtemps on lui dit que les Juifs sont un peuple mauvais, qui a crucifié le Christ. On oublie de lui rappeler que le Christ était un Juif lui-même, que tous les prophètes étaient Juifs, de même que les apôtres, ces pauvres pêcheurs juifs qui ont créé l'Evangile. Si le Christ avait été mis à mort, c'est qu'il était cher au cœur des pauvres (...) L'exaspération suscitée par la guerre réclame une victime, et des personnages rusés, cherchant à faire endosser leur culpabilité par autrui, désignent le Juif en qualité d'auteur de tous nos maux. »

Il n'est pas sans intérêt de relever l'insistance avec laquelle Gorki cherchait à réfuter dans cet écrit, destiné évidemment aux larges masses (et qui fut confisqué par la censure), la séculaire accusation de déicide.

Le gouvernement et l'administration restaient hantés pour leur part par le spectre du Juif international, et surtout du Juif révolutionnaire. Il est intéressant de connaître les vues des ministres en exercice, dont les délibérations sont connues pour les mois d'été 1915, à la veille de la décision de Nicolas II de s'installer au Grand Quartier général, pour prendre la responsabilité personnelle des opérations militaires, et laisser tomber la Russie en quenouille ; il s'agissait donc encore à l'époque de vieux serviteurs de la couronne, et non des protégés de l'Impératrice et de Raspoutine.

Nous voici donc au mois d'août 1915, lorsque les Allemands, après avoir conquis toute la Pologne russe, se dirigent vers Riga, et que l'état-major russe, pris de panique, envisage déjà l'évacuation de Pétrograd. La parole est au ministre de l'Intérieur, le prince Chterbatov :

« C'est en vain, dit-il, que nous cherchons à raisonner le haut commandement. Tous, nous sommes déjà intervenus, soit collectivement, soit individuellement. Mais le tout-puissant Yanouchkevitch ne tient aucun compte des intérêts de l'Etat. Ce qu'il veut, c'est se servir des préjugés dont les Juifs font l'objet afin de les rendre responsables de tous nos échecs. Cette politique porte ses fruits, et les tendances pogromistes dans l'armée se renforcent. Je suis gêné de le dire, mais nous sommes ici entre nous, et je soupçonne que Yanouchkevitch veut se servir des Juifs en qualité d'alibi. Du reste, même si le haut commandement donnait l'ordre de mettre un terme aux excès antijuifs, le mal a déjà fait son œuvre. Actuellement, des centaines de milliers de Juifs de tout âge, sexe et condition cheminent vers l'est. Les autorités locales font savoir qu'elles ne sont pas en mesure d'assurer la sécurité des déportés, compte tenu de l'excitation des esprits et de l'agitation pogromiste, poursuivies notamment par les soldats qui retournent du front. Nous sommes donc obligés d'autoriser l'installation des Juifs en dehors de la zone de résidence. Les lois en vigueur avaient des conditions normales en vue ; or, nous subissons une catastrophe, et nous devons en tenir compte.

« Les dirigeants du judaïsme russe insistent sur des mesures d'ordre général en vue d'alléger la condition de leurs compatriotes. Dans la chaleur de la conversation, on m'a franchement parlé de la montée de l'état d'esprit révolutionnaire parmi les masses juives, des projets d'une autodéfense active, de la menace de troubles d'envergure et ainsi de suite. On m'a dit qu'à l'étranger aussi on commence à perdre patience et que la Russie risque de se voir couper les crédits. Autrement dit, les requêtes tournent à l'ultimatum : si vous voulez de l'argent pour faire la guerre, alors... Ces requêtes se ramènent à la publication d'une loi qui, tout en soulageant la situation des réfugiés, aurait en même temps la signification d'une réhabilitation des masses juives, stigmatisées par les rumeurs au sujet de leur trahison. »

La majeure partie des ministres présents approuvèrent la suggestion du prince Chterbatov, envisageant de présenter un « contre-ultimatum » que le ministre de l'Agriculture Krivochéine formulait ainsi : « Nous allons changer les lois : veuillez de votre côté faciliter nos emprunts sur les marchés russe et étranger et stopper l'agitation révolutionnaire dans la presse. » Par ailleurs, le Conseil des ministres convint que les territoires cosaques du Sud-Est devaient rester interdits aux Juifs, car, comme le résumait Polivanov, le ministre de la Guerre, « historiquement parlant, Cosaques et Juifs n'ont jamais pu s'entendre, leurs rencontres finissaient toujours mal ». Notons encore la voix discordante du ministre des Communications, Roukhlov : « Nous venons de parler des considérations économiques, politiques ou militaires qui plaident en faveur d'un geste pro-juif, mais personne n'a encore parlé du danger d'une dissémination des Juifs à travers la Russie du point de vue de la contagion révolutionnaire. Il suffit de se souvenir du rôle joué par cette race dans les événements de 1905 ; en ce qui concerne le présent, le ministre de l'Intérieur n'ignore pas, je pense, la proportion des Juifs parmi les individus qui se livrent à la propagande révolutionnaire et participent aux diverses organisations clandestines. » Ce à quoi Krivochéine objectait qu'on ne pouvait pas « faire la guerre aux Allemands et aux Juifs à la fois ; même un pays aussi puissant que la Russie n'est pas en état de le faire ».

Mais une fois de plus, les concessions envisagées se heurtèrent au veto de Nicolas II, ainsi que l'annonçait deux semaines plus tard Gorémykine, le président du Conseil des ministres : « Messieurs, je dois vous avertir que l'empereur m'a déclaré ne rien pouvoir assumer dans la question juive. Une seule issue reste possible — par l'intermédiaire de la Douma. Si elle en est capable, qu'elle s'occupe donc de la question de l'égalité des droits. Elle n'ira pas bien loin avec cette question. »

En fait, la zone de résidence finit par être administrativement supprimée sans tambour ni trompette, par un simple décret ministériel, tel que le ministre de l'Intérieur était habilité à les prendre en cas de « circonstances exceptionnelles », conformément à l'article 158 du Code des Lois.

La révolution de février 1917 éclatait peu après ; une révolution populaire russe entièrement spontanée, dans laquelle les Juifs s'illustrèrent aussi peu que les révolutionnaires professionnels. Il restait que les uns et les autres en furent les premiers bénéficiaires, puisque les lois antijuives étaient abolies en même temps que les condamnés politiques rentraient du bagne ou de l'exil. Au cours des semaines de grandes espérances qui s'ensuivirent, de nombreux Juifs témoignèrent d'une volonté de russification intégrale : leurs revendications particulières n'ayant plus de raison d'être, ils n'aspiraient qu'à « se fondre dans la masse des nouveaux citoyens » (Marc Ferro). Ce récent jugement de l'historien français de la révolution se rapproche de celui qu'émettait rageusement en son temps l'un de ses acteurs, Simon Dimanchtein, le chef de la « section juive » au Commissariat des Nationalités de Staline.

> « Pour les partis petits-bourgeois Juifs, la première place revenait alors à la solution de la question nationale et à la lutte contre le développement de la révolution et contre le bolchevisme. La bourgeoisie juive de toutes les nuances se rallia aussitôt au Gouvernement provisoire et s'imprégna d'un profond patriotisme, militant pour une guerre menée jusqu'à la victoire finale, pour l'offensive sur tous les fronts, et nombre de lieutenants juifs frais émoulus, fils à papa bourgeois, se révélèrent être d'authentiques chauvins, se rendant sur la ligne du front pour exhorter les soldats au combat. »

Dimanchtein ne faisait exception que pour le prolétariat industriel juif (inexistant à Pétrograd, où se jouait la partie, et plus généralement dans la Russie proprement dite). Sa fureur rétrospective s'explique par l'hostilité manifestée par la grande majorité des Juifs russes au coup d'Etat de Lénine : si depuis deux générations ils avaient, presque comme un seul homme, épousé la cause antigouvernementale, souhaité un changement de régime et efficacement milité à cette fin, ce n'était assurément pas au nom du régime bolchevik. Il n'en reste pas moins que certains d'entre eux y jouèrent un rôle de premier plan, soit dès la première heure, soit en s'y ralliant par la suite : rôle amplement suffisant pour entériner aux yeux de la grande masse des antibolcheviks de toute nuance et de toute extraction, et d'abord à ceux du corps d'officiers, le vieux mythe de la « révolution juive ». Ainsi donc, les Cent-Noirs et autres tambourineurs du péril, le Pobiédonostsev et les Rosanov, avaient eu raison, après tout... Avant de voir comment cette interprétation de l'histoire universelle se propagea entre 1917 et 1921, à l'échelle russe d'abord et mondiale ensuite, au point de retenir l'attention de Henry Ford aux Etats-Unis, ou de Winston Churchill en Grande-Bretagne, ou de Georges Clemenceau en France, nous allons tenter de fixer, dans la mesure du possible, les faits réels qui vinrent, après coup, entourer le mythe d'une auréole prophétique.

Un paradoxe de cette histoire, c'est que les révolutionnaires juifs qui à la fin du XIXe siècle servirent d'accoucheurs au parti social-démocrate russe se rallièrent dans leur majorité, lors du fameux schisme de 1903, à la faction menchevik : leurs réticences devant les tendances centralisatrices, voire dictatoriales, de Lénine étaient bien connues, et dès 1907 nul autre que Joseph Staline faisait état des plaisanteries équivoques au sujet d'un « petit pogrome » au sein de la social-démocratie russe [1]. Parmi les « vieux bolcheviks », ceux qui s'étaient ralliés à Lénine avant 1917, la proportion des Juifs semble n'avoir été que de 10 p. 100, mais les ralliements des années 1917-1918 l'avaient portée à plus de 16 p. 100, ce qui paraît beaucoup, compte tenu de leur proportion au sein de la population, mais ce qui n'est nullement disproportionné, si l'on ne prend en considération que la population urbaine (on retrouve de la sorte le problème des pépinières révolutionnaires que furent les lycées et les universités). Du reste, en règle générale, les diverses ethnies allogènes, plus ou

1. Le rapport de Staline sur le Ve Congrès du parti social-démocrate russe contenait le passage suivant : « Un bolchevik (le camarade Alexinsky, je crois) a dit en plaisantant que les mencheviks étaient une faction juive, tandis que les bolcheviks étaient des vrais Russes, et que ce serait une bonne idée pour nous autres bolcheviks de nous livrer à un petit pogrome au sein du parti. » *Cf. Œuvres*, éd. russe, Moscou, 1946, t. III, pp. 50-51.

moins opprimées, fournissaient un plus grand pourcentage d'« éléments antigouvernementaux » que les Russes ; bons premiers sous ce rapport, les Juifs étaient suivis par les Allemands, les Arméniens et les Géorgiens. De ce point de vue statistique, on dispose de nos jours de certaines données sérieuses et précises. C'est ainsi que l'historien américain W.E. Mosse, qui s'était livré à l'analyse de l'extraction ethnique et sociale des 246 militants dont les noms figuraient dans un dictionnaire encyclopédique publié en U.R.S.S. avant les Grandes Purges, parvenait aux conclusions suivantes, soumises par lui à un congrès historique tenu à Moscou en 1968 :

« Les Russes, plus de 65 p. 100 de la population totale, ne fournissaient que 55 p. 100 (127 sur 246) des révolutionnaires énumérés par [le dictionnaire] *Granat*. Par conséquent, les « non-Russes » en fournissaient 45 p. 100 (119 sur 246), provenant de moins de 35 p. 100 de la population totale. (Des chiffres séparés sur les Ukrainiens auraient accentué la disproportion.) Le groupe minoritaire le plus important était celui des révolutionnaires d'origine juive. Moins de 4 p. 100 de la population totale, les Juifs fournissaient 16,6 p. 100 (41) des révolutionnaires. Ils étaient suivis par ceux d'origine allemande (15), un peu plus de 6 p. 100, provenant de 1,6 p. 100 de la population. A eux deux, les groupes Juif et allemand, tout en ne correspondant qu'à 5,5 p. 100 de la population, fournissaient plus d'un cinquième des révolutionnaires... Le nombre des Arméniens et des Géorgiens étaient disproportionné lui aussi, mais à un moindre degré (...). »

L'analyse quantitative était rigoureuse, mais elle ne tenait pratiquement aucun compte du facteur qualitatif auquel s'attachait un autre soviétologue américain, Léonard Schapiro, celui du pouvoir mobilisateur des noms, ou des pseudonymes, qui répandaient la terreur :

« [Au lendemain de la révolution d'Octobre] des milliers de Juifs se rallièrent aux bolcheviks, dans lesquels ils voyaient les champions les plus déterminés de la révolution, et les meilleurs internationalistes. Au moment même de la prise du pouvoir, la participation juive était loin d'être insignifiante, à l'échelon suprême du parti. Cinq des vingt et un membres titulaires du Comité central étaient des Juifs, et parmi eux, Trotski, ainsi que Sverdlov, le véritable maître de l'appareil du secrétariat (...)

« Nombre d'ennemis du bolchevisme qui tendaient à accoupler l'antisémitisme à l'antibolchevisme étaient d'avis que le bolchevisme était un mouvement étranger aux cœurs des vrais

Russes, un mouvement surtout juif. Ce raisonnement était courant parmi les Russes moyens, surtout au cours des premières années de la révolution. En effet, après Lénine, le personnage le plus éminent et le plus spectaculaire était Trotski ; à Pétrograd, la figure la plus importante et la plus haïe était Zinoviev ; et celui qui avait la mauvaise fortune de tomber entre les mains de la Tchéka avait bien des chances d'être interrogé et peut-être fusillé par un enquêteur juif. »

On peut aussi réfléchir au classement proposé à la veille du coup d'Etat de 1917 par Anatole Lounatcharsky, le futur commissaire de l'Instruction publique : 1° Lénine, 2° Trotski, 3° Sverdlov, 4° Staline, 5° Dzerjinsky, 6° Zinoviev, 7° Kamenev, soit quatre Juifs (ainsi qu'un Géorgien et un Polonais).

Un historien des pogromes perpétrés par l'armée blanche bornait ses réflexions au « catalyseur exceptionnellement dangereux » qu'était de ce point de vue le personnage de Trotski — à tout prendre, un *rallié* au bolchevisme lui aussi ! — mais qui à l'époque « incarnait à lui tout seul le pouvoir soviétique », constituant le principal sujet, méphistophélique à souhait, des affiches de la propagande antibolchevique, ainsi que le thème d'un refrain populaire entre tous, dans la Russie méridionale de 1918-1920 :

> « *Le sucre est à Brodsky*
> *Le thé est à Vissotsky*
> *La Russie est à Trotski.* »

Il ne venait à l'esprit de personne de mettre en doute les monopoles commerciaux prêtés aux firmes Brodski et Vissotski ; ni apparemment, de s'indigner du viol de la Russie par Vladimir Lénine.

Revenons maintenant à l'année 1917.

Dès l'automne 1916, les agents de l'*Okhrana* signalaient l'imminence de troubles populaires à Pétrograd, troubles qui, pensaient-ils, déboucheraient sur un pogrome de Juifs (ou bien d'Allemands). Mais personne ne se doutait que la garnison de la capitale allait faire cause commune avec les ouvriers affamés, et que le régime tsariste allait être balayé en trois jours ; les milieux révolutionnaires ou activement opposants, moins que tous les autres. Le fait accompli fut accueilli avec satisfaction par la majeure partie de la population. Au début, l'effusion de sang se limita à quelques dizaines d'agents de police, et le corps d'officiers se rallia, quoi qu'il en coûtât à certains généraux, au régime nouveau, ainsi que Nicolas II le lui avait enjoint, dans son acte d'abdication. Le « Gouvernement provisoire » ne tarda pas à proclamer l'égalité de tous les citoyens devant la loi, à la jubilation des Juifs, ses partisans d'autant plus indéfectibles que, dès les premières semaines de la révolution, une propagande chuchotée alimentée par les Cent-Noirs et les anciens *okhranniks* les accusait, comme à l'ordinaire, de tous les maux, tant anciens que nouveaux : renchérissement de la vie ou désorganisation des services publics, poursuite de la guerre, décomposition commençante de l'armée. Dès les mois de mars et d'avril, des pogromes éclataient dans certaines villes de province, dont les déserteurs qui refluaient par dizaines de milliers vers l'arrière semblent avoir été les principaux artisans. D'autres excès eurent lieu : « à Moscou, un régiment refusait d'avoir des officiers juifs et il ne laissait pas parler des orateurs envoyés par le Soviet, parce qu'il est entre les mains des Juifs ; à Ekaterinodar, les élèves des écoles avaient formé un « groupe slave » destiné à faire de la propagande antisémite dans les campagnes ». Ainsi que de coutume, c'est en Ukraine que les manifestations antijuives de tout ordre revêtaient l'ampleur la plus grande, cette fois-ci dans le cadre d'un irrédentisme de fraîche date tourné contre tous les « exploiteurs historiques », mais la Russie du Nord n'était pas épargnée pour autant, en sorte qu'en juin 1917 le procureur général de Pétrograd réclamait la promulgation d'une loi antipogromiste, dont il motivait la nécessité comme suit :

> « D'après mes informations, une agitation pogromiste croissante se poursuit sur les marchés et autres lieux de rassemblement du public. C'est surtout à Vitebsk et à Pétrograd que se font entendre les appels à un pogrome antijuif. Les pogromistes insistent sur l'emprise des Juifs dans la milice, dans les soviets et dans les doumas de district et menacent d'assassinat certains hommes politiques ... »

Le « pouvoir parallèle » des Soviets adoptait de son côté une résolution dans laquelle il accusait les contre-révolutionnaires d'utiliser « les préjugés obscurantistes » des masses aux fins d'une diversion compte tenu de la crise générale traversée par le pays. « Cette agitation antijuive, souvent marquée par des mots d'ordre radicaux, constitue un énorme danger tant pour le peuple juif que pour tout le mouvement révolutionnaire, car elle menace de noyer dans le sang fraternel toute la cause de la libération du peuple, et à couvrir le mouvement révolutionnaire d'une honte ineffaçable... »

Certes, la propagande antisémite était surtout le fait d'éléments réactionnaires ou pro-tsaristes, mais d'étonnants chassés-croisés ou reniements avaient souvent lieu, sur le fond du chaos croissant. Un ancien dirigeant révolutionnaire de 1905, l'avocat Khroustalev-Nossar, tentait d'organiser dans sa ville natale ukrainienne une « république antisémite ». Un ancien organe des Cent-Noirs, la *Groza,* qui faisait désormais campagne pour la paix immédiate, mettait en accusation les Juifs en ces termes :

« Les travailleurs et les soldats de la capitale ont passé en revue leurs forces au cours de la manifestation [bolchevique] anti-capitaliste du 18 juin, dans l'intention de mettre fin à la guerre et de remplacer les ministres d'origine bourgeoise et marchande par des ministres issus de leur propre milieu. Les Juifs ont tenté de s'y opposer en soutenant les capitalistes et en réclamant la poursuite de la guerre. Les ouvriers et les soldats se sont précipités sur les Juifs, les ont roués de coups et ont déchiré leurs drapeaux. »

Le prudent *Novoïé Vrémia* décrivait cette manifestation du 18 juin, qui marquait le ralliement populaire au programme bolchevik, d'une tout autre manière : les porte-drapeaux humiliés devenaient des officiers russes, dont le journal prenait pathétiquement la défense, et leurs persécuteurs, des Juifs, qu'il dénonçait d'une manière encore bien timide, mais appelée à faire fortune. Où donc les ci-devant Cent-Noirs avaient-ils élu domicile ? Un mois après, un communiqué du gouvernement Kerenski annonçait qu'au cours d'une perquisition au quartier général des Bolcheviks (maison Kchessinski), un stock de littérature antisémite et de cartes postales représentant des meurtres rituels avait été découvert parmi d'autres documents compromettants. Un matériel analogue avait été trouvé dans la « villa Dournovo », où s'étaient installés les anarchistes. Les informations de ce type affluaient de toutes les provinces : la correspondance ci-dessous, datant du mois d'avril, évoque on ne peut mieux le trouble climat qui régnait en ces temps dans les campagnes de la Russie éternelle :

« Dans le village de Doubovo, gouvernement de Tiraspol, plusieurs femmes de soldats ont fait irruption chez le commerçant local, et ont commencé à dévaster sa boutique, réclamant le partage des marchandises. Ce faisant, elles disaient que " des personnes bien renseignées " leur avaient expliqué que la liberté avait été octroyée pour tout partager en parts égales, et pour reprendre aux riches leurs biens. A Tiraspol même, le commissaire de police Serguéiev, qui parlait beaucoup de son dévouement au nouveau régime, avait été élu chef de la milice. A la question s'il possédait des armes, il avait répondu en donnant sa parole d'honneur qu'il n'en avait pas. Cependant, on trouva chez lui 80 fusils et 50 revolvers ; les munitions avaient été cachées par lui dans une caisse marquée « macaronis ». Un agent de police qui avait été licencié s'est livré à deux tentatives de simulation de meurtres rituels. »

En juillet, le *Novoïe Vrémia* décrivait, sous le titre de « Méfaits bolcheviks », les activités d'une bande pogromiste formée à Moscou par d'anciens agents de police. On comprend mieux, dans ces conditions, la guerre sans merci que Lénine allait déclarer à l'antisémitisme. La provocation sévissait de part et d'autre, et c'est précisément en cherchant à discréditer le parti bolchevik que le gouvernement Kerenski se trouva être à l'origine de la version internationale la plus commune du complot juif ou judéo-allemand.

Pourtant, lorsqu'en avril 1917 Lénine arriva à Pétrograd, *via* l'Allemagne, et imposa à son parti le programme d'une paix immédiate, le Gouvernement provisoire, suivi par les Alliés occidentaux, tenta d'abord de faire bonne mine au mauvais jeu (à Paris, Georges Clemenceau qualifiait alors les bolcheviks de « défenseurs inconscients du militarisme allemand »). Ce n'est qu'au lendemain du coup d'Etat avorté de juillet que le ministère Kerensky fit inculper Lénine et une dizaine d'autres dirigeants ou militants bolcheviks pour complicité avec l'ennemi, sur la foi de documents d'ailleurs faux, communiqués et peut-être fabriqués par des agents du contre-espionnage français ; en même temps, il les faisait diffamer par la presse, en leur prétendue qualité d'agents de l'Allemagne. La fureur de leurs protestations suggère que le coup avait porté. Peu après (le 22 juillet) le gouvernement jugea le moment venu pour révéler des détails — et surtout des noms : étaient poursuivis pour complicité avec l'ennemi et révolte armée les citoyens Oulianov, Apfelbaum, Helfand, Fürstenberg et Koslovsky, les dames Kollontaï et Surenson, et quatre militaires aux noms neutres. On peut s'interroger sur les critères qui avaient présidé au choix des noms ainsi livrés en pâture au public russe. D'autant que pour faire bonne mesure, certains propagandistes voulurent faire accroire par la suite que le vrai nom de Lénine était Zederbaum ou Zedelbaum, tablant sur une confusion entre le leader bolchevik et un leader menchevik (Zederbaum-Martov), mais ils ne furent pas suivis, et sans doute à juste titre : après tout, le Russe entouré d'une dizaine de Juifs, exception qui confirmait la règle, ne faisait que rendre plus vraisemblable la thèse d'un complot juif. Ajoutons que, dès que l'accusation et les poursuites furent rendues publiques, le Soviet de Pétrograd (à majorité menchevik, à l'époque) décida d'instituer une commission en vue de la réhabilitation de Lénine, mais par une certaine ironie du sort, la « commission des cinq » élue à cet effet se trouva composée de cinq Juifs, en sorte qu'on jugea plus sage d'en désigner une autre... De même, le premier gouvernement formé en novembre 1917 par les bolcheviks ne comptait qu'un seul Juif (Trotski) sur quinze membres ; mais au point où en étaient les choses, on pouvait douter de l'utilité de la précaution : les derniers journaux « bourgeois » n'assuraient-ils pas que le commissaire à la guerre, Nicolas Krylenko, s'appelait Abraham de son vrai nom ? (mais pas de fumée sans feu ; à un moment de sa vie clandestine, Krylenko avait bien utilisé ce pseudonyme-là).

Ainsi, les jeux étaient faits ; qu'il s'agissait bien, aux yeux d'une fraction imprécise mais considérable du public russe, d'une « révolution juive » ressort notamment des derniers cris d'angoisse de la presse non bolchevique de toutes nuances, qui, pendant quelques semaines, put encore paraître, changeant d'imprimerie ou même de titre, et la « Malenkaïa Gazeta », le « Petit Journal » russe, en appelait ouvertement à un pogrome général des bolcheviks et des Juifs. Nous verrons comment la thèse était aussitôt reprise dans le camp allié, des deux côtés de l'Atlantique : le *Times* de Londres la résumait en quelques mots dès le 23 novembre 1917, en écrivant que « Lénine et plusieurs de ses confédérés sont des aventuriers de sang germano-juif, à la solde des Allemands ».

Mais une pièce manquait encore au puzzle. Révolution juive ou judéo-allemande, soit : mais quel était le rôle qu'y jouaient les capitalistes internationaux juifs ? Une autre série de faux, vendue dans la tragique Pétrograd de l'hiver 1917-1918 par le journaliste Eugène Semionov au diplomate américain Edgar Sisson, vint fournir la réponse : les bolcheviks, c'est-à-dire en premier lieu Trotski, étaient financés et télécommandés par un « syndicat rhénano-westphalien », par l'intermédiaire du banquier juif Max Warburg et du bolchevik juif Furstenberg. La communauté de vues entre Juifs révolutionnaires et Juifs financiers ne pouvait être plus parfaite, puisqu'ils étaient tous des Allemands. Le gouvernement américain, après s'être entouré des conseils de deux historiens spécialisés, s'en porta garant en publiant lui-même les documents en septembre 1918, sous le titre de *The German-Bolshevik Conspiracy*. La date mérite d'être retenue, car elle marque la première publication officielle d'un faux antisémite par un gouvernement qui n'était ni tsariste ni nazi, mais celui des Etats-Unis d'Amérique. De la sorte, le système était au point, et les démocraties occidentales, nous le verrons, connaîtront une hantise du judéo-germano-bolchevisme que les dictatures n'auront qu'à exploiter, en supprimant le moyen terme.

Si les bolcheviks avaient pu s'emparer, pratiquement sans coup férir, des deux capitales et de la Russie d'Europe proprement dite, les régions périphériques, en premier lieu le Midi ukrainien et l'immense marche sibérienne, échappaient peu après à leur pouvoir. Leurs adversaires les plus déterminés, notamment des dizaines de milliers d'officiers, prenaient le chemin de ces régions « blanches » : la suite des événements suggère l'existence d'une corrélation entre leur combativité et leur judéophobie. La corrélation ne put que s'accroître lorsqu'on apprit que le dernier tsar et sa famille avaient été massacrés à Ekaterinbourg (Sverdlovsk), sur l'ordre, disait-on, du Juif Jacob Sverdlov, et sous la direction personnelle, disait-on encore, des Juifs Yourovski et Golochtchekine. Le drame ne tarda pas à s'orner de détails aussi impressionnants que fantaisistes : citons la version que l'attaché militaire anglais, le général Alfred Knox, câblait en février 1919 à son gouvernement :

> « Il y avait deux camps dans le Soviet local : l'un voulait sauver la famille impériale, l'autre était dirigé par cinq Juifs, dont deux étaient des partisans acharnés de l'assassinat. Ces deux Juifs, Vaïnen et Safarov, avaient accompagné Lénine lors de son voyage à travers l'Allemagne. »

Mais l'exécution, qui aujourd'hui encore émeut bien des cœurs, était accompagnée par d'autres signes providentiellement antijuifs. La croix gammée n'était-elle pas l'emblème personnel de l'impératrice Alexandra ? et ne retrouva-t-on pas parmi les livres qu'elle avait lus pendant son emprisonnement, les *Protocoles des Sages de Sion ?* C'est du moins ce qu'annoncèrent les enquêteurs de l'armée blanche sibérienne de Koltchak, le « régent suprême » des forces antibolchéviques, et on peut croire que ceux-là mêmes qui naguère tenaient en suspicion « l'Allemande » s'enflammaient désormais à l'idée de venger la martyre. C'est dans ces conditions que la propagande des armées blanches en vint à adopter les appels au massacre des Juifs pour l'un de ses grands thèmes. Cette tendance prévalut notamment en Russie du Sud, au sein des troupes du général Denikine qui, ne l'oublions pas, s'avancèrent au début de l'automne 1919 jusqu'à Toula, à 200 kilomètres de Moscou, et qui parcouraient donc une partie des provinces de la ci-devant « zone de résidence » des Juifs. Les *Volontaires* blancs pouvaient donc satisfaire à loisir leur soif de vengeance, une soif de tout temps inextinguible, les meurtres, les viols et les pillages ne faisant qu'exaspérer, à travers le fatal engrenage du remords et du crime, les fureurs antijuives. D'ailleurs, les pogromes n'étaient que l'un des symptômes de la dépravation générale des ci-devant « volontaires », dont font si souvent état les souvenirs et les chroniques de leurs généraux. « Nos mœurs sont bestiales ; nos cœurs sont remplis d'une vindicte et d'une haine mortelle ; notre justice sommaire est atroce, tout comme le sont les voluptueuses tueries auxquelles se complaisent nombre de nos volontaires. » « Une armée habituée à l'arbitraire, aux pillages et aux saouleries, et conduite par des chefs qui lui donnaient l'exemple de ces pratiques — une telle armée ne pouvait pas sauver la Russie » (général Wrangel). Plus saisissante encore est la condamnation portée par le général Denikine lui-même contre ses troupes : « Le peuple les accueillait joyeusement et avec des génuflexions et il les raccompagnait avec des malédictions. » D'où l'on peut inférer quelles devaient être les épreuves des Juifs ; ceux qui étaient épargnés, c'est-à-dire surtout les résidents des grandes villes, n'en passaient pas moins, lors de l'entrée des Blancs, par toutes les affres d'une « torture par la peur », suivant la forte expression de Choulguine.

Tout comme aux temps du batiouchka-tsar, les pogromes duraient souvent trois jours francs, au cours desquels le code militaire se trouvait suspendu *de facto,* et il va de soi qu'ils étaient devenus autrement sanguinaires. Ajoutons que les « Verts » et d'autres bandes ukrainiennes rivalisaient en cruauté avec l'armée dite régulière ; une proclamation collective des principaux chefs de bande (« atamans ») invoquait même le souvenir des grands saints nationaux, exhortant en leur nom les Chrétiens à en finir une fois pour toutes avec la diabolique engeance juive. Le nombre total des Juifs assassinés en Ukraine en 1918-1920 est estimé à plus de 60 000. En ce qui concerne les troupes blanches, le général Denikine réprouvait pour sa part les pogromes et les autres excès, mais était incapable de les empêcher : du reste, il était couramment accusé de « s'être vendu aux Juifs ». De ce fait, il était encore moins capable de freiner la propagande antisémite ou de prévenir la publication de faux dont certains allaient faire le tour du monde, au cours des inquiètes années du premier après-guerre.

Ce fut le cas d'un prétendu rapport secret du gouvernement français, fabriqué à New York par un émigré russe, qui donnait la liste des principaux dirigeants communistes, tous Juifs à l'exception de Lénine, et décrivait leurs visées d'une domination universelle sioniste : « Les Juifs ont obtenu déjà la reconnaissance formelle d'un Etat juif en Palestine ; ils ont réussi également à constituer une république juive en Allemagne et en Autriche-Hongrie ; ce sont les premiers pas vers la future domination mondiale par les Juifs, mais ce n'est pas leur dernier effort. » Ce document rendu public le 23 septembre 1919 à Rostov, fut reproduit en 1920 par *La Vieille France* à Paris et par *The Morning Post* à Londres ; à ses côtés, on peut placer le « Rapport du camarade Rappoport » (reproduit en mai 1920 par *L'Intransigeant*, qui à son tour servit de source à une compilation américaine). Tout sioniste qu'il était, le camarade Rappoport jetait son dévolu sur l'Ukraine, et non sur la Palestine :

« (...) Après la débâcle des coopérations nationales, le nationalisme ukrainien perdit sa base économique. Ce furent les banques d'escompte, dirigées par nos camarades Nazert, Gloss, Fischer, Krauss et Spindler, qui jouent ici le rôle principal. La classe des propriétaires russes, frivoles et stupides, nous suivra comme des moutons voués à l'abattoir. Comme représentant du *Poalé-Sion,* je dois constater à ma grande satisfaction que notre parti et celui du *Bund* sont devenus des centres d'activité manœuvrant l'immense troupeau des moutons russes. »

Il est caractéristique que le général Denikine, qui

n'ignorait pas qu'il s'agissait d'un faux, le qualifiait d'une mystification ayant toutes les apparences de la vérité, rédigée de main de maître. Ainsi, cet honnête soldat, adversaire résolu des pogromes, jugeait plausible un bulletin de victoire rédigé dans un langage d'une invraisemblance éclatante, ce qui témoigne à sa façon des chimères qui obsèdent sur ces points les imaginations chrétiennes d'une façon peut-être chronique (de nos jours, la presse soviétique ne prête-t-elle pas aux « sionistes » des visées analogues ?) De même Denikine imputait aux militants juifs la persécution de l'Eglise russe, comme si ces « bolcheviks non baptisés » se livraient à la propagande antireligieuse en tant que Juifs, et non en tant que bolcheviks (une vision que Soljenitsyne fera sienne dans *Le Premier Cercle*).

Un troisième faux, le « document Zunder », eut en 1922 l'honneur d'être intégralement lu à la tribune du jeune Parlement tchécoslovaque. D'après un quatrième, diffusé en 1922 aux Etats-Unis par le roi de l'automobile Henry Ford, les Juifs de l'East Side de New York avaient déjà désigné le remplaçant du dernier tsar. C'est ainsi que les fables pondues dans les officines de Rostov ou de Kiev alertaient tous les peuples de la terre, ou peu s'en faut, sur l'existence d'une conspiration mondiale des Juifs. N'oublions pas le mythe historiquement le plus dynamique, les *Protocoles des Sages de Sion,* imprimés par centaines de milliers dans les territoires contrôlés par les Blancs. L'effroi qu'il inspirait était évoqué en 1924 par le général Netchvolodov en ces termes : « L'auteur du présent ouvrage vit en 1919 à Ekaterinodar trois Russes de simple extraction qui venaient de Kiev, alors occupé par les bolcheviks, après avoir traversé les lignes des Rouges. Ils avaient apporté, partagé en trois parties et cousu dans leurs vêtements, un exemplaire de l'édition de 1917, et ils disaient que si les bolcheviks l'avaient su, ils les auraient immédiatement fusillés. »

Dans ses souvenirs, publiés en 1926, Denikine évoquait avec horreur les pogromes et massacres des Juifs, allant jusqu'à leur attribuer en partie l'indiscipline et la démoralisation de ses troupes, aboutissant à la rapide débâcle de l'hiver 1919-1920. En même temps, il assurait que la bonne volonté de ses généraux les plus fidèles était incapable de freiner ces excès : « L'acharnement antijuif des troupes avait atteint une sorte de fureur enragée contre laquelle on ne pouvait rien entreprendre. » Plus que tous ces superlatifs, un détail cité par lui donne la mesure d'une haine spontanée peut-être inégalée dans la longue histoire de l'antisémitisme. En effet, Denikine relate comment il dut prendre la décision de former des détachements spéciaux ou « isolés » de soldats juifs, pour leur éviter les sévices dont les accablaient les soldats chrétiens ; et comment des dizaines d'officiers d'origine juive, qui avaient pris part à la « longue marche » des premiers volontaires blancs, furent par la suite littéralement expulsés de l'armée par leurs frères d'armes.

III

Le domaine anglo-saxon

La Grande-Bretagne.

A l'époque où se déchaînaient sur le continent les premières campagnes antisémites, William Gladstone déclarait qu'en Grande-Bretagne une agitation contre les Juifs était aussi improbable qu'une agitation contre la gravitation de la terre. Ce n'est pas que les sujets juifs de la reine Victoria aient été absolument des sujets comme les autres, les enfants juifs, des enfants comme les autres. C'est ainsi que Lewis Carroll ayant décidé d'offrir son « Alice » aux hôpitaux pour enfants, un notable lui demanda s'il fallait y comprendre un hôpital juif, car, relatait Carroll, avec une pointe d'ironie indignée, « il craignait que je n'eusse pas envie de leur donner des livres... »

La prévenance était bien anglaise. On peut ajouter que dès les premières années du XXe siècle William Gladstone aurait eu quelques bonnes raisons pour réviser son diagnostic.

Et d'abord, il y avait eu l'affaire Dreyfus, avec ses multiples facettes, dont l'une exprimait le séculaire différend entre catholiques et protestants. Tandis que dans son ensemble, la presse britannique fulminait contre les iniquités de la justice française, la minorité catholique sympathisait avec les coreligionnaires d'outre-Manche, et quelques articles antijuifs, dus à des jésuites anglais, virent le jour dès 1898-1900. Mais c'est avec l'avènement d'Edouard VII en 1901 que le climat commença à s'aggraver sérieusement.

Ainsi qu'on le sait, le joyeux fils de la reine Victoria préférait la compagnie des actrices et des Juifs à celle des aristocrates et des prélats. Son banquier, le Juif allemand Ernst Cassel, était en même temps un de ses intimes, qu'il couvrit de distinctions et de titres. Vers 1907, sir Ernst Cassel entra en relations avec Albert Ballin, le courtisan de Guillaume II, et un « téléphone rouge » de bon augure semblait s'esquisser de la sorte, en la personne de ces deux Juifs, entre les deux monarques, entre Londres et Berlin. On comprendra les fureurs d'une partie de la haute société et du corps diplomatique. Aussi bien certains agents et administrateurs britanniques s'efforçaient-ils de contrecarrer les projets financiers de Cassel, notamment lorsqu'au lendemain de la révolution des Jeunes Turcs, il fut invité à Constantinople pour réorganiser les finances ottomanes. En fin de compte, ces intrigues suscitèrent en 1911-1912 une campagne de presse, qui attribuait la révolution turque à une conspiration judéo-sioniste d'après le *Times*, judéo-maçonnique d'après le *Morning Post*. Les *die-hards* anglais se mettaient-ils à l'école des Cent-Noirs russes ? En 1918, l'ambassadeur britannique à Washington, sir Cecil Spring-Rice, donnait la chose pour certaine, et comparait de ce point de vue la révolution d'Octobre à celle des Jeunes Turcs.

Mais plus exaspérante encore que la montée des financiers juifs était pour certains celle des hommes politiques. En 1909, Rufus Issacs, le futur lord Reading, était nommé procureur général du Royaume-Uni ; en 1910, Herbert Samuel devenait le premier membre non chrétien d'un Cabinet britannique (le cabinet libéral Asquith). Un scandale financier qui éclatait en 1912, « l'affaire Marconi », et dans lequel Lloyd George et d'autres libéraux étaient également impliqués, était résumé par la jeune revue *The Eye-Witness* en ces termes :

« Le frère d'Isaacs est le président de la société Marconi. Isaacs et Samuel se sont donc secrètement arrangés pour que le peuple britannique verse à la société Marconi une très forte somme d'argent, par l'intermédiaire dudit Samuel, et au bénéfice dudit Isaacs... »

Une commission d'enquête parlementaire lava les deux Juifs de tout soupçon, mais le scandale ne fut pas oublié.

Rudyard Kipling lui consacrait en 1913 un poème, *Gehazi* (« Un juge en Israël, un lépreux blanc comme la neige »), qui reste un authentique chef-d'œuvre de haine ; et, en 1936 encore, l'écrivain catholique G.K. Chesterton assurait que l'affaire Marconi était une ligne de partage de l'histoire anglaise, qui ne se laissait comparer qu'à la première guerre mondiale.

Ces passions montantes étaient favorisées par un facteur d'un tout autre ordre. Une colonie de plus de 100 000 Juifs en provenance de l'Europe de l'Est s'était constituée à l'époque à Londres, dans les quartiers de Whitechapel et de Stepney, et les aborigènes ne considéraient pas d'un bon œil cette main-d'œuvre taillable et corvéable à merci. En 1902, l'évêque de Stepney comparait ces miséreux à une armée conquérante, « qui mange le pain des Chrétiens et les chasse de leurs foyers ». Certaines offres d'emploi spécifiaient que les postes seraient réservés aux Anglais de souche, et à la veille de la guerre, le *Times* publiait, sous le titre de « London Ghettoes », un article dans lequel il reprochait aux Juifs étrangers de former un Etat dans l'Etat. Il est vrai qu'en règle générale, la presse et les hommes politiques britanniques, coutumiers des lénifiantes périphrases, ne parlaient pas d'une « Jewish question », mais d'une « Alien question », et il est vrai aussi que Londres abritait nombre d'autres prolétaires étrangers, notamment des Allemands ; mais entre les deux catégories de « germanophones », les masses populaires ne se souciaient pas de faire le départ. Une apologie de la «race juive » que Francis Galton, le fondateur de l'eugénisme, se crut obligé de publier en 1910 suggère en tout cas que c'est les enfants d'Israël qui étaient visés au premier chef ; la race germanique n'avait pas besoin de plaidoyers de cet ordre.

Le déclenchement des hostilités vint envenimer brutalement toutes ces questions. Il va de soi que les Juifs anglais s'empressèrent d'afficher leur patriotisme avec la même ardeur que ceux des autres pays, et il va tout aussi de soi que les premières suspicions prirent pour cibles les Juifs originaires des pays germaniques. Une place à part revient à Cecil Spring-Rice qui, de Washington, ne cessait d'alerter son gouvernement et ses amis haut placés sur « l'influence des Allemands, et surtout des Juifs allemands, qui ici eût été très grande, et en certains lieux décisive ». Nous avons suffisamment parlé des sentiments pro-allemands (ou antitsaristes) des Juifs américains pour permettre au lecteur d'apprécier la part de réalité que contenaient les rapports de Spring-Rice ; quant à la part fantasmatique, il suffira d'indiquer qu'aux Juifs, il associait les jésuites, tout en assurant que d'une manière générale, les catholiques avaient pris fait et cause pour les Alliés. Il ressortait aussi de ses rapports que le système bancaire américain se partageait en « banques chrétiennes », qui soutenaient le parti républicain, et les « banques judéo-allemandes », qui avaient partie liée avec l'administration démocrate du président Wilson. En janvier 1917 encore, à la veille de l'entrée en guerre des Etats-Unis, Spring-Rice faisait état des « relations mystérieuses entre la Maison-Blanche, l'Allemagne et certains financiers judéo-allemands ». A la fin de 1917, au cours d'un entretien avec le juge Brandeis, un partisan inconditionnel de la cause alliée, il lui reprochait les menées révolutionnaires du judaïsme international. Peu après, il était rappelé de son poste, et mourait de chagrin, victime de ses obsessions.

En mai 1915, le torpillage du *Lusitania,* un événement qui émut plus que tout autre, et de loin, les cœurs anglais, aboutit à la convergence de la xénophobie des masses populaires et de l'antisémitisme distingué des élites. Les journaux conservateurs imputaient ce crime de guerre à Albert Ballin en personne, et une campagne se déclenchait pour faire déchoir sir Ernst Cassel de ses titres, ou même de la nationalité britannique (ces deux Juifs allemands n'avaient-ils pas deux fois tort, pour s'être mêlés des affaires chrétiennes en cherchant à empêcher la guerre, et pour n'y avoir pas réussi ?). Un article du *Times* assurait que les milieux juifs de Hambourg s'étaient tout spécialement réjouis de la perte du paquebot. Les journaux juifs de Londres reprochaient amèrement au *Times* « de qualifier d'Allemands tous les Juifs », ou « de pousser le peuple, jour après jour, à identifier les Juifs aux Allemands ». Quel qu'en ait été le vrai responsable, telle fut en effet la conduite des foules qui, dans toutes les grandes villes anglaises, prenaient d'assaut et pillaient les commerces tenus par des étrangers sans s'enquérir de leurs origines.

Divers hebdomadaires allaient plus loin. Dans *The New Witness,* G.K. Chesterton évoquait les meurtres rituels commis par les Juifs ; dans *The Clarion,* un certain M. Thompson renseignait ses lecteurs sur les sources d'inspiration du militarisme prussien : « Les Prussiens, comme les Juifs, étaient originaires d'un territoire exigu, rocheux et stérile, et eux aussi conquirent leur place au soleil en pratiquant le brigandage. Les Prussiens, comme les Juifs, possèdent un dieu tribal dont les principes de combat reposent sur l'effroi qu'il inspire », etc. Dans *The National Review,* le parlementaire Leo Maxse qui, en 1912, avait été l'un des principaux persécuteurs de Rufus Isaacs et d'Herbert Samuel, élevait en mars 1917 une accusation infiniment plus grave, encore qu'anonyme ; le « Juif international », ayant eu vent du départ de lord Kitchener pour la Russie, en aurait fait part au haut commandement allemand, pour faire torpiller le navire qui transportait le héros national. Ce Juif-là était souvent mis en cause de la sorte (au singulier plutôt qu'au pluriel), en sa qualité de « misérable créature calculatrice, sans roi ni patrie » et l'on voit qu'en Grande-Bretagne, la guerre stimulait la montée de l'antisémitisme de bien des manières, en attendant que la révolution d'Octobre ne vienne lui fournir des armes autrement efficaces. Avant d'y venir, notons quelques faits et quelques propos qui illustrent la persistance, en 1914-1918, de la tradition opposée, cette tradition qui, comme l'écrivait dans un livre intitulé *The Jews* le pamphlétaire catholique (d'origine française) Hilaire Belloc, faisait considérer les Juifs comme « les héros d'une épopée, les autels d'une religion » : une attitude, ajoutait-il, qui persistait surtout chez certains Britanniques provinciaux, nourris par l'Ancien Testament.

L'histoire de la déclaration Balfour fournit quelques remarquables aperçus sur cet état d'esprit. Le Premier ministre de l'époque, le « sorcier gallois » David Lloyd George, pour politicien cynique qu'il fût, assurait que la conquête de la Palestine par les Anglais était pour lui, « la seule chose vraiment passionnante dans la guerre ». C'est qu'il s'agissait de lieux et de noms, disait-il, qui lui étaient plus familiers que ceux du front de l'Ouest ou ceux de son pays natal : « Dans ma jeunesse, on m'a appris l'histoire des Juifs beaucoup mieux que celle de mon propre peuple. » En effet, Lloyd George avait été élevé par un oncle, prédicateur baptiste ; et des images bibliques colorées surgissaient en cascade sous sa plume lorsqu'en 1938, justifiant son action passée, il décrivait la conquête du « pays de Chanaan », destiné à devenir « un foyer et un refuge pour les enfants traqués d'Israël, sur la terre que la splendeur de leur génie national a rendu glorieuse à tout jamais ».

Ce qui chez Lloyd George n'était peut-être qu'une exaltation rhétorique était une conviction profonde chez l'aristocrate écossais James Arthur Balfour. Au témoignage de sa nièce (qui fut son premier biographe), « sa vie durant, il ne cessa de s'intéresser aux Juifs et à leur histoire : cet intérêt était dû à sa familiarité avec l'Ancien Testament, auquel il avait été initié par sa mère, et à son éducation écossaise (...). »

« Le problème des Juifs dans le monde moderne lui paraissait être d'une importance immense. Il aimait en discuter, et dès mon enfance, il m'a inculqué l'idée que la religion et la civilisation chrétiennes ont contracté auprès du judaïsme une dette unique en son genre, honteusement mal remboursée. En 1902, son intérêt fut stimulé par le refus des Juifs sionistes d'accepter un territoire dans l'Afrique de l'Est, que leur offrirent leurs dirigeants par l'intermédiaire de M. Chamberlain, le secrétaire aux colonies. »

Un biographe plus récent a résumé cette attitude en écrivant que « pour Balfour la question juive n'était ni un problème politique parmi d'autres, ni même un intérêt spécial : c'était une facette de son caractère ».

Mais d'autres illustres Anglais faisaient entendre à l'époque d'autres sons de cloche. C'est ainsi que Herbert Asquith, le Premier ministre, traitait dès ces temps-là les sionistes de « racistes », et ironisait sur « l'attachante communauté » que les Juifs allaient constituer en Palestine. Lord Robert Cecil, que Chaïm Weizmann avait converti au sionisme, écrivait que l'enthousiasme de ce Juif « faisait oublier son physique plutôt repoussant et même sordide ». On peut aussi citer la gaffe quasiment historique commise par Joseph Chamberlain, lorsqu'il déclara au Juif italien Sidney Sonnino, le ministre des Affaires étrangères, qu'il ne méprisait qu'une seule race, à savoir la juive : « Ils sont tous des lâches, physiquement ».

L'homme clé de la politique britannique au Proche-Orient, sir Mark Sykes, en pensait et en disait encore pire, se complaisant aux caricatures classiques, jusqu'à ce qu'il prenne feu et flamme pour le projet sioniste. Sa haine se concentra désormais sur « les antisionistes sémitiques », qu'il soupçonnait de travailler comme un seul homme pour l'Allemagne. Si, comme c'est parfois le cas, son antisémitisme originel fut l'un des ressorts de ses enthousiasmes sionistes, la place qu'il assignait désormais aux Juifs était exceptionnelle, surtout pour le catholique qu'il était. N'allait-il pas jusqu'à écrire à Weizmann : « Votre cause est d'une pérennité qui défie le temps. Lorsque toutes les questions temporelles qui préoccupent notre monde seront aussi mortes et oubliées que les rois parfumés et bouclés de Babylone qui conduisirent en captivité vos ancêtres, il y aura encore des Juifs, et tant qu'il y aura des Juifs, le sionisme doit exister. »

On voit que les flèches décochées par Hilaire Belloc à ses compatriotes visaient parfois juste.

Il va de soi que la déclaration Balfour, quel qu'en ait pu être le sentimental arrière-plan, fut dictée avant tout par l'intérêt national, et plus particulièrement par l'espoir de rallier à la cause alliée les Juifs américains et russes. L'histoire ne justifia pas ce calcul, pour la simple raison qu'à la date de sa promulgation, le 9 novembre 1917 (une date retardée de plusieurs semaines par l'opposition acharnée d'Edwin Montagu, le seul ministre juif du cabinet Lloyd George) les Etats-Unis étaient déjà entrés dans la guerre, tandis qu'à Petrograd, le coup d'Etat de Lénine entérinait la défection russe. Lloyd George n'en assure pas moins que les Juifs s'employèrent désormais à saboter les livraisons du blé ukrainien aux Allemands, et l'on peut aussi noter la réflexion d'un haut fonctionnaire britannique : « Quel dommage que notre Déclaration n'ait pas été promulguée quatre mois plus tôt. Tout aurait été différent en Russie. » Un autre expert assurait que « si la Déclaration avait été rendue publique plus tôt, le cours de la Révolution russe aurait pu en être affecté ».

Pour gratuites qu'elles aient été, ces remarques en disent long sur la puissance prêtée à l'époque aux Juifs ; une puissance maléfique dès le premier jour, à en croire Robert Wilton, le correspondant russe du *Times*. Au lendemain de l'abdication de Nicolas II, ce journaliste décrivait l'état d'esprit des troupes sous la dictée, peut-on dire, des généraux antisémites russes. En effet, leur moral aurait été au-dessus de tout éloge, et même un bataillon letton se serait engagé à Riga à demeurer fidèle jusqu'à la mort au drapeau russe : la conduite des Juifs était la seule ombre au tableau :

« ... Les nouvelles de Yourieff (Dorpat) sont moins satisfaisantes. Les étudiants juifs ont formé à l'université leur propre milice et narguent l'autorité de la milice locale et du Gouvernement provisoire. Sous l'influence de l'anarchie qui en a résulté, des biens ont été détruits, et le sang a coulé.

« Je suis peiné d'avoir à déclarer que les Juifs ne se conduisent pas bien. Ils sont devenus des libres citoyens russes, mais ils ne manifestent pas le sens des responsabilités qui correspond à leur nouvelle position. »

C'est ainsi que dès le printemps 1917, le *Times* se constituait en relais entre les Cent-Noirs et les élites britanniques. Deux ans plus tard, Robert Wilton allait se surpasser en annonçant qu'un monument à Judas Iscariote avait été inauguré par les bolcheviks à Moscou. Le *Morning Post,* le doyen des journaux anglais, se spécialisait de son côté dans l'agitation contre les ministres ou les hauts fonctionnaires juifs en Grande-Bretagne même, tandis que son correspondant russe, Victor Marsden, en faisait par la suite tant et plus que Robert Wilton, décrivant comment lui-même avait été mis à mal par des agitateurs juifs.

Bien entendu, les deux vénérables organes des conservateurs n'étaient pas les seuls à être d'un tel avis en Grande-Bretagne. Souvenons-nous que « l'année trouble » 1917 fut aussi celle de sondages ou pourparlers indirects entre les belligérants, ainsi que d'une agitation en faveur d'une paix « sans annexions ni indemnités » ou « sans vainqueurs ni vaincus » qui ne se limitait pas, loin de là, à la seule Russie. Dans ce domaine, les capitalistes juifs semblent effectivement avoir eu en commun avec les socialistes juifs, même si c'était pour des motifs plus prosaïques, un certain antibellicisme de principe (fidèles à l'antique tradition familiale, les Rothschild eux aussi avaient vainement tenté *in extremis,* dans les derniers jours de juillet 1914, de sauver la paix). Dans ces conditions, les campagnes jusqu'au-boutistes en de nombreux cas, comportaient logiquement une pointe antisémite, et le *Evening Standard* protestait de son droit de diffamer le Juif Léon Bronstein dit Trotski, tout en exemptant de ce prédicat, en raison de leurs mérites, le général australien John Monash, ou le syndicaliste américain Samuel Gompers.

Bien plus perfides étaient les conseils que prodiguait alors à ses compatriotes juifs G.K. Chesterton :

« Je voudrais ajouter un mot à l'intention des Juifs... S'ils continuent à se répandre en propos stupides sur le pacifisme, montant les esprits contre les soldats et leurs femmes ou veuves, ils apprendront pour la première fois ce que le mot d'antisémitisme veut dire. En bref, nous tolérerons leur erreur, mais nous ne tolérerons certainement pas qu'ils l'emportent. S'ils tentent d'éduquer Londres comme ils ont déjà éduqué Petrograd, ils réveilleront quelque chose qui les confondra et les terrorisera infiniment plus qu'une simple guerre. »

En guise de conclusion, l'illustre essayiste recommandait aux Juifs de ne plus se mêler des affaires chrétiennes :

« Qu'ils disent ce qu'ils ont à dire au nom d'Israël, et nous pourrons nous apercevoir de ce qu'il y a de tragique et même de sympathique dans leur situation exceptionnelle. Mais s'ils osent dire un mot au nom de l'humanité, ils perdront leur dernier ami. »

D'après Hilaire Belloc, dont les vues méritent souvent l'attention, c'est de la révolution russe que datait en Grande-Bretagne l'antisémitisme franc et ouvert. « Le bolchevisme, écrivait-il en 1922, a posé la question juive avec une telle violence et une telle insistance, qu'elle ne pouvait plus être niée ni par le fanatique le plus aveugle ni par le menteur le plus effronté (...) Car le mouvement bolcheviste, ou plutôt l'explosion bolcheviste, étaient juifs (...) La menace pour les traditions nationales et pour l'éthique chrétienne de la propriété était immédiate. » Et Belloc écrit plus loin qu'avant 1917, les milieux d'affaires notamment ne voyaient dans les Juifs que des financiers, et que l'antisémitisme leur paraissait dangereux pour l'ordre établi, mais qu'au lendemain de « l'explosion bolcheviste », ces milieux, et l'opinion tout entière, furent épouvantés par les Juifs révolutionnaires. « Les minorités dirigeantes du capitalisme occidental, qui jusque-là gardaient le silence pour les raisons que je viens d'indiquer sur la question juive, retrouvèrent l'usage de la parole ; ils étaient libres de dire ce qu'ils avaient sur le cœur, et ils commencèrent à le dire... appelant un chat un chat. » Plus loin encore, Belloc prédisait que « la question antisémite » risquait de poser des problèmes plus ardus que « la question juive ».

Ce diagnostic n'était pas faux, mais il n'était pas complet. Car à ce stade, l'orchestration antisémite, échappant tant aux financiers qu'aux journalistes, glissait entre les mains des services de renseignement et de la guerre psychologique, et devenait de la sorte une affaire d'Etat.

En effet, la réussite de la révolution communiste avait créé une situation lourde de menaces. Il y avait, de toute évidence, le renforcement imminent des troupes allemandes à l'ouest, et les coups de boutoir de Ludendorff n'allaient pas tarder à venir. Mais du point de vue des dirigeants de l'Empire britannique, un danger encore plus pressant pesait sur ses possessions mondiales, en premier lieu sur l'Inde. Dès le 3 décembre 1917, Lénine et Staline avaient lancé leur appel aux peuples orientaux, et plus spécialement aux peuples de l'Inde, les exhortant à se soulever contre les « brigands et esclavagistes » européens. Les autorités britanniques s'employèrent par tous les moyens à empêcher la diffusion de ce texte explosif. Nul autre que Winston Churchill admettait par la suite l'opportunité, en cette conjoncture, d'une paix de compromis avec l'Allemagne et la Turquie. En été 1918, on pensait très sérieusement, au grand état-major impérial, que la plus grande partie de l'Asie allait devenir, avec le temps, une colonie allemande, sauf s'il y avait reconstitution d'une « Russie démocratique » indépendante. Enfin — et surtout — il y avait la « menace pour les traditions nationales et l'éthique chrétienne de la propriété », ainsi que s'exprimait Belloc, une menace que l'attaché militaire en Russie, le général Knox, décrivait plus simplement en ces termes : « Distribue aujourd'hui les terres en Russie, et dans deux ans nous aurons à les distribuer en Angleterre. »

Dès lors, le renversement de la dictature du prolétariat à Moscou devenait un objectif aussi primordial que la défaite des Empires centraux, et indissociable de celle-ci. Londres prit alors la tête de la croisade antibolchevique. Tout naturellement, les militaires ou agents britanniques cherchèrent à s'appuyer sur leurs anciens frères d'armes russes, à les mobiliser au service de la cause commune, et tout aussi naturellement, ils se laissèrent inspirer par les vues et les méthodes de ceux-ci. En été 1918, les forces britanniques débarquées dans le nord de la Russie distribuaient par avion à la population des tracts antisémites ; ce procédé fut interdit par la suite. Mais la vision qu'avait du régime communiste le révérend B.S. Lombard, l'aumônier de la marine britannique en Russie, fut intégrée à un rapport officiel, aussitôt publié des deux côtés de l'Atlantique ; et ce témoignage d'un prêtre, témoin oculaire, parlait aussi bien de la « nationalisation des femmes » instituée par le nouveau régime que de son essence judéo-allemande :

« [Le bolchevisme] est un produit de la propagande allemande, et il est dirigé par les Juifs internationaux. Les Allemands ont provoqué des troubles, afin de semer en Russie le chaos (...) Le commerce fut paralysé, les magasins furent fermés, les Juifs entrèrent en possession de la majeure partie des entreprises, et d'horribles scènes de famine devinrent quotidiennes (...) Lorsque je suis parti en octobre [1918], la nationalisation des femmes était considérée comme un fait accompli. »

D'après un sensationnel article du *Chicago Tribune* (19 juin 1920), auquel nous reviendrons, les services secrets de l'Entente alertaient depuis l'été 1918 leurs gouvernements sur un mouvement révolutionnaire « autre que le bolchevisme », et qui en tirait les ficelles, afin d'assurer « la domination raciale » des Juifs sur le monde : Trotski aurait été le chef suprême de cette conspiration. D'après la rumeur publique, les *Protocoles des Sages de Sion* auraient été traduits et publiés en Grande-Bretagne au début de 1920 par les soins de « l'Intelligence Department » du ministère de la Guerre. Le fait est qu'ils eurent le privilège d'être imprimés par les « imprimeurs officiels de Sa Majesté », Eyre & Spottiswoode. Souvenons-nous que l'écrit avait été rédigé dans les antres de la police politique russe, et que sa première édition était publiée sous le couvert de la garde impériale. L'Intelligence Service paraissait donc prendre la relève de l'*Okhrana*, en s'aidant elle aussi d'un semblant d'auguste caution. Sans doute ne saura-t-on jamais le fin mot sur toutes ces intoxications : leurs auteurs savaient enterrer leurs secrets.

La capitulation de l'Allemagne ne changea d'abord pas grand-chose à la situation, et elle sembla même rendre plus pressante la menace d'un renversement de l'ordre établi dans toute l'Europe, puisque des manifestations révolutionnaires et des émeutes eurent aussitôt lieu non seulement chez les vaincus, mais aussi en Suisse, en France, et en Grande-Bretagne même, notamment à Belfast et à Glasgow, tandis que, fait jusque-là inouï, une mutinerie des soldats anglais se produisit à Calais. Dans cette conjoncture, deux politiques s'opposèrent : à la « ligne dure » préconisée par Winston Churchill (le ministre de la Guerre) et par lord Northcliffe (le propriétaire du *Daily Mail* et du *Times*), qui était aussi celle de la

France, faisaient face les tendances conciliatrices du président Wilson et de Lloyd George. A la Conférence de Paris, au début de 1919, les deux hommes d'Etat envisagèrent de reconnaître le régime bolchevique, après une conférence préalable qui devait être tenue aux îles Prinkipo, et à laquelle devaient être invités tant les Russes Blancs que les Rouges. L'idée avait été inspirée, tonnait le *Times*, « par les grands financiers juifs de New York, qui depuis longtemps s'intéressent à Trotski », et elle « ferait puer le nom britannique aux narines de tous les patriotes russes ». Le général Knox télégraphiait de Sibérie son horreur de voir « les bolcheviks couverts de sang et dirigés par les Juifs *(blood-stained, Jew-led Bolsheviks)* mis sur le même pied que les hommes courageux qui défendent ici la civilisation ». Wickham Steed, le rédacteur en chef du *Times* s'attribuait dans ses mémoires le mérite d'avoir torpillé ce projet juif. On peut ajouter que Wickham Steed et lord Northcliffe avaient chacun ses raisons pour proscrire la reconnaissance des bolcheviks : Steed semble avoir cru à ce qu'il écrivait et disait sur les liens entre communisme, judaïsme et germanisme, tandis que le « Napoléon de Fleet Street » poursuivait Lloyd George d'une haine maniaque. D'autres adversaires reprochaient en ces temps au « sorcier gallois » de s'encanailler avec les Juifs, de recevoir le président Millerand dans la résidence estivale des Sassoon, de s'entourer des conseils d'Alfred Mond (le futur lord Melchett). D'une manière générale, cet affrontement correspondait sur le plan intérieur anglais, au partage entre « droite » et « gauche », et l'opinion et la presse juives penchaient naturellement vers le deuxième camp. Les polémiques qui s'ensuivirent nous apprennent incidemment que les antisémites anglais continuaient à respecter certaines limites. Prenant à partie le *Jewish World* à cause de son indulgence pour le communisme, le *Morning Post* exigeait des Juifs britanniques qu'ils s'en distancent publiquement, et plusieurs personnalités, notamment le général Monash et Lionel de Rothschild, s'exécutèrent, condamnant sans réserve aussi bien le communisme que le sionisme. Le véritable affrontement débuta à la fin de l'année 1919. A la Chambre des communes, Winston Churchill, le ministre de la Guerre, justifiait avec son éloquence coutumière la croisade antibolchévique :

« Lénine avait été envoyé en Russie par les Allemands de la même manière dont vous pouvez envoyer une fiole contenant une culture de typhus ou du choléra dans les réservoirs d'eau d'une grande ville, et l'effet fut d'une précision étonnante. Aussitôt après son arrivée, Lénine commença à faire signe du doigt çà et là à d'obscurs personnages, dans leurs retraites de New York, de Glasgow, de Berne et en d'autres pays, et il réunit les esprits dirigeants d'une secte formidable, la secte la plus formidable au monde, dont il était le grand prêtre et le chef. Entouré de ces esprits, il entreprit de tailler en pièces, avec une habileté diabolique, toutes les institutions dont dépendaient l'Etat et la nation russes. La Russie gisait dans la poussière... »

Mais qu'était donc cette secte, et qu'étaient ces esprits ? Deux mois plus tard, Churchill paraissait préciser ce point, lors d'un discours dans lequel il s'attaquait aux défaitistes, pacifistes et socialistes anglais : « ... Ils veulent détruire toutes les croyances religieuses qui consolent et qui inspirent les âmes humaines. Ils croient dans le Soviet international des Juifs russes et polonais. Nous continuons à avoir confiance dans l'Empire britannique... » On peut admettre que ses amis juifs ou judéo-aristocratiques le pressèrent de préciser encore mieux son idée ; en tout cas, le 8 février 1920, il publiait un grand article dans lequel il partageait les Juifs en trois catégories : ceux qui se conduisent en loyaux citoyens de leurs pays respectifs et ceux qui veulent reconstruire leur propre patrie, « temple de la gloire juive », d'une part ; les Juifs internationaux, *alias* « Juifs terroristes », de l'autre.

La description que Churchill faisait de cette troisième catégorie frisait le délire, et les antisémites les plus frénétiques pouvaient en faire leur profit. En effet, elle était accusée par lui de tramer depuis le XVIIIe siècle une conjuration universelle ; à l'appui, il citait l'ouvrage qu'une certaine Nesta Webster venait de publier sur les sources occultes de la Révolution française. Il assurait aussi qu'en Russie « les intérêts juifs et les lieux du culte juif sont exemptés par les bolcheviks de leur hostilité universelle ». Surtout, et laissant de côté les ternes Juifs assimilés et loyaux, qui d'après lui ne pouvaient offrir au bolchevisme qu'une « résistance négative », c'est le Dr Weizmann et ses partisans qu'il opposait en conclusion à Léon Trotski, « dont les projets d'un Etat communiste sous domination juive sont contrariés et compromis par le nouvel idéal [sioniste] ». Les projets de Trotski étaient donc purement juifs ; on voit que pour finir, le ministre de la Guerre se ralliait à une thèse dont les rumeurs attribuaient l'élaboration ou la propagation à ses propres services.

L'article était intitulé *Le Sionisme contre le bolchevisme, La lutte pour l'âme du peuple juif.* Dans l'exorde, Churchill parlait de ce peuple avec révérence, quasiment à la manière de Disraeli :

« Les uns aiment les Juifs, les autres ne les aiment pas, mais nul homme doué de pensée ne peut nier qu'ils apparaissent sans contredit comme la race la plus remarquable de toutes celles connues jusqu'à ce jour (...) Nulle part la dualité de la nature humaine ne s'exprime avec plus de force, d'une manière plus terrible. Nous devons aux Juifs la révélation chrétienne et le système de morale qui, même complètement séparé du merveilleux, reste le trésor le plus précieux de l'humanité, qui vaut à lui seul plus que toutes les connaissances et toutes les doctrines. Et voilà qu'à notre époque, cette étonnante race a créé un autre système de morale et de philosophie, celui-là saturé d'autant de haine que le christianisme l'était d'amour. »

Seuls des hommes dépassant de plusieurs têtes le commun des mortels se permettent d'ordinaire de parler de la sorte du « peuple d'élite, sûr de lui-même et dominateur » (on se prend à songer aux propos qui ont pu être échangés entre de Gaulle et Churchill sur ce peuple, en 1940-1945).

Le *Times* n'y mettait pas autant de manières pour mettre en cause « les Juifs » et, lorsque Lloyd George annonça sa décision de traiter avec Moscou, il y répliqua par une campagne en règle. Pour commencer, il publiait, sous le titre *Les horreurs du bolchevisme,* une lettre adressée par un officier en poste auprès de Denikine à sa femme. L'officier, qui signait « X », s'étendait longuement sur le rôle dirigeant des commissaires juifs. Des lecteurs juifs critiquèrent les assertions de « X », et furent critiqués à leur tour par des lecteurs chrétiens. En conséquence, le *Times* put inaugurer dans la page des lettres des lecteurs, la rubrique quotidienne « Les Juifs et le bolchevisme » ; et en profiter pour exprimer son propre avis, de la manière la plus frappante qui soit. Le 27 novembre, le journal publiait, dans l'auguste page des éditoriaux et en gros caractères, une profession de foi signée « Verax », rédigée comme suit :

« ... En premier lieu, les Juifs sont une race, dont la religion est adaptée à leur tempérament racial. Le tempérament et la religion ont agi et réagi l'un sur l'autre des millénaires durant, jusqu'à ce qu'ils aient produit un type qu'on distingue du premier coup d'œil de tout autre type racial.

« Le trait le plus typique de l'esprit juif est son incapacité à pardonner, ou en d'autres termes, sa fidélité à la Loi de Moïse en tant que celle-ci se distingue de la Loi du Christ. A la vérité, tirer vengeance de la Russie devait être exquis pour les Juifs, et ils doivent avoir senti qu'aucun prix n'était trop élevé pour obtenir cette satisfaction... »

C'est ainsi que le *Times,* pour mieux discréditer Lloyd George ou pour intimider ses amis juifs, affichait un racisme virulent et élémentaire. Le grand-rabbin, le Dr Hertz, tenta de protester et de prendre la défense de l'antique Loi malmenée : « l'attaque de "Verax" égale en intolérance toutes celles que je me souviens d'avoir lues dans la presse continentale. Si je décrivais à "Verax" comment du commencement jusqu'à la fin, la doctrine juive enseigne à faire preuve d'égards et de bienveillance envers tous, même envers nos ennemis (...) à quoi cela servirait-il ? Au mieux, "Verax" ne ferait que chercher de nouveaux prétextes à l'appui de son préjugé. Je dois donc m'adresser à vous, en votre qualité de rédacteur en chef du journal le plus influent du monde... » (29 février 1920). Ainsi qu'il fallait s'y attendre, cette lettre, qui n'eut pas les honneurs de la page éditoriale, était suivie par une autre, signée « Pro-Denikine », qui ressassait les principaux arguments de « Verax ». Le surlendemain, le *Jewish World* commentait : « La lettre de Verax marque le début d'une ère nouvelle et mauvaise... On ne pourra plus dire qu'il n'y a pas d'antisémitisme dans ce pays qui aimait sa Bible par-dessus tout... »

Le 8 mai, le *Times* tentait une dernière manœuvre en suggérant, sous le titre de « Le péril juif », que le Premier britannique avait engagé des négociations avec un groupe de conspirateurs qui cherchaient à instaurer l'Empire mondial de David. La démonstration reposait sur *Les Protocoles des Sages de Sion,* qui avaient été publiés quelques mois auparavant, sans avoir jusque-là ému le moins du monde l'opinion internationale. Il incomba donc au parangon de la presse mondiale d'assurer à cet écrit une renommée universelle. Voici comment le *Times* s'y prenait :

« ... Il est certain que le livre a été publié en 1905. Or, certains passages ont l'aspect de prophéties dûment accomplies, à moins d'attribuer la prescience des *Sages de Sion* au fait qu'ils sont effectivement les instigateurs secrets de ces événements. Quand on lit « qu'il est indispensable pour nos plans que les guerres n'entraînent pas de modifications territoriales » comment ne pas songer au cri de « Paix sans annexions » lancé par tous les partis radicaux du monde, et spécialement en Russie. Et de même, « nous provoquerons une crise économique universelle par tous les moyens possibles, à l'aide de l'or dont la totalité se trouve entre nos mains ». (...) »

On ne peut pas non plus ne pas reconnaître la Russie soviétique dans ce qui suit :

« En gouvernant le monde, les résultats les meilleurs sont obtenus par la violence et l'intimidation. » « En politique, nous devons savoir comment confisquer les biens sans la moindre hésitation (...) Que signifient-ils, ces « Protocoles » ? Sont-ils authentiques ? Une bande de criminels ont-ils réellement élaboré pareils projets, et se réjouissent-ils en ce moment même de leur accomplissement ? S'agit-il d'un faux ? Mais comment expliquer alors le terrible don prophétique qui a prédit tout ceci ? N'aurions-nous lutté au cours des années passées contre la domination mondiale de l'Allemagne que pour affronter à présent un ennemi bien plus dangereux ? N'aurions-nous échappé, au prix d'énormes efforts, à la *Pax Germanica* que pour succomber à la *Pax Judaïca* (...) Dans quelles circonstances les « Protocoles » ont-ils été élaborés, et pour répondre à quel besoin urgent inter-Juif ? Allons-nous expédier l'affaire sans procéder à une enquête ? »

Les agitateurs antisémites de l'ère pré-hitlérienne ne s'y trompèrent pas, pour lesquels cet article marqua l'an zéro de leur hégire : « Quand le *Times*, en 1920, opéra le lancement mondial des "Protocoles" et les dénonça... » écrivait dans *La Vieille France* Urbain Gothier. De ce point de vue, la campagne aussitôt engagée aux Etats-Unis par Henry Ford, le roi de l'automobile, parle le même langage que la triomphale montée en flèche de l'édition allemande des « Protocoles » d'abord passée inaperçue. Mais en ce qui concerne Lloyd George, l'ultime manœuvre du *Times*, suivie d'une salve d'éditoriaux le visant nommément, n'eut pas plus de succès que les précédentes : le 31 mai, Krassine se présentait devant le Premier britannique (« M. Lloyd George l'a vu, et il est resté en vie », ironisait le lendemain le *Manchester Guardian*). Le *Times*, comme s'il venait de tirer ses dernières cartouches, cessa alors de parler du complot juif. La relève fut aussitôt prise par le *Morning Post*, dont les rédacteurs puisèrent dans les officines des Russes blancs d'autres documents (« Zunder », « Rappoport », etc.) sur la conspiration anti-chrétienne. Les dix-huit articles ainsi publiés en été 1920 furent ensuite réédités en volume sous le titre de *The Cause of the World Unrest*. A cette époque, nombreux semblent avoir été les

Anglais de bonne compagnie qui, tel ce gentleman interviewé par un rédacteur de *L'Œuvre,* de Paris, attribuaient tous leurs malheurs, et notamment l'augmentation de l'impôt foncier, aux « Elders of Zion ».

Pour mieux juger des effets immédiats de l'article du *Times,* arrêtons-nous à un hebdomadaire tout aussi respectable, le *Spectator.* Cet organe consacrait aux « Protocoles » une bonne partie de son numéro du 15 mai, et il parvenait aux conclusions suivantes :

En premier lieu, l'écrit devait bien avoir pour auteur un Juif, mais il ne s'agissait que « des rêveries d'un conspirateur dément qui avait élaboré un plan de campagne pour détruire la chrétienté (...) Que de tels propos aient pu être secrètement tenus par d'autres docteurs juifs à moitié fous, ou consignés en d'autres écrits, n'est aucunement improbable ». Les spéculations politiques effrénées étaient chez eux chose courante : « C'est ici que se manifeste le côté oriental du Juif. » Mais la démence même du projet du Juif inconnu pouvait entraîner sa réalisation ; et c'est pourquoi ses coreligionnaires britanniques étaient conviés, aux fins d'une pacification générale des esprits, à se prêter à l'enquête préconisée par le *Times,* et même de l'exiger eux-mêmes, « pour montrer qu'ils ne tentaient pas de terrasser la religion chrétienne, et d'établir une domination juive mondiale ».

De la sorte, la bombe du *Times* fournissait à son confrère l'occasion de manifester des sentiments jusque-là inavoués, ou, pour parler à la manière de Belloc, « de dire ce qu'il avait sur le cœur ». Il concluait donc en annonçant l'existence d'un autre péril juif, celui-là on ne peut plus réel et concret, et auquel il promettait de revenir. Ainsi commençait une campagne qui, à la différence de celles du *Times* et du *Morning Post,* visait les Juifs britanniques à titre principal, sans pour autant ménager tous les autres. En voici quelques échantillons : « La question s'il existe sur le continent ou même ici des sociétés secrètes ultra-révolutionnaires inspirées et contrôlées par les Juifs continue à susciter beaucoup d'intérêt, voire d'anxiété » (5 juin). « Nous sommes convaincus que, dans les circonstances actuelles, la présence d'un Juif moyen et normal au Cabinet des ministres est contraire aux principes de bon gouvernement... Nous en avons beaucoup plus que nous n'en méritons, et ce sont ceux de la mauvaise sorte » (17 juillet). « Nous devons exhiber publiquement ces conspirateurs, leur arracher leurs masques hideux, et montrer au monde à quel point cette peste de la société est ridicule, tout en étant malfaisante et dangereuse » (16 octobre).

Décidément, en ces mois, l'antisémitisme devenait en Angleterre, tout au moins en ce qui concerne les classes supérieures, une sorte de mode politique ou intellectuelle, procurant sans doute à nombre d'adeptes d'agréables frissons. De cette mode, il subsiste un remarquable témoignage littéraire : au début de 1922, John Galsworthy faisait représenter sa pièce « Loyalties », consacrée à la lutte et aux déboires d'un Juif riche et fier, boycotté par la haute société. C'est dans ce climat que Hilaire Belloc, travaillant à son livre sur les Juifs, pouvait annoncer une catastrophe imminente, de sanglantes persécutions — à moins qu'à titre préventif, les Juifs n'acceptent, de gré ou de force, leur ségrégation, le retour au ghetto, auquel cas « la paix régnera sur Israël ».

Tout se passait donc comme si le *Times* avait réussi en Angleterre ce qu'avait fait Treitschke pour l'Allemagne des années 1880 : à savoir, rendre l'antisémitisme respectable. Le retentissement du débat était devenu tel qu'à l'étranger, certains donnaient déjà la vieille Albion pour perdue, soit parce qu'irrémédiablement enjuivée (comme l'assuraient *Le Matin* et bien d'autres journaux français), soit parce qu'en proie aux démons antisémites (comme le pensait le journaliste américain John Spargo). Qui donc pouvait alors s'attendre à ce que « *Times* le tonnant », toujours lui, renverse la vapeur ? Et c'est pourtant ce qui arriva, lorsque son correspondant à Constantinople, Philip Graves, eut démontré en août 1921 que les « Protocoles » n'étaient qu'un grossier plagiat.

Graves consacrait à cette démonstration trois grands articles, rehaussés par un éditorial qui leur donnait un éclat encore meilleur. En conclusion, il reprochait aux Protocoles d'avoir « persuadé tout genre de personnes le plus souvent aisées que toute manifestation de mécontentement de la part des pauvres gens était un phénomène artificiel, une agitation factice provoquée par une société secrète juive ». On peut croire que la volte-face du *Times* venait à son heure, et que le public réceptif à la thèse du complot s'amenuisait, au fur et à mesure qu'il s'habituait au monde de l'après-guerre, à l'effritement de ses privilèges, aux grèves et menaces de nationalisation, et aussi, aux lézardes qui sapaient l'Empire britannique de toutes parts. Et puis, d'année en année, la menace de la révolution mondiale reculait, ce qui devait compter encore davantage. En tout cas, lorsque au printemps 1922 Belloc publiait son ouvrage, celui-ci, tout en faisant sensation, fut accueilli avec réserve, même dans les organes que nous venons de citer. Mais surtout, il s'attirait les foudres de l'Eglise anglicane, qui à cette occasion jugea à propos d'intervenir en la personne de son théologien le plus illustre, le doyen Ralph William Inge.

De quoi se mêlait donc ce catholique romain, ce Français de Belloc, dont le livre avait soulevé tant de discussions ? « Nous autres, nous ne connaissons pas en Angleterre de problème juif. Nous pensons que chaque pays possède les Juifs qu'il mérite, et que nous qui traitons décemment nos concitoyens juifs, nous avons mérité, et obtenu, les Juifs les meilleurs. » Et le prélat d'évoquer à sa façon le droit britannique à la différence :

« Nous autres Anglais, nous acceptons un homme pour ce qu'il vaut, et nous ne le pénalisons pas parce qu'il est un immigré. En conclusion, nous sommes sans doute la seule race réellement opprimée, en Europe ; nous avons un Premier ministre gallois, deux archevêques écossais, et un nombre considérable de Juifs, Ecossais et Irlandais [placés] à des postes éminents. De la sorte, nous sommes mieux servis... »

La vieille Angleterre ignorait les stupides peurs continentales. L'orgueil racial ? « Je doute fort qu'un Anglais qui rencontre en société un Juif se demande seulement en rêve si son voisin appartient à une race supérieure ou inférieure. A la plupart d'entre nous, la question semblerait absurde. » Certes, il fallait faire la part des choses, et convenir que c'est l'or des Juifs allemands qui, sur le continent, avait causé la révolution russe ; mais le doyen Inge se hâtait de passer à des choses plus graves :

« Sérieusement, nous devrions avoir honte du préjugé antijuif. Nous ne suivons pas la théorie de Houston Chamberlain, d'après laquelle Jésus-Christ (comme Agamemnon, Dante, Shakespeare et d'autres grands hommes) était un Allemand. On nous a enseigné à croire qu'Il était un Juif. Et en tout cas il serait inconsistant, après avoir annexé les livres sacrés des Hébreux pour nous en servir chaque jour lors de nos dévotions, d'avoir des préventions contre la race qui les a produits.

« Surtout, la conscience de race est une chose plutôt stupide. L'homme raisonnable prend ses voisins comme ils sont, et ne s'empresse pas trop de croire aux sombres conspirations. » (*The Evening Standard*, 27 avril 1922.)

Il reste à noter que d'une manière fort caractéristique, le doyen Inge pratiquait la dichotomie entre « nous » (les Anglais) et « eux » (les Juifs, associés en l'occurrence à tous les autres « non-Anlgais »). Il reste aussi à apprécier correctement toutes les implications de cette mise à distance (à l'époque, un feuilletoniste du *Times* qui se livrait à la traditionnelle comparaison financière entre les Juifs et les Ecossais, relevait, à titre de « curieuse distinction », le fait que les premiers se voulaient à tout prix Anglais, et les seconds, Ecossais).

En 1922, la grande peur de l'oligarchie britannique prenait fin, d'autant plus qu'à la fin de l'année, Lloyd George était renversé, sa succession étant prise par le fort traditionaliste cabinet de Stanley Baldwin. Les enfants d'Israël retrouvèrent la paix, troublée il est vrai à partir de 1933 par Hitler à l'extérieur, et par son émule anglais Mosley à l'intérieur. Mais, malgré ces péripéties allant d'une guerre à l'autre, rien de nos jours ne semble changé en Angleterre en ce qui concerne les Juifs : tout en étant par principe « acceptés pour ce qu'ils valents » (Inge), ils sont, tacitement mais résolument, perçus comme étant différents des Anglais — et en conséquence, traités avec moins de faux-fuyants, ou entourés de moins de tabous que dans d'autres pays, ceux-là mêmes qui continuent à traîner les séquelles de leurs frénésies antisémites de jadis. En somme, comme tant d'autres créations anglaises, la mode du complot juif des années 1917-1922 a surtout laissé des traces, à travers les sept mers, et les relais totalitaires, en qualité d'un article d'exportation !

Les Etats-Unis.

Nous avons consacré quelques pages, à la fin de *L'Age de la foi*, à la condition exceptionnellement favorable des Juifs aux Etats-Unis. Elle se perpétua aux siècles suivants. Dans une démocratie libre, empreinte au surplus de la tradition puritaine, les enfants d'Israël n'avaient pas grand-chose à craindre, d'autant qu'ils y avaient été précédés par d'autres immigrés — sans parler des esclaves noirs — qui incarnaient déjà, aux yeux des Anglo-Saxons blancs, « l'altérité », et servaient à l'occasion de boucs émissaires électifs (surtout s'ils professaient la religion catholique et romaine). De plus, les Juifs disposaient de toutes les qualités requises pour « s'américaniser » à la perfection, c'est-à-dire pour passer par un processus d'acculturation analogue à celui que connurent en Europe les Juifs émancipés : mais ce qui dans l'Ancien Continent fut un cas singulier était de règle dans le Nouveau : la différence portait loin, d'autant plus que l'américanisation était un objectif convoité à l'avance par presque tous les immigrés, contrairement à la féroce « russification » tentée par Nicolas Ier, ou même la « régénération » prônée par l'abbé Grégoire et par Napoléon. C'est que l'américanisation n'impliquait aucunement l'apostasie, ou quelque autre reniement ; la liberté de conscience était une pierre angulaire de l'idéologie américaine, inscrite dans la Constitution.

Cependant, des symptômes déplaisants se manifestèrent dans la deuxième moitié du XIXe siècle, lorsque se multiplièrent les Juifs riches ou nouveaux riches, d'origine surtout allemande. Les ploutocrates protestants cherchèrent alors à se distancer d'eux. La discrimination s'exerça d'abord dans les endroits où l'on s'amuse et dépense de l'argent. En 1876, un hôtel de la côte de Jersey annonçait que les Juifs n'y étaient pas admis. L'année suivante, dans la ville d'eaux de Saratoga, un hôtelier au nom appelé à devenir célèbre, John Hilton, interdisait l'accès de son établissement au multimillionnaire Joseph Seligman. L'incident fit sensation. Les millionnaires juifs de New York réagirent en rachetant plusieurs hôtels de Saratoga, et la rivalité mondaine qui se déclencha de la sorte aboutit au partage des stations estivales de la côte Est entre « stations chrétiennes » et « stations juives ». A la fin du siècle, cette discrimination gagna les clubs à la mode, les degrés supérieurs dans les loges maçonniques, et, chose plus grave, certains établissements d'enseignement, qui introduisirent des quotas pour les élèves ou étudiants juifs. Sans doute la situation fut-elle compliquée par l'afflux, littéralement par millions, d'une tout autre catégorie de Juifs, les misérables émigrants de l'Europe de l'Est, qui ne se souciaient pas d'être admis dans les stations à la mode ou dans les loges maçonniques, mais dont l'accoutrement et les manières exotiques semblaient confirmer et perpétuer les représentations relatives à un immuable « type juif », avec lequel les Juifs allemands de la deuxième ou de la troisième génération n'avaient plus grand-chose de commun. C'est surtout à New York, devenu à la fin du XIXe siècle la plus grande ville juive du monde, que cette population frappait la vue, paraissant omniprésente — à tel point que Mark Twain, lisant dans l'*Encyclopaedia Britannica* que leur nombre était de 250 000, déclarait à qui voulait l'entendre qu'il en connaissait personnellement une quantité plus élevée. Des auteurs plus distingués, tels que Henry James, se détournaient de ces Juifs miséreux et prolifiques avec une certaine horripilation.

Le rôle du snobisme dans ces questions ressort avec une meilleure clarté dans le cas d'une école réputée, dont le directeur refusait par principe d'introduire un quota pour les Juifs. Dans ces conditions, leur nombre croissant incita les parents des élèves chrétiens à les en retirer ; mais à mesure que l'école devenait « juive » de la sorte, les parents des élèves juifs se mirent à les retirer à leur tour, si bien qu'en fin de compte l'école dut fermer.

En somme, èt sur ce point d'une manière qui fait songer aux tragi-comédies mondaines si bien décrites par Marcel Proust, c'étaient, pour commencer, les Juifs honteux, voire les Juifs antisémites, qui étaient pénalisés de la sorte. Mais les institutions et les mœurs américaines mettaient à la disposition des enfants d'Israël des moyens de lutte qui n'existaient pas dans la vieille Europe, et dont les Irlandais notamment leur avaient montré le chemin. S'organisant en minorité ethnique plutôt qu'en minorité religieuse, ils cherchèrent à combattre, au nom des principes constitutionnels, la ségrégation naissante. La lutte fut engagée par deux organisations créées à cet effet, l'*American Jewish Committee* (1906), animé par le banquier Jacob Schiff et l'avocat Louis Marshall, et l'*Anti-Defamation League* (1912). Le terrain était favorable, puisqu'aux Etats-Unis, toute discrimination à l'égard d'un groupe ethnique quelconque menaçait de fournir un précédent pour la ségrégation d'un autre groupe ; sous ce rapport, les catholiques notamment, logés à la même enseigne minoritaire que les Juifs, témoignaient d'une largeur d'esprit qui tranchait singulièrement sur les errements encore suivis à l'époque en Europe, notamment au Saint-Siège. La tolérance réciproque sous le signe commun de l'américanisme paraissait inscrite dans les faits.

Voici comment G.K. Chesterton, après avoir rendu visite à Henry Ford, qui tentait de déclencher une campagne antijuive, décrivait ce climat (que pour sa part il n'approuvait assurément pas) :

« [Les Américains] se sont accoutumés à une citoyenneté

cosmopolite, dans laquelle les hommes de tous les sangs se mélangent, et dans laquelle les hommes de toutes les religions sont considérés comme égaux. Leur plus grande fierté morale est l'humanitarisme, leur plus grande fierté intellectuelle est les Lumières. En un mot, ils sont les derniers hommes au monde capables de tirer vanité du préjugé antijuif. Ils n'ont pas de religion particulière, à l'exception d'un sentiment sincère qu'ils qualifieraient pour leur part de « vrai christianisme », et qui interdit spécialement toute attaque contre les Juifs. Leur patriotisme consiste à s'enorgueillir de l'assimilation de tous les types humains, les Juifs y compris. »

L'Amérique qui entra en guerre au printemps de 1917 était déjà l'Amérique d'Edison et de Ford, le pays le plus peuplé et le plus puissant de l'Occident. Bien que son intégrité n'ait été nullement en jeu, une invasion ennemie étant exclue, elle témoigna d'une ferveur patriotique qui ne le cédait pas à celle des pays européens, et se plia à une auto-censure qui, plus sourcilleuse sans doute que celle des Anglais ou même des Allemands, ne se laissera comparer qu'à celle de « l'union sacrée » française (la décision américaine coïncidant avec la chute du régime tsariste, rien n'empêchait plus les Juifs de communier dans l'enthousiasme général). Un journal de l'Iowa résumait ainsi les trois devoirs d'un bon Américain en temps de guerre : « Adhérer à une société patriotique ; prêcher l'inconvenance d'envisager les conditions d'une paix ; découvrir ce que pensent les voisins. » Et les flots de haine qui montèrent aussitôt contre les Allemands, l'intensité du « bourrage des crânes » ou l'énormité de certains bobards ne se laissent eux aussi comparer qu'aux extravagances françaises dans ce domaine. D'après certaines rumeurs, les agents allemands s'ingéniaient à créer aux Etats-Unis la pénurie du sel, des allumettes et du bleu de lessive ; d'après d'autres, ces agents répandaient les germes de la grippe espagnole, ou introduisaient en sous-marin, à l'intention des espions, une variété spéciale, allemande, de pigeons voyageurs. L'enseignement de l'allemand fut interdit dans de nombreux Etats ; la choucroute, le *sauerkraut* allemand, fut rebaptisée *liberty cabbage ;* les suspects d'origine allemande étaient contraints par la foule d'embrasser le drapeau américain, ou étaient roulés dans le goudron et les plumes, à la façon du Ku Klux Klan, ou simplement lynchés.

Qu'au lendemain de l'Armistice, ces fureurs patriotiques, loin de se calmer dans une Amérique suréquipée pour la guerre, aient aussitôt pris les bolcheviks pour cible, n'a pas de quoi étonner. Et c'est ainsi que la Commission sénatoriale chargée de faire le procès des brasseurs et des distillateurs, soupçonnés de servir d'agents à l'Allemagne impériale, en vint à enquêter sur le danger communiste. En l'occurrence, il faut tenir compte d'une certaine naïveté des hommes politiques américains, et singulièrement, de l'amateurisme régnant dans les services de renseignement, proies faciles pour les manipulateurs chevronnés de l'Intelligence Service — et de feu l'*Okhrana*.

Dès février 1918, Edgar Sisson, le représentant à Petrograd du *Committee on Public Information*, s'était fait vendre un lot de documents fabriqués pour prouver que les bolcheviks obéissaient au doigt et à l'œil au haut commandement allemand. A une telle conspiration internationale, comment ne pas associer les Juifs même aux Etats-Unis ? En septembre 1918, un organe intitulé *The Anti-Bolchevist* voyait le jour à New York, qui combinait le thème déjà classique de l'emprise judéo-germanique avec un thème nouveau : c'est les Juifs qui avaient poussé les Etats-Unis à entrer en guerre : c'est eux qui s'ingéniaient à la faire traîner en longueur. On peut ajouter que dès le 19 août 1918, Marshall attirait l'attention de Jacob Schiff sur les rumeurs qui attribuaient la révolution d'Octobre aux Juifs, et que Schiff, dans une lettre au State Department, s'empressait de se distancer des « Rouges ». Cependant, des informations de plus en plus alarmistes affluaient à ce département. Une importance particulière revient à un rapport intitulé « Bolshevism and Judaism », daté du 30 novembre 1918, car il allait être promu à une notoriété internationale qui ne le cédera qu'à celle des *Protocoles*.

Les archives du State Department indiquent le nom de son auteur, le réfugié russe Boris Brasol, un ancien fonctionnaire du ministère de la Justice qui avait pris part à la préparation du procès Beilis. On trouve aussi dans ces archives divers documents fabriqués (on ne sait pas par qui) pour rendre plus crédible le rapport : l'un d'eux assurait que l'Intelligence Service avait réussi à intercepter une série de messages que les conspirateurs juifs échangeaient entre eux.

Quant au rapport lui-même, trois points méritent spécialement l'attention :

Pour commencer, il indiquait avec précision quand,

comment et où fut prise la décision de renverser le gouvernement tsariste : à savoir, le 14 février 1916, dans le quartier juif de New York, par un groupe de révolutionnaires dirigés par Jacob Schiff.

En guise de conclusion, ce rapport citait un passage des *Protocoles* qui, curieusement, était un faux au second degré, car il avait été spécialement rédigé pour la circonstance les *Sages* juifs y assuraient pouvoir arrêter toute rébellion des *Goyim* « à l'aide des canons américains, chinois et japonais ».

Enfin, le rapport dressait la liste des trente et un dirigeants, tous juifs à l'exception de Lénine, qui gouvernaient la Russie. Cette liste fut rendue publique en février 1919, devant la Commission sénatoriale dite « des brasseurs et distillateurs », au moment où la grande « Peur rouge » *(Big Red Scare)* de l'après-guerre commençait à exercer ses ravages aux Etats-Unis.

En effet, au début de 1919, l'Amérique était inquiète. Tout comme en Europe, une vague de grèves avait suivi la fin des hostilités (l'une des plus spectaculaires, et la première en date, fut celle des ouvriers, en grande partie juifs, de l'industrie du vêtement). D'autres travailleurs réclamaient la nationalisation des chemins de fer et des mines de charbon. En mars, une déclaration sensationnelle publiée par le *New York Times* annonçait que les « Rouges » comptaient s'emparer du pouvoir dans un proche avenir. Une série d'attentats à la bombe et des lettres piégées accrurent l'inquiétude. Une terreur confuse étreignait en 1919-1920 des millions de cœurs américains ; des comités de citoyens et des associations patriotiques se constituèrent par centaines, le Ku Klux Klan ressuscitait de ses cendres. La chasse aux sorcières pouvait d'ailleurs tirer prétexte de maint propos outrancier des sympathies manifestées par de nombreux libéraux et radicaux, surtout au début, à l'égard de la grandiose expérience sociale entreprise en Russie ; circonstance aggravante, les premiers militants procommunistes se recrutaient dans leur majorité parmi les immigrés d'origine russe, Juifs ou non. Mais un certain nombre de banquiers et d'entrepreneurs de pure souche anglo-saxonne estimaient eux aussi qu'il fallait laisser courir leur chance aux « Soviets », voire les aider à se maintenir au pouvoir pour commercer fructueusement avec eux.

Tel étant l'arrière-plan, parmi la trentaine de témoins interrogés par la Commission sénatoriale, certains vantaient les vertus quasi évangéliques du nouveau système russe, « plus humain, assurait le quaker écossais Frank Keddie, que ne le fut jamais la chrétienté » :

« Je pense, continuait-il, que grâce au succès de l'enseignement de Tolstoï en Russie, on y trouve une grande proportion de gens qui, en ce qui concerne la paix et la guerre, sont de meilleurs pacifistes, de meilleurs Chrétiens, que ceux de tous les autres pays. »

Le journaliste Albert Rhys Williams parlait d'un immense espoir :

« Voici ce qui est arrivé là-bas : un grand peuple, comptant 150 000 000 d'hommes a brisé ses fers et a aperçu la lumière. Celle-ci les a d'abord aveuglés, mais ensuite, ils se sont attelés à la tâche d'une réorganisation de la vie humaine sur une base de justice, ayant une nouvelle fraternité des hommes pour idéal. »

Ces témoins d'une révolution authentiquement russe ne mentionnaient même pas les Juifs, mais d'autres, qui l'avaient en horreur, en parlaient d'abondance, et savaient même en indiquer la proportion parmi les nouveaux maîtres de la Russie : 2/3, d'après le consul William Huntigton, le premier témoin ; 3/4, d'après William W. Welsh, l'ex-directeur des succursales russes de la *National City Bank ;* 19/20, d'après le pasteur George A. Simons, le délégué de l'Eglise méthodiste en Russie. Mais d'où ce pasteur tenait-il le chiffre ? Au cours de sa déposition, il révélait que la veille, le Dr Harris A. Houghton, le directeur des services de renseignement militaires pour l'Etat de New York, lui avait rendu visite et lui avait montré un exemplaire des *Protocoles,* ainsi que la fameuse liste des dirigeants juifs. Cette liste, il en donnait lecture devant la Commission, et le lendemain, elle était publiée dans tous les grands journaux américains. Le pasteur Simons faisait une révélation encore plus sensationnelle : les fauteurs de la révolution n'étaient pas n'importe quels Juifs, ils étaient presque tous des Juifs américains, venus de l'*East Side* de New York ! Pour conclure, il demandait pourtant que l'on ne se méprenne pas sur ses intentions : « Certains de mes meilleurs amis sont Juifs. »

Le lendemain, la presse américaine accordait une vaste place au Dr Simons. Le *New York Times* titrait en première page : *Les agitateurs rouges de cette ville au pouvoir en Russie ; les anciens habitants de l'East Side sont grandement responsables du bolchevisme, dit le*

Dr Simons. Le *New York Tribune* étalait un titre encore plus incendiaire : *L'East Side de New York est le berceau du bolchevisme. Le terrorisme russe est dirigé à partir de l'Amérique, dit au Sénat le Dr Simons.* De telles manchettes laissent des traces : ce mythe-là fut légué à la postérité par le philosophe anglais Bertrand Russel qui, au retour d'un voyage en Union soviétique, où il ne se plut pas, écrivait que l'insolente aristocratie bolchevique « était composée de Juifs américanisés ».

Du Dr Houghton, l'informateur du pasteur, on sait qu'il faisait circuler les *Protocoles* dans les bureaux ministériels, et qu'il donnait des conférences sur ce thème excitant dans les salons mondains. On sait aussi qu'il ne fut pas le seul provocateur, ou « trompeur trompé » de ce genre. A ses côtés, on peut citer l'officier de renseignement John B. Trevor, avocat dans la vie civile, qui après la guerre se consacra à l'étude des milieux « radicaux » juifs de New York, et instruisait les hommes politiques hostiles à l'immigration en conséquence ; par la suite, il devint le président de la *Coalition of American Patriotic Societies*, c'est-à-dire des organisations qui, à partir de 1933, servirent aux Etats-Unis la cause hitlérienne. Derrière ces hommes, on aperçoit leurs informateurs, des réfugiés russes pour la plupart (Nathalie de Bogory, le général Cherep-Spiridovitch, le comte Sosnovski, et surtout le publiciste Boris Brasol, qui se vantait d'avoir écrit « deux livres qui feront aux Juifs plus de mal que dix pogromes »), ainsi que les professionnels de l'Intelligence Service britannique ; comme on l'a vu, pour les uns et pour les autres, quelle qu'ait été la cause qu'ils servaient, il s'agissait d'abattre le régime soviétique.

Les révélations du pasteur Simons et du consul Dennis furent aussitôt contestées par plusieurs hautes personnalités américaines, ainsi que par certains témoins, en sorte que finalement la Commission n'en tint pas grand compte. Il en alla autrement pour les dirigeants et les militants des principales « associations patriotiques » et pour bien d'autres Américains, a commencer par Henry Ford I, qui devint peu après le principal promoteur de l'antisémitisme aux Etats-Unis. Le problème d'une limitation de l'immigration, depuis longtemps à l'ordre du jour, reçut de ce fait une nouvelle impulsion. Les campagnes engagées à cette fin depuis les années 1890, qui visaient les immigrés d'une origine autre qu'anglo-saxonne ou germanique, aboutirent en mai 1921 à la promulgation d'une loi instituant un *quota* annuel de 3 p. 100 pour chaque nationalité [1] : d'après divers témoignages, le but principal de cette loi était de faire barrage aux immigrés juifs, ainsi que le souhaitait notamment le vieux patricien Henry Cabot Lodge, le leader des Républicains au Sénat. En tout cas, sur le plan intérieur américain, seuls les Juifs étaient visés par les offres d'emploi qui, en quantité croissante, demandaient aux postulants de décliner leur religion, à moins de spécifier ouvertement : « Pour Chrétiens seulement. » Les discriminations de cet ordre étaient sur le point d'atteindre leur sommet (il en reste encore quelque chose de nos jours). En 1922, au lendemain d'un voyage aux Etats-Unis, notre vieille connaissance Hilaire Belloc louait les Américains d'avoir su organiser leur défense :

« ... même à New York, l'organisation défensive ne fait que commencer... [En Grande-Bretagne] une certaine proportion de Juifs est devenue nécessaire à la classe dirigeante anglaise dans son ensemble (...) Rien de tel aux Etats-Unis. Le Juif n'y est admis que difficilement dans les grands clubs, et le plus souvent il ne peut pas y pénétrer ; ses talents sont rarement utilisés dans les états-majors de l'armée ; il n'a pas du tout de véritable position civile (...) Il y a je ne sais combien d'hôtels qui refusent de recevoir les Juifs. Comme je viens de le dire, les principaux clubs refusent de les admettre ; les universités, notamment Harvard, ont ouvertement organisé leur défense contre l'invasion de nouveaux étudiants Juifs... »

La satisfaction de Belloc s'explique : en juin 1922, James Russel Lowell, le président de Harvard, rendait public le projet d'un *numerus clausus* officiel de 10 p. 100 pour les étudiants juifs. Venant de l'université américaine la plus ancienne et la plus prestigieuse, une telle mesure aurait constitué un précédent des plus redoutables, et Louis Marshall considérait l'affaire comme plus grave que les provocations des monarchistes russes ou la propagande de Henry Ford. Finalement, le projet fut repoussé, et Har-

---

1. Ce quota était calculé en fonction du nombre d'immigrants de chaque nationalité, telle qu'elle était indiquée sur leurs passeports, présents sur le sol américain en *1910*. En 1924, cette loi fut remplacée par le « Johnson Act » qui substituait à l'année 1910 celle de *1890*, ce qui réduisait pratiquement à néant les chances des ressortissants de l'Europe orientale et méridionale, d'autant plus que le quota était réduit de 3 p. 100 à 2 p. 100.

vard en revint aux méthodes de barrages occultes et sournois, telles qu'elles étaient appliquées à l'époque par la plupart des universités de la côte est. Il reste que pour les raisons les plus diverses — trop grande « vitesse ascensionnelle » pour les uns, menace pour l'ordre établi pour les autres, et par là, nous rejoignons le classique antisémitisme chrétien-bourgeois — au début des années 1920, les Juifs des Etats-Unis paraissaient voués à polariser les haines tout comme en Europe.

La littérature correspondante commençât à faire prime. Putnam et Doubleday, les deux grands éditeurs de New York, publiaient ou envisageaient de publier des ouvrages antisémites, et dans le privé, le major Putnam se répandait en propos sur les horreurs du sionisme et du bolchevisme. Dès 1920, le brillant critique anticonformiste Henry Mencken écrivait : « Les griefs contre les Juifs sont longs, et leur cause est exécrable : elle justifierait dix mille fois plus de pogromes qu'il ne s'en produit actuellement à travers le monde » ; et il anglicisait un vieil argument germanique : « Ils pensent en yiddish et ils écrivent en anglais. »

Il convient de préciser que d'une manière générale, les temps étaient révolus où l'Américain se baignait dans sa splendeur de Blanc, avec le seul Noir pour contre-image ; le séculaire privilège de la peau blanche était désormais ébranlé par la présence d'une immigration « non nordique », censée être de mauvaise qualité. Ce thème était propagé par les revues les plus populaires, dans lesquelles les insultes de Boche, de Rital ou de Youpin étaient camouflées sous les termes de race « alpine » ou « méditerranéenne » ou « hébraïque » ou « orientale », l'imprécision continuant à régner au sujet de la classification des Juifs. On ne saurait douter que le climat de la Grande Peur rouge entretenait et aggravait cette insécurité typiquement raciste. Publié en 1915, *The Passing of the Great Race* de Madison Grant n'avait connu qu'un succès d'estime ; en 1920, *The Rising Tide of the Peoples of Color* de son disciple Lothrop Stoddard devint un best-seller et fut hautement loué par le président Harding, cette incarnation de l'Américain moyen : « Quiconque prendra le temps de lire attentivement le livre de M. Stoddard... se rendra compte que le problème racial qui se pose aux Etats-Unis n'est qu'un aspect du conflit des races auquel se trouve acculé le monde entier. »

Il y a du Gobineau chez Stoddard, lorsqu'il écrit : « Un million d'années d'évolution humaine pourraient ne pas atteindre le but, et le produit suprême de la vie terrestre, l'homme, pourrait ne jamais accomplir la destinée qui lui était promise. » Tout comme Gobineau, il n'attaquait pas les Juifs (qu'il ne rangeait pas parmi les peuples de couleur), même lorsqu'il se déchaînait contre « Lénine, entouré de ses bourreaux chinois » :

« Les points cardinaux du bolchevisme... sont vraiment hideux. On peut s'imaginer l'effet de semblables idées si elles réussissent à prendre, non seulement sur notre civilisation, mais encore sur la fibre même de la race. La mort, ou la dégradation de presque tous les individus qui manifestent des facultés créatrices, et la tyrannie des éléments ignorants et antisociaux seraient le plus grand triomphe disgénique qu'on eût jamais vu. A côté de cela, les maux engendrés par la guerre sembleraient d'une pâleur insignifiante... »

Du reste, la « fibre de la race » américaine était déjà gravement atteinte, de l'avis de Stoddard, par l'afflux « des hordes véritablement étrangères de l'Europe de l'Est et du Sud » (sous quoi il fallait entendre, semble-t-il, les Juifs aussi bien que les Slaves et les Latins). « Tout notre équilibre si péniblement acquis — physique, intellectuel et spirituel — été renversé et nous nous débattons aujourd'hui dans un véritable marécage... »

Si Stoddard était l'apôtre le plus illustre de la race nordique, il était loin d'être le seul, et d'autres auteurs allaient bien plus loin. Deux rapides exemples suffiront. Pour Clinton S. Burr, « l'américanisme était la pensée radicale de la race nordique, développée après mille années d'expériences », tandis que les autres races européennes étaient « imprégnées de radicalisme, de bolchevisme et d'anarchie » : c'était surtout le cas de la race slave, d'origine partiellement asiatique. Différente était la démarche de Alfred E. Wiggam, qui invoquait la religion établie en ces termes :

« Si Jésus avait été présent parmi nous, il aurait présidé le Premier Congrès eugénique. Il aurait été le premier à comprendre la grande signification idéaliste et spirituelle des généralisations de Darwin, du microscope de Weismann, des petits pois de Mendel (...) Le premier avertissement que la biologie donne à la politique est que les races humaines avancées régressent ; que les races civilisées plongent dans l'abîme, biologiquement parlant... »

Auprès du public américain, les travaux de Wiggam eurent beaucoup plus de succès que ceux de Burr. Voici une remarquable différence d'avec le racisme contemporain allemand, puisque rien n'était aussi éloigné de la mentalité des Nazis que l'invocation de Jésus à l'appui de leur programme biopolitique.

Le nouvel état d'esprit était on ne peut mieux reflété par une campagne du *Saturday Evening Post*, le populaire hebdomadaire américain, qui avait chargé son collaborateur Kenneth Roberts d'une enquête dans l'Europe d'après-guerre, surtout dans la perspective d'une reprise de l'émigration aux Etats-Unis. En 1922, Roberts publiait en volume son reportage, sous le titre *Why Europe leaves home*. Il ne faisait aucun mystère de ses sympathies et de ses antipathies : 120 pages antijuives par excellence étaient suivies de 100 pages bienveillantes sur les réfugiés russes ; ensuite, 40 pages antigrecques précédaient une centaine de pages attendries sur les Anglais et les Ecossais. L'ouvrage étant illustré, le choix des documents révélait l'une des sources de l'inspiration de Roberts, car aux hideuses têtes des Juifs faisaient face les engageantes « filles de la vieille aristocratie russe » ou « une classe de couture pour les jeunes filles russes. » Le texte était à l'avenant : « On est tout excité à l'idée d'une princesse servant dans un restaurant. » Et plus loin :

« Si j'avais à choisir 500 Russes pour leur confier un travail quelconque : terrassements ou courses automobiles, agriculture ou comptabilité, je les choisirais chaque fois parmi les aristocrates. A cela, il y a une bonne raison : l'aristocratie russe se recrute surtout parmi la race nordique — hommes de grande taille, blonds, aux crânes allongés — tandis que le gros de la population appartient à la race alpine (...) c'est le stupide et obtus tempérament slave, aggravé par des siècles de servitude sous des maîtres sévères qui pensaient pour eux. »

Il n'en reste pas moins que Roberts paraissait bien disposé envers tous les réfugiés russes, indépendamment de leur origine, et il ne cachait pas son indignation : « La lie de la terre se déverse en Amérique par chaque bateau avec une relative facilité, mais les Russes doivent remuer les cieux, la terre et le State Department avant de pouvoir partir. »

La lie de la terre, c'étaient en premier lieu les Juifs, inaptes même aux travaux de force dont pouvaient s'acquitter, à condition d'être dûment contrôlés et assignés à résidence pour ne pas encombrer les grandes villes, les Italiens, les Polonais ou les Slovaques.

Aussi bien Roberts préconisait-il de substituer au critère de *nationalité* en vigueur celui de *race*, afin de stopper l'afflux, sous couleur de ressortissants polonais ou roumains, des Juifs « inassimilables, non productifs et économiquement et socialement indésirables ». Au surplus, n'étaient-ils pas des Asiatiques ? A l'appui, il invoquait un article de la *Jewish Encyclopaedia* s'y prenant comme suit :

« De plus, il ne faut pas oublier que les Juifs de Russie, de Pologne et de presque toute l'Europe du Sud-Est ne sont pas des Européens : ils sont des Asiatiques et, en partie au moins, des Mongoloïdes (...) Ce fait est confirmé par l'article de la *Jewish Encyclopaedia* traitant des Khazares. Il y est dit que les Khazares étaient « un peuple d'origine turque dont l'histoire est entremêlée dès les commencements avec l'histoire des Juifs de Russie. »

On voit que sur le point de « l'origine khazare » des Juifs, Arthur Koestler n'a rien inventé.

Par ailleurs, c'est en parlant de la Grèce que Roberts faisait l'exposé le plus cohérent de son anthropologie :

« Tout croisement de souches produit inévitablement des hybrides, que l'on croise des chiens ou des hommes, et qu'on le fasse dans la vallée du Nil ou dans la plaine attique ou à l'ombre des sept collines romaines ou sur les rivages rocheux de la Nouvelle-Angleterre (...) Les pages de l'histoire sont jonchées des exemples des grandes civilisations qui ont périclité à cause d'une immigration incontrôlée et des hybridations qui en résultaient. En conséquence d'une immigration incontrôlée, il ne reste rien de la race grecque, du génie grec et de la nation grecque. Depuis deux mille ans, la Grèce n'a produit ni littérature, ni architecture, ni philosophie, ni arts, ni sciences. Les Grecs actuels descendent d'esclaves asiatiques et africains, des Italiens, des anciens Bulgares, des Slaves, des Huns, des Hérules, des Avares, des Egyptiens, des Juifs... »

On voit que les diatribes qui s'étalaient en 1920-1921 dans les colonnes du *Saturday Evening Post* ne le cédaient pas en virulence à celles des racistes allemands. Le cas était loin d'être isolé : une autre revue populaire et instructive, *Good House-Keeping*, en faisait presque autant en février 1921, en publiant un article du vice-président Calvin Coolidge intitulé : « A qui appartient ce pays ? » Aux Américains nordiques, exposait cet important personnage et la morale allait de soi : pour qu'ils le conservent, ils devaient dûment tenir compte des lois de la biologie, en évitant toute « miscegénation », suivant l'expression consacrée.

Il reste à ajouter que ni Coolidge ni Roberts ne s'attachaient au thème des « bolcheviks juifs ». Même en parlant de « la bande de gredins les plus vils qui aient jamais ruiné une nation », Roberts n'en mettait pas en cause l'extraction ; et à un autre endroit, il manifestait quelque fierté de ne jamais avoir cru au mythe « d'un mouvement sioniste pour contrôler et subjuguer le monde ». Après s'être livré à une enquête, il s'était convaincu qu'il ne s'agissait que « d'un bavardage des plus rances » concluait-il.

D'autres enquêteurs concluaient en sens contraire : le 19 juin 1920, six semaines après l'incendiaire article du *Times* de Londres, le *Chicago Tribune* publiait des informations encore plus sensationnelles. L'article, envoyé de Paris par son correspondant européen John Clayton, était titré : « Trotski conduit les radicaux juifs vers la domination mondiale ; le bolchevisme n'est qu'un instrument de ses projets. » On y lisait notamment :

> « Depuis deux ans, les officiers de renseignement des divers services secrets de l'Entente accumulent les rapports relatifs à un mouvement révolutionnaire mondial autre que le bolchevisme. Au début, ces rapports confondaient les deux, mais en dernier lieu, les lignes générales ont commencé à devenir de plus en plus claires (...) L'esprit directeur qui donne les ordres aux chefs mineurs et finance la préparation de la révolte siège dans la capitale de l'Allemagne. Le chef exécutif n'est autre que Trotski (...) Les buts du parti radical Juif n'ont rien d'altruiste au-delà de la libération de leur propre race. A part cela, ces buts sont purement commerciaux, ils veulent contrôler les riches voies de commerce et centres de production de l'Est, des fondements de l'Empire britannique... Ils pensent que l'Europe est trop fatiguée et l'Angleterre trop faible pour réprimer une rébellion concertée dans ses possessions orientales... »

En l'occurrence, une intoxication de source britannique semble patente.

Et puis, il y eut l'Américain le plus populaire et le plus marquant du premier quart du XXe siècle, Henry Ford.

Les contemporains comparaient Ford à Abraham Lincoln, ou à Karl Marx — ou à Jésus-Christ. Il s'en fallut de peu qu'il ne soit élu, à la place de Coolidge, président des Etats-Unis. Une telle popularité, qui était largement internationale, se laisser justifier par ses deux innovations fondamentales et complémentaires : vulgarisation de l'automobile et politique des hauts salaires. Mais tout en faisant ainsi figure de bienfaiteur ou de héros des temps modernes, Ford, né dans une ferme du Michigan, garda toujours la nostalgie de cette vie rurale simple que, plus que quiconque au monde, il a contribué à faire abandonner ou déconsidérer. C'est surtout à la lumière de ce paradoxe qu'on a voulu expliquer la judéophobie du passéiste roi de l'auto. Cependant, d'autres singularités, et en premier lieu le végétarisme et d'autres abstinences ou phobies (ni boissons fortes, ni café ou thé, ni tabac) le rapprochent encore mieux de Richard Wagner, Houston Chamberlain ou Hitler. Tout cela dit, avec les réserves qui s'imposent, venons-en aux inévitables déterminations accidentelles. Dans le cas de ce héros des temps modernes, il y eut le rôle joué par la pacifiste Rosika Schwimmer dans la déconfiture majeure de sa vie ; c'est en effet cette Juive hongroise qui fut la principale animatrice de la « Croisière de la Paix » entreprise par lui à la fin de 1915, afin de convaincre les Européens d'arrêter leur sanglante mêlée. Le publiciste Herman Bernstein faisait également partie de l'expédition, qui sombra dans le ridicule. Six ans plus tard, Ford, au cours d'une interview, exhalait sa rancune en accommodant ses réminiscences comme suit :

> « Sur le bateau, il y avait deux Juifs très proéminents. Nous n'avions pas fait 200 milles que ces Juifs commencèrent à me parler du pouvoir de la race juive et de la façon dont ils contrôlaient le monde grâce au contrôle qu'ils exerçaient sur l'or ; le Juif, et lui seul, pouvait arrêter la guerre. Je me refusais à les croire et je le leur dis ; ils entrèrent alors dans les détails pour me décrire comment les Juifs contrôlaient la presse et comment ils avaient l'argent. Ils finirent par me convaincre. J'étais tellement dégoûté que j'avais envie de faire faire marche arrière au bateau... »

Ford expliquait ensuite qu'ayant ainsi percé à jour la cause des guerres et des révolutions, il tint à la faire connaître à ses concitoyens. En fait, c'est tout naturellement dans le climat américain de 1920, et sous l'effet immédiat de l'article provocateur du *Times*, qu'il entreprit en mai de cette année sa croisade antisémite. On peut ajouter que le porte-parole qu'il s'était choisi, le journaliste canadien William Cameron, appartenait à l'étrange secte chrétienne des « British Israelites », mal disposée au possible envers les fils d'Israël. (Par la suite, Cameron devint le président de la pro-nazie « Anglo-Saxon Federation of America ».)

Le 22 mai 1920, le *Dearborn Independent*, l'hebdomadaire dont Ford avait fait l'acquisition en novembre 1918, publiait un premier article dans lequel il dénonçait le pouvoir économique des Juifs. L'article suivant dénonçait la puissance politique détenue par l'entité bizarrement dénommée « All-Judaan ». Le tableau s'achevait sur une note très sombre :

« All-Judaan a ses vice-gouvernements à Londres et à New York. Ayant tiré vengeance de l'Allemagne, il est sur le point de conquérir les autres nations. Il possède déjà la Grande-Bretagne. La Russie lutte encore, mais ses chances sont minces. Les Etats-Unis, tolérants comme ils le sont, offrent un champ prometteur. Le théâtre des opérations change, mais le Juif demeure le même le long des siècles. »

A un furieux télégramme de protestation de Louis Marshall, Ford répondit en exprimant des doutes sur son équilibre mental. Pour une fois, les Juifs déclarèrent forfait : « Si nous engageons une controverse, nous allons allumer un incendie dont personne ne peut prédire comment il pourra être éteint », écrivait fin juin Jacob Schiff. Le même jour, le *Dearborn Independent* commençait à citer les « Protocoles », qui allaient désormais lui servir de principal argument. En même temps, la société Ford s'abouchait avec une agence de police privée et montait un réseau de renseignements, dont faisaient partie, sous des noms codés, le Dr Houghton, Nathalie de Bogory et plusieurs autres réfugiés russes ; l'un d'eux, Serge Rodionov, se mettait en campagne pour retrouver en Mongolie l'original hébraïque des « Protocoles ». D'autres détectives se mettaient à la recherche du fil secret par lequel Louis Brandeis donnait ses ordres à la Maison Blanche. Les débordements imaginatifs du pasteur Simons se trouvaient nettement dépassés ; de plus, les nouvelles versions bénéficiaient de l'incomparable crédit qui s'attachait au nom de Ford. L'édition américaine des « Protocoles » voyait le jour en août 1921 : « Elle contient une seconde partie, écrivait Louis Marshall, destinée à prouver la réalisation du complot censément découvert dans les Protocoles... C'est pire que de la dynamite » (10 septembre 1921). Et dix jours après :

« Les événements ont démontré que la politique du silence fut une erreur. Non seulement les articles de Ford paraissent chaque semaine sans diminuer en violence, mais ce qui est pire, les « Protocoles » circulent dans chaque club, dans chaque journal, ils ont été reçus par tous les membres du Congrès et placés entre les mains de milliers de personnalités. Ils sont un sujet de discussion dans tous les salons et tous les milieux sociaux... »

A en croire la revue *America*, à New York, ces discussions se poursuivaient également sur la place publique, mais la description qu'en donnait cet organe catholique suggérait que dans leur propre fief, les Juifs avaient rapidement repris le dessus : « ... Trois semaines ne s'étaient pas écoulées que sur tous les carrefours de Broadway résonnaient les cris stridents des vendeurs de journaux, « Lisez tout sur le traître Henry Ford ! Lisez tout sur le menteur Henry Ford ! » Rapidement, il devint évident qu'à New York au moins, monsieur Ford n'allait pas monopoliser l'oreille patiente du public. » Et *America* donnait à ses lecteurs la combativité des Juifs en exemple : « Leurs manières ne méritent pas toujours l'imitation, mais leur rapidité et leur efficacité à réagir à toute insulte faite à leur religion sont admirables. »

Cependant, d'autres faux, ceux-là dûment américains, faisaient leur apparition : George Washington aurait écrit que les Juifs étaient des ennemis plus dangereux que l'armée anglaise ; Benjamin Franklin aurait surenchéri en annonçant pour la deuxième moitié du XXe siècle la domination mondiale de ces vampires. Mais tout comme dans le cas de la vieille Europe, c'est le libelle antibonapartiste du besogneux avocat Maurice Joly, maquillé en « Protocoles » juifs et commenté par « l'Israélite » William Cameron, qui trouvait le mieux le chemin des cœurs américains. Ford, qui vendait plus d'autos que tous ses concurrents réunis, et qui en avait vendu en 1919 plus d'un million, était alors au zénith de sa popularité et de son pouvoir. Ses concessionnaires et agents devaient s'engager à recruter un certain nombre (288, dans un cas donné) d'abonnés au *Dearborn Independent ;* les articles antijuifs étaient également vendus sous forme de brochures, aux Etats-Unis et à l'étranger. Les principales « sociétés patriotiques » de New York emboîtèrent le pas à Ford ; dans le cas de la « National Civic Federation » les Juifs réussirent à faire censurer la propagande antisémite, mais la « American Defense Society » continua à recommander à travers l'Amérique entière la lecture des « Protocoles », « qu'ils soient vrais ou faux ».

En automne 1920, le tour pris par les campagnes antisémites incita les grandes organisations juives, laïques ou religieuses, neutres ou sionistes, à faire pour une fois cause commune afin de mieux affronter « le problème le plus sérieux qui se soit jamais posé au judaïsme américain ». Le 1er décembre, elles rendaient public un « Appel à leurs concitoyens », intitulé *Les « Protocoles », le bolchevisme et les Juifs*. Une fois de plus dans la longue histoire de la dispersion, des Juifs s'évertuaient à expliquer que les accusations élevées contre eux étaient fausses et absurdes ; mais aux Etats-Unis, ils pouvaient brandir un nouvel argument :

« Abstraction faite d'une histoire émaillée d'invraisemblances, l'analyse des *Protocoles* montre... qu'ils doivent émaner des ennemis les plus acharnés de la démocratie. Ils foisonnent de cyniques références à la Révolution française et aux notions de liberté, égalité et fraternité. Ils glorifient les privilèges et l'autocratie. Ils tournent en dérision l'éducation. Ils condamnent la liberté de conscience. Ils affirment que les libertés politiques sont une idée, non un fait, et que la doctrine d'après laquelle un gouvernement est le serviteur du peuple n'est qu'une phrase creuse. »

Un appel publié peu après (16 janvier 1921) réunissait à peu près toutes les personnalités qui comptaient dans la vie publique américaine. Trois présidents (Taft, Wilson, Harding), neuf secrétaires d'Etat, un cardinal et de nombreux autres dignitaires ecclésiastiques, des présidents d'universités, des hommes d'affaires et des écrivains — une centaine de signatures en tout — protestaient en ces termes :

« Les citoyens soussignés d'origine non juive (gentile) et de foi chrétienne réprouvent et regrettent profondément l'apparition dans ce pays d'une campagne organisée d'antisémitisme conduite conformément à (et en coopération avec) des campagnes semblables en Europe... La citoyenneté américaine et la démocratie américaine sont de la sorte provoquées et menacées. Nous protestons contre cette campagne organisée de préjugés et de haine, non seulement parce qu'elle est manifestement injuste à l'égard de ceux contre lesquels elle est dirigée, mais aussi, et surtout, parce que nous sommes convaincus qu'elle est absolument incompatible avec une citoyenneté américaine loyale et intelligente... »

En conclusion, ce manifeste faisait appel aux « modeleurs de l'opinion publique », les exhortant à combattre par tous les moyens « cette agitation anti-américaine et antichrétienne ». Mais les noms américains les plus influents ou les mieux connus figuraient déjà au bas du texte : le célèbre avocat Clarence Darrow, un athée militant, y voisinait avec Evangeline Booth, le commandant de l'Armée du Salut, et David Jordan, le président de l'université de Stanford, qui naguère avait dénoncé l'hégémonie financière des Juifs, avec W.R.P. Faunce, le président de l'université de Brown, qui n'admettait pas de discrimination à leur égard. Certains signataires envoyaient des lettres, pour mieux marquer leur solidarité ; c'est ainsi que l'ancien secrétaire d'Etat Robert Lansing révélait que l'année précédente, les « Protocoles » avaient circulé dans ses services, et étaient arrivés sur sa table, pour n'être stoppés qu'à ce niveau-là. On peut aussi citer la lettre du cardinal O'Connel, proclamant que toute discrimination religieuse ou raciale est anti-américaine (il semble que ce prélat avait entièrement perdu de vue qu'il existait aussi aux Etats-Unis une dizaine de millions de citoyens noirs...)

Tel qu'il était, ce grand manifeste chrétien trouva dans la presse et l'opinion un accueil si unanimement favorable qu'il apparut au bout de quelques semaines que Henry Ford n'était qu'un homme seul aux Etats-Unis : Louis Marshall écrivait alors que l'agitation antisémite s'y était « pratiquement épuisée », et que « le mouvement Ford se mourait de mort lente ». Cependant, le roi de l'automobile, loin de capituler, annonçait aux journalistes, à la fin de 1921, qu'il allait bientôt offrir à ses compatriotes « un cours d'histoire » à sa façon : montrer qu'aux Etats-Unis, les Juifs avaient provoqué la guerre de Sécession, fait assassiner le président Lincoln, « et beaucoup d'autres choses encore, un peu d'histoire américaine qu'on n'enseigne pas dans les écoles ».

Il ne tint qu'imparfaitement cette promesse, car en fait, les articles antijuifs du *Dearborn Independent* commencèrent à s'espacer, en 1922, et il n'y fut jamais question de la guerre de Sécession, ni de Lincoln. Visiblement, sa flamme antisémite baissait, encore que lentement : ce n'est qu'en 1927, (année ou « General Motors » lui ravissait la première place) qu'il capitulait avec les Juifs. Il alla alors jusqu'à demander à Louis Marshall de rédiger le texte de ses rétractations, et celles-ci, tout en prétextant l'ignorance pour excuse, furent complètes et humbles à souhait :

« ... Je confesse que j'ai été grandement choqué à la suite de ma récente étude de la collection du *Dearborn Independent* et de *The International Jew*. J'estime être de mon devoir d'honnête homme de faire amende honorable pour les torts causés aux Juifs, mes compatriotes et frères, en leur demandant pardon pour le mal que je leur ai fait, en retirant, pour autant que c'est dans mon pouvoir, les accusations élevées par ces publications, et en les assurant que désormais ils peuvent compter sur mon amitié et ma bonne volonté. Inutile de dire que les écrits qui ont été distribués à travers notre pays et à l'étranger seront retirés de la circulation. »

Cependant, ces déclarations, dont les Juifs prirent connaissance avec enthousiasme, laissèrent froid l'ensemble du public américain. Sans doute la nouvelle était-elle trop banale, manquant de tout relief : que les Juifs, dans leur étrangeté, soient des êtres échappant aux normes communes et des conspirateurs internationaux, voilà qui était intéressant pour le grand public. La vieille règle en matière d'information : « Un chien qui mord un homme n'est pas une nouvelle, mais un homme qui mord un chien en est une » paraissait jouer une fois de plus.

En tout cas, aux Etats-Unis, où Ford fit effectivement brûler les collections de son journal et le stock de *The International Jew*, toute l'affaire fut vite oubliée. Il en alla autrement en Allemagne, où *Le Juif international* était diffusé par Theodor Fritsch, « le grand-maître de l'antisémitisme allemand ». Sommé par Ford de retirer la traduction de la circulation, Fritsch réclama des dommages-intérêts ; sur le conseil de Marshall, qui redoutait d'autres chantages, Ford n'insista pas.

Cette traduction allemande mérite notre attention à divers titres. Lorsqu'on la feuillette, ce qui d'abord saute aux yeux, c'est l'abondance des notes en bas de page, dans lesquelles le traducteur déclare son désaccord avec l'auteur. Parfois, l'antisémite allemand est positivement furieux : notamment, lorsque son coreligionnaire américain manifeste son attachement à l'Ancien Testament ; et encore davantage lorsqu'il exprime l'espoir que les yeux des Juifs se dessilleront un jour et qu'ils se convertiront. A l'occasion, Theodor Fritsch critique Henry Ford d'une manière qui fait songer à Voltaire : « presque chaque page de l'Ancien Testament est immorale ». Une autre dangereuse faiblesse du roi de l'automobile était de vouloir distinguer entre « mauvais » et « bons » Juifs : non, s'exclame le traducteur c'est une redoutable illusion, tous les Juifs méprisent comme un seul homme le genre humain. De même, lorsque l'auteur, citant *Les Juifs et la vie économique* de Sombart, écrivait que le peuple dispersé, quels qu'en soient les défauts, faisait fleurir le commerce : sur ce point aussi, le traducteur protestait que rien de bon ne pouvait venir des Juifs. Et ainsi de suite. Décidément — cette idée revenait dans les notes à plusieurs reprises — les Américains, aveuglés par leur humanitarisme ou pour quelque autre raison, étaient incapables d'apprécier correctement le problème juif.

Pourtant, les Etats-Unis connurent quelques années après une autre flamme d'antisémitisme, sous l'effet combiné de la grande dépression économique et de la propagande du IIIe Reich. Aux côtés du héros national Charles Lindbergh, c'est paradoxalement un prêtre catholique, Charles Coughlin, dont les sermons étaient radiodiffusés à travers tout le pays, qui devint outre-Atlantique le principal apôtre de la judéophobie. Un nouveau reproche, celui de bellicisme, vint alors étoffer celui du complot. Inutile de dire qu'à la fin de 1941 l'agression de Pearl Harbor faisait stopper net, en même temps que toute propagande isolationniste, cette nouvelle agitation.

*
**

Ainsi donc, dans l'aire anglo-saxonne, et quoi qu'il en soit des opinions ou dispositions intimes, des campagnes antisémites franches et ouvertes ne se poursuivirent qu'à l'occasion de l'ébranlement planétaire le plus violent de tous les temps. Dans un autre ouvrage, que j'ai intitulé *La Causalité diabolique,* j'ai tenté d'explorer le lien entre cette relative immunité, et les révolutions anglaises du XVIIe siècle, qui d'une part affectèrent à l'Eglise romaine, plutôt qu'aux Juifs, l'emploi d'ennemi N° 1 du genre humain, et qui d'autre part donnèrent naissance à une mentalité et à des régimes mieux portés que tous les autres à prendre au sérieux les principes de la démocratie.

IV

La France

Il est difficile de dire qui, des Juifs français ou des Juifs allemands, allait le plus loin dans la surenchère patriotique, en 1871-1914. Nous avons évoqué à diverses reprises les enthousiasmes germanomanes des seconds nommés, culminant dans le culte de Richard Wagner ; en France, les « Israélites » poussaient le patriotisme jusqu'à communier dans la glorification d'Alexandre III, le tsar des pogromes. Comment faire pour concilier honorablement le patriotisme français, tel qu'il sévissait en ces temps, et la dignité juive ? Dès le début de la guerre, le poète André Spire, l'un des rares sionistes français, ne voyait d'issue que dans un héroïsme surhumain :

« En Bulgarie 5 000 soldats juifs, en Autriche 170 000, en Allemagne plus de 60 000 montrent un égal esprit de sacrifice (...) Mais pourquoi tant d'entre eux mettent-ils dans le combat une ardeur si singulière, une telle crânerie à mourir ? C'est que tout Juif a deux honneurs à défendre : celui de sa patrie d'abord, et puis l'autre, celui dont si souvent, et avec tant d'injustice, on l'a accusé de manquer. Ainsi, au moment où le judaïsme universel est déchiré comme l'Eglise catholique, comme le protestantisme universel et l'Internationale ouvrière, il subsiste entre ces Juifs qui s'entre-détruisent une sorte de lien sublime : « Tous, a dit un journaliste yiddish, ils veulent mourir pour l'honneur du nom juif. »

On retrouve de la sorte le principe bien connu suivant lequel seuls les Juifs morts devenaient des Juifs sans reproche. Du reste, certains en convenaient d'eux-mêmes :

« A l'heure où vous lirez ces lignes, qui ne doivent vous parvenir que si je meurs, j'aurai définitivement acquis, en mêlant mon sang à celui des plus vieilles familles de France, la nationalité que je revendique, écrivait à Charles Maurras le sergent Pierre David. Grâce à vous, j'aurai compris la nécessité et la beauté de ce baptême. » Après la guerre, quelques jeunes Juifs se réclameront abondamment de ce « héros juif d'Action française ».

Les rabbins consistoriaux se livraient à d'autres surenchères : la façon dont ils bénissaient les armes françaises a pu être décrite par la suite, avec un humour grinçant, en ces termes :

« La Thora venait du Sinaï... Mais, depuis longtemps, les rabbins l'avaient naturalisée franque et en avaient fait une vaillante Lorraine, une sœur de la Croix de cette pieuse province de pieux chevaliers. En d'autres temps, la Thora commandait aux hommes de ne pas tuer, elle les mettait en garde contre la convoitise et la luxure. Maintenant, ses lettres cunéiformes chantaient *La Marseillaise* et *Vous n'aurez pas l'Alsace et la Lorraine,* et disaient saintement le mot de Cambronne à l'égard des Boches. » (Arnold Mandel.)

Persiflage ? Il suffit de se reporter à certains textes de première main de l'époque : « Juif ou Chrétien, tout Boche nous est aussi odieux » (*Archives israélites*, 10 juin 1915), ou, encore plus vigoureusement, « le Dieu des Français, qui n'a rien de commun avec le Dieu des Boches... » (*ibid.*, 19 août 1915) ; saurait-on imaginer, dans un organe catholique, une hérésie de cette taille ?

Sur un tout autre plan, Thomas Mann a immortalisé, comme une ânerie de 1914 bien française, « par surcroît signée Lévy », ces fortes paroles du général d'infanterie Camille Lévy. « S'il m'arrivait par malheur de toucher la main d'un Boche, je me tremperais aussitôt la main dans un pot de merde pour la purifier. »

Sans aller jusqu'à mentionner ce guerrier, *L'Univers israélite* attribuait aux Juifs « un degré supérieur d'amour de la patrie » (6 juillet 1917). Faut-il dire que dans le camp opposé, on en faisait à peu près autant, la Thora y étant invoquée au nom du bon droit allemand — et, bien sûr, pour bénir l'assaut contre la tyrannie tsariste. En France, par contre, les Israélites bien-pensants jugeaient inconvenant de traiter des sévices infligés aux Juifs sur les arrières du front russe. Des socialistes français s'en chargeaient à leur place. Et Georges Pioch s'en prenait aux Juifs *parvenus*, du type des frères Reinach, qui « lorsqu'un pauvre bougre de Juif russe ou polonais fait appel à leur aide, lui répondent sereinement : « Vous, les Juifs russes ou polonais, vous nous faites bien du tort... » Ou encore : « Je ne suis pas Juif, je suis Français. »

Ainsi, la « gauche » française rappelait elle aussi à l'occasion aux Juifs leur position peu confortable, surtout lorsqu'ils ne demandaient pas mieux que de rompre, comme c'était le cas des Reinach, leurs derniers liens avec la loi de Moïse, voire avec la solidarité juive. Théodore Reinach n'avait-il pas écrit, dans un article très remarqué de la *Grande Encyclopédie*, qu'ayant mené à bien sa mission historique et délivré son message, le judaïsme « pouvait mourir sans regret, enseveli sous son triomphe » ? Sans doute la majeure partie des Juifs français partageaient-ils au début du XXe siècle cette vision, ou cet espoir, qui s'expliquait surtout par l'existence, sous la IIIe République, d'un puissant et très officiel camp de la laïcité militante, qui leur paraissait être leur lieu naturel. En l'occurrence, il s'agissait d'une conjoncture spécifiquement française, aussi propice à l'assimilation intégrale, culturellement, que riche en ambiguïtés, psychologiquement. A ce propos, on peut songer au type sartrien du « Juif inauthentique » Birnenschatz, cet ancien combattant du Chemin des Dames qui proclamait que « les Juifs n'existaient pas » — mais Théodore Herzl déjà observait que les Israélites français n'étaient ni juifs ni français.

Il n'en reste pas moins qu'en raison même de l'ambiguïté de leur position, l'hyper-patriotisme des Juifs français leur apportait nombre de consolations ou de gratifications psychologiques, puisque certains de leurs détracteurs les plus écoutés, ainsi Maurice Barrès et même Charles Maurras, décernaient désormais aux combattants juifs des brevets de bonne conduite. En effet, dans une France qui avant l'ouverture des hostilités paraissait profondément divisée, et où les souvenirs encore tout frais de l'affaire Dreyfus et de la loi Combes semblaient avoir définitivement relégué tant l'Armée que l'Eglise dans le camp de la réaction antisémite, l'union sacrée proclamée en août 1914 fut mieux observée qu'en aucun autre pays belligérant. Nous avons vu comment en Russie, en Allemagne, et même en Grande-Bretagne, les tensions et les souffrances engendrées par la guerre conduisaient tôt ou tard à des mises en accusation du vieux bouc émissaire des Chrétiens. En France, au contraire, la majorité des accusateurs se turent.

Et pourtant, les maîtres à penser de la droite, n'avaient

fait que « remiser » leur antisémitisme pour la durée des hostilités, adoptant, à y regarder de plus près, une position bien connue du type « Je ne suis pas antisémite, mais... ». Et encore conviendrait-il de distinguer entre l'attitude affichée au nom de l'unité nationale et les convictions enracinées, entre les lèvres et le cœur de cette droite. « Dans nos milieux, on croyait que les Juifs ne se faisaient tuer que dans les articles de Barrès... », observait cruellement Henry de Montherlant, par la suite.

En temps de guerre surtout, l'origine alsacienne, dite « germanique », de la majorité des Juifs français était une croix lourde à porter. La confusion portait loin : le quartier « juif » d'Aubervilliers où s'installèrent après 1871 de nombreux Alsaciens et Lorrains, qui avaient opté pour la France, n'était-il pas surnommé « la petite Prusse » ? Comme à l'accoutumée, certains Juifs ne manquèrent pas de se reconnaître dans le portrait qu'on leur tendait, et partagèrent la suspicion. C'est ainsi que le sous-lieutenant Robert Hertz, un normalien, écrivait en 1915 à sa femme : «Il y avait dans la situation des Juifs, surtout des Juifs allemands nouvellement immigrés, quelque chose de louche et d'irrégulier, de clandestin et de bâtard. Je considère cette guerre comme une occasion bien venue de « régulariser la situation » pour nous et pour nos enfants. » — Si, depuis le Moyen Age, les Juifs symbolisaient partout l'Autre, l'Etranger, ils furent plus typiquement, dans le cadre de l'étrange dialogue franco-allemand, « Prussiens », ou « Allemands », d'un côté du Rhin, comme ils furent « Welches », ou « Français », de l'autre : au point que c'est leur patriotique acceptation par la France de 1914-1918 qui peut surprendre. D'autant que l'onomastique venait compliquer à loisir les choses : comment ne pas tiquer, dans cette France, sur un jeune fonctionnaire qui, attaché au ministère de la Marine marchande, avait l'infortune de porter le nom de Grunebaum-*Ballin* ? La logique enfantine tirait de ces conjonctures des conclusions plus sommaires, ainsi que nous l'apprend, par exemple, le jeune Américain Julien Green, élève au lycée Janson de Sailly : « Je compris qu'il fallait haïr le Juif à l'égal de l'Allemand, autrement on n'était pas Français, et je voulais être Français. »

De plus, pour juger de la manière dont l'union sacrée fut observée dans le cas des Juifs, il importe de savoir que la censure militaire, pour impitoyable qu'elle ait été à l'époque, ne manifestait pas la moindre propension à freiner les attaques antisémites. (Comment ne pas relever à ce propos que le bureau de la censure militaire fut successivement dirigé par le capitaine Joseph Reinach et par le commandant Lucien Klotz, et que plusieurs autres officiers juifs y furent affectés : hasard, ou machiavélisme du haut commandement, il va de soi qu'on n'aurait pas pu s'imaginer des censeurs plus indulgents, en matière d'antisémitisme.) Aussi bien, la retenue désormais observée par la presse nationaliste et la presse catholique était uniquement due à une auto-censure librement consentie, observée de manières diverses.

En ce qui concerne *L'Action française*, elle déclarait dès le 2 août 1914, par la plume de Charles Maurras : « Aujourd'hui l'ennemi est là ; ne pensons qu'à le vaincre... C'est l'union civile qui importe. » « Je respecterai l'union sacrée », déclarait de son côté Léon Daudet, en juin 1915. Dans les faits, une intéressante prise de position date du 26 décembre 1915, lorsque Maurras publia une longue et fervente nécrologie du philologue Michel Bréal — du dreyfusard Michel Bréal !

« ... Bréal, quoique né juif, tenait de toutes les façons à la France : par l'essentiel de ses idées, par son goût, par la lumière analytique de son style et de son langage. Formé en partie à l'école allemande, on dirait qu'il y eût trouvé, par réaction, et découvert notre patrie en ce qu'elle a de plus secret : son génie, sa tradition, ses humanités... »

Plus loin, Maurras en venait à se demander si Bréal « n'était pas un peu trop français pour son monde ». Voici ce qu'il voulait dire par là :

« ... On sait l'horreur justifiée que la renaissance provinciale et la langue d'oc inspirent généralement aux Israélites. M. Michel Bréal s'occupa avec sympathie et admiration non seulement de la langue et des chefs-d'œuvre de Mistral, mais, à quelque degré, du maintien des dialectes dans les pays d'oc par l'école. Je ne connais pas d'autre Juif qui ait omis de se montrer centralisateur jusqu'à l'os. »

La lettre d'un lecteur étonné inspirait peu après à Maurras une mise au point : « Notre antisémitisme consiste à ne pas admettre que le pays de France soit gouverné par les Juifs. Cette volonté ferme peut coexister avec tous les justes hommages dus au mérite, lequel peut nicher partout ».

Traitant de l'union sacrée, Maurras développait ses principes : « *L'Action française* respecte les héros juifs... Notre antisémitisme a posé ses principes avant cette guerre ; il se confondait avec notre nationalisme qui n'a pas varié. Nous nous sommes plaints de voir les Juifs gouverner la France ; il ne nous a jamais déplu qu'elle fût servie par d'autres Juifs. Nous n'avons pas attendu la mort d'Henri Casewitz pour le dire... »

A y regarder de plus près, *L'Action française* s'était contentée d'appliquer la bonne règle : un Juif mort pouvait devenir un bon Juif. Comme pour dissiper toute équivoque, Léon Daudet, le lieutenant de Maurras, faisait rééditer en 1915, sous le titre *L'Avant-guerre,* son ouvrage de 1912 sur *L'espionnage juif-allemand en France.* Le contenu justifiait amplement le sous-titre :

« Nous allons montrer comment, sous le couvert du régime républicain, l'Allemand, guidé par son fourrier le Juif, qu'il s'appelle Weyl, Dreyfus, Ullmo ou Jacques Grumbach, a su trouver en France toutes les facilités, toutes les complicités, toutes les trahisons même (...) Le lecteur se rendra compte que la trahison d'Alfred Dreyfus, mise en œuvre par Jacques Reinach, allait plus loin encore qu'on ne l'imaginait, qu'elle fut le signal de la livraison de notre pays à l'Allemand par une horde orientale... »

Et Daudet de livrer le fond de sa pensée : « Ce livre... continue à sa façon *La France juive* du grand Drumont. » On voit que le rabbin Maurice Liber n'avait pas tort, en écrivant qu'en dépit des protestations de Charles Maurras, *L'Action française,* en réalité, n'avait pas dévié d'un *iota* de sa ligne antijuive.

Tout autre fut le cas de l'antisémite militant qu'avait été jusque-là Maurice Barrès, et ce cas fut bien plus représentatif pour l'ensemble du camp nationaliste ou « antidreyfusard ». A une singulière exception près, datant très précisément de novembre 1917, et sur laquelle nous reviendrons, Barrès observa scrupuleusement « l'union sacrée », et en vint même à réviser son anthropologie politique en conséquence, la purgeant de son fatalisme biologique. Il forgea notamment le concept des « familles spirituelles de la France » qui, fussent-elles socialistes ou royalistes, croyantes ou laïques, faisaient preuve d'un attachement égal, indéfinissablement mystique, à la mère-patrie.

Dans ses articles de *L'Echo de Paris,* Barrès, à la fin de 1916, s'arrêtait à la « famille spirituelle israélite », et passait en revue les glorieux faits d'armes des combattants juifs, qu'ils fussent pratiquants ou athées, français ou étrangers. Peut-être n'est-il pas indifférent de noter que ce palmarès s'ouvrait sur le sacrifice du personnage hors série qu'était le sioniste russe Amédée Rothstein, mort « au service de ceux qu'il aime le plus, mais dont il tient à se distinguer. — C'est une des épreuves innombrables d'Israël errant ». Mais la nuance, pour pénétrante qu'elle fût demeurait une exception : voici comment Barrès entendait désormais la règle :

« Chacun de nous, dans notre village, dans notre petit monde, nous cessons de nous classer en Catholiques, en Protestants, en Socialistes, en Juifs. Soudain quelque chose d'essentiel apparaît qui nous est commun à tous. Des Français ! Nous sommes le fleuve de France prêt à s'engouffrer dans un long tunnel d'efforts, de souffrances (...) L'honneur national est reconstitué. Ce qui vient d'être ne peut plus ne pas avoir été. »

« Toujours le rabbin aura apporté le crucifix et sera lui-même soutenu par l'abbé », continuait l'apôtre du nationalisme français. Il évoquait de la sorte un épisode qui, dès août 1914, devint un symbole majeur de l'union sacrée : l'aumônier Abraham Bloch, cherchant à soulager l'agonie d'un soldat catholique, lui présenta un crucifix et fut lui-même mortellement blessé sur l'instant. On se doute de l'immense écho que connut un tel geste, relaté non seulement par la presse française, mais aussi par des journaux de Suisse, du Canada et du Mexique. Peu après, le bombardement de la cathédrale de Reims fournissait à la Synagogue l'occasion de sceller un pacte patriotique avec l'Eglise, et les lettres échangées entre le grand rabbin de France et l'archevêque de Reims reçurent une publicité à peine moins grande que le sacrifice du rabbin Bloch. D'autres témoignages de l'alliance interconfessionnelle affluaient de toutes parts : des prédicateurs à la mode aux humbles curés de campagne et aumôniers militaires, et à quelques exceptions près, le clergé français multipliait désormais les témoignages de sympathie à Israël. Vingt ans après les luttes de l'affaire Dreyfus, la France obsédée, peut-on croire, par le cauchemar d'une récidive, devenait le seul des grands pays belligérants dans lequel, du moins au niveau de la vie publique, l'union sacrée était à peu près intégralement observée.

Voyons maintenant comment la trêve fut observée par les combattants eux-mêmes, dont on sait qu'un abîme les séparait du reste de la nation : la « fraternité des tranchées » jouait-elle en l'espèce à 100 p. 100 ? A ce propos, il faut en revenir à la classique distinction entre Juifs « indigènes » et Juifs étrangers, une distinction spécialement prononcée dans le cas de la France. En temps de guerre, elle se trouvait tout naturellement renforcée par un facteur institutionnel : les Juifs français étaient normalement mobilisables, les Juifs étrangers s'engagèrent, dans leur majorité, en qualité de volontaires — mais, en fait, c'est la minorité (moins de 30 p. 100) qui ne se présenta pas aux bureaux d'enrôlement qui en vint à incarner par excellence, notamment aux yeux de la population de la capitale, « les Juifs ». Le député de Paris Joseph Denais se livrait, non sans une certaine subtilité sémantique, à la description suivante de cette « tourbe cosmopolite » :

« Il y a là des milliers de gaillards bien bâtis, pseudo-Russes, pseudo-Grecs, pseudo-Roumains, pseudo-Polonais, pseudo-Italiens ou encore Espagnols, Arméniens, etc., qui redoutent par-dessus tout d'être incorporés. Et ces gens-là envahissent nos maisons sans payer de loyer, touchent des allocations de chômage, mangent aux cantines populaires et insultent les femmes dont les maris et les fils se battent sur nos frontières. Est-ce que ce scandale va durer longtemps ? »

En résultat de ces dénonciations, la catégorie de loin la plus nombreuse de tous ces pseudos, c'est-à-dire les « nationaux russes » auxquels, parce que « de religion juive », l'accès normal à leur ambassade était interdit, furent convoqués en juillet 1915 par les commissariats de police, aux fins de vérification de leur situation. Ce contrôle (en regard, rappelons qu'en Allemagne, la *Judenzählung* de 1916 concernait tous les Juifs, globalement) provoqua parmi les Juifs étrangers une panique et poussa nombre d'entre eux à quitter la France. Quant aux engagés volontaires, ils furent d'abord versés dans la Légion étrangère, où leur sort ne fut guère enviable ; en fin de compte, ils obtinrent le droit de se faire muter dans l'armée régulière, et s'empressèrent d'en faire usage.

D'autre part, on a l'impression que l'antisémitisme, pour autant qu'il se manifestait dans l'armée française de 1914-1918, était le fait des gradés infiniment plus que de la troupe. Il existe à ce sujet deux remarquables témoignages, ceux d'Henry de Montherlant et de Pierre Drieu La Rochelle, qui dans leur contraste se complètent on ne peut mieux à tous les points de vue.

En 1927, Montherlant, se décidant à fixer par écrit un singulier souvenir, rédigeait son essai *Un petit Juif à la guerre.* Il y relatait ses rapports avec Maurice Leipziger (en réalité, Maurice Danziger), un engagé volontaire de

1918 et son cadet de deux ans qui, lors d'un bombardement, l'avait tiré d'un mauvais pas. « Leipziger » devint par la suite son compagnon inséparable : à lire la description qui nous en est faite, ce Juif courageux, cultivé et serviable était doté, à l'exception des bonnes manières, de toutes les qualités. Ses deux frères aînés avaient été tués à la guerre, et le même sort l'attendait : il n'empêche qu'il restait « Leipziger, habitant de Leipzig ; c'était donc un Juif allemand ». Et malgré l'étroitesse de leurs relations, le soldat Montherlant ne pouvait apparemment se défaire des soupçons de sa caste :

« Dans « nos milieux », on croyait que les Juifs ne se faisaient tuer que dans les articles de Barrès, et même on reprochait à Barrès d'avoir consacré un article aux Juifs combattants : sa bonne foi avait dû être surprise (...) en 1918, je suivais les idées reçues, et avais plutôt tendance à croire que la bravoure n'était pas une vertu juive. »

Ces soupçons étaient entretenus par l'attitude des officiers.

Quant à l'attitude des simples soldats, voici comment Montherlant la décrit :

« Ce soir-là, je questionnai des camarades de Leipziger sur sa tenue au feu. Ils me dirent qu'il était trop neuf au régiment pour avoir pris part à aucune affaire, mais que, à en juger par ce qu'ils avaient vu de lui, il était « comme les autres » (...) Mais ils estimaient confusément qu'il n'était pas *dans l'ordre* qu'un Juif fût dans la tranchée avec eux. Comment était-il là ? Il y avait eu maldonne. Un de ces jours, il allait leur fausser compagnie. Et ils n'en semblaient pas choqués, sans doute parce qu'ils ne l'avaient jamais tenu pour l'un des leurs. Leipziger rejoignant l'arrière, ou le demi-arrière, c'était aussi légitime que le canard qui regagne le lac, ou l'oiseau qui cingle vers le ciel.

« Peu après, Leipziger m'accueillit avec ce visage souriant, avenant, dont il accueillait tout le monde, et dont je me demandais quelquefois s'il n'était pas, sans plus, le sourire professionnel du vendeur de magasin : « Et avec ça, madame ? ... »

C'est ainsi que le Montherlant de 1918 voyait les choses. Mais celui de 1927, qui désormais pouvait « causer de Leipziger avec des amis juifs, les interroger sur Israël, au besoin leur montrer ces pages, quand elles seront écrites », n'est guère plus compréhensif pour ce camarade :

« Tout ce que je n'avais même pas effleuré dans mes causeries avec Leipziger, je songeais qu'aujourd'hui, je l'aurais abordé de front. Je lui aurais dit : « Moi, je sais pourquoi je me bats : pour vivre plus fort et plus haut. Mais toi, comment peux-tu te battre pour une nation qui n'est pas la tienne, pour une race qui n'est pas la tienne ? Que ressens-tu, homme de Leipzig, à l'égard des Allemands ? Enfin, qu'est-ce que tu as dans le ventre ? »

Un petit Juif à la guerre fut publié en 1932. Dans *La Comédie de Charleroi*, publiée en 1934, et qui semble en être la moqueuse réplique, Drieu La Rochelle proposait l'interprétation opposée : c'est pour prouver qu'il était bien Français que Claude Pragen, dont la mère, « en se faisant catholique, avait rêvé qu'elle était en France depuis quinze siècles », se bat et se fait tuer :

« A propos, pourquoi Claude a-t-il été tué ? Est-ce que je sais. Pour la France. Lui peut-être a combattu pour la France parce qu'il était Juif. Mais moi ? (...) Il me fallait des années pour comprendre... »

Claude Pragen est, physiologiquement, un piètre combattant :

« Quelques jours avant la bataille, je l'avais vu, tout petit, pâle sous son hâle, le binocle en détresse, voûté et tendu, la main sur la couture du pantalon, supplier le colonel de ne pas l'évacuer. » Par contre, le Juif algérien Elie Bensimon, qui tire Drieu blessé d'affaire, est un soldat né, qui puise dans « sa vieille habitude des malheurs » les réflexes nécessaires, à un moment dangereux :

« Il me regardait tortiller mon masque de comédien sanglant sous un sanglot sec ; il me trouvait bien atteint (...) J'avais tout d'un coup une horreur violente de la France, des Français. Je voulais me séparer d'eux. Je leur en voulais (...) Tais-toi, me dit Bensimon, tu es fou. Tu as reçu un coup sur le crâne. Tu saignes, tu parles trop... »

Un troisième soldat juif, Joseph Jacob, fait également preuve d'héroïsme. C'est à son propos que *La Comédie de Charleroi* atteint, peut-on dire, ses sommets :

« Ça cinglait sérieusement autour de nous. La crête devenait intenable.

« Il n'y avait ni blessés ni tués dans ce trou, parce qu'on ne s'exposait guère. Mais Jacob s'exposait.

« Joseph Jacob. C'était un Juif. Un Juif comme on dit. Qu'est-ce qu'un Juif ? Nul ne le sait. Enfin on en parle. Personnellement, il était pacifique, pas très intrigant, assez joli garçon, assez vulgaire, pas fin, pas intellectuel pour un sou. Boursicotier. Il avait un joli nez fin avec des taches de rousseur.

« Il en prit dans le ventre. Il dégringola du talus. Le capitaine Etienne vint à quatre pattes, comme si le talus n'était pas assez haut, près de Jacob.

« Le capitaine de la 10ᵉ compagnie qui s'appelait Etienne était Chrétien. Qu'est-ce qu'un Chrétien ? Un homme qui croit dans les Juifs. Il avait un dieu qu'il croyait juif, et, à cause de cela, il entourait les Juifs d'une haine admirative. Il avait brimé tout le long de l'année à la caserne de la Pépinière notre camarade ; il ne voulait pas qu'il fût capitaine de réserve.

« Depuis un moment, le capitaine Etienne regardait Jacob. C'était effrayant ce que Jacob était français, il voulait se faire tuer par la France. Ils s'en sont donnés du mal pour les Patries dans cette guerre-là, les Juifs... »

Par la suite, faut-il le rappeler, Drieu La Rochelle s'employa à donner des Juifs une toute autre image...

Comme on le sait, la révolution de février 1917 fut une surprise complète pour tous les observateurs ; et les premiers jours, elle fut favorablement commentée même par *L'Action française* et *La Libre Parole ;* ailleurs, on peut parler d'un enthousiasme général (ainsi Clemenceau : « Formidable cohésion du peuple tout entier — bourgeois, ouvriers, moujiks de toutes classes — de l'aristocratie et de la famille impériale elle-même, abdiquant toute autre considération que l'intérêt de la grande patrie russe »). L'exception était constituée par son ancien compagnon, le délirant antisémite Urbain Gohier qui, précurseur à sa manière, proposait dès le début d'avril 1917 une interprétation de la révolution à laquelle le *Times* allait donner en 1920 un retentissement universel. « A qui la révolution russe livre-t-elle la Russie ? Est-ce au peuple russe ? Est-ce aux six millions de Juifs ? s'exclamait Gohier. Entre la France asservie aux Hébreux et la Russie au pouvoir des Hébreux, l'Europe n'aurait-elle échappé au joug allemand que pour tomber dans une plus dégradante servitude ? »

Le *Times*, lui, allait comparer de même la « pax germanica » à la « pax judaica ».

Il reste que, sur le moment, personne ne prit Gohier au sérieux. Mais dès la fin de mars, les journaux, et d'abord bien entendu ceux de « droite », commencèrent à se poser des questions sur les incidences politiques et surtout militaires de la chute du tsarisme, sans que les Juifs soient mis en cause pour autant. En avril, l'inquiétude se répand, d'autant plus que les appels de Lénine pour une paix immédiate coïncident avec la vague des mutineries dans l'armée française. En juillet, lorsqu'une première fois les bolcheviks tentent de s'emparer du pouvoir, les Juifs commencent à être impliqués dans la débâcle russe. *La Libre Parole* réactive aussitôt les vieux fantasmes : « Il est impossible de comprendre quoi que ce soit aux grandes secousses qui ébranlent les peuples... si l'on néglige le facteur juif... » Suit une liste des huit « véritables noms des principaux meneurs ». Mais les Juifs sont aussi impliqués — allusivement — par l'académique *Journal des débats,* qui dénonce « les équipes d'individus interlopes, dont l'action et jusqu'au véritable nom lui-même ne sont pas russes » ; et ce qui paraît plus surprenant, ils le sont, vigoureusement, par Georges Clemenceau, qui, trois jours *avant La Libre Parole,* publiait dans son *Homme enchaîné* la même liste de huit noms, se référant au *Novoïé Vrémia* du 3 (16) juillet ; or, le ci-devant journal officieux des tsars ne pouvait contenir rien de tel, pour la bonne raison qu'il avait été empêché de paraître, à cette date.

On peut croire que Clemenceau avait été informé ou dupé, en sa qualité de président de la Commission sénatoriale de l'armée, par les agents français de contre-espionnage. Il reste que son initiative paraît d'autant plus surprenante qu'en juillet ni *L'Action française* ni *La Croix,* sans parler des grands journaux d'information, ne publiaient de renseignements de ce genre.

Or, la question était loin d'être mineure. « Les affaires de Russie impressionnent d'autant plus gravement qu'on avait eu jusque-là une confiance illimitée dans le rouleau compresseur... beaucoup d'esprits sont hantés par la crainte du retrait de la guerre des Russes, qui entraînerait le reflux des Allemands vers le front occidental. » A ces inquiétudes patriotiques, ainsi décrites dans le cas du Vivarais, venaient d'ailleurs se joindre à Paris des motifs plus prosaïques : « les porteurs de valeurs russes sont très inquiets du sort réservé à leurs placements ». On voit la puissance des émotions mises en jeu, et qui se laissaient défléchir vers les Juifs.

L'échec du putsch bolchevik de juillet permit tant aux patriotes qu'aux rentiers de reprendre espoir. Il n'empêche qu'un mois avant la révolution réussie, c'est *L'Heure* du socialiste Marcel Sembat, qui, allant chercher ses informations dans l'archi-conservateur *Morning Post,* s'en prenait aux Juifs (l'antisémitisme ne connaît pas de frontières). Seuls le titre, « Ils vont un peu fort », ainsi que l'attaque et la chute, étaient de fabrication française :

« On a beau ne pas être antisémite, on ne peut s'empêcher de faire une petite remarque sur la composition du Soviet de Petrograd, et sur les origines de ceux qui le composent. Le vrai nom de Tchernoff, l'ex-ministre de l'Agriculture, qui est actuellement l'adversaire acharné de Kerensky, est *Feldmann*. Le vrai nom de Steklov, l'auteur bien connu de l'Ordre n° 1 à l'armée russe (celui qui abolit la discipline) est *Nahinkes* — Juif d'allemagne... »

Suivait l'amalgame habituel de noms authentiques et de noms controuvés — une vingtaine de noms en tout — couronnés par la conclusion : « Quant à Lénine, tout le monde sait qu'il se nomme *Zederblum*. Laissez-les prendre un pied chez vous : ils en auront bientôt pris huit... »

Le mois suivant, la prise de pouvoir bolchevique pousse un bon tiers des organes de presse français à incriminer les Juifs. Cette prise de pouvoir produisit dans l'opinion une commotion dont les *Cahiers* de Barrès contiennent un remarquable témoignage : lui qui s'abstenait scrupuleusement depuis le début des hostilités de toute réflexion antisémite, ses *Cahiers*, qui n'étaient pas destinés à la publication, y compris, note à ce moment, sans autre commentaire : « La Russie disparaît car elle fut infestée par les Juifs, la Roumanie disparaît pour la même raison, Israël à Jérusalem, les Juifs sont les maîtres aux Etats-Unis et en Angleterre » (la mention « Israël à Jérusalem » nous rappelle que la déclaration Balfour coïncida, à quelques jours près, avec la révolution d'Octobre ; en France, c'est à peine si elle fut mentionnée dans la presse).

La réaction immédiate de Clemenceau est un autre symptôme — une réaction qui s'étend au *Petit Journal* qui, dirigé par son fidèle disciple Stephen Pichon, fut le seul des quatre « grands » quotidiens à publier « les noms d'origine des maximalistes ». Dans l'*Homme enchaîné,* Clemenceau lui-même traitait le même jour (10 novembre), sous le titre *Donnant, donnant* de la tragédie russe — et dénonçait ses auteurs :

« ... Sans patriotisme, comment y aurait-il un foyer ? Qu'est-ce qu'un peuple qui n'a plus de foyer ?

« Hélas ! nous le pouvons voir par cette tourbe de Juifs allemands qui, n'ayant pas su conserver la terre des grands ancêtres, se présentent sous de faux noms russes, à l'instigation de leurs frères d'Allemagne, pour dérussifier la Russie — dont la première réaction fut des pogromes sauvages, suprême aggravation de toutes les barbaries. Il ne faut pas tuer, car tuer, ce n'est pas répondre. Parmi d'autres, avant et après lui, le Nazaréen l'a prouvé. Il suffit de ne pas se laisser conduire — c'est-à-dire égarer — par les suggestions d'un peuple qui eut ses grandeurs, mais se montra précisément incapable de constituer lui-même cette patrie que ses conceptions ataviques lui montraient secondaire à la façon du renard de la fable dédaignant pour autrui l'appendice dont on l'avait privé... »

En ce qui concerne Clemenceau, on ne manquera pas de rappeler que quelques jours à peine après s'être livré à cette agression, il était chargé de constituer son fameux ministère de la victoire, dans lequel il s'entourait de Georges Mandel, de Georges Wormser, d'Ignace, d'Abrami, et de Lucien Klotz.

Qu'on ne croie pas que sa grande victime de l'heure, c'est-à-dire Joseph Caillaux, en jugeait autrement que lui. En deux phrases soigneusement balancées de ses mémoires, il en disait plutôt davantage :

« Que le bouleversement russe ait eu pour principaux acteurs des Juifs qui, après avoir mis leur emprise sur des Orientaux comme eux-mêmes, sur les Scythes aux yeux louches, après les avoir érigés contre l'Occident, contre les lois qui régissent notre civilisation, ont essayé de saper la forteresse européenne en la faisant attaquer de l'intérieur par d'autres Israélites également hantés par des rêves millénaires que leur a légués la vieille Asie, cela est difficilement contestable. Que, pour parler plus large, le Juif, dans quelque sphère qu'il travaille, porte en lui le goût de la destruction, la soif de la domination, l'appétit d'un idéal ou précis ou confus, il faut avoir peu observé pour ne pas s'en rendre compte... »

Le *Journal des Débats* et *Le Temps* soutenaient une fois de plus des thèses opposées. Aux perfidies quasi quotidiennes des *Débats*, qui mettait en cause non seulement « les énergumènes cosmopolites et les traîtres qui se sont emparés du pouvoir », mais aussi « *La Gazette de Francfort*, cet organe judéo-libéral (qui) aspire à la restauration du tsarisme », l'organe d'Adrien Hébrard répliquait par une analyse dont la justesse ne s'est nullement démentie, bien au contraire, par toute l'histoire subséquente de la Russie au XXe siècle :

« Depuis quelque temps, il semble que le Juif est devenu, pour la masse ignorante, le bouc émissaire, le grand responsable de tous les maux dont souffre la nouvelle Russie, aussi bien de la prolongation de la guerre que de la famine. Manifestement nous assistons au développement d'un plan d'action savamment ourdi et bien mis en œuvre. Par ses effets, par ses origines il peut avoir une influence considérable sur la marche des événements. »

Quant à *L'Action française,* en ces journées fatidiques, le mot de Juif n'apparut pas une seule fois dans ses colonnes. Tout aussi remarquable fut la tenue de *La Croix,* qui pour sa part dénonçait quotidiennement les Zederblum, les Bronstein et les Rosenfeld, sans pour autant mettre en cause les Juifs ou le judaïsme : les menées dénoncées par l'organe catholique restaient donc des menées purement allemandes.

Librement consentie, l'autocensure inspirée par l'union sacrée n'était pas faite pour survivre aux hostilités. Dès décembre 1918, les premières attaques antijuives reprennent, et bientôt, elles se trouvent stimulées par les prises de pouvoir communistes en Bavière et en Hongrie, et par des grèves mouvementées en France même. La crainte d'un bouleversement social, qui, certaines semaines de 1919-1920, paraissait imminent, était propice aux variations sur le thème du bolchevisme juif, que la tradition nationale permettait plus facilement qu'ailleurs de qualifier de judéo-germanique, ou même (Charles Maurras) de « judéo-germano-wilsonien ». Mais la France gardait un gouvernement fort, celui de Clemenceau ou de Clemenceau-Mandel qui, tout en accordant désormais une priorité absolue à la croisade antibolcheviste, préférait apparemment ne pas la gréver d'antisémitisme. Quant à *L'Action française* et aux grands organes catholiques, s'ils renouent rapidement avec leurs anciens errements, la violence de leurs propos, dans un premier temps, est loin d'atteindre son diapason d'avant-guerre : d'une façon caractéristique, les *Archives israélites* continuent de célébrer, de mois en mois, le maintien de l'union sacrée. Ainsi le 1er janvier 1920 (jouant sur le registre germanophobe) : « Grâce à la folie sanguinaire d'un empereur Boche dégénéré la fusion complète s'est opérée et rien ne pourra plus séparer les Israélites de la patrie française. »

Cependant, *La Documentation Catholique,* un nouvel hebdomadaire publié à l'usage des élites militantes par la même Maison de la Bonne Presse que *La Croix,* publiait dès le début de 1920 un extrait des « Protocoles », en ajoutant que « l'authenticité de cette pièce » lui avait été garantie. Les organes juifs ne réagissaient que mollement à ces attaques de la « bonne presse », qui apparemment leur paraissaient relever de la nature des choses. Le fait est que, dans la France de l'époque, les enfants d'Israël ne s'en souciaient guère, confiants dans « la forme républicaine de gouvernement » : la séparation de l'Eglise et de l'Etat n'avait-elle pas définitivement rejeté le camp clérical dans les ténèbres extérieures ? Nous avons déjà parlé de cette mentalité, due notamment à l'immersion des Juifs dans les vastes eaux laïques, dans lesquelles ils étaient nombreux à souhaiter de se perdre définitivement. Mais de ce point de vue, la question était d'autant plus embrouillée que depuis 1917, un nouveau front avait surgi sur lequel, au lendemain de l'Armistice, les opérations antijuives devinrent fort actives, sans qu'on puisse parler pour autant d'un sérieux désaccord entre Juifs et catholiques français, à savoir le conflit international autour du mandat britannique sur la Palestine et du « Foyer national juif ». Dans cette question, le Vatican eut pour alliée potentielle la France, en sa qualité de grande puissance catholique victorieuse et de protectrice traditionnelle des Chrétiens au Proche-Orient. Quant aux Juifs français représentatifs, il faut bien constater qu'à l'unique exception du poète André Spire, ils accueillirent la déclaration Balfour avec réserve, sinon avec une évidente hostilité. C'est ainsi que Joseph Reinach, l'un des grands acteurs de l'affaire Dreyfus, insistait dès la prise de Gaza par les Anglais (avril 1917) sur les droits historiques de la France, traitait le sionisme de « rêverie archéologique » et... suggérait l'internationalisation de Jérusalem. De même, Sylvain Lévi, le président de l'Alliance israélite universelle, après avoir, deux ans plus tard, devant la Conférence de la Paix, agité les menaces d'une anarchie bolchevisante dans le Proche-Orient, et d'une double allégeance juive, « à l'allemande », dans les pays occidentaux, déclarait : « Il me paraît choquant pour la raison comme pour le sentiment, qu'à peine sortis du stade d'attente pour obtenir l'égalité des droits, nous demandions pour les Juifs de Palestine des privilèges et une situation exceptionnelle. »

Nous retrouvons de la sorte l'hyper-loyalisme des Juifs français, ces « antisionistes sémitiques » (Mark Sykes). L'Eglise catholique, cela va de soi, s'appuyait sur de tout autres arguments. En même temps que Sylvain Lévi énonçait les propos ci-dessus, le pape Benoit XV tenait à exprimer son indignation à l'idée d'un retour des Juifs dans les lieux que, tout le long des siècles, « nos prédécesseurs et les Chrétiens d'Occident ont tenté d'arracher au joug des Infidèles, on sait au prix de quels efforts multipliés et persévérants ». Pour ce qui était du présent, le pape distinguait d'une façon très caractéristique entre deux espèces d'Infidèles, inégalement odieux : les Anglais protestants et les Juifs sionistes. Cette allocution fut tenue devant un consistoire secret, le 10 mars 1919, mais elle fut aussitôt reprise et amplifiée, avec adjonction du thème du peuple déicide, par l'officieuse *Civilità Cattolica,* d'après laquelle les Lieux Saints étaient sur le point de tomber entre les mains « des ennemis de la civilisation chrétienne », qui allaient s'employer à détruire le christianisme « à son berceau même ».

Et c'est ainsi que, pour en revenir à la France, aux yeux des spécialistes catholiques de l'antisémitisme, le danger sioniste en vint même à reléguer au second plan le danger bolchevik. Plus exactement, et étant entendu que sionisme et bolchevisme étaient les deux facettes du même projet diabolique, c'est le premier nommé qui en exprimait la quintessence. C'est ainsi que pour Mgr Jouin (dont la *Revue internationale des sociétés secrètes* s'était cependant spécialisée dans la dénonciation du complot des *Sages de Sion*), la finalité secrète du projet juif était la mainmise sur la Palestine. Projet d'autant plus révoltant, écrivait-il dans sa simplicité, que les Croisades déjà avaient montré que « la Palestine est aux Français, et l'attribution que s'en est faite l'Angleterre est une forfaiture (...) Par essence, le sionisme ne peut plus être juif, il est catholique ».

Son collaborateur Martial-Auricoste raisonnait ou déraisonnait de la même façon dans un ouvrage intitulé *L'An prochain... Jérusalem ?* (1922), dans lequel il précisait : « En 1903, les chefs juifs savaient qu'il y aurait une guerre mondiale, une conférence mondiale, avec un seul résultat : l'Etat juif de Palestine (...) Jérusalem sera la citadelle et le pivot de la conquête juive du monde. »

Dans le même ordre d'idées, on peut aussi citer un syllogisme tel que Maurras seul savait les bâtir : En réalité, ce n'est pas Lloyd George, c'est Aristide Briand qui a donné la Palestine aux Juifs ; or, ce don a entraîné la révolution d'Octobre ; donc, c'est Briand qui est le véritable fauteur de cette révolution. « Ah ! que M. Briand est un grand diplomate !... » *(janvier 1921).*

La jeune *Documentation catholique* se spécialisait de son

côté dans une agitation antijuive à la fois antisioniste et antibolchevique. Dès mars 1919, elle avait consacré un cahier aux « Juifs en Europe ». « La prétention à la domination universelle, y lisait-on, n'empêche pas les Juifs de poursuivre la reconstitution de leur royaume particulier ». En janvier 1920, elle publiait un nouveau dossier sur *Le sionisme* dans lequel, sous la signature « Christianus » étaient énumérés les remèdes :

« Il faut créer une « opinion publique » dans les pays chrétiens (...) il faudrait faire écho à l'émouvante plainte du souverain pontife, il faudrait parler à ces nations chrétiennes de l'idéal chrétien, de la honte qu'il y aurait à laisser tomber sous la domination politique, déguisée ou non, du judaïsme le berceau de leur religion...

« Un second remède... persuader aux paysans de ne pas vendre leurs terres aux Juifs, en faisant valoir que plus tard ces terrains auront acquis une valeur bien supérieure. Une *banque* qui avancerait sur hypothèques... rendrait de précieux services.

« Enfin (je devrais dire par-dessus tout), *l'union entre Chrétiens et entre Chrétiens et Musulmans* s'impose comme une nécessité de salut... »

On reconnaît les principaux ingrédients, qu'on peut dire intemporels, d'une idéologie antisioniste, qu'une erreur tenace fait naître en 1948-1949, et encore plus souvent en 1967 (c'est-à-dire de la « guerre des Six-Jours »). L'erreur est d'autant plus grossière que sur ce chapitre, l'opinion catholique était partagée par des personnages autrement influents que les « antisionistes sémitiques ». On le constata en février 1920, lorsque la question du mandat britannique fut examinée à la première conférence de Londres. On vit alors le délégué de la France, Philippe Berthelot, la bête noire de Maurras, s'effacer en expliquant qu'en sa qualité de protestant, il préférait laisser son collègue Jules Cambon traiter la question des Lieux saints. Cambon s'exprima alors comme suit :

« Les Lieux saints étaient entre les mains des Français depuis le XVe siècle. Le Vatican avait toujours reconnu ce fait, et tous les gouvernements français, même ceux qui avaient rompu avec Rome, avaient accepté cette responsabilité. Même pendant la guerre, le Vatican avait reconnu le droit de la France à exercer son protectorat sur les Lieux saints. La question était de la plus grande importance pour les Catholiques français. »

Trois jours après, sa religion n'empêchait pas Philippe

Berthelot d'intervenir pour tourner en ridicule les sionistes qui se conduisaient comme s'ils étaient une grande puissance. Leurs prétentions lui paraissaient d'autant plus dérisoires (que l'on prête un instant d'attention au tour raciste de l'argument) qu'« il était probable que la grande majorité de ces prétendus Juifs avaient très peu de véritable sang juif dans leurs veines ».

Mais, laissant là ces anecdotes, venons-en à la deuxième phase des campagnes antisémites dans la France du premier après-guerre. Cette phase se laisse nettement dater du mois de mai 1920, et on en revient ainsi au thème d'un grand complot, dont la Grande-Bretagne semble bien avoir été le foyer d'origine. En France, c'est dans l'armée, une fois de plus, que les vieilles passions se ranimèrent. Le 15 juillet, on lit dans les *Archives israélites* que « nombre d'officiers supérieurs juifs donnent leur démission ou demandent la liquidation anticipée de leur pension », en raison du climat qui règne « dans nos hautes sphères militaires ». Les rapports et les lettres des membres de la mission française en Pologne — les généraux Joseph Noulens et Henri Niessel, le capitaine Charles de Gaulle — attestent la virulence de cette intoxication. Faut-il ajouter que dans le cas du dernier nommé, elle fut passagère ?

Quant à la grande presse, on constate d'abord, en ce mois de mai 1920, la publication de reportages sensationnels sur la Russie des Soviets. C'est dans *Le Petit Parisien,* « Dix-sept mois en Russie bolcheviste », par Ch. Petit. Le 20 mai, par exemple, on y lit :

« ... il serait fort aise de voir s'organiser la grande croisade asiatique contre les Anglais. L'Israélite Braunstein dit Trotski, entouré de sa camarilla sémite ou orientale, aspire à devenir le Napoléon de l'Est. C'est lui le chef de l'immense société secrète internationale qui aspire à renverser la civilisation européenne et qui rêve de chasser les Anglais de leurs possessions asiatiques... »

La thèse, dont nous avons relevé plus haut la version américaine (*Chicago Tribune* du 15 juin), semble effectivement avoir été inspirée par une source britannique, telle que l'Intelligence Service. Mais la supposition n'est plus de mise dans le cas de *L'Excelsior,* où l'un des plus grands reporters de tous les temps, Albert Londres, ironisait le 17 mai sur les nouveaux maîtres de Moscou :

« Les prolétaires sont menés l'anneau dans le nez (...) Alors, qui règne ? Règne tout le personnel agissant des congrès socialistes. Règnent tous les exilés crasseux, taupes des bibliothèques internationales, qui usèrent leur jeunesse sur les livres traitant du paupérisme, afin de rechercher comment ils pourraient vivre. Règnent : le Sibérien, le Mongol, l'Arménien, l'Asiatique et, au détour de tous les couloirs, des commissariats, derrière les paravents, entre deux buvards, sous la corbeille à papier, le roi : le Juif. Ah ! l'horrible joli petit massacre qui chauffe à l'horizon... »

A ce propos, on parlera tout au plus d'une idée reçue de l'époque, d'autant plus que quelques jours auparavant Albert Londres n'avait pas hésité, en décrivant les soldats spéculateurs de Petrograd, d'ironiser d'une tout autre manière : « ... soldats, en masse aux carrefours, spéculant, vendant et revendant. Trotski, se souvenant de son illustre coreligionnaire, a beau donner du fouet, il ne les disperse que pour les rassembler plus loin » *(12 mai).*

En ce qui concerne les attaques antisémites qui en ce mois de mai se voulaient telles, et qu'on peut croire dûment inspirées, on signalera encore les invectives de *La Liberté* (23 mai : « Israélites, peuple à part, qui hait ceux au milieu desquels il vit », etc.), la publication, par *L'Intransigeant,* du « document Zunder » (27 mai), et un article consacré par *Le Correspondant* aux « Protocoles » (25 mai) — lesquels cependant mirent quelque temps à se signaler à l'attention des Français. *L'Action française,* où on ne lisait pas le *Times,* ne mentionnait l'écrit que dans sa revue de presse du 19 mai, sur la foi d'un article de *La Libre Belgique. Le Correspondant* était un organe catholique de peu de poids. Le véritable lancement fut dû à Gustave Téry, qui y consacrait la première page de *L'Œuvre* du 2 juillet, sous le titre de « Jewry über alles, L'entourage juif de M. Lloyd George » — ce qui incita *L'Action française* à reprendre le thème. Désormais, Charles Maurras lui apporta une attention accrue, consacrant à la toute-puissance des Juifs une douzaine d'articles, au cours du deuxième semestre de 1920. C'est ainsi que le 27 septembre, sous le titre *La question juive, un schéma,* il s'employait à montrer que tous les événements majeurs des dernières années se laissaient le mieux expliquer de cette manière-là, pour conclure : « Sans doute, d'autres causes ont joué au cours de tous ces événements, mais ce schéma ne contient-il pas une part de vérité confirmé par les résultats magnifiques, par les privilèges inouïs recueillis par les Juifs ? » Plus loin, dans le même article, sous le sous-titre

« Nouveautés et une voix de la raison », il citait et approuvait la lettre d'un correspondant juif, qui lui proposait une sorte de plan de déjudaïsation. Mais avant d'en venir à ces « nouveautés », qui se laissent décrire comme la « phase III » des campagnes antisémites de l'époque, signalons encore l'entrée en lice de la *Revue des Deux Mondes,* ce bastion de la civilité française. Sa dernière livraison de 1920 contenait deux longs réquisitoires : l'un, signé Maurice Pernot, visait les Juifs de Pologne, l'autre, dû aux frères Tharaud (sous le titre de *Quand Israël est roi*), mettait en accusation les Juifs de Hongrie. Le pli une fois pris, la *Revue* propagera certaines autres accusations en usage : il y sera question du Juif Aaron Kerenski, ou des haines antichrétiennes des judéo-bolcheviks, et les frères Tharaud continueront à décrire jusqu'au printemps 1924 les atrocités ou la folie juives (sous le nouveau titre *L'an prochain à Jérusalem*). On ne saurait donner entièrement tort à Jean Drault, l'ancien lieutenant de Drumont, écrivant en 1934 : « Les frères Tharaud, sans s'en douter, ont servi de trait d'union entre ce que Drumont à proclamé et ce qu'Hitler a accompli. »

On qualifiera de *Phase III* la conjonction des annonces d'un pogrome mondial imminent avec l'adhésion de certains Israélites au programme antisémite (c'étaient donc les *nouveautés* annoncées par Maurras). Cette phase découlait des deux premières par la nature des choses : les Juifs étant sur le point de réussir leur grand complot, comment les nations aryennes ne feraient-elles pas un effort désespéré pour échapper à leur joug ? A ce propos, et abstraction faite des ultras professionnels de l'antisémitisme, il faut d'abord citer, une fois de plus, Charles Maurras qui, bien avant de brandir son « couteau de cuisine » contre Léon Blum et Abraham Schrameck, lançait un « appel à toutes les forces antijuives de l'univers » aux fins « d'une politique antijuive universelle » *(12 mai 1921).* Ensuite, son adepte et correspondant juif René Groos faisait chorus, dans son *Enquête sur le problème juif* — 1922 — placée « sous le signe de nos morts... sous le signc du noble et grand Pierre David » : « Nous assistons, parallèlement à la progression de cette conspiration juive universelle, à une renaissance de l'antisémitisme. Plus exactement peut-être à son extension. Autrefois, c'était par assauts locaux, sans durée, sans répercussions, que l'antisémitisme se manifestait. Il est devenu universel, latent, permanent ». Et pour éviter le pire, il proposait d'édicter une législation spéciale (« Nous devons double service dans cette maison, puisque nous y sommes des hôtes, nous ne l'avons point bâtie »). Paul Lévy, le futur éditeur de l'hebdomadaire *Aux écoutes,* demandait également à ses congénères de prendre les devants, mais d'une autre manière : « que les Juifs français répudiassent les agissements abominables des financiers qui, autour de M. Lloyd George ou de la Maison-Blanche, organisent les pièges successifs qui sont tendus aux hommes d'Etat français » (« Lettre aux Juifs patriotes », *L'Eclair,* 21 mai 1921).

Nous retrouvons ainsi les problèmes de la grande politique. Le lâchage de la France par ses alliés anglo-saxons se laissait d'autant plus aisément expliquer par une intrigue judéo-germanique que le thème de l'Angleterre enjuivée, qui remontait à Toussenel et à Drumont, venait de recevoir une impulsion nouvelle grâce aux campagnes de *L'Action française* et de *L'Œuvre.* Le maurrassien Roger Lambelin, l'un des traducteurs français des « Protocoles », le propageait en 1921 sous le titre de *Le règne d'Israël chez les Anglo-Saxons.* Faut-il s'étonner si de grands quotidiens qui, ne fût-ce qu'au nom de « l'union sacrée », s'étaient abstenus de parler de « l'entourage juif de Clemenceau », s'en prenaient maintenant à « l'entourage juif de Lloyd George ». Ainsi, le 1er mai 1921, *Le Matin* accusait « certains banquiers de la Cité dont les attaches avec des maisons allemandes sont connues ». Le surlendemain, il mettait les points sur les i : « Il est grand temps d'aviser M. Lloyd George qu'il y a des banquiers de sang anglais dans la Cité de Londres. »

La campagne fut reprise par des journaux de moindre importance qui jusque-là s'étaient abstenus de toute agitation antijuive. L'année suivante, un publiciste de renom, André Chéradame, résumait la situation en des termes que Maurras ou les frères Tharaud n'eussent pas désavoués :

« Les peuples de l'Entente sont mis dans de formidables tenailles actionnées par les dirigeants pangermanistes. Les deux branches de cette tenaille sont représentées, la première, par l'action financière internationale du syndicat judéo-allemand agissant sur les couches sociales dites élevées des pays de l'Entente pour y recruter des complices par la corruption ; la seconde branche est représentée par l'action des bolcheviks et des socialistes bolchevisants agissant sur les classes populaires des pays alliés. »

Mais les hommes de *L'Action française* et autres extrémistes se seraient certainement distancés du diagnostic de Chéradame :

« Beaucoup en concluent : il existe un complot de tous les Juifs pour s'emparer de la domination universelle. Je tiens à exposer très nettement pourquoi je ne me place pas sur ce terrain (...) Dans l'état actuel des choses, je ne crois donc pas qu'on puisse affirmer l'existence d'un complot juif universel sans commettre une erreur et une injustice. »

En conséquence, il préconisait

« la création du groupe des Juifs antipangermanistes, loyaux sujets des pays de l'Entente (...) N'est-il pas évident que si les Juifs antipangermanistes ne se manifestaient pas bientôt par une action énergique et soutenue, la notion d'un complot juif pour la domination universelle se propagerait partout ? Alors un mouvement antisémite formidable se développerait dans les prochaines années... »

Rétrospectivement, la prédiction paraît risible (peut-être l'aurait-elle paru moins, si elle ne s'était pas accomplie, plutôt que de s'accomplir à rebours). Il nous reste à voir pourquoi il n'y eut pas en France de *Phase IV*, pourquoi au contraire l'antisémitisme y allait atteindre son étiage le plus bas vers 1925-1930, pour ne remonter qu'ensuite, sous l'influence combinée de la crise économique et des encouragements venant d'outre-Rhin.

Car il faut bien le dire : sur bien des points, la tuerie de 1914-1918 eut en France des effets non moins calamiteux qu'en Allemagne. Elle pervertit notamment encore davantage les mœurs de la presse (les grands corrupteurs se situant désormais uniformément « à droite ») ; c'est-à-peine si celle-ci sut se défaire des nouveaux procédés de « bourrage des crânes » et autres techniques de la haine abêtissante qui trouveront leur ultime développement sous les régimes totalitaires. C'est dans cette conjoncture que la diversion antisémite ou raciste acquit un tour tout nouveau — d'autant qu'elle répondait à une sourde attente du public, ainsi qu'en témoigna en 1923 l'éventail des réponses à une enquête sur la vogue subite de Gobineau et du « gobinisme ». On en retiendra les macabres vaticinations de Vacher de Lapouge, anticipant déjà sur Céline, et surtout le diagnostic de Romain Rolland : « Cette œuvre flatte secrètement certaines dispositions actuelles (...) la jeunesse d'aujourd'hui retrouvera sans peine, dans Gobineau, le même dédain avoué du progrès, du libéralisme, de l'*opium humanitaire*, des idées démocratiques — la même vision hautaine et tragique de la bataille des races... ».

D'autre part, il faut aussi tenir compte de cette autre séquelle de la guerre que fut l'affaiblissement de l'influence politique des journaux, tenus dans un mépris qui, depuis les temps de Panama, ne faisait que croître ; et en fin de compte, d'un écart grandissant entre l'opinion réelle des Français, et celle que suggère une analyse de la presse. En 1936, le Front populaire ne l'emportera-t-il pas malgré l'hostilité sinon de l'unanimité, du moins de l'écrasante majorité des journaux ? Nous en venons ainsi à constater une disparité qui peut-être n'est pas sans rapport avec celle qui ressort des récits de certains témoins de l'époque. D'ailleurs, bien d'autres indices semblent corroborer leurs témoignages : en premier lieu, l'absence, au cours des années 1920, d'organisations militantes ou « ligues » antisémites, ainsi que d'incidents notables et de manifestations de la rue. En somme, rien de pareil à ce que nous décrivions à propos de l'affaire Dreyfus, ou à ce que nous aurons à décrire en traitant de l'Allemagne pré-nazie.

Un signe plus subtil est l'évolution, d'abord à peine perceptible, de l'attitude des jésuites. Nous avons vu le rôle de premier plan joué par les jésuites italiens dans le ralliement de l'Eglise catholique à la propagande proprement antisémite, et comment à la fin du XIXe siècle, les campagnes de la *Civilità Cattolica* paraissent avoir inspiré ou suggéré le mythe des *Sages de Sion.* En revanche, les jésuites français ou francophones semblent avoir été les premiers à percevoir, dès 1922, que rien de bon ne pouvait résulter pour l'Eglise de cette mythologie-là. Le grelot fut attaché dans la revue belge *La Terre wallonne* par le Père Pierre Charles, peu après le spectaculaire revirement du *Times :* il s'employa alors à démontrer une fois pour toutes, avec une minutie inégalée depuis, que les « Protocoles » avaient été copiés sur le pamphlet antibonapartiste de Maurice Joly. Sur cette lancée, le Père du Passage publiait dans *Les Etudes* un long article très en retrait sur celui du Père Charles, mais suffisamment critique pour faire délirer Urbain Gohier sur la collusion entre jésuites, Juifs et Moscou. Vers 1927, les jésuites français désertaient définitivement le camp antisémite. A propos des « Protocoles » on peut encore observer que tout compte fait, ils n'eurent pas en France une audience aussi vaste qu'en Allemagne ou dans les pays anglo-saxons. Les grands quotidiens d'information les passèrent complètement sous silence (ce en quoi on peut voir un témoignage de prudence plutôt que de probité ou de vertu). Et peu nombreux furent les auteurs — du moins parmi ceux dont le nom a gardé une signification de nos jours — à s'inspirer d'une manière ou de l'autre de ce thème. Par ailleurs, par leur biais, nous touchons à quelque chose d'essentiel : car c'est à travers la production littéraire française de l'entre-deux-guerres que nous pourrons sans doute comprendre le sens de la disparité entre la condition de fait des Juifs et les suspicions de plus en plus graves et nombreuses dont ils faisaient l'objet, après la fin des hostilités.

Certes, la veine du roman antijuif ne s'est pas tarie au cours de cette période si féconde. Aux côtés des frères Tharaud, qui récidivaient en 1933 avec leur *Jument errante,* on peut placer Marcel Jouhandeau, lui aussi à la fois pamphlétaire (*Le Péril juif,* 1934) et romancier. Dans *Chaminadour* (1934), les Juifs ont vendu au curé du vin de messe adultéré :

« A qui la faute ? » demande-t-on.

« Aux Juifs qui me l'ont vendu », répond le curé.

« Au curé qui nous l'a acheté », rétorquent les Juifs.

Ainsi, avec les mêmes complices, Judas spécule toujours sur le sang du Christ. »

Et il y aurait beaucoup à dire sur les ombres immémoriales qui traversent maint roman de Georges Simenon. Mais avant de continuer dans cette direction, tournons-nous vers les plus grands, notamment les prix Nobel, presque toujours favorablement disposés envers les enfants d'Israël. Commençons par Romain Rolland. Il a beaucoup parlé des Juifs, plus souvent en bien qu'en mal ; mais nous nous contenterons de mentionner *Dans la maison* où il est question de Tadée Mooch, le Juif autodidacte, aussi simple que bon, mais horriblement laid — « plus juif que de raison » !

Retenons cette équation entre judaïsme et laideur. Ce n'est pas qu'elle soit inévitable. Chez François Mauriac, le Juif bordelais Jean Azévedo de *Thérèse Desqueroux* (1927) n'est pas laid, ni du reste spécialement « bon » ou « mauvais », mais il reste physiquement reconnaissable grâce aux « yeux veloutés de sa race... son beau regard brûlait ».

En revanche, un troisième prix Nobel, Roger Martin du Gard, était littéralement fasciné par la laideur des Juifs, au physique — tout comme par leur sublimité, au moral.

Dans l'œuvre maîtresse, *Les Thibault* (1922-1940), les deux héros, Jacques et Antoine, arrivés à l'âge d'homme, trouvent chacun un ami ou un « aîné » juif — mais peut-être convient-il mieux de parler d'un « double », ou d'une « conscience » ? Pour Jacques le révolutionnaire, c'est Skada, *le méditatif Asiate :*

« Introduire toujours plus de justice autour de soi », prêchait-il, avec sa douceur insinuante (...) « L'écroulement du monde bourgeois se fera de lui-même... »

« Skada était un Israélite d'Asie Mineure, d'une cinquantaine d'années. Très myope, il portait sur un nez busqué, olivâtre, des lunettes dont les verres étaient épais comme des lentilles de télescope. Il était laid : des cheveux crépus, courts et collés sur un crâne ovoïde ; d'énormes oreilles ; mais un regard chaud, pensif, et d'une tendresse inépuisable. Il menait une existence d'ascète. »

La laideur est moins triomphante, mais le distancement biologique est tout aussi accusé dans le cas du Dr Isaac Studler, un Israélite français qui tient lui aussi de l'Asiate, puisqu'il est surnomé *le Calife*. Antoine Thibault, le médecin, s'entoure de ses conseils, rêve à lui avant de mourir — et, en douce, l'exploite. Faut-il ajouter que Studler est aussi sublime que Skada, encore que le patriotisme (français) le dispute au pacifisme (juif) dans son cœur ? Quant à son physique,

« Studler... semblait être l'aîné d'Antoine. Le prénom d'Isaac convenait d'emblée à son profil, à sa barbe d'émir, à ses yeux fiévreux de mage oriental (...) Dès qu'il s'animait... le blanc de son grand œil chevalin s'injectait d'un peu de sang... »

Ailleurs, il est question de « son grand œil mouillé », ou même de « son œil de prophète ».

L'envoûtement exercé par tant d'exotisme, ou par tant de laideur (presque toujours, comme il se doit, masculine), et dont il serait facile de multiplier les exemples, avec une mention spéciale pour Pierre Benoit [1], fut suffisant pour y faire succomber Jean-Paul Sartre, dans l'essai magistral même dans lequel, au lendemain de la grande

---

1. En effet, cet académicien décrivait comme suit le principal personnage masculin, Isaac COCHBAS, dans *Le Puits de Jacob :*

« Privé du prestige de son magnifique regard, il n'était plus qu'un pauvre avorton cagneux vêtu d'un ridicule complet gris où flottaient ses jambes grêles, ses bras terminés par d'osseuses mains de phtisique, toutes parsemées de taches de rousseur. » Pour ce qui est du « regard magnifique », on lit un peu plus haut : « Parlant ainsi, il venait de

persécution nazie, il s'employait à dénoncer les mythes séculaires — puisqu'il est question, dans les « Réflexions », d'un « type sémite accentué... nez courbe... oreilles décollées... lèvres épaisses », et plus loin, des « caractères typiques de l'Israélite français : nez recourbé, écartement des oreilles, etc. ». Au moral, le passage ci-dessous reflète peut-être à sa manière le climat du temps :

« Les Juifs sont les plus doux des hommes. Ils sont passionnément ennemis de la violence. Et cette douceur obstinée qu'ils conservent au milieu des persécutions les plus atroces, ce sens de la justice et de la raison qu'ils opposent comme leur unique défense à une société hostile, brutale et injuste, c'est peut-être le meilleur du message qu'ils nous délivrent et la vraie marque de leur grandeur. »

En tout cas, en 1946, il était doublement difficile de ne pas forcer la note. Un cas encore plus extrême que celui de Martin du Gard fut celui de Georges Duhamel, chez lequel Laurent Pasquier et Justin [= le Juste !] Weill sont l'Oreste et le Pylade de sa chronique-fleuve des *Pasquier*. Non pas que ce Justin soit un personnage désincarné (ni spécialement laid) ; les caprices puérils de cet idéaliste sont décrits, avec le même naturalisme que ses conflits de Juif. Mais il reste qu'à partir de 1914, après qu'il s'est engagé, il n'est plus question de lui, et qu'en 1925, Laurent Pasquier écrit à sa sœur : « Pense, Cécile, qu'il y aura, le mois prochain 15 juillet, sept ans que Justin est mort, en Champagne, pendant la seconde bataille de la Marne, mort pour notre salut à tous. » Or, à la veille de son engagement, ce Sauveur « a l'air d'un vieux Juif compteur de sous... ».

Ainsi, tout se passe comme si tant de mérites, tant de perfection réclamaient, en attendant peut-être de devenir insupportables, un contre-poids que d'ordinaire les romanciers allaient chercher du côté du mythe aryen, et l'art menaçait de devenir plus vrai que la nature. Mais même lorsqu'il n'en était pas ainsi, ou que le Juif n'est qu'épisodique (comme chez Mauriac), il reste reconnaissable à ses

retirer ses lunettes. Agar restait comme médusée. Les yeux d'Isaac Cochbas venaient de lui apparaître. Des yeux de myope, mais veloutés et noirs, admirables de tristesse et de profondeur. Ils répandaient sur cette face disgraciée une force lumineuse. » *Le Puits de Jacob*, Paris, 1925, pp. 59-60, p. 46.

Mais tout ce roman est à lire, qui se laisserait qualifier de brève encyclopédie des poncifs du premier après-guerre en ce qui concerne les images de la Juive et du Juif.

yeux ou à son regard, signes résiduels mais infaillibles de son *altérité.* Voici, soit dit en passant, une très admirable illustration des effets de ce *narcissisme des petites différences* sur lequel méditait Freud, dans la dernière période de sa vie.

A ce propos, on peut aussi citer Drieu La Rochelle, l'un des rares auteurs à avoir témoigné (en tant que romancier, bien entendu) d'un meilleur discernement, parlant de « l'enfantine terreur des Chrétiens devant les Juifs ». A ses côtés, on peut placer Jules Romains, dont *Les Hommes de bonne volonté* foisonnent de Juifs fictifs (Germaine Baader, Lucien Wormser, dit Mareil) et réels (Blum, Mandel, Jean Zay), délibérement décrits comme des êtres humains pareils aux autres. Tout au plus arrive-t-il à « Mareil » de s'interroger sur sa judéité ; ici, si le balancier est faussé, c'est exceptionnellement dans l'autre sens. Il est à noter que Drieu et Romains avaient épousé des Juives ; un détail qui suggère qu'ils se montraient plus sobres, ou plus pénétrants parce que, grâce aux relations de famille ainsi nouées, ils s'inspiraient de ce qu'ils observaient ou *voyaient,* plus que de ce qu'ils s'imaginaient ou *lisaient.* Dans un troisième cas bien connu de « mariage mixte », on prêtera à André Malraux un penchant prolongeant jusqu'au bout celui de Jules Romains, puisque aucun Juif n'apparaît dans son œuvre, et que par surcroît, un aventurier juif servit de prototype à l'inimitable baron Clappique, qui a toujours « l'air déguisé », de *La Condition humaine.* Quel que soit, lors de la transmutation littéraire, le résultat, rien n'est aussi propice à la démythisation que la connaissance directe, surtout lorsqu'elle s'exerce au sens biblique de ce mot.

Il nous reste à compléter ce survol par trois grands artistes qui témoignèrent d'un antisémitisme virulent, encore que subreptice. Il s'agit de trois minoritaires, deux protestants et une Juive, tous les trois en rupture de ban.

André Gide ne campait des Juifs qu'épisodiquement, son Dhurmer *(Les Faux-Monnayeurs)* étant un personnage tout aussi déplaisant que son Lévichon *(Les Caves du Vatican).* En 1911, il projetait de bâtir un roman autour d'un Juif « généreux, chevaleresque même, quelque peu utopique (qui) rivalise avec les sentiments chrétiens », mais (tout comme Tolstoï) il n'y parvint pas. En sens inverse, si l'on peut dire, la doctoresse Sophie Morgenstern, qui dans les années 1930 pratiquait à Paris la psychanalyse freudienne, devient dans *Les Faux-Monnayeurs* l'admirable

« doctoresse polonaise » Sophroniska, au nom bien catholique. Par surcroît, si Gide le romancier ou le conteur restait apparemment interdit devant les Juifs, le théoricien et le puriste leur interdisait de jouer leur rôle dans les lettres françaises. C'est en effet en France d'abord, à la veille de la première guerre mondiale, que fut énoncé par lui un principe repris en 1920 sous une forme elliptique par « l'irrévérencieux » Américain Mencken : « Ils pensent en yiddish et ils écrivent en anglais », pour trouver sa forme définitive chez Goebbels : « Quand un Juif parle en allemand, il ment ! » André Gide s'exprimait dans un langage plus châtié :

« ... Il me suffit que les qualités de la race juive ne soient pas des qualités françaises ; et lorsque ceux-ci (les Français) seraient moins intelligents, moins endurants, moins valeureux de tous points que les Juifs, encore est-il que ce qu'ils ont à dire ne peut être dit que par eux, et que l'apport des qualités juives dans la littérature, où rien ne vaut que ce qui est personnel, apporte moins d'éléments nouveaux, c'est-à-dire un enrichissement, qu'elle [la littérature juive ? — L. P.[1]] ne coupe la parole à la lente explication d'une race et n'en fausse gravement, intolérablement la signification. » (*Journal*, 24 janvier 1914.)

En janvier 1948, après avoir lu d'un œil fort critique les *Réflexions* sartriennes, Gide concluait, à propos de ce passage et de son contexte : « Je ne puis (les) renier, car je continue de les croire parfaitement exacts. »

Jacques de Lacretelle, en revanche, consacra à la condition des Juifs son roman le plus célèbre *Silbermann* (1922). Le cliché bio-esthétique n'y manque pas, puisque la description du physique ingrat et de l'inquiétante « face un peu asiatique » de son ami de lycée et protégé s'achève sur cette phrase : « L'ensemble éveillait l'idée d'une précocité étrange : il me fit songer aux petits prodiges qui exécutent des tours dans les cirques. » Au moral, l'enfant juif, sans être particulièrement sympathique, suscite notre pitié, et gagne à nous être décrit sur le fond de la cruauté de ses condisciples catholiques, et de l'hypocrisie des parents protestants du narrateur, penché sur son passé. C'en était encore trop pour notre homme, et le patricien huguenot

1. L'incorrection syntaxique ou le lapsus sont frappants, à cet endroit du texte. Le substantif féminin le plus proche étant « littérature », j'ai cru pouvoir compléter en conséquence, après en avoir discuté avec mon amie Lucette Finas.

en lui prit sa revanche avec *Le Retour de Silbermann* (1930), devenu à l'âge adulte un personnage diabolique, et plus précisément possédé par le Diable. Gravement malade et profondément déprimé, il n'accepte de mourir qu'après avoir symboliquement vomi cette culture française qu'il avait tant aimée : « Comme je considérais cette figure d'un type si étrange, je me pris à songer que les diables qui avaient quitté le cerveau de Silbermann à la minute suprême étaient nos princesses raciniennes et tout un cortège de héros légendaires vêtus à la française. »

Ces princesses et ces héros, la talentueuse Irène Némirovski, née à Kiev, les chérissait au point de se faire chrétienne à sa majorité. Dans son chef-d'œuvre, *David Golder* (1929), un requin de finance judéo-russe et son entourage sont évoqués sans pitié, mais non sans une considérable dose d'exactitude. Vers la fin de ce roman, elle se livre, à propos d'un ami de Golder, à une rapide généralisation :

« Plus tard Soifer devait mourir seul, comme un chien, sans un ami, sans une couronne de fleurs sur sa tombe, enterré dans le cimetière le meilleur marché de Paris, par sa famille qui le haïssait, et qu'il avait haïe, à qui il laissait pourtant une fortune de trente millions, accomplissant ainsi jusqu'au bout l'incompréhensible destin de tout bon Juif sur cette terre. »

Le destin d'Irène Némirovski fut de mourir à Auschwitz (1942).

Et voici comment, au cours d'années où les Juifs jouaient sans encombre apparent un rôle de premier plan dans tous les domaines de l'existence, la société française de l'époque s'appliquant d'ordinaire, en vertu de conventions remontant, par-dessus Panama et l'Affaire, à la monarchie de Juillet, à ne pas remarquer leurs particularités, « à ne pas voir les Juifs en eux », une partie de la presse et la littérature quasi unanime s'employaient, par des manières les plus variées, à cultiver, transposer et grossir les vieux mythes.

Dans les faits, la silhouette du Juif bolchevik, menaçant la propriété et l'ordre établi, s'estompait peu à peu, surtout après la normalisation générale et la reprise des relations diplomatiques avec Moscou ; mais en 1935-1936, la menace combien plus pressante du Blum l'expropriateur — Blum, Blumel, Moch et consorts — vint prendre sa place. La dénonciation onomastique, une arme aussi simple que sûre disposait alors d'excellentes munitions. Il y en avait d'autres. « Tout plutôt que Blum ! » — *un homme qui représente si intensément un peuple qu'une malédiction divine a condamné à rester apatride,* rappelait le député Xavier Vallat à la Chambre. Surtout, depuis 1933, le spectre du martyr persécuté d'outre-Rhin vint s'adjoindre à celui du persécuteur-bourreau de Moscou, pour ouvrir des perspectives encore plus terribles. « Tout plutôt que la guerre ! » Or, était-il concevable que, menacé comme il l'était par Hitler, le Juif international ne s'emploie pas à provoquer une mobilisation générale ? Par conséquent, sus au Juif ! C'est ainsi qu'entre beaucoup d'autres choses se laisse comprendre la conversion publique à l'antisémitisme de Céline, après 1933. Certes faisant flèche de tout bois, Céline ne manquait pas de honnir les Juifs à l'aide d'arguments tant classiques — « une fois bien sûrs qu'ils vous possèdent jusqu'aux derniers leucoblastes, alors ils se transforment en despotes, les pires arrogants culottés qu'on a jamais vus dans l'Histoire » — que modernes — « Kif à nos youtres, depuis que leur Bouddha Freud leur a livré les clés de l'âme. » Mais sa véritable terreur, l'ancien combattant et l'émule de Vacher de Lapouge la hurlait désormais comme suit :

« Au point où nous en sommes de l'extrême péril racial, biologique, en pleine anarchie, cancérisation fumière, où nous enfonçons à vue d'œil, stagnants, ce qui demeure, ce qui subsiste de la population française devrait être pour tout réel patriote infiniment précieux, intangible, sacré. A préserver, à maintenir au prix de n'importe quelles bassesses, compromis, ruses, machinations, bluffs, tractations, crimes. Le résultat seul importe. On se fout du reste ! Raison d'Etat ! La plus sournoise, la plus astucieuse, la moins glorieuse, la moins flatteuse, mais qui nous évite une autre guerre. Rien ne coûte du moment qu'il s'agit de durer, de maintenir. Eviter la guerre par-dessus tout. La guerre pour nous, tels que nous sommes, c'est la fin de la musique, c'est la bascule définitive au charnier Juif.

« Le même entêtement à résister à la guerre que déploient les Juifs à nous y précipiter. Ils sont animés, les Juifs, d'une ténacité atroce, talmudique, unanime, d'un esprit de suite infernal, et nous ne leur opposons que des mugissements épars.

« Nous irons à la guerre des Juifs. Nous ne sommes bons qu'à mourir... »

Le style démentiel exprime ici des terreurs qui ne l'étaient pas moins, et qu'il ne fallait pas être antisémite pour partager. Mais quelle conjoncture pour les recrutements ! Une conjoncture dans laquelle « l'antisémite risque d'avoir facilement raison de tout le monde. Si je fais la guerre à Hitler, je travaille pour les Juifs ; si je traite avec lui, je trahis leur cause ; de toute manière, je les singularise :

« Les Juifs ainsi définis réagissent tôt ou tard en Juifs, et renouent, même si c'est à leur corps défendant, leurs vieux liens (...) Une telle alliance, qui transcende toutes les frontières, sème des méfiances qui deviennent « aryennes », en vertu du contraste, et isolent à nouveau les Juifs ; tel est le cercle vicieux hitlérien [1]. »

Et au-delà de ces enchaînements psycho-historiques, la bourgeoisie, les nantis avaient d'autres motivations, d'autres peurs, que nous venons d'évoquer. Ainsi que l'écrivait François Mauriac peu avant de mourir, « la génération d'aujourd'hui ne saurait concevoir ce que la Russie soviétique de ces années-là et le *Frente Popular* de Madrid incarnaient pour la bourgeoisie française ».

C'est dans ces conditions que se comblait rapidement la faille entre l'imaginaire et le réel. La « disparité » sur laquelle nous nous sommes interrogés prenait fin. L'agitation antijuive gagnait la rue, des meetings antisémites répondaient aux meetings antihitlériens. La société française, une seconde fois, sortit de sa réserve et, surtout lorsque le sang commença à couler outre-Pyrénées, oublia les conventions relatives aux Juifs.

On vit alors *La Croix,* qui pourtant en 1927 avait abjuré l'antisémitisme, proposer sous la plume de son chroniqueur, Pierre l'Ermite, une explication simple de la guerre d'Espagne :

« Les Espagnols avaient tout pour être heureux. Baignés d'azur, sans grands besoins, ils pouvaient rêver sous le soleil, vivre de leur industrie, se nourrir sur leur sol et jouer de la mandoline...

« Un jour, soixante Juifs arrivent de Moscou. Ils sont chargés de montrer à ce peuple qu'il est très malheureux : « Si vous saviez comme on est mieux chez nous. » Et voici cette nation chevaleresque qui se met, pieds et poings liés, à la domesticité de la lointaine Russie, laquelle n'est pas de sa race... »

On vit alors l'hebdomadaire *Je suis partout*, qui en 1930-1935 s'était tenu dans les limites de la décence, tourner effectivement au « Juif partout », publier deux numéros

---

1. *Cf.* L. Poliakov, *De l'Antisionisme à l'Antisémitisme,* Paris, 1969, p. 57.

spéciaux sur les Juifs qu'il fallut réimprimer, citer longuement Céline — « Nous le récitons, nous le clamons, nous en avons fait notre nouveau Baruch » — ; traiter Jacques Maritain de « souilleur de race », et même concéder quelque mérite à Staline, lors des grandes purges : « Pour cet homme du peuple brutal et fruste, la patrie a un sens, un sens qu'elle n'a jamais eu et qu'elle ne pourra jamais avoir pour les Trotski, les Radek et les Yagoda. »

On vit Georges Bonnet, le ministre des Affaires étrangères, anticiper les discriminations raciales en infligeant un affront à ses collègues juifs Georges Mandel et Jean Zay, pour mieux faire honneur à Joachim von Ribbentrop. Le suicide de la IIIe République ayant été signifié de la sorte, on vit enfin un autre de ses collègues, mieux connu comme une gloire des lettres françaises, réclamer l'institution d'un ministère de la Race. Jean Giraudoux, car c'est de lui qu'il s'agissait, mettait en avant les considérations que voici :

« [Les Juifs étrangers] apportent là où ils passent l'à-peu-près, l'action clandestine, la concussion, la corruption, et sont des menaces constantes à l'esprit de précision, de bonne foi, de perfection qui était celui de l'artisanat français. Horde qui s'arrange pour être déchue de ses droits nationaux et braver ainsi toutes les expulsions, et que sa constitution physique, précaire et anormale, amène par milliers dans les hôpitaux qu'elle encombre... »

On voit que l'argument biologique de rigueur n'avait pas été oublié.

CONCLUSION

I

La montée des périls

Union soviétique.

En traitant de la propagation de la judéophobie en Russie, à la veille de la révolution d'Octobre, j'avais signalé les indices d'un ralliement massif des « Cents-Noirs » antisémites au camp bolchevik. Le phénomène n'est pas passé inaperçu par certains observateurs étrangers. L'un d'eux, le lieutenant Pierre Pascal, un sympathisant de la Révolution, notait le 26 juillet : « L'alliance des léninistes et des « bandes noires » se confirme... La thèse est que la volonté du peuple est de terminer la guerre, qui ne plaît qu'aux alliés, qui ne peut servir que les allogènes, et non les Russes. » Et le 3 septembre : « Résultat des élections aux soviets de quartiers : succès inattendu des bolcheviks. Est-ce l'influence de la *Novaia Jizn,* le journal de Gorki, bien fait, très répandu ? Est-ce une manœuvre de la droite, la politique du pis (aux dernières élections, tout le Corps des Pages a voté pour les bolcheviks) ? »

Mais à mesure que le régime de Lénine et Trotski devenait totalitaire, et la propagande antisémite, un crime contre-révolutionnaire, nos sources d'information se raréfient. Il en demeure pourtant assez pour pouvoir dépister les ravages de la judéophobie, dans la Russie à sang et à feu.

C'est ainsi qu'en ce qui concerne les sentiments des masses populaires russes et des combattants rouges, l'art d'Isaac Babel en a laissé dans *Cavalerie rouge* un tableau impitoyable, à peine voilé par un humour noir grinçant. Il est à noter que l'action des récits se situe en Ukraine ou en Pologne, mais que les personnages ci-dessous évoqués sont tous Russes. C'est la bonne femme qui tente de passer du sel en fraude et qui, interceptée par le soldat Balmachev, lui reproche de ne pas penser à la Russie, de ne penser qu'à « sauver les Jids Lénine et Trotski » (*Du sel :* on ne s'étonnera pas d'apprendre que dans les nouvelles éditions soviétiques de ce récit, les noms de Lénine et de Trotski sont censurés, de sorte que la réplique de la spéculatrice s'arrête sur « sauver les Jids ».) C'est ledit soldat Balmachev qui dénonce au juge d'instruction militaire la trahison du président de district Bojdermann et du docteur Jawein, « Juifs de leur nationalité », coupables d'avoir fait enlever leurs armes aux blessés, à l'hôpital de Kozine (*Trahison*). Le soldat Kourdioukov dénonce pareillement les Juifs de Maïkop, qui, se référant à un ordre de Trotski, avaient tenté d'empêcher le lynchage sur place d'un prisonnier blanc : « Et qu'est-ce qu'on a vu dans la ville de Maïkop ? On a vu que l'arrière n'est pas du tout du sentiment du front, et que c'est partout de la trahison et plein de Jids, comme sous l'Ancien Régime » (*Lettre*).

C'est surtout l'apocalyptique moujik combattant de *Zamostié :*

« Et dans le grand silence, je perçus une bouffée lointaine de gémissements. Une fumée de meurtre occulte rôdait autour de nous.
— On tue, dis-je alors.
— Qui est-ce que l'on tue ?
— Le Polonais s'inquiète, dit le moujik, le Polonais zigouille les Jids... »
Il passa son fusil de la droite à la gauche. Sa barbe se tourna tout à fait de côté, il me regarda d'un œil affectueux et dit encore :
« C'est long, ces nuits sur la ligne, ça n'en finit point, ces nuits... Et voilà, l'envie vous vient de causer avec quelqu'un, et où le prendre, celui avec qui causer ? »
Le moujik m'obligea d'accepter de son feu pour ma cigarette.
« Les Jids, dit-il, ils sont coupables devant tout le monde, devant nous et devant vous... Après la guerre, il n'en restera que la plus petite quantité... Combien qu'il y en a, de Jids, par le monde ?
— Dix millions, répondis-je en remettant en place le mors de mon cheval.
— Il en restera deux cent mille, s'écria le moujik, et il me toucha le bras, craignant de me voir partir. Mais je montai en selle et galopai vers l'endroit où se trouvait l'état-major. »

Dans *Ghédali,* Babel va jusqu'à faire renvoyer par ce talmudiste dos à dos des révolutions et contre-révolutions. Ghédali raisonne ainsi :

« La révolution est la bonne œuvre des bonnes gens. Mais les bonnes gens ne tuent pas. C'est donc que la révolution est faite par de méchantes gens. Mais les Polonais sont aussi de méchantes gens. Que décider donc à Ghédali : où est la révolution et où la contre-révolution ? »

Dans les récits de Babel, seuls les combattants et chefs de guerre juifs parviennent à s'attirer l'affection des Russes, tel l'agonisant commandant Ilya, qui gardait dans sa sacoche le portrait de Maïmonide à côté de celui de Lénine *(Ilya, fils du rabbin),* ou le chétif talmudiste anonyme devenu « *ataman* de moujiks, élu par eux et qu'ils aiment » *(Afonka Bida).*

En recourant à d'autres sources, c'est tout juste si on apprend, au détour d'une étude sur l'Eglise orthodoxe, qu'au « Sobor » (concile) réuni à Moscou en janvier 1918, l'archimandrite Vostokov pouvait impunément déclarer, aux applaudissements de l'assistance : « Nous avons renversé le tsar et nous nous sommes assujettis aux Juifs. » Dans le camp opposé, c'est un journal yiddish qui nous apprend comment, en 1919, un cheminot objectait au président Kalinine : « Ce n'est que lorsqu'il n'y aura plus de Juifs dans les rangs du parti bolchevik que nous deviendrons tous des partisans du pouvoir soviétique. » Il faut se reporter à l'organe publié par les Juifs russes émigrés à Paris, pour constater non sans quelque étonnement que cet état d'esprit se laissait encore ouvertement afficher à Moscou en 1921-1922. Une illustre marxiste russe, Catherine Kouskova, que Lénine avait expulsée de l'Union soviétique, y traitait des « nouveaux » antisémites, sous le titre de *Qui sont-ils et comment faire ?* Elle déroulait ses récents souvenirs :

« ... Voici une institutrice : « Comprenez donc, les enfants me haïssent, ils crient à haute voix que j'enseigne dans une école juive. Juive pourquoi ? Parce qu'il est interdit d'enseigner le catéchisme et qu'on a mis à la porte le pope. — Mais est-ce ma faute ? L'ordre ne vient-il pas du Commissariat à l'Instruction ? — Tout le monde y est Juif, et c'est eux qui vous ont nommée ! »

« Voici des lycéens et des lycéennes. D'origine « radicale ». Un cercle d'études. De quoi parle-t-on ? De l'oppression juive. En général, la jeunesse est beaucoup plus antisémite que ses aînés. Dans les écoles, les bagarres avec les élèves juifs sont fréquentes. Je ne parlerai même pas de ces adultes qui disent à chaque pas : « Assez, assez ! Ils se sont montrés tels qu'ils sont, ils nous ont suffisamment tourmentés ! »

Kouskova citait ensuite un passage d'une circulaire des nouveaux pouvoirs, destinée à expliquer qu'une pléthore de fonctionnaires juifs était inévitable, compte tenu des réticences de la majeure partie de l'intelligentsia russe : « Si cela déplaît à d'aucuns, il convient de les "guérir" de ces sentiments déplaisants. » Elle écrivait en conclusion :

« Ainsi donc, à la question : qui sont-ils, ces antisémites ? Je réponds : il s'agit de larges couches de la population, y compris des *intelligents* du type cultivé, y compris même certains *intelligents* juifs... C'est un mal endémique de la Russie soviétique... »

Mais dans une telle conjoncture, qu'étaient devenues et comment opéraient ces troupes « cent-noires » que nous avons vues s'infiltrer dès le printemps 1917 dans le parti bolchevik, avec armes et bagages ? De nos jours, ils possèdent une postérité idéologique assez disparate, qui publie des revues « samizdat » semi-clandestines et affiche parfois un racisme primaire allant jusqu'à l'éloge de Hitler. Mais ces résurgences n'ont sans doute plus rien à voir avec les « ralliés » de 1917-1920. J'ai cherché les traces de ces proto-fascistes, sans beaucoup de succès jusqu'ici, dans des sources devenues d'un accès difficile : à savoir, dans les centaines de livres et d'articles consacrés de 1918 à 1931 par le régime communiste à la lutte contre l'antisémitisme. A la profusion des brochures de 1917-1921, reproduisant notamment des textes et appels passionnés de Lénine, fit suite à partir de 1926, une vague d'ouvrages plus ambitieux, le plus souvent destinés aux cadres ou « agitateurs » chargés d'éduquer les masses populaires. Dans l'un d'eux, *L'Antisémitisme et les Antisémites, Questions et Réponses,* de G. Ledatt, publié à 50 000 exemplaires et déjà marqué — il date de 1929 — par la phraséologie stalinienne, les diverses catégories des propagateurs étaient décrites ainsi :

« Actuellement, nous constatons une nouvelle poussée d'antisémitisme dans notre pays... Le microbe de l'antisémitisme a même pénétré dans certains chaînons attardés ou décomposés du parti et du Komsomol... La montée de l'antisémitisme est directement liée à l'intensification de la lutte des classes dans notre pays... Les éléments capitalistes perdent dans l'économie une position après l'autre. Mais ils conservent encore beaucoup de forces, et surtout beaucoup d'influence sur les couches intermédiaires. »

Ledatt dénonçait ensuite les *lichentsy*, les Soviétiques déchus de leurs droits électoraux, au nombre de près de trois millions. Il attaquait spécialement les petits commerçants, le clergé (au nombre de 350 000) et d'autres « ci-devant » : « Dans une usine de Gomel, un procès intenté aux antisémites a révélé que d'anciens agents de police et gendarmes, et même des moines y avaient trouvé un asile. Ces éléments avaient subjugué un groupe d'ouvriers attardés... » A Leningrad, c'étaient des princes et des colonels qui seraient parvenus à s'infiltrer non seulement dans les usines, mais même dans le secrétariat du Parti. Et ainsi de suite. Mais l'indication la plus intéressante de ce catéchisme anti-antisémite se trouvait à la fin, sous le titre : *Est-il vrai que les Juifs gouvernent l'Union soviétique ?* « On prétendait naguère que tous les communistes étaient Juifs », lisait-on sur cette manchette ; mais le nombre des membres du Parti ayant dépassé un million et demi, « on se contente maintenant de dire que plus de la moitié le sont ». Ce à quoi Ledatt opposait des données récemment rendues publiques par Ordjonikidzé : 11 Juifs (sur 104 membres) au Comité central, 12 p. 100 de fonctionnaires juifs à Moscou, 9 p. 100 à Leningrad, etc.

L'ennui, c'est que ces Juifs-là continuaient d'une certaine façon à compter double, ou triple, ou davantage. Quelques mots sont de mise ici pour décrire la grande métamorphose du judaïsme russe. Sur le plan économique, les métiers séculaires de marchands et d'intermédiaires ne se laissant plus exercer, le problème du gagne-pain immédiat se dressait devant des dizaines de milliers, au bas mot, de chefs de famille. Sur le plan culturel, si la déjudaïsation s'accélérait au point qu'en 1926, le président Kalinine exhortait les citoyens juifs à « sauvegarder leur nationalité », — à l'aile opposée, le retour aux sources sous ses deux formes « hébraïques » de la religion ou du sionisme était combattu avec une violence croissante — d'autant plus que cette lutte empiétait sur le domaine politique : il ne s'agissait pas seulement, en effet, de la poursuite sous le nouveau régime du vieil affrontement intrajuif entre « Bundisme » et « Sionisme », mais aussi de la crainte de procurer des troupes supplétives à l'impérialisme britannique, dans sa place d'armes de Palestine. Un autre aspect de la question politico-culturelle reflétait l'intention de rendre justice à la « nationalité juive » tout comme aux autres — d'où la promotion du yiddish, la création d'écoles et de tribunaux juifs, et l'esquisse d'un « territoire juif » (colonies agricoles en Crimée ou région autonome du Birobidjan, en Extrême-Orient). La transplantation géographique qui s'ébauchait de la sorte se poursuivait à une échelle bien plus vaste de façon spontanée : des centaines de milliers de Juifs émigraient, en quête de moyens d'existence, en Russie proprement dite, et surtout dans ses deux capitales. C'est ainsi qu'à Moscou, on comptait en 1926 plus de 150 000 Juifs (cinq fois plus que de membres juifs dans le parti bolchevique de l'U.R.S.S. tout entière !). Comment gagnaient-ils leurs vies ? Les statistiques nous apprennent que près de la moitié des chefs de famille avaient trouvé à s'employer au service de l'Etat soviétique (on voit mal ce qu'ils auraient pu faire d'autre). C'étaient donc les 12 p. 100 dont faisait état Ordjonikidzé ; le relatif devenant facilement l'absolu, lorsqu'il s'agit de Juifs, c'était dans ces conditions la preuve manifeste, pour des millions de Russes, du pouvoir des Sages de Sion — qui se laissait aussi incarner, surtout depuis la mort de Lénine, dans Trotski à Moscou, et dans Zinoviev à Leningrad. Ce règne juif, prophétisé par Dostoïevski et tant d'autres, était donc enfin advenu, tel que le décrivait Choulguine à Paris, ou tel que le vivaient pour leur compte des millions d'Allemands, nous allons bientôt y venir, sous la *Judenrepublik* de Weimar.

Mais dans une telle conjoncture, se tromperait-on de beaucoup en supposant qu'en ces années d'industrialisation forcée et de collectivisation, comportements ou propos antijuifs devaient paraître au nouvel *homo sovieticus* presque aussi dangereux que les activités dites antirévolutionnaires ? Les spécialistes occidentaux ont recensé les symptômes de la nouvelle judéophobie russe : injures, brimades, procès publics « éducatifs » (par exemple, 38 procès pour antisémitisme à Moscou, en janvier-septembre 1928) ; on peut aussi citer les scandales décrits par Ledatt et d'autres auteurs soviétiques, surtout dans les écoles, où des enfants juifs furent martyrisés, ou même crucifiés, afin de jouer à l'envers le drame du Golgotha. Se tromperait-on de beaucoup en supposant qu'il ne s'agissait que de la partie visible de l'iceberg, que le bouillonnement des passions antisémites était au contraire d'autant plus intense qu'il restait d'ordinaire contenu et secret ; et qu'enfin les brimades et persécutions en sens inverse, la détresse des écoliers russes pour lesquels le Christ demeurait authentiquement le Sauveur, ceux auxquels pensait Soljenitsyne dans le chapitre « Le cosmopolite sans feu ni lieu » du *Premier cercle* exprimaient une autre et complémentaire vérité ? En tout cas on peut conclure avec certitude, en gardant présent à l'esprit le phénomène nouveau de l'afflux des Juifs en Russie intérieure, à l'approfondissement du sentiment d'une altérité réciproque, à la vulgarisation de la dichotomie du *vous* et *nous*, parallèlement au processus de la déjudaïsation et partiellement à sa suite — un paradoxe apparent dont l'histoire de l'émancipation des Juifs fournit maint exemple.

Faut-il ajouter qu'il est peu de questions aussi difficiles à explorer que les sentiments d'une majorité silencieuse, surtout lorsqu'elle devient une majorité bâillonnée ? L'évolution du problème au sein des milieux dirigeants se laisse plus facilement documenter. La disparition subite et quasi totale en 1931 de la littérature pro-juive bien-pensante coïncide avec l'avènement de l'ère intégralement stalinienne : la même année, le dictateur plaçait un point d'orgue pour dix ans, en déclarant que l'antisémitisme était un vestige du cannibalisme. Ensuite, sur le fond des tragédies et massacres à froid des années 1930, les Grandes Purges comportèrent leur part incertaine d'antisémitisme, préludant à la paranoïa raciste ou, au témoignage de sa fille, « aversion à nulle autre pareille » de Staline vieillissant, tandis que les masses populaires terrorisées et asservies se taisaient comme avant.

En été 1941, la ruée germanique leur permit enfin de désigner à haute voix le bouc émissaire : les survivants sont d'accord pour nous dire qu'avec les premières défaites et évacuations les langues se délièrent et que l'antisémitisme commença à se manifester sans vergogne ni entrave. Ne cherchons pas à démonter ici les mécanismes libérateurs ou compensateurs sous-jacents ; écoutons plutôt un témoin déjudaïsé à 100 p. 100, fils d'un colonel de l'armée Rouge :

« Mon père fut envoyé à l'Académie militaire de Moscou. Il venait tout juste d'y terminer ses études lorsque la guerre éclata, et qu'il partit pour le front, tandis que notre famille était évacuée. Une nouvelle étape de notre vie venait de commencer.

« Et c'est pendant la guerre, dans l'Oural, que j'entendis la première fois, dans la bouche des gamins de la rue, le mot *Jid.* « Es-tu un Jid ? » me demandèrent mes compagnons de jeux. Je répondis aussitôt négativement, parce que premièrement, je ne savais pas ce que cela voulait dire, et deuxièmement, que le ton sur lequel la question fut posée indiquait qu'il s'agissait de quelque chose de mauvais... »

« Je me souviens qu'à Tachkent, qui en vint à désigner pour les antisémites l'endroit où « les Juifs s'embusquèrent pendant la guerre », nous avions pour voisin un policier du N.K.V.D., qui hébergeait son frère, un déserteur. Craignant de sortir dans la rue, il passait son temps avec nous, les enfants, crayonnant des dessins pornographiques et racontant des histoires obscènes. Calmement et posément, il se plaisait à nous expliquer pourquoi les Juifs étaient mauvais : ils étaient paresseux et lâches, ils ne voulaient ni travailler ni combattre, ils se procuraient des emplois avantageux et ils volaient tout ce qu'ils pouvaient. Je ne parvenais simplement pas à lui dire que ma mère travaillait du matin au soir, que mon père se trouvait au front depuis le premier jour de la guerre et que nous vivions dans le dénuement, tandis qu'il paressait dans un lointain arrière, bien nourri grâce aux rations spéciales du N.K.V.D. Mais un beau jour, l'existence insouciante qu'il menait fut inopinément troublée lorsque mon père, blessé en première ligne, vint nous rejoindre, pour être soigné dans un hôpital de Tachkent. Quelle métamorphose ! — le pauvre déserteur ne quittait plus sa chambre, il se glissait dans la chambre de toilette commune comme une souris, et lorsqu'il nous rencontrait, il se répandait en flagorneries et en courbettes. Mais par la suite il put se venger. Lorsque mon père repartit pour le front, il vola les conserves américaines que celui-ci nous avait laissées, et lorsque ma grand-mère le lui reprocha, il lui montra une hache : « Ferme-la, gueule de jidovka, ou je te tuerai ! »

Et voilà comment, entre ce déserteur et Staline, l'Union soviétique s'engageait sur le chemin menant à la chasse aux sorcières juives, dans le cadre d'une conception mystico-policière du monde élevée à la nième puissance.

Allemagne.

Erich Maria Remarque, le célèbre auteur de *A l'Ouest rien de nouveau,* incarnait le message pacifiste de son *Chemin du retour* dans la confrontation entre le capitaine Heel et l'infirmier Max Weil. Heel est un héroïque combattant, aimé de ses hommes : en 1919, il se met au service des nouvelles autorités pour maintenir l'ordre ; à la fin du récit, au cours d'une manifestation, il tue, à vrai dire sans le vouloir ni même le savoir, le révolutionnaire juif qu'il avait toujours détesté. Au début, lorsqu'en novembre 1918 l'armée allemande prend « le chemin du retour », voici Heel et Weil, face à face :

« Heel fait le tour de notre groupe, et serre la main de chacun de nous. Lorsqu'il s'approche de Weil, il dit : « Voici votre ère qui commence, Weil...

— Elle sera moins sanglante, répond tranquillement Max.

— Et moins héroïque, réplique Heel.

— Ce n'est pas ce qu'il y a de suprême, dans la vie, dit Weil.

— Mais c'est ce qu'il y a de meilleur, répond Heel. Autrement quoi donc ? »

Weil hésite un moment. Il dit ensuite : « Quelque chose qui sonne mal, aujourd'hui, Monsieur le capitaine : la bonté et l'amour. Là aussi, il y a de l'héroïsme.

— Non, répond aussitôt Heel, comme s'il y avait déjà beaucoup réfléchi. Là, il n'y a que du martyre (...). »

Il parle avec violence, comme s'il voulait se convaincre lui-même. En quelques jours, il est devenu amer et il a vieilli de quelques années. Mais Weil s'est transformé tout aussi rapidement. Il avait toujours été un homme effacé, et personne ne savait ce qu'il avait dans le ventre. Maintenant il s'est subitement mis en avant, et il devient de plus en plus décidé. On n'aurait jamais pensé qu'il pouvait discourir de la sorte. Plus Heel devient nerveux, plus Max devient calme. D'une voix douce et ferme il dit : « Pour l'héroïsme d'un petit nombre, la misère de millions d'hommes est un prix trop élevé. »

Imagerie d'Epinal — mais reflétant assez fidèlement, sous plus d'un rapport, les réalités allemandes des dernières semaines de 1918. Et d'abord, celle des éphémères Conseils de soldats, lieu naturel des Max Weil (par convictions antimilitaristes, ou parce que brimés par les Heel ?). Ensuite et surtout, celle des milieux auxquels il appartint de prendre sur le coup les grandes décisions politiques, lorsque Guillaume II prit la fuite, que les marins se mutinaient tandis que l'armée menaçait de se décomposer, et que les appareils désemparés de l'Etat et du haut commandement ne demandaient pas mieux que de passer les pouvoirs à qui voulait bien les prendre, dans le respect de l'ordre public. Mais comme le dit fort bien l'historien contemporain Helmut Heiber, « la volonté de puissance faisait défaut aux partis » ; la social-démocratie était inhibée elle aussi par la mentalité prussienne de sujétion, par la *Untertanenmentalität*. C'est alors que des Juifs à la fois bourgeois et oppositionnels, les Paul Cassirer, les Hugo Haase, les Leo Kestenberg, les Otto Landsberg et que d'autres, aux noms complètement oubliés, sautèrent dans la brèche, et se constituèrent en sauveteurs des meubles allemands, suscitant d'implacables rancunes parmi leurs propriétaires — qui, remis de leurs frayeurs, purent ressaisir au début de 1919 les rênes de l'administration et de l'économie ou réintégrer leurs citadelles universitaires, légitimant au besoin leur éclipse passagère par la thèse du complot juif.

A ce propos, un autre historien allemand, Werner Kienitz, met en évidence le contraste entre ces semaines chaotiques, lorsque, comme il l'écrit prudemment, « le nombre des politiciens juifs qui font leur apparition dans les hautes sphères de l'Etat paraît considérable », et les quatorze années proprement weimariennes, lorsqu'ils disparurent presque tous de la surface, tout au moins pour ce qui est des positions exposées parlementaires et gouvernementales. Parmi les trois cent quatre-vingt-sept ministres successifs d'une république qui compta entre 1919 et 1933 dix-neuf ministères, il n'y eut en tout et pour tout que cinq ministres d'origine juive ! Le climat des jours de défaite est encore mieux rendu par le journal du comte Harry Kessler, « l'aristocrate rouge », un grand seigneur pour lequel il n'existait de questions ni de race ni de classe. Il notait les 20 et 21 novembre 1918 :

« On a le sentiment que ce ne sont pas des hommes mais un système qui s'est effiloché, un système qui ne connaissait que les moyens de la violence nue et qui sombre au moment où ces moyens lui échappent (...) Somme toute, la guerre fut une colossale spéculation dont l'échec entraîna celui de tout le reste ; le plus grand krach de tous les temps. »

Ce krach impérial eut donc effectivement des Juifs pour liquidateurs. Nous avons vu comment généraux et maîtres de forges voulurent alors faire offrir la capitulation par Albert Ballin, qui préféra le suicide. A Berlin, nous apprend le comte Kessler, on espérait en ces journées incertaines pouvoir renouer les vieux contacts franco-allemands entre socialistes : on songea d'abord à Hugo Haase (assassiné en octobre 1919) ; finalement, l'Alsacien René Schickelé et Paul Cassirer (qui se suicida en 1926) partirent en Suisse... N'était-il pas entendu que tous les Juifs « se tiennent entre eux », et ne voit-on pas poindre la fable franco-anglaise du complot revanchard judéo-pangermaniste ? Les Juifs allemands de toute conviction nourrissaient en effet une ambition qui, pour honorable qu'elle fût, se laissait invoquer à l'appui, et ce que le socialiste Eduard Bernstein écrivait en 1916, le sioniste Nahum Goldmann le répétait en février 1919 ; à savoir, qu'il appartenait aux Juifs de faire office d'intermédiaires de bonne volonté entre les nations ?

Ajoutons-y quelques propos provocateurs — du genre de ceux du peintre dadaïste Herzfelde, « piétiner dans la boue tout ce qui jusque-là avait été cher aux cœurs allemands », ou du pamphlétaire Kurt Tucholsky, un ancien combattant dont la satire prenait pour cible les anciens combattants ; et surtout, le déferlement d'une deuxième vague, celle des Juifs qui vinrent coiffer la révolution en Bavière, les Axelrod, Eisner, Landauer, Leviné, Muhsam, Toller, autant de Max Weil copie conforme, massacrés ensuite en tant que révolutionnaires, diffamés en tant que Juifs. La calomnie faisant tache d'huile à l'échelle européenne, voici comment la figure de proue, le feuilletoniste munichois Kurt Eisner, était dépeint dans *Le Temps :* « Un vieillard frêle et minable, un Shylock à redingote lustrée... Juif galicien... la tête recouverte d'une calotte crasseuse. » Les troupes de Noske et Groener ayant balayé la révolution le 1er mai 1919, Munich devint tout naturellement la capitale de la réaction, où Ludendorff d'abord et Hitler ensuite purent sévir à loisir.

On pourrait aussi évoquer la confrontation historique du 18 novembre 1919 entre le député socialiste Oskar Cohn et le maréchal Paul von Hindenburg, lorsque ce dernier sortit littéralement de sa poche la *Dolchstosslegende,* la légende-du-coup-de-poignard (dans le dos de l'armée invincible), qui vint tumultueusement confluer avec celle de la *Judenrepublik.* Notons donc que contrairement au clandestin antisémitisme soviétique, qui correspondait à une sourde protestation des masses, celui des Allemands, désormais, était inculqué d'en haut, il s'intégrait à un code de valeurs dont les garants étaient fournis par l'armée et par les universités. Mais dans ces conditions, le spectacle des Juifs renversant des monarques, persiflant l'armée sacro-sainte, s'installant dans le fauteuil de Bismarck comme le fit Hugo Haase, se laisse raisonnablement réduire au rang d'un facteur secondaire. Le primaire, nous en avons décrit la gestation, nous avons vu comment, dès l'été 1918, pangermanistes et généraux décidaient de faire endosser à Israël les malheurs de l'Allemagne. La manière dont ils ourdirent ensuite leurs campagnes peut être qualifiée de chef-d'œuvre de l'organisation allemande.

Et d'abord, phénomène sans précédent dans les annales de l'agitation antijuive, tous les partis, ligues ou groupuscules qui s'y adonnaient surent coordonner patriotiquement leurs activités. La réunion en février 1919 à Bamberg d'une « Convention antirévolutionnaire » aboutit à la fondation du *Deutschvölkischer Schutz-und Trutzbund* (comment traduire ?... peut-être simplement par *La Ligue*), chargé des opérations par le front principal. Au cours des mois suivants, cette Ligue servit de noyau à la « Communauté des unions allemandes-racistes », *Gemeinschaft deutschvölkischer Bünde* qui œuvrèrent désormais de concert, pour dessiller les yeux des masses populaires. On dispose de quelques chiffres : en 1920, la « communauté » comptait près de 300 000 membres actifs, elle distribua 7,6 millions de tracts, 4,7 millions de prospectus, 7,8 millions de timbres-vignettes. Et bien sûr, grâce à elle, mais aussi spontanément en dehors d'elle, une immense littérature initiait les Allemands aux mystères juifs de leur destin. Il est intéressant de noter qu'un premier écrit, datant de mars 1919 et considéré comme un « écrit-programme », le *Livre des dettes de Juda,* faisait déjà vibrer la corde sado-masochiste, en décrivant les artifices à l'aide desquels les Juifs parviennent à séduire ou à hypnotiser les Aryennes. Ce thème du « péché contre le sang » fut repris et développé la même année par le vieux « grand-maître » Fritsch en personne sous le titre *L'Enigme des bonnes fortunes juives.* Il signa ce traité d'un pseudonyme ; une citation permet peut-être de comprendre pourquoi :

« Une jeune fille de bonne famille, à peine sortie de l'adolescence, sort dans la rue ; un Juif la fixe des yeux ou lui murmure quelque chose ; elle demeure tout interdite, s'arrête et ne peut détacher son regard du Juif. Peu après, elle le suit dans sa boutique...

« La question surgit : s'agit-il d'arts secrets talmudiques ? (...) Qui résoudra cette énigme ? Est-ce le regard (peut-être ce que les Italiens appellent *jettatura*), ou l'extraordinaire intelligence et expérience talmudiques connaissent-elles des réciprocités secrètes, en quelque sorte des forces sympathiques mystérieuses ? Ou faut-il tenir compte de l'énergie des Juifs... »

Il s'agissait assurément d'une propagande efficace ; ajoutons que ce genre de viol psychologique à l'usage des petites gens, qui fit les délices de Julius Streicher et d'Adolf Hitler, possède de nos jours des adeptes en Union soviétique, sous l'égide des autorités militaires [1]. Un tout autre thème qu'on relève dans l'Allemagne de 1919 était celui du cannibalisme juif : un tract « éducatif » décrivait les saucisses fabriquées avec la chair des enfants, et tablait donc sur le désarroi des masses populaires — mais surtout, sur leur famine ; en effet, par la suite, la propagande du IIIe Reich s'abstint de reprendre ce thème-là.

Le désarroi de ces temps-là trouve aussi son reflet dans la propagande de haute volée à l'intention des milieux cultivés : les philosophies parisiennes de l'absurde du second après-guerre étaient déjà familières aux *desperados* intellectuels allemands du premier. Prenons un écrit de Hans Blüher, un maître à penser des mouvements de jeunesse, auteur en 1912 d'un traité sur ces mouvements « en qualité de phénomène érotique ». Son long titre — *Secessio judaïca, Fondements philosophiques de la situation historique du judaïsme et le mouvement antisémite* (1922) restait conforme aux studieuses traditions universitaires. Mais voici ce qu'on y lisait :

« Il ne sert plus à rien de « réfuter » la « fable du coup de poignard dans le dos ». On peut tout réfuter et on peut tout démontrer. Mais chaque Allemand a déjà dans le sang ce fait expérimental : prussianisme et héroïsme vont de pair, judaïsme et défaitisme vont de pair. Chaque Allemand sait que l'esprit qui depuis notre défaite nous fait mépriser est l'esprit juif... A cela, aucune preuve « pour » ou « contre » ne peut rien changer, même si cent mille Juifs étaient morts pour la patrie. L'Allemand saura bientôt que la question juive constitue le noyau de toutes les questions politiques... »

Voici donc une réplique à l'apologue du *Chemin du retour* de Remarque. L'inversion gagne tragiquement en saveur lorsqu'on entend Blüher dire qu'un Juif peut être à la rigueur un *bon Allemand*, jamais un *Allemand*, et qu'on songe à la formule bien connue de la deuxième guerre mondiale quant à l'inexistence de bons Allemands autres que morts... Ajoutons que Blüher parlait avec beaucoup de respect du sionisme et des philosophes Martin

---

1. En 1970, les Editions militaires de Moscou (Voïenisdat) publiaient le long roman d'Ivan CHEVTSOV, *Lioubov i nénavist*, « Amour et Haine », consacré surtout à la description des techniques à l'aide desquelles les Juifs séduisent les femmes russes. Dans la perspective de la production littéraire soviétique, ce livre se laisse qualifier de hautement pornographique.

Buber et Gustav Landauer, et que *Secessio Judaïca* signifiait sous sa plume l'expulsion déjà amorcée des Juifs par leurs peuples-hôtes, en dépit de l'amour fatal qu'ils leur portaient. On voit que cet idéologue des phratries germaniques se voulait équitable, et que son pronostic ne péchait que par défaut.

Il y aurait infiniment plus à dire sur les nombreux pasteurs luthériens qui adhérèrent au *Schutz-und Trutzbund*, continuant à germaniser le christianisme, proclamant que « l'âme allemande a été violée par l'Ancien Testament » (pasteur Andersen, à Flensburg), que « la pensée raciste est la grande espérance » (pasteur Johnsen, à Berlin), ou translittérant le Christ en *Krist* (article anonyme du « Hammer »). Mais, dans la présente conclusion, je ne saurais traiter convenablement de ce néo-gnosticisme sous couvert de patriotisme, immense question qui forme à mon sentiment le nœud du problème allemand dans la première moitié du XXe siècle, et que j'ai déjà effleurée dans d'autres ouvrages. J'espère pouvoir y revenir une autre fois.

Toutes ces contradictions germaniques des années pré-hitlériennes, je voudrais encore les illustrer par une référence à l'impossible terrorisme allemand, qui (un demi-siècle avant « la bande à Baader »...) ne sut être que nihiliste, ainsi que le suggèrent notamment *Les Réprouvés* d'Ernst von Salomon : celui qui lit attentivement ce livre célèbre est obligé de conclure que l'auteur et ses amis Kern et Techow assassinèrent Rathenau par admiration excessive, et plus précisément parce qu'il leur importait de prévenir la guérison de l'Allemagne par un docteur sémite... Les intellectuels déraisonnaient tant et plus : « cette classe, observait acidement Albert Einstein, succombe le plus facilement aux fatales suggestions collectives, parce qu'elle n'a pas coutume de puiser directement dans le vécu, mais se laisse saisir le plus commodément et le plus complètement par la voie du papier imprimé ».

Quels furent les résultats de toutes ces propagandes ? Sur le plan politique immédiat, l'un d'eux fut d'étendre l'emprise hitlérienne à l'Allemagne tout entière. En effet, « presque tous les groupes du parti national-socialiste qui furent constitués en dehors de la Bavière avant le putsch de 1923 ont été fondés par des membres du *Schutz-und Trutzbund* » (Werner Jochmann). Un prêté pour un rendu, assurément, puisque Hitler débuta dans la politique en été 1919 en qualité d'informateur du commandant Mayr, l'officier chargé d'épurer la Bavière reconquise, dans l'esprit « Schutz-und Trutz » de rigueur. Quant aux effets exercés par la propagande antisémite sur le peuple allemand dans son ensemble, les auteurs en parlent *a posteriori* en termes aussi impressionnants qu'imprécis. Le témoin Ernst von Salomon écrivait en 1951 que « tout le mouvement nationaliste était antisémite, à des degrés variables » ; l'historien français Pierre Sorlin parle de « la masse du public » (1969) ; l'historien allemand Werner Jochmann — d'une « grande partie de la population » (1971) ; Golo Mann (le fils de Thomas Mann) — de « nombreux millions » (1962). (Pourtant, n'oublions pas qu'il y eut aussi de nombreux millions allergiques au mythe de la race : la quasi-totalité de la classe ouvrière, les centaines de milliers de Berlinois qui suivirent le cercueil de Walther Rathenau.)

D'autre part, Golo Mann mettait vigoureusement l'accent sur les premières années de la république de Weimar : « La terrible confusion morale et la sauvagerie sous le signe de la défaite, la misère totale et le déclassement social de millions d'hommes en conséquence de l'inflation, ces événements qui dépassaient totalement l'entendement de l'homme moyen ont fourni pour la première fois au cri « les Juifs sont notre malheur » un écho puissant. *J'oserai l'affirmer : jamais les passions antisémites n'ont fait autant rage en Allemagne qu'au cours des années 1919-1923. Elles furent alors bien plus furieuses que de 1930 à 1933 ou de 1933 à 1945* ».

Citons aussi à ce propos la remarquable thèse de Gabrielle Michalski, soutenue à Paris en 1975. On y trouve des données sociologiques fort suggestives : en 1922 à Munich, 51 p. 100 des étudiants étaient issus de la « classe moyenne prolétarisée », et 25 p. 100 étaient fils (ou filles) de « retraités » ; il restait 21 p. 100 appartenant à la « classe moyenne élevée » et 3 p. 100 d'enfants d'ouvriers. Mais il va de soi que ces chiffres, éloquents en soi, n'ont de rapport que lointain avec un grand dessein que Mme Michalski résume en ces termes : « Après la première guerre mondiale, on assiste à des véritables orgies antisémites, qui dominent aussi les universités. L'objectif : soumettre la jeunesse aux directives politiques de la classe dirigeante. La haine des Juifs devient « un devoir de conscience ». Parmi les textes évocateurs qu'elle cite à l'appui en grand nombre, en voici un, encore plus lapidaire, dû à un professeur de philosophie à l'université de Greifswald :

« L'antisémitisme fait partie de la conscience allemande. »

Voici donc, dix années avant le IIIe Reich, le surmoi collectif antisémite, et elles semblent loin, les machinations de *l'okhrana,* ou les paranoïas des seigneurs de guerre allemands. Pourtant, tout se tient : l'article provocateur du *Times,* en mai 1920, sans lequel les « Protocoles » seraient sans doute demeurés lettre morte en Allemagne comme ailleurs, l'éducation politico-policière de Hitler, prolongée par les leçons de ses « Baltes » germano-russes » ; et, surtout, le manichéisme ou la causalité linéaire communs à une conception policière du monde et à la manie de persécution dont furent alors frappés les germanomanes.

Si sous Weimar les Juifs ne connurent en général de problèmes que psychologiques, ils durent quitter de bonne heure, nous l'avons vu, l'avant-scène politique. En même temps, l'armée et l'université, les deux vieilles citadelles, renforçaient leurs défenses. Or, si en 1919 les jeunes Juifs n'aspiraient pas à rester sous l'uniforme, ils continuaient à faire le siège des chaires et autres positions universitaires. Entreprise désespérée, nous apprend Max Weber, qui écrivait au lendemain de la guerre, à propos des ambitions scientifiques de cet ordre : « S'il s'agit d'un Juif, on lui dit naturellement : *lasciate ogni speranza.* » Ces étudiants avaient d'autres motifs de désespoir : citons le fils de Thomas Mann :

> « L'existence du phénomène antisémite m'a été révélée, lorsque j'étais encore un enfant, par le cas d'un étudiant juif qui, après être revenu de la guerre, fut exclu de l'association patriotique dont il avait été l'un des fondateurs et qui, lors d'une fête commémorative, se suicida dans une chambre voisine. »

Les passions revanchardes des étudiants allemands trouvaient différentes expressions. A Berlin, leurs protestations ou menaces empêchaient les autorités universitaires d'organiser une cérémonie à la mémoire de Rathenau, le lendemain de son assassinat. Quelques mois après, ils décrétaient à la majorité des deux tiers qu'un républicain allemand ne saurait être un Allemand loyal. Dans les universités de Munich (novembre 1921) et de Leipzig (septembre 1922) des procédés similaires obligeaient Albert Einstein à décommander ses conférences sur la théorie de la relativité. Il est remarquable de voir ce génie, homme libre s'il en fut, succomber à son tour aux représentations ambiantes : « Après tout, écrivait-il à son ami Max Born, il faut comprendre l'antisémitisme comme une chose réelle, reposant sur d'authentiques qualités héréditaires, même si cela est souvent désagréable pour nous autres Juifs » — et il préconisait l'organisation de collectes pour permettre aux savants juifs de poursuivre leurs recherches en dehors des universités. De son côté, Max Born lui décrivait comment le directeur de son institut de physique avait rejeté la candidature d'un troisième futur prix Nobel, qu'il avait demandé pour assistant : « J'apprécie beaucoup Otto Stern, mais son intellect juif est si destructif ! » Rappelons qu'en 1919, « l'état des connaissances » en biologie ne permettait pas de réfuter « objectivement » ces jugements, pour dénoncer scientifiquement la prostitution naissante de la science. Mais aussitôt, la physique, impériale science-pilote, venait fournir des éléments d'appréciation objectifs au débat.

Cette affaire-là porte loin : en effet, pour la première fois dans l'histoire moderne, une faction politique allait se réclamer de la science pour codifier à sa façon la vérité scientifique ; au surplus, de proche en proche, le débat en vint à s'incarner, un demi-siècle après, dans les deux figures de proue de la physique contemporaine, Albert Einstein et Werner Heisenberg. Et ce symbolisme est accru par le fait que si, moralement ou humainement, la postériorité tend à donner raison à Einstein le pacifiste et l'internationaliste, sur le plan scientifique, le consensus des savants penche en faveur de la laxité de Heisenberg, auteur des « relations d'incertitude ». De la sorte, nous abordons une dernière fois, sous un angle inattendu et pour ainsi dire dans leurs derniers retranchements, ces problèmes de la causalité qui sont le cadre fondamental de toute connaissance, dans lesquels s'enracine l'antisémitisme sous ses formes délirantes ou fortes, et qu'Einstein sut traiter avec une pénétration et une rigueur inégalées à ce jour.

A vrai dire, il allait s'agir, historiquement parlant, d'un combat triangulaire. Ce n'est qu'à ses débuts, dans le Berlin de 1920, qu'il n'opposait que deux camps : d'une part, le triomphateur de la relativité, soutenu par la vieille garde des physiciens allemands, Planck, von Laue, Sommerfeld, et de l'autre, un obscur affairiste disposant de moyens importants, Paul Weyland, qui sut recruter d'autres savants de renom, notamment les prix Nobel Philipp Lenard et Johannes Stark, pour combattre la théorie de la relativité en qualité de *bluff juif*. Comme l'écrit Ronald Clark, le biographe d'Einstein, « la constante montée de l'antisémitisme au cours de l'entre-deux guerres était due, en partie du moins, à la facilité avec laquelle ses partisans pouvaient concentrer leurs attaques contre Einstein et contre la « nouvelle physique ». Pourtant, cette polémique savante n'intéressait que médiocrement les masses populaires : du reste, même parmi les vieux membres du parti, les militants de la première heure, un tiers tout au plus étaient foncièrement antisémites. Ce furent des jeunes intellectuels, lointains descendants des étudiants germanomanes de 1815-1848 qui, sur ce front très particulier, fournissaient des combattants prêts à tout. Doctrinalement, la campagne antirelativiste se réclamait d'une épistémologie « trinitaire » dont H.S. Chamberlain avait été le principal codificateur :

« Toute connaissance humaine repose sur trois formes fondamentales — le Temps, l'Espace, la Causalité (...) ; bref, le triple formant unité nous entoure de toutes parts, constitue un phénomène primordial et se reflète jusque dans le détail (...) Celui qui interprète mécaniquement la nature empirique perçue par les sens, celui-là a une religion idéaliste, ou il n'en a pas du tout... Le Juif ne concevait aucune espèce de mécanisme ; depuis la création *ex nihilo* jusqu'à l'avenir messianique rêvé, il n'apercevait que l'arbitraire, vaquant librement à l'exercice d'une toute-puissance absolue. Ainsi n'a-t-il jamais découvert quoi que ce soit. »

Et c'est pourquoi, concluait orgueilleusement Chamberlain, « nous avons acquis une quantité de connaissances et une souveraineté sur la nature dont aucune autre race d'hommes ne disposa jamais. »

En 1933, avec l'avènement des nazis au pouvoir, le combat acquit toute son ampleur et devint effectivement triangulaire. On vit alors, face aux faciles triomphes de Lenard, Stark et autres champions de la « physique germanique », se constituer le camp nouveau de la relève, c'est-à-dire les jeunes physiciens allemands dûment « aryens », formés au cours des troubles années de la guerre et de Weimar, et patriotiquement ralliés à Hitler, mais enclins à livrer bataille au nom de l'intérêt mieux compris de la science allemande — ceux, en somme, pour lesquels la relativité devint l'enfant à garder, et les Juifs, l'eau du bain à jeter.

Bon citoyen du IIIe Reich s'il en fut un, Werner Heisenberg, qui devint leur chef de file, échappa de justesse en

1937 au camp de concentration, en qualité d'un « Juif blanc ». Voici peut-être la voie royale pour la compréhension totale du phénomène hitlérien : dans un Etat dont les dirigeants étendaient leurs lois raciales jusqu'aux étoiles, n'importe quoi, y compris les abattoirs humains, se laissait justifier et réaliser.

II

La solution finale

Il convient maintenant de parler un langage simple et clair.

Dès le printemps 1933, le gouvernement du IIIe Reich promulguait des lois qui excluaient les Juifs de la fonction publique et du barreau, et prenait des mesures démagogiquement spectaculaires, telles qu'une journée de boycott des commerces juifs, et les autodafés des livres d'auteurs juifs, sur les places publiques. Mais ce n'est qu'en été 1935, lorsque l'Allemagne et les pays étrangers aussi s'étaient pour ainsi dire accoutumés à l'idée d'une discrimination raciste au centre de l'Europe et que les facultés d'indignation s'étaient émoussées, que Hitler fit édicter les fameuses « lois de Nuremberg », qui instituaient de nouvelles barrières raciales, interdisant sous peine de prison, tant les mariages que les « rapports extra-maritaux » entre Juifs et « sujets de sang allemand ». C'était mettre les Juifs hors la loi, donnant force légale à des tabous sexuels, ces tabous que Hitler évoquait volontiers dans ses discours et dans ses écrits :

> « Le jeune Juif aux yeux noirs épie, pendant des heures, le visage illuminé d'une joie satanique, la jeune fille inconsciente du danger, qu'il souille de son sang... »
>
> (Mon Combat.)

Cependant, faute du moindre critère biologique permettant de distinguer entre « sang juif » et « sang allemand », les légistes du IIIe Reich durent se rabattre sur la *religion* des ascendants ; furent définis comme « non Aryens » *(Nichtarier)* les personnes ayant au moins deux grands-parents de religion juive. Par la suite, d'autres lois interdirent aux Juifs de s'asseoir sur les bancs publics, aux enfants juifs de fréquenter les écoles communales ; des papiers d'identité spéciaux furent élaborés, et des prénoms obligatoires furent imposés (Israël pour les hommes, Sara pour les femmes).

Avant le déclenchement des hostilités, le but avoué des dirigeants nazis était de purger l'Allemagne de tous les Juifs, de la rendre « judenrein ». Effectivement, le flot de l'émigration ne cessait de croître : entre 1933 et 1939, une bonne moitié des 600 000 Juifs allemands réussirent à s'installer à l'étranger, bien que les pays dits civilisés n'aient dispensé les visas qu'au compte-goutte.

Aussi bien, vit-on à l'époque des bateaux sillonner les mers, sans pouvoir décharger leurs cargaisons humaines ; l'odyssée du *Saint-Louis,* qui ne put débarquer ses passagers ni à Cuba, ni aux Etats-Unis, est restée célèbre.

En novembre 1938, les autorités du IIIe Reich organisèrent la fameuse « Nuit de cristal [1] », une explosion de brutalité contrôlée au cours de laquelle des centaines de magasins appartenant à des Juifs furent démolis et pillés et des dizaines de synagogues incendiées ; en même temps, plus de vingt mille Juifs furent arrêtés et internés dans des camps de concentration. Ainsi s'ouvrait l'ère des violences physiques. Dans la perspective hitlérienne, ces violences présentaient l'avantage supplémentaire d'habituer les militants et les futurs combattants à obéir sans sourciller, au nom du Führer bien-aimé, à des ordres sadiques et insensés. Par ailleurs, à ce stade, ni la population allemande en son ensemble ni les grands corps constitués tels que le corps judiciaire, l'armée et les Eglises n'osèrent protester contre ce déchaînement du crime organisé.

Le 30 janvier 1939, quelques mois avant le déclenche-

---

1. Ainsi surnommée en raison des innombrables débris de verre éparpillés dans les rues, après la mise à sac des magasins. Le prétexte invoqué pour la « Nuit de cristal » fut l'assassinat par un adolescent juif, Herschel Grynspan, d'un fonctionnaire de l'ambassade allemande à Paris, Ernst von Rath. A titre de représaille supplémentaire, les autorités nazies infligèrent à la communauté des Juifs allemands une amende d'un milliard de marks. Au surplus, elles firent encaisser par l'Etat allemand le montant dû par les compagnies d'assurances allemandes et étrangères aux propriétaires juifs des immeubles, locaux et marchandises détruits ou endommagés.

ment des hostilités, Hitler en personne annonçait à la face du monde le sort qu'il réservait à l'ensemble des Juifs européens :

« En ce jour d'aujourd'hui, qui peut-être ne restera pas mémorable pour les Allemands seulement, je voudrais ajouter ceci : dans ma vie, lors de ma lutte pour le pouvoir, j'ai souvent été prophète, et j'ai souvent été tourné en ridicule, en tout premier lieu par le peuple juif. Je crois que ce rire retentissant des Juifs allemands leur est resté entre-temps dans la gorge. A nouveau, je vais être un prophète aujourd'hui. Si la juiverie internationale réussissait, en Europe ou ailleurs, à précipiter les peuples dans une guerre mondiale, le résultat n'en serait point une bolchevisation de l'Europe et une victoire du judaïsme, mais l'extermination de la race juive en Europe. »

Sept mois plus tard, le jour même de la déclaration de la guerre, Hitler décrétait un premier génocide. Mais d'une manière infiniment caractéristique, c'était, pour débuter, en vue de l'amélioration de la race supérieure.

Il s'agissait pour lui de « supprimer les vies indignes d'être vécues », c'est-à-dire les faibles d'esprit et les aliénés incurables allemands. A cette fin, six établissements dits d'euthanasie furent installés en Allemagne, dans lesquels étaient envoyés, après un examen sommaire, ces porteurs de tares, qui étaient en même temps des bouches inutiles. Après quelques tâtonnements, le procédé adopté fut l'asphyxie à l'oxyde de carbone. De l'automne 1939 à août 1941, près de cent mille malades mentaux furent mis à mort de la sorte, faisant office de banc d'essai pour les Juifs, ainsi que nous allons le voir.

Le « programme d'euthanasie » fut entouré de secret, autant que faire se pouvait : aux familles, on envoyait de brefs avis, faisant état de crises cardiaques, ou de quelque autre forme de mort subite naturelle. Mais les décès de ce genre, dans les asiles, devinrent trop fréquents, et la vérité finit par être connue. Des incidents eurent lieu, lors de l'évacuation des malades ; des attroupements se formaient, et surtout le clergé ne tarda pas à élever sa voix. « Où est la limite ? s'exclamait un pasteur, dans une lettre circulaire ; qui est normal, asocial, quels sont les cas désespérés ? Quel sera le sort des soldats, qui en luttant pour leur patrie, risquent d'encourir des maux inguérissables ? Certains d'entre eux se posent déjà de pareilles questions... » Saluons au passage le courage de ce pasteur (qui fut aussitôt interné dans un camp de concentration), et celui de nombreux autres protestataires chrétiens — tout en relevant que les Juifs, eux, ne trouvèrent pas de tels avocats au sein du clergé allemand. Or, le fait est que, compte tenu de l'émoi populaire, Hitler décida de suspendre le « programme d'euthanasie », pour la durée de la guerre. Rendu disponible, le personnel spécialisé fut alors envoyé en Pologne, pour y installer des établissements de mort autrement vastes, à l'intention des Juifs.

La chasse aux Juifs en Pologne.

L'extermination globale et planifiée des Juifs européens débuta en été 1941, au lendemain de l'attaque contre la Russie, et nous allons voir dans quelles conditions. Mais les Juifs polonais, dont le nombre approchait de trois millions, connurent auparavant deux années de calvaire. Pour commencer, certaines unités des troupes en campagne, et plus spécialement les détachements SS, se livraient à d'immondes facéties, qui allaient bien plus loin que les brutalités déjà devenues monnaie courante en Allemagne.

Il y eut des procédés classiques, patentés en quelque sorte. Couper la barbe et les papillottes des Juifs était un divertissement répandu ; il était de bon ton de se faire ensuite traîner par la victime dans une charrette. Que d'Allemands ont envoyé à leur famille les photos éternisants ces hauts faits ! Un autre amusement en vogue consistait à faire irruption dans un appartement ou une maison juifs, et à contraindre jeunes et vieux à se déshabiller et à danser, ainsi enlacés, au son d'un phonographe : le viol consécutif était facultatif (étant donné les risques : poursuites pour « crime contre la race »). Des esprits plus rassis, joignant l'utile à l'agréable, happaient dans la rue des passantes juives afin de leur faire nettoyer leurs cantonnements (l'utile) avec le linge de dessous des victimes (l'agréable).

La Pologne, une fois conquise et asservie, une mesure aussi simple que radicale fut prise à l'encontre des Juifs, dans le cadre de la *politique raciale* du IIIe Reich : dans les villes et dans les bourgades, ils furent tous concentrés dans des quartiers spéciaux ou « ghettos », parfois entourés d'un mur, afin de les isoler complètement de la population chrétienne polonaise, pourtant elle aussi traitée en « race inférieure » (puisque slave). Au surplus, ils furent astreints au port d'un brassard, à titre de signe distinctif et humiliant. Privée de ses ressources et de ses emplois, la population des ghettos était exposée à toutes les souffrances de la misère et de la faim, et paraissait destinée à succomber à la longue, globalement, aux maladies d'inanition, avant que Hitler ne fît accélérer le processus, dans les camps de la mort immédiate. Par ailleurs, un semblant d'auto-administration fut institué dans les ghettos, ainsi qu'un service de travail obligatoire, pour les hommes de 16 à 60 ans. En pratique, la population juive, pour une bonne part spécialisée dans les métiers d'habillement et autres branches de l'artisanat, servit de main-d'œuvre quasi gratuite et exploitable à merci aux fournisseurs de l'armée, et aux dires des spécialistes de l'économie militaire, il s'agissait même « d'ouvriers absolument indispensables ». Ce dont, l'heure une fois venue, les préposés SS au génocide n'eurent aucunement cure.

Le cas particulier de la France.

Dans les pays vaincus et occupés à l'Ouest — je me contenterai ici d'évoquer le cas de la France — les événements prirent d'abord un tout autre tour. Le souci de « correction » caractéristique pour les premiers mois de l'occupation interdisait les brutalités publiques, et plus généralement tout exhibitionnisme antisémite : d'ailleurs les Nazis espéraient que la France finirait par y voir clair d'elle-même ; en attendant, il s'agissait « d'éviter, dans ce domaine, la réaction du peuple français contre tout ce qui vient d'Allemagne », comme l'écrivait le capitaine SS Lischka, en poste à Paris. Il fallait donc que les mesures antijuives parussent bien françaises. Ce qui était faisable, puisqu'un climat fascisant régnait à l'époque parmi les dirigeants de « l'Etat français » du maréchal Pétain, pour une bonne part les héritiers ou les conservateurs des passions antidreyfusardes d'antan. C'est spontanément qu'ils prirent les premières mesures, qui du reste frappaient beaucoup plus durement les Juifs étrangers que les Juifs français — en ce sens, les hommes de Vichy furent plus xénophobes que vraiment racistes. Dès l'été 1940, des dizaines de milliers d'étrangers furent internés dans les camps de Gurs, de Rivesaltes, de Récébédou, etc., ou astreints à des travaux forcés dans des « compagnies de travailleurs », tandis que, en ce qui concerne les Juifs français, le « Statut des Juifs » d'octobre 1940 se contentait pour commencer de les écarter de l'armée, de la fonction publique et de la presse et accordait même dans certains cas des exemptions. Les contradictions de l'antisémitisme vichyssois sont on ne peut mieux illustrées par cette brève correspondance :

Le 27 janvier 1941

« Monsieur le maréchal Pétain,

Je lis dans un journal de la région : « En application de la loi du 3 décembre 1940, M. Peyrouton a révoqué (entre autres noms) Cahen, chef de cabinet de la Préfecture de la Côte-d'Or. »

M. Peyrouton aurait dû se renseigner avant de prendre cette mesure ; il aurait appris que l'aspirant Jacques Cahen a été tué, le 20 mai, et inhumé à Abbeville.

Il a suivi les glorieuses traditions de ses cousins, morts pour la France en 1914-1918, l'un comme chasseur alpin, l'autre comme officier au 7e génie, à l'âge de 24 et 25 ans, nos deux seuls fils et dont les mânes ont dû tressaillir d'horreur devant un pareil traitement.

Agréez, etc. »

CABINET DU MARECHAL PETAIN

Vichy, le 31 janvier 1941

« Madame,

Le maréchal a lu la lettre que vous lui avez adressée au sujet de votre neveu.

Il a été d'autant plus ému, que l'un de ses collaborateurs s'est trouvé avec M. J. Cahen le 20 mai 1940, quelques heures avant qu'il soit frappé.

Le maréchal Pétain va demander à M. le Ministre de l'Intérieur de reconsidérer la mesure qu'il avait prise à l'encontre de votre neveu.

Veuillez agréer, Madame, mes hommages respectueux. »

D'où l'on voit que, en ces temps-là, un Juif français pouvait même devenir un français à part entière — à condition d'être mort...

La première phase du génocide : les exterminations à ciel ouvert.

Tout comme le massacre des malades mentaux, celui des Juifs, dit aussi « solution finale de la question juive » était entouré par un secret que par tous les moyens ses auteurs s'efforçaient de rendre impénétrable : et d'abord, en se servant d'un langage codé, de termes plus ou moins anodins tels que « solution finale » *(Endlösung)*, ou « traitement spécial » *(Sonderbehandlung)*, ou encore mieux à l'aide des verbes, tels que « rendre inoffensifs », ou « se débarrasser », ou « prendre soin ». Le premier décret hitlérien relatif à l'extermination globale reçut le nom d'« Ordre des commissaires ».

En effet, quelques semaines avant l'attaque du 21 juin 1941, Himmler, le chef des SS, dûment mandaté par Hitler, fit savoir à l'état-major allemand que la guerre contre la Russie communiste étant une guerre d'un type nouveau, une guerre « purement idéologique », des détachements SS seraient chargés de supprimer, au fur et à mesure de l'avance allemande, tous les commissaires politiques, tous les fonctionnaires communistes — et tous les Juifs. Les enfants y compris, puisque « autrement, en grandissant, ces enfants dont les parents avaient été tués auraient constitué un danger pas moindre que les parents ». Quatre unités, dites *Einsatzgruppen*, fortes de cinq cents à huit cents hommes environ, furent aussitôt formées, et subirent un entraînement et un endoctrinement rapides.

Mises en action dès le début de la ruée allemande, elles procédaient d'ordinaire comme suit : dans chaque localité conquise, on procédait à un recensement racial, et éventuellement à la constitution d'un « Conseil juif » ; quelques jours ou quelques semaines ensuite, les Juifs étaient avisés qu'ils allaient être transférés vers leur « territoire autonome » — et mis en marche, le plus souvent à pied, vers quelque forêt ou ravin isolés, à proximité, où ils étaient fusillés, « sur le tas », en quelque sorte. Parfois, notamment aux abord de la mer Noire, les *Einsatzgruppen* opéraient au moyen de noyades, et nous dirons plus loin un mot sur les « camions à gaz », mais les mitraillades, précédées du déshabillage des victimes — aux fins de la récupération des vêtements — furent le procédé de loin le plus commun. Celle de Babyi Yar, près de Kiev, la plus vaste de toutes, est restée célèbre en Russie ; d'autres scènes d'une indicible horreur étaient filmées par des cinéastes amateurs, SS ou simples soldats — et ainsi léguées à la postérité.

Une remarquable caractéristique de ces massacres est qu'ils étaient considérés par les dirigeants SS comme une tâche destructive et néfaste pour la santé des tueurs. Un rapport du 31 juillet 1941, après avoir évoqué les fatigues des premières semaines de campagne — « mais les dures épreuves physiques furent bien surmontées par tous nos hommes » — continue ainsi : « Il faut apprécier tout autant la tension psychique extrême qui résulte du grand nombre de liquidations. » Une règle était appliquée suivant laquelle il fallait éviter la formation de « commandos de fusilleurs, c'est-à-dire qu'il ne fallait pas utiliser les mêmes hommes pour les différentes exécutions ». Le plus souvent, des beuveries précédaient les tueries, qu'un témoin oculaire commentait en ces termes : « L'action de Nowogrodek a été l'œuvre d'un commando SS, qui par idéalisme, menait à bien les exterminations sans faire usage de gnôle. »

Certains chefs militaires, et même certains dignitaires du parti nazi, indignés et horrifiés, protestaient par écrit. Ainsi, naïvement, un certain major Rössler :

« Je n'ai vu rien de pareil ni lors de la première guerre mondiale, ni lors de la guerre civile en Russie ; j'ai vécu bien des choses déplaisantes, ayant été membre des corps francs en 1919, mais je n'ai jamais vu rien de pareil. Je ne parviens pas à concevoir sur la base de quelles décisions judiciaires ces exécutions ont été effectuées ; tout ce qui se passe ici me semble absolument incompatible avec nos vues sur l'éducation et les usages ; d'une manière entièrement ouverte, comme sur une scène, des êtres humains assassinent d'autres êtres humains. »

Ou bien, plus diplomatiquement, le gauleiter Lohse, l'un des vieux compagnons du Führer :

« Qu'il faille appliquer le traitement spécial aux Juifs n'exige pas de commentaires. Mais que des événements aient eu lieu tels que le signale le rapport ci-joint paraît à peine croyable. Qu'est donc Katyn [1] en comparaison ? Qu'on se représente ces événements connus par nos ennemis et exploités en conséquence : une telle propagande, si elle restait inefficace, ne le

1. « Katyn » : au début de l'année 1941, Staline donnait l'ordre de « liquider » plusieurs milliers d'officiers polonais, internés en septembre 1939, lors de l'entrée des troupes soviétiques dans la Pologne orientale, dans le camp de Katyn. Lors de leur progression de l'été 1941, les Allemands découvrirent le charnier, et purent donc se livrer à une vaste campagne de propagande internationale sur les *atrocités soviétiques*.

serait alors que parce que lecteurs et auditeurs n'y ajouteraient pas foi. »

Il importe d'ajouter que les protestations de ce genre étaient assez exceptionnelles. « Détourner les yeux » d'une manière ou de l'autre était l'attitude de loin la plus répandue, celle que reflétaient de nombreux ordres du jour du commandement militaire, à tous les échelons. Mais surtout, il est évident que les fusillades au grand jour ne pouvaient pas ne pas s'ébruiter rapidement, et d'abord en Allemagne même. Les « camions à gaz », procédé plus discret, puisque l'asphyxie des victimes avait lieu à l'intérieur d'une benne dûment camouflée, firent leur apparition en Russie occupée au printemps 1942, c'est-à-dire lorsque les quatre *Einsatzgruppen* s'étaient déjà acquittés de la majeure partie de leur macabre tâche. La nouvelle technique s'inspirait de l'expérience acquise dans les établissements d'euthanasie allemands, et le gaz mortel était donc l'oxyde de carbone, introduit à l'intérieur des bennes ou roulottes à l'aide d'un tuyau adapté au pot d'échappement.

En fin de compte, cette tentative de camouflage ne servit pas à grand-chose, comme nous l'apprend un rapport du lieutenant SS Becker, l'opérateur en chef des « camions à gaz ». Il se plaignait en effet, en mai 1942 :

« L'emploi du gaz ne se fait généralement pas de manière correcte. Pour en finir le plus vite possible, le conducteur presse l'accélérateur à fond.

En agissant ainsi, on fait mourir les gens par étouffement, et non par assoupissement progressif, comme prévu (...) J'avais donné l'ordre de camoufler les camions du groupe D en roulottes, en plaçant de chaque côté une paire de volets, comme on peut en voir fréquemment sur nos fermes, dans les campagnes. Ces voitures étaient devenues si connues que non seulement les autorités, mais aussi la population civile les appelaient « camions de la mort », dès qu'elles les voyaient apparaître. A mon avis, même camouflées, on ne peut dissimuler plus longtemps ces voitures. »

On trouvera en annexe les données statistiques exprimées par un nombre de sept chiffres, relatives à ces exterminations chaotiques, dont deux pays mis à feu et à sang, la Russie et la Yougoslavie, furent le seul théâtre. Ailleurs, dans tous les pays occupés comme à l'intérieur de leur IIIe Reich, les Nazis s'y prirent tout autrement.

L'appareil déportationnaire.

Il va de soi que dès l'avènement de Hitler au pouvoir, un bureau des affaires juives fut institué au ministère de l'Intérieur en même temps que la trop fameuse Gestapo. En 1935, le colonel SS Adolf Eichmann devenait le chef de ce bureau, dit « bureau IV B 4 ». Ses fonctions s'amplifiaient au fil des années ; en 1938, elles s'élargissaient à l'Autriche et à la Tchécoslovaquie ; en 1940-1941, le terrain de chasse s'étendait à la plus grande partie du continent européen. Dès l'occupation militaire d'un pays, des émissaires d'Eichmann, munis de vastes pouvoirs, y établissaient une section du bureau IV B 4, et en tout premier lieu ils se livraient, avec l'aide de toutes les autorités allemandes, voires locales, à un recensement des Juifs. Ce qui ne posait pas de problèmes dans les nombreux pays, à commencer par l'Allemagne elle-même, dans lesquels la confession était indiquée sur les papiers d'identité, ou dans quelque registre — de sorte que « l'appartenance raciale », prétendûment aryenne ou sémite, n'exprimait en réalité que la religion ancestrale —, mais ce qui était plus compliqué dans un pays comme la France, férue sous la IIIe République de sa laïcité intégrale.

France.

En fait, les ordonnances des autorités d'occupation en zone occupée, tout comme les dispositions législatives en zone libre, imposaient dans ces conditions une déclaration par les Juifs eux-mêmes de leur qualité de « non-Aryens ».

De sorte que les plus clairvoyants, surtout lorsqu'ils étaient avantagés par un patronyme atypique, s'abstenaient de se déclarer, et évitaient de la sorte les périls spécifiques dus au fait d'être nés dans un lit et non dans un autre.

Mais cette précaution simple ne fut prise que par une petite minorité, non seulement parce qu'elle était pratiquement interdite aux Lévy, aux Cahen et aux Bloch, mais aussi, ce point étant capital, parce que pour le commun des mortels, les sinistres conséquences du recensement étaient rigoureusement inconcevables. La faillite des êtres doués de raison, qu'ils aient été juifs ou chrétiens, ministres ou concierges, Français ou Allemands, face à la démence d'un Führer religieusement obéi, court comme un fil rouge à travers toute l'histoire du génocide, et sans doute contribue-t-elle de nos jours encore aux contestations et aux controverses sur ce sujet.

Cette psychologie est éclairée par une réflexion du capitaine SS Lischka, dans le cas d'un Juif français qui bénéficiait de hautes relations et interventions :

« Je ne puis le faire libérer, car une fois de plus les Français diront qu'il n'existe parmi les Allemands aucun antisémite authentique, à l'exception du Führer. »

*
**

Mais revenons à l'appareil déportationnaire. En France, la situation des Juifs recensés empirait progressivement en raison d'une série de mesures prises par les autorités vichyssoises d'une part, par les hommes d'Eichmann de l'autre ; il s'agissait surtout, au cours de la première année, de propagande antisémite, de congédiements, limogeages et spoliations qui faisaient surgir, à Paris notamment, tout une faune de profiteurs et escrocs, néo-antisémites par vocation professionnelle. En sorte que dès février 1941, le colonel SS Knochen, le supérieur direct de Lischka, pouvait écrire :

« Il est apparu qu'il est presque impossible de cultiver chez les Français un sentiment antijuif qui reposerait sur des bases idéologiques tandis que l'offre d'avantages économiques susciterait plus facilement des sympathies pour la lutte antijuive (l'internement de près de 100 000 Juifs étrangers habitant Paris donnerait à de nombreux Français l'occasion de se hisser des couches inférieures aux classes moyennes). »

Ces internements ne tardèrent pas à suivre. Sous le contrôle du IV B 4, la préfecture de police constitua un fichier détaillé : en mai 1941, près de trois mille six cents Juifs ex-polonais et ex-tchèques furent arrêtés et internés dans deux camps établis par la gendarmerie française dans le Loiret ; une opération analogue suivit en août, et dès ces mois, une tension spécifique s'institua entre les hommes de Vichy, qui ne voulaient pas interner et livrer les Juifs français, et ceux du IV B 4, hostiles par principe à cette nuance, et qui en zone occupée jouaient toujours gagnant. Par la suite, en février 1943, le colonel Knochen pouvait s'en glorifier comme suit :

« Des Juifs de nationalité française, arrêtés pour n'avoir

pas porté l'étoile ou pour d'autres raisons, devaient être déportés. Bousquet [1] déclara que la police française ne se prêterait pas à cette mesure. A notre réponse que celle-ci serait effectuée par des forces allemandes, la police française répliqua en organisant une rafle et en arrêtant 1 300 Juifs étrangers. Ces Juifs furent remis à la police allemande avec l'indication de les déporter à la place des Juifs français. Il va sans dire qu'en l'espèce, les deux catégories de Juifs vont être déportées. »

De même, le IV B 4 de Paris ne consulta pas Vichy, lorsqu'en décembre 1941 il faisait arrêter un millier de Juifs français « notables », qui furent internés dans « le camp de la mort lente » de Royallieu, près de Compiègne. Le même mois, on faisait transférer les Juifs détenus dans le Loiret, au camp de Drancy, aux portes de Paris. Ce décembre-là marquait aussi la mise en service en Pologne de Chelmno, le premier camp d'extermination. Mais dans le cas des pays de l'Ouest, l'appareil déportationnaire se heurtait au problème du matériel roulant européen, puisque la crise militaire allemande, lors des combats qui faisaient rage en plein hiver, aux abords de Moscou et ailleurs, était au premier chef une crise logistique. C'est pourquoi les Juifs de France, comme ceux de Belgique, des Pays-Bas et de l'Allemagne même, obtinrent un sursis de plusieurs mois. D'ailleurs, le problème des transports demeura permanent, et souvent, le IV B 4 ne parvenait pas à faire partir les convois comme prévu. Il arrivait aussi qu'ils partent incomplets, faute de victimes disponibles ; à l'une de ces occasions, lorsqu'un convoi formé à Bordeaux ne ramena que cent quatre-vingts Juifs, Eichmann s'emporta et menaça ses subordonnés à Paris « de laisser tomber la France en tant que pays à déportations » ; ce qui en dit évidemment long sur les ressorts psychologiques de l'acharnement que mettait son équipe à traquer les Juifs. Ce n'est donc qu'en juillet 1942 que la Préfecture de police de Paris fut chargée de monter une vaste rafle déportationnaire des Juifs étrangers ; mais grâce aux avertissements de quelques fonctionnaires et agents résistants, ou simplement humains, une bonne moitié des vingt-cinq mille victimes prévues put s'échapper à temps. Il reste à ajouter que, en ce mois de juillet, les autorités de Vichy livrèrent de leur côté aux Allemands près de neuf mille

---

1. M. René Bousquet assumait à l'époque les fonctions de secrétaire d'Etat à la police, dans le gouvernement de Pierre Laval.

Juifs étrangers, mais que, par la suite, toutes les cadences se ralentissent. Après les protestations de l'Eglise de France de l'été 1942, et *a fortiori* après la défaite de Stalingrad, au printemps 1943, le double jeu, à tous les niveaux, des politiciens et des fonctionnaires, conduisit les hommes d'Eichmann à désespérer de l'aide de l'administration et de la police française, dans la zone occupée également [1]. C'est pourquoi, en partie du moins, le nombre des Juifs qui périrent dans les chambres à gaz demeura inférieur à cent mille, dans le cas français.

Ces tragiques événements continuent encore, à quarante années de distance, à peser sur la vie politique française. L'ignorance vient compliquer certains scandales. C'est ainsi que lors de la campagne présidentielle d'avril-mai 1981, le ministre du Budget, M. Charles Papon, qui sous l'occupation nazie assumait les fonctions de secrétaire général de la préfecture de la Gironde, fut accusé d'avoir fait déporter des Juifs, tandis que d'autres documents étaient invoqués à sa décharge ; il en avait sauvé quelques-uns. Or, dans les deux cas, il ne faisait que se conformer aux ordres du gouvernement de Vichy, relatifs à la distinction à observer entre les Juifs étrangers et les Juifs français. Voudrait-on trouver à M. Papon des circonstances atténuantes, c'est encore une information insuffisante qu'il conviendrait d'invoquer : une certitude complète et générale sur le sort dévolu aux Juifs déportés ne fut acquise qu'après la Libération de la France ; auparavant, cette information variait de cas en cas.

Pays-Bas et Belgique.

Abstraction faite des singularités du mode d'asservissement de la France, la chasse à l'homme se poursuivit de manière analogue en Belgique et aux Pays-Bas. Le second cas est intéressant, car il nous éclaire sur les insolubles questions d'ordre éthique que pouvait poser la persécution des Juifs. Le peuple hollandais, au glorieux passé libéral, fut peut-être le peuple le plus résistant d'Europe ; les premières rafles suscitèrent en février 1941 le phénomène, inouï ailleurs sous la botte allemande, d'une grève des dockers et les actes de courage et de dévouement pro-juifs

1. En juillet 1943, le SS Röthke, qui dirigeait à l'époque le IV B 4 à Paris, mandait à Eichmann que désormais, leurs activités ne pouvaient plus se poursuivre efficacement, en France, qu'avec l'aide des troupes allemandes.

ne se comptèrent pas. Et cependant, près des trois quarts des Juifs hollandais furent exterminés, tandis que, en France, la proportion des pertes ne fut que d'environ 30 p. 100. Ce qui s'explique d'abord par la géographie, puisque les petits Pays-Bas doivent leur nom à leur relief plat, et qu'en France, des dizaines de milliers de Juifs purent survivre dans les grands massifs montagneux, propices aux maquis. Mais il faut dire aussi que, quel que pût être le jugement moral sur les compromissions françaises de 1940-1944, une relative autonomie, les roueries de Pierre Laval, et les multiformes doubles jeux en général favorisèrent eux aussi, dans une large mesure, la survie des Juifs.

De même, c'est parce que le Danemark n'opposa pas de résistance aux envahisseurs allemands, et que, en conséquence, les hommes d'Eichmann ne purent y opérer à leur aise, que plus de 90 p. 100 des Juifs danois purent être sauvés.

Italie.

Encore plus paradoxal fut le cas de l'Italie fasciste. En 1934, et encore en 1936, Mussolini se gaussait du racisme de Hitler ; le « Pacte d'acier » une fois signé en 1938, il emboîta le pas à l'ex-caporal autrichien dans la question des Juifs également, et fit introduire une législation antisémite. Pourtant, tant que le Duce demeura au pouvoir, il ne pouvait pas y avoir de déportations (le prestige national ou dictatorial fut souvent le principal facteur du salut des Juifs) ; par surcroît, le commandement militaire italien entreprit en 1941-1942, dans les territoires étrangers contrôlés par lui (Grèce méridionale, Croatie, France du Sud-Est) une action de sauvetage systématique, non seulement en interdisant l'entrée à Eichmann et à ses sbires, mais allant jusqu'à arracher des « non-Aryens » aux gendarmes français ou aux tueurs croates. Ce paradoxe prit brutalement fin en automne 1943, après la chute du Duce et la capitulation italienne. Le temps de la revanche était venu : sur le territoire de la factice « république sociale italienne », le IV B 4 put opérer à son aise, au point de faire rafler en un seul jour plus d'un millier de Juifs romains, pour ainsi dire sous les fenêtres du pape Pie XII qui, rompant avec une tradition millénaire de protection du « peuple témoin », s'abstint même ce tragique jour-là de protester publiquement. Il ne s'expliqua pas sur son silence, sinon pour dire :

« N'oubliez pas que des milliers de catholiques servent dans les armées allemandes : dois-je les précipiter dans des conflits de conscience ? »

Péninsule balkanique.

Dans la péninsule balkanique, une partie des Juifs yougoslaves furent exterminés à ciel ouvert, comme nous l'avons vu. La Bulgarie s'étant au contraire alliée au IIIe Reich, le roi et son gouvernement adoptèrent des lois antijuives ; de plus, un engagement *sui generis* fut signé avec le représentant du IV B 4 en vue de la livraison, pour commencer, de vingt mille Juifs (sur cinquante mille).

Mais ce contrat ne put être rempli que partiellement, en raison des protestations spontanées de la population, dont la classe politique bulgare, mais surtout le clergé, se firent les porte-parole. La morale de ces événements fut tirée par l'ambassadeur du IIIe Reich. « *Les Bulgares,* mandait-il à Berlin, *ne distinguent pas chez les Juifs des défauts susceptibles de justifier des mesures particulières à leur égard, ces Slaves naïfs étant tout particulièrement dépourvus de la compréhension idéologique allemande.* »

Dans la Grèce conquise après une héroïque résistance, la majeure partie de ses soixante-dix-sept mille citoyens juifs, presque tous d'antique origine espagnole (cas fréquent dans tous les pays balkaniques) vivaient à Salonique. L'occupation y étant militaire, l'appareil déportationnaire put fonctionner de la manière habituelle, mais dans le cas donné, avec quelques raffinements supplémentaires dignes d'être mentionnés. Comme partout ailleurs, on faisait croire aux Juifs qu'ils allaient être transférés dans un « territoire autonome » créé pour eux en Pologne, mais de plus, on leur faisait changer leur argent contre une sorte de travellers-chèques macabres, destinés à l'achat de terrains ; bref, on sut leur peindre en rose leur vie future à tel point que certains se portaient volontaires pour le prochain départ !

Le sort des plus de sept cent mille Juifs roumains fut plus clément.

La Roumanie était pourtant le seul pays balkanique à cultiver une tradition antisémite autochtone, mais peut-être est-ce justement dans le cadre de cette tradition que les dirigeants roumains mirent un point d'honneur à régler eux-mêmes le sort de « leurs » Juifs. Il importe toutefois de faire la distinction entre les trois cent mille Juifs des provinces annexées en 1918, la Bessarabie et la Bukovine, transférés par les Roumains eux-mêmes dans les territoires soviétiques occupés par leur armée (« Transnistrie »), et dont la majeure partie succomba à la faim, aux maladies et aux pogroms de la soldatesque, et ceux du « vieux royaume » qui, malgré toutes les pressions allemandes et interventions locales qui s'exerçaient sur le « conductor » Antonescu, furent préservés de l'emprise du IV B 4 jusqu'au dernier jour.

Hongrie.

En Hongrie, au printemps 1944 en quelque sorte *in extremis,* Eichmann parvint à enregistrer d'importants succès.

Ce pays, qui était gouverné depuis 1919 par l'amiral Horthy (à titre de « régent »), cultivait lui aussi certaines pratiques antijuives, et des lois plus strictes y furent introduites à partir de 1938, à l'exemple allemand.

Mais le vieux régent lui aussi ne voulait pas admettre une ingérence étrangère, en sorte qu'Eichmann ne put commencer à opérer en Hongrie qu'à partir de mars 1944, lorsque l'armée allemande occupa le pays, afin d'écarter Horthy du pouvoir. Eichmann, qui d'ordinaire dirigeait les activités du IV B 4 à partir de Berlin, arrivait aussitôt à Budapest, pour prendre personnellement en main les opérations. Aux dires de son adjoint Wisliceny, « le seul but du nouveau ministère hongrois était de résoudre la question juive ». Un effort extraordinaire fut demandé au ministère des Transports, afin d'acheminer à Auschwitz quatre convois par jour. La Hongrie fut divisée en cinq zones : Nord, Est, Sud, Ouest et Budapest. Les Juifs des quatres premières zones, au nombre de quatre cent cinquante mille environ, furent raflés au courant d'avril et déportés en l'espace de six semaines, du 15 mai au 30 juin. Ceux de la capitale, au nombre de plus de deux cent mille, devaient l'être au courant de juillet.

Mais à cette date, les Anglo-Américains avaient déjà fermement pris pied en Normandie, et même dans les hautes sphères nazies, on commençait à s'interroger sur l'avenir. Aussi bien le « Reichsführer » SS Himmler prêta-t-il l'oreille au fantastique projet, élaboré à Budapest, d'un *échange* des Juifs encore en vie contre des fournitures américaines, camions ou médicaments. Un projet qui finit par se heurter au veto des autorités militaires et diplomatiques alliées, mais qui séduisit Himmler, de sorte qu'à l'insu de Hitler, il donna entre-temps l'ordre de suspendre les déportations. Ainsi gardés en réserve en qualité de monnaie d'échange, les Juifs de Budapest échappèrent donc à l'engrenage déportationnaire.

Allemagne.

Chargé dès son entrée en fonctions d'*épurer racialement* l'Allemagne, Eichmann s'était attaqué en premier lieu, dès qu'il reçut le feu vert pour les déportations, aux Juifs du territoire « grand-allemand » : en l'occurrence, l'organisation de leur ramassage ne soulevait pas la moindre difficulté, puisque tous ces Juifs étaient déjà méticuleusement fichés et contrôlés.

Près de soixante-dix mille d'entre eux furent « évacués vers l'Est » en octobre et novembre 1941, mais ensuite, le problème du matériel roulant imposa plusieurs mois d'arrêt.

Au cours de cet automne, Eichmann eut à s'acquitter, entre autres choses, d'une tout autre tâche. La « solution finale » hitlérienne ayant été mise en route, il convenait de mettre au courant, dans les grandes lignes, un certain nombre de ministres et de hauts fonctionnaires. Le chef du IV B 4 eut donc non seulement à préparer le dossier, mais à rédiger l'exposé que Heydrich, le chef de toutes les polices allemandes, voulait faire en personne devant cette assemblée. Prévue d'abord pour le 9 décembre, la réunion fut reportée au 20 janvier 1942, en raison de l'attaque de Pearl Harbour, le 7 décembre, et de l'entrée en guerre des Etats-Unis.

Heydrich annonça d'abord à ses auditeurs qu'il venait d'être nommé au nouveau poste de « plénipotentiaire pour la préparation de la solution finale du problème des Juifs d'Europe », et qu'il était chargé de « nettoyer l'espace vital allemand de ses Juifs ». Cet espace embrassait l'Europe entière ; le nombre de Juifs s'y élevait, suivant les statisticiens du IV B 4, à onze millions au total. Pour ce qui était du sort qui leur était réservé, il est remarquable que même devant cet auditoire trié sur le volet, Heydrich, tout en révélant qu'ils allaient être exterminés jusqu'au dernier, préférait s'exprimer à demi-mots. A savoir :

« Dans le cadre de la solution finale du problème, les Juifs doivent être transférés sous bonne escorte à l'Est et y être affectés au service du travail. Formés en colonnes de travail, les Juifs valides, hommes d'un côté, femmes de l'autre, seront amenés dans ces territoires pour construire des routes ; il va sans dire qu'une grande partie d'entre eux s'éliminera tout naturellement par son état de déficience physique.

Le résidu qui subsisterait en fin de compte — et qu'il faut considérer comme la partie la plus résistante — devra être traité en conséquence. En effet, l'expérience de l'Histoire a montré que, libérée, cette élite naturelle porte en germe les éléments d'une nouvelle renaissance juive.

En vue de la réalisation pratique de la solution finale, l'Europe sera balayée d'ouest en est. Les difficultés de logement [1] et d'autres considérations de politique sociale nous ont amenés à commencer par le territoire du Reich, y compris le protectorat de Bohême et de Moravie. »

La suite de l'exposé de Heydrich, ainsi que la discussion qui s'ensuivit, fut surtout consacrée à la question des « métis » : quelle devait être la proportion de « sang aryen », autrement dit le nombre d'ascendants chrétiens, à partir duquel ces sang-mêlé devaient être laissés en vie ? Comment les traiter ? Questions difficiles s'il en fut : bien avant que Bismarck n'ait recommandé de faire saillir les « juments juives » par des « poulains chrétiens », se promettant des bons résultats de ces croisements, la noblesse prussienne en particulier avait commencé à s'unir par mariage avec les riches familles juives, en sorte que nombre de personnages de premier plan et d'officiers avaient plus d'une grand-mère ou arrière grand-mère douteuse. Le secrétaire d'Etat Wilhelm Stuckart, qui représentait le ministère de l'Intérieur, proposa de laisser en vie même les métis « sémitisés à plus de 50 p. 100 », mais de les faire stériliser. Après quoi le docteur Bühler, qui représentait le gouverneur général de la Pologne, demanda la priorité pour le territoire polonais (en raison du nombre et de la densité des ghettos juifs), ce « foyer d'épidémies », et il rappela que le problème de transports n'y présentait pas de difficultés. Une collation fut offerte ensuite, et la réunion prit fin.

En réalité, la question des sang-mêlé n'était que le cas extrême des problèmes que posait le génocide, dans le cas des Juifs d'Allemagne en général. Nombre de bons Nazis

---

1. Difficultés de logement pour les Allemands, bien entendu, puisque les bombardements des Alliés avaient déjà commencé à causer des ravages, et qu'il importait donc de vider les appartements occupés par des Juifs.

étaient troublés par le sort de leurs anciens frères d'armes au patriotisme indéfectible, par la persécution des grands blessés ou des orphelins de guerre « non Aryens ». C'est pourquoi ceux auxquels on trouvait du mérite furent déportés dans le camp de Theresienstadt en Bohême, un ghetto privilégié que les administrateurs de la « solution finale » faisaient visiter par les délégués de la Croix-Rouge Internationale et autres délégations neutres, pour leur faire constater que le IIIe Reich traitait les Juifs sévèrement, mais humainement. Une partie de ces déportés purent survivre, tandis que des milliers d'autres furent finalement transférés et exterminés à Auschwitz. De même, les Juifs allemands déportés « vers l'Est » en automne 1941 ne furent pas immédiatement exterminés ; ils furent d'abord internés dans les ghettos de Lodz, de Riga ou de Minsk, la capitale de la Biélorussie.

Il reste à ajouter que ce dernier groupe trouva un protecteur inattendu en la personne de Wilhelm Kube, le « commissaire général » de la Biélorussie, un militant nazi de la première heure.

En décembre 1941, dans une lettre confidentielle à son ami Heinrich Lohse, qui, nous l'avons vu, critiquait les exterminations, il lui faisait part de son indignation :

> « Parmi ces Juifs se trouvent des anciens combattants, détenteurs de la Croix de fer, des blessés de guerre, des demi-Aryens et même des trois quarts d'Aryens. Je ne manque pas de dureté et je suis prêt à contribuer à la solution du problème juif, mais des gens qui viennent des mêmes milieux que nous, c'est tout de même autre chose que les hordes bestiales autochtones. »

Aux yeux des agents de Heydrich et d'Eichmann à Minsk, Kube s'était rendu coupable de manquements autrement graves : N'avait-il pas proclamé en public qu'il aimait la musique de Mendelssohn et d'Offenbach, serré la main d'un Juif qui avait sorti son auto d'un garage en flammes, et promis la vie sauve à tous ses protégés ? Le 31 juillet 1942, Kube mandait laconiquement à Lohse : « A Minsk, environ dix mille Juifs ont été liquidés les 28 et 29 juillet. La plus grande partie d'entre eux avaient été déportés à Minsk en novembre dernier, par ordre du Führer, de Vienne, Brünn, Brême et Berlin. »

Les camps de la mort de Pologne.

Comme nous l'avons vu, les techniques de l'extermination des groupes humains considérés comme nuisibles ou jugés indignes de vivre commencèrent à être élaborées en automne 1939. En octobre 1941, peu après l'interruption du « programme d'euthanasie », des contacts furent établis entre Eichmann et le docteur Brack, le délégué du Führer, à la suite desquels les deux principaux collaborateurs de ce dernier, le commissaire de police Wirth et le chimiste Kallmeyer, furent envoyés en Pologne, « afin d'aider à construire les locaux nécessaires et les appareils de gazage ». En décembre, le premier camp d'extermination, celui de Chelmno, entrait en activité ; trois autres, ceux de Belzec, de Sobibor et de Treblinka, de mieux en mieux outillés, étaient respectivement mis en service en mars, mai et juillet 1942. Placés sous l'autorité suprême du général SS Odilo Globocnick, l'ancien *Gauleiter* de Vienne, et échappant donc à celle d'Eichmann, ils présentaient tous de nombreux traits communs. L'extermination proprement dite était menée à bien par les SS de Globocnick, aidés par une garde supplétive composée pour la majeure partie d'Ukrainiens. Une équipe de quelques centaines de Juifs était chargée de l'enlèvement des cadavres et d'autres besognes. Lors de l'arrivée des convois, de grandes précautions étaient prises pour mystifier les victimes autant que faire se pouvait, et éviter de la sorte leurs sursauts désespérés de dernière heure.

Puisqu'elles étaient censées être transférées dans un camp de travail, voire dans un « territoire juif autonome », des inscriptions factices étaient apposées à l'entrée, camouflée en gare ordinaire, ainsi que sur les bâtiments : « Entrée du territoire autonome », « Synagogue », « Salle de douches », et ainsi de suite. Un objectif accessoire était la récupération des dernières possessions corporelles des victimes, notamment des vêtements, destinés aux Allemands indigents : mais compte tenu du mode de leur ramassage, les bénéficiaires n'étaient pas toujours satisfaits. En conséquence, un délégué du « Secours d'hiver » allemand adressait à l'administration des SS la protestation suivante :

« Les complets livrés par vous sont de si mauvaise qualité qu'ils ne peuvent pas, pour la plupart, être distribués aux nécessiteux. Une grande partie des vêtements est très sale et tachée de sang. Les cols de la plupart des vestons sont tellement encrassés qu'un nouveau nettoyage est nécessaire (...). Il n'a été constaté que plus tard, à l'ouverture des colis, que dans la livraison faite à l'administration de Posnanie-Ville, sur 200 vestons, 51 étaient encore munis de l'étoile juive ! »

Voici une description des derniers instants d'un convoi de Juifs déportés à Treblinka, due à Elie Rosenberg, un survivant de « l'équipe des cadavres » de ce camp :

« Des SS avec des chiens, cravache et baïonnette à la main, se tenaient le long de la Himmelsstrasse [1]. Les Juifs marchaient en silence. Ils ne savaient pas où ils allaient. A l'entrée des chambres à gaz, il y avait deux Ukrainiens ; l'un s'appelait Ivan et l'autre Nicolaï. Ce sont eux qui donnaient les gaz. Le gaz provenait d'un moteur. On y mettait quelque chose comme du pétrole ou du mazout. Les derniers arrivés aux chambres à gaz recevaient des coups de baïonnette ; parce que les premiers voyaient déjà ce qui se passait à l'intérieur et ne voulaient pas entrer. Quatre cents personnes pouvaient entrer dans cette chambre à gaz. C'est tout juste si l'on arrivait à fermer la porte extérieure de la chambre. Lorsqu'on les enfermait, nous nous trouvions de l'autre côté. A ce moment, nous entendions seulement les cris de « Chema Israël » [2], « Papa », « Maman ». Au bout de trente-cinq minutes, ils étaient morts. Deux Allemands se tenaient là et ils écoutaient ce qui se passait à l'intérieur. Ensuite, ils disaient : « Tout dort... »

Voici maintenant quelques précisions rapides sur l'histoire et les caractères particuliers de chacun de ces camps polonais.

Chelmno.

Ce camp était situé à 60 km de Lodz ; ce camp était affecté à l'extermination des Juifs de la bande occidentale de la Pologne incorporée à la « Grande Allemagne ». Ce camp fonctionna de décembre 1941 à l'été 1943. Sa chambre à gaz n'était que la benne d'un camion de la mort semblable à ceux qui furent utilisés en Russie ; après cha-

---

1. *Himmelsstrasse :* « Voie du ciel », ainsi qu'on appelait par dérision le chemin menant aux chambres à gaz, à Treblinka.

2. *Chema Israël :* « Ecoute Israël » ; c'est le titre de la plus sacrée des prières juives.

que gazage, qui se soldait par une quarantaine de victimes, le camion transportait les cadavres vers une longue tranchée ou fosse commune creusée dans une forêt voisine. En moyenne, une dizaine de gazages avaient lieu quotidiennement. En été 1944, le camp fut remis en service pour liquider les derniers survivants du ghetto de Lodz, épargnés jusque-là à titre de travailleurs utiles. Du commando permanent juif, il ne resta que deux survivants. Le nombre total des victimes fut estimé à deux cent cinquante mille par la Commission polonaise des crimes de guerre, et à plus de cent cinquante mille lors du procès fait en 1963 à Bonn à une douzaine de tueurs SS.

Belzec.

Ce camp où furent exterminés près de six cent mille Juifs de la partie orientale du « Gouvernement général » de Pologne, ainsi que quelques milliers de Juifs tchèques et allemands, possédait six chambres à gaz stationnaires, capables de liquider jusqu'à cinq mille êtres humains par jour. Les gazages s'y poursuivirent jusqu'à la fin de l'année 1942 ; au printemps 1943, les installations furent détruites par les Allemands eux-mêmes.

Sobibor.

Situé à proximité de la zone annexée en 1939 par l'Union soviétique, Sobibor présentait les mêmes caractéristiques générales que Belzec et était destiné plus particulièrement aux Juifs de cette zone, dont une partie n'avait pas pu se faire évacuer, en juin-juillet 1941 à l'intérieur de la Russie. Mais un certain nombre de convois en provenance des Pays-Bas et de Belgique, ainsi qu'un convoi français, y furent également acheminés entre juillet et octobre 1942, le trimestre des exterminations les plus massives. Par la suite, ces opérations s'espacèrent, sans doute parce que le plus gros du travail, notamment en ce qui concerne les Juifs polonais, avait déjà été fait. A Sobibor, le commando permanent juif, fort de trois cents hommes environ, réussit à se procurer quelques armes, et à tuer plusieurs gardes.

Cette tentative d'insurrection permit à une trentaine de Juifs de survivre, et entraîna la fermeture et la suppression de ce camp (octobre 1943). Le nombre total des victimes, y compris une quantité indéterminée de prisonniers de guerre russes, est estimé à deux cent cinquante mille.

Treblinka.

C'est le camp polonais de loin le plus vaste ; il fut installé à une centaine de kilomètres de Varsovie ; il était plus spécialement destiné à exterminer rapidement les quelque quatre cents mille Juifs de l'immense ghetto de la capitale polonaise. Aussi bien, ce camp disposait-il d'une dizaine de chambres à gaz, d'une superficie de 50 m² chacune : une trentaine de SS et quelques centaines d'auxiliaires ukrainiens, ainsi qu'un commando juif fort d'un millier d'hommes, y étaient affectés en permanence. En été 1943, après la célèbre insurrection des derniers esclaves du ghetto de Varsovie, le commando juif de Treblinka, stimulé par cet exemple, décida lui aussi de « mourir debout ». L'insurrection réussit contre tout espoir, puisque le nombre de survivants fut d'une cinquantaine, dont quelques-uns participèrent à la fondation en 1949 du Kibboutz israélien « les lutteurs du ghetto » (Lochaméï Haghetaot). Le nombre total des Juifs mis à mort dans le camp de Treblinka est estimé à plus de sept cent mille.

Maïdanek.

C'était un camp d'un autre genre. Il se rapprochait, à une échelle réduite, par son principe — combinaison de l'extermination immédiate avec la mort lente par inanition — de l'immense complexe de la mort que fut Auschwitz. Etabli en été 1941, ce fut donc primitivement un camp de travail, prévu pour quinze mille détenus de toute provenance. On sait que, en automne 1941, cinq mille prisonniers de guerre soviétiques y succombèrent à la faim et aux mauvais traitements. En été 1942, deux chambres à gaz y furent installées à l'usage des Juifs ; elles fonctionnaient au « zyklon B » et non à l'oxyde de carbone, ce qui est une autre analogie avec Auschwitz. Le nombre total des victimes juives, dont un certain nombre provenaient des Pays-Bas et de la Grèce, est estimé dans le cas de Maïdanek à cent vingt-cinq mille.

Auschwitz.

Le camp d'Auschwitz fut créé en été 1940 en Silésie, dans une région frontalière qui avait été allemande avant 1918. L'endroit présentait l'avantage d'être relativement désert, et de se trouver à proximité d'un carrefour ferroviaire.

Auschwitz fonctionna d'abord comme un camp de concentration ou de travail, aux effectifs surtout polonais : la présence d'une main-d'œuvre quasiment gratuite et la situation géographique attirèrent bientôt l'intérêt des trusts allemands, et I.G. Farben installa à proximité sa nouvelle usine de caoutchouc synthétique (« Buna ») ; le groupe Krupp et les « Hermann-Goering-Werke » firent de même de leur côté.

Dès sa création, Auschwitz était dirigé par le commandant Hoess, SS impeccable, bon administrateur et par la suite, lors de son procès, témoin hors pair, d'une rigoureuse exactitude. En juin 1941, Himmler l'avait convoqué à Berlin, pour lui révéler qu'il venait de recevoir du Führer l'ordre de procéder à la « solution de la question juive en Europe », et qu'il avait décidé qu'Auschwitz s'y prêtait particulièrement bien : il convenait donc de songer aux préparatifs. Hoess eut l'idée d'employer un désinfectant utilisé par l'armée, le gaz « zyklon B » ; les premières expériences furent faites en automne 1941 sur des prisonniers de guerre soviétiques. A ce moment, Auschwitz était déjà un univers concentrationnaire d'une centaine de milliers d'habitants, gardé par plus de trois mille SS. Les convois de la mort commencèrent à arriver de tous les coins de l'Europe au printemps 1942 : tous les Juifs de France (à un convoi près), tous ceux de Hongrie, une partie de ceux de Pologne, ainsi que les Tziganes et bien d'autres ressortissants, furent gazés à Auschwitz. Une autre idée de Hoess fut de brûler les victimes aussitôt après les avoir asphyxiées, et de faire construire à cet effet des fours crématoires géants. En dépit de leur capacité globale de douze mille cadavres par jour, il fallait parfois brûler le surplus en plein air.

Toutefois, à Auschwitz, une partie de l'effectif des convois juifs, constituée par les hommes et les femmes jugés capables de travailler, était provisoirement épargnée. La « sélection » se faisait dès leur arrivée à « Auschwitz II » (Auschwitz-Birkenau). En voici une description due au savant français Robert Waitz :

« Peu à peu, les déportés avancent vers l'extrémité du quai. Deux SS sont au milieu de celui-ci ; l'un est officier médecin. Les déportés défilent devant lui. Avec le pouce ou avec une badine, l'officier dirige les détenus, soit à droite, soit à gauche. Ainsi se constituent deux files qui vont s'amasser aux deux extrêmités du quai. La file de gauche comporte des hommes de 20 à 45 ans, dont l'aspect extérieur est relativement robuste.

Ces limites d'âge sont élastiques, parfois elles s'étendent de 16 ou 18 ans à 50 ans.

« L'aspect et l'allure du détenu, le fait qu'il soit plus ou moins bien rasé, interviennent dans ces choix. Dans cette file sont envoyées également quelques jeunes femmes.

« La file de droite comporte les hommes plus âgés, les vieillards, la plupart des femmes, les enfants et les malades...

« Dans la file de gauche, les femmes sont dirigées à pied vers le camp voisin, les hommes partent dans des camions et des remorques, entassés les uns sur les autres. Les détenus de la file de droite sont chargés sur des camions.

« Dans mon convoi, sur 1 200 déportés, une proportion très grande d'hommes est retenue (environ 330), ainsi que quelques femmes. Ce chiffre est exceptionnel. Il est rare que plus de 150 à 200 hommes soient retenus par convoi. »

Hoess, qui disposait de meilleurs éléments d'appréciation, évaluait à 25 p. 100, en moyenne, la proportion des Juifs sélectionnés pour le travail.

A Auschwitz, la mystification lors de l'arrivée était poussée plus loin que dans les camps polonais (et plus facile à réaliser lorsqu'il s'agissait de déportés provenant de pays autres que la Pologne). En conséquence, les sursitaires de la « file de gauche » étaient le plus souvent persuadés de revoir tôt ou tard leurs enfants ou leurs proches. Hoess, pour sa part, insistait sur « *le progrès, en comparaison avec Treblinka. C'est que les victimes, à Treblinka, savaient presque toujours qu'elles allaient être exterminées, tandis qu'à Auschwitz, nous plaisantions avec elles, en leur faisant croire qu'elles allaient subir un traitement dont le but était de les épouiller* ».

A cet effet, des porte-manteaux numérotés garnissaient les murs des vestiaires, à l'entrée des chambres à gaz, et le SS ou le *kapo* (détenu privilégié) qui conduisait le groupe, recommandait de bien retenir les numéros : des morceaux de savon en pierre de sable distribués aux membres du groupe servaient à parfaire l'illusion.

A son procès, Hoess parla avec une certaine fierté de ces stratagèmes, à son avis à la fois efficients et humanitaires. Le psychiatre américain qui l'examina au procès de Nuremberg, le qualifia de « sujet intellectuellement normal, mais présentant l'apathie schizoïde et l'insensibilité caractéristique d'une franche psychose ».

Hoess lui-même s'en expliquait plus simplement, et sans doute mieux :

« La pensée de désobéir à un ordre, ne pouvait même pas

venir à l'esprit, quel qu'ait été l'ordre... Vous ne pouvez pas comprendre notre monde à nous... Je devais obéir et j'en dois subir les conséquences... »

Ce « monde à nous » des SS, voici comment Himmler lui-même, son chef suprême, l'évoquait en octobre 1943, devant des lieutenants de haut rang :

« Je voudrais vous parler de l'évacuation des Juifs, de l'extermination du peuple Juif. Voilà une chose dont il est facile de parler. « Le peuple Juif sera exterminé, dit chaque membre du Parti, c'est clair, c'est dans notre programme : élimination des Juifs, extermination : nous ferons cela », et puis ils viennent, 80 millions de bons Allemands, et chacun a son « bon » Juif. Evidemment, les autres, ce sont des cochons, mais celui-là, c'est un Juif de première qualité. Pas un de ceux qui discourent ainsi n'a vu les cadavres, pas un n'était sur place. La plupart d'entre vous savent ce que c'est de voir un monceau de 100 cadavres, ou de 500, ou de 1 000. Avoir passé par là, et quand même, sous réserve des exceptions dues à la nature humaine, être resté un honnête homme, voilà ce qui nous a endurcis.

C'est une page glorieuse de notre histoire, qui n'a jamais été écrite, et ne le sera jamais... »

Ces propos nous font aussi comprendre comment les Allemands en leur ensemble connaissaient d'une manière vague le sort dévolu aux Juifs, tout en ignorant le mode de leur mort et en ne tenant pas à le connaître.

Mais revenons au camp d'Auschwitz. Les sursitaires juifs y connurent des destinées diverses, puisque d'une manière générale, la société concentrationnaire était singulièrement hiérarchisée, de sorte que certains détenus, en fonction de leur ancienneté et de leur origine, mais surtout de leur entregent et de leur flair, parvenaient à se hisser à des postes d'un grand pouvoir. Ces *kapos* étaient le plus souvent des vieux routiers allemands, transférés des camps remontant aux premières années du IIIe Reich. Ils devenaient de la sorte des rouages du système SS, et en acquéraient d'ordinaire, en vertu d'un mimétisme à la longue quasiment inévitable, les caractères typiques, la brutalité, le vocabulaire, l'allure générale, et d'une certaine façon la mise, à commencer par les bottes. Les Juifs étaient au contraire, comme cela va presque sans dire, la catégorie la plus défavorisée, mais certains d'entre eux, notamment les médecins, les chimistes et les dessinateurs, ainsi que les musiciens qui réussissaient à complaire aux SS (car il exista dans l'univers d'Auschwitz plusieurs orchestres), échappaient grâce à leurs talents aux exténuants travaux de force en plein air. Ces derniers, compte tenu de la sous-alimentation, réduisaient « l'espérance de vie » des forçats juifs ordinaires à quelques mois à peine.

A leur intention, des sélection dites partielles, toujours inattendues, avaient lieu dans les baraques. Un survivant, le docteur Georges Wellers, les a décrites :

« Bloc par bloc, les Allemands faisaient défiler devant eux les gens complètement nus, et un coup d'œil sur les fesses décidait du sort de chacun, car aucune autre partie du corps humain ne traduit aussi fidèlement l'état d'amaigrissement du sujet... Les squelettes et les demi-squelettes faisaient des efforts héroïques d'une minute pour paraître devant les Allemands bravement, gaiement, la cage thoracique sans chair gonflée, le pas trébuchant, mais décidé. Mais les impitoyables fesses n'admettaient aucun truquage ! »

Lorsque grâce à quelque concours de circonstances, les forçats juifs de ce type parvenaient à éviter la sélection partielle et la chambre à gaz, ils devenaient tôt ou tard des épaves humaines auxquels le jargon d'Auschwitz appliquait le nom de *musulmans :*

« Quand ils marchaient encore, ils le faisaient comme des automates ; une fois arrêtés, ils n'étaient capables d'aucun autre mouvement. Ils tombaient par terre, exténués : tout leur était égal. Leurs corps bouchaient le passage, on pouvait marcher sur eux, ils ne retiraient pas d'un centimètre leurs bras ou leurs jambes ; aucune protestation, aucun cri de douleur ne sortaient de leurs bouches entrouvertes. Les kapos, les SS même pouvaient les battre, les pousser, ils ne bougeaient pas, ils étaient devenus insensibles à tout. C'étaient des êtres sans pensée, sans réaction, on aurait dit sans âme... »

Joseph Wulf, un ancien détenu juif relativement privilégié, relate la discussion qu'il eut un jour à Auschwitz avec un codétenu allemand, à propos de Gandhi (qui avant la guerre avait adressé un appel aux Juifs d'Allemagne, leur conseillant la non-violence). Les deux hommes tombèrent d'accord : dans un camp nazi, Gandhi aurait été l'un des premiers détenus à devenir un « musulman ».

La réplique adéquate, d'innombrables Juifs ou non-Juifs surent la trouver, à Auschwitz. La majeure partie de leurs actes de résistance ne sera jamais connue ; de nombreux autres font partie de la chronique du camp. L'acte le plus éclatant fut, tout comme à Sobibor et à Treblinka, la rebellion de l'un des commandos permanents juifs qui desservaient les fours crématoires. Quatre Juives polonaises affectées à l'usine de munitions « Union » la rendirent possible, en procurant une petite quantité de dynamite qu'elles apportaient jour après jour, par imperceptibles pincées. Le 6 octobre 1944, le commando faisait exploser le four crématoire III. Une mêlée s'ensuivit, au cours de laquelle quatre SS furent tués, et plusieurs autres blessés. Il n'est resté aucun survivant de ce commando. Quelques dizaines de membres du commando permanent desservant le crématoire II furent les seuls détenus de cette catégorie qui eurent la chance de survivre jusqu'à la libération du camp par l'armée russe.

Des dizaines de milliers de détenus non Juifs de toutes les nationalités succombèrent également à Auschwitz, leurs principaux privilèges étant de ne pas être accompagnés lors de leur déportation et des épreuves subséquentes par leurs enfants, et de mourir en règle générale [1] de mort naturelle, pour autant que la mort par inanition ou par maladie en soit une. La grande exception fut constituée par le cas des Tziganes, un cas qui plaçait les dirigeants du IIIe Reich devant un dilemme idéologique. En effet, « racialement », il était malaisé de leur contester la qualité aryenne, d'autant que leur langue est plus proche du sanskrit indien que toutes les langues européennes ; mais politiquement ou plutôt policièrement, n'étaient-ils pas des « asociaux » par excellence ? Cette contradiction explique, peut-on croire, les contrastes de leur sort en 1939-1945. Dans l'Est à feu et à sang, ils furent liquidés par les *Einsatzgruppen* à peu près de la même manière que les Juifs ; dans les pays occupés de l'Europe occidentale et méridionale, ils furent globalement internés au début de la guerre, d'anciens membres des « Jeunesses hitlériennes » y compris, pour être transférés au début de 1943, pour la majeure partie du moins, à Auschwitz.

Hoess, qui qualifiait les Tziganes de « ses détenus préférés », assure avoir nourri beaucoup d'affection pour eux, et leur créa ce qu'il appelle un *camp familial*. « *Ayant*

---

1. C'est-à-dire à l'exception des nombreux cas de pendaison ou de fusillade, sous prétexte d'insubordination ou d'autres délits. Voir aussi le cas des prisonniers soviétiques, gazés en automne 1941 « à titre expérimental ».

gardé leur nature enfantine, écrit-il, *ils étaient inconséquents dans leurs actes, et jouaient volontiers. Ils ne prenaient pas trop au sérieux leur travail.* » Au total, leur nombre à Auschwitz s'éleva à près de vingt mille. En été 1944, Himmler donna l'ordre de les liquider tous. Ils furent gazés en quelques jours.

Les grands desseins nazis.

Dans une certaine mesure, le sort dévolu par les dirigeants du IIIe Reich aux Juifs et aux Tziganes ne faisait que préfigurer celui qui attendait l'ensemble des nations européennes, au cas d'une victoire de l'Allemagne, puisque celles de l'Est étaient condamnées à disparaître, tandis que les autres allaient être définitivement vassalisées par le IIIe Reich. On peut dire que biologique pour les uns, le génocide allait être culturel pour les autres. Il ne s'agit pas d'une vue de l'esprit : des projets très précis avaient été élaborés par les experts attachés au haut commandement militaire, au ministère des Territoires occupés de l'Est, et à l'Office de la Race et de la Colonisation des SS. Certains de ces projets avaient déjà reçu un commencement d'exécution. C'est ainsi qu'au printemps 1944, lorsque les armées allemandes avaient déjà été repoussées au-delà du Dniepr, le haut commandement faisait déporter en Allemagne des milliers d'enfants ukrainiens et biélorussiens : de la sorte, il entendait faire d'une seule pierre plusieurs coups. A savoir :

« 1. Le groupe d'armées du Centre a l'intention de rassembler et de transférer vers le Reich 40 000 à 50 000 enfants de 10 à 14 ans dans les territoires qu'il tient sous son contrôle. Cette mesure est prise sur la proposition de la IXe armée. Elle devra être appuyée d'une forte propagande et avoir pour mots d'ordre : Mesures d'assistance du Reich aux enfants biélorussiens, protection contre les bandes de partisans. Dans une zone de 5 kilomètres, cette action a déjà commencé...

« Cette action est destinée non seulement à freiner l'accroissement direct de la puissance de l'adversaire, mais à entamer aussi pour un avenir lointain sa puissance biologique. Ce point de vue est partagé aussi bien par le Reichsführer SS que par le Führer. Des ordres avaient été donnés en conséquence dans le Secteur Sud lors des mouvements de repli de l'année dernière.

« 2. Une action analogue est actuellement entreprise dans

la région contrôlée par le groupe d'armées Ukraine-Nord (General-Feldmarschall Model) ; dans le secteur de Galicie, particulièrement privilégié du point de vue politique, ont été prises des mesures ayant pour but de réunir 135 000 travailleurs dans des bataillons de travail, tandis que les jeunes de plus de 17 ans seront incorporés en divisions SS et que les jeunes d'au-dessous de 17 ans seront pris en charge par les assistantes SS. Cette action, qui est déjà commencée là-bas depuis quelques semaines, n'a donné lieu jusqu'ici à aucune espèce de trouble. »

Le principal expert du ministère des Territoires occupés, le docteur Alfred Wetzel, élaborait en novembre 1939, au lendemain de la conquête de la Pologne, un programme à longue échéance :

« Pour le traitement de la population — et notamment des Polonais — il faut toujours partir du principe que toutes les mesures d'administration et de législation n'ont pour but que de germaniser la population non allemande par tous les moyens et aussi rapidement que possible. C'est la raison pour laquelle le maintien d'une vie culturelle populaire autonome devra être absolument exclu en Pologne. Les corporations, les associations et les clubs polonais cesseront d'exister. Les restaurants et cafés polonais, centres de la vie nationale polonaise, devront être fermés. Les Polonais ne seront pas autorisés à fréquenter les théâtres et les cinémas allemands ; quant aux théâtres et cinémas polonais, ils devront être fermés. Il n'y aura pas de journaux polonais, aucun livre polonais ne sera publié, ni aucun magazine polonais. Pour la même raison, les Polonais n'auront le droit de posséder ni radio, ni phonographe. »

A l'encontre des populations soviétiques, le docteur Wetzel préconisait en avril 1942 des mesures encore plus radicales :

« Il est de première importance de ne garder dans l'espace russe qu'une population composée en majeure partie de la masse aux types europides primitifs. Elle n'opposera pas de résistance appréciable à la population allemande. Cette masse obtuse et atone a besoin d'être commandée énergiquement, comme l'a bien prouvé l'histoire séculaire de ces régions. Si les couches dirigeantes allemandes parviennent, dans l'avenir, à garder les distances nécessaires à l'égard de cette population, si par le canal des naissances illégitimes le sang allemand ne la pénètre pas, la domination allemande pourrait se maintenir pendant longtemps dans l'espace en question, à condition, bien entendu, d'endiguer les forces biologiques qui accroissent sans cesse la puissance numérique de cette masse primitive. »

D'autres experts et d'autres dignitaires — ainsi Otto Thierack, le ministre de la Justice — envisageaient l'extermination pure et simple des Polonais et des Russes, exception faite pour les êtres humains « au type germanique prononcé ». Cette tâche, ainsi que les sélections anthropologiques préalables, devait être confiée, à titre de sa fonction principale, à l'Office de la Race et de la Colonisation des SS.

Mais ce n'est pas aux seuls Slaves que le génocide nazi devait être appliqué. Dans le cas des Anglais, les dispositions du haut commandement allemand prévoyaient la déportation sur le continent, après la conquête de l'île britannique, de toute la population mâle entre 17 et 45 ans. Au printemps 1941, l'attitude intraitable du peuple hollandais fit envisager par Hitler son évacuation dans les territoires de l'Est, et ce furent les difficultés croissantes de la campagne de Russie qui le firent renoncer, dans l'hiver 1941-1942 semble-t-il, à ce projet. Quant à la France, les planificateurs nazis préconisaient deux « protectorats » à tailler, celui de Bourgogne et celui de Bretagne, de façon à réduire le vieil hexagone à une « Gaule », une large bande enserrée de toutes parts, et Hitler évoquait devant ses intimes « les frontières du XVe siècle ».

C'est que, à aucun moment, la méfiance héréditaire et la haine des principes de la Révolution française de 1789 n'avaient quitté le Führer et ses adorateurs, même si pour des considérations d'ordre tactique, ou parce qu'ils étaient hypnotisés par le « potentiel biologique » des peuples de l'Est, cette question n'était à leurs yeux que de deuxième urgence.

Projets impeccablement établis, truffés de statistiques, prévoyant les moindre détails ; à leur lecture, ce n'est même pas tant leur démesure qui frappe l'imagination, mais le souvenir que leurs auteurs — ils l'ont prouvé — étaient doués de la faculté de tenir leurs plus folles promesses, d'insufler la vie à leurs rêves les plus délirants...

ANNEXE

Note sur le chiffre total des victimes juives

La grande majorité des publications consacrées à la deuxième guerre mondiale, lorsqu'elles traitent des persécutions raciales, indiquent le chiffre de six millions de Juifs exterminés par les Nazis. Cependant, ce total est généralement avancé sans éléments de preuve ni statistiques à l'appui. D'où provient-il donc et quelle foi peut-on lui ajouter ?

Je ne crois pas me tromper en avançant que c'est le tribunal international des grands criminels de guerre (« Tribunal de Nuremberg », 1945-1946), qui est à son origine, et qui lui donna une diffusion si grande. On trouve, en effet, à la page 266 de son jugement [1], cette phrase : « Adolf Eichmann, que Hitler avait chargé du programme d'extermination, a estimé que cette politique avait causé la mort de six millions de Juifs, dont quatre millions périrent dans les camps d'extermination. » En se rapportant au procès-verbal des débats, on constate que le tribunal s'est fondé sur deux témoignages de seconde main, ceux des SS Wilhelm Hoettl et Dieter Wisliceny. Quant à Eichmann lui-même, dont on ne retrouva la trace qu'en 1957, il parlait, au cours de son procès à Jérusalem (1960-1961), tantôt de cinq, et tantôt de six millions.

---

1. « Procès des grands criminels de guerre » devant le *Tribunal militaire international,* édition officielle en langue française, t. I, p. 266.

Par ailleurs, il existe une étude statistique qui projette quelques lumières supplémentaires sur le problème. En effet, en mars 1943, Himmler s'adressait au « chef de l'inspection statistique » du IIIe Reich, Korherr, et lui demandait un rapport sur « la solution finale de la question juive ». D'une manière caractéristique, il lui ordonnait de ne pas parler de « traitement spécial », mais de se servir du terme d' « évacuation ». Korherr s'arrêtait dans son rapport, achevé le 17 avril, à la date du 1er janvier 1943.

En conclusion, il le résumait en ces termes :

« Bilan du judaïsme européen. — La décroissance du judaïsme en Europe devrait déjà s'élever à quatre millions de têtes. Des colonies importantes ne devraient plus exister sur le continent (à côté de la Russie, avec quelque 4 millions) qu'en Hongrie (750 000), Roumanie (300 000) et peut-être aussi en France. Si l'on tient compte de plus de l'émigration juive, de l'excédent de mortalité, ainsi que, d'autre part, des inévitables erreurs dues à la fluctuation de la population juive, on devrait évaluer à quatre millions et demi la décroissance de la population juive en Europe entre 1937 et 1943. Ce chiffre n'englobe que partiellement les décès des Juifs dans les territoires occupés de l'Est, tandis que les décès survenus dans le restant de la Russie et dans la zone du front n'y sont pas compris du tout. »

Ainsi donc, d'après les statistiques allemandes de l'époque, « la décroissance du judaïsme en Europe » s'élevait déjà à quatre millions, à la date du 1er janvier 1943. Cela sans tenir compte ni « de l'émigration et de l'excédent de mortalité », ni (et surtout) « des décès survenus dans le restant de la Russie et dans la zone du front ». A une date où le judaïsme hongrois était encore intact (d'après les documents officiels allemands, quatre cent trente mille Juifs hongrois furent déportés à Auschwitz, en avril-juillet 1944), où d'importants ghettos et camps de travail subsistaient encore en Pologne et dans les pays baltes (le document Korherr évaluait à deux cent quatre-vingt-dix-sept mille le nombre de Juifs encore en vie dans le « Gouvernement général de Pologne »), et où toute l'Europe de l'Ouest, de la Norvège à l'Italie, allait demeurer un terrain de la chasse aux Juifs jusqu'aux derniers mois de 1944.

Sur la seule foi de ce document, on peut donc dire avec une quasi-certitude, que le nombre des Juifs exterminés devait être compris entre cinq et sept millions. Estimation ne comprenant que les pertes par mort violente ou par inanition, et ne tenant aucunement compte du *déficit démographique* qui est venu s'y adjoindre entre 1939 et 1945, par suite de la raréfaction, voire de l'absence presque complète des naissances, et de l'extermination totale des enfants déportés, puisque seuls les êtres humains dans la force de l'âge, disposaient de quelques chances de survie, dans les camps de la mort.

C'est pourquoi il est licite et raisonnable de conclure que, en conséquence de la politique dite raciale du IIIe Reich, les « pertes réelles » du peuple juif entre 1939 et 1945 furent de l'ordre de huit millions.

Il me reste à indiquer deux autres sources d'évaluation, moins sûres que la précédente, mais qui convergent toutes deux vers le même chiffre de six millions.

L'une de ces sources consiste à additionner les chiffres, suivant les lieux d'extermination. Pour les camps polonais, la *Commission polonaise des crimes de guerre,* qui, en 1945-1946, s'est livrée à une enquête, interrogeant, entre autres témoins, les cheminots des lignes ferroviaires menant aux camps, s'est arrêtée aux chiffres suivants :

Chelmno	250 000
Belzec	600 000
Sobibor	300 000
Treblinka	700 000
	1 850 000

En ce qui concerne Auschwitz, Rudolf Hoess, déposant devant le Tribunal des grands criminels de guerre, avait indiqué les chiffres de deux millions et demi de déportés mis à mort dans les chambres à gaz, et d'un demi-million ayant succombé aux maladies et à la faim. Divers auteurs ont critiqué cette estimation ; d'autre part, sinon le premier chiffre, du moins le second comprenait une notable proportion de non-Juifs, en particulier des Russes et des Polonais. Arrêtons-nous donc, en ce qui concerne les Juifs, au chiffre de deux millions, au risque de pécher par excès.

En ce qui concerne les exterminations « à ciel ouvert » dans les territoires soviétiques, les *Einsatzgruppen* chargés des massacres soumettaient aux services de Himmler des rapports hebdomadaires, qui comprenaient des tables statistiques. Mais seule une partie de ces rapports a été retrouvée. Cette partie a permis à la justice américaine de Nuremberg de conclure à un total certain de plus d'un million de victimes, tandis que Eichmann parlait à ses amis

SS de deux millions. Admettons donc, pour l'Union soviétique, le chiffre d'un million et demi.

On en arrive ainsi au total de cinq millions trois cent cinquante mille, sans tenir compte des décès par famine et par maladie dans les ghettos de Pologne et dans les camps de travail disséminés à travers l'Europe entière. On remarquera, par exemple, que je n'ai pas compris dans ma statistique le camp de Maïdanek, que la *Commission polonaise des crimes de guerre* n'avait pas classé parmi les camps d'extermination au sens propre du terme. Nous avons vu que le nombre de ses victimes juives a été estimé à cent vingt-cinq mille.

La deuxième méthode, appliquée par les spécialistes de la démographie juive, consistait à comparer les données respectives sur la population juive des différents pays européens avant la guerre et après la guerre. C'est de cette manière que le *Congrès mondial juif* est arrivé dès 1946 au chiffre, toujours le même, de six millions.

On voit donc que, faute de pouvoir établir un bilan statistique précis, on ne peut qu'accepter définitivement ce chiffre comme le plus probable, même si ses éléments constitutifs peuvent être sujets à caution.

Il importe d'ajouter que d'une manière générale, les statistiques relatives aux décès liés aux grands conflits militaires sont marqués par une impression qui peut devenir considérable. Pour nous en tenir à la deuxième guerre mondiale et aux pertes uniquement militaires, on peut citer deux exemples tirés d'une récente étude de M. Jean-Claude Chesnais, qui m'a été communiquée par l'Institut national des études démographiques [1]. Pour ce qui est des pertes de l'Union soviétique, les estimations « vont, selon les auteurs, de sept à onze millions », écrit M. Chesnais. C'est que les uns n'ont en vue que « les tués proprement dits », tandis que les autres y ajoutent « les décédés par suite de leurs blessures et les morts en captivité », ce dernier chiffre étant probablement aussi difficile à évaluer que celui des pertes « civiles » juives, puisqu'on ne possède pas de données précises sur le nombre des prisonniers soviétiques qui furent rapatriés. Dans le cas de l'Allemagne, les estimations varient entre trois millions huit cent mille et quatre millions cinq cent mille, simplement parce que les uns s'arrêtent aux combattants allemands *stricto sensu*,

1. Je tiens à remercier tout particulièrement M. Michel Lévy, chef des services de diffusion de l'I.N.E.D.

tandis que les autres y ajoutent les combattants d'origine autrichienne.

Des facteurs de cet ordre compliquent singulièrement le décompte des victimes juives, surtout lorsqu'on tente de l'estimer pays par pays : que l'on songe aux annexions, cessions et restitutions de vastes territoires, tout particulièrement entre Allemagne, Pologne et Russie, mais aussi en Russie, Roumanie et Hongrie.

C'est en tenant compte de ces déplacements de frontières et autres difficultés spécifiques que l'historien américain Jacob Robinson publiait en 1970 la table ci-dessous :

Aire polono-soviétique	4 565 000
Allemagne	125 000
Autriche	65 000
Tchécoslovaquie (dans les limites prémunichoises)	277 000
Hongrie (la Transylvanie y comprise)	402 000
France	83 000
Belgique	24 000
Luxembourg	700
Italie	7 500
Pays-Bas	106 000
Norvège	760
Roumanie (à l'exclusion de la Transylvanie, de la Bukovine et de la Bessarabie)	40 000
Yougoslavie	60 000
Grèce	65 000
Pertes totales	5 820 960 [1]

1. Cf. *Encyclopaedia Judaica*, vol. VIII, article « Holocaust », p. 890. On remarquera l'absence, dans la table de M. Robinson, de la Bulgarie et du Danemark. C'est que seuls des Juifs grecs, originaires d'une bande de terrain incorporée en 1941-1944 à la Bulgarie, furent déportés, dans le cadre du contrat germano-bulgare précité. Dans le cas du Danemark, les quelques centaines de Juifs dont les services d'Eichmann parvinrent à se saisir furent tous déportés dans le camp privilégié de Theresienstadt, et échappèrent aux chambres à gaz.

Composition réalisée par C.M.L. - MONTROUGE

IMPRIMÉ EN FRANCE PAR BRODARD ET TAUPIN
7, bd Romain-Rolland - Montrouge - Usine de La Flèche.
LIBRAIRIE GÉNÉRALE FRANÇAISE - 12, rue François Ier - Paris.

ISBN : 2 - 253 - 02789 - 8 30/8371/4